일본고중세사

일본고중세사

구 태 훈

책을 내면서

　필자는 원시 시대부터 16세기 중엽까지의 일본사를 크게 1부 원시·고대, 2부 중세로 나누어 집필하였다. 1부는 다시 9장으로 나누고, 2부 또한 9장으로 나누었다. 그러니까 이 책은 전체 18장으로 구성되었다. 각 장은 제1장 「원시 시대의 사회와 문화」, 제2장 「대륙 문화의 전래와 소국의 형성」, 제7장 「섭관정치와 고대국가의 변용」, 제15장 「남북조 내란과 무로마치 막부」, 제16장 「정치체제의 동요와 민중의 대두」 등과 같이 시대를 지탱하는 정치·사회의 골격을 기본 축으로 그것이 형성되고 전개되는 과정을 염두에 두면서 구성하였다.

　필자는 다음과 같은 시각이나 방법, 그리고 주제 의식이 각 장을 관통하면서 일본사의 전체상이 입체적으로 드러나도록 집필하였다. 우선 새로운 시대를 생성하는 국제관계와 일본사회의 내재적 요인이 상호 관련성을 갖고 전개되는 과정을 설명하려고 노력하였다. 종래에는 어떤 시대가 생성하는 역사적 요인을 주로 사회내적 요인을 중심으로 서술하고, 국제관계는 외적인 자극 정도로 설명하는 데 그쳤다. 그러나 일본 고대사는 국제관계가 정치는 물론 일본인들의 일상생활까지 근본적으로 변화시키는 요인으로 작용하였다. 특히 한반도 문화가 일본의 정치나 문화에 미친 영향은 매우 컸다. 그만큼 국제관계는 일본사회의 내재적 요인과 깊은 유기적인 관련을 맺으면서 일본사의 발전에 기여하였다. 일본 고대에 있어서 국제관계는 단지 교섭의 역사가 아니라 새로운 시대를 여는 필수적인 역사 조건이었던 것이다.

또한 필자는 일본 정치·사회의 여러 이미지를 중앙과 지방의 상호작용이라는 역사 운동의 측면에서 묘사하려고 노력하였다. 권력이나 정치사, 그리고 위정자의 사상도 중요하지만, 그것의 형성에 영향을 미친 민중의 사회적·정신적 에너지와 그 구조를 밝히는 것이 중요하다고 생각했기 때문이다. 특히 필자는 일본의 정치나 일본사회의 실태를 그 시대의 역사로 서술하면서도 그것을 여러 사회집단과 그들의 정신이 서로 갈등하면서 전개되는 운동 과정을 서술하려고 노력하였다.

일본 고·중세 각 시대 국가권력의 과제와 그 통치의 역사적 성격을 밝히는 것도 필자의 중요한 의무 중의 하나였다. 정치는 개인이 의식하든 그렇지 않든 인간의 일상생활에 가장 큰 영향을 미친다. 그래서 필자는 국가권력을 포함한 정치에 초점을 맞춰 일본사의 전개과정을 설명하지 않을 수 없었다. 단 국가를 역사적으로 구명究明할 때도 국제관계, 중앙과 지방의 상호작용 등을 염두에 두면서 서술하였다. 예를 들면 제4장「대륙 문화의 수용과 왕권의 강화」에서는 왜 왕권이 지방 호족과 갈등하고, 긴박한 국제관계에 직면하여 율령국가 체제를 지향하는 과정에 주목하였다. 제8장「원정의 전개와 고대국가의 해체」에서는 지방 영주를 광범위하게 조직한 무사세력이 '무사의 세상'을 만들어가는 과정을 설명하였다. 그 배경에는 무사의 계급적 이익을 쟁취하고, 무력을 항상적으로 필요로 하는 사회적 요청이 있었던 것이다.

문화 분야의 서술은 문화사의 시대구분에 따르면서도 종래의 문화사와 다르게 서술하려고 노력하였다. 즉 문화를 사회와 정치에서 분리하여 문화유산의 나열과 주관적 설명으로 일관하지 않고, 문화를 일본인의 역사 속에서 입체적으로 서술하려고 힘썼다. 그러나 일본의 역사나 문화에 대한 기초 지식이 축적되지 않은 한국인 독자들을 대상으로 한다는 점을 고려하지 않을 수 없었다. 그래서 해석 위주로 큰 흐름만 잡아 서술하는 방식을 가급적 자제하고 사실 위주로 설명하는 방식을 택하였다. 그런 의미에서 종래의 통사나 교과서의 수준을 크게 벗어나지 않았다는 비판을 면할 수 없을 것이다.

이미 언급했듯이, 이 책은 역사 발전단계에 따라 18장이 계기적으로 구성되었다. 독자가 이 책을 처음부터 차례로 읽으면 일본의 원시 시대에서 16세기 중반에 이르는 역사가 시간을 축으로 어떻게 전개되었는지 자연스럽게 학습할 것이다. 특히 한국사와 다른 독특한 일본사의 구조와 발전과정을 이해할 수 있을 것이다.

일본은 동아시아 세계의 변방에 위치한 섬나라이다. 일본인은 한반도 국가와 중국 고대제국의 선진 문명을 흡수하면서 문명화와 국가의 발전을 경험하였다. 그런데 일본의 위정자는 선진 문물을 선별적으로 받아들였다. 그래서 일본사회의 상층부는 문명화되었지만, 하층부는 여전히 미개한 독특한 사회를 형성하였다. 그 후 그러한 사회가 변질되면서 중세사회가 형성되어 발전하였고, 그 도달점에 전국시대戰國時代가 있었다. 이와 같은 일본사의 기본 '틀'에서 일본사회를 조망했을 때 비로소 그 사회의 외래와 고유의 이중성이 드러나고, 왜 율령체제가 성립되자마자 무너졌는지 이해할 수 있고, 중세 개막기에 등장한 신불교가 왜 민중의 폭발적인 지지를 얻었는지, 또 전국시대 민중은 왜 하극상 풍조를 용인했는지 알 수 있을 것이다.

필자는 2008년에 『일본고대·중세사』(재팬리서치21)라는 제목의 개설서를 출간한 적이 있다. 그 책은 내용이 소략하고, 또 한국인 독자가 읽기에는 너무 난해하게 기술된 면이 있었다. 그래서 이번에 『일본고중세사』라는 제목의 책을 출간하게 되었다. 내용을 대폭 보완하고, 그동안 연구 성과를 반영하여 개정판이 아닌 신간으로 출간하게 되었다. 이 책이 일본사를 본격적으로 공부하기를 원하는 독자에게 조그만 보탬이 되었으면 더 바랄 것이 없겠다.

2016년 8월

구 태 훈

차례

책을 내면서 ··· 5

제1장 원시 시대의 사회와 문화

[1] 일본 열도의 형성과 구석기 문화 ················· 25
  1. 일본 열도의 형성 / 25
  2. 일본 열도의 구석기 문화 / 27
  3. 구석기 시대의 생활 / 28

[2] 조몬 문화의 성립과 전개 ··························· 31
  1. 도구 / 32
  2. 생활 / 33
  3. 신앙과 습속 / 36

제2장 대륙문화의 전래와 소국의 형성

[1] 농경사회의 성립과 사회의 변화 ················· 40
  1. 야요이 문화의 성립 / 40
  2. 농경의 발전 / 42
  3. 금속기 문화 / 44
  4. 주거·마을·생활 / 47
  5. 왕묘의 출현 / 50
  6. 농경의례와 원시신도 / 51

[2] 소국의 분립과 야마타이국 ················· 55
    1. 중국의 사서에 보이는 왜국 / 55
    2. 야마타이국의 정치와 사회체제 / 56
    3. 야마타이국의 위치 / 59

제3장 왜 왕권과 고분 문화

[1] 왜 왕권의 성립과 발전 ················· 61
    1. 왕권의 성장 / 61
    2. 광개토대왕비와 임나일본부 문제 / 63
    3. 왜의 5왕 / 65

[2] 왜 왕권의 신장 ················· 68
    1. 도래인과 대륙문화의 전래 / 68
    2. 씨성 제도 / 70
    3. 베노타미와 미야케 / 74
    4. 왜 왕권과 지역 정권의 항쟁 / 77

[3] 고분 문화 ················· 78
    1. 고분의 출현 / 78
    2. 고분의 발전 / 81
    3. 생활과 습속 / 85
    4. 신앙과 의례 / 87

제4장 대륙문화의 수용과 왕권의 강화

[1] 불교의 전래와 소가씨 정권 ················· 91
1. 소가씨의 등장 / 91
2. 불교의 전래와 수용 / 94
3. 소가노 우마코와 쇼토쿠 태자의 협력 정치 / 96
4. 왜 왕권의 대외관계 / 100
5. 유학생의 귀국 / 104

[2] 아스카 문화 ································· 106
1. 일본 최초의 사원 / 106
2. 쇼토쿠 태자와 불교 / 108
3. 사원의 건설 / 109
4. 불교문화 / 110

[3] 율령국가 지향 ······························ 116
1. 을사의 변 / 116
2. 다이카 개신 / 119
3. 개혁정치의 전개 / 121
4. 급변하는 대외관계와 왜의 국방정책 / 124

제5장 율령국가의 형성

[1] 율령체제의 확립 ···························· 128
1. 진신의 난 / 128
2. 덴무 천황의 정치 / 132
3. 역사 편찬 / 137

[2] 율령국가의 성립 ································ **138**

    1. 지토 천황과 후지와라쿄 / 138

    2. 다이호 율령의 성립과 시행 / 142

[3] 율령국가의 통치조직 ························· **144**

    1. 관제 / 145

    2. 사법제도 / 148

    3. 신분제도 / 149

    4. 호적제도와 토지제도 /150

    5. 조세제도 / 152

    6. 병역제도 / 153

[4] 하쿠호 문화 ··································· **154**

    1. 하쿠호 문화와 불교 / 154

    2. 국가불교의 성립 / 158

    3. 신기제도 / 159

    4. 문학과 표기법 / 161

제6장 율령국가의 확립과 고대사회

[1] 중앙집권 체제의 정비 ······················· **163**

    1. 헤이조쿄 천도 / 163

    2. 산업의 발달 / 167

    3. 지배 영역의 확대 / 169

    4. 이웃 나라와의 교류 / 171

    5. 역사와 지지의 편수 / 174

[2] 사회의 변화와 정계의 동요 ·········· 175

1. 나라 시대 정치의 추이 / 175
2. 율령체제의 정비 / 182
3. 국가불교의 확립 / 184
   1) 나라 시대의 불교 / 184
   2) 고쿠분지의 건립 / 187

[3] 덴표 문화 ·········· 188

1. 화엄 사상과 도다이지 대불 / 188
2. 불교의 하향적 확산 / 190
3. 건축과 미술 / 192
4. 쇼소인 / 194
5. 학문과 문학 / 196
6. 헤이조쿄의 일상 / 197

[4] 헤이안 시대 초기의 정치와 사회 ·········· 199

1. 간무 천황과 헤이안 천도 / 199
2. 영토의 확장과 에미시 사회 / 202
3. 간무 천황의 개혁 / 204
4. 다이도기의 정치 / 206
5. 법제의 정비 / 209

제7장 섭관정치와 고대국가의 변용

[1] 섭관정치 시대 ·········· 211

1. 후지와라씨 북가의 대두 / 211
2. 초기 섭관정치의 성립 / 213

3. 엔기 · 덴랴쿠의 치 / 215
　　4. 섭관정치의 전성 / 219
　　5. 섭관정치의 구조와 배경 / 220
　　6. 지방정치의 혼란 / 221

[2] 토지제도의 변화와 장원의 발달 ·················· **224**
　　1. 구분전의 변질 / 224
　　　　1) 사유토지의 증가 / 224
　　　　2) 조정의 토지경영 / 225
　　　　3) 장원과 불수 · 불입 특권 / 227
　　2. 장원의 발달 / 228
　　3. 장원의 구조 / 230

[3] 지방의 동란과 무사의 성장 ·················· **231**
　　1. 무사의 등장과 무사단의 형성 / 231
　　2. 조헤이 · 텐교의 난 / 236
　　3. 다이라노 타다쓰네의 난 / 238
　　4. 전 9년의 전쟁 / 240
　　5. 후 3년의 전쟁 / 241
　　6. 오슈 후지와라씨의 번영 / 243
　　7. 다이라씨의 동향 / 244

제8장 원정의 전개와 고대국가의 해체

[1] 원정 - 중세의 출발점 ·················· **247**
　　1. 고산조 천황의 친정 / 247
　　2. 원정의 성립과 전개 / 250

3. 원의 장원 획득과 승병의 폭거 / 253

[2] 원정과 무사의 세상 ················· **256**
　　1. 미나모토씨의 내분 / 256
　　2. 호겐의 난 / 258
　　3. 헤이지의 난 / 261

[3] 다이라씨 정권의 성립 ················· **264**
　　1. 고시라카와 상황과 다이라노 기요모리 / 264
　　2. 다이라씨의 전성 / 267
　　3. 다이라씨의 경제적 기반 / 269

제9장 헤이안 시대의 문화

[1] 고닌 · 조간 문화 ················· **272**
　　1. 한문학의 융성 / 272
　　2. 헤이안 시대의 불교 / 274
　　3. 천태종 / 275
　　4. 진언종 / 277
　　5. 밀교와 토속 신앙 / 280
　　6. 밀교 예술 / 281

[2] 국풍문화 ················· **286**
　　1. 가나의 발달 / 287
　　2. 문학의 발달 / 288
　　3. 건축과 정원 / 290
　　4. 정토교 / 291

5. 예술 / 293
　　6. 음양도 / 296
　　7. 생활과 의례 / 298

[3] 원정기의 문화 ··· **301**
　　1. 문학과 역사 / 301
　　2. 예능 / 304
　　3. 미술 / 305
　　4. 건축 / 308

제10장 무사사회의 확립

[1] 다이라씨 타도 내란 ·· **313**
　　1. 저항운동의 전개 / 313
　　2. 내란의 발발 / 317
　　3. 다이라씨 멸망 / 321

[2] 가마쿠라 막부의 성립 ······································ **326**
　　1. 요리토모와 요시쓰네 / 326
　　2. 슈고와 지토 / 328
　　3. 막부와 조정의 관계 / 331
　　4. 정치기구의 정비와 쇼군 권력의 확립 / 334

[3] 무사사회의 구조와 고케닌 제도 ······················ **337**
　　1. 무사단의 구조 / 337
　　2. 주종관계와 고케닌 제도 / 341

제11장 막부 정치의 전개

[1] 가마쿠라 막부 초기의 권력투쟁 ········· 345
    1. 호조씨 대두 / 345
    2. 와타씨의 멸망과 쇼군가 혈통 단절 / 350

[2] 천황의 반격 ········· 353
    1. 고토바 상황의 원정 / 353
    2. 조큐의 난 / 355
    3. 막부 권력의 강화 / 359

[3] 싯켄 정치의 전개 ········· 362
    1. 렌쇼와 효조슈의 설치 / 362
    2. 고세이바이시키모쿠의 제정 / 365
    3. 호조씨 독재체제의 확립 / 367

제12장 가마쿠라 무사와 장원제

[1] 무사의 생활과 정신세계 ········· 371
    1. 일상생활 / 371
    2. 무사와 전투 / 373
    3. 정신세계 / 377
        1) 명예 / 377
        2) 충성 / 380

[2] 장원제와 농업경영 ········· 382
    1. 장원과 농민 / 382

2. 농민의 생활 / 385
3. 장원제의 변용 / 388

[3] 장원영주경제와 상공업 ······ 391
1. 상업과 금융의 발달 / 391
2. 상공업과 동업조합 / 395

제13장 가마쿠라 시대의 불교와 문화

[1] 가마쿠라 신불교 ······ 398
1. 정토종 / 398
2. 정토진종 / 401
3. 시종 / 403
4. 법화종 / 405
5. 임제종 / 407
6. 조동종 / 409
7. 구불교의 개혁 / 411

[2] 가마쿠라 시대의 문화 ······ 412
1. 문화의 특색 / 412
2. 학문과 사상 / 414
3. 문학 / 416
4. 역사와 군기물 / 418
5. 건축 / 420
6. 회화와 서도 / 423
7. 조각과 공예 / 425

제14장 가마쿠라 막부의 멸망과 겐무의 신정

[1] 원의 일본 침입과 막정의 동요 ········· 428
  1. 원의 1차 침입 / 428
  2. 원의 2차 침입 / 431
  3. 고케닌의 궁핍 / 434
  4. 호조씨의 전제정치 / 436

[2] 천황의 계통 문제와 가마쿠라 막부 ········· 438
  1. 지묘인 계통과 다이카쿠지 계통의 대립 / 438
  2. 가마쿠라 말기의 정치상황 / 440
  3. 가마쿠라 막부의 멸망 / 444

[3] 겐무의 신정 ········· 447
  1. 신정부의 기구와 조직 / 447
  2. 신정의 전개 / 449
  3. 신정의 붕괴 / 451

제15장 남북조 내란과 무로마치 막부

[1] 무로마치 막부의 성립 ········· 455
  1. 막부의 개설 / 455
  2. 막부의 조직 / 458
  3. 막부 초창기의 분열 / 460

[2] 내란의 전개와 사회변동 ········· 463
  1. 남조 세력의 저항 / 463

2. 무사단의 변용과 영주연합의 형성 / 466

3. 내란기의 사회변동 / 469

[3] 남북조 통일과 정치체제의 안정 ······················ 472

1. 간레이 제도의 성립과 남북조 통일 / 472

2. 슈고다이묘의 성장 / 477

3. 쇼군 전제체제의 확립 / 479

[4] 14~15세기 동아시아 정세와 대외관계 ············· 484

1. 왜구와 한반도 / 484

2. 일본과 명의 무역 / 487

3. 일본과 조선의 무역 / 489

4. 일본과 유구의 무역 / 490

제16장 정치체제의 동요와 민중의 대두

[1] 농촌의 변용과 민중의 도전 ······················ 492

1. 소손의 형성 / 492

2. 저항하는 농민 / 494

3. 도잇키 / 496

[2] 오닌 난 ·· 499

1. 막부 정치의 추이 / 499

2. 오닌 난의 발발 / 502

2. 오닌 난의 전개 / 506

4. 오닌 난의 영향 / 509

[3] 경제생활의 진전 ·· **510**

    1. 농업과 수산업의 발달 / 510

    2. 산업의 발달 / 512

    3. 상업의 발달 / 513

    4. 화폐경제의 발달 / 516

    5. 교통의 발달 / 518

제17장 전국시대와 다이묘 영국제

[1] 센고쿠다이묘의 성장 ·· **520**

    1. 무로마치 막부의 쇠퇴 / 520

    2. 하극상의 사회 / 523

    3. 군웅의 할거 / 526

    4. 센고쿠다이묘의 분국 지배 / 529

[2] 전국시대의 사회와 경제 ···································· **533**

    1. 센고쿠다이묘의 농촌 지배 / 533

    2. 기술과 산업의 발전 / 535

    3. 도시의 발흥과 상공인 / 537

[3] 국제관계의 새로운 전개 ···································· **541**

    1. 16세기의 왜구 / 541

    2. 오닌 난 이후의 조일관계 / 542

    3. 삼포 왜란 / 543

제18장 무로마치 시대의 문화와 종교

[1] 무로마치 전기의 문화와 종교 ·················· **546**

    1. 남북조 문화 / 546

    2. 기타야마 문화 / 550

    3. 종교 / 554

[2] 히가시야마 문화와 종교 ························ **557**

    1. 학문과 사상 / 557

    2. 문예 / 559

    3. 예능 / 560

    4. 건축과 정원 / 563

    5. 미술과 공예 / 565

    6. 서민문화의 발달 / 567

        1) 서민의 생활과 문화 / 567

        2) 문화의 지방 보급 / 569

    7. 종교 / 570

참고문헌 ·· **574**

연표 ·· **588**

색인 ·· **597**

원시 · 고대

□□□제1장

원시 시대의 사회와 문화

[1] 일본 열도의 형성과 구석기 문화

1. 일본 열도의 형성

일본 열도는 혼슈本州·규슈九州·시코쿠四国·홋카이도北海道 등 4개의 큰 섬과 무수한 작은 섬으로 이루어져 있다. 이러한 섬들은 한반도의 동남쪽에, 동북에서 서남에 걸쳐서 활 모양으로 좁고 길게 연결되어 있다. 위도 상으로는 홋카이도의 북단이 북위 45도이고, 규슈의 남단이 북위 31도이다. 가장 남쪽에 있는 오키나와沖繩는 북위 24도에 위치한다.

일본 규슈와 한반도 남단은 대한해협을 사이에 두고 마주하고 있다.

한반도 남단에서 대한해협을 가로질러 일본 규슈에 이르는 직선거리는 약 190킬로미터다. 프랑스와 영국은 도불해협을 사이에 두고 약 30킬로미터 떨어져 있는데, 그에 비하면 한반도와 일본 열도는 멀리 떨어져 있는 셈이다. 하지만 바닷길 190여 킬로미터는 결코 먼 거리라고 할 수 없다. 이러한 지리적 조건은 동북아시아 역사 속에서 일본이 독특하게 발전하는 중요한 요인의 하나가 되었다.

일본 열도는 오랜 세월을 두고 점차 지금과 같은 모양으로 형성되었다. 홍적세洪積世 초기, 200만 년 전에서 60만 년 전 사이에는 일본 열도가 대륙과 연결되어 있었다. 일본 열도에 해당하는 지역에 산맥과 분지가 형성된 것은 지금으로부터 약 100만 년 전이었던 것으로 추정된다. 홍적세에는 여러 차례 간빙기間氷期와 빙기가 되풀이되었다. 간빙기에는 해수면이 올라가고, 빙기에는 해수면이 내려가면서 육지의 형태가 바뀌었으나 일본 열도는 여전히 동북아시아 대륙과 연결되어 있었다.

약 15만 년 전인 홍적세 후반에 제3의 간빙기가 닥쳐왔다. 엄청난 양의 빙하가 녹으면서 일본 열도를 둘러싼 여러 해협이 생겨나게 되었다. 그 후에 홍적세 말기까지 또 한 번의 빙하기가 닥쳐서 해수면이 내려가자 잠시 대륙에서 분리되었던 일본 열도가 다시 대륙과 연결되었다. 이 시기에 여러 종류의 동물이 일본 열도 지역으로 이동하였다. 동물을 따라 인간도 건너왔을 가능성이 크다. 4~3만 년 전의 구석기 시대 후기에는 상당한 수의 인간이 일본 열도 지역에 살기 시작하였다. 하지만 지구는 다시 휴빙기에 접어들었고, 약 1만5,000년 전, 홍적세 말기에서 충적세沖積世로 접어들었던 시기에 온난화가 진행되어 해수면이 급격히 상승하였다. 북쪽으로 소야해협宗谷海峽이 출현하여 홋카이도가 사할린·시베리아 대륙에서 분리되었고, 남쪽으로는 현해탄이 생겨서 현재와 같은 일본 열도가 형성되었다.

2. 일본 열도의 구석기 문화

홍적세는 고고학에서 구석기 시대로 구분하는 시대이다. 이 시대 문화를 구석기 문화라고 한다. 구석기 문화는 선토기 문화先土器文化, 또는 무토기 문화無土器文化라고도 하는데, 그것은 석기와 함께 토기가 출토되지 않았기 때문에 붙여진 명칭이다. 조몬 문화繩文文化의 전 단계를 말한다.

제2차 세계대전 이전까지 일본에서 가장 오래된 문화는 신석기 시대에 해당하는 조몬 문화이며, 구석기 문화는 존재하지 않는다는 것이 정설이었다. 그러나 1949년 행상을 하면서 고고학 조사를 하던 아이자와 타다히로相沢忠洋라는 청년이 군마현群馬県 가사카케초笠懸町의 이와주쿠岩宿에 있는 갱신세更新世 후반 지층에서 구석기를 발견하였다. 이 발견은 메이지대학明治大學 고고학연구실의 발굴조사에 의하여 학술적으로 확인되었다. 그 후 일본 열도 각지의 갱신세 지층에서 여러 종류의 구석기나 화석화된 인골이 계속해서 출토되었다. 현재 일본의 구석기 시대 유적은 1,000여 개소에 달한다. 단 이 시기에 발견된 구석기 시대 유물은 약 3~1만 년 전까지의 후기 구석기 시대의 것이었고, 그 이전의 구석기 시대 유적은 전혀 확인되지 않았다.

그런데 후지무라 신이치藤村新一가 관여한 조사단이 미야기현宮城県 오자키시大崎市의 자자라기座散乱木와 바바단馬場壇, 같은 미야기현 구리하라시栗原市의 가마타카모리上高森에서 구석기 시대 전·중기의 '유물'을 '발굴'하여 일본 열도의 구석기 문화 시기를 60만 년 전으로 끌어올렸다. 일본 고고학계도 후지무라 신이치의 성과를 인정하였다. 그러나 후지무라 신이치의 전·중기 구석기 '유적' 조사 결과는 그가 중국에서 밀반입한 골동품을 조사현장에 몰래 묻고 '발굴'한 자작극이었다는 것이 드러났다. 현재로서는 일본에서 3만 년 전 이전의 구석기 문

석기 시대 주거지 발굴 현장(좌) 복원한 석기 시대 주거(우)

화는 확인할 수 없다는 것이 정설이다.

일본 열도의 후기 구석기 문화는 석기 제작 기술면에서 유라시아 대륙의 그것과 공통점이 많다. 한 개의 커다란 돌을 길고 얇은 여러 개의 돌로 쪼개어 돌칼을 비롯한 도구를 제작하였다. 또 나무나 동물의 뼈에 홈을 파고, 그곳에 작은 돌을 끼워서 칼이나 창으로 사용할 수 있는 도구를 만들기도 하였다. 이러한 석기 제작기술은 북방 유라시아 대륙에 널리 퍼져 있었다. 이러한 기술을 가진 인류가 일본 열도가 아직 대륙과 연결되어 있던 3~2만 년 전에 일본 열도 지역으로 이주하였을 것으로 추정된다.

3. 구석기 시대의 생활

구석기 시대 사람 중에는 동굴이나 바위 밑과 같은 곳에서 생활하는 무리도 있었으나 대부분은 평지보다 약간 높고 전망이 좋은 언덕이나 산기슭에 삶의 터전을 마련하였다.[1] 이제까지 발견된 구석기 시대 유

---

1) 좋은 도구와 무기를 보유하지 못한 원시인일수록 동굴에서 생활하는 것을 좋아하지 않았던 것 같다. 어둡고 습한 동굴이 오히려 위험할 수 있기 때문이었다. 그러나 불을 이용할 줄 알았던 종족들은 동굴생활이 오히려 유리했을 수도 있다. 실제로 불을 이

적의 대부분은 언덕이나 산기슭에 있었다. 동굴 유적은 나가사키현長崎縣 후쿠이福井 동굴과 오이타현大分縣 히지리다케聖岳 유적뿐이다. 원시인은 산기슭에서 소집단을 이루어 거주하면서 동물을 쫓아 숲 속을 달리고, 때로는 식물을 채취하는 생활을 하였을 것이다.

　원시인은 무기를 만들어서 동물을 사냥하였다. 하지만 그들이 사용한 무기는 매우 조잡한 수준이어서 가까이 있는 동물만 겨우 사냥할 수 있었다. 그들은 도구를 사용하여 식물의 열매를 채취하기도 하였다. 그들은 아직까지 씨를 뿌려서 열매를 거두거나 가축을 길러 고기나 젖을 이용할 줄 몰랐다.

　유적지에서는 뗀석기가 많이 출토되었다. 뗀석기는 타격용 주먹도끼와 같은 둔탁한 것에서 점차로 칼 형태의 석기, 끝이 뾰족한 석기, 나무 자루에 매단 돌도끼, 그리고 돌의 표면을 갈아서 사용하는 간석기의 단계로 발전하였다. 기술이 발전하면서 돌낫이나 돌칼 형태의 석기, 또는 날을 바꾸어서 쓸 수 있는 절단용 석기 등이 발명되었다. 특히 조그마한 돌칼을 나무나 뼈에 끼워 손잡이가 달린 도끼처럼 사용하는 무기도 사용되었다.

　충적세沖積世로 접어들면서 해수면이 상승하였다. 온난화의 영향으로 빙하가 녹았기 때문이다. 해수면의 높이는 지금으로부터 5,000년 전에 최고 높이에 이르렀을 것으로 추정된다. 현재 도쿄만東京灣에서 약 70킬로미터나 떨어진 내륙 군마현에 조개를 먹고 버린 쓰레기장인 패총貝塚이 존재하고, 홋카이도 해안에서 약 17킬로미터 떨어진 내륙에 있는 도마코마이苫小牧에 패총이 있는 것에서도 알 수 있다. 다시 말하면 일본 각지의 해안선은 현재보다 상당히 내륙 쪽으로 들어와 있었던 것이다. 그러나 이 시기를 정점으로 기후가 다시 냉각되면서 해수면

용할 줄 알았던 북경원인北京原人은 동굴 속에서 생활하였다. 그런데 동굴은 겨울과 봄에는 생활하기에 좋았지만 여름에는 습기가 많아 그다지 쾌적한 환경은 아니었다.

이 낮아졌다. 때마침 지각 변동이 동반되면서 일본 열도는 현재와 같은 모습을 갖추게 되었다. 기후도 거의 오늘 날과 같이 되었다.

일본 열도 주위로 한류와 난류가 교류하면서 강수량이 증가하였다. 자연히 숲이 발달하면서 넓은 초원에서 살던 대형 포유동물이 점차로 사라지고, 사슴·순록·멧돼지·토끼 같은 온대의 숲에 적응하기 쉬운 중·소형 포유동물이 늘어났다.

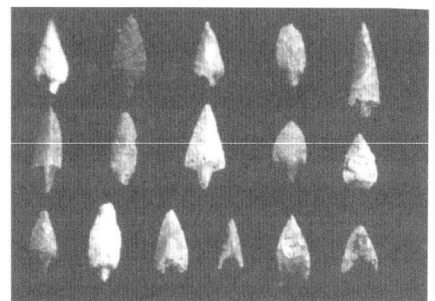

화살촉과 장신구

원시인은 열매·풀뿌리·버섯 등을 채취하였으며, 주로 중·소형 동물을 사냥하였다. 도치기현栃木県 호시노星野 유적, 나가노현長野県 스기쿠보杉久保 유적에서 발굴된 화석을 통해서도 그 사실을 알 수 있다.

숲 속에서 재빠르게 움직이는 중·소형 동물을 사냥하기 위해서는 그에 적합한 도구가 필요하였을 것이다. 그래서 멀리 떨어진 거리에서도 동물을 사냥할 수 있는 창이나 활이 발명되었다. 돌로 만든 화살촉도 대량으로 생산되었다. 뗀석기와 함께 간석기가 사용되기 시작하였다.

수렵기술도 발달하였다. 올가미나 함정을 이용한 사냥 방법이 개발되었다. 다양한 도구가 발명되면서 어로기술도 발달하였다. 낚시, 작살, 그물 등이 개발되었고 통나무배도 이용되었다.

[2] 조몬 문화의 성립과 전개

지금으로부터 약 1만5,000년 전, 일본 열도 지역의 자연환경이 크게 변화하였다. 급격한 온난화로 해수면이 상승하면서 하천의 하구에 영양이 풍부한 갯벌이나 삼각주가 형성되었다. 그곳에 조개류가 생식할 수 있는 환경이 조성되었다. 또 하한대성 침엽수림에 대신하여 동부 일본에는 너도밤나무, 졸참나무 등과 같은 낙엽광엽수림, 서남부 일본에는 밤나무, 호두나무 등과 같은 조엽수림이 조성되어 밤, 도토리, 호두 등이 열매를 맺었다. 비가 자주 내리면서 목초지가 줄어들었다. 그 영향으로 많은 풀을 먹이로 하던 맘모스, 큰뿔사슴 등과 같은 대형 포유동물이 모습을 감추고, 일본사슴, 멧돼지 등과 같은 중소형 동물이 번식하였다. 이러한 자연환경의 변화에 대응하여, 구석기인들이 새롭게 형성된 일본 열도 지역에서 새로운 생산양식을 만들어냈다.

약 1만 년 전부터 일본 열도에서 토기가 제작되기 시작하였다. 그 유적은 홋카이도에서 오키나와에 이르기까지 광범위하게 분포되어 있다. 출토된 토기의 표면에는 새끼줄 문양이 새겨져 있었다. 그래서 그 토기를 조몬 토기縄文土器라고 하고, 그 시대의 문화를 조몬 문화라고 하였다.[2] 조몬 문화는 상당한 시대 차와 지역 차가 인정되지만, 기원전 3세기경에 야요이 문화弥生文化로 교대하기까지 수천 년간 지속되었다.

---

[2] 고고학이 대상으로 하는 시대의 유물과 유적이 많이 있다. 그런데도 시대를 구분하는 척도로 토기에 주목하는 이유는 무엇일까? 토기는 석기나 골각기와 같이 일정한 형태를 지닌 것을 가공한 결과물이 아니다. 인간이 모양을 생각하고 직접 흙을 빚어 제작한 것이다. 토기의 표면에는 각종 문양을 자유롭게 표현할 수도 있다. 그런 만큼 토기에는 인간의 생각과 문화의 특징이 나타나 있다. 당연히 문화가 변천하면서 토기의 모양이나 문양도 변한다. 그래서 토기는 시대를 구분하는 척도로서 매우 유용한 것이다.

1. 도구

조몬 토기는 저온에서 구운 갈색이 나는 토기로 그다지 견고하지 않고 모양도 조잡하였다. 토기는 시기와 지역에 따라 서로 다른 특색을 보여 주는데, 육류·어패류·식물류 등 다양한 식품을 조리하고 저장하는 도구로 사용되었다. 초기에는 첨저심발형尖低深鉢形 토기가 발달하였다. 이 토기는 밑부분이 뾰족하여 음식을 끓이기에 편리하였다. 문양은 단순하였다. 그러나 중기 이후에는 식료와 물을 담아 보관할 수 있는 항아리형과 술을 담는 호리병형 등 용도에 따라 토기의 종류가 많아졌고 문양도 다양해졌다[3].

토기의 발명으로 인류의 생활양식이 크게 변화하였다. 토기 발명 이전의 조리법은 불에 굽는 것이 고작이었다. 그러나 토기가 발명되면서 그전에는 식용으로 할 수 없었던 재료도 끓여서 먹을 수 있게 되었고, 식료도 장기간 보존할 수 있게 되었다. 식량자원이 풍부해졌음은 물론 그 질도 높아지게 되었다. 이런 과정을 통해 인간의 수명이 늘어나고 머리도 발달하였다. 특히 식량을 오랫동안 저장할 수 있게 되면서 인간사회가 계획적이고 조직적으로 발달할 수 있게 되었다.

조몬 문화는 토기나 간석기를 사용했다는 점에서 신석기 문화라고 할 수 있다. 그러나 일본의 신석기 문화는 농경과 목축이 행해졌던 다른 세계와는 달리 수렵과 어로를 위주로 하는 채집생활 형태였다. 조몬 시대에 일본인과 일본문화의 원형이 형성되었다.

조몬 시대에 생산방식이 변화하고 생산도구도 다양하게 발달하였

---

[3] 조몬 토기는 제작법과 양식에 따라서 조기(B.C.10,000~B.C.4,000)·전기(B.C.4,000~B.C.3,000)·중기(B.C.3,000~B.C.2,500)·후기(B.C.2,500~B.C.1,000)·만기(B.C.1,000~B.C.200)의 5기로 구분된다. 이러한 구분법은 다른 분야에도 적용되고 있다. 조몬 토기는 지역적으로 발전의 차이가 현저하다는 특징이 있다. 동부 일본에서는 화려하고 복잡한 문양을 더해가면서 발전하였지만, 서부 일본에서는 시간이 지날수록 아무 문양이 없는 무문토기가 많이 제작되었다.

다. 특히 숲 속에 사는 사슴이나 멧돼지와 같은 날쌘 동물을 사냥하기 위해서 원거리 무기인 활이 사용되었다. 물고기를 잡을 때도 나무 덩굴로 얽어서 만든 어망이 사용되었다. 또 배를 타고 강이나 바다로 나아가 고기잡이를 할 수 있게 되었다. 기술이 획기적으로 진보했던 것이다.

석기의 종류도 다양해졌다. 조몬 시대 초기에는 뗀석기가 사용되었으나 중기에는 간석기가 사용되었다. 돌화살·돌창·돌도끼는 물론, 돌칼·돌그릇·돌절구 등이 제작되었

조몬 토기

다. 사슴이나 산돼지 뼈를 이용하여 작살이나 낚시 바늘을 만들었다. 활은 나무로 만들었다. 석기나 골각기의 대부분은 수렵이나 어로 또는 음식물의 조리에 사용하였을 것이다. 원시인들이 궁리를 거듭하면서 도구의 효율성이 점점 높아졌다. 조개껍질을 이용하여 팔찌나 목걸이와 같은 장신구를 만들기도 하였다.

2. 생활

조몬 시대 사람들은 도토리·밤·호두 등과 같이 껍질이 단단한 열매도 식용으로 하였다. 그런 재료들은 가을에 많이 채집할 수 있고 또 오래 보관하기 쉬운 것들이었다. 실제로 식료들을 보관했던 창고가 있

었다. 사람들의 생업은 주로 수렵과 어로 식물을 채집하는 것이었다.

조몬 문화의 중심지는 동부 일본이었다. 동부 일본에서는 연어와 송어가 많이 잡혔다. 조몬 시대 말기 동부 일본에서 번영했던 가메가오카亀ヶ岡 문화는 풍부한 연어와 송어를 배경으로 하였다. 식료가 풍부했던 동부 일본 지역의 인구 증가율은 다른 지역에 비하여 높

아오모리현 가메가오카에서 출토된 토우

았다. 조몬 시대의 인구는 대략 30만 명 정도였을 것으로 추산되는데, 그중 규슈를 포함한 서부 일본 지역에 거주하던 인구는 3~5만 명 정도였을 것으로 추정된다. 당연히 서부 일본에서 발견되는 조몬 시대 유물은 그다지 많지 않다.

채집생활 단계의 원시인들은 먹을 것을 구하기 위해 주거를 자주 옮겼지만, 조몬 시대 사람들은 한 장소에서 오랫동안 정착하였다. 식료가 풍부해졌기 때문이다. 주거 환경도 변하였다. 조몬 시대 사람들은 점차로 먹을 것을 구하기 쉬운 해안이나 강가 또는 산기슭, 특히 샘물이 솟아나는 지역에 수혈식竪穴式 주거지를 마련하였다. 조몬 시대 전기에는 적게는 5~6호에서 많게는 15~16호의 집이 마을을 이루었고, 중·후반에는 수십 호가 마을을 이루었다. 주거지의 규모와 구조도 거의 비슷하였다. 사람들이 정착생활을 하였으며 또 강한 결합의식을 갖고 있었다.

수혈식 주거는 광장을 중심으로 배치되었다. 주거지 주변에 우물·

묘지·창고·쓰레기장 등이 있었다. 집회소나 작업장으로 사용되었을 것으로 추정되는 대규모 수혈식 주거도 있었다. 주거는 땅을 50센티미터 정도 파내고, 주위에 여러 개의 기둥을 세운 다음 지붕을 덮어 완성하였다. 집 주위에 배수구를 팠다. 한 집에 적게는 4~5명, 많게는 10여 명이 생활하였다. 집 내부 중앙에 난방과 취사를 겸한 화로를 설치하였다.

해안 부근에 조성된 주거지에서 패총이 발견되었다. 현재까지 1,800곳 이상의 패총이 발굴되었다.[4] 패총의 약 90퍼센트는 조몬 시대에 조성된 것이고, 야요이 시대에 조성된 것은 10퍼센트 정도에 지나지 않는다. 패총은 태평양 연안, 특히 간토關東 지방에서 많이 발견되었다. 패총에서는 조개껍질뿐만이 아니라 물고기 뼈, 짐승 뼈, 과일 씨 등이 발견되었다. 어떤 곳에서는 인골이 발견되기도 하였다.

조몬 시대 사람들은 족장을 중심으로 협동하면서 생활하였다. 선토기 시대보다 기술이 발달하였지만 아직 유치한 수준이었다. 족장의 통솔 아래 집단으로 협력하면서 작업하는 것이 효율적이었다. 수확물은 공평하게 분배되었을 것으로 추정된다. 그들은 자급자족을 원칙으로 하였으나 부족한 물자는 교역을 통하여 충당하였다. 마을은 고립되지 않았다. 상당히 먼 거리에 있는 마을과도 교역하였다. 예를 들면 화살촉의 재료로 쓰였던 나가노현의 흑요석黑曜石이 간토 지방에서 발견되었고, 석기나 골각기의 접착제로 사용되던 아키타현秋田県의 천연 아스팔트가 후쿠시마현福島県에서도 발견되었다. 교역을 통하여 일본 열도의 여러 지역이 연쇄적으로 결합되어 있었던 것이다.

---

4) 일본의 패총에 처음으로 주목했던 것은 미국인 에드워드 모스(Edward Morse, 1838 ~1925)였다. 도쿄대학에 초빙되어서 학생들을 지도하던 미국인 생물학자인 에드워드 모스가 1877년 요코하마橫浜에서 도쿄로 향하던 도중 패총을 발견하였다. 그는 정부의 허가를 얻어서 일본 최초로 패총을 발굴하였다. 이것이 오모리大森 패총이다. 이곳에서 바지락·대합·굴·전복 등의 껍질과 토기의 파편, 각종 돌도끼, 돌그릇, 골각기 등이 발견되었다.

기술이 발달하고 수확물이 풍부해지면서 생활수준도 향상되었다. 조몬 시대 중·후기에 인구가 증가하였고 마을의 규모도 커졌다. 급격한 인구증가와 사회조직의 확대는 보다 많은 식량과 생활자원을 필요로 하였다. 인간은 동식물을 남획하였고, 자원을 닥치는 대로 채취하였다. 자연의 생산력과 자정능력은 서서히 파괴되었다. 기후변화와 지각변동으로 자원의 획득이 곤란한 지경이 되면서 수렵과 어로 중심의 채집경제는 위기에 직면할 수밖에 없는 상황에 놓이게 되었다.

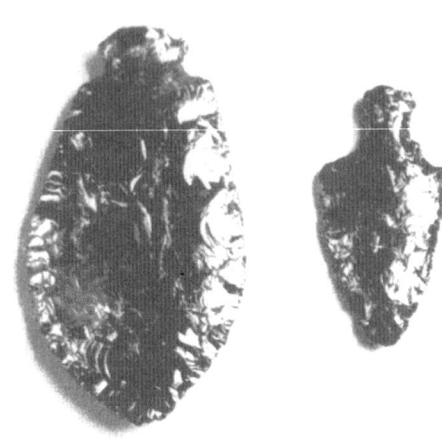

흑요석으로 만든 주먹 도끼와 화살촉

3. 신앙과 습속

조몬 시대 사람들은 사람이 죽어도 특별히 묘지를 마련하지 않고 주거지 주변이나 패총에 매장하는 경우가 많았다. 실제로 아이치현愛知県 요시고吉胡 패총에서 121구의 인골이 발견되었고, 오카야마현岡山県 쓰쿠모津雲 패총에서는 110구의 인골이 발견되었다. 조몬 시대 사람들은 대부분 시신의 손발을 구부려서 매장하는 굴장屈葬을 행하였다. 시신을 안치하는 방법은 반듯이 눕혀서 매장한 경우, 엎어서 매장한 경우,

옆으로 눕혀서 매장한 경우, 앉혀서 매장한 경우 등 일정하지 않았지만 반듯이 눕혀서 매장한 경우가 가장 많았다. 시신의 배와 가슴 그리고 머리에 돌을 올려놓는 풍속이 있었다. 혼령이 유체에서 벗어나지 못하도록 하기 위함이었을 것이다. 죽음을 부정하다고 생각하지 않았고, 죽은 자도 살아있는 자와 영적으로 교류할 수 있다고 믿었다는 것을 알 수 있다.

아키타현 오유大湯에서 환상열석環狀列石, 즉 스톤서클이 발견되었다. 두 곳에 유적이 있는데, 한 곳은 지름이 40미터이고, 또 다른 곳은 지름이 46미터이다. 스톤서클의 중심부에 기둥 모양의 돌이 세워져 있다. 그 모양이 마치 해시계와 같다. 이 유적이 무엇인지는 명확하게 밝혀지지 않았다. 제사를 드리는 곳이라는 설과 묘지라는 설이 있다. 그런데 이와 비슷한 모양의 유적이 홋카이도나 도호쿠東北 지방에서도 발견되는 것을 보면 묘지일 가능성이 크다.

조몬 시대에는 부장품을 매장하지 않았다. 시신만 겨우 매장하는 정도였다. 묘지의 규모나 매장 방법은 거의 같았다. 주거지 유적에서도 규모가 특별히 크거나 다른 것과 구별되는 것이 발견되지 않았다. 모두 거의 동일한 규모였다. 매장 풍습과 주거 풍습을 연관하여 생각해 보면, 빈부 격차도 없었고 신분 구별도 없었음을 알 수 있다.

수렵과 어로를 주로 하는 생활은 자연 조건에 크게 좌우되었다. 특히 천재지변으로 식량이 부족하게 되면 생활에 큰 타격을 입었다. 그들의 생활은 자연현상에 규제될 수밖에 없었다. 건강도 식료 획득도 자력으로 해결할 수 있는 것은 매우 한정되어 있었다. 그래서 조몬 시대 사람들은 다른 세계의 원시인과 마찬가지로 신령을 숭배하였다. 모든 자연물과 자연현상에 영혼이 깃들어 있다고 믿고, 신령에게 자신을 보호해 줄 것을 기원하였다. 그리고 신령의 노여움을 사지 않으려고 노력하였다. 주술에 의지하여 재앙을 피하고 풍요로운 수확을 기원하였다.

주술적인 습속을 엿볼 수 있는 대표적인 유물이 토우土偶이다. 토우는 흙으로 빚은 모형이다. 토우는 조몬 시대 초기에 제작된 것도 있으나 중기 이후에 제작된 것이 대부분이다. 후자는 형태가 매우 다양하였다. 토우는 병의 치료나 생식, 그리고 풍성한 수렵과 채취를 기원하기 위해 사용되었을 것으로 추정된다. 크기는 아주 작은 것이 있는가 하면 30센티미터가 넘는 것도 있었다. 형태는 동물의 모양을 본뜬 것도 있지만 대부분이 인간의 모양, 특히 여성의 형체를 본뜬 것이 많이 출토되고 있다. 여성 형상의 토우는 가슴과 둔부를 특히 강조한 것이 많고, 그중에 임신한 여성의 형상을 한 것도 적지 않다. 여성은 생명력을 상징한다. 따라서 신령에게 종족의 번성과 풍성한 수확을 기원하기 위해 제작되었을 것이다.

토우는 거의 깨뜨려진 채로 묻혀 있었다. 그것은 이 시대 사람들의 생사관과 깊은 관련이 있었다. 그들은 죽음으로부터 새로운 생명의 탄

임산부 토우

여러 형태의 토우

생을 기원하였다. 즉 여성으로 상징되는 대지의 풍요로운 혜택을 기대했던 것이다. 그 밖에 주술적인 성격을 지닌 토판土版·토면土面·석봉石棒 등이 제작되었다. 특히 남성 성기 모양의 석봉은 생식력을 상징하는 것이었다.

조몬 시대 중·후기에 이르면 이빨을 뽑는 발치 풍속과 치아에 깊고 정교하게 홈을 파는 연치研齒 풍속이 정착하였다. 발치와 연치는 주로 앞니와 송곳니를 대상으로 하였다. 이러한 풍속은 성년식 의례의 일종이었을 것이다. 요시고 패총에서 발견된 인골 중 114구가 발치를 하였고, 쓰쿠모 패총에서 발견된 인골 중 82구가 발치를 한 것이 확인되었다.

□□□**제2장**

대륙문화의 전래와 소국의 형성

[1] 농경사회의 성립과 사회의 변화

1. 야요이 문화의 성립

　기원 전 3세기는 조몬 시대에서 야요이 시대弥生時代로 전환된 시기였다. 야요이 시대는 기원 전 3세기경부터 3세기에 이르기까지 약 600년 간 지속되었다. 이 시대의 특징은 야요이 토기의 보급, 벼농사의 확대, 금속기의 보급, 계급의 발생 등이다. 이러한 특징들은 일본사회 내부의 역사적 발전을 전제로 하면서도 동아시아 여러 민족, 특히 한반도에 살았던 종족의 영향을 받았다. 야요이 시대 사람들 중에는 한반도에

서 건너온 사람들이 많았다.[5]

규슈 북부에 뿌리를 내리기 시작한 벼농사와 금속기 문화는 일본사회를 크게 변화시켰다. 야요이 문화는 사회의 표층을 변화시키는 데 그치지 않고, 일본인의 일상생활을 근본적으로 변혁시켰다. 야요이 시대에 신분과 계급이 발생하고 사회제도가 마련되었다. 이 시대에 일본사회의 기본 골격이 형성되었던 것이다.

중국 대륙에서는 기원전 5,000~4,000년경부터 농경시대로 접어들었고, 청동기에 이어 철기가 사용되기 시작하였다. 기원전 3세기경에는 진秦·한漢과 같은 통일국가가 성립되었다. 고도로 발달한 중국문화는 주변 세계에 커다란 영향을 미쳤다. 『한서漢書』의 기록에 의하면, 한반도는 고조선 시대에 이미 농경, 양잠, 직조가 행해졌고, 중국의 사상과 법률이 수용되었다. 농경의 확대와 계급분화를 배경으로 신분이 형성되고 정치제도가 발달하였다.

한반도에서 숙성된 중국문화는 한반도 남부에서 규슈로 건너온 도래인渡來人이 일본 열도로 전하였다. 야요이 시대의 석기는 한반도에서 사용되었던 것과 같았다. 형태뿐만 아니라 재질까지 같았다. 돌로 만든 화살촉이나 돌칼의 모양도 한반도의 것과 같았다. 철기와 청동기도 한반도에서 사용된 것과 거의 같았다. 도래인이 각종 금속제 도구와 무기

---

[5] 야요이 시대 사람들은 신체적인 조건에서 조몬 시대 사람들과 많은 차이가 있었다. 야요이 시대 사람들은 조몬 시대 사람들보다 얼굴이 길고 키가 컸다. 남성의 신장은 평균 163센티미터, 여성은 평균 151센티미터 정도였다. 두 시대 사람들의 인종적 관계에 대하여서는 오래 전부터 논쟁이 있었다. 조몬 시대 사람들은 키가 작고 머리 모양도 전후가 짧은 단두형短頭型이고 사지의 뼈가 짧고 굵다. 이에 비하여 야요이 시대 사람들은 비교적 장신으로 머리 모양은 장두형長頭型이고 뼈는 길고 가늘다. 그래서 야요이 시대 사람들을 한반도계 도래인으로 보는 견해가 상당히 설득력을 얻었다. 그러나 스즈키 히사시鈴木尙가 조몬 시대 사람들이 식량 사정이 좋아지면서 체격이 커진 결과 야요이 시대 사람들로 진화되었다는 설을 세운 후 많은 연구자들이 이 설을 따르게 되었다. 하지만 최근에 다시 야요이 시대 사람들의 일부는 한반도 남부에서 건너온 도래인이라는 사실이 증명되었다. 그래서 선주민이었던 조몬 시대 사람들이 대륙에서 일본으로 건너온 야요이 시대 사람들로 교체되었다는 설이 유력하게 제기되었다.

를 갖고 한반도에서 일본 열도로 건너왔다는 것을 의미한다.

야요이 시대 일본에서 널리 재배된 벼의 품종은 한반도는 물론 중국에서도 재배되던 품종이었다. 특히 양자강 유역에서 사천四川·운남雲南 지역까지 분포되어 있던 품종이었다. 그것이 어떤 경로를 통하여 일본 열도로 전래되었는지는 명확하지 않다. 중국 북부의 황하 유역에서 한반도를 거쳐서 일본으로 들어왔다는 설과 중국의 중·남부에서 일본으로 들어왔다는 설이 있다. 현재는 중국 중·남부의 해안에서 재배되던 품종이 한반도 남부에 전해져 정착하였고, 그것이 다시 일본으로 전해졌다는 설이 가장 유력하다. 벼의 전래와 함께 고도의 농경기술도 도래인이 전하였다.

2. 농경의 발전

기원 전 3세기경 규슈에서 시작된 벼농사는 기원 전 2세기에 이르러 중부 일본으로 보급되었다. 기원 전후에는 간토 지방에서 도호쿠 지방 남부까지 보급되었고, 2~3세기에는 도호쿠 지방 북부까지 확산되었다. 농경은 오키나와와 홋카이도를 제외한 일본 전역에서 행해지게 되었다.

후쿠오카현 이타즈케板付 유적은 일본에서 가장 오래된 농촌의 모습을 보여준다. 마을은 비교적 낮은 들판에 조성하였는데, 마을에는 수혈식 주거와 저장용 창고가 있었다. 수로를 내고 물을 끌어들여 벼농사를 지었다. 시즈오카현静岡県 도로登呂 유적[6]과 야마키山木 유적, 나라현奈

---

[6] 야요이 후기의 도로 유적은 경작지가 7만 킬로미터에 달하며 논 한 마지기 당 평균 면적은 1,400킬로미터로 매우 넓은 편이다. 논두렁은 폭이 1미터 정도로 말뚝이나

良県의 가라코唐古 유적[7] 등에서도 수전水田 경작지가 발굴되었다. 현재 확인된 최고의 수전은 사가현佐賀県 가라쓰시唐津市의 나바타케菜畑 유적이다. 이 유적은 수로와 저수지를 갖춘 경작지였다. 그 이전의 밭농사와는 차원이 다른 벼농사가 보급되었던 것이다.

농경지 개발에는 주로 목제 농구와 석기가 사용되었다. 경작 도구로 호미, 괭이, 가래, 삽 등이 사용되었다. 작업 도구로는 논에서 신고 작업하던 다게타田下駄라는 커다란 나막신, 볏단을 운반하는 데 사용한 다부네田舟, 퇴비를 논에 밟아 넣는 데 사용한 오아시大足라는 나막신 등이 있었다.

벼가 익으면 돌칼, 돌낫 등을 사용하여 벼이삭을 베어 창고에 보관하였다. 창고는 마루 바닥이 땅에서 120~150센티미터 떨어지게 설치하였다. 쥐들이 쉽게 들어갈 수 없도록 하기 위해서였다. 탈곡할 때는 절구를 사용하였다. 벼농사가 보급되면서 야요이 시대 사람들은 점차로 농경에 전념하였다. 경작지가 확대되고 농업 기술이 발달하였다.

철제농구의 사용으로 농업기술이 더욱 발달하였다. 철제 도끼, 철판으로 끝을 감싼 호미, 쟁기 등은 대규모 경작지 개간에 용이하였다. 철제 낫도 등장하였다. 철은 주로 한반도에서 수입되었지만 일본 중부 지방에서도 사철이 생산되었다. 사철은 세토瀬戸 내해에서 생산된 소금과 함께 중요한 교역품이었다.

　널판을 논두렁 양편에 깊이 박아 고정시켰다. 관개나 배수를 위해 수로를 설치하였다. 농업기술이 진보되면서 광대한 경작지가 조성되었다.
7) 1937년부터 2년간 가라코 유적 발굴조사가 시행되었다. 그곳에서 각종 목제 농구, 탈곡용 절구 등이 출토되었다. 다양한 목제 용기가 수 킬로그램이나 되는 불에 탄 벼와 함께 발견되었다. 벼이삭은 다발로 묶인 채 보관되어 있었다.

3. 금속기 문화

야요이 시대에 이르러 금속기가 사용되었다. 금속기 문화는 청동기 시대에서 철기 시대로 발전하는 것이 일반적이지만, 일본에는 청동기와 철기가 거의 같은 시기에 전래되었다. 오히려 청동기보다 철기가 먼저 전래되었을 가능성이 크다. 일본에 청동기가 전래되었을 무렵, 대륙은 이미 철기 시대로 접어들었던 것이다.

야요이 시대 전기에 도끼나 작은 칼과 같은 철제 도구가 한반도에서 일본으로 전래되었다. 중기부터 철제 농구나 무기가 제작되었다. 주로 한반도 남부에서 수입된 철을 이용해 제작되었을 것이다.[8] 야요이 시대 후반에는 동부 일본에서도 철기를 사용하였다. 철기가 실용적인 도구로 사용되면서 야요이 시대 사람들의 생활수준이 크게 향상되었다. 그렇다고 철제 도구가 일반적으로 사용된 것은 아니었다. 철제 도구를 사용하는 계층은 한정되어 있었고, 대부분의 일본인들은 여전히 석기나 목기를 사용하였다. 그래서 야요이 시대를 금석병용金石倂用 시대라고 한다.

일본에서 청동기 문화가 확인되는 것은 야요이 시대 중기 이후이다. 청동기는 주로 한반도에서 제작된 것이 수입되었다.[9] 종류는 동경銅鏡 · 동검 · 동모銅鉾[10] · 동과銅戈 · 동탁銅鐸[11] 등이 있었다. 동검 · 동

---

[8] 일본인들은 한반도에서 전래된 것을 박재품舶載品이라고 하고, 일본에서 제작된 것을 방제품仿製品이라고 하였다. 근년에 규슈 북부에서 일본에서 제작되었을 것으로 추정되는 철제 농구 및 화살촉이 발굴되었다.

[9] 청동기의 대부분은 한반도에서 제작된 것이었으나 동탁銅鐸과 같이 일본에서 제작된 것도 있었다. 청동기 제작에 사용된 원료인 납은 한반도에서 산출된 것만 사용되었다.

[10] 동모는 창의 일종으로 그 종류가 다양하였다. 야요이 시대 전기에는 한반도에서 수입하였으나 점차로 규슈 북부에서도 생산되었다. 형태는 창날이 가늘고 실용적인 것에서부터 넓고 의례적인 것에 이르기까지 다양하였다.

[11] 동탁은 주로 의식용으로 사용하는 청동제 종이었다. 크기는 매우 다양하였다. 동탁의 기원은 중국의 남부에서 동남아시아에 걸쳐서 분포된 동고銅鼓라는 설이 있으나

모·동과는 1~2세기경에 중국 동북부나 한반도에서 규슈로 유입되었다. 규슈의 한 무덤에서 동검이 발굴되었는데, 그 형태는 실전에 사용할 수 있도록 제작된 것이었다. 그러나 대부분의 청동기는 비실용적인 것이었다. 보물이나 제기祭器로 사용되었기 때문이다. 청동기는 점차로 수장들의 권위를 상징하는 것이 되었다. 그것들 대부분이 부장품으로 사용되었다.

동경 또한 실용적인 거울이었다기보다는 보물의 성격을 지녔다. 동경은 중국에서 제작된 것, 한반도에서 제작된 것, 일본에서 제작된 것 등이 있었다. 일본에서 제작된 것은 매우 조잡하였다. 동경은 주로 분묘에서 발견되었다.

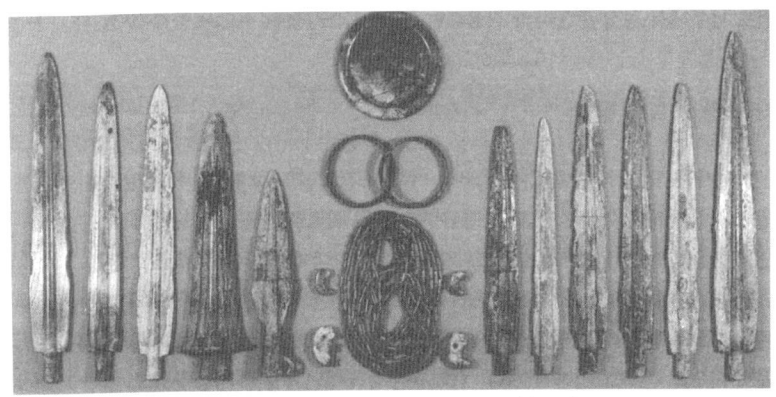

야요이 시대 무덤에서 발굴된 각종 청동기들

동검은 칼의 볼이 좁은 것과 넓은 것이 있었다. 동모·동과에도 창의 볼이 좁은 것과 넓은 것이 있었다. 그것들 모두 전자가 예리하고 실용적이었다. 이것들은 한반도에서 규슈로 수입된 것이었다. 이런 무기는

일본에서 출토된 동탁은 매우 다른 형태이다. 그래서 동탁은 야요이 시대 중·후반에 일본에서 제작되었다는 설이 유력하다. 동탁은 그 모양에 따라 횡대문식橫帶文式·유수문식流水文式·정형식定型式 등으로 분류된다.

석기에 비할 수 없이 예리하였기 때문에 금속제 무기를 손에 넣은 집단의 전투력은 비약적으로 향상되었다. 후자는 두께가 얇고 칼날도 예리하지 못했다. 무기로서 적합하지 않았던 것이다. 이것들은 대부분 일본에서 제작된 것이었다. 일본에서 제작된 동검·동모·동과는 점차로 대형화되면서 의식용 도구로 변질되었다.

동탁과 그 표면의 문양

동탁은 일본에서 제작된 청동기였다. 크기는 약 10센티미터 정도로 작은 것에서부터 130센티미터가 넘는 큰 것도 있었다. 동탁은 야요이 시대 중기에서 후기에 걸쳐서 제작되었을 것으로 추정된다. 일반적으로 작고 두꺼운 것에서 크고 얇은 것으로 변화되었는데, 그것은 악기에서 제사용 보물로 변화하는 과정이기도 하였을 것이다. 지금까지 발견된 동탁은 450개 정도이다. 그런데 동탁은 다른 청동기처럼 분묘에서 발굴된 것이 아니다. 으슥한 산기슭에서 우연히 발견되었는데, 한 곳에 여러 개의 동탁이 함께 묻혀 있었다.

동탁은 시간이 지날수록 대형화되었다. 그중에는 농경·수렵생활의 모습, 고상식高床式 창고나 가옥 모양이 새겨진 것도 있다. 동탁은 어떤 용도로 사용되었는지 확실하지 않지만, 초기에 제작된 것은 매달아서 소리를 내게 하는 제기였고, 나중에 제작된 것은 장식용 제기라는 설이 유력하다.

야요이 후기 서부 일본에는 3개의 문화권이 형성되어 있었다. 이 시대 전기에서 중기에 걸쳐 한반도에서 전래된 동검·동모·동과 등이 규슈에 분포되어 있었다. 그리고 중기에서 후기에 걸쳐 일본에서도 금속기가 제작되면서 규슈 북부에 볼이 넓은 동모·동과의 분포권이 형성되었다. 마지막으로 교토·오사카를 중심으로 동탁 분포권이 형성되었다. 이런 문화권에는 각기 다른 정치 세력이 존재하였을 가능성이 크다.

4. 주거·마을·생활

농경의 발달은 일본사회를 크게 변화시켰다. 이전의 수렵·채집·어로에 의한 자연경제에서 생산경제로 전환하였다. 농경이 발달하면서 야요이 시대 사람들은 농경지에서 가까운 들이나 산기슭에 정착하였다. 논을 개간하고 정비하기 위해서는 대규모 공동 작업이 요구되었다. 협동 작업이 필요한 벼농사가 보급되면서 마을의 규모도 점차로 커졌다. 사람들은 마을 주변에 지름 100미터 정도의 방어벽을 쌓거나 해자를 설치하고, 그 안에 수혈식竪穴式 주거 10여 채를 마련하고 수십 명이 함께 생활하였다.

처음 주거는 논에서 가까운 저습지에 있었다. 그러나 마을의 규모가 커지면서 저습지에서 약간 벗어난 곳에 주거지를 마련하였다. 세토 내해 지역과 교토·오사카 지방에서는 비교적 높은 산기슭에 마을을 조성하기도 하였다. 그러한 마을은 군사적 목적의 마을이었을 것으로 추정된다.

주거는 기둥을 땅에 고정시키고 지붕을 완만하게 늘어뜨리는 형태였다. 집 내부에 화로를 설치하였다. 시간이 지날수록 주거의 규모나 형태도 다양해졌다. 마루를 높게 올려서 지은 고상식 주거도 있었다. 이것은 주로 창고로 이용되었을 것이다. 도로 유적에서는 두 곳의 고상식 주거 터가 발견되었다.

이 시대는 적갈색을 띠는 토기가 사용되었다. 이 토기는 조몬 토기보다 질이 좋은 점토를 이용해 높은 온도(약 1,000도)에서 구운 것이었다. 그릇의 두께는 얇고 단단하였다. 토기에는 문양이 거의 없었고, 있다고 해도 기하학적인 문양과 같이 단순하였다. 1884년 이러한 특징을 지닌 토기가 도쿄 혼고本鄕 야요이초彌生町의 무코가오카向ヶ岡 패총에서 처음 발견되어 야요이 토기라고 명명되었다. 이 시대의 문화를 야요이 문화[12]라고 한다. 야요이 토기는 서부 일본에서 동부 일본까지 널리 분포되었다.

원시 시대에서 조몬 시대까지 일본 열도의 역사는 지역차가 그다지 심하지 않았다. 일본 열도 전역에서 거의 동일한 역사발전 단계를 거쳤다. 그러나 야요이 시대부터는 혼슈·시코쿠·규슈 등의 지역과 다른 지역의 역사는 커다란 차이를 보이기 시작하였다. 특히 홋카이도에서는 야요이 문화가 전혀 발달하지 못하였고, 여전히 채취와 수렵을 주로 하는 일상이 지속되었다.

벼의 생산량이 증가하면서 식생활에도 변화가 있었다. 항아리 모양의 저장용 그릇, 옹기 모양의 취사용 그릇, 음식물을 찔 수 있는 시루, 제사용 잔 모양의 그릇 등 용도에 따라서 다양한 모양의 토기가 제작되었다. 야요이 전기에는 항아리와 독이 많이 사용되었으나 중기에는 고배高杯가 많이 사용되었다. 야요이 후기에는 고배와 함께 작은 그릇이 많이 사용되었다. 음식을 개인별로 담아서 먹는 문화가 정착되었다.

토기 이외에도 농구·공구·직조 기구 등과 같은 생활용구가 있었

---

[12] 야요이 문화 시대는 보통 전기(B.C.300~B.C.100)·중기(B.C.100~A.D.100)·후기(A.D.100~A.D.300)로 구분한다.

야요이 시대의 토기들

다. 석기·골각기·목기 이외에 금속성 기구가 증가하면서 생산력이 발전하였다. 경작용 농구로는 목제 괭이·가래·삽이 있었다. 수확용 도구로는 벼이삭을 따기 위한 돌칼·돌낫 등의 석기가 있었다. 야요이 후기에는 쇠로 된 낫이 제작되었다. 습지에서는 다부네·다게타·오아시와 같은 농구가 사용되었다. 탈곡할 때는 절굿공이와 절구가 사용되었다.

돌로 만든 공구로는 돌도끼가 대표적인 것이었다. 철제 공구로는 칼·대패·쐐기·끌·송곳이 있었다. 철제 공구가 출현하면서 나무를 가공할 수 있게 되었다. 각종 목제 농구와 다양한 생활용구가 제작되었다. 특히 토기를 제작하는 데 편리한 회전대가 발명되면서 토기의 생산이 증가하였고 모양도 매우 정교해졌다.

야요이 시대에 식물 섬유로 옷감을 짜서 의복을 만들었다. 직조 기술을 비롯한 각종 기술이 발달하면서 분업이 진행되었다. 규슈 북부의 선진지역에 청동기를 생산하는 수공업 집단이 형성되었다. 석기를 특산품으로 하는 마을도 형성되었다. 공동체 간에 분업이 행해졌던 것이다. 하지만 생산물은 생산자가 직접 팔 수 없었다. 교역의 주체는 어디까지나 공동체였다.

5. 왕묘의 출현

 농경의 발전은 사회의 변화를 초래하였다. 벼농사가 발달하면서 공동체의 수장은 특권 신분이 되었다. 생산이 향상되면서 부를 축적하는 자가 출현하였고, 부가 축적되면서 계급분화가 촉진되었다. 공동체 내부는 물론 마을 간에도 빈부의 격차가 생겼다. 신분과 계급의 분화가 본격화되었다.

 1세기 전후에 지역 집단을 통솔하는 수장이 출현하였다. 몇 개의 마을이 참여하는 대규모 공동 작업이 진행되면서 보다 큰 단위의 공동체를 이끄는 지도자가 필요하였을 것이다. 농경생활에서는 계절의 변화나 기후, 특히 일조량이 중요하였다. 그런 자연현상은 인간의 능력으로는 어찌할 수 없는 영역이었다. 그래서 자연을 관장하는 신령들을 달랠 수 있는 주술력을 가진 자가 수장으로 추대되었을 것이다. 수장은 주술로 농경의례를 관장하고, 용수로를 중심으로 지역의 주민을 통솔하고, 다른 집단과의 교섭을 주도하면서 권력을 강화하였다. 유력한 수장은 보다 큰 집단을 형성하면서 지배자로 부상하였다.

 규슈의 북부를 중심으로 발달한 묘지제도를 살펴보면 계급이 발생했다는 것을 알 수 있다. 교토·오사카 일대[13]와 규슈에서 여러 형태의 묘지가 발굴되었다. 옹기 두 개를 서로 맞대어 연결하고 그 속에 시체를 안치한 옹관묘, 구덩이에 판석板石을 두르고 그 안에 시체를 안치한 상자식 관, 3~4개의 지석支石 위에 크고 넓은 돌을 덮은 지석묘支石墓 등이었다. 특정한 묘지에서는 한반도에서 제작된 동경·동검·동모 등의 부장품이 출토되었다. 특히 일본에서 가장 오래된 왕묘로 추정되

---

13) 교토·오사카 일대에서는 묘지 주변에 사방으로 해자를 판 방형주구묘나 토광묘土壙墓가 발달하였다. 아마가사키시尼崎市 다노田能와 오사카시大阪市 우류도瓜生堂의 묘지에서는 목관묘가 발견되었다.

는 후쿠오카현 다카기 유적을 비롯한 여러 유적에서 청동제 무기와 동경이 발굴되었다.

1세기경에 조성되었을 것으로 추정되는 후쿠오카현 스구須玖 유적에서도 다량의 청동기가 발굴되었다. 유물은 여러 개의 옹관묘 중 한 묘에서 출토되었다. 거기에서 동경, 동검, 동모 등의 청동기 이외에 유리로 만든 구슬을 비롯한 많은 부장품이 발굴되었다. 동경은 중국에서 제작된 것이었고, 동검과 동모는 한반도에서 제작된 것이었다. 당시 일본에서도 중국·한반도 세력과 교류하면서 풍부한 물자를 소유한 정치권력이 출현했다는 것을 알 수 있다.

6. 농경의례와 원시신도

벼농사와 함께 새로운 농경의례가 시작되었다. 농사 중 파종을 하는 봄과 추수를 하는 가을이 가장 중요한 시기였다. 야요이 시대 사람들은 자연스럽게 파종 때 풍작을 기원하고 추수 때 수확에 감사했을 것이다. 그런 과정에서 자연스럽게 지신地神 신앙이 싹트게 되었고 농경과 관련한 의례가 행해지게 되었다.

야요이 시대 사람들은 큰 바위와 같은 자연물에 신령이 깃들어 있다고 생각했던 것 같다. 그런 곳에서 여러 개의 동탁이 함께 발견되었다. 동탁의 대부분은 일정한 원칙에 따라 의도적으로 매립되었다. 얕은 구덩이를 파고 그 속에 동탁의 돌출부가 수직이 되도록 땅에 묻었다. 동탁을 세워서 묻은 예는 없었다.

신이 깃들어 있는 신성한 곳에 동탁을 묻는 것 자체가 중요한 의식이었다. 땅에 묻은 동탁은 폐기된 것이 아니었다. 동탁의 표면에서 타종

한 흔적이 발견되는 것에서도 알 수 있듯이, 의식을 거행할 때 사용한 동탁을 땅에 묻었다가 다음 의식을 거행할 때 다시 꺼내어 사용했을 가능성이 크다. 이것은 지신 신앙과 밀접한 관련이 있다. 야요이 시대 사람들은 어떤 것

출토 당시의 동탁

을 땅 속에 묻어 둠으로써 신성한 땅의 기운을 받으려고 하였다. 땅에 생명력과 회복력이 있다고 생각했던 것이다.

　원시신도原始神道에서는 주로 농경과 공동체의 번영을 위해 제사를 지냈다. 신들 중에 산악·바위·바다·물·땅·바람·천둥과 같은 자연현상을 신격화한 자연신이 압도적으로 많았다. 농경과 깊은 관계가 있는 자연현상을 신격화한 것이라는 것을 알 수 있다. 여러 신들 중에서도 야마쓰미山神·와타쓰미海神·미쿠마리노카미水分神 등이 유력한 자연신이었다.

　오늘날까지 산악·바위·섬·나무와 같은 자연물이 제사 유적으로 남아 있는 곳이 있다. 신사와 관련된 곳, 분묘에 속해 있는 유적도 있다. 산악의 제사 유적으로 나라奈良의 미와야마三輪山, 시즈오카현靜岡縣 이즈伊豆의 미쿠라야마三倉山, 닛코日光의 후타라산二荒山, 후지산富士山 등이 대표적이다. 암석과 관련된 제사 유적으로 군마현群馬縣 아카기야마赤城山의 궤석櫃石, 나가노현長野縣 다테시나야마蓼科山의 어좌석御座石 등이 있다.

　원시신도에서 예배의 대상을 보통 가미神라고 하지만, 다마靈·모노·누시라고 하기도 하였다. 신의 작용을 신격화한 것으로는 창조를

의미하는 신, 생식력을 의미하는 신, 힘을 의미하는 신 등이 있다. 신의 작용 중에 창조를 의미하는 무스비産靈가 가장 중요하였다. 무스비라는 관념은 원시종교에서 인간의 번성과 농작물의 생육을 결부시킨 것이다. 일본신화에도 무스비라는 관념이 명확하게 드러나 있다. 태초에 아메노미나카누시노카미天御中主神가 있었는데, 다카미무스비노카미高皇産靈神·가미무스비노카미神皇産靈神라는 부부신이 모습을 드러냈고, 이 삼신三神이 천지만물을 창조했다는 것이다.

인격신은 특정한 인물을 신격화한 것이다. 인격신은 인간 사회에서 활동한 이력이 있는 신이다. 실제로 일본신화에는 인격신이 많이 등장한다. 인격신과 같이 인간을 신격화한 것이 조상신이다. 조상신은 우지가미氏神의 원형이다. 혈연신血緣神인 동시에 지연신地緣神의 성격을 띠고 있다.

고대의 제사 유적

원시신도에서는 인간이 신을 받들거나 신의 뜻을 헤아리기 위해 죄를 짓지 말고, 부정한 일을 하지 말고, 청정한 상태를 유지해야 하였다. 청정한 상태를 유지하기 위해 일정 기간 금기사항을 지키는 생활을 하

였다. 만약 죄를 지었거나 부정을 탔으면 정화할 필요가 있었는데, 그것을 하라이祓い라고 하였다. 특히 물에 들어가서 죄와 부정을 정화하는 것을 미소기禊라고 하였다.

　제사를 지낼 때는 먼저 일정한 지역을 신성한 구역으로 정하고, 그곳에 히모로기神籬라는 신성한 나무를 세우고 신을 불렀다. 히모로기에 거울과 같은 제기를 걸어놓고 예배하였다. 또 바위에 신이 깃들기를 기다려 제사를 드리기도 하였다. 주로 밤에 제사를 드렸는데, 공동체의 수장이기도 한 제사장이 신에게 노리토祝詞를 바치고 소원을 빌었다. 그리고 신과 사람이 함께 먹고 마시는 나오라이直会를 행하고 제사를 마쳤다. 제사가 끝나면 제사 용구는 부수거나 땅에 묻었다.

　원시신도에서는 신이 제사를 지내는 동안에만 특정한 곳에 강림하고, 제사가 끝나면 본래의 곳으로 돌아가는 것으로 생각하였다. 그래서 신을 위한 특정한 시설물을 세우지 않았다. 신이 강림하는 특정한 곳을 사이조斎場라 했는데, 돌로 그 주위에 담을 쌓거나 금줄을 쳐서 성역임을 표시하였다. 훗날 제사 규모가 커지면서 신을 모시는 사당을 세우기도 하였다. 그러나 사당을 세우지 않은 신사가 가장 오랜 전통을 지닌 신사라고 할 수 있다.

　사당이 세워지면 그 속에 거울이나 돌과 같은 자연물을 신체로 모셨다. 신사는 야시로社・미야宮・호코라祠라고도 한다. 그 어원을 살펴보면, '야시로'는 건물이 있는 신성한 장소를 의미하였고, '미야'는 건물의 존칭, '호코라'는 신성한 물건을 모시는 창고를 의미하였다.

[2] 소국의 분립과 야마타이국

1. 중국의 사서에 보이는 왜국

1세기 중엽 후한後漢의 반고班固가 편찬한『한서漢書』지리지地理志에 의하면, 기원전 1세기경 한사군 중의 하나인 낙랑군樂浪郡보다 먼 바다에 왜인倭人이 있었고, 그들이 사는 곳은 100여 개의 소국으로 나뉘어져 있었다. 소국의 수장 중에는 정기적으로 낙랑군에 사신을 보내 조공하는 자도 있었다. 왜인들은 조공의 기회를 이용하여 중국의 문물을 받아들였을 것이다.

5세기 전반 중국 남조 송宋의 범엽范曄이 편찬한『후한서後漢書』의 왜전倭伝에 의하면, 57년에 왜의 나노국奴国이 후한의 왕도 낙양洛陽에 사신을 보내어 조공하였고, 광무제光武帝는 나노국에 「漢委奴国王」이라는 금인金印[14]을 하사했다는 기록이 보인다. 나노국은 지금의 규슈 후쿠오카福岡 지역에 있던 소국이었을 것으로 추정된다.

『후한서』의 왜전에 의하면, 107년에 나노국이 아닌 다른 왜의 소국 왕이 후한에 조공하였다. 왜국왕 수승帥升이 노예 160명을 바치면서 안제安帝에게 알현을 청하였다. 중국 사서에 처음으로 '倭國王'이라는 칭호가 등장한 것이 주목된다. 수승이 통치하던 지역은 이토국伊都国 (지금의 후쿠오카현 이토시마군糸島郡 지역으로 추정되는 곳) 또는 마

---

14) 1784년 후쿠오카현 시가노시마志賀島에서 금인이 출토되었다. 거기에는「漢委奴国王」이라는 글자가 새겨져 있었다. 기록에 의하면, 진베에甚兵衛라는 농민이 괭이로 논두렁 옆의 수로를 파던 중 금인이 출토되었다. 출토 지점은 시가노시마의 남단으로 추정되나 명확하지 않다. 일본사에서는 이 금인이 바로 후한 광무제가 나노국 왕에게 하사한 것이라고 한다. 현재 금인은 국보로 지정되었다. 금인이 위조되었다는 주장이 에도 시대부터 제기되었으나 많은 고고학자들이 그것을 진품으로 인정하고 있다.

쓰라국末盧国(지금의 사가현佐賀県 가라쓰唐津 지역으로 추정되는 곳)이라는 견해가 유력하다. 이것을 통하여 1~2세기경에는 규슈 북부를 중심으로 소국이 성장하였고, 맹주의 지위가 반세기만에 교대되었다는 것을 알 수 있다.

2세기 후반에는 중국의 후한 왕조가 쇠퇴하면서 주변 세계에 대한 영향력도 약화되었다. 이 시기에 만주(지금의 중국 동북 지방)에 근거지를 둔 고구려가 세력을 확장하며 후한을 압박하였다. 이 무렵 일본 열도는 동란기에 접어들었다. 소국의 수장들이 패권을 둘러싸고 항쟁을 되풀이 하였다. 유력한 수장이 주변 지역을 무력으로 통합하면서 보다 큰 지역을 지배하는 지도자로 성장하였다.

항쟁의 과정은 치열하였다. 사가현의 요시노가리吉野里 유적, 아이치현의 아사히朝日 유적에서 그 흔적을 찾아볼 수 있다. 해자와 망루를 비롯한 방어시설이 마을 전체를 에워싸고 있었다. 마을 자체가 견고한 방어진지였음을 알 수 있다. 그것은 소국 간의 경쟁이 얼마나 격렬하였는지 생생하게 보여주는 것이기도 하다.

2. 야마타이국의 정치와 사회체제

동란을 거치면서 일본 열도에 28개의 소국을 통괄하는 지배자가 출현하였다. 야마타이국邪馬台国의 히미코卑弥呼였다. 28개 소국은 히미코를 공동의 왕으로 추대했던 것이다. 3세기 후반에 서진西晉의 진수陳壽가 편찬한『삼국지三國志』「동이전東夷傳」의 왜인조倭人條에 히미코와 야마타이국에 대하여 비교적 상세히 기록되어 있다. 그런데 현재 야마타이로 읽는 '邪馬台'는 당시 일본의 사신이 "야마토"라고 발음하는 것을 한자로 옮겨 적었을 가능성이 크다.

『위지魏志』「왜인전」은 히미코에 대하여 다음과 같이 기록하였다. "귀도鬼道에 능하여 사람들을 현혹한다. 나이는 이미 들었으나 남편이 없고, 남동생이 보좌하여 나라를 다스렸다. 히미코가 왕이 된 다음에는 그녀를 본 사람은 드물다. 1,000명의 여자 노예가 시중을 들었고, 단지 한 사람, 음식을 준비하고 히미코의 말을 전달하는 남자가 있었다."

히미코가 귀도에 능했다는 것은 그녀가 신과 교통할 수 있는 영적 능력을 갖추고 있는 인물이었음을 말해 주는 것이다. 즉 히미코는 무녀였던 것이다. 그녀는 인간과 결혼하지 못하였다. 이미 신과 영적으로 결합한 존재였기 때문이다. 그녀가 지닌 신통력은 민중에게 두려움으로, 때로는 신성한 권위로 작용하였을 것이다. 왕이 된 히미코는 궁중 깊숙이 은거하면서 좀처럼 모습을 드러내지 않았고, 그래서 그녀를 본 사람이 거의 없었을 것이다.

히미코는 직접 통치에 관여하지 않고 남동생이 정치를 담당하였다. 그녀는 비록 간접적이지만 강력한 군사력을 보유하였다. 『위지』「왜인전」에 다음과 같이 기록되어 있다. "히미코가 거주하는 궁전은 망루와 성책을 견고하게 쌓고 언제나 무기를 가진 병사가 지키고 있다." 히미코는 남동생을 통하여 친위군을 장악하고 여러 통로로 통치권을 행사하였다. 여러 소국에 관리를 파견하여 정치를 감독하였다.

히미코는 중국의 위에 적극적으로 사신을 파견하였다. 위 황제는 히미코에게 왕의 칭호와 함께 「親魏倭王」이라는 금인, 동경, 견직물 등을 하사하였다. 위 황제는 특히 동경 100개를 하사하였는데, 히미코는 이것을 소국의 수장에게 분배함으로서 지배자로서의 권위를 과시하였을 것이다.

「왜인전」에는 일본인의 생활과 풍속에 대하여 다음과 같이 기록되어 있다. "하호下戶가 대인大人을 도로에서 만나면 몸을 낮춰 (길 옆) 수풀

제2장 대륙문화의 전래와 소국의 형성

속으로 들어가 인사를 올리는데, 또는 머리를 숙이고, 또는 무릎을 꿇고, 또는 엎드려서 양손을 땅에 대고 공경한다." 야마타이국에는 대인, 하호, 노비 등의 신분이 있었고, 그들 간에 상하관계가 엄격하였음을 알 수 있다. 형벌은 준엄하였다. 범법자는 죄의 경중에 따라 처벌되었다. 죄가 가벼운 자는 그의 처자를 빼앗고, 죄가 무거운 자는 일족을 모두 죽였다. 조세제도와 권력기구도 어느 정도 정비되어 있었다.

243년에도 히미코가 중국과 교섭을 했다는 기록이 있다. 3세기 중엽에는 동아시아 국제정세가 크게 동요하던 시기였다. 한반도 남부의 여러 세력들이 연합하여 한사군의 하나인 대방군을 공격하는 등 세력을 확장하였다. 이 시기 일본 열도는 다시 동란의 시기에 접어들었다. 규슈 남쪽에 있던 구나국狗奴国[15]과 야마타이국이 전쟁을 시작하였다. 히미코가 전쟁 중에 사망하자, 야마타이국은 남성이 왕위를 잇게 하여 질서를 확립하려고 하였으나 사회가 다시 혼란해졌다. 그래서 결국 히미코와 혈연관계가 있는 이요壹与라는 13세 소녀를 왕으로 세우니 비로소 혼란이 진정되었다.

『진서晉書』에 의하면, 위가 멸망한 다음 해인 266년에 이요라고 추정되는 왜의 여왕이 진의 왕도인 낙양으로 사신을 보냈다. 이것을 마지막으로 약 150년간 중국의 역사서에서 왜의 기록이 모습을 감췄다. 물론 야마타이국의 운명도 어떻게 되었는지 알 수 없다.

---

15) 중국의 사서에 의하면, 구나국은 야마타이국의 남쪽에 있었다. 왕은 남성이었으며 야마타이국과 대립하였다. 구나국의 왕 히미코코卑弥弓呼가 야마타이국과 전쟁을 하였다.

3. 야마타이국의 위치

야마타이국의 위치에 대한 논쟁은 일본 고대사의 쟁점 중의 하나다. 국가의 기원이라는 문제와 관련되어 있기 때문이다. 현재 소재지를 둘러싼 논쟁은 규슈의 북쪽으로 보는 설과 기나이畿內, 즉 교토·오사카 일대의 야마토大和로 보는 설이 대립하고 있다[16].

야마타이국의 위치에 대한 태도를 명확히 한 최초의 문서는 다름 아닌 『니혼쇼키日本書紀』였다. 니혼쇼키는 야마타이국이 지금의 오사카 평원에 위치해 있었다는 입장을 취하였다. 이에 대하여 야마타이국이 규슈에 위치해 있었다는 설이 에도 시대에 이르러 모토오리 노리나가本居宣長에 의하여 제시되었다. 노리나가는 히미코를 규슈의 구마소熊襲라는 종족의 여왕으로 규정하였다. 이후에 『니혼쇼키』의 입장을 따르는 기나이설畿內說과 모토오리의 설을 따르는 규슈설九州說이 대립하였다.

대방군에서 야마타이국까지의 방위, 거리, 일정에 관한 왜인전의 기

---

[16] 후자의 설을 따를 경우, 3세기경에 이미 기나이에 중국과 통교하는 정치권력이 성립한 것이 된다. 전자의 설을 따를 경우, 야마타이국이 중국 역사서에서 모습을 감춘 후에 그 역사가 어떻게 전개되었는지 문제가 된다. 규슈에 그대로 있었다면 기나이 세력에 병합되었다고 할 수 있다. 그러나 동쪽으로 이동하여 기나이로 진출하였다면, 야마타이국이 기나이의 여러 세력을 정복하고 오사카 평원에 정착하여 일본 고대국가로 발전한 것이 된다. 특히 후자는 일본신화에 등장하는 진무神武의 동정신화東征神話와 관련하여 많은 논란을 불러일으킬 소지가 있다. 기나이설과 규슈설의 논쟁이 본격적으로 시작된 것은 나이토 도라지로內藤虎次郎가 획기적인 야마타이국론을 제시하면서부터였다. 나이토에 의하여 기나이설이 다시 주목되었다. 그러자 규슈설을 취하는 학자들은 치밀한 반론을 제기하였다. 논쟁은 역사학자들뿐만 아니라 고고학자들도 가세하면서 더욱 가열되었고, 점점 정밀하고 미세한 부분까지 조명되었다. 이러한 논쟁과정에서 새로운 문제를 제기한 것이 에노키 가즈오榎一雄였다. 에노키는 그때까지 기나이설에서 취하던 왜인전의 방위, 거리, 일정에 관한 해석의 불비점을 철저하게 보완하였다. 그는 야마타이국의 위치에 대하여 이론이 분분했던 것은 대방군에서 야마타이국에 이르는 과정과 거리에 관한 기록이 매우 애매하기 때문이라는 점에 착목하여 야마타이국에 이르는 도정에 대하여 새로운 견해를 제시하였다.

록을 그대로 따라가면 야마타이국은 규슈의 남쪽 바다 속에 위치했던 나라가 되어버린다. 그래서 기나이설을 따르는 학자들은 후야국不彌国 다음의 방위 표시에서 '南'자는 '東'자의 오기라고 주장하였다. 그래서 규슈의 동쪽에 야마타이국이 위치해 있었다고 주장했던 것이다.

규슈설을 따르는 학자들은 사료를 이전과는 다른 방식으로 해석한다. 예를 들면 '水行十日, 陸行一月'을 이전에는 '해로로 10일, 육로로 1개월'이라고 해석하여 여행시간이 모두 40일 걸렸다고 보았다. 그런데 똑같은 문장을 '해로로 가면 10일, 육로로 가면 1개월'이라고 해석하면 전혀 다른 결론에 도달한다. 어떤 학자는 '陸行一月'이라는 기록은 '陸行一日'의 오기라고 하여 규슈의 내부에 야마타이국을 상정하고 야마타이국은 즉 지쿠고筑後의 야마토山門라고 주장하기도 하였다.

그에 비하면 에노키 가즈오榎一雄가 제시한 설은 상당히 합리적이다. 에노키는 위의 사절이 이토국伊都国까지만 발걸음하고, 그 이남에 대한 정보는 이토국에 머물면서 왜인에게 듣고 기록하였다고 주장하였다. 그런 관점에서 에노키는 이토국을 축으로 사료를 해독하는 방법을 제시하였다. 그래서 이토국 이하의 문장은 다른 학자들이 읽어왔던 것처럼 연속적으로 읽지 말고, 이토국을 기점으로 하는 거리로 해석해야 한다고 주장하였다. 에노키설에 의하면 이토국을 기점으로, 동남쪽으로 100리에 나국奴国, 동쪽으로 100리에 후야국, 남쪽 바닷길을 따라 20일 거리에 도마국投馬国, 남쪽 해로로 10일, 육로로 1개월 걸리는 곳에 야마타이국이 있었다는 것이다. 현재 규슈설을 취하는 많은 학자들이 에노키설을 따르고 있다.

제3장

왜 왕권과 고분 문화

[1] 왜 왕권의 성립과 발전

1. 왕권의 성장

 3세기 말에 진晉이 중국을 통일하였다. 이 왕조를 역사상 서진西晉이라고 한다. 서진은 국내 문제가 복잡하게 전개되어 국력을 떨치지 못하였다. 4세기 초에는 흉노匈奴를 비롯한 북아시아 세계의 여러 유목민족이 북중국을 침략하여 그곳에 국가를 건설하였다. 서진이 멸망하자, 진 황실의 후예인 사마예司馬睿가 강남 지방으로 피란하여 동진東晉을 세웠다. 이후 중국은 300여 년 동안 남북조 시대였다. 중국의 북부에서는 여러 유목민족이 세운 국가가 흥망을 되풀이하였고, 남부에서도 여러 국가가 정권을 교대하였다.

한반도에서는 3세기 중엽에서 4세기 중엽에 이르는 시기에 국가가 형성되었다. 만주, 즉 중국 동북 지역에 근거지를 두었던 고구려는 한반도 북부 지역으로 영토를 확장하였다. 313년에는 낙랑군을 멸망시키고 북아시아 지배의 발판을 구축하였다. 한반도 남부에서도 마한馬韓 지역에서 백제, 진한辰韓 지역에서 신라, 변한弁韓 지역에서 가야가 제각기 국가를 형성하였다.

이러한 시기에 일본 열도에서는 어떠한 움직임이 있었는지 구체적으로 알 수 없지만, 중국과 한반도의 사회변동을 염두에 두고 생각해 보면, 4세기에 들어서면서 야마토大和(지금의 나라奈良를 중심으로 하는 지역)에서 왜 왕권이 성장하였고, 왜 왕권은 점차로 규슈九州의 북부에서 혼슈本州 중부에 이르는 지역의 호족들과 정치적 연합을 모색하였을 것이다. 그런 과정을 거치면서 왜 왕권은 많은 지역 정권 중에서 가장 유력한 정권의 하나로 성장하였을 것이다. 한편, 쓰쿠시筑紫(지금의 규슈 북부 지역), 게누毛野(지금의 군마현群馬県과 도치기현栃木県 일대를 아우르는 지역), 기비吉備(지금의 오카야마현岡山県을 중심으로, 히로시마현広島県의 동부, 효고현兵庫県의 서부에 걸친 지역), 이즈모出雲(지금의 시마네현島根県의 동부 지역) 등의 지역에서도 유력한 지역 정권이 성장하여, 왜 왕권을 포함한 여러 지역 정권 또는 한반도의 여러 국가와도 교류하였을 것이다.

왜 왕권을 비롯한 일본 각 지역의 수장들은 한반도의 여러 국가와 교류하면서 철 자원을 확보하고 선진문물을 수입하였다. 그러나 4세기 말에 고구려가 남하하면서 한반도는 전란의 소용돌이에 빠졌다. 특히 한반도 남부의 세력균형이 깨졌고, 이러한 변화는 일본 열도에도 영향을 미치게 되었다. 이러한 정세 속에서 백제의 요청을 받은 왜 왕권은 백제·가야와 연합하여 고구려·신라의 동맹세력과 대립하였다. 고구려 광개토대왕廣開土大王의 비문에 보이는 한반도 남부의 정세와 관련된 기사는 바로 이 시기에 형성된 긴장관계를 보여주고 있는 것이다.

2. 광개토대왕비와 임나일본부 문제

고구려 광개토대왕의 계획은 한반도 전체를 지배하는 것이었으나 일차적인 공격 목표는 백제였다. 백제는 가야·왜와 연합하여 고구려의 남하에 대항하였다. 광개토대왕 비문에 의하면, 왜는 신묘년辛卯年인 391년을 시작으로 여러 차례에 걸쳐서 한반도에 출병하였다. "왜가 신묘년 이래로 바다를 건너와서 백제·신라를 쳐서 신민으로 삼았다."는 기록이 바로 그것이다. 이 기사는 일본 사학계에서 임나일본부설任那日本府説, 즉 왜 왕권의 한반도 남부 지배설의 근거로 제시되고 있는 것이다.

한국 사학계에서도 광개토대왕 비문을 둘러싼 연구가 활발하게 진행되었다. 그 과정에서 일본군이 비문을 변조했다는 설이 제기되기도 하였고, 여러 관점에서 비문을 해석하여 임나일본부설에 대응하기도 하였다. 그러나 근년에 비문 변조설이 설득력을 잃게 되면서 광개토대왕 비문 연구는 새로운 단계에 접어들었다.

일본 사학계의 통설인 임나일본부설은 고대 일본이 미마나任那,[17] 즉 가야지역에 일본부日本府라는 통치기관을 두고 그 지역을 지배했다는 설이다. 지배한 시기는 369년에서 562년까지 약 200년 동안이다. 그

---

17) '임나'라는 용어는 광개토대왕비에 '임나가라任那加羅'라고 보이기는 하지만, 한국측의 사료에서는 거의 보이지 않고, 『니혼쇼키』를 비롯한 일본 측의 사료에 많이 보인다. 임나는 가야연맹을 의미하기도 하지만, 김해에 근거지를 두었던 금관가야金官加耶을 지칭하기도 한다.

런데 임나일본부란 용어는 『니혼쇼키日本書紀』에만 보인다. 『니혼쇼키』보다 8년 앞서 712년에 편찬된 『고지키古事記』에도 임나일본부란 용어가 보이지 않는다. 그래서 임나일본부는 『니혼쇼키』 편찬 과정에서 조작된 것이 아닌가 하는 의구심이 들기도 한다. 일본이라는 국호는 제도적으로 701년 율령이 편찬되면서 성립되었다. 720년에 편찬된 『니혼쇼키』에는 임나일본부라는 기록이 있지만, 6세기에는 일본이라는 국호가 사용되지 않았다. 그렇다면 '임나일본부'라는 명칭은 사실로 존재할 수 없다. 만약 당시 일본의 왜 왕권이 한반도 남부와 관련된 기관을 두었다면 '임나왜부'라고 했어야 마땅하였다. 그런데 『니혼쇼키』 어디에도 그런 흔적이 없다. 『니혼쇼키』의 기록을 신뢰할 수 없는 이유이다.

한국 사학계에서도 임나일본부설을 비판하는 새로운 가설이 제기되었다. 북한 학계에서는 일본 열도로 건너간 가야인계가 세운 분국分國을 왜 왕권이 지배하기 위해 설치한 기관이라는 설을 제기하기도 하였고, 한국 학계에서는 일본 열도를 대표하는 어떤 국가가 가야를 지배한 것이 아니라 백제가 가야를 지배하였고, 그 사실을 백제가 멸망한 후 편찬한 『니혼쇼키』 집필 과정에서 일본이 왜곡하여 기술하였다고 주장하기도 하였다. 일본의 일부 사학자들은 왜 왕국이 가야 지역에 파견한 관리설을 제기하기도 하였다.

근년에 이르러 가야 지역에 대한 발굴조사가 진행되면서 가야의 자립적이고 독립적인 국가로서의 위상이 부각되었다. 따라서 임나일본부 문제에 가야의 주도적인 입장이 반영되고, 『니혼쇼키』를 비판적으로 검토하면서 일본 사학계에서 한반도 남부 지배설은 거의 설득력을 잃었다. 임나일본부라는 용어는 거의 540년대에 한정되어 있고, 이른바 일본부 관리의 활동도 이 시기에 집중되었고, 또 이 시기에 가야 제국을 둘러싼 국제관계가 급박하게 전개되었다는 데에 공통된 인식을 갖게 되었기 때문이다.

임나일본부 문제는 가야에서 활동하던 일본부 관리의 실체가 드러나면 지금까지의 견해와는 전혀 다른 차원의 해석이 가능할 수도 있다. 일본부 관리가 일본에서 파견된 자라는 근거가 미약하기 때문이다. 그리고 당시 가야 연합은 백제와 신라의 압박에 위기감을 느끼고 있던 상황이었다. 임나일본부 문제는 이러한 긴박한 국제관계 속에서 입체적으로 분석되었을 때 그 실상에 근접할 수 있을 것이다. 무엇보다도 임나일본부설은 한국사의 연구 성과와 대립되는 면이 많고, 일본 역사학계에서도 여러 설이 제기되고 있는 만큼 보다 신중한 자세로 접근해야 할 문제인 것이다.

3. 왜의 5왕

중국의 사서인 『진서晉書』・『송서宋書』・『양서梁書』에 의하면, 413년부터 100여 년 동안 찬讚・진珍・제濟・흥興・무武라는 왜의 5왕이 차례로 중국 남조에 조공하였다.

왜의 왕이 중국에 조공한 목적의 하나는 고구려의 남하에 자극을 받아서 한반도 남부의 백제・신라・가야 등에 대한 정치적 입장을 강화하려는 것이었다. 그리고 동시에 그것을 통하여 기비・이즈모・쓰쿠시 등의 각지에 강력한 세력을 형성하고 있으면서 왜 왕권과 대립하고 있던 일본 열도 내의 여러 지역 정권에 대하여 우월적인 입장을 확립하려는 것이었다.

왜왕 진은 남조에 조공하면서 스스로 '6국제군사・안동대장군・왜국왕'[18]이라고 칭하며, 그 칭호의 승인을 송의 문제文帝에게 요청하였다. 하지만 송의 문제는 '안동장군·왜국왕'의 칭호만 허락하였다. 그 후 왜왕 제에 이르러 '6국제군사·안동장군·왜국왕'이라는 칭호가 허락되었다.[19] 왜 왕권은 왜왕 무에 이르러 '7국제군사·안동대장군·왜국왕'이라고 자칭하며 송의 순제順帝에게 그 승인을 요청하였다.[20] 송의 순제는 왜왕 무에게 '6국제군사·안동대장군·왜국왕'이라는 칭호를 수여하였다.[21] 백제까지 끼워 넣어 국제적인 위상을 강화하려고 했던 왜왕 무의 시도는 좌절되었지만, '대장군'의 지위는 인정하였다.

왜왕의 정치적인 노력에도 불구하고, 실제적으로는 목적했던 바를 달성하지 못하였다. 그리고 한반도 정세는 왜왕의 기대와는 정반대로 전개되었다. 고구려는 427년에 왕도를 환도성에서 평양으로 옮기고 남하정책을 추진하였다. 왜 왕권과 밀접한 관계를 유지하던 백제를 침략하였다. 신라도 비약적으로 발전하였다. 한편, 일본 열도 내에서는 게누, 이즈모, 기비, 쓰쿠시 등의 지역에 근거지를 둔 지역 정권이 여전

---

18) 원문에는 使持節都督·倭·百濟·新羅·任那·秦韓·慕韓 六國諸軍事·安東大將軍·倭國王이라고 표기되어 있다.
19) 원문에는 使持節都督·倭·新羅·任那·加羅·秦韓·慕韓 六國諸軍事·安東將軍·倭國王라고 표기되어 있다. 왜왕 진은 백제까지 넣어서 6국제군사를 자칭하였으나 송에서는 그것을 인정하지 않고 대신 가라를 끼워 넣어서 왜왕의 6국제군사를 승인했다는 점, 그리고 대장군 칭호를 보류하고 장군을 칭하였다는 점이 주목된다. 그러나 결과적으로 왜왕이 스스로 요청한 칭호가 송의 승인을 받았다는 것은 왜왕의 끈질긴 외교가 빛을 발하였다고 평가해야 할 것이다.
20) 원문에는 '使持節都督·倭·百濟·新羅·任那·加羅·秦韓·慕韓 七國諸軍事·安東大將軍·倭國王'이라고 표기되어 있다. 이번에도 왜왕 제의 때에 빠졌던 백제를 끼워 넣었다. 왜왕이 얼마나 백제에 대하여 집착하였는지, 또 백제를 포함한 7국에 대하여 군사적으로 우월하다는 것을 주장하기 위해 부단히 노력했다는 것을 알 수 있다. 『송서』에는 478년 왜왕 무가 중국에 바친 상표문이 실려 있다. 그 내용 중에서 다음과 같은 부분이 주목된다. "동쪽으로 모인 毛人을 정복하기를 55국, 서쪽으로 여러 오랑캐를 정복하기를 66국, 건너서 바다의 북쪽을 평정하기를 95국이었다." 왜왕 무는 자신의 조상이 스스로 무장하고 정복 전쟁을 거듭하며 사방의 여러 종족을 정복하였음을 강조하였다. 왜 왕권이 오랜 항쟁 기간을 거치면서 발전하였다는 것을 알 수 있다.
21) 원문에는 '使持節都督·倭·新羅·任那·加羅·秦韓·慕韓 六國諸軍事·安東大將軍·倭國王'이라고 표기되어 있다.

히 강성하였다. 왜 왕권의 지배력이 미치지 못하는 지역이 적지 않았던 것이다.

일본의 역사서에는 왜의 5왕에 관한 기록이 없다. 그래서 고대사 연구자들은 중국 사서에 등장하는 다섯 왕과 『니혼쇼키』에 보이는 오키미大王의 계보를 비교하여 왜의 5왕이 누구인지를 밝히려고 노력하였다. 참고로 오키미라는 칭호는 왜 왕권의 근거지였던 나라를 중심으로 하는 지역 지배자 집단의 대표라는 의미이다.

왜의 5왕은 왜 왕권의 왕이 아니라 규슈 북부의 왕이라는 견해도 있다. 그러나 대부분의 연구자들은 왜의 5왕은 왜 왕권의 왕이며, 그중에서도 제·흥·무는 각기 일본의 사료에 보이는 인교允恭·안코安康·유랴쿠雄略에 해당한다는 데에는 의견이 일치하고 있다. 그러나 찬·진에 대하여서는 여러 설이 있다. 찬에 대하여서는 오진応神이라는 설과 닌토쿠仁德라는 설이 대립하고 있으며, 진에 대하여서는 닌토쿠라는 설과 한제이反正라는 설이 대립하고 있다.

그런데 여기서 주목해야 할 것은 왜 5왕의 혈통적인 연관성에 문제가 있다는 점이다. 즉 찬·진, 제·흥·무는 각각 같은 혈통으로 분류할 수 있으나 진과 제 사이에는 혈통적으로 아무런 연관성이 없다는 주장이 유력하다. 위의 주장에 동조한다면, 5세기 일본 열도에는 적어도 2개의 오키미 가문이 존재했다는 설이 유력하게 대두된다. 그 설에 의하면 찬과 진이 하나의 오키미 가문이고, 제·흥·무가 또 하나의 오키미 가문이 되는 것이다. 그것은 4세기에 조성된 대형 고분은 한 곳에 모여 있는데, 5세기에 조성된 대형 고분은 두 곳 이상의 분포권을 보이고, 특히 오키미 가문의 근거지인 오사카 평원에는 두 곳의 고분군이 같은 시기에 병행하여 조성되었다는 사실에 의해서도 뒷받침된다.

두 계통의 오키미 가문의 존재가 인정된다면, 적어도 5세기 말 까지는 오키미의 지위는 특정한 가계로 고정되지 않았다는 증거가 된다.

하지만 왜의 5왕은 남조에 조공하면서 중국 왕조의 외교질서 속에 편입하려고 부단히 노력했던 왜 왕권의 지도자였다는 사실은 부정할 수 없다.

[2] 왜 왕권의 신장

1. 도래인과 대륙문화의 전래

4세기 말부터 많은 사람들이 대륙에서 일본 열도로 건너왔다. 그들을 도래인渡來人[22]이라고 한다. 도래인이라고 하면 한반도나 중국 대륙에서 일본 열도로 건너온 사람들을 지칭하지만, 도래인의 대다수는 한반도에서 건너온 사람들이었다.

고대의 도래인은 씨족 단위로 이주하였다. 도래인은 여러 가지 사정으로 인하여 일본 열도로 향하였다. 야요이 시대부터 한반도에서 일본 열도로 건너오는 사람들이 줄을 이었지만, 4세기 말에 고구려의 남진 정책으로 한반도가 전란의 소용돌이에 빠지면서 도래인이 증가하기 시작하였다. 일본 열도와 한반도의 교류가 빈번해진 5세기에 도래인이 새로운 기술과 문화를 전파하였다.

---

[22] 다른 책에는 귀화인歸化人이라고 표기된 경우도 있다. 그러나 '귀화'라는 말은 '그 나라 왕의 덕에 감화되어 국적을 옮긴다'라는 의미다. 야만의 세계에서 문명의 세계로 옮겨 왔다는 뜻이 내포되어 있다. 고대에 한반도에서 일본 열도로 건너 온 도래인이 일본 왕의 정치에 감화되어 건너왔다고 할 수는 없을 것이다. 정치상황이 불안한 한반도에서 안정된 생활을 할 수 있는 일본 열도로 건너온 사람들이 대부분일 것이다. 그렇다면 귀화인이라는 표현보다는 도래인이라는 표현이 사실에 부합되는 개념일 것이다.

왜 왕권은 대륙의 선진문화를 받아들였다. 그중에서도 특히 왜 왕권과 정치적으로 친밀했던 백제의 문화를 가장 적극적으로 수용하였다. 주로 한반도에서 일본 열도로 건너온 도래인은 문필·재정 등의 행정 실무와 방직·제련·토기·토목·건축·무기 제조 등의 생산 부문, 동물 사육 등의 분야에서 능력을 발휘하였다.

왜 왕권은 도래인 중에서 특수한 기능을 보유한 기술 집단을 조직하였다. 그중에서도 철과 구리를 다루는 기술을 보유한 가라카누치베韓鍛冶部, 양잠과 직물의 기술을 보유한 니시고리베錦織部·기누누이베衣縫部, 도기 제작 기술을 보유한 스에쓰쿠리베陶部, 마구류馬具類 제작에 종사하는 구라쓰쿠리베鞍作部 등이 대표적인 기술 집단이었다. 왜 왕권은 그들을 교토·오사카 일대에 거주하게 하였다. 도래인은 선진기술을 보유하고 대규모 관개사업이나 토목공사에 관여하기도 하고, 광대한 농지를 개간하기도 하였다.

도래인은 일본 열도 각지에 정착하였다. 도래인 중에서도 궁월군弓月君을 조상으로 하는 하타씨秦氏는 교토의 남부에 정착하였고, 아지사주阿知使主를 조상으로 하는 야마토노아야씨東漢氏는 야마토大和 남부에 정착하였다. 왕인王仁을 조상으로 하는 가와치노후미씨西文氏는 가와치河內에 정착하였다. 왜 왕권은 도래인의 학문과 기술을 중시하여 세습적인 지위를 부여하는 경우가 많았다. 예를 들면, 가와치노후미씨에게는 후히토史라는 가바네姓를 하사하고, 후히토베史部로서 사실의 기록과 재정의 출납, 징세 사무와 외교문서를 관장하는 업무에 종사하게 하였다. 6세기까지 일본 열도에서 한문을 해독하고 문장을 작성할 수 있는 능력을 보유한 자들은 거의 도래인이었다고 해도 과언이 아니다. 뿐만 아니라 전문 기술 집단인 도모베品部도 도래인을 중심으로 조직되었다. 이와 같이 도래인은 정치, 경제, 사회, 문화 전 분야에 걸쳐서 왜 왕권의 발전에 크게 기여하였다.

5세기에 이미 왜에서 한자가 사용되었다는 것이 확인된다. 하지만 학술·종교·사상이 한반도에서 집중적으로 전래된 시기는 6세기 전반이었다. 6세기에 초에는 백제에서 오경박사五經博士[23]가 파견되었다. 513년에는 단양이段楊爾가 처음으로 일본에 파견되었고, 3년 후에는 고안무高安茂와 교대하였다. 522년에는 사마달등司馬達等이 일본으로 파견되었다. 533년 백제는 왜에 오경박사를 파견하고, 유학儒学·의학医学·역학易学·역학曆学 등의 학문도 전수하였다.[24]

한자를 자유롭게 구사할 수 있었던 것은 도래인이었다. 그런데 한자를 사용하는 방법 면에서 특히 주목되는 점이 있다. 5~6세기에 제작된 도검이나 동경의 명문을 살펴보면, 한자를 그대로 음역하여 뜻을 취하는 방법뿐만이 아니라 한자가 가진 본래의 의미와 관계없이 한자의 음만 차용하여 일본어 표기에 사용하는 방법이 이미 개발되었다. 말하자면 신라의 향가식 표기법이 일본어 표현에 사용되었던 것이다.

2. 씨성 제도

왜의 5왕 중의 하나였던 무왕, 즉 유랴쿠雄略 때부터 왜의 왕은 다른 호족 위에 군림하면서 오키미라고 칭하였다. 오키미가 호족들에게 가

---

[23] 오경박사는 모두 백제인이라고 단정할 수는 없다. 오경박사의 성을 살펴보면, 고씨高氏와 같은 고구려 귀족의 성도 있었고, 단씨段氏·사마씨司馬氏·왕씨王氏 등과 같은 중국인의 성도 확인된다.
[24] 백제는 일방적으로 왜에 문화를 전해 준 것이 아니다. 고구려·신라와 대치하던 백제는 문화를 왜국에 제공하는 대신에 왜로부터 군사적인 지원을 얻어 내려는 목적이 있었다. 실제로 왜는 백제의 요청이 있으면 군사를 파견하거나 식량·말·무기 등을 제공하였다. 백제와 왜는 상호보완적인 관계였다고 할 수 있다.

바네를 수여하기 시작하면서 씨성제도氏姓制度[25]가 성립되었다.

왜 왕권은 통일 기반이 확립되면서 우지氏와 가바네라는 독특한 지배조직을 만들어서 각 지역의 지배자인 호족을 씨성제도에 편입하려고 하였다. 각 지역을 독자적으로 지배하던 호족들도 왜 왕권의 통치조직에 서서히 편입되기 시작하였다.

왜 왕권에 복속한 호족은 우지라는 동족집단을 거느리면서 우지가미氏上라고 불렸다. 우지는 수장인 우지가미를 중심으로 그와 혈연관계가 있는 소집단과 실질적인 혈연관계가 없는 소집단까지도 포함한 우지비토氏人라고 일컫는 사람들로 구성된 지연적 동족집단이었다. 우지가미는 우지가미氏神[26]에 제사를 드리면서 동족의식을 고취시켰다.

각 씨족은 세습적인 업무를 전담하면서 왜 왕권에 봉사하였다. 예를 들면, 인베씨忌部氏·나카토미씨中臣氏는 제사의 업무, 오토모씨大伴氏·모노노베씨物部氏는 군사의 업무, 소가씨蘇我氏는 재정의 업무, 하지씨土

---

[25] 사이타마현埼玉県 이나리야마 고분稲荷山古墳에서 철검이 출토되었다. 그 철검에 115자의 명문이 새겨져 있다. 그 내용은 오와케노오미乎獲居臣라는 인물이 471년[辛亥年] 7월에 자기의 7대조 이래 선조들의 이름을 열거하면서 자신의 집안은 대대로 와카타케루오키미獲加多支鹵大王에게 봉사하며 도검을 만들었다는 사실을 기록하였다. 여기에서 와카타케루오키미는 왜의 5왕 중의 하나였던 무왕, 즉 유라쿠였을 것으로 추정된다. 명문에 '오키미大王'라는 글자가 명확히 드러남으로써 왜의 왕이 유라쿠 때부터는 오키미라고 불렸다고 추정할 수 있게 되었다. 그리고 철검의 명문은 씨성제도氏姓制度 성립에 대해서도 중요한 실마리를 제공하였다. 즉 오와케노오미 이전의 7대에 걸치는 조상들의 대부분이 와케ワケ라고 일컬어졌으나 오와케노오미 자신의 대에 이르러 오미臣라고 표기하였다. 물론 이것을 곧 가바네라고 단정할 수는 없을 것이다. 하지만 유라쿠 때부터 이윽고 가바네가 성립했다는 것을 방증하는 자료임에는 틀림없다.

[26] 본래는 우지비토가 받드는 신을 말한다. 우지가미에 제사를 드리는 일은 우지비토의 특권으로 인식되었다. 그래서 다른 우지의 구성원들이 제사에 참가하지 못하게 하였다. 그러나 시대가 변화하고 동족적 결합이 이완되면서 우지가미는 지연적인 신으로 성격이 변화하는 경향이 있었다. 우지비토는 수호신으로서 영험이 있는 신, 업무를 관장하는 신, 조상신 등에 제사를 드렸다. 수호신으로는 나카토미씨가 받드는 아메노코야네노미코토アメノコヤネノミコト와 같이 조상신인 경우가 많았다. 하지만 나카토미씨와 계통을 같이 하는 후지와라씨藤原氏는 가시마 신궁鹿島神宮의 다케미카즈치노미코토タケミカズチノミコト·가토리 신궁香取神宮의 후쓰누시노미코토フツヌシノミコト 등을 수호신이나 연고신緣故神으로 받들고 제사를 드렸다.

師氏는 토기 제작의 업무를 담당하였다. 우지비토의 생활을 밑에서 지탱하던 것은 베部 또는 가키베部曲라고 불렸던 예속민이었다. 그들은 우지의 공동재산으로 여겨졌다. 그들의 대부분은 다도코로田莊라는 우지의 사유지에서 생산에 종사하는 농민이었다. 우지가미와 우지비토는 각기 얏코奴라는 가내 노예도 소유하였다.

가바네姓는 왜 왕권이 각 씨족의 지위를 나타내는 칭호로 수여한 것이었다. 본래 씨족의 수장은 독자적인 존칭을 보유하고 있었다. 그런데 왜 왕권이 성립하면서 그런 존칭이 오키미 가문을 중심으로 씨족의 지위·가문·직장職掌 등을 표시하는 가바네로 편성되었다.

왜 왕권이 가바네를 수여하면서 정치적 지위·서열을 의미하게 되었다. 가바네에는 와케別[27]·오미臣[28]·무라지連[29]·기미君[30]·아타이直[31]·미야쓰코造[32]·오비토首[33]·후히토史[34]·스구리村主[35] 등이 있었다. 가바네는 주로 왜 왕권의 영향력이 미치는

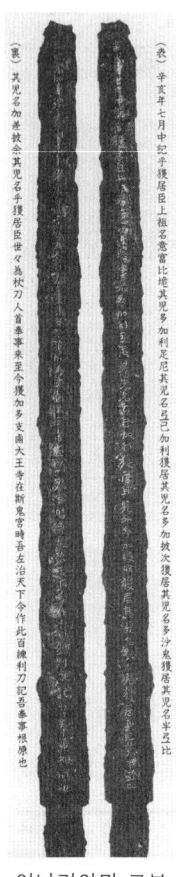

이나리야마 고분 출토 도검

---

27) 왜왕을 조상으로 하는 왕족에게 수여하였다.
28) 소가씨, 기비씨, 이즈모씨, 가쓰라기씨葛城氏 등 중앙의 호족이나 지방의 유력한 호족에게 수여하였다.
29) 오토모씨, 모노노베씨, 나카토미씨 등 특수한 직능을 가지고 왜 왕권에 봉사하는 유력한 호족에게 수여하였다.
30) 쓰쿠시筑紫, 게누毛野 등 지역의 유력한 호족에게 수여하였다.
31) 구니노미야쓰코国造에 임명된 호족에게 수여하였다.
32) 도모노미야쓰코伴造에 임명된 호족에게 수여하였다.
33) 도래인계의 호족, 아가타누시県主에 임명된 호족 등에게 수여하였다.
34) 주로 문필을 직능으로 하는 집안에 수여하였다. 주로 도래인계의 지식인들이 대상이 되었다.
35) 도래인계 호족에게 수여하였다. '스구리'는 촌락의 장로를 일컫는 고대 한국어였다.

범위인 기나이에 있는 호족에게 수여되었다.

　기미·오미·아타이 등의 가바네는 지방의 유력한 호족에 많고, 무라지·미야쓰코·오비토 등은 도모베를 거느리는 도모노미야쓰코伴造에 많았다. 예를 들면, 쓰쿠시노키미筑紫君·기비노오미吉備臣·이즈모노오미出雲臣·기노아타이紀直 등의 구니노미야쓰코国造, 모노노베노무라지物部連·하지노무라지土師連·가누치노미야쓰코鍛冶造·우마카이노오비토馬飼首 등의 도모노미야쓰코가 있었다.

　씨성 제도의 성립을 전후로 왜국 왕의 지배방식이 변화하였다. 씨성 제도가 성립되지 않았던 5세기에는 왜국 왕 자신이 왜倭라는 국명을 성으로 칭하며 대송 외교에 임하였다. 일본의 왕족이 성을 사용했던 유일한 시기였다. 이 시기에는 도래인 계열의 이주민들은 성을 사용하였으나 일본인들을 성을 사용하지 않았다.

　그런데 왜국 왕이 국내에서 씨성 제도를 실시하면서 왕족은 우지氏도 가바네姓도 보유하지 않게 되었다. 즉 왜국 왕은 씨성의 질서를 초월한 존재가 되었다. 율령국가가 성립된 후에도 관인과 양민은 성을 보유하였으나 천황과 천민은 성을 보유하지 않았다. 훗날 근대국가가 성립되면서 천민도 성을 갖게 되었으나 천황과 그 일족은 여전히 성을 갖지 않은 존재로 남아있었다. 씨성 질서가 형성된 후 씨성을 부여하고, 또 변경하는 것은 국왕(천황) 고유의 권한이 되었다. 성의 있고 없음으로 양민과 천민을 구별하였기 때문에, 씨성 제도는 신분제 역사에서 큰 의미를 갖는 출발점이 되었다고 할 수 있다.

3. 베노타미와 미야케

왜 왕권은 집단을 단위로 하는 베노타미部民 제도를 통하여 각 촌락을 지배하였다. 각각의 촌락을 중심으로 하는 집단적 분업이 발달하자, 왜 왕권은 그들을 권력에 봉사하는 조직으로 편성하고 지방의 호족이나 도모노미야쓰코를 매개로 하여 지배하였다. 농한기에는 베노타미를 중앙으로 불러들여서 작업을 시키고, 그들이 생산한 제품을 공물로 바치도록 하였다. 그 분업 집단을 베部라고 하였고, 거기에 속한 존재를 베노타미라고 하였다. 베노타미의 밑에는 누히奴婢라는 가내 노예가 있었다. 베노타미와 누히는 미야케屯倉나 다도코로田莊라는 왕실과 호족의 소유지에 소속되어 있었다.

베노타미는 형식적으로 세 종류로 나누어졌다. (1) 왕과 왕족에 속한 집단이 있었다. 나시로名代·고시로子代가 그것이었다. (2) 왕권을 유지하는 직무의 사회적 분업을 담당하는 집단이 있었다. 모노노베物部·오토모大伴·나카토미中臣 등이 그것이었다. (3) 호족이 소유한 가키베가 있었다. 소가베蘇我部·고세베巨勢部 등이 그것이었다. 베노타미 제도는 모두 왜 왕권을 구성하는 직능집단으로 사회적 분업의 일익을 담당하였다.

(1)은 왕과 그 가족을 부양하기 위해 설정하는 경우가 많았다. 나시로는 왕과 왕비 그리고 왕자의 이름을 붙인 왕실에 속한 베였다. 예를 들면 시라카베는 본명이 시라카노타케히로쿠니오시와카야마토네코白髮武広国押稚日本根子였던 세이네이清寧 왕의 나시로였고, 아나호베穴穂部는 본명이 아나호였던 안코安康 왕의 나시로였다. 왕은 여러 곳에 베의 집단을 설정하고, 그곳에서 도네리舍人를 선발하여 잡무를 담당하고 자신이나 왕자를 호위하게 하였다. 또 가시와데膳夫를 선발하여 왕궁의 부엌에서 일하게 하였다. 고시로는 왕이 자손을 위해 설정한 베였다.

예를 들면 훗날 일본 최초의 여왕이 되는 스이코推古 왕은 공주 시절의 별명이 누카다베額田部였다. 또 조메이 왕의 아들 중에 아나호베 왕자, 센카宣化 왕의 아들 중에 야카베宅部가 있었다. (2)는 전형적인 직장의 이름을 붙인 씨명에 관한 직무에 종사하였다. 예를 들면 나카토미는 제사에 관련된 업무를 분담하는 베였다. 오토모는 '토모伴'로서 왕을 시봉하는 집단을 통솔하는 씨족이었다. 모노노베는 각지의 산물인 '모노物'를 관장하는 집단을 통솔하는 씨족이었다. (3)은 각 호족에 예속된 인간집단으로서의 베였다. 소가베는 소가씨에 종속된 타미民, 고세베는 고세씨에 종속된 타미였다.

유력한 호족으로는 무라지 계열의 씨족인 오토모·모노노베·나카토미·인베忌部, 오미 계열의 씨족인 소가蘇我·가쓰라기葛城·헤구리平群·고세巨勢 등의 우지가 있었다. 조정은 무라지 계열 씨족의 최고집정관으로 오무라지大連, 오미 계열 씨족의 최고집정관으로 오오미大臣를 임명하여 행정의 중심 역할을 담당하도록 하였다. 오무라지·오오미 제도는 무라지·오미 등의 가바네가 형성된 5세기 말에서 6세기 전반에 정비되었을 것으로 추정된다.

미야쓰코·오비토 등의 가바네를 가진 도모노미야쓰코, 후히토·스구리 등의 가바네를 가진 도모伴가 있었다. 그들은 주로 중·하급의 호족들로 각기 왜 왕권의 직무를 분담하였다. 그 밑에는 그들에 의해 통솔되면서 노역이나 공납에 종사하는 베노타미가 있었다. 특히 도모노미야쓰코는 도모베品部라는 베노타미를 거느리고 직무를 수행하였다. 수공업과 관련된 도모베로는 가라카누치베韓鍛冶部·니시고리베錦織部·스에쓰쿠리베陶部·핫토리베服部·다마쓰쿠리베玉造部·하지베土師部 등이 있었다. 군사적인 업무와 밀접한 관련이 있는 도모베에는 구메베久米部·도네리베舍人部·유게베弓削部·야하기베矢作部·우마카이베馬飼部 등이 있었다. 제사와 관련된 도모베에는 인베忌部·히마쓰리베日奉部 · 히오키베日置部 등이 있었다. 이러한 조직은 주로 백제의 제도를 모방한 것으로 추정된다. 문필에 능하거나 고급 기술을 갖고 있는 도래인 중에는 도모노미야쓰코나 도모가 되는 집단이 많았다.

왜 왕권은 지방의 직할지를 지배하기 위해 미야케屯倉를 설치하고 구니노미야쓰코가 관리하게 하였다. 미야케란 경작지, 철 · 소금의 생산지, 교통의 요지 등에 설치한 관청이나 창고를 의미하였는데, 훗날에는 건물과 토지 그리고 생산자를 포함하는 조직을 지칭하였다.

미야케는 왜 왕권의 지방 지배 거점이었다. 미야케는 나라 주변 지역에 먼저 설치되었는데, 도래인이 기술과 노동력을 제공하여 경작지를 개발하였다. 그 후 미야케는 왜 왕권이 직접 지배하는 지역에 설치되었다. 6세기에 들어서 기비와 쓰쿠시를 비롯한 서부 일본의 여러 지방, 그리고 동부 일본에도 미야케가 설치되었다. 『니혼쇼키』에는 독립성이 강한 각 지역의 호족이 왜 왕권에 복속할 때 지배지역 내의 일정한 토지를 헌상하였고, 왜 왕권은 그것을 미야케로 설정했다는 기록이 있다. 미야케는 호족의 지배지역 내에 있는 군사 · 교통상의 요충지였다.

미야케의 설치로 왜 왕권은 지방 호족에 대한 지배를 강화하였고, 지방 호족은 자연스럽게 중앙의 정치질서 속으로 편입되었다. 왜 왕권은 복속한 지방 호족을 구니노미야쓰코에 임명하였다. 왕권에 복속하여 지방의 통치를 위임받은 자라는 의미인 구니노미야쓰코는 5세기 말부터 왜 왕권의 지배력이 직접 미치는 나라奈良 주변 지역과 교토 · 오사카 일대 호족에게 부여되기 시작하였다. 이 제도는 6세기에 들어서 왜 왕권의 지방 지배체제로 정착되었다.

왜 왕권은 구니노미야쓰코에게 원래 지배하던 지역을 통치할 수 있는 권한을 부여하였다. 구니노미야쓰코 자식들은 도네리舍人 · 우네메采女라는 신분으로 오키미에 직속된 관리로 출사하였다. 구니노미야쓰코는 오키미에게 지방의 특산물을 공물로 바치고, 미야케의 관리를 담당하였다. 왜 왕권이 무력을 행사할 때는 군대를 거느리고 오키미의 지휘 하에 편입되었다.

4. 왜 왕권과 지역 정권의 항쟁

5세기 말부터 나라奈良를 중심으로 하는 지역에 자리를 잡은 왜 왕권이 점차로 지배 영역을 확대하였다. 왜 왕권의 지배가 점차로 강화되면서 독자적으로 각 지역을 지배하던 유력한 호족들과의 충돌은 예상된 것이었다. 기비노오미吉備臣 · 쓰쿠시노키미筑紫君 · 게누노키미毛野君 등 유력한 지역 정권이 왜 왕권과 항쟁하였다.

그중에서도 이와이磐井 정권의 항쟁이 유명하다. 이와이 정권은 규슈의 중 · 북부 일대를 독자적으로 지배하던 세력이었다. 527년 이와이 정권과 왜 왕권이 전면 전쟁에 돌입하였다. 이와이 정권은 신라의 지원을 배경으로 모노노베노 아라카비物部麁鹿火를 지휘관으로 하는 왜 왕권의 대군을 맞이하여 싸웠다. 이 싸움은 다음 해 말까지 계속되었다. 왜 왕권의 군대는 쓰쿠시筑紫 미이군御井郡의 전투에서 이와이군을 무찌르고 승리하였다. 그 결과 왜 왕권은 규슈의 중 · 북부를 세력권 하에 넣게 되었다.

『고지키古事記』나 『니혼쇼키日本書紀』에 의하면 쓰쿠시노키미 이와이가 왜 왕권에 적대하는 움직임을 보였기 때문에 정벌되었다고 기록되어 있다. 이 기록은 528년 당시 이미 통일 정권으로서 왜 왕권이 확립되었고, 왕권에 대항하는 세력은 반란이며 정벌되어야 마땅하다는 역사인식이 전제되어 있다. 그러나 528년 이와이가 왜 왕권에 패배하기 전까지 그는 규슈의 중 · 북부를 실제로 지배하였다. 왜 왕권에 신종하지 않고, 대외적으로는 신라와 교류하던 독립 국가였다. 당시까지 왜 왕권의 지배력이 규슈에 미치지 못했던 것이다.

왜 왕권은 이와이 정권을 멸망시키고 규슈의 북부에 미야케屯倉를 설치하였다. 그리고 각 지역을 독자적으로 지배하던 호족들을 차례로 복속시키면서 점차로 지배 영역을 확대하였다. 6세기 중엽이 되면 왜 왕권이 간토関東 지방에서 규슈에 이르는 지역의 지배권을 확립하였다.

왜 왕권의 지배권이 미치는 지역에는 고시로子代 · 나시로名代, 그리고 미야케가 설정되었다. 지방의 호족들은 점차로 구니노미야쓰코 제도에 편성되었다. 왜 왕권의 지배가 지방으로 확대되면서 규슈와 동부 일본에서도 구니노미야쓰코의 존재가 확인된다. 이 제도가 확립되는 것은 7세기에 접어들어서였다.

[3] 고분 문화

1. 고분의 출현

4세기 초 일본 열도에서 고분이 조성되기 시작하였다. 고분은 야요이 시대의 공동묘지와는 성격이 달랐다. 권력자를 위한 분묘 성격의 대형 구조물이었다. 고분은 야요이 시대의 분묘가 점차로 발전한 것이 아니고, 대륙의 영향을 받아서 조성되기 시작했다는 특징이 있다.

고분은 봉분을 높이 쌓아올려서 조성하였다. 그것은 분묘의 주인공이 공동체의 구성원과는 구별되는 매우 특별한 존재라는 것을 과시하기 위해서였다. 그런 의미에서 고분은 단순히 권력자의 무덤이 아니었다. 새로운 권력자가 죽은 권력자에 제사를 드리고, 지배권의 정당한 계승을 선언하는 정치적인 목적을 지닌 구조물이었다. 실제로 고분 앞에서 즉위식이 거행되기도 하였다.

고분의 조성에 수많은 노동력이 동원되었을 뿐만 아니라 고도의 토목기술이 요구되었다. 예를 들어 닌토쿠릉仁德陵이라고 전해지는 다이센 고분大山古墳은 넓이가 46만 제곱미터, 전체 길이가 480미터, 높이가 33미터이다. 평지에 조성되는 고분의 흙을 운반하는 데 하루 1,000명의 인부를 동원했다고 가정해도 4년이 걸렸다. 고분은 일정한 원칙에 따라 정밀하게 설계하여 축조한 것으로 추정된다. 고분 주변의 해자는 봉분을 조성하는데 필요한 흙을 파내서 생긴 웅덩이에 물을 댄 것이다. 해자의 수면을 기준으로 분구의 형태를 가지런히 했을 것으로 추정된다. 요컨대 고분은 권력·재력·기술력의 집합체였던 것이다.

4세기에 교토·오사카를 중심으로 한 지역과 세토瀨戶 내해의 일부 지역에 전방후원분前方後圓墳[36]이라는 독특한 형태의 고분이 축조되기 시작하였다. 4~5세기에 가와치河內·이즈미和泉 지방에도 거대한 고분이 모습을 드러냈다. 고분의 주인공은 왜왕과 왕족, 그리고 그 지방의 유력한 호족이었을 것이다.

초기 전방후원분 형식을 갖춘 고분 중에서 유명한 것은 나라현奈良県 덴리시天理市에 있는 고분과 시부타니渋谷에 있는 고분이다. 전자는 스진崇神[37]의 왕릉이고, 후자는 게이코景行의 왕릉으로 추정되는 고분이

---

36) 전방후원분은 마치 열쇠 구멍을 연상시키는 일본의 독특한 고분 형태이다. 에도 시대에 가모 군페이蒲生君平가 처음 이름을 붙였다. 방형方形이 고분의 앞부분이고, 원형圓形이 뒷부분이다. 그래서 전방후원분이라고 부르게 된 것이다.
37) 스진은 『고지키』에 미마키스메라미코토御真木天皇, 『니혼쇼키』에 하쓰쿠니시라스스메라미코토御肇国天皇라고 기록되어 있다. '하쓰쿠니시라스'란 처음 국가를 열어 통치를 한 왕다운 왕이라는 의미이고, 미마키는 미마나任那, 즉 한반도 남부의 가야伽倻를 의미한다. 요컨대 스진은 일본에서 처음 국가를 열어 통치한 가야의 대왕이라는 말이다.

닌토쿠릉으로 알려진 다이센 고분

다. 전자는 전체 길이가 약 237미터, 후원부의 지름이 약 135미터, 높이가 약 23미터, 전방부의 폭이 약 96미터, 높이가 약 12미터이다. 후자는 전체 길이가 약 284미터, 후원부의 지름이 155미터, 높이는 약 23미터이다. 모두 낮은 언덕을 이용해 조성되었다.

거대한 고분이 단순한 묘지가 아니라 피장자의 권위를 과시하기 위한 정치적 산물이었다면, 5세기에 게누, 기비, 이즈모, 휴가日向 등 일본의 여러 지역에 거대한 규모의 고분이 많이 조성되었다는 점에 주목하지 않을 수 없다. 기비 지역에 전체 길이가 각각 270미터 또는 350미터나 되는 대형 전방후원분이 있다. 휴가 지역에 전체 길이가 219미터인 오사호男狹穗 고분을 비롯한 32기의 전방후원분이 있다. 그리고 이즈모 지역에도 거대한 전방후원분이 다수 존재한다. 이러한 고분들은 왜 왕권의 대왕릉과 같은 규모이다. 당시 일본 열도에 왜 왕권에 필적하는 강력한 정치세력이 다수 존재했음을 알 수 있다.

2. 고분의 발전

고분 시대는 고분의 형태와 규모 그리고 석실 구조와 부장품의 차이로 시기를 구분한다. 일반적으로 4세기 전기·5세기 중기·6세기 후기로 구분한다. 특히 중기의 고분은 5세기 전반에 집중적으로 조성되었다는 특징이 있다.

고분은 봉분의 형태에 따라 원분圓墳·방분方墳·전방후원분·전방후방분 등으로 구분된다. 고분의 전성기는 5세기 초반에서 6세기에 초반에 이르는 시기였다. 일본 열도에 현존하는 고분은 약 10만~15만 기이다. 고분은 단독으로 존재하는 것도 있고 고분군을 형성한 것도 있다.

전기의 고분은 마을과 경작지가 내려다보이는 언덕에 조성되었다. 외형은 여러 형태가 있으나 특히 교토·오사카 일대에 전방후원분이라는 특이한 형식의 고분이 많이 조성되었다. 고분은 보통 능선의 상단 전면에 조성되었다. 봉분을 마련하고 그 속에 유해를 안치하였다. 전기에 조성된 전방후원분의 피장자는 후원부의 상단에 안치되었다.

봉분의 주위를 돌로 에워싸고 봉분 주변에 원통형으로 만든 하니와埴輪라는 장식물을 묻었다. 하니와는 흙으로 빚은 장식물이었다. 원통 모양의 하니와를 많이 묻었으나 인물·무구·가옥·동물 등을 본뜬 형상 하니와를 묻기도 하였다. 형상 하니와는 종류에 따라 출현 시기가 달랐다. 특히 고분 시대 초기에 제작된 하니와는 그릇과 그릇 받침을 형상화하였다. 그것은 벼농사가 풍년이 들도록 기원하는 집단제사 의례를 반영한 것이었다.

유해를 안치하는 시설은 수혈식竪穴式 석실이나 점토곽으로 조성한 경우가 많았다. 수혈식 석실은 관의 주위에 돌을 쌓아 방을 만들고, 그 위에 천정석을 덮는 방식으로 조성되었다. 관은 통나무를 파내어 마치

배와 같은 형태로 만들었다. 관의 외면에는 점토를 발랐다. 부장품으로 주술적 색채가 짙게 풍기는 동경, 옥으로 만든 귀고리나 팔찌와 같은 장신구, 철제 도검이나 화살촉과 같은 금속제 무기가 많이 매장되었다. 피장자는 정치적인 지배자인 동시에 주술적인 지도자의 성격도 아울러 지니고 있었다.

5세기에 들어서면서 고분의 규모가 갑자기 거대해졌다. 거대한 고분은 평지에 조성되었다. 닌토쿠릉의 규모에 대해서는 앞에서 설명한 바와 같은데, 5세기에 조성된 여러 고분의 규모도 닌토쿠릉에 필적하였다. 가와치河內에 있는 오진릉応神陵은 전체 길이가 430미터, 이즈미和泉에 있는 리추릉履中陵은 전체 길이가 360미터, 오카야마현岡山県 비추備中에 있는 쓰쿠리야마造山는 전체 길이가 350미터이다. 전체 길이가 300미터 이상인 고분이 현재 확인된 것만도 7개소이다. 대형 고분은 평야에 조성된 것이 대부분이다. 고분의 주변에 해자를 판 것도 특징이다.

중기의 고분도 봉분의 상단에 유해가 안치되었다. 중후한 느낌을 주는 석관이 제작되었다. 부장품 내용도 크게 변화하였다. 갑주와 마구가 선호되었고, 관冠, 금은 장신구, 철제무기, 호미나 삽과 같은 철제농구 등이 부장품으로 매장되었다. 전기와 비교하면 부장품으로 중국과 한

춤추는 사람 하니와(좌) 무관 하니와(우)

한반도의 영향을 받은 스에키

반도에서 전래된 것, 권력을 상징하는 것, 실용적인 것 등이 많아졌다. 피장자가 주술적인 지도자로서의 이미지를 벗고, 정치·군사 지도자로 변화하였음을 알 수 있다. 또 당시 지도자가 대외적으로도 활발한 외교활동을 전개했다는 것도 알 수 있다. 고분의 피장자는 여전히 왕실과 관계있는 인물이거나 호족에 한정되어 있었다.

고분의 규모는 5세기 중반을 정점으로 축소되었다. 또 평지뿐만 아니라 언덕에도 조성되었다. 5세기 중엽부터 횡혈식橫穴式 석실이 나타났다. 횡혈식 석실은 현실玄室, 즉 시신과 부장품을 매장한 방으로 연결되는 통로를 만들고 큰 돌로 입구를 막았다. 이러한 석실은 6세기 이후 전국적으로 보급되었다. 매장 방법도 이전에 비해 세련되게 변화하였다. 입구를 막아놓은 돌을 들어내면 언제라도 합장이나 추장追葬이 가능하였다. 추장이 가능했다는 것은 횡혈식 석실이 가족묘지의 성격을 띠었다는 것을 의미한다.

석실의 내부에 피장자의 관을 안치하고 주위에 부장품을 배치하였다. 중요한 부장품으로는 무구·마구를 비롯하여 동경, 금·은제 장신구 등이 있었다. 그릇을 비롯한 일상생활 용구가 함께 매장되는 경우가 많았다. 특히 한반도에서 건너온 스에키須惠器라는 그릇이 함께 매장되었다. 부장품은 훗날에 묻는 경우도 있었다. 고분 내부에 벽화가 그려져 있는 것도 있었다.

고분을 조성하고 그곳에 다른 사람의 시신을 추가로 매장하게 되면서 사후 세계에 대한 인식이 변화하였다. 이전의 일본인들은 사후에도 영혼이 육신을 떠나지 않는다고 생각하였다. 그러나 시신을 매장한 횡혈식 석실에 들어가 부패한 시신을 목격하게 되면서 육신은 이미 영혼을 담을 수 없다는 것을 자각하게 되었을 것이다. 즉 삶과 죽음은 다르다는 것을 자각하게 되면서 죽으면 육신과 영혼이 분리된다고 생각했을 것이다. 생각의 변화는 불교적인 생사관을 저항감 없이 수용하는 계기가 되었을 것이다.

고분 시대 후반에 횡혈식 석실이 널리 조성되었다. 고분의 수도 증가하였다. 산간이나 도서 지방에서도 고분이 조성되었다. 당시 조성된 고분은 비교적 규모가 작은 원분이 무리를 이루고 있는 점이 특징이었다. 한 곳에 5~6기 또는 수십 기씩 밀집된 소형의 묘지들이 전국 각지에

복원한 고분 시대 호족 주거지(좌) 고분에서 출토된 주거 모양 하니와(우)

조성되었다. 수백기의 고분이 군집을 이루고 있는 경우도 있었다. 군집 고분의 발생은 농민 중에도 부를 축적한 자가 나타났음을 의미하는 것이다. 특히 규슈 지방의 고분 중에 석인石人·석마石馬와 같은 조형물이 세워지고 석실 내부에 벽화가 그려진 것이 있었다. 그것은 한반도와 문화적인 교류가 있었음을 보여 주는 것이다.

6세기 중반까지 호족은 고분을 조성하여 자신의 권위를 과시하려고 하였다. 그러나 고분 시대는 불교가 전래되면서 종말을 고하였다. 불교라는 새로운 권위가 등장했기 때문이다. 7세기 중반에는 교토·오사카 지역에서 고분이 사라졌고, 8세기에 들어서면서 동부 일본 지역에서도 고분이 자취를 감추었다.

3. 생활과 습속

5세기에 들어서 경작이 전국적으로 확대되었다. 일본인은 산야를 개간하고 수로를 개척해 경작지를 조성하였다. 이런 기술은 주로 한반도에서 건너온 도래인이 전하였다. 저습지와 달리 산야를 개간하려면 도구가 필요하였다. 5세기 중엽부터 철제 쟁기나 가래가 보급되면서 개간이 용이해졌다. 개간은 주로 호족의 지휘 아래 지역 단위로 이루어졌다. 곡선 형태의 철제 낫이 보급되면서 농업 생산력이 비약적으로 향상되었다.

야요이 시대부터 일본인은 단순한 형태의 직조기를 이용해 옷감을 생산하였다. 조잡한 마포가 의류로 이용되었다. 옷감이 화폐 대용으로 사용되면서 생산이 증가하였다. 옷은 몸의 형태에 맞춰 옷감을 재단해서 바늘로 꿰매는 방식으로 만들었다. 전문적으로 옷을 만드는 기능인이 있었다. 각종 장식도 발달하였다. 한반도나 중국에서 새로운 의복 문화가 전래되면서 일본의 고유한 의복 제도가 크게 변화하였다.

5세기 이후 신분이나 성별에 따라 입는 옷이 명확하게 구별되었다. 지배층에 속한 사람들은 남녀 모두 옷깃과 소매가 있는 옷을 입었다. 옷을 입는 방식은 좌임左袵, 즉 오른쪽 섶을 왼쪽 섶 위로 여미는 풍속이었다. 남자의 하의는 활동하기 편하도록 무릎 아래 품을 약간 조여 입었다. 여자는 발끝까지 덮이는 주름진 치마를 입었다. 남녀 모두 허리띠를 매었다. 여자는 허리띠를 앞쪽으로 매듭지어 아래로 늘어뜨렸고, 남자는 폭이 넓고 장식이 달린 허리띠를 매었다. 남자는 관이나 모자를 쓰고 신발을 신었다. 복장은 사회적 지위를 표시하는 수단으로 인식되었다.

식생활도 향상되었다. 쌀에 해초나 나물을 섞어서 죽을 끓여 먹는 사람들이 늘어났다. 물론 벼농사를 지으면서도 채취와 수렵을 계속하였다. 조개와 물고기를 잡고 해초를 채취하였다. 사슴, 산돼지, 원숭이, 너구리, 기러기 등을 사냥해 식용으로 하였다.

6세기에 이르러 집 내부에 화덕이 설치되었다. 음식을 찔 수 있는 시루도 보급되었다. 시루의 보급은 쪄서 먹는 음식이 많아졌음을 의미한다. 쌀을 찌거나 떡을 만들어 먹었을 것이다. 음식은 토기에 담아서 손으로 먹었다. 전국적으로 동일한 모양의 토기가 이용되었다. 이는 음식 문화의 획일화와 관련이 있었을 것이다.

식생활에서 소금이 차지하는 비중이 커지면서 소금 제조법이 발달하였다. 세토 내해뿐만 아니라 도호쿠東北 지방에서도 소금이 생산되었다. 소금은 중요한 공납품이기도 하였다. 소금에 절여 먹는 가공식품도 발달하였다.

거주는 세대 공동체를 기본으로 하는 형태였다. 가족 수는 20~30명이 보통이었다. 가부장제가 진행되어 부부 동거제도가 정착했지만, 형제와 그 가족, 숙부와 그 가족 등 혈연관계를 중심으로 방계 혈족이 한 집안을 형성하였다. 호족은 방계 혈족 이외에 예속민과 그 가족, 그리고 노비들을 포함하는 가솔을 거느렸다. 가족은 결코 소비생활의 단위가 아니었다. 생산노동의 단위였으며 경작지를 점유하는 단위였다.

여러 마을이 공동으로 관개시설을 마련하고 경작지를 관리하였다. 경작지는 어떤 가족이나 특정한 마을이 점유할 수 있는 것이 아니었다. 여러 마을이 전체를 공유한다는 관념이 일반적이었다. 여러 마을이 결합해 토지를 공유하는 것이 당시의 농업공동체였다. 그러나 토지 공유의 관념은 점차로 각 집안 별 점유권이 강화되는 방향으로 진행되었다.

호족은 높은 마루를 깔고 창문을 단 고상식高床式 주거에서 생활하였으나 일반인은 수혈식 주거에서 살았다. 당시 사람들은 하지키土師器라는 토기를 사용하였다. 발달된 토기 제작 기법이 한반도에서 서부 일본으로 전래되었다. 새로운 토기는 색깔이 회색이고 재질이 단단해 내구성이 뛰어났다. 그 토기는 이즈미의 스에무라陶邑에서 생산되었다.

4. 신앙과 의례

고대 일본인은 모든 자연현상에 신령이 깃들어 있으며 신령을 섬김으로써 은총을 입을 수 있다고 생각하였다. 경작에 필수적인 물이나 태양, 기타 자연현상에 깃든 신령을 특별한 장소에 모시게 되었다. 농경의례도 점차로 천신과 지신에 제사를 드리는 신앙 형태를 띠게 되었다. 외래문화가 수용되고 불교가 전래된 후에도 신령숭배 사상은 일본인의 전통적인 종교로서 일본 사회에 커다란 영향을 미쳤다.

일본인의 전통적인 종교 관념에는 여러 계통의 신앙이 융합되어 있었다. 원시 종교의 타계관에도 신이 있는 곳은 하늘이라는 관념과 함께 신이 있는 곳은 바다 저쪽이라는 관념이 융합되어 있었다. 전자는 북아시아 대륙의 타계관이었다. '하늘' 관념과 연결되는 천상에 신의 세계가 있고, '하늘' 아래에 인간계와 사후 세계가 있다고 생각하였다. 후자는 남태평양 제도의 미개 종교에 근원을 둔 타계관이었다.

수장 권력이 강화되면서 신들의 위계질서가 재편되었다. 수장 권력의 재편을 보여 주는 것이 각 지역에 산재한 고분이었다. 신들의 서열은 기기신화記紀神話, 즉 『고지키古事記』와 『니혼쇼키日本書紀』에 표현된 신화에 반영되었다. 기기신화에 의하면 다카마가하라高天原라는 '하늘'은 천황의 조상신이며 태양신인 아마테라스오미카미天照大神가 주재하였다. 아마테라스오미카미는 자기 자손을 일본 열도에 강림하게 하였다. '하늘'에서 강림한 천손이 인간과 혼인하면서 천황의 혈통이 성립되었다. 기기신화는 고대 천황제 국가가 정리한 노골적인 정치 신화인데, 그 배경에 다카마가하라계高天原系, 이즈모계出雲系, 휴가계日向系 등 계통을 달리하는 신화가 있었다. 왜 왕권은 아마테라스오미카미의 남동생 스사노오노미코토素戔嗚尊가 다카마가하라에서 쫓겨나 나카쓰쿠니中国에 내려와서 나라를 열었는데, 그 자손 오쿠니누시大国主가 천황의 자손에게 복속한다는 정치 신화를 만들어 왜 왕권의 일본 지배를 종교적으로 정당화하였다. 참고로 스사노오노미코토는 이즈모 신사의 주신으로 모셔진 신이다.

이즈모 계열의 신들이 왜 왕권의 신에게 복속했다는 이야기는 원시 신도의 신들이 왜 왕권이 받드는 신들의 계보에 흡수되는 과정을 반영하고 있다. 다카마가하라에 사는 아마테라스오미카미를 비롯한 왜 왕권의 신들은 아마쓰카미天神라고 하고, 왜 왕권에 복속한 여러 씨족의 신들은 구니쓰카미国神라고 해 구별하였다. 아마쓰카미는 구니쓰카미보다 높은 신으로 자리매김 되었다. 수많은 신들 중에 천황의 조상신

아마테라스오미카미가 일본 최고신의 지위를 차지하였다.

왜 왕권이 지방 호족들을 복속시키는 과정을 거치며 호족들이 받드는 신들의 서열이 보다 구체적으로 정해졌다. 해와 달의 신처럼 만물의 생성 및 창조와 관련된 신들이 최상위에 자리하고, 자연물이나 자연현상 즉 산·강·평야의 신들이 그 다음에 자리하였다. 그 밑에 인간의 일상생활과 직접 관련되는 불·농업·어업의 신들이 자리하였다.

신들 중에서 가장 높은 신 아마테라스오미카미를 받드는 왜왕은 가장 강력한 제사장이기도 하였다. 『고지키』와 『니혼쇼키』에 왜왕은 신과 함께 기거하고, 신에게 신탁神託을 청하고, 꿈에서 신의 계시를 받아 정치적인 결단을 내리기도 하는 존재로 묘사되었다.

호족은 야시로社라는 사당을 세워서 조상신에 제사를 드렸다. 이것을 조령신앙祖靈信仰이라고 한다. 이 시대에 죽은 자를 정식으로 매장하기까지 안치하는 모가리殯라는 의식도 행해졌고 진혼鎭魂 의식도 행해졌다. 사악한 것을 제거하고, 신체나 정신을 청결히 하는 하라이祓나 미소기禊도 행해졌다. 사슴 뼈를 태워서 길흉을 점치는 후토마니太占도 행해졌다. 그 밖에 죄인으로 하여금 뜨거운 물에 손을 넣게 해 진위를 판단하는 구가타치盟神探湯와 같은 주술적인 풍습도 성행하였다.

봄에 생산물의 풍요를 기원하는 기넨사이祈年祭, 일종의 추수 감사제라고 할 수 있는 니이나메사이新嘗祭가 농민의 연례행사가 되었다. 기넨사이와 니이나메사이는 궁중의 정치적인 행사로서도 중요한 의미를 갖게 되었다. 농촌에서는 토지신을 받들고 기우제를 지내기도 하였다.

고분에서 배 모양의 하니와 30여 점이 출토되었다. 이것은 단순히 배 모양의 토기가 아니었다. 이 하니와에 도검·지팡이·우산 모양의 장식이 실려 있는 경우가 있다. 이런 장식들은 모두 수장의 권위를 나타내는 물품들이다. 배 모양 그림으로 표현된 것도 있다. 배의 구조나 노까지 자세하게 묘사된 배의 앞쪽에 새가 앉아있고, 깃발이 나부끼는 깃대와 신목神木이 세워져 있는 경우도 있다. 어떤 하니와에는 배 앞쪽에 달이 그려져 있는 경우도 있다.

고분에 등장하는 배는 이 세상에서 저 세상으로 가는 배였다. 뱃머리의 새는 뱃길을 안내하고, 여행 중에 폭풍우나 암초를 미리 알려주는 역할을 하는 존재였다. 한반도의 솟대나 일본 열도의 도리이鳥居에 보이는 새 역시 이승과 저승을 연결하고 닥쳐올 이변들을 예고하는 신성한 새였다.

장송 의례를 살펴볼 수 있는 배 모양의 하니와

□□□제4장

대륙문화의 수용과 왕권의 강화

[1] 불교의 전래와 소가씨 정권

1. 소가씨의 등장

소가씨蘇我氏가 정치무대에 등장하는 것은 6세기 전반에 소가노 이나메蘇我稲目가 왜 왕권의 중신인 오오미大臣로 등용되면서부터이다. 긴메이欽明 왕이 즉위하면서 오토모노 가나무라大伴金村와 모노노베노 오코시物部尾輿를 오무라지大連, 소가노 이나메를 오오미에 재임했던 것이다.

오오미는 오미 계열을 관할하는 최고집정관이었다. 소가씨는 대대로 정부의 재정을 담당하는 가문이었다. 소가씨 휘하에서 하타씨秦氏가 출납을 담당하고, 야마토노후미씨東文氏와 가와치노후미씨西文氏가 장부의 기록을 담당하였다. 하타씨와 야마토노후미씨 그리고 가와치노후미씨는 모두 한반도에서 일본으로 건너온 도래인 계열의 씨족이었다. 소가씨는 도래인 계열의 씨족을 지배하면서 왜 왕권의 행정 실무를 총괄하였다. 또 한반도의 선진문화를 적극적으로 수용하였다.

소가노 이나메의 증조부인 만지滿智라는 인물은 5세기 후반에 백제에서 활동했던 목만치木滿致와 동일 인물이라는 견해가 있다. 즉 목만치가 일본 열도로 이주해서 소가씨의 선조가 되었다는 것이다. 또『손피분먀쿠尊卑分脈』라는 계보집에는 소가노 이나메의 조부는 가라코韓子, 부친은 고마高麗라는 이름을 가졌었다. 이것도 소가씨가 한반도에서 건너온 도래인 계열의 혈통이라는 증거의 하나이다. 소가씨는 선진 기술과 지식을 보유하던 도래인 계열의 씨족을 거느리면서 왜 왕권 내부에서 입지를 강화했던 것이다.

소가씨가 두각을 나타내자 모노노베씨物部氏가 견제하기 시작하였다. 모노노베씨는 주로 군사와 치안을 담당하였는데, 6세기 초에 오무라지大連가 되어 무력을 장악했던 전통적이고 보수적인 성향의 씨족이었다. 모노노베씨는 새로이 대두된 진보적인 성향의 소가씨와 대립했던 것이다. 두 씨족의 대립은 불교의 수용을 둘러싸고 더욱 심화되었다.

6세기 말까지 왜 왕권 내부의 상황은 매우 혼란스러웠다. 한반도 정세와 관련하여 호족 상호간에 대립이 심화되었다. 또 왜 왕권이 양분되어 소가씨가 옹립한 긴메이欽明 정권과 오토모大伴・모노노베物部 양씨의 지지를 배경으로 하는 안칸安閑・센카宣化 정권이 대립하였다. 혼란한 정세는 6세기 말에 소가씨가 모노노베씨를 멸망시키고 실권을 장악함으로써 종식되었다.

소가씨는 왕실과 외척관계를 맺었다. 541년 소가노 이나메는 자신의 두 딸인 기타시히메堅塩媛와 오아네노키미小姉君를 동시에 긴메이 왕의 비로 들여보냈다. 긴메이 왕과 기타시히메 사이에 7남 6녀가 태어났다. 그중에 훗날 요메이用明 왕이 되는 왕자와 스이코推古 왕이 되는 공주가 있었다. 긴메이 왕과 오아네노키미 사이에 4남 1녀가 태어났다. 그중에는 훗날 스슌崇峻 왕이 되는 왕자와 친오빠인 요메이 왕의 왕후가 되는 아나호베노 하시히토穴穗部間人 공주가 있었다. 소가노 우마코蘇我馬子는 자신의 두 딸을 왕비로 들여보냈다. 가와카미노이라쓰메河上娘를 조카인 스슌 왕의 왕비로, 또 호호테노이라쓰메法堤郎媛를 조메이舒明 왕의 왕비로 들여보냈다. 소가씨는 왕실과 2중 3중으로 인척관계를 맺으며 5대에 걸쳐서 왜 왕권의 외척으로서 권세를 누렸다.

  소가씨의 권세는 왕권을 능가하였다. 그것을 상징하는 것이 스슌 왕 암살 사건이었다. 스슌 왕은 587년 요메이 왕의 뒤를 이어 즉위하였다. 그런데 요메이 왕이 사망한 직후, 소가노 우마코가 모노노베씨 가문을 멸망시키는 사건이 발생하였다. 그 과정에서 소가노 우마코는 모노노베노 모리야가 즉위시키려고 했던 아나호베穴穗部 왕자를 주살하였다. 아나호베 왕자는 우마코의 조카이기도 한 스슌 왕의 친형이었다. 소가노 우마코는 모노노베노씨를 멸망시킨 후 스슌 왕을 즉위시켰다. 하지만 스슌 왕은 친형을 무참하게 살해한 외삼촌 소가노 우마코에게 적대감을 품었다. 그것을 눈치 챈 우마코는 592년 도래인 계열의 씨족인 야마토노아야노코마東漢駒를 시켜 백주 대낮에 의식을 행하는 스슌 왕을 살해하였다.

  왕까지 살해할 수 있었던 소가씨의 권세에 조정의 중신들도 대적하지 못하였다. 이미 스슌 왕이 즉위했을 때 오오미의 지위에 취임한 소가노 우마코는 오무라지를 임명하지 못하도록 하고, 자신이 정치전반을 주관하는 체제를 수립하였다. 소가씨가 세력을 떨치게 되면서 우마코가 추천하는 인물 이외에는 왕위에 오를 수가 없었다. 이러한 분위기

속에서 누카다베額田部 공주가 즉위하니 그녀가 스이코 왕이었다. 물론 스이코는 소가노 우마코의 조카였기 때문에 왕위에 오를 수 있었다.

2. 불교의 전래와 수용

6세기 중엽에 불교가 일본에 공식적으로 전해졌다.『니혼쇼키日本書紀』에 552년 백제의 성왕聖王이 왜왕 긴메이에게 상표문과 함께 금동제 석가모니 불상, 깃발, 불경 등을 전했다는 기록이 있다. 그러나 다른 사료에는 538년에 불상, 경전, 불구佛具 등이 전해졌고 승려도 함께 내일하였다고 기록되어 있다. 즉 불교의 전래에 대해서 538년 설과 552년 설이 있지만, 불교가 긴메이 왕 때 공식적으로 전래되었다는 것은 의심할 여지가 없다.

불교가 일본 열도에 전해진 후, 불교의 수용 문제를 둘러싸고 유력한 씨족 사이에 논쟁이 전개되었다. 도래인계의 씨족으로 국제 정세에 밝았던 소가씨는 불교 수용에 적극적이었다. 하지만 전통적인 입장을 고수하던 씨족 모노노베씨와 나카토미씨는 부처를 숭배하면 일본 열도 토착신들의 노여움을 살 것이라고 주장하며 불교 수용에 반대하였다. 그러자 긴메이 왕은 백제의 성왕이 보낸 불상을 소가노 이나메에게 주었다. 이나메는 그 불상을 자신의 저택에다 안치하고 예배하였다. 그런데 이나메가 죽자 570년 불교 수용에 반대하는 세력이 이나메가 모시던 불상을 하천에 버리고 불당에 불을 질렀다.

572년 비다쓰敏達 왕이 즉위하였다. 비다쓰 왕은 불교 수용에 적극적인 인물이 아니었다. 그러나 백제왕이 비다쓰에게 불경, 율사·선사·비구니 등의 승려, 불상을 제조하는 공인, 사원을 조영하는 목수 등을 파견하면서 미륵불상과 불상을 보냈다. 소가노 우마코는 건물을 짓고 백제왕이 보낸 불상을 모셨다. 일본에서 처음으로 젠신니善信尼를 비롯한 여성이 출가하여 비구니가 되었다. 『니혼쇼키』는 "불법이 이때부터 처음으로 행해졌다."고 기록하였다.

585년 요메이 왕이 즉위하였다. 요메이 왕은 불교 수용에 적극적이었다. 586년 4월 요메이는 신하들에게 말하였다. "나는 삼보三寶, 즉 불·법·승에 귀의하려고 한다. 그대들의 의견을 말하라." 그러자 불교의 수용을 둘러싼 논쟁이 다시 불붙었다. 숭불파 오오미 소가노 우마코와 폐불파 오무라지 모노노베 모리야物部守屋의 대립이 공공연하게 되었다. 소가노 이나메와 모노노베노 오코시의 대립이 대를 이어가며 전개되었던 것이다.

모노노베노 모리야는 점점 강성해지는 소가씨를 견제하려고 하였다. 모리야는 가와치河內의 별장으로 물러나서 군사를 모았다. 나카토미노 가쓰미中臣勝海가 군사를 모아서 모리야를 지원하였다. 그리고 유력한 왕위 계승자였던 두 명의 태자를 암살하려는 계획을 세웠다. 그러나 가쓰미는 뜻을 이루지 못하고 태자 오시사카 히코히토押坂彦人의 부하에게 죽임을 당하였다. 그 후 소가씨와 모노노베씨가 무장하고 대치하였다. 587년 요메이 왕이 사망하자 모노노베의 군사가 먼저 움직였다. 그러자 소가노 우마코가 훗날 스이코 왕이 되는 누카다베 공주를 받들고 모리야가 즉위시키려던 아나호베 왕자와 야카베宅部 왕자를 주살하였다. 3개월 후에는 소가노 우마코가 스슌 왕이 되는 하쓰세베泊瀬部 왕자, 훗날 쇼토쿠聖德 태자로 불렸던 우마야도廐戸 왕자를 앞세우고 모노노베군과 전투를 벌여 모리야를 죽였다. 모노노베 가문이 멸망하면서 불교 수용을 둘러싼 논쟁은 숭불파의 승리로 귀결되었다.[38]

---

38) 숭불·배불 논쟁 과정에서 배불론을 앞세운 모노노베씨가 호족들의 지원을 얻지 못하여 멸망하고 말았다. 반면 숭불론을 앞세운 소가씨는 왕족과 호족들의 지지를 얻

592년 스이코 왕이 즉위하였다. 스이코 왕은 태자와 신하들에게 불법을 존숭하도록 명령하였다. 『니혼쇼키』 593년 2월조에 중신들이 "다투어 사원을 건립하였다. 이것을 데라寺라고 하였다."고 기록되어 있다. 불교가 공식적으로 수용되었던 것이다. 639년 조메이 왕 11년 7월에는 대궁大宮, 즉 백제궁과 대사大寺, 즉 백제대사가 같이 건설되기 시작하였다. 비로소 왜국은 왕법과 불법을 같이 받드는 나라가 되었고, 여러 씨족들도 다투어 우지데라氏寺를 세우기 시작하였다. 이 단계에서 거대한 전방후원분 조성 분위기가 시들해졌다. 사원이 국가와 씨족의 권위를 상징하는 조영물이 되었다.

3. 소가노 우마코와 쇼토쿠 태자의 협력 정치

593년에 당시의 실권자인 소가노 우마코의 질녀이기도 한 스이코가 즉위하였다. 소가노 우마코는 요메이의 아들로 인망을 얻었던 우마야도 왕자를 정치의 전면에 세웠다. 우마코는 우마야도 왕자와 협력하여 아스카飛鳥 조정[39]의 정치를 관장하였다.[40] 쇼토쿠 태자는 우마야도 왕자의 시호이다.

았다. 즉 소가씨가 승리할 수 있었던 것은 왕족과 호족의 후원이 있었기 때문에 가능하였다.
39) 아스카(지금의 나라현奈良県 다카이치군高市郡 일대)는 592년 스이코 왕이 아스카 토요우라궁飛鳥豊浦宮에서 즉위한 이래 왜 왕권의 도읍지였다.
40) 『니혼쇼키』는 우마야도 왕자가 태자가 되어 정치를 관장하였다고 기록하고 있다. 그러나 『니혼쇼키』의 기록은 쿠데타를 일으켜서 소가씨를 멸망시킨 세력들에 의해 편찬된 역사서다. 그래서 소가씨를 부정적으로 묘사한 부분이 대부분이다. 우마야도 왕자가 정치에 관여하였을 때, 실질적으로 정권을 장악했던 것은 소가씨였다. 『조구쇼토쿠호오테이세쓰上宮聖德法王帝說』에는 우마야도 왕자가 소가노 우마코와 함께 정치를 관장하였다고 기록되어 있다.

603년 관위官位 12계가 정해졌다. 관위는 조정에 출사하는 호족과 관리에게 주어지는 위계였다. 그것은 위로부터 덕德·인仁·예禮·신信·의義·지智 6종을 다시 대소로 구분하였다. 즉 대덕·소덕·대인·소인·대례·소례·대신·소신·대의·소의·대지·소지의 12계로 정하였다. 그리고 관위에 따라 관의 색깔과 장식의 종류를 차별하였다. 관의 색이 구체적으로 어떠하였는지는 역사서에 기록되어 있지 않지만, 백제의 제도를 모방하여 자紫·청靑·적赤·황黃·백白·흑黑으로 크게 구분하고, 다시 색의 짙고 옅음에 따라 세분하였을 것으로 추정된다.

관위는 대대로 세습되는 씨성氏姓과 달리 당대에 한하는 제도였다. 개인의 재능과 공로에 따라서 수여되었으며 승진도 가능하였다. 이 제도는 군신관계의 상호 확인과 왕권의 강화를 의도한 것이었다. 관위 제도는 일종의 인재등용책이라고 할 수 있었지만 실효를 거두지 못하였다. 하지만 이 제도는 당시

쇼토쿠 태자 초상

일본사회가 씨족에게 주어진 가바네가 세습되는 사회였다는 점을 감안하면 매우 획기적인 제도였다.

관위의 제정은 관인제官人制 정비를 위해서 필요한 것이었다. 하지만 제정 당시의 관위제는 많은 문제점을 내포하였다. 관위를 수여받은 자들은 소가씨의 일족과 오토모씨大伴氏, 모노노베씨, 나카토미씨中臣

氏 등 기나이畿內 일대의 호족이었고 다른 지방의 호족은 포함되지 않았다. 또 관위제는 왕족이나 소가씨의 본종가本宗家에는 적용되지 않았다.[41] 일정한 지역의 호족에만 적용되었고, 또 예외가 많았다는 점에서 매우 철저하지 못한 제도였다고 할 수 있다. 이것은 7세기 초까지도 왜 왕권이 통일 정권으로서 여전히 많은 한계성을 지니고 있었다는 것을 보여주는 것이기도 하다.

604년에는 「헌법 17조」가 제정되었다. 이것은 우마야도 왕자가 직접 작성하였다고 한다. 「헌법 17조」의 조문은 오늘 날의 헌법과 같이 국가체제의 기본이 되는 법이 아니었다. 주로 관리와 호족을 대상으로 한 정치적·도덕적 훈계의 성격을 지녔다. 즉 그것은 군·신·민의 관계를 제시하면서 특히 신하로서 마땅히 지켜야할 규범을 제시한 것이었다. 그 내용은 대체적으로 정치의 기본질서를 유교 이념에서 구하면서도 그것을 실현하기 위한 마음 자세로서 불교의 정신을 강조한 것이었다. 법조문의 근저에 흐르는 관념은 강력한 국가의식이었다.

우마야도 왕자는 「헌법 17조」의 제1조에서 화합을 강조하고, 제4조에서 예의가 근본임을 밝혔다. 제5조에서 재판은 공정하게 하고 뇌물은 받아서는 안 된다고 강조하였다. 제8조에서 관인들은 조정에 일찍 출근하고 늦게 퇴근해야 한다고 훈시하였다. 내용의 대부분이 관리들이 마땅히 지켜야할 덕목을 열거한 것이다. 당시의 현실적인 정치상황이 반영되었음을 알 수 있다.

「헌법 17조」가 도덕적인 훈계였을 뿐 행정법이 아니었다는 것은 당시 일본이 아직까지 법의식이 발달하지 못한 사회였음을 보여주는 것이다. 선각자인 소가노 우마코와 우마야도 왕자는 왜도 한반도의 여러

---

41) 소가씨 본종가인 소가노 우마코와 그 가족들은 관위 수여의 대상에서 제외되었다. 그것은 무엇을 의미하는 것일까? 소가씨 본종가가 관위를 수여하는 주체였거나 아니면 특별한 지위가 인정되었다는 것을 의미하는 것이다.

국가와 같은 정치체제로 발전하기를 간절히 바랐을 것이다. 그러나 스이코 정권이 처한 상황과 정치 수준이 그것을 불가능하게 하였을 것이다.

우마야도 왕자는 「헌법 17조」의 제2조에서 "깊이 삼보를 숭상하라. 삼보는 불·법·승이다."라고 말하였다. 불교를 숭상할 것을 권고하였다. 하지만 제3조에 왕이 내린 조詔는 반드시 받들어야 하며, 왕은 하늘이고 신하는 땅이라고 말하였다. 「헌법 17조」에는 불교 사상뿐만 아니라 유학 사상도 농후하게 배어 있었다. 우마야도 왕자는 하늘이 높고 땅이 낮은 것처럼 군신관계는 엄정한 상하관계에 기초해야 한다는 점을 강조했던 것이다. 이것은 종래의 관습적 차원의 씨족제적 질서에서 왕을 중심으로 하는 군-신-민의 질서로 나아가는 방향성을 제시했다는 점에서도 주목된다.

소가노 우마코와 우마야도 왕자는 역사서를 편찬하였다. 대륙에서 한자가 전래되고, 유학과 불교를 비롯한 학문과 사상이 유입되면서 그때까지 여러 호족 가문에서 구전되던 이야기가 문자로 기록되었다. 6세기 중엽에 『데이키帝紀』와 『규지旧辞』가 성립되었을 것으로 추정된다. 『데이키』와 『규지』는 왜 왕권의 계보와 궁중에서 전해 내려오던 이야기를 정리한 역사서였다. 역사서가 성립된 배경에는 왜 왕권의 신성성과 정통성을 부각시키고, 대외관계를 포함한 정권의 발자취를 기록해야 한다는 의식이 있었을 것이다.

『니혼쇼키』에는 620년에 소가노 우마코와 우마야도 왕자가 『덴노키天皇紀』와 『곳키国記』를 편찬하였다고 기록되어 있다. 『덴노키』는 왜왕의 사적을 기록한 것이고, 『곳키』는 일본 열도 전체의 역사서였을 것으로 추정된다.[42] 역사서의 편찬에 관여한 자들은 한반도에서 건너온 도

---

42) 이러한 역사서는 645년 소가씨가 멸망할 때 불타서 전해지지 않는다. 또 소가씨가 소장했다는 것으로 볼 때 완성된 것은 아니었을 가능성이 높다. 특히 『덴노키』라는

래인과 그 후예들이었을 것으로 추정된다. 6~7세기에 한문을 독해하고 문장을 작성할 수 있었던 지식인으로서 외교문서 등 조정의 중요한 기록을 담당했던 것은 대부분 도래인 출신인 후히토史 성을 가진 씨족이었다.

4. 왜 왕권의 대외관계

아스카 조정은 왜국과 대륙의 국가가 정식적으로 교류한 지 거의 1세기 만에 중국의 수隋에 사신을 파견하였다. 견수사遣隋使 파견의 배경에는 동아시아 세계의 급박한 국제질서 변동이 있었다. 수의 중국 통일은 고구려·백제·신라를 비롯한 중국 주변 세계에 커다란 위협이 되었다. 실제로 수의 양제煬帝는 대군을 동원하여 고구려를 침략하였다. 이러한 정보는 아스카 조정에 전달되었다. 6세기 말에서 7세기 초에 걸쳐서 고구려·백제·신라의 사신들과 승려들이 빈번하게 일본을 왕래한 것도 한반도를 둘러싼 동아시아의 미묘한 정치상황이 반영된 것이었다.

아스카 조정은 급변하는 국제정세에 적극적인 자세를 취하는 방향을 선택하였다. 『수서隋書』 「왜국전」에 의하면, 수의 문제文帝가 통치하던 600년 왜왕이 사신을 파견하였다. 문제가 왜국의 풍속을 묻자 왜의 사신이 다음과 같이 말하였다. "왜왕은 하늘을 형, 해를 동생으로 삼는

서명은 당시의 것이 아닐 가능성이 크다. 왜냐하면 천황이라는 군주 칭호가 당시에는 성립되지 않았기 때문이다. 천황 칭호에 대하여서는 스이코조推古朝 성립설과 덴무조天武朝 성립설이 대립하고 있다. 애매하게 7세기 중엽에 성립되었다고 주장하는 학자도 있다. 하지만 7세기 중엽 이전에 성립되었다는 근거가 미약하다. 그래서 필자는 덴무조天武朝 성립설에 따른다.

다. 하늘이 아직 밝지 않은 새벽에 정무를 보고, 해가 뜨면 일을 마치고 동생에게 위임한다." 『수서』는 그 밖에 후궁, 관위, 관직, 국토, 국민 등에 대하여 기록하였다. 『니혼쇼키』에는 600년에 사신이 파견되었다는 기록이 전혀 없으나 이것이 최초의 견수사였다고 해야 할 것이다.

607년 아스카 조정이 오노노 이모코小野妹子를 견수사로 파견하였다. 그때 아스카 조정이 수에 보낸 국서에 "해가 뜨는 나라의 천자가 해가 지는 나라의 천자에게 국서를 보낸다."라는 내용이 있다. 이것은 오늘날 일본인들이 중국의 황제에게 신종하지 않는 '대등외교'를 상징하는 것이라고 주장하는 근거가 되고 있다. 하지만 『니혼쇼키』에는 조공朝貢을 가상히 여긴다는 수 양제의 반서返書를 수령했다는 정황이 기록되어 있다. 견수사는 엄연한 조공사절이었다.

아스카 조정이 중국에 조공한 목적은 불법과 예법을 수용하여 왜국을 문명사회로 만드는 것이었다. 그것이 소가노 우마코와 우마야도 왕자의 뜻이었다고 할 수 있다. 국서의 본문에 다음과 같은 기록이 있다. "바다 서쪽의 보살천자가 불법을 일으켰다는 것을 듣고 사자를 파견하여 배례拜禮하고 승려 수십 명에게 불법을 배우게 하고 싶다." 그런데 불법을 흥륭하게 한 것은 문제였다. 그는 이미 604년에 사망하고 607년 당시의 황제는 양제였다. 왜국은 그런 사실을 알지 못했던 것 같다. 수의 양제는 동이東夷, 즉 동쪽의 오랑캐의 나라에 관심을 보였다. 왜왕이 간청한 대로 608년에 견수사가 귀국할 때 배세청裴世淸을 답례사로 임명하여 국서를 지참하고 수행하게 하였다. 수의 양제는 조공을 환영한다는 뜻을 아스카 조정에 전하였다.

오노노 이모코와 배세청 일행은 백제, 쓰시마, 이키壱岐, 규슈 등을 거쳐서 608년 가을에 아스카에 도착하였다. 아스카 조정은 왕궁에서 외교의례를 행하면서 배세청에게 "대국 수나라, 예의의 나라"로부터 "대국유신大國惟新의 문명"을 배우고 싶다고 간청하였다. 배세청이 중국으로 돌아갈 때, 오노노 이모코가 다시 견수사로 파견되었다. 그때 다카무코노 구로마로高向玄理, 미나부치노 쇼안南淵請安, 승려 민旻 등 8명의 유학생이 따라갔다. 먼저 수로 건너간 승려들을 합하면 많은 일본의 젊은이들이 수에 유학하였다. 유학생들은 수가 멸망하고 당唐이 성립되는 것을 지켜보면서 십 수 년에서 삼십여 년의 유학 생활을 마친 후 왜로 돌아 왔다. 그들은 왜의 정치와 문화 발전에 크게 기여하였다.

아스카 조정은 백제·고구려와는 우호적인 관계를 맺으면서 신라와는 적대적인 자세를 취하였다. 특히 백제와 아스카 조정과의 관계는 매우 우호적이었다. 양국이 교류를 맺기 시작한 4세기 말 이래 밀접한 관계를 유지하였다. 백제는 지속적으로 왕족·관리·승려 및 지식인과 기술자를 왜에 파견하였다. 군사 동맹국으로서 왜국이 필요하였기 때문이다. 왜국도 백제를 우대하는 정책을 일관되게 추진하였다. 6세기 후반에 이르러 고구려와도 친밀한 관계를 유지하였다. 고구려와 아스카 조정과의 관계는 민간외교가 큰 몫을 담당하였다.

아스카 조정의 견수사 파견은 백제·고구려의 의향과 관계가 있었을 것이다. 595년에 왜로 건너온 고구려의 승려 혜자慧慈는 우마야도 왕자의 스승이 되어 아스카 조정의 내정에 관여하였을 뿐만이 아니라 외교 분야에서도 중요한 자문 역할을 하였다. 견수사를 파견하는데도, "해가 뜨는 나라", "해가 지는 나라"의 문구를 삽입한 것도 혜자의 자문이 결정적이었을 것이다. 백제·고구려의 입장에서 왜국이 수에 조공하는 것이 신라를 견제하는 데 매우 효과적이었을 것이다.

왜와 신라의 관계가 적대적이었던 것은 가야의 멸망과 무관하지 않았다. 왜는 가야로부터 철 자원을 수입하였다. 가야의 멸망은 특히 경제적인 면에서 왜에 적지 않은 충격을 주었을 것이다. 또 신라는 왜와 친밀했던 가야를 무력으로 합병한 국가였다는 점도 왜와 신라가 적대하게 된 요인 중의 하나였을 것이다. 『니혼쇼키』에 의하면, 600년 2월 신라와 왜국이 전투를 벌였다. 아스카 조정은 1만 명의 군사를 보내 신라를 공격하였다. 왜군이 5곳의 성을 빼앗자 신라가 화의를 청하였다. 그러나 이와 관련된 기사가 『삼국사기』에 보이지 않는 것을 보면 『니혼쇼키』의 신빙성이 의심된다. 하지만 『삼국유사』에는 6세기 말에서 7세기 초엽에 "일본병"의 행적이 기록되어 있다. 그렇다면 왜국이 어떠한 형식으로든 가야의 부흥운동 세력을 지원했을 가능성이 있다.

그러나 수가 3차에 걸쳐서 고구려를 침략하자, 왜의 신라에 대한 외교노선도 변화하지 않을 수 없었다. 아스카 조정이 수에 조공하면서 선진 문물을 받아들일 때, 신라와 적대하는 것은 국익에 도움이 되지 않았다. 당시 왜가 중국으로 가려면 규슈를 출발하여 한반도 남해안의 여러 지역을 거치고, 서해 연안을 따라서 북상하는 해상 교통로를 이용하는 것이 가장 안전하였다. 그런데 해상 교통로의 중요한 기착지인 낙동강 하류와 서해안의 한강 유역을 신라가 장악하였다. 왜가 신라와 적대하는 관계가 지속된다면, 견수사의 안전도 보장할 수 없는 상황이었다. 그래서 왜는 신라와 외교관계를 정상화하고, 610년에 왜를 방문한 신라의 사신을 예의를 갖추어서 영접하였다. 중국에서 수에 대신하여 당이 성립된 후에도 신라와 왜국은 정상적인 외교관계를 맺었다. 역시 신라가 협조하지 않으면 당으로 가는 사신의 안전이 보장되지 않았기 때문이다.

628년 3월 스이코 왕이 사망하고, 629년 1월 조메이舒明 왕이 즉위하였다. 630년 조메이 왕은 이누가미노 미타스키犬上御田鍬를 당에 사절로 파견하였다. 최초의 견당사遣唐使였다. 당 왕조의 성립은 수의 양제가 피살된 시기와 시간차가 있었다. 당고조 이연李淵은 617년 겨울 우선 양제의 손자를 공제恭帝로 옹립하고, 618년 5월 그의 선양을 받는 형식으로 당을 건국하였다. 그러나 군웅할거 상황이 10년 넘게 지속되었다. 626년에 당태종 이세민李世民이 즉위하였지만 628년이 되어서

제4장 대륙문화의 수용과 왕권의 강화 103

야 대륙이 통일되었다. 왜 왕권이 처음으로 견당사를 파견한 것은 당이 통일을 달성한 직후였다.

5. 유학생의 귀국

왜 왕권이 중국에 유학생을 파견한 것은 607년이었다. 그 후 중국에 사절이 파견될 때마다 유학생이 파견되었다. 당시 왜국의 지배층은 중국 문명에 지대한 관심을 갖고 있었기 때문이다. 아스카 조정이 수가 멸망하고 당이 성립했다는 것을 처음 알게 된 것은 623년이었다. 그해 가을 신라의 사신이 내일하였을 때 왜국의 유학생들이 귀국하였다. 왜국의 유학생들은 왜국의 사절을 따라 중국으로 건너간 자들이 많았지만, 단기간 유학을 희망할 경우에는 일단 한반도로 건너가서 백제·신라의 사절을 따라서 중국으로 건너가는 경우도 적지 않았다. 귀국할 때도 마찬가지였다.

왜국의 유학생들은 이미 길게는 20년 가까이 짧아도 10여 년 중국 문화를 체험한 지식인들이었다. 그들은 수에서 당으로 왕조가 교체되는 과정을 직접 체험한 자들이었다. 일본 유학생들이 중국에 체제하는 기간은 혼란기였지만, 당고조 이연은 거의 무혈입성이나 다름없이 수도 장안성을 접수하였고, 그곳에 있던 왜국의 유학생들은 전란에 휩싸이지 않고 왕조가 교대하는 것을 지켜보았다. 무사히 귀국한 그들의 경험과 학식은 그 후 왜국의 방향성을 정하는데 크게 기여하였다.

7세기 초엽부터 유학승·유학생들이 잇달아 왜국으로 돌아왔다. 623년에 유학승 에사이惠齊와 에코惠光, 유학생 구스시노 에니치藥師惠日와 야마토노아야노 아타이후쿠인倭漢直福因이 귀국하였다. 야마토노

아야노 아타이후쿠인은 608년에 수의 사신 배세청이 귀국할 때 수행했던 인물로 중국에서 16년간 생활하였다. 구스시노 에니치는 당과 계속 통교해야 한다고 건의하였다. 새로 성립된 당은 "법식"이 치밀하게 정비된 국가라는 점을 역설하였다. 에니치는 630년 이누가미노 미타스키와 함께 일본 최초의 견당사로 파견되었을 뿐만 아니라 그 후에도 왜국의 외교에 공헌하였다.

632년 견당사 이누가미노 미타스키가 귀국할 때 학문승 료운靈雲·민旻·스구리노 도리카이勝鳥養가 돌아왔다. 특히 승려 민은 608년에 파견되었으니 중국에서 24년간 생활한 인물이었다. 그는 608년에 파견된 8명의 유학승의 한 명이었다. 사료에는 승려 민이 이마키노아야히토 니치몬新漢人日文이라고 기록되어 있다. '이마키'는 '최근에 건너왔다'는 뜻이다. '아야히토漢人'는 '아야'를 가바네姓로 쓰는 씨족, 즉 아야씨漢氏 출신이라는 뜻이다. 아야씨는 한반도에서 건너온 씨족이었다. 그러니까 '이미키노아야히토'는 최근에 한반도에서 건너온 씨족이라는 뜻이다. 요컨대 승려 민은 원래 니치몬日文으로 불렸고, 최근에 한반도에서 건너온 도래인이었다. 승려 민과 함께 파견된 8명의 유학승은 모두 도래인 계열의 씨족 출신이었다. 그중에서도 '아야히토'가 6명이었다. 아스카 조정은 우선 한반도에서 건너온 도래인 계열의 씨족을 파견하여 선진 지식과 기술을 도입하려고 했던 것이다.

639년에는 내일하는 신라 사절을 따라서 학문승 에온惠隱과 에운惠雲이 돌아왔다. 승려 에온은 608년에 유학을 떠났으니 중국에서 무려 31년이나 생활한 인물이었다. 그는 귀국한 다음 해에 조메이 왕이 개최한 법회에서 무량수경을 강의하였고, 왜국에 아미타 신앙을 보급하는 데 큰 역할을 하였다. 에운은 료운과 함께 왜국 불교 발전에 기여한 지도자가 되었다.

640년에 학문승 미나부치노 쇼안과 유학생 다카무코노 구로마로가 신라를 경유하여 돌아왔다. 두 사람 모두 승려 민과 함께 '아야히토'를 가바네로 쓰는 인물이었다. 즉 한반도에서 건너온 씨족이었다. 다카무코노 구로마로 또한 608년에 유학을 떠났는데, 승려 미나부치노 쇼안과 함께 유교적 교양을 몸에 익힌 지식인이었다. 특히 미나부치노 쇼안은 훗날 다이카 개신大化改新의 주역이 되는 나카노오에中大兄 왕자와 나카토미노 가마타리中臣鎌足에게 유학을 가르친 인물이었다.

[2] 아스카 문화

1. 일본 최초의 사원

소가노 우마코가 모노노베 모리야와 전투를 벌일 때, 싸움에서 이기면 사원과 탑을 세우고 불교를 진흥하겠다고 발원하였다. 우마코가 모노노베씨를 멸망시키고 정치의 실권을 장악하자, 588년 나라奈良에 호코지法興寺 건립을 추진하였다. 사원은 도래인이 모여 살던 아스카 지역에 세우기로 하였다. 호코지는 원래 아스카데라飛鳥寺라고 일컬어졌던 사원이었다.

우마코는 호코지를 건립할 때 백제에서 선진 기술을 보유한 여러 기술자들을 초빙하였다. 백제왕은 왜국에 승려를 파견할 때 불사리도 같이 보냈다. 그리고 주조鑄造 기술자인 노반박사鑪盤博士, 기와 기술자인 와박사瓦博士, 벽화를 그리는 화공, 그리고 목공 등도 파견하여 아스카데라의 조영을 도왔다. 『원흥사연기元興寺緣起』의 「탑로반명塔露盤銘」에 의하면, 야마토노아야씨東漢氏가 건설을 책임졌고, 기술자들은 오시누미忍海, 아사즈마朝妻, 구라쓰쿠리鞍部, 가와치山西 등의 씨족이 통솔하였다. 이들은 모두 소가씨가 지배하는 도래인계 씨족이었다.

590년에 목재 벌목을 시작으로 공사가 본격적으로 시작되었다. 기와를 굽기 위한 가마도 설치되었다. 백제 기술자들은 기단 위에 초석을 놓고, 그 위에 기둥을 세우고, 지붕에 기와를 얹는 최신 건축 기법을 적용하였다. 이것은 종래의 다테바시라立柱라는 건축 기법과는 차원이 다른 것이었다. 592년에는 불당과 회랑이 모습을 드러냈다. 백제의 최신 측량 기술로 탑과 건물이 배치되었다. 중금당中金堂・불탑・중문中門을 북쪽에서 남쪽으로 일렬로 배열하는 백제식 가람배치 양식을 취하였다. 하지만 호코지는 최종적으로 고구려의 가람배치 양식을 가미해 1탑 3금당 양식으로 완성되었다.

593년에는 탑의 기단에 불사리를 안치하였다. 사리를 안치할 때는 소가노 우마코를 비롯한 100여 명의 귀족이 백제 의복을 입고 의식을 거행하였다. 아스카데라의 중심이 되는 탑의 건설이 시작되었던 것이다. 건물과 탑이 완성된 것은 그로부터 4년의 세월이 지난 596년 11월이었다.

소가노 우마코의 아들 젠토쿠善德가 사원의 책임자가 되었고, 고구려의 승려 혜자慧慈와 백제의 승려 혜총慧聰이 사원의 주지가 되었다. 그러나 본존불이 아직 조영되지 않았다. 605년 불사佛師 구라쓰쿠리노 도리鞍作鳥가 불상을 주조하기 시작하였다. 이때 고구려왕이 황금 300냥을 보내 불상 제조를 지원하였다. 609년 본존불이 완성되어 금당에 안치되었다. 이로써 20여 년에 걸친 사원 조영 공사가 완공되었다.

2. 쇼토쿠 태자와 불교

쇼토쿠 태자, 즉 우마야도 왕자는 일본에서 최초로 불교에 귀의한 왜왕 요메이用明의 아들이었다. 그는「헌법 17조」중에 불교 흥륭의 조칙을 포함시켰다.「헌법 17조」의 제2조에서 삼보, 즉 불·법·승을 경배할 것을 강조하였다. 우마야도 왕자는 불교의 정신을 정책에 반영해서 일본의 문화 수준을 높이려고 하였다.

당시 불교는 그 자체가 사상·학문·기술·공예를 포함하는 고도로 발달한 문화 체계였다. 백제·고구려에서 일본으로 건너온 승려나 중국이나 한반도에서 유학한 일본 승려들은 대륙의 선진 문화를 일본에 전하는 역할을 하였다. 불교 사상은 호족들의 융화에 기여하였다.

우마야도 왕자는 당시 중국에서 번성했던 삼론종三論宗의 불교 사상을 배웠다. 그는 경전 연구에도 조예가 깊었다.『법화경의소法華經義疏』라는 경전의 주석서를 저술한 것으로 전한다. 우마야도 왕자가 주석을 할 때, 스승 혜자에게 물어도 해석할 수 없는 부분이 있었는데, 꿈에 금빛이 나는 사람이 나타나 가르쳐주었다는 이야기가 전한다. 우마야도 왕자에게 불교의 교리를 가르친 스승으로는 고구려 승려 혜자와 백제 승려 혜총이 있었다.

우마야도 왕자는 스스로 법화경을 강론하였다고 전한다. 주구지中宮寺의 천수국수장天壽國繡帳에 보이는 "세상은 모두 헛되고 거짓된 것이며 오로지 부처만이 진리이다."라는 말도 우마야도 왕자가 남긴 것이라고 전한다. 이 역시 삼론종의 공즉유空即有, 즉 현실은 허상이면서 동시에 실재한다는 사상에 기초한 것이다. 불교 발전에 크게 기여한 왕자는 화국교주和國敎主로 불렸다. 우마야도 왕자가 석가나 관음의 환생이라고 신격화하는 태자 신앙도 널리 퍼지게 되었다.

3. 사원의 건설

우마야도 왕자는 불교를 깊이 신앙했을 뿐만 아니라 야마토의 호류지法隆寺, 나니와難波의 시텐노지四天王寺 등 7곳에 사원을 건립하였다. 시텐노지는 백제식 가람배치에 따라서 탑과 금당이 남북으로 배치되었다. 나니와라는 지리적 위치, '사천왕'이라는 사원의 명칭에는 대외적으로 호국을 기원하는 의미가 내포되어 있었다.

이카루가데라斑鳩寺라고도 하는 호류지는 우마야도 왕자가 거주하는 이카루가궁 부근에 건립되었다. 호류지도 시텐노지와 같은 가람배치 형식을 취하였다. 처음에 건립된 호류지는 지금의 호류지 경내에 있는 와카쿠사若草 사원 유적지에 건축된 소규모의 사원이었다. 이 사원의 금당에 안치된 불상은 석가삼존불이었다. 그것이 훗날 건립된 서원西院의 금당으로 옮겨졌을 것으로 추정된다.

호족들 중에도 우지데라氏寺를 세우는 사람이 증가하였다. 그중에서 603년 하타노 가와카쓰秦河勝가 왜왕에게서 불상을 하사 받아 건립했다는 야마시로山城의 고류지廣隆寺가 유명하다. 호족들은 다투어 우지데라를 세웠다. 중앙 귀족들도 사원 건립에 적극적이었다.

사원의 건립에는 오랜 시간과 막대한 자원, 그리고 노동력이 필요하였다. 실제로 국가의 지원을 받으면서 건립된 호류지도 670년부터 공사가 시작되어 20년이 지나서 금당이 완성되었고, 불탑과 중문은 710년경에 완성되었다. 강당과 승방 등의 건물은 그 후에 완성되었다. 사원이 모두 완공되기까지 50년 이상의 세월이 걸렸던 것이다. 한정된 재화를 가진 고대 국가로서는 사원의 조영을 고분의 조성과 양립시키기 어려웠다. 따라서 고분은 그 규모가 축소되거나 조성이 중지되고, 종래 고분 조성에 사용되던 재화가 사원 건립에 사용되기에 이르렀다.

전국 각지에 사원이 세워지면서 승려의 수도 증가하였다. 『니혼쇼키』에 의하면 624년 당시 46곳 이상의 사원이 있었고, 비구가 816명, 비구니가 569명이었다. 692년에는 전국에 산재한 사원이 545곳이었고, 8세기 초에는 약 700곳의 사원이 있었다.

사원과 승려가 증가하자 왜 왕권은 불교를 통제할 수 있는 기구를 설치하였다. 호족들이 세운 불교 사원과 승려들을 국가가 장악할 필요가 있었기 때문이다. 624년에 백제 승려 관륵觀勒의 건의로 승정僧正 · 승도僧都 · 법두法頭 등의 관직을 두었다. 승정에는 관륵이, 승도에는 구라쓰쿠리노 도쿠샤쿠鞍作德積라는 도래인계 인물이 임명되었다.

불교가 수용되고 사원이 증가했지만, 당시 일본인들은 불교 철학의 심오함을 이해하지 못하였다. 우마야도 왕자를 비롯한 몇몇 사람들을 제외하면 불교는 단지 토속신앙보다 우월한 능력이 있는 다른 세계의 신으로 인식되었다. 불교를 조상의 명복을 빌고, 병을 치료하고, 재앙을 피하는데 효험이 있는 일종의 주술로 인식하였다. 하지만 불교는 전통적인 조상신인 우지가미氏神와는 다른 보편적인 종교였기 때문에 점차로 널리 전파되었다. 불교는 훗날 일본인의 정신생활과 문화 형태를 규정하는데 결정적인 역할을 하였다.

4. 불교문화

나라奈良의 남쪽에 위치한 아스카飛鳥 지방에 문화의 꽃이 피었다. 아스카 문화는 일본 최초의 불교문화를 기조로 했다는 점, 한반도 · 중국에서 발달한 문화뿐만 아니라 멀리 페르시아 · 그리스 · 동로마 문화의 영향을 받은 문화가 일본으로 유입되었다는 점, 한반도에서 건너온 도래인과 그 자손들이 문화의 담당자였다는 점 등을 특색으로 하였다.

호류지의 금당·중문·5층탑

　우마야도 왕자의 발원으로 건립된 호류지는 호코지와 마찬가지로 백제의 기술에 의존해 건립되었기 때문에 다양한 국제 문화의 요소가 반영되었다. 가람 배치는 주로 한반도의 양식을 채용하였다. 호코지의 가람 배치는 고구려의 청암리淸岩里 폐사인 금강사金剛寺와 정릉사定陵寺의 형식을 계승하였다. 건축 기법도 주로 한반도에서 숙성된 문화의 영향을 받았다. 아스카 양식이 보존된 현존 건축물로는 호류지의 금당·5층탑·중문·회랑回廊 등이 있다.

　호류지의 재건 여부 논쟁[43]이 메이지明治 시대부터 계속되었다. 현재는 재건설이 유력시되고 있다. 재건되었다고 하더라도 서원西院의 중문·금당·5층탑·회랑 등 대부분이 세계에서 가장 오래된 목조 건축물이다. 이런 건축물은 나라 시대 건축의 특색을 온전하게 간직하고 있다. 호류지의 가람 배치는 북쪽에 강당을 두고, 강당의 전면 동쪽에 금

---

[43] 『니혼쇼키』에는 670년에 호류지에 화재가 있었다고 기술되어 있다. 그래서 지금의 호류지는 그 후에 재건되었다는 설과 재건된 것이 아니라는 설이 메이지 시대 이후 대립하였다. 후자는 호류지 경내에 두 곳에 사원이 있었고, 그중 한 곳이 화재로 소실되었을 뿐이라고 주장하였다. 그러나 경내에 있는 와카쿠사若草 가람이 발굴되면서 재건설이 유력해졌다.

호류지 금당 석가삼존상

당, 서쪽에 탑을 배치한 것이 특색이다. 한반도와는 다른 양식의 가람 배치였다. 호류지는 국보급 불상과 공예품이 많은 것으로도 유명하다.

아스카 문화 시대에 사원 건축과 더불어 불상이 많이 제작되었다. 대표적인 작품은 606년에 제작된 호코지의 본존불 금동 장육석가여래상 丈六釋迦如來像이다. 이것을 제작한 불사佛師는 구라쓰쿠리노 도리鞍作鳥였다. 이 불상은 후에 보수되기는 했지만, 일본에서 가장 오래된 불상이다. 623년 호류지 금당의 금동 석가삼존상釋迦三尊像이 제작되었다. 이 불상은 장육석가여래상과 같이 납형 주물로 제작된 금동불이었다. 이것을 제작한 불사도 역시 구라쓰쿠리노 도리였다. 도리는 한반도에서 건너온 도래인계 씨족의 후손이었다. 도리가 제작한 불상은 전체적으로 불균형하고 초현실적이다.

도리는 원래 말안장을 만드는 기술 집단을 통솔하던 집안 출신이었다. 이미 몸에 익힌 금속공예 기술을 이용해 불상을 제작했을 것이다. 호류지 금당의 석가여래상 광배에 그의 이름이 새겨져 있다. 이 시대의 불상은 상대적으로 긴 얼굴, 약간 튀어나온 눈, 매우 두터운 재질의 옷을 걸치고 있는 모양 등이 특징이다. 특히 도리가 제작한 불상은 그 제작 기법이 한국의 서산마애불과 유사하다. 중국 남조의 남제南齊나 양梁의 작풍 영향을 받은 백제의 불상 제작기법이 다시 일본 열도로 전해진 것이다.

구라쓰쿠리노 도리의 계통을 잇는 불사가 제작하였다고 전하는 호류지 금당의 석가여래상과 호류지 몽전夢殿의 구세관음상救世観音像이 있다. 특히 목조 불상인 구세관음상은 세련미의 극치를 보여준다. 호류지 금당의 백제관음상百濟観音像은 신비롭다고 하기보다는 숭고하다는 표현이 적절하다. 잔잔한 미소를 머금고 있는 걸작으로 손꼽힌다. 백제관음상의 분위기에 사실적인 경향을 가미한 것이 주구

호류지 몽전 구세관음상

지中宮寺의 목조 미륵반가사유상弥勒半跏思惟像이다. 이 작품은 파격적인 자세를 취하고 있지만 아름다우면서도 자비심이 충만한 분위기가 잘 표현된 독특한 작품이다. 그 밖에 유명한 목조 불상으로 호류지 금당의 사천왕상을 들 수 있다.

주구지의 반가사유상과 호류지의 사천왕상을 만든 목재는 일본에서 많이 사용하는 녹나무였다. 그런데 고류지広隆寺의 영보전靈寶殿에 봉안된 목제 미륵보살반가사유상은 그 목재가 한반도에서 많이 생산되

호류지 백제관음상 　　　　　　주구지 반가사유상

는 적송이다. 높이 123.5센티미터의 불상은 같이 전시된 다른 반가사유상과 구별해 보관미륵寶冠彌勒이라고 부른다. 오른쪽 다리를 왼쪽 다리 위에 얹고 오른 손의 가운데 손가락을 볼에 살짝 대고 깊은 사색에 잠겨 있는 모습이다. 눈을 살짝 감고 미소를 띠고 있는 모습은 보는 이로 하여금 감탄을 자아내게 한다. 한국의 금동미륵보살상과 아주 흡사한 모습이다. 고류지를 세운 하타씨秦氏는 신라에서 일본 열도로 건너온 도래인계 씨족이었다. 그런 인연으로 고류지는 신라 문화와 깊은 관련을 맺었던 것이다. 고류지의 미륵보살반가사유상은 신라에서 제작되었을 가능성이 크다.

회화는 고분 시대 이래의 기법에 한반도에서 일본 열도로 건너온 도래인의 기술이 접목되어 비약적으로 발전하였다. 아스카 조정은 604년에 기부미노에시黃文画師, 야마시로노에시山背画師 등의 화공 집단을 두었다. 그들은 모두 고구려에서 건너온 도래인계 씨족이었다. 610년 고구려의 승려 담징曇徵이 종이와 묵, 그리고 채색 기법을 전하였다. 호류지의 여러 곳에 그의 유품이 전한다.

공예는 일본 전통적인 기법에 도래인이 전래한 선진 기법을 가미해 비약적으로 발전하였다. 공예품으로는 역시 호류지의 옥충주자玉虫厨子,[44] 사자수문양금獅子狩文樣錦, 용수수병龍首水瓶 등과 주구지의 천수국수장天壽國繡帳[45]이 있다. 미술 공예품들은 한반도와 중국뿐만 아니라 멀리 페르시아, 동로마, 그리스 등 세계적인 문화의 영향을 받은 것들이다. 아스카 문화는 중국 남북조 시대의 영향을 많이 받은 것이 사실이다. 그런데 남북조 시대 문화는 주로 한반도를 통해 일본 열도로 전래되었다는 점, 한반도에서 건너온 도래인이 아스카 문화의 담당자였다는 점을 간과해서는 안 될 것이다. 아스카 문화에 백제적인 요소가 짙게 배어 있는 것도 그 때문인 것이다.

고류지 미륵보살 반가사유상

---

44) 인동당초忍冬唐草의 문양을 속이 들여다보이게 입체적으로 조각한 철제함에 2,500여 마리의 비단벌레 날개를 붙인 작품.
45) 우마야도 왕자가 죽은 후, 왕자비 다치바나노 오이라쓰메橘大郞女가 왕자를 위해 천수국이라는 극락세계의 모습을 도래인에게 그리게 하고 그것을 밑그림으로 시녀에게 수를 놓게 한 작품이다. 현재는 작품의 일부분만 전한다.

[3] 율령국가 지향

1. 을사의 변

중국 대륙에서는 618년에 수隋가 멸망하였다. 수에 이어서 중국 대륙을 통일한 당唐은 북조에서 수를 거치면서 정비된 전제田制인 균전제均田制와 세제稅制인 조용조제租庸調制를 근간으로 율령律令을 제정하여 강력한 국가체제를 확립하였다. 당의 세력이 강대해지면서 한반도와 일본 열도는 다시 격동의 시대를 맞이하였다.

당태종 이세민은 628년에 중국을 통일하자 판도를 확대하기 시작하였다. 먼저 동 돌궐을 공격하였다. 동 돌궐은 당고조 이연조차 신하를 칭했던 강력한 국가였다. 당태종은 630년에 동 돌궐을 멸망시키고 광대한 몽골 고원을 지배하에 편입시켰다. 640년에는 서역의 고창국高昌國을 멸망시킨 것을 시작으로 실크로드 연변에 자리한 오아시스 국가를 차례로 정복하였다. 당과 대적하던 중국의 북방·서방의 국가가 소멸하자, 남은 것은 동방의 대국 고구려뿐이었다. 당태종은 고구려를 칠 준비를 하였다. 고구려는 천리장성을 쌓으며 전쟁준비에 들어갔다. 당과 고구려 사이에 긴장관계가 조성되었다. 왜국에도 그 영향이 미치게 되었다.

642년 정월 조메이 왕의 왕후가 즉위해 고교쿠皇極 왕을 칭하였다. 이 시기에 한반도의 정치상황도 급변하였다. 『니혼쇼키』에 의하면 641년에 백제의 의자왕이 반대파를 대대적으로 숙청했다는 소식과 고구려의 연개소문이 영류왕을 살해하고 실권을 장악했다는 소식이 전해졌다. 이런 와중에 신라는 국력을 길러 한반도 통일을 준비하였다. 이러한 정보는 유학생이나 사신을 통하여 왜국에 전해졌다. 국제 정세의 변화에 위기감을 느낀 호족들 사이에는 정치체제를 혁신하려는 움직임이 구체화되기에 이르렀다.

당시 왜국에서는 우마야도 왕자가 사망한 후 소가노 우마코의 아들인 소가노 에미시蘇我蝦夷가 정권을 장악하였다. 소가씨와 우마야도 왕자의 협력정치 시대가 종언을 고하고 소가씨 단독정권 시대가 도래했던 것이다. 소가노 에미시의 권세는 날로 강성하였다. 『니혼쇼키』는 소가씨의 권세가 왕실을 능가하였음을 상세하게 기록하고 있다. 특히 고교쿠조皇極朝의 기록에 소가씨의 전횡을 알리는 기사가 많이 보인다. 이미 조메이조舒明朝 때부터 관리들은 출근하고 퇴근하는 시간을 엄수하도록 하였으나 오오미大臣인 소가노 에미시는 이를 따르지 않았다. 소가노 에미시와 그의 아들 이루카入鹿는 왜왕만이 누리는 특권인 팔일무八佾舞를 행하였고, 그의 저택을 미카도宮門, 그 집안의 남자를 미코王子라고 칭하였다. 저택 주변에 방책을 설치하고 무기고를 두었다. 두 사람의 분묘를 조성하고, 각각 대릉大陵과 소릉小陵이라고 칭하였다. 소가씨의 권세는 이미 왜왕을 능가하였다.

소가씨의 전횡이 극심해지자 호족들은 반감을 품었다. 정세를 간파한 나카토미노 가마타리中臣鎌足는 나카노오에中大兄 왕자와 함께 소가씨를 제거하고 왕권을 강화할 것을 도모하였다. 그들은 소가씨 일족들이 소가노 에미시와 이루카 부자를 시샘하고 있다는 것을 알고 소가씨 본종가本宗家, 즉 소가노 우마코-에미시-이루카로 이어지는 소가씨 가문과 다른 소가씨를 이간하였다. 먼저 소가씨의 일족이면서도 불우한 생활을 하고 있던 소가노 이시카와마로蘇我石川麻呂를 비롯한 소가씨 일족을 포섭하였다. 또 소가씨에 불만을 품었던 왕족과 호족들을 결집하였다.

645년 6월 12일 나카노오에와 나카토미노 가마타리는 궁중에 들어온 소가노 이루카를 죽였다. 이날은 고교쿠 왕이 궁중에서 거행되는 외교의식에 직접 참가하였다. 의식이 거의 끝날 무렵 나카노오에 왕자가 부하들을 거느리고 난입하여 소가노 이루카의 머리, 어깨, 다리를 차례로 베었다. 경악한 고교쿠 왕은 물러났고, 나카노오에 왕자는 부하들을 시켜서 이루카를 죽였다. 거사를 치룬 나카노오에 왕자는 측근들을 거느리고 아스카데라를 접수하고 방어태세를 취하였다. 그러자 다른 왕족과 호족들이 모두 나카노오에 왕자를 따랐다.

피범벅이 된 소가노 이루카의 시신은 소가노 에미시의 저택으로 보내졌다. 소가씨를 따르던 야마토노아야씨東漢氏 일족이 항전할 준비를 하였으나 나카노오에 왕자가 보낸 사자 고세노 도코다巨勢德太의 설득으로 흩어졌다. 다음 날 소가노 에미시가 저택에서 자살하였다. 이리하여 소가씨 본종가가 멸망하였다. 이 사건을 을사乙巳의 변이라 한다.

소가씨 본종가가 멸망한 후, 고교쿠 왕은 양위를 결심하고 쿠데타의 주역인 나카노오에 왕자에게 왕위를 물려주려고 하였다. 나카노오에는 나카토미노 가마타리와 상의하여 왕위를 사양하였다. 645년 6월 14일 고교쿠의 동생인 가루軽 왕자를 왕위에 오르게 하니 그가 고토쿠孝德 왕이었다. 나카노오에는 태자가 되었다.

나카노오에는 신정권의 조직을 정비하였다. 호족의 대표자 격인 아베노 우치노마로安部内麻呂를 사다이진左大臣, 소가노 이시카와마로를 우다이진右大臣에 임명하였다. 정책의 입안기관으로서 우치쓰오미内臣와 구니노하카세国博士가 설치되었다. 개혁의 추진 주체인 우치쓰오미에는 쿠데타의 주역인 나카토미노 가마타리가 임명되었다. 우치쓰오미는 왜왕의 측근으로 중요한 정책결정에 참여하는 중요한 자리였다. 『후지와라씨덴藤原氏伝』에는 나카노오에 태자가 "군사・국정의 중요한 사항은 가마타리의 판단에 맡겼다."고 기록되어 있다. 정치고문에 해당하는 직책인 구니노하카세에는 당에서 귀국한 다카무코노 구로마로高向玄理와 승려 민旻을 등용하였다.

견수사를 따라 중국으로 건너간 유학생 출신이었던 다카무코노 구로마로와 승려 민은 유학의 혁명사상을 깊이 이해하였을 뿐만이 아니라 당의 제도에 대해서도 해박한 식견을 갖추었던 개혁적인 인물이었다. 왜 왕권은 그들 유학생을 정치에 참여시키고 개혁을 단행하여 새로운 정치체제를 구현하려고 하였다.

2. 다이카 개신

태자의 신분으로 실권을 장악한 나카노오에는 정무집행과 정책입안의 양 기관을 통괄하는 권력의 정점에 서게 되었다. 나카노오에 태자는 고토쿠 왕이 취임한 닷새 후에 아스카데라飛鳥寺에 군신들을 모아놓고 신정권에 충성할 것을 서약하게 하였다. 그리고 이날 왜국 최초의 공식 연호인 다이카大化가 정해졌다.

나카노오에 태자는 정치를 일신하기 위해 아스카에서 나니와難波(지금의 오사카 지역)로 천도하였다. 새로운 정권이 성립하고 6개월 후인 645년 12월의 일이었다. 나카노오에 타자는 먼저 나니와에 있던 미야케屯倉를 개수하여 고토쿠 왕을 비롯한 왕족과 관리들이 임시로 거주할 수 있게 하였다. 임시 거처는 고시로 이궁小代離宮이라고 불렀다. 이 궁에 거주하면서 본궁인 나가라노토요사키궁長柄豊碕宮 공사에 착수하였다. 본궁 공사는 7년이 걸려 652년 9월에 완공되었다.

신정권은 구체적인 계획도 없이 일단 정권을 잡은 것 같다. 나카노오에 태자는 쿠데타가 성공하고 1개월이 지난 645년 7월 중순에 널리 관리들에게 의견을 물었다. 8월에는 동부 일본 지역으로 고쿠시國司를 파견하여 토지·농민을 조사하고 병기고를 마련하고 무기를 수집하였다. 이어서 오사카 주변 지역의 토지·농민을 조사하였다. 9월에는 여러 지역으로 사신을 파견하여 농민의 수를 조사하는 한편 무기를 수집하였다.

『니혼쇼키』에 의하면, 646년 1월에 신정부의 기본 방침인 다이카 개신의 조칙이 공포되었다. 그 내용은 첫째, 왕실과 호족의 토지소유권을 부정하고, 모든 토지와 농민을 국가가 장악하는 것이었다. 즉 이제까지의 나시로名代·고시로子代·미야케屯倉·가키베部曲·다도코로田莊 등의 사지사민私地私民을 부정하고, 그것들을 국가가 직접 장악하는 것이었다. 신정부는 국가 권력의 증대를 꾀하고, 중앙집권 국가의 기반을 확립하려고 하였다. 다이카 개신의 조칙은 정치개혁의 가장 중요한 강령이었던 것이다.

둘째, 철저한 중앙집권 체제를 확립하기 위해 종래의 지방 행정기구를 개혁하는 것이었다. 전국을 구니国·군郡·리里로 나누어 지방관을 임명하고, 구니·군·리에는 각각 고쿠시国司·군지郡司·리초里長를 둔다는 계획이었다. 또 중앙집권적 통치를 확보하기 위해 세키소코関塞·우카미斥候·사키모리防人·역마驛馬·전마傳馬 등의 군사·교통시설을 설정하는 것이었다.

셋째, 호적戶籍과 계장計帳을 작성하고 반전수수법班田收授法을 실시하여 전국의 토지와 농민을 직접 지배하는 것이었다. 즉 공지공민제公地公民制에 기초하여 전국의 토지와 인구를 조사하고, 생산량과 경작자를 완전하게 국가가 장악한다는 계획이었다. 이것은 당의 균전제를 모방한 것이었다.

넷째, 국가의 통일적인 세제를 확립하는 것이었다. 역시 당의 제도를 모방하여 조용조租庸調 제도를 도입하는 것이었다. 조租는 1반反 당 2속束 2파把의 벼로 납부하게 하고, 용庸은 토목공사나 건축공사에 민중을 동원하고, 조調는 비단이나 기타 특산물로 납부하도록 하겠다는 것이었다. 조용조 제도는 국가재정을 확립하는 데 필요한 제도였다.

이와 같은 조칙은 종래의 씨성제도에 의한 왕실과 호족의 개별적 지배권을 부정하고, 중국의 율령제도를 모방하여 중앙집권적·관인제적 지배체제를 확립하겠다는 의지를 담고 있다. 하지만 예부터 지방의 호족들이 개별적으로 지배하던 토지와 농민, 특히 미야케와 베민部民의 지배권을 어느 날 갑자기 왕권이 몰수했다는 것은 상식적으로 납득하기 어렵다. 가공할만한 군사력을 배경으로 하지 않고는 불가능한 것이라고 할 수 있다. 그런데 쿠데타 세력이 폭력수단을 보유했다는 근거가 없다. 다이카 개신 조칙 조작설이 제기된 것은 당연한 일이었다. 더구나 위에 열거한 조칙의 내용은 689년에 시행된 기요미하라령淨御原令이나 701년에 시행된 다이호령大宝令에 그대로 포함된 내용이었다.

일찍이 일본 고대사 연구자 쓰다 소키치津田左右吉는 실증적인 연구를 통해 다이카 개신 조작설을 제기하였다. 을사의 변이 일어난 지 수십 년 후에『니혼쇼키』의 편자에 의해 마치 다이카 개신의 조칙인 것처럼 조작되었다는 것이다. 참고로 다이카 개신의 조칙에 대하여 현재 3가지 설이 있다. (1) 기본적으로는 다이카 개신 당시에 반포된 조칙이라는 설, (2) 주요 내용은 당시에 반포된 것이나 부분적으로는 훗날 조작이 가해졌다는 설, (3) 조칙은 모두 당시에 반포된 것이 아니고 훗날『니혼쇼키』를 편찬한 역사가들이 조작했다는 설, 즉 다이카 개신 허구론 등이다.

3. 개혁정치의 전개

나카노오에는 정치제도의 개혁을 추진하였다. 먼저 관직과 위계제

位階制 정비에 착수하였다. 647년에 7색 13계의 관위제를 두었다. 기존의 관위 12계를 대금大錦·대청大青·소청小青·대흑大黑·소흑小黑의 6관위로 줄이고, 그 위에 대직大織·소직小織·대수大繡·소수小繡·대자大紫·소자小紫의 6관위, 소흑의 밑에 건무建武라는 관위를 두었다. 이 조치로 모든 신하에게 관위가 수여되었다. 649년에는 13계 관위제를 19계의 관위제로 발전시켰다. 대금·대청·소청·대흑·소흑을 다시 상하로 나누었다. 일견 관위 12계로 되돌린 모양새였다. 하지만 이러한 조치로 중·하급 관리의 서열이 엄격해졌다.

650년에는 흰 꿩이 출현하였다. 나카노오에 태자는 그것을 매우 길한 일이라고 생각하였다. 그래서 연호를 하쿠치白雉로 개정하고 성대한 의식을 거행하여 개혁정치의 과업을 내외에 과시하였다. 그러나 개혁의 길은 험난하였다. 정권 내부의 알력과 모순은 여전히 잠재해 있었다.

왜왕을 중심으로 하는 중앙 세력의 전국 지배체제의 확립을 지향하는 신정부는 공지공민제, 지방제도, 호적과 계장의 제도, 반전班田의 제도를 추진하면서 구세력과 대립하였고, 또 조정 내부에서도 분란이 발생하면서 모순이 격화하였다.

신정부는 공지공민의 원칙을 관철시키려고 하였으나 호족들이 강력하게 반발하였다. 신정부는 호족과 대립을 피하기 위해 식봉제食封制[46]를 인정하지 않을 수 없었고, 사원의 영유지도 폐지할 수 없었다. 공민제도 관철하지 못하였다. 베민部民은 폐지하였지만 누히奴婢는 폐지할 수 없었다.

개신의 조詔에 따르면, 종래의 구니노미야쓰코国造에 대신하여 고쿠

---

46) 식봉이란 사지사민私地私民을 폐지한 대상代償으로 중급 이상의 관인에게 지급했던 봉록의 일종으로 공신, 관직에 있는 자, 사원 등에 수여되었다. 일정 지역의 향호郷戸를 봉호封戸로 지정하였다. 봉호는 조租의 2분의 1, 용庸·조調의 전부를 봉주封主에게 납부하도록 되어 있다.

시·군지가 임명되어야 마땅하였다. 그러나 그 제도도 제대로 시행하지 못하였다. 또 군지에 임명된 자들도 거의 구니노미야쓰코를 비롯한 지방의 호족이었다. 이런 상황에서 호적과 계장을 통하여 전국의 민중을 장악하겠다는 계획은 그야말로 희망사항이었을 공산이 크다. 『니혼쇼키』에는 652년에 호적을 작성했다는 기록이 있으나 그것을 사실로 인정하기에는 많은 의문점이 있다.

신정권은 궁전을 신축하기 위해 토목공사를 벌이고, 에미시蝦夷 원정을 감행하는 등 의욕을 보였다. 당시 왜 왕권의 세력 범위는 지금의 이바라키현茨城県·후쿠시마현福島県·니이가타현新潟県 부근까지였다. 그 이북은 에미시가 살고 있는 지역으로 왜 왕권의 지배가 미치지 못하는 곳이었다. 신정권은 647년(다이카 3)과 그 다음 해에 지금의 니이가타현 부근에 누타리노키淳足柵·이와후네노키磐舟柵라는 방책을 설치하여 에미시와 대치하였다. 658년에는 아베노 히라후阿部比羅夫가 군선 180척을 이끌고 에미시 정벌을 감행하였다. 다음 해에도 아베노 히라후가 이끄는 군대가 에미시 정벌에 나섰다.

에미시 정벌 중에도 정세는 안정되지 못하였다. 조정 수뇌부의 분열과 불화는 날로 심하였다. 649년 3월에 사다이진 아베노 우치마로阿部内麻呂가 병사하였고, 우다이진 소가노 이시카와마로가 모반혐의로 쫓기다가 자살하였다. 모반에 연루된 자가 많았다. 이 사건은 개신 정권의 근본이 흔들린 큰 사건이었다. 나카노오에 태자는 같은 해 4월에 고세노 도코다를 사다이진, 오토모노 나가토코大伴長徳를 우다이진에 임명하였다. 하지만 신정권의 정책 수립에 깊이 관여했던 승려 민이 병사하고, 다카무코노 구로마로도 당에서 객사하면서 개신 정권에 충격을 안겨주었다.

653년에 나카노오에와 그의 삼촌인 고토쿠孝徳 왕의 사이가 벌어지게 되었다. 나카노오에 태자는 고토쿠 왕에게 완공된 지 1년밖에 안 된 나니와의 나가라노토요사키궁을 버리고 다시 아스카로 천도하자고 제의하였다. 그러나 고토쿠가 이를 거절하였다. 화가 난 나카노오에 태자는 왕족과 귀족, 그리고 관리들을 거느리고 아스카의 행궁으로 떠났다. 고토쿠의 왕후인 하시히토間人 조차도 나카노오에를 따라가자 고토쿠는 충격으로 654년에 사망하고 말았다.

고토쿠 왕이 사망하자 나카노오에 태자는 자신의 어머니이며 이전의 왕이었던 고교쿠를 다시 왕위에 오르게 하니 그녀가 사이메이齊明왕이었다. 나카노오에는 여전히 태자의 지위를 유지하면서 실권을 장악하였다. 나카노오에가 충분히 즉위할 수 있는 실력이 있었음에도 불구하고 즉위 시기를 미뤘던 것은 대내외적인 정치상황이 복잡하게 전개되었기 때문이었다. 대내적으로는 고토쿠의 아들인 아리마有間 왕자가 내란을 획책했다는 죄목으로 죽임을 당하였다. 아리마 왕자가 나카노오에의 책모에 걸려들었던 것이다. 대외적으로는 한반도의 사정이 급박하게 전개되었다.

4. 급변하는 대외관계와 왜의 국방정책

7세기 중엽, 한반도에서는 신라가 당과 연합하여 고구려를 압박하는 한편 백제를 멸망의 위기에 몰아넣었다. 특히 640년 전후의 동아시아 국제정세는 매우 불안정하였다. 당이 고구려를 침략하였다. 고구려는 당의 침략을 격퇴하였지만 연이은 전쟁으로 국력이 고갈되었다. 한반도 3국은 대립과 동맹을 되풀이하면서 치열한 영토전쟁을 벌였다. 그 중에서 신라의 발전이 두드러졌다. 신라는 당과 손을 잡고 백제를 공격하여 660년에 백제를 멸망시켰다. 백제의 귀족과 호족들은 왜에 원군을 요청하였다. 백제의 유신들은 왜에 머물고 있던 의자왕의 아들 풍장을 백제왕으로 맞아들여 부흥운동을 전개하였다.

나카노오에 태자는 원군을 파병하여 백제 부흥운동을 지원하기로 결정하였다. 아즈미노 히라후阿曇比羅夫·가미쓰케노노 와카코上毛野稚子·아베노 히라후 등의 장수가 이끄는 대군이 편성되었다. 661년부터 원군은 바다를 건널 준비를 시작하였다. 662년에서 663년에 걸쳐서 3만2,000여 명의 대군이 백제에 파병되었다. 나카노오에 태자는 지휘부를 규슈로 옮겨서 전쟁을 지휘하였다.

백제로 파병된 왜군은 풍장이 이끄는 백제군과 연합하여 금강 하구로 추정되는 백촌강白村江에서 당의 수군을 맞아 싸웠으나 대패하였다. 그때의 상황이 『구당서舊唐書』의 「유인궤전劉仁軌傳」에 다음과 같이 기록되어 있다. "인궤가 왜병과 백강白江 어귀에서 만났다. 4번 싸워서 이겼다. 그들의 배 400척을 불태우니 화염이 하늘에 가득하였고, 바닷물은 모두 붉게 물들었다." 이 싸움에서 패배한 백제는 완전히 멸망하였다. 왜군은 한반도에서 퇴각하였다.

백제가 멸망하자 백제의 유민들이 일본 열도로 건너왔다. 이때 일본으로 건너온 백제의 귀족만 5,000명에 달하였다고 전해진다. 『니혼쇼키』에는 일본으로 이주한 백제의 유민을 각 지방으로 이주시켰다는 기록이 보인다.[47] 일본 열도로 건너간 백제의 관리들 중에는 왜의 관위를 받고 중앙 관계에 진출한 사람이 많았다. 왜 왕권은 665년에 백제의 관위와 왜의 관위를 비교하도록 하였는데, 이것은 백제의 관리들을 지위에 따라서 특별히 등용하기 위한 조치였을 것이다. 백제에서보다 더 높은 관직에 취임한 경우도 있었다. 왜 왕권은 백제에서 달솔達率의 지

---

[47] 665년에 백제의 유민 400여 명을 오미 지방으로, 665년에는 2,000여 명을 간토 지방으로, 669년에는 백제의 고관을 포함한 700여 명을 오미의 가모蒲生 지역으로 이주 시켰다는 기록이 있다.

위에 있던 귀실집사鬼室集斯에게 종5위에 해당하는 관위를 수여하였다. 671년에는 좌평佐平 여자신餘自信과 사택소명沙宅紹明에게 종4위의 관위를 수여하였다. 이 당시 왜의 관위를 받은 백제인은 50여 명에 달하였다.

백촌강 전투에서 패배한 왜는 당과 신라의 침공에 대비하였다. 664년에 쓰시마対馬·이키壱岐·쓰쿠시筑紫에 봉수대를 설치하고 변경수비대인 사키모리防人를 주둔시켰다. 요충지에 산성을 쌓아 방어 태세를 확립하였다. 규슈의 하카타만博多湾에서 다자이후大宰府로 진입하는 평지에 미즈키水城를 축성하였다. 미즈키는 높이 14미터, 폭 37미터, 길이 1킬로미터 정도의 토성이었다. 665년부터는 서부 일본의 요충지에 산성을 축조하였다. 다자이후 북쪽의 오노조大野城와 남쪽의 기이노키基肄城, 오사카 평원으로 들어가는 관문에 해당하는 요충지에 세워진 나가토노키長門城, 도성을 최후로 방어하기 위해 가와치河内와 야마토大和의 경계에 축조한 다카야스조高安城를 비롯하여 국방의 요지 여러 곳에 산성을 쌓았다. 다자이후의 장관에 중신인 소가노 아카에蘇我赤兄를 임명하여 만약의 사태에 대비하였다.

산성은 백제에서 망명한 축성 전문가의 지도하에 축조되었다. 일본에서 산성이 축조된 것은 그때가 처음으로 축조된 산성을 조선식 산성이라 부른다. 비교적 짧은 기간 내에 대규모 산성이 10여 곳에 축조되었다. 조선식 산성은 당시 왜 왕권이 심각한 위기감을 느끼고 있었다는 것을 역설적으로 말해주는 것이다.

한편, 나카노오에 태자는 667년에 왕도를 오미近江 지역의 오쓰大津로 옮기고, 668년 1월에 정식으로 왕위에 올라 덴지天智라 칭하였다. 덴지 정권을 오미 조정이라고도 한다. 덴지는 즉위해 내정 개혁을 추진하면서 당·신라와 국교를 회복하였다. 이 시기에 일본 최초의 영令인 오미령近江令이 제정되었다고 전해진다. 그러나 소위 오미령의 내용에는 많은 문제점이 있으며 덴지의 개혁 정책에 대하여서도 여러 설이 있기 때문에 지금의 단계로서는 사실 여부를 확정할 수 없다.

670년에는 전국적인 규모의 호적인 경오년적庚午年籍이 작성되었다. 『니혼쇼키』670년 2월조에 "호적을 작성하였다. 도적과 부랑민을 단속하였다."라고 간략하게 기술되어 있지만, 이것이 왜국에서 처음으로 호적을 작성했다는 기록이다. 경오년적은 씨성을 밝히는 근본 대장으로서 중요시되었다. 이후에 작성된 호적은 30년이 지나면 파기되었지만 경오년적은 예외적으로 영구히 보존되었다. 경오년적의 특징은 다음과 같다. 첫째, 왜국 각 지역을 대상으로 작성한 호적이었다. 둘째, 왜국의 전 민중에 관한 호적이었다. 남성·여성, 양민·천민을 가리지 않고, 국가가 파악할 수 있는 모든 민중이 등재되었다. 셋째, 호적은 50호 단위로 작성되었다. 나라奈良 시대의 호적이 사토里, 즉 마을 단위로 작성된 것과 같은 원리였다.

제5장
율령국가의 형성

[1] 율령체제의 확립

1. 진신의 난

덴지 왕과 정비 사이에는 자식이 없었다. 후비가 4명 있었으나 역시 자식이 없었다. 후비 중 1명이 아들을 낳았으나 8세 때 요절하였고, 3명의 후비는 한 명의 자식도 낳지 못하였기 때문이다. 그러나 궁녀들과의 사이에서 아들을 얻었다. 그중의 한 사람이 오토모 왕자大友王子였다. 그러나 어머니가 비천한 신분이었기 때문에 오토모 왕자의 왕위 계승은 처음부터 많은 문제점을 안고 있었다. 하지만 오토모 왕자는 두뇌가 명석하였을 뿐만 아니라 문재도 갖추었기 때문에 덴지는 그를 총애하였다. 궁중 내에서는 오토모 왕자를 후계자로 삼으려는 움직임이 일찍부터 있었다. 오토모 왕자를 명문 왕족의 딸과 결혼시키고, 다이조다이진太政大臣에 임명한 것도 오토모 왕자의 문벌을 높이고, 후계자로서의 위치를 공고히 하려고 의도한 것이었다.

당시 유력한 왕위 계승자로 덴지의 아우인 오아마 왕자大海人王子가 있었으나 관인들은 오아마를 달가워하지 않았다. 그래서 오토모 왕자를 옹립하려는 분위기가 무르익어가고 있었다. 덴지는 좌우 대신·어사대부御史大夫로 하여금 오토모 왕자에게 충성을 맹세하도록 하여 오미 조정의 결속을 다졌다. 조정의 움직임이 자신에게 불리하게 돌아가는 것을 눈치 챈 오아마는 다른 수단을 동원하여 왕위를 찬탈할 야심을 품었다.

671년 9월 덴지 왕이 병석에 누웠고, 10월 중순에는 이미 위독한 지경이었다. 덴지 왕은 오아마를 불러 난국에 처한 왜 왕권의 후사를 부탁하였다. 그러나 그것이 덴지 왕의 음모라고 생각한 오아마는 덴지의 청을 고사하였다. 오아마는 덴지 왕의 정비 야마토히메倭姬를 왕으로 옹립하고, 오토모 왕자를 태자로 삼아 국정을 운영하도록 진언하였다. 그리고 오아마 자신은 덴지 왕의 명복을 빌기 위해 불도에 귀의하겠다고 청원하였다. 덴지 왕은 오아마의 출가를 허락하였다. 오아마는 궁중의 불전 앞에서 머리를 깎고 승려 복장을 하고 처자와 측근들을 데리고 요시노吉野로 피신하였다. 덴지의 명복을 빈다는 것은 처음부터 속임수였다. 오아마는 요시노에 은거하면서 때를 기다렸다.

같은 해 11월 하순, 덴지 왕은 오토모 왕자와 5명의 중신, 즉 다이조칸太政官을 구성하는 최상급 관인을 궁중의 불전에 불러놓고, 오토모 왕자를 중심으로 자신의 명령에 따를 것을 서약하게 하였다. 덴지 왕은 오토모 왕자와 중신들을 자신이 누워있는 방으로 불러 불전에서와 같이 서약하도록 하였다. 그리고 덴지 왕과 다이조칸이 합심하여 오토모 왕자를 후계자로 정하였다.

671년 12월 3일에 덴지 왕이 46세의 나이로 오미의 오쓰궁大津宮에서 사망하였다. 오토모 왕자가 그 뒤를 이었다.[48] 그런데 왜 왕권은 매우 어려운 상황에 직면하였다. 때마침 당 고종高宗의 사신 곽무종郭務悰이 47척의 선박에 약 2,000명의 사절단을 이끌고 내일하였다. 곽무종은 당이 신라를 공격할 계획이니 후방에서 지원해달라고 요구하였다. 왜 왕권은 국상중이라 대량의 무구와 무기만 바치겠다는 뜻을 피력하였다. 당 고종의 국서를 수리한 이상 왜 왕권은 어떤 형식이든 당의 신라 공격에 협조하지 않을 수 없는 상황이었다.

672년 5월 당의 사신 곽무종이 귀국하였다. 오미 조정은 일본 각지에서 인부를 차출하여 무기를 지급하라고 명령하였다. 당의 신라 공격을 지원하기 위한 조치였을 것이다. 오아마 왕자는 이것을 기화로 반란을 일으킬 준비를 하였다. 672년 6월 22일 측근들에게 다음과 같이 지시하였다. 자신의 사령私領인 미노국美濃国의 아하치마安八磨에 병력을 결집시킬 것, 동부 일본 지역의 병력을 징발할 것, 오미와 미노를 잇는 요지인 후와노세키不破関를 봉쇄할 것. 그리고 자신은 6월 24일 요시노를 떠나 동쪽으로 향하면서 "오미 조정은 죄도 없는 자신을 공격하기 위해 왕릉을 조성한다는 명목으로 병력을 징발하고 있다."고 조정을 비난하는 유언비어를 퍼뜨렸다. 오미 조정이 징발한 병력을 탈취하기 위해서였다. 오아마 왕자는 이가伊賀·이세伊勢를 거쳐 미노국 후와군 노가미野上에 본영을 마련하고 인근의 관문을 장악하였다.

오미 조정이 오아마 왕자가 반란을 일으켰다는 것을 안 것은 6월 26일이었다. 오미 조정은 즉시 군대를 미노로 보내 오아마 왕자를 체포하려고 하였다. 동부 일본은 물론 서부 일본의 기비吉備와 쓰쿠시筑紫의 관청과 호족에게도 군사를 보내라고 명령하였다. 그러나 동부 일본으

---

[48] 오토모 왕자의 즉위 여부에 대하여서는 의론이 분분하다. 그러나 메이지 천황明治天皇의 명령으로 오토모 왕자를 고분 천황弘文天皇으로 추증하였다.

로 향하는 요충지는 이미 오아마 왕자가 장악하여 군사동원이 불가능하였고, 기비와 쓰쿠시에서의 징병도 지체되었다.

한편, 오아마 왕자는 동부 일본의 호족들의 지지를 이끌어냈다. 6월 25일에 이세, 26일에 미노, 27일에는 오와리尾張의 병사를 수중에 넣었다. 오아마가 불과 며칠 사이에 군사를 대거 동원할 수 있었던 것은 이미 관청과 호족들이 오미 조정의 명령으로 병사를 징집했기 때문이다. 오아마 왕자는 멀리 가이甲斐와 시나노信濃 지역의 병사도 장악하였다. 그리하여 오아마 왕자가 이끄는 반란군은 오미 조정을 압도하는 군사력을 확보하였다.

6월 29일 아스카 지방에서 전투가 시작되었다. 오미 조정은 아스카데라飛鳥寺의 서쪽에 군영을 설치하였지만 반란군 측의 오토모 후케이大伴吹負가 이끄는 세력이 아스카의 왕궁을 점령하였다. 오토모 후케이는 호족들을 규합하여 오미로 진격할 준비를 하였다. 그러나 7월 4일 오미 조정이 진압군을 파견하여 오토모 후케이 세력을 무찔렀다. 그러나 오아마 왕자가 이끄는 군대가 이가에서 진격하여 수일 내에 아스카 지방을 제압하고, 가와치河內와 지금의 교토·오사카 일대의 요충지를 장악하였다.

7월 2일 오미 조정의 장수 하타노 야쿠니羽田矢国가 반란군 편에 붙었다. 오아마 왕자는 하타노를 앞세우고 오미로 진격하였다. 7월 7일부터 17일 사이에 오미 일대에서 벌어진 전투에서 정부군이 연전연패하였다. 7월 22일 오미의 오쓰궁大津宮이 함락되고, 7월 23일 오토모 왕자가 자살하면서 전쟁은 반란군의 승리로 끝났다. 오미 조정의 중신들이 차례로 체포되어 형벌에 처해졌다. 이것을 진신의 난壬申の亂이라고 한다.

진신의 난에서 오아마군이 승리할 수 있었던 것은 오미 조정에 충심으로 복속하지 않았던 많은 호족들이 오아마 측에 가담하였기 때문이다. 진신의 난의 직접적인 원인은 말할 필요도 없이 권력 승계 문제였으나 대란으로 발전했던 이유에 대하여서는 학설이 분분하다.[49] 진신의 난을 통해 확인할 수 있는 것은 그때까지도 왜왕의 권위가 절대적이 아니었고, 중앙 정권의 지배력이 취약했으며, 권력 승계의 전통도 확립되지 않았다는 점이다.

2. 덴무 천황의 정치

672년 9월 오아마 왕자는 요시노에서 아스카의 왕궁으로 입성하였다. 아스카의 왕궁에는 사이메이 왕과 덴지 왕이 사용하던 궁전이 있었으나 덴무는 새로운 궁전을 조영하였다. 새로운 궁전은 아스카의 기요미하라궁淨御原宮으로 불렸다. 오아마 왕자는 사이메이·덴지 왕이 사용하던 궁전을 그대로 두었다. 새로운 궁전은 각종 의례를 거행할 때 또는 특별한 정무를 집행할 때 사용하였고, 예전의 궁전은 생활공간이나 일반 정무를 보는 공간으로 활용하였다.

673년 2월 오아마 왕자가 아스카의 기요미하라궁에서 즉위하니 그가 덴무 천황天武天皇이었다. 덴무가 즉위하면서 조정의 지배력이 강화되었다. 진신의 난은 덴무를 중심으로 하는 새로운 계급사회를 형성하였다. 특히 중앙집권 체제의 강화를 용이하게 하였다. 진신의 난에서 오미 조정을 구성했던 명망 있는 호족들이 처벌되거나 몰락하여 그 세력이 현저하게 후퇴하였고, 상대적으로 왕권이 강화되었기 때문이다.

---

49) 진신의 난은 백촌강의 전투에서 패배한 데 대한 호족들의 불만, 그럼에도 불구하고 덴지가 중앙집권적 국가를 형성하기 위해 추진한 여러 개혁에 대한 호족들의 불만 등이 신분이 비천한 어머니의 아들인 오토모 왕자에게 불리하게 작용하였을 것이다.

그런 의미에서 진신의 난의 역사적 의의는 매우 크다.

덴무는 즉위하면서 우노노사라라鸕野讚良 왕녀를 황후로 삼았다. 우노노사라는 덴지 왕의 딸로 덴무의 장자 쿠사카베草壁 왕자를 낳았다. 덴무는 정치면에서 황후를 신뢰하고 항상 보좌하게 하였다. 덴무는 진신의 난에서 자기편에 가담했던 호족들에게 공전功田과 관위를 수여하여 불만을 잠재워 놓고 강력한 전제정치를 시행하였다. 유력한 씨족의 정치 개입을 최소한으로 한정하였다. 덴지 정권의 다이조칸 6인은 진신의 난으로 죽거나 물러났다. 10여 년에 걸친 덴무의 재위 기간에 한 사람의 고관도 두지 않고 황후를 비롯한 가족의 보좌만으로 정치를 시행하였다. 어사대부御史大夫가 나곤納言으로 개칭되었고 참의參議가 정치를 관장했으나 존재감은 오오미大臣에 비교할 수 없었다.

중앙집권 권력이 확립되면서 덴무는 오키미大王라는 칭호 대신에 스메라미코토天皇라는 칭호를 사용하기 시작하였다.[50] 덴무는 자신의 아

---

50) 천황 가문이 받드는 이세 신궁伊勢神宮은 일본에서 가장 권위 있는 신사神社이다. 이는 천황이 전통적으로 농경의례를 주관하던 제사장이었다는 것을 의미한다. 천황이 오키미라고 불렸던 시대에도 지배자로서의 이미지와 함께 제사장으로서의 이미지도 함께 지니었는데, 천황을 칭한 후에도 여전히 전국의 신사를 지배하는 제사장으로서의 권위를 지녔다. 천황이라는 용어는 도교 사상에서 기인했다는 설이 유력하다. 실제로 천황은 도교에서 우주에서 가장 높은 신을 가리키는 용어로 중국에서는 천황대제天皇大帝로 불렸다. 참고로 675년 야쿠사노가바네 제도를 정할 때 반영된 진인眞人이라는 용어도 도교에서 쓰는 말이다. 도교에서는 천황이 천상의 신선 세계에 살면서 관인들을 거느렸는데, 그들 중에서 가장 지위가 높은 관인을 진인이라고 하였다. 또 도교에서 천황대제의 권위를 상징하는 것이 바로 일본 천황을 상징하는 신성한 물건인 칼과 거울이다. 덴무의 시호는 천정중원영진인天渟中原瀛眞人이었다. 진인이라는 용어와 함께 영瀛, 즉 신선이 산다는 전설적인 산의 이름이 사용되었다. 덴무는 신선으로 묘사되었던 것이다. 덴무가 아라히토가미現人神, 즉 사람으로 나타난 신이라고 일컬어지는 것도 천상에서 현실로 강림한 신이라는 관념과 부합한다. 이세 신궁에서 사용하는 신궁, 재궁齋宮, 내궁內宮, 외궁外宮 등과 같은 용어들은 도교에서 사용하는 것이었다. 중국에서 발생한 도교는 일찍부터 교리를 갖추고 체계화되었다. 일본인이 신도를 체계화하는 과정에서 중국 도교의 용어와 세계관을 모방했을 가능성이 크다. 일본에서는 이미 고분 시대부터 동경銅鏡이 널리 보급되었는데, 그것은 도교에서 신비한 능력을 가진 도구였다. 동경의 뒷면에 천상 세계를 상징하는 모양을 새겼다. 거울 모양을 둥글게 만든 것은 하늘을 상징하는 것이고, 사각형 모양을 그려 넣은 것은 땅을 상징하는 것이었다. 동경 중앙에 끈을 맬 수 있도록 젖

이세 신궁 정전

들에게 처음으로 친왕親王이라는 칭호를 사용하게 하였다. 이 무렵부터 천황을 아라히토가미現人神, 즉 인간의 모습으로 출현한 신으로 추앙하는 분위기가 조성되었다. 『만요슈万葉集』에 전하는 노래 중에 천황을 살아있는 신으로 찬양하는 노래가 있다. 이것이 성립된 것은 덴무 천황 때였을 것으로 추정된다.

681년 2월 덴무는 20살이 된 쿠사카베 왕자를 태자로 세웠다. 그런데 덴무는 젊은 시절 지쿠젠筑前의 호족 무나카타씨胸形氏 여성과의 사이에 아들을 두었다. 그가 다케치 왕자高市王子였다. 다케치는 진신의 난 때 덴무를 보좌하여 큰 공을 세웠으나 어머니의 출신이 비천하여 왕위 계승에서 불리한 입장이었다. 덴무에게는 모두 10명의 왕자가 있

꼭지처럼 튀어나오게 만든 유공細孔은 인간을 상징하는 것이었다. 지금도 이세 신궁을 비롯한 많은 신궁에서 거울을 신체로 받들고 있다. 그것은 민간 신앙을 도교의 관점에서 해석한 결과라고 할 수 있을 것이다.

었지만 황후가 낳은 아들은 쿠사카베 왕자뿐이었다. 그래서 덴무와 황후는 679년 5월 쿠사카베 왕자와 덴지 왕의 아들을 모두 불러서 쿠사카베 왕자를 중심으로 단결할 것을 서약하도록 하였다. 덴무 천황은 쿠사카베를 태자로 정하고, 그가 정무를 관장하도록 하였다. 천황의 일을 태자가 대행하는 일이 잦았다.

681년 2월 덴무 천황은 율령의 개정, 즉 기요미하라령의 편찬을 명하였다. 율령의 개정이라고 해도 기요미하라령은 오미령과 같은 율律이 편찬되지 않았다. 형법은 당의 율령을 그대로 차용하고, 형정의 규범이 되는 기본법전을 수정하고 보완하는 것이 목적이었다. 법전은 교미하라궁의 조법령전造法令殿에서 편찬되었다. 그곳에서 오미령의 조문을 점검하고, 덴무 정권 전반기에 내려진 명령을 조문화하고, 새로운 조문을 추가하는 작업이 진행되었다. 교미하라령은 덴무가 사망한 후 689년이 되어서야 관청에 배포되었다.

율령은 체계적인 성문법이었다. 그것을 기반으로 정치를 시행하기 위해서는 문자해독이 가능하고, 지휘 계통에 복종하며, 천황에게 충성하는 관리 집단의 존재를 전제로 하였다. 그러나 일본에는 아직 그러한 기반이 형성되지 않았다. 그래서 덴무 천황은 673년에 기나이畿內를 중심으로 하는 호족의 출신법을 정하였다. 호족의 자제를 일단 도네리舍人라는 일종의 견습 관리로 채용한 후에 근무 성적에 따라서 관위에 나아가게 하였다. 관리 집단이 형성되기 시작하자, 678년에 고과考課, 즉 관리의 근무 평가제도와 선서법選敍法, 즉 매년 고과에 따라서 관리를 승진시키는 법을 제정하였다. 그리하여 호족의 자제라도 실력이 있는 자는 조정의 관리로 임명되었다.

681년 4월 '금식禁式 92조'가 정해졌다. 위로는 왕자에서 아래로는 서민까지 신분에 상응하는 복식규정이 마련되었다. 이것을 시작으로 예법에 관한 법령이 정해졌다. 682년 관리와 우네메采女, 즉 천황 후궁

제5장 율령국가의 형성

들의 시중을 드는 궁녀는 왜국의 전통적인 복장을 하지 못하도록 하였다. 남녀 모두 머리를 묶고, 특히 남성 관인은 관을 쓰도록 하였다. 685년에는 조복朝服의 색이 정해졌다.

683년에 문무백관과 기나이畿內 지역에 거주하면서 관위를 받은 자는 정월·4월·7월·10월의 초하루에 반드시 조례에 참석하도록 명하였다. 684년에는 덴지 정권 때인 664년에 정비된 26계 관위제를 48계 관위제로 변경하였다. 관인들이 더욱 엄격하게 서열화 되었다. 685년에는 궁중에서 언행을 바르게 하라는 명령이 하달되었다. 예법도 정비되었다. 왜국의 전통적인 작법이 중국풍의 작법으로 변경되었다. 이러한 일련의 조치로 관인사회의 질서가 정비되었다.

681년 이후, 전통적인 정치조직인 우지氏에 대한 질서가 근본적으로 변혁되었다. 먼저 우지가미氏上 제도가 철저하게 시행되었다. 우지가미 제도는 664년에 창시되었다. 덴지 정권은 우지가미의 사적 지배권을 부정하였다. 우지가미를 국가가 장악했던 것이다. 하지만 여전히 우지가미를 지정하지 않은 지역이 있었다. 그래서 681년에 그런 지역에 우지가미를 정하여 상신하도록 명하였다. 682년에는 구성원이 많은 우지는 그 인구를 분할하여 각각 우지가미를 정하도록 하였다. 이러한 정책은 관인제와 연관되어 있었다. 덴무 천황은 관인의 고과와 선서법을 시행하면서 새로이 족성族姓, 즉 관인이 어떤 우지에 속하는지를 기준으로 삼았다. 그래서 모든 관인의 족성을 확정할 필요가 있었다. 전통적인 우지의 질서가 관인사회의 질서와 결합되었던 것이다.

684년 10월에는 여러 우지의 족성을 개정하여 야쿠사노가바네八色の姓를 제정하였다. 이것은 종래의 오미臣·무라지連 등의 가바네를 개선하여 마히토眞人·아소미朝臣·스쿠네宿禰·이미키忌寸·미치노시道師·오미臣·무라지連·이나기稲置의 8단계로 재편하였다. 그중에서 마히토·아소미·스쿠네·이미키 등의 가바네가 가장 권위 있는 씨족으로 인정되었다. 마히토는 주로 게이타이 왕継体王 이후의 왕족, 아소미는 오미, 스쿠네와 이미키는 무라지 등의 가바네를 가졌던 유력한 씨족에 부여되었다. 야쿠사노가바네는 진신의 난 후의 정치·사회의 변화에 대처하기 위해 여러 호족의 신분질서를 재편한 것이었다. 특히 왕족에게 최고의 지위인 마히토의 지위를 수여하고, 왕실과 관계가 깊은 씨족에는 아소미를 비롯한 높은 지위의 가바네를 수여하였다. 그 밖의 씨족에는 하위의 가바네를 수여하였다. 그 결과 천황과 그의 혈족을 정점으로 하는 피라미드식 신분 서열이 명확해졌다.

3. 역사 편찬

덴무 천황은 역사 편찬에도 관여하였다. 681년 3월 덴무는 기요미하라궁의 태극전에서 덴지 왕의 아들인 가와시마 왕자川島王子를 비롯한 12명의 왕족과 관인들에게 천황의 계보를 중심으로 구전과 신화 그리고 영웅을 소재로 한 전설을 검토해 기록하게 하였다. 구체적으로 『데이키帝紀』와 『규지旧辞』를 비교해 그 내용을 확정하도록 명령하였다. 이것은 국사 편찬사업의 출발점이 되었다.

천황이 기나이를 중심으로 하는 지배 집단의 대표에서 일본 열도의 지배자로 비약하기 위해서는 역사를 편찬할 필요성이 있었다. 그것은 정변의 정당성을 주장하기 위해서도 필요한 작업이었다. 사서는 나카토미노 오시마中臣大嶋와 헤구리노 고비토平群子首가 책임을 지고 집필하였다.

『데이키』는 역대 제왕의 계보, 성명, 연령, 궁전의 명칭, 재위 기간, 왕비와 자손, 능묘의 위치 등을 기록한 자료이다. 『규지』는 주로 전승되던 설화를 기록한 자료였을 것이다. 『고지키』의 서문에 의하면, 덴무 천황은 여러 씨족들의 자료에는 서로 다른 내용이 있을 뿐만 아니라 허위로 조작된 내용도 있으니 그것을 고쳐서 후세에 전하고 싶다는 뜻을 분명히 하였다. 진신의 난으로 중앙의 유력한 호족들을 제압한 덴무 천황은 호족들의 입장에 따라서 각기 다르게 반영된 기록들을 정리하고, 자료를 천황 가문에 유리하도록 정비하는 작업을 추진할 필요가 있었을 것이다. 그것은 실질적인 역사왜곡 작업이었을 가능성이 크다.

[2] 율령국가의 성립

1. 지토 천황과 후지와라쿄

686년 5월 덴무 천황이 병석에 누웠다. 덴무는 모든 권력을 황후와 쿠사카베 태자에게 위임하였다. 궁중과 사원에서 덴무의 쾌유를 기원하는 불사가 열렸다. 죄인도 사면되었다. 그러나 같은 해 9월 덴무 천황은 기요미하라궁에서 사망하였다. 궁전의 남쪽 정원에 빈소가 마련되어 2년 2개월에 걸친 장례의식을 치렀다. 천황 일족, 측근, 관인, 도래인 계열의 귀족들이 차례로 의식에 참여하였다. 같은 해 10월 2일 덴무의 셋째 아들 오쓰 왕자大津王子가 모반죄로 체포되어 다음날 사형에 처해졌다.

당시 유력한 왕위 계승자는 구사카베 태자와 그의 이복 형제 오쓰 왕자가 있었다. 그중에서 오쓰는 어렸을 때부터 학문과 무예가 뛰어나서 마음속으로 그를 흠모하는 자가 많았다. 덴무의 신임도 두터워서 683

년부터 국정에 참여하였다. 덴무 천황이 사망하자 평소부터 오쓰 왕자의 재능과 인품을 시기하던 황후와 구사카베 태자가 오쓰 왕자를 숙청했을 가능성이 높다.

688년 11월 덴무의 시신이 안장되었다. 장례를 치루고 쿠사카베 태자가 즉위하는 것이 당연한 수순이었다. 하지만 쿠사카베는 공식석상에 모습을 드러내지 않다가 689년 4월 28세의 나이로 사망하였다. 그러자 690년 정월 덴무의 황후가 즉위하니 그녀가 지토 천황持統天皇이었다. 당시 지토의 유일한 핏줄인 구사카베의 아들 가루 왕자輕王子는 7세의 어린이였다. 그런데 나이가 들고 능력을 인정받은 덴무의 아들이 많았다. 덴무의 유업을 계승하면서 권력을 지켜야 하는 막중한 임무가 지토 천황에게 주어졌다.

689년 윤8월 지토는 기요미하라령의 시행을 위해 호적의 작성을 명하였다. 이것이 경오년적 이래 10년 만에 작성된 경인년적庚寅年籍이었다. 이것을 작성하면서 호戶의 개념이 도입되었고, 50호를 기본으로 하는 행정 단위인 리里가 설정되었다. 물론 호와 리는 세제인 조용조 부과의 대상이었다. 성별·연령에 기초하여 호적이 작성되고, 개인별로 조용조와 요역 부과의 대상이 확정되었다면, 농민을 대상으로 하는 수취체제가 형성되었다고 보아도 무방할 것이다. 기요미하라령이 제정되면서 일본도 관제와 세제 면에서 율령제의 기본 골격을 갖추게 되었다.

690년부터 덴무 천황 때 편찬된 기요미하라령이 시행되었다. 중앙 관제는 기본적으로 당의 상서성尙書省 6부 제도를 모방하면서 일본의 실정에 맞게 개편하였다. 다이조칸太政官이 설치되고, 그 밑에 8성八省이 설치되었다. 관인들은 새로운 조복을 입게 되었다. 근무평가도 시행되었다. 7월에는 다케치 왕자高市王子를 다이조다이진太政大臣으로 하는 다이조칸이 임명되었다. 관원령官員令이 전면적으로 시행되면서 조정의 예의작법도 세밀해졌다. 지토 천황이 즉위하면서 기요미하라령을 기본으로 하는 국가체제가 본격적으로 가동되었던 것이다.

덴무 천황은 생전에 왕궁을 중심으로 시가지의 건물이 정연하게 배치된 중국식 도성을 건설하려고 하였다. 물론 덴무 이전에도 도성은 있었다. 7세기 초에도 아스카(지금의 나라현奈良県 다케치군高市郡 지역)에 왕궁이 세워졌다. 왕족과 중앙 호족은 왕궁 주변에 각각 저택을 지었다. 행정 관청도 왕궁 주변에 배치되었다. 하지만 왕궁은 자연발생적인 마을의 일부였으며 행정조직도 간단하였다. 규모가 작다보니 왕궁을 건설하는 것이 그렇게 어렵지 않았다. 그래서 왕궁은 왕이 즉위할 때마다 새로 조영되었다. 재해나 전란이 발생하면 다른 장소로 이전하기도 하였다. 왕궁이 이전하면 관청도 이전하였다. 도성은 항구적인 시설이 아니었던 것이다.

덴무는 도성 건설 지역을 지정하고 지형 조사까지 마쳤으나 그 뜻을 이루지 못하고 사망하였다. 지토 천황은 덴무의 유업을 계승하였다. 690년 10월 지토는 다케치 친왕을 파견해 새로운 도성 예정지를 살펴보게 한 다음 12월에 자신이 직접 관인들을 거느리고 시찰하였다. 이듬해에는 도성의 조영을 알리는 제사를 올리고, 여러 친왕과 신하들에게 택지를 분배하였다. 새로운 도성 조영은 순조롭게 진행되어 694년 후지와라쿄藤原京가 위용을 드러냈다. 일본 최초로 조방제條坊制를 도입한 중국식 도성은 지토 천황, 몬무 천황文武天皇, 겐메이 천황元明天皇을 거치면서 710년까지 일본의 도읍이 되었다.

후지와라쿄는 동서 약 1.6킬로미터 남북 약 2.4킬로미터였고, 12조·8방으로 구획되었다. 1방의 크기는 약 260여 미터였다. 도성의 중앙에 왕궁이 자리하였다. 왕궁은 동서 900여 미터, 남북 900여 미터였다. 왕궁의 외벽을 따라서 폭 5미터, 깊이 1.2미터 정도의 해자가 둘러져 있었다. 왕궁의 내부에는 천황 거주 공간과 관청이 배치되었다. 왕

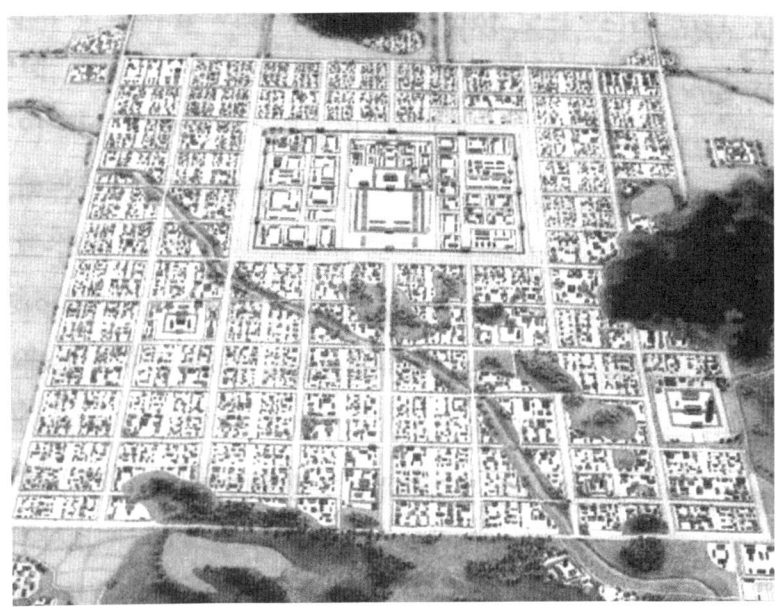

후지와라쿄 복원도

궁을 도성의 중앙에 배치한 것은 『주례周禮』의 기록을 참고하였기 때문이다. 후지와라쿄는 당의 장안성長安城 설계도를 참고하지 않았다는 것을 알 수 있다.

왕궁의 남쪽 중앙에서부터 폭 18미터 정도의 주작대로가 남쪽으로 길게 뻗어 있었다. 주작대로를 중심으로 좌우에 시가지가 조성되었다. 시가지에는 관인의 저택이 지위에 따라 배치되었고, 나머지 지역에는 일반 서민의 주택이 정연하게 배치되었다. 도성의 외곽에는 규모가 큰 사원이 배치되었다. 도성에 거주하는 인구는 2~3만 명이었을 것으로 추정된다.

696년 7월 다이조다이진으로 지토 천황을 보필하던 다케치 왕자가 사망하였다. 지토는 자신의 손자인 가루 왕자의 즉위가 불안해졌다고 판단하였다. 697년 2월 지토는 왕족과 중신들을 소집하여 회의를 열어 15세의 가루 왕자를 태자로 세웠다. 같은 해 8월 지토 천황은 태자에게 양위하였다. 가루 태자가 즉위해 몬무 천황이 되었다. 지토는 태상천황이 되어 몬무 천황을 후견하였다. 왜국 역사상 처음으로 양위가 이루어졌고, 천황의 직계 혈통이 즉위하게 된 것이다.

2. 다이호 율령의 성립과 시행

몬무 천황이 즉위한 후, 기요미하라령에 대신하여 새로운 율령[51]의 편찬사업이 시작되었다. 700년 3월에 「영令」이 먼저 완성되고, 다음 해인 701년 8월에 「율律」이 완성되었다. 율령 편찬사업은 다이호大宝 원년인 701년 말에 완성되었다. 이 법전을 다이호 율령大宝律令이라고 한다.

'다이호'는 701년 3월 2일에 일본에서 처음으로 제정된 연호였다. 물론 이전에도 '다이카大化', '하쿠치白雉' 등과 같은 연호가 제정되었다. 하지만 그것들은 실제로 널리 사용되지 않았다. 실제로 널리 사용된 일본 최초의 연호는 '다이호'라고 할 수 있다. 근년에 출토된 목간에서도 그것이 널리 사용되었다는 것이 확인된다. 이후 일본에서는 연호가 중단 없이 제정되어 사용되었다.

다이호 율령은 기요미하라령을 일본의 실정에 맞게 개편하여 편찬한 것이다. 오사카베 친왕刑部親王을 중심으로 후지와라노 후히토藤原不比等, 아와타노 마히토粟田真人, 시모쓰케노 고마로下野古麻呂, 이키노 하

---
51) 율령이라고 할 때, 율은 오늘 날의 형법전에 해당하고, 영은 지금의 행정법·민법·상법·민사소송법 그리고 그 밖의 여러 법전에 해당하는 것으로 국가가 필요한 모든 조항에 대하여 규정한 것이다.

카토코伊岐博德, 이요베노 우마카이伊余部馬養 등 해외 정세와 법전에 밝은 관인과 도래인계 관인이 실무를 담당하였다. 주로 당의 영휘 율령永徽律令 내용을 선별하여 번역하는 작업이었으나 그 내용이 일본의 실정에 부합하지 않는 것은 채용하지 않거나 수정을 가하였다.

당의 율령은 중국의 문화와 사회통념에 근거하여 편찬된 것이었을 뿐만 아니라 완성도가 높은 법전이었다. 그것을 그대로 일본사회에 적용할 수 없었다. 일본 실정에 부합되는 것만 채용하였다. 예를 들면 당 율령의 동성혼 금지 조항은 삭제하였다. 근친혼이 당연하게 인식되는 일본사회에 적용할 수 없는 것이었기 때문이다. 또 당의 형벌은 매우 엄격하게 적용되었다. 그것을 번역할 때 천황의 종교적 권위를 훼손하는 범죄는 엄격하게 처벌하도록 하였으나 그 밖에 다른 형벌은 가볍게 처벌하는 것으로 완화시켰다. 당의 '사령祠令'에 대신하여 '신기령神祇令'을 만들기도 하고, 또 당의 '도승격道僧格'을 '승니령僧尼令'으로 변형시키기도 하였다.

다이호 율령은 율과 영이 함께 편찬된 최초의 법전이었다. 다이호 율령은 율律 6권, 영令 11권으로 구성된 법전으로 702년부터 시행된 것으로 알려져 있다. 하지만 다이호 율령의 내용은 전해지지 않는다. 718년에 편찬된 요로 율령養老律令을 통하여 짐작할 수 있다. 그렇지만 다이호 율령이 제정되고 시행된 것은 의심할 여지가 없다. 다이호 율령의 제정으로 율령체제가 제도적으로 완성되었다고 할 수 있다.

다이호 율령이 제정된 직후인 701년 4월에 천황의 일족과 관인들에게 새로 편찬된 율령에 대해 강습하였고 6월 1일에는 다이안지大安寺에 승려를 모아놓고 승니령에 대해 강습하였다. 6월 8일에는 일본 각 지역에 "모든 일은 오로지 새로운 법령에 따르라."는 명령이 내려졌다. 702년 7월에도 "모든 문·무관에게 새로운 율령을 강습시키라."는 명령이 내려졌다.

718년에는 후지와라노 후히토가 중심이 되어 「율」 10권, 「영」 10권으로 구성된 요로 율령이 편찬되었다. 요로 영은 715년에 당에서 시행된 영을 참조하였을 것이다. 요로 율령은 다이호 율령을 부분적으로 수정하고 자구를 고친 정도로 그 내용은 다이호 율령과 큰 차이가 없었을 것으로 추정된다.[52] 요로 율령을 통하여 일본에서도 율령이 편찬되었다는 것을 알 수 있게 되었고 또 율령의 전체 모습을 살펴볼 수 있게 되었다. 요로 율령은 『료노기게令義解』, 『료노슈게令集解』라는 주석서의 형태로 후대에 전해졌다. 『료노 슈게』의 인용서 중에는 다이호령의 주석서가 포함되어 있어서 다이호 령의 복원이 어느 정도 가능하다. 요로 율령이 실제로 시행되게 된 것은 편찬된 지 40여 년이 지난 757년 후지와라노 후히토의 손자 후지와라노 나카마로藤原仲麻呂가 권력을 장악했을 때였다. 그때부터 율령은 많은 문제점을 안고 있으면서도 10세기까지 시행되었다.

[3] 율령국가의 통치조직

율령국가는 율령을 기본으로 운영되는 국가라고 할 수 있다. 그런데 형법에 해당하는 「율」은 비교적 간단하게 운영할 수 있지만, 「영」 즉 행정법·민법·상법·민사소송법 등 「율」 이외의 모든 법은 결코 간

---

[52] 다이호 율은 6권, 요로 율은 10권으로 구성되었다. 요로 율의 편목篇目은 명례名例·직제職制 등 12편이 있었을 것으로 추정되나 현재까지 전해지는 것은 그중에서 명례 상, 위금衛禁 하, 직제, 적도賊盜 등 4편에 지나지 않는다. 형刑은 대별하여 일반인에 적용되는 정형正刑, 관리·승려 등에 적용되는 윤형閏刑이 있었다. 다이호 령은 11권, 요로 령은 10권으로 되어 있었다. 영목令目은 관위·호戶·전田 등 30 조목이 있었다. 이 중에서 창고倉庫·의질醫疾의 2령은 분실되었고, 대강의 내용이 남겨져 있을 뿐이다.

단하게 운영될 수 없는 것이었다. 당에서도 8세기 중엽부터 호적제도, 균전제, 조용조제, 부병제府兵制 등이 사실상 붕괴되고 양세법, 모병제 등이 시행되었다.

일본에서도 같은 문제점이 드러났다. 국가를 통치하는 데 핵심이 되는 반전수수법班田收授法은 시행하자마자 무력화되었다. 군단·병사 제도도 8세기 말이 되면 거의 유명무실해졌다. 더구나 당의 율령을 참조하여 편찬한 일본의 율령은 일본사회의 실정에 맞는 제도가 아니었다. 천황 정권은 일단 편찬한 율령을 '강습'시켜서 관철하려고 하였으나 '현장'은 그것을 수용할 준비가 되어 있지 않았다. 이러한 점을 염두에 두고 율령체제와 일본사회를 이해해야 할 것이다.

1. 관제

중앙 행정기관으로는 진기칸神祇官과 다이조칸太政官이 있었다. 진기칸은 국가의 제사를 담당하였고, 다이조칸은 일반 행정사무를 담당하였다. 다이조칸의 최고 관직은 다이조다이진太政大臣이었는데, 적임자가 없을 경우에는 공석으로 두었다. 당의 율령제도와 비교하여 보았을 때, 진기칸과 다이조칸을 동렬에 두었다는 것이 주목된다. 일본의 독자성이 인정되는 대목이다.

다이조다이진 밑에는 상설관으로서 사다이진左大臣과 우다이진右大臣을 두고 정무를 감독하게 하였다. 사다이진와 우다이진을 다이나곤大納言이 보좌하였다. 다이나곤 밑에는 쇼나곤少納言 및 좌·우 벤칸弁官이 있었다. 쇼나곤은 궁중의 사무를 담당하였고, 좌 벤칸은 나카쓰카사쇼中務省, 시키부쇼式部省, 지부쇼治部省, 민부쇼民部省 등의 사무를 총괄하였다. 우 벤칸은 효부쇼兵部省, 교부쇼刑部省, 오쿠라쇼大蔵省, 구나이쇼宮內省 등의 사무를 총괄하였다. 별도의 조직으로는 단조다이弾正台와 에후衛府가 있었다. 단조다이는 기풍을 문란하지 않게 하고 관리를 감찰하는 것을 업무로 하였다. 에후는 주로 궁전의 경비를 담당하였다.

지방은 기나이畿內와 시치도七道로 나누었다. 기나이는 왕도 주변의 구니国를 의미하였다.[53] 시치도는 도카이도東海道, 도산도東山道, 호쿠리쿠도北陸道, 산인도山陰道, 산요도山陽道, 난카이도南海道, 사이카이도西海道였다. 시치도는 원래 중앙과 지방을 연결하는 간선도로의 이름이었으나 후에는 도로를 포함하는 일대의 여러 지역을 의미하였다. 그리고 행정구역은 특별한 지역을 제외하고는 구니国, 고오리郡, 사토里의 3단계로 구분하였다. 구니에는 고쿠시国司, 고오리에는 군지郡司, 사토에는 리초里長를 두었다. 고쿠시는 중앙의 귀족이 파견되었고, 군지에는 지방의 호족이, 그리고 리초에는 그 마을에서 명망이 있는 자가 임명되었다. 행정의 기본 단위인 리는 50호를 하나의 행정 부락으로 편성되었다.

중앙과 지방을 연결하는 간선도로에는 3리(약 12킬로미터)마다 역가驛家을 설치해 역마驛馬・전마傳馬 제도를 정비하였다. 역에는 역호驛戶가 지정되어 역마를 사육하고 역전驛田을 경작하였다. 역마의 사용은 관청의 직무를 수행하기 위해 여행을 하는 자에 한정되었다.

중요한 지역에는 특별한 관청이 설치되었다. 즉 왕도에는 좌우 두 명의 교시키京職을 두었고, 외교상의 요지인 셋쓰에는 셋쓰시키攝津職, 국방상의 요충지인 규슈 북부에는 다자이후大宰府[54]를 두었다. 다자이후

---

53) 야마토노쿠니大和国, 야마시로노쿠니山城国, 가와치노쿠니河內国, 셋쓰노쿠니攝津国 등의 지역을 4기나이라고 하였다. 757년에 가와치노쿠니에서 이즈미노쿠니和泉国가 분리되어 설치되면서 5기나이가 되었다.
54) 다자이후는 규슈에 설치된 지방관청으로 7세기 말에 성립되어 약 400년 동안 존속하였다. 규슈의 북부는 대륙에서 일본으로 들어오는 관문이었다. 그런 의미에서 최전방이기도 하였다. 그래서 이곳에는 일찍부터 대외 관계를 관장하는 기구가 설치

는 대외적으로는 국방과 외교를 담당하고, 대내적으로는 규슈의 9개 구니国와 2도島를 총괄하는 매우 중요한 관직이었다.

중앙과 지방의 관청은 각기 가미長官·스케次官·조판官·사칸主典의 사등관四等官과 다수의 하급관리로 구성되었다. 사등관의 명칭은 관청에 따라 각기 표기 방법이 다른 경우도 있었다.

관직은 그 자체가 위계질서였기 때문에 관리 또한 위계에 걸맞은 신분 출신이 아니면 임명될 수 없었다. 이러한 제도를 관위상당제官位相當制라고 하였다. 위계는 천황의 직계 혈족이 일품一品에서 4품四品까지, 천황의 방계 혈족이 정일위正一位에서 종오위從五位 사이의 위계에 임명되었다. 그 밖의 신하는 정일위正一位 이하 30단계의 관위에 나아갈 수 있었다. 공로가 있으면 승진할 수 있었다.

율령국가의 행정기구는 외견상으로 정연하게 편제되어 있었다. 그러나 행정이 이러한 제도를 통하여 일사불란하게 시행되었다고 보기는 어려웠다. 실제로 현실적인 정치는 율령체제와는 이질적인 전통과 관례를 존중하였다. 특히 지방의 호족을 군지郡司에 임명하여 국가 지배의 말단에 편성하기는 하였으나, 그들에 의해 지배되는 공동체의 질서는 전적으로 율령과는 무관한 관행에 의존하지 않을 수 없었다. 그런 의미에서 율령국가는 율령 체계에 보이는 집권적 측면과 사회 내부에 뿌리 깊게 온존하는 관행적 측면이 모순을 내포하면서 공존하는 이중 구조를 형성하였다고 보아야 할 것이다.

되었다. 다자이후의 전신은 7세기 전반에 설치된 쓰쿠시다자이筑紫太宰였다. 다자이후의 업무는 실로 광범위하였다. 그런 만큼 중요한 기관이었다. 다자이후는 규슈의 전 지역과 한반도로 연결되는 통로에 위치한 쓰시마·이키壹岐도 지배하에 두었다. 외국에서 일본으로 오는 외교사절에 대한 접대와 안내의 임무도 수행하였다. 다자이후에는 장관인 다자이노소쓰太宰帥를 비롯하여 60여 명의 관리가 배치되었다.

2. 사법제도

사법권은 특별히 독립되어 있지 않았다. 행정 관청이 사법부의 기능을 담당하였다. 형벌에는 태笞·장杖·도徒·유流·사死의 5형이 있었다. 태형과 장형은 범죄자를 매로 다스리는 형벌이었다. 횟수에 따라 10회에서 50회까지를 태라고 하고, 60회에서 100회까지를 장이라고 하였다. 태형과 장형은 범죄의 경중에 따라 각각 5단계로 나누고, 한 단계에 10 회씩 체벌을 더하였다.

도형은 범죄자를 일정한 기간 동안 옥에 가두는 것이었다. 옥에 가두는 기간은 대개 1년에서 3년까지였다. 이 또한 범죄의 경중에 따라 5단계로 나누고, 1단계에 6개월 씩 수형기간을 연장하였다.

유형은 중앙에서 벗어난 지역으로 유배를 보내는 형벌이었다. 범죄자는 유형지에서 1년 동안 노역에 복무하였다. 그런 다음에는 그 지역에 정착하는 것이 허락되었다. 유형도 중앙에서 유배지까지의 거리에 따라 근류近流, 중류中流, 원류遠流 이렇게 3단계로 구분되었다.

사형에는 교수형과 참형이 있었다. 참형이 교수형보다 더욱 무거운 형벌이었다. 관위가 5위 이상인 자는 자기 집에서 자결할 수 있는 특권이 주어졌다. 7위 이상의 관인 및 부인은 공개된 장소에서 처형하지 않았다. 하급 관인이나 일반 민중은 사람이 많이 모이는 곳에서 교수형에 처하였다.

일본의 형벌은 중국의 그것과 비교해 보면 상당히 완화된 것이었다. 그러나 팔학八虐이라고 하여 천황을 위해하고, 왕궁을 침범하고, 국가에 반역하고, 부모를 살상하고, 친족을 죽이고, 사원을 침범하여 보물을 훔치고, 부모를 매도하고, 윗사람이나 관리를 죽이는 죄를 지은 자는 특히 무거운 형벌에 처하였다.

3. 신분제도

율령체제 아래의 신분 관계는 양민良民과 천민賤民으로 구분되었다. 양민이란 자유인으로 관인과 대부분의 일반 농민, 승려 그리고 천황의 일족이 여기에 포함되었다. 그중에서도 특히 일반 농민은 공호公戶로 불렸다. 그들은 주로 농업에 종사하면서 왕권에 조용조租庸調를 납부하고 부역을 제공하는 등 각종 부담을 졌다. 양민의 대부분을 점하는 공민은 율령국가의 근간이었으나 정치적인 권리는 없었다.

관리에게는 특권이 주어졌다. 먼저 관위에 따라서 봉록俸祿이 지급되었다. 관리에게 지급되는 봉록 중에서 3위 이상에 해당하는 자에게는 위봉位封이라고 하여 봉호封戶가 지급되었다. 4위·5위에 해당하는 자에게는 위록位祿이라고 하여 포布나 면綿이 지급되었다. 또 봄과 가을에 2회, 모든 관리에게 지급되는 계록季祿이 있었다. 다음으로는 관직에 대한 봉록이 지급되었다. 천황의 일족과 상급 귀족에게는 식봉食封에 해당하는 직봉職封과 직전職田이 지급되었고, 가택의 경비와 잡역에 봉사하는 도모비토供人라는 시진資人이 주어졌다. 시진은 하급 관인으로 그 주인을 위해 일하였다. 관인은 용庸·조調·잡요雜徭 등의 과역課役이 면제되었다.

양민 내부에서도 신분 서열이 있었다. 베민部民의 계보에 속하는 도모베品部·잣코雜戶가 천대를 받았다. 그들은 천민은 아니었으나 반자유민으로 특수한 공예 기술을 보유하면서 교대로 관청에서 사역하고 용조庸調 대신에 수공업 제품을 납부하였다. 특히 잣코는 천민과 다름없는 대우를 받았다.

천민은 부자유민으로 료코陵戶·간코官戶·게닌家人·구누히公奴婢·시누히私奴婢의 5종류가 있었다. 그들 중 게닌과 시누히는 민간에 소속되어 있었고, 그 외는 모두 관청에 소속되어 있었다. 료코는 천황의 능을 지키는 자였고, 간코는 관청에 소속된 게닌이었다. 게닌은 노비와 같이 취급되었으나 노비 보다는 약간 지위가 높았다. 가족을 구성할 수 있었고 매매의 대상이 되지 않았다. 이에 비하여 노비는 소유자의 재산으로 취급되어 상속·매매의 대상이 되었다. 물론 가족을 구성하는 것도 금지되었다. 게닌이나 시누히 등과 같이 개인에 속한 천민은 구분전을 양민의 3분의 1밖에 지급받지 못하였다. 그러나 그들은 조세를 부담하지 않았으며 군역이나 요역에 동원되지 않았다. 노비의 수는 양민에 비하여 그렇게 많지 않았으나 대사원을 비롯한 지방의 유력한 호족은 상당히 많은 노비를 소유하였다. 노비를 많이 소유하면 할수록 경제적으로 유리하였다.

천민과 양민의 결혼은 금지되었다. 처음에는 양민과 천민 사이에 자식이 태어나면 천민으로 취급하였다. 789년에 이 제도를 고쳐서 양민과 천민 사이에 태어난 자식은 양민으로 분류하였다.

4. 호적제도와 토지제도

조정은 전국의 민중을 호적에 등록시켰다. 호적에 등록된 자에게 토지를 지급하였다. 6세 이상의 양민에게 구분전口分田이라는 토지를 지급하고, 그 대상자가 사망하면 국가가 회수하였다. 이러한 법을 반전수수법班田收授法이라고 하였다. 이 제도는 당의 균전법을 모방한 것이었다. 반전은 6년에 1번 실시되었다.

호적은 민중에게 토지를 지급하기 위한 기초 자료였다. 호적은 율령제도가 제 기능을 하기 위해서 가장 먼저 작성되어야 했던 중요한 자료였던 것이다. 국가는 6년에 한 번, 전년의 11월 상순에 작성하기 시작하여 해당 년도의 5월에 종료하였다. 호적을 작성할 때 기본 자료가 되었던 것은 계장計帳이었다. 계장은 조세를 징수하기 위한 대장으로 매년 작성되었다. 계장에는 그해의 출생자와 사망자가 기록되었다. 그래서 계장을 참조하여 호적을 정비할 수 있었던 것이다.

호적은 복수로 작성되어 1부는 국가의 서고에 보관하고, 1부는 다이조칸에 보내서 실제로 활용하도록 하였다. 호적에는 호주를 비롯한 구성원의 이름, 호주와의 관계, 연령, 질병의 유무, 역役의 부담을 지고 있는지의 여부, 호戶의 등급, 관위가 있는 자는 위계가 기록되어 있었다. 호적에 기재된 호는 향호鄉戶라고 불리는 대가족인 경우가 일반적이었다. 그 범위는 호주의 직계 혈통, 방계 혈통, 노비, 그리고 몰락한 양민과 그 가족 등으로 구성되었다. 호적에 기재된 인원이 100명이 넘는 경우도 있었다. 그러나 일반적으로 향호의 구성원은 25명 내외였다. 토지는 호주를 통하여 지급되었다. 조세도 호주가 책임지고 모아서 납부하였다.

농민이 6세가 되면 남자에게 2반反, 여자에게는 그 3분의 2의 구분전이 지급되었다. 관청에 예속된 천민에게는 양민과 동등한 기준으로 구분전이 지급되었으나 민간에 예속된 천민에게는 양민의 3분의 1의 구분전이 지급되었다. 토지가 척박하여 경작하기 어려운 경우에는 넓은 면적의 토지가 지급되었다. 구분전은 토지를 지급받은 자가 사망할 때까지 경작할 수 있었다. 하지만 토지 경작자는 어디까지나 경작권을 가졌을 뿐 소유권을 가진 것은 아니었다. 구분전의 소유권은 국가에 있었다. 그래서 토지의 매매가 금지되었다.

국가에서 지급되는 토지에는 구분전 이외에 위전位田, 직전職田, 공전功田 등이 있었다. 그리고 큰 공로가 있는 자, 또는 높은 관위에 있는 자에게 천황의 명령으로 규정 이외에 특별히 수여되는 사전賜田이 있었다. 그 밖에 사원이 소유하는 사전寺田, 신사神社가 소유하는 신전神田이 있었다. 이러한 토지는 귀족과 사원·신사의 경제적 기반이 되었다.

국가는 구분전을 나누어 주기에 편리하도록 토지를 바둑판 모양으로 구획하였다. 이것을 조리제条里制라고 하였다. 조리제는 토지를 600미터 사방으로 구획하였다. 그 사각형 모양의 토지 한 변을 조条, 다른 한 변을 리里라고 하였다. 경작지의 소재는 몇 조 몇 리로 표시하였다. 국가가 지급하는 토지에는 경작지 이외에 택지나 원예지가 있었다. 택지나 원예지는 호구별로 지급되었다. 이것은 구분전과는 달리 영구히 지급된 것이었다. 그래서 허가를 받아 자유롭게 매매할 수 있었다. 산천과 임야는 공동체 구성원이 공유하는 토지로 인식되었다. 그래서 누구라도 자유롭게 그곳에 출입하면서 땔감을 구하거나 풀을 베어 이용할 수 있었다.

5. 조세제도

국가로부터 구분전을 지급받은 경작자는 조租·용庸·조調를 납부하거나 잡요雑徭에 동원되었다. 그 밖에도 여러 가지 명목의 부담을 졌다. 조租는 생산량의 3퍼센트 정도를 현물로 납부하는 것으로 부담이 그렇게 과중한 것은 아니었다.

조租가 토지세였다면, 조調와 용庸은 주로 성인 남자를 대상으로 부과되는 인두세에 해당하였다. 성인 남자란 21세에서 60세까지의 양민 남자를 말한다. 율령에서 그들은 정정正丁으로 분류되었다. 61세에서 65세까지의 양민 남자, 그리고 질병에 걸린 남자나 가벼운 장애가 있는 남자는 노정老丁 또는 차정次丁으로 분류되었다. 17세에서 20세까지의 양민 남자는 소정少丁으로 분류되었다. 3세 이하의 어린아이는 연아

緣兒, 4세에서 16세까지의 남자는 소자小子로 분류되었다.

　조調는 각 지방의 특산물을 납부하는 것이었다. 조調는 운반에 편리하도록 비단, 포목, 견사 등을 납부하게 하였다. 조調도 과세의 기준이 정해져 있었다. 정정은 비단 8자 5치, 또는 마포麻布 2장丈 6자를 납부하였다. 차정은 정정의 2분의 1, 소정은 정정의 4분의 1을 납부하도록 되어 있었다.

　용은 정정을 기준으로 1년에 10일간 소집되어 노역에 봉사하는 대신에 2장丈 6자의 포목을 납부하는 것이었다. 잡요는 고쿠시國司의 명령으로 1년에 일정한 일수 이내로 도로 및 관개시설의 보수, 기타 관공서의 잡역에 동원되는 것이었다.

　그 밖에 흉작에 대비하여 일정량의 벼를 납부하게 하는 의창義倉, 봄에 국가가 벼를 대출하고 가을에 이자를 더하여 징수하는 스이코出擧 등의 제도가 있었다. 스이코는 이자가 연 50퍼센트나 되었기 때문에 농민에게 부담이 되었다. 스이코는 점차로 조세의 성격을 띠게 되어 국가의 중요한 재원의 하나가 되었다.

6. 병역제도

　병역은 징병제의 원칙에 따라 정정正丁 3명에 대하여 1명의 비율로 병사를 징집하였다. 징집된 병사는 각지의 군단에 배속되어 일정 기간 훈련을 받았다. 군단은 전국에 걸쳐서 140여 개소가 있었던 것으로 파악된다. 여기에서 훈련을 마친 병사 중의 일부는 에시衛士가 되었다. 에시는 1년간 교토에 배치되어 궁성과 시내의 주요 시설물을 지키는 임무를 수행하였다. 어떤 병사는 규슈의 다자이후에 배속되어 3년간 규슈 북부의 해안선을 방위하는 임무를 수행하였다.

한국의 경우 국경이라고 하면 거의 북쪽을 의미하였다. 그러나 일본의 경우 국경은 한반도와 가까운 서쪽, 특히 규슈의 북쪽을 의미하였다. 국경에 배치되어 해안을 방위하던 병사들을 사키모리防人라고 하였다. 사키모리로 선발된 자의 대부분은 동북부 출신 농민들이었다. 일반 병사들은 용과 잡요가 면제되었고, 에시와 사키모리는 조調와 용 그리고 잡요가 면제되었다. 하지만 병역은 농민에게 큰 부담을 안겨주었다. 가족 구성원 중에서도 노동의 중심이 되어야 마땅한 정정이 징집되면 그 부담은 가족들에게 돌아갔다. 그리고 징집된 자는 스스로 무장하고, 양식은 물론 적지 않은 여행 경비도 부담해야 했기 때문에 경제적으로 큰 타격을 입었다. 병사를 낸 집안은 망한다는 말이 생겨날 정도였다.

[4] 하쿠호 문화

1. 하쿠호 문화와 불교

7세기 후반에 새로운 기운이 넘치는 문화가 형성되었다. 645년 다이카 개신이 선언된 시점부터 왜 왕권이 후지와라쿄에 도읍을 두었던 710년까지의 문화를 하쿠호白鳳 문화라고 한다. 다시 말하면 하쿠호 문화는 덴무 천황과 지토 천황이 통치하던 시대의 문화를 일컫는다. 『쇼쿠니혼키續日本紀』에 의하면 하쿠호는 덴무 천황 시대의 연호였다. 하지만 정식 연호는 아니었던 것 같다.

진신의 난 후에 중앙 집권적인 국가체제가 정비되었고 경제력도 중

야쿠시지 금당

앙으로 집중되었다. 귀족은 경제력을 배경으로 도성에서 화려한 생활을 하였다. 견당사遣唐使를 파견해 대륙문화를 섭취하면서 문화의 내용도 향상되었다. 귀족들이 당의 문화를 나름대로 소화하기 시작하면서 궁중을 중심으로 새로운 문화의 기운이 일어났다.

7세기 후반은 율령국가가 형성되는 시기였던 만큼 하쿠호 문화는 진취적인 기운이 충만해 있었다. 하쿠호 문화도 아스카 문화와 마찬가지로 기본적으로는 불교문화였다. 하지만 아스카 문화는 한반도의 영향을 많이 받았고, 하쿠호 문화는 중국 수·당의 영향을 많이 받았다고 할 수 있다.

불교는 왕권의 후원으로 발전하였다. 불교 발전에 가장 공헌한 인물은 다름 아닌 덴무 천황이었다. 한때 출가한 경험이 있는 덴무는 불교의 가호로 조정이 번영하기를 기대하면서 사원을 건설하였다. 덴무는 왕도에 다이칸다이지大官大寺·야쿠시지藥師寺와 같은 관립 사원을 건립하였다. 다이칸다이지는 가장 규모가 크고 격식을 갖춘 사원이었다.

야쿠시지는 황후의 신병을 치료하기 위해 건립한 것으로 유명하다. 위의 두 사원은 덴지天智가 지었다고 알려진 가와라데라川原寺, 일본 최초의 사원 아스카데라와 함께 하쿠호 시대 4대 사원이었다. 4대 사원은 새롭게 조영된 후지와라쿄의 위용을 과시하고, 고대 왕권의 권위를 상징하는 건축물이기도 하였다.

불교는 하쿠호 문화 발전에 크게 기여하였다. 건축 분야에서는 야쿠시지의 동탑이 하쿠호 문화를 대표하는 작품이었다. 730년경에 건립되었다는

야쿠시지 동탑

설이 있는 야쿠시지의 동탑은 고도로 세련된 양식을 자랑하고 있다. 특히 날렵하면서도 넉넉한 느낌을 주는 중층 지붕이 걸작으로 손꼽힌다.

조각 분야에서는 야쿠시지의 아미타삼존상·약사여래상·성관음상聖觀音像과 호류지 대보장전大寶藏殿의 몽위관음상夢違觀音像, 고후쿠지興福寺의 불두佛頭 등의 금동 불상이 유명하다. 불상은 이전 시대의 그것들과 비교해 보았을 때 매우 풍부

호류지 금당 벽화

한 양감量感과 밝은 표정이 특색이다.

회화 분야에서는 고구려 승려 담징이 그렸다고 전해지는 호류지 금당의 벽화가 유명하다. 그러나 금당 벽화는 아쉽게도 1949년에 실화로 소실되었고 현재는 모조품만 남아 있다. 이 벽화는 그림의 양식뿐만 아니라 묘사된 의상과 장신구도 인도의 아잔타 석굴 벽화와 유사한 점이 많다. 아잔타 석굴

다카마쓰총 고분 벽화

벽화 양식이 당을 통해 전래되었을 것으로 여겨진다. 이 작품은 중국의 운강석불, 한국의 석굴암과 함께 동양 3대 미술품의 하나로 손꼽혔다. 백제의 아좌태자阿佐太子가 그렸다고 전해지는 우마야도 왕자의 초상도 이 시대의 작품이다.

1972년 나라현 다케치군에서 발견된 다카마쓰총高松塚 고분 벽화도 이 시기에 그려진 것으로 추정된다. 석실의 벽면에 흰색 회벽을 바르고 그 위에 그림을 그렸다. 천정에는 별자리를 그렸다. 동쪽 벽면에는 청룡을 둘러싸고 4명의 남성과 4명의 여성을 그리고, 상단에는 달을 그려 넣었다. 서쪽 벽면에는 4명의 부인을 그렸다. 그들은 긴 치마를 입고 단이 긴 웃옷을 입고 있다. 이 벽화는 고구려의 고분 벽화를 그대로 옮겨놓은 것 같은 작품으로 발견 당시 화제가 되었다. 다카마쓰총 벽화 역시 고구려와 당의 문화의 영향을 받은 것이었다.

2. 국가불교의 성립

아스카 문화가 중앙 호족들이 일으킨 불교문화였다면, 하쿠호 문화는 국가가 중심이 되어 일으킨 불교문화였다. 호국불교의 성격이 강해졌다고 할 수 있다. 왕권이 승려들을 통제하였다. 당의 십대덕十大德 제도를 모방해서 십사十師를 두었다. 국가가 직접 경영하는 거대한 사원이 조영되었다. 675년 덴무 천황은 전국의 사원에 명해『금강명경金剛明経』과『인왕경仁王経』을 외우게 하고, 이를 호국경전護国経典이라고 하여 중요하게 여겼다.

불교는 국가의 보호를 받아 발전했으나 사원은 국가의 엄격한 감독 아래 놓이게 되었다. 685년 각 지방 관청에도 불상을 안치하고 예배하도록 명하였다. 불경을 보관할 수 있는 시설도 마련하도록 하였다. 694년에는 불경 100부를 각 지역에 보내어 독송하게 하였다. 호국불교 정책은 8세기 중엽에 고쿠분지国分寺를 설치하고 도다이지東大寺를 건립하면서 완성되었다.

하쿠호 시대에 새로 세워진 사원만도 480여 곳이었다. 사원은 일본 전역에 세워졌다. 동부 일본의 무사시武蔵(지금의 도쿄東京・사이타마현埼玉県과 가나가와현神奈川県 동부를 아우르는 지역)・기이紀伊(지금의 와카야마현和歌山県과 미에현三重県의 일부)・오와리尾張(지금의 아이치현愛知県 서부)・미카와三河(지금의 아이치현 동부), 서부 일본의 비젠備前(지금의 오카야마현岡山県 동부)・빈고備後(지금의 히로시마현広島県 동부)・아키安芸(지금의 히로시마현 서부), 중부 일본의 에치젠越前(지금의 후쿠이현福井県 북부)・엣추越中(지금의 도야마현富山県), 시코쿠四国의 사누키讃岐(지금의 카가와현香川県), 규슈 지역의 지쿠젠筑前(지금의 후쿠오카현福岡県) 등에 사원이 건립되었다.『후소랴키扶桑略記』에 의하면 692년 당시 전국에 545개의 사원이 있었다. 일본 전국에 사원이 세워졌다는 것은 각 지방의 호족들이 고분을 조성하는 대신에 자신들의 우지데라氏寺를 본격적으로 세우기 시작했음을 보여 주는 것이다.

율령제도가 보급되면서 불교도 일본 전역으로 확산되었다. 하지만 불교는 율령제도 속에 편입되면서 통제되기 시작하였다. 덴무 천황의 불교 흥륭 정책은 실은 왕권에 의한 불교 독점정책의 다른 이름이었다. 사원은 오로지 왕권을 위해 염불해야 하였다. 사원은 민중과 엄격하게 분리된 공간이었다. 왕권의 허가가 없이는 아무도 자유롭게 승려가 될 수 없었다.

3. 신기제도

신기神祇란 하늘의 신령[神]과 땅의 신령[祇]을 의미하는 개념이다.[55] 신기제도神祇制度가 체계화된 것은 다이호령이 제정된 이후였다. 신기제도를 둔 것은 천황 가문의 제사를 국가의 의례로 제도화하고, 중요한 신사를 조정이 직접 지배하기 위해서였다. 천황 가문과 관련된 신들은 하늘의 신령, 지방 호족과 관련된 신들은 땅의 신령으로 분류되었다. 즉 신기제도는 천황 가문의 신령을 정점으로 신령들을 서열화하기 위한 것이었다.

천황은 정치 지도자였을 뿐만 아니라 원시신도에 뿌리를 둔 종교적 권위도 함께 지니고 있었다. 일본이 중국의 율령제도를 도입하면서도

---

55) 신기는 천신지기天神地祇의 준말이다. 중국에서는 호천상제昊天上帝, 일월성신日月星辰, 풍신風神, 우사雨師 등은 하늘의 신령, 후토后土, 사직社稷, 오악五嶽 등은 땅의 신령으로 분류되었다.

제정일치와 신사神事 우선이라는 관념을 극복할 수 없었던 것도 그 때문이었다. 실제로 일본의 율령에는 진기칸神祇官을 행정의 최고기관인 다이조칸太政官보다 상위에 두도록 규정되었고, 제사를 전문으로 하는 제도와 관직이 두어졌다.

다이호령에서 신기백神祇伯이라는 관직 및 지방 직제가 정해졌다. 신기백이 관장하는 일은 하늘과 땅에 제사 지내는 일, 오니에노마쓰리大嘗祭,[56] 진혼제, 점술 등 각종 종교적인 행사였다. 지방에서는 고쿠시国司의 소관 사항 중에 사사祠社가 포함되어 있었으며, 다자이후太宰府에서는 제사를 관장하는 주신主神이 다자이후의 최고 관직 다자이노소쓰大宰帥의 상위에 있었다.

진기칸은 국가가 주관하는 각종 제사를 관장하였다. 진기칸은 연간 19번의 제사를 지냈다. 6월과 12월의 그믐에 오하라에大祓가 행해졌다. 2월의 도시고이祈年, 3월의 하나시즈메花鎮, 4월과 9월의 간미소神御衣, 4월의 사이구사三枝, 4월과 7월의 오이미大忌와 가자칸風神, 6월과 12월의 쓰키나미月次·히시즈메鎮火·미치아에道饗, 9월의 간니에神嘗, 11월의 아이니에相嘗·다마시즈메鎮魂·오니에大嘗 등의 제사가 있었다. 가장 중요한 제사는 천황이 즉위 한 후에 지내는 오니에노마쓰리와 추수감사제 성격의 제사로 11월에 천황이 직접 추수한 곡식을 신에게 바치는 니이나메사이新嘗祭였다.

신사도 제사를 주관하는 집단의 정치적인 입지에 따라 영욕을 같이 하였다. 신사들 중에 원시신도 이래 애니미즘·자연숭배 계통의 작은 신사들이 가장 많았지만, 그중에서 권위 있는 신사는 국가가 전국 각지에 설치한 신사와 유력한 씨족이 조상신을 모신 신사들이었다. 그 밖에 도래인 집단이 제사를 드리는 신사도 있었다. 나라와 교토 일대에 산

---

[56] 천황이 즉위한 후 최초로 행하는 니이나메사이新嘗祭. 임시 궁전인 대상궁大嘗宮을 건조하고 신에 곡물로 제사하는 가장 규모가 큰 의례이다.

재하는 권위 있는 신사는 관폐사官弊社로 정해져 국가가 경비와 폐백을 제공하였고, 국가의 항례적인 제사에 진기칸이 직접 예물을 바쳤다. 각 지방에 있는 관폐사에는 지방관인 고쿠시가 진기칸을 대신해 예물을 바쳤다.

4. 문학과 표기법

 일본인이 대륙의 당과 교류하는 기회가 많아지면서 7세기 후반부터 궁중에서 한시를 짓는 일이 성행하였다. 오쓰 왕자大津王子를 비롯하여 귀족들의 작품이 전한다. 그들이 남긴 작품은 나라 시대에 편찬된 한시집『가이후소懷風藻』에 실려 있다. 백제가 멸망하면서 중국적 교양을 몸에 익힌 왕족과 귀족이 일본으로 건너와서 중앙 정계에서 활약했는데, 그들이 한시 문화를 주도하였다. 하지만 이 시대 작품의 대부분은 중국의 시를 모방하는 수준에 지나지 않았다.

 일본 고대 가요에서 발달한 와카和歌도 한시의 영향을 받아서 5음·7음을 기본으로 하는 형식이 정해졌다. 유명한 가인으로는 아리마 왕자有間王子, 가키노모토노 히토마로柿本人麻呂, 누카타노 오키미額田王 등이 있었다. 그들이 남긴 작품은『만요슈万葉集』에 실려 있는데, 기교를 부리지 않고 인간의 심정에 호소하는 것이 특색이다.

 하쿠호 시대에 일본어 표기법이 발달하였다.『만요슈』에 실려 있는 시가에 하쿠호 시대에 지어진 것들이 포함되어 있다. 그중에 일본인의 소리를 표현한 작품이 있다. 한자의 음을 빌려 일본 발음에 가깝게 표기할 수 있게 된 것이다. 특히 일본어 조사나 조동사를 한자의 음을 빌려 표현하는 방식이 확립되었다.

일본어 표기법과 관련해 주목되는 것은 682년에 편집된『신지新字』라는 책이다. 이 책은 한자의 음과 훈을 정리한 사전이라는 성격을 지니고 있다. 한자를 일본어 표기에 보다 원활하게 이용할 목적으로 편찬된 것으로 여겨진다.『신지』는 효과적인 일본어 표기를 위한 노력의 결실이라고 할 수 있다.

□□□제6장

율령국가의 확립과 고대사회

[1] 중앙집권 체제의 정비

1. 헤이조쿄 천도

　다이호 율령이 제정된 후, 그 제정에 핵심적인 역할을 했던 후지와라노 후히토藤原不比等를 중심으로 하는 지배세력은 율령정치를 시행하려고 노력하였다. 그러나 율령정치가 시행되기까지는 많은 어려움이 기다리고 있었다. 무엇보다도 몬무 천황文武天皇이 즉위할 때까지 강력한 후원자의 역할을 했던 지토 천황이 다이호 율령이 제정된 다음 해에 사망하였다. 그리고 704년부터 연이어서 천재지변이 발생하였다. 농민들은 기아와 질병에 시달렸다. 조정은 과역과 전조田租를 면제하는 등 재난 극복 대책에 부심하였으나 정세는 오히려 악화될 뿐이었다. 사회가 불안해지자 각지에서는 도적이 횡행하였다. 사회 혼란보다도 더욱 심각했던 것은 조정의 공지공민제 시행에 저항하는 사원과 귀족의 동향이었다.

이런 와중에 몬무 천황이 25세의 젊은 나이로 사망하였다. 707년의 일이었다. 그러자 몬무 천황의 어머니가 즉위해 겐메이 천황元明天皇이 되었다. 몬무의 아들 오비토 친왕首親王이 있었으나 즉위하기에는 나이가 너무 어렸기 때문이다. 겐메이 천황은 과감한 정책을 추진하였다. 최우선 과제로 추진된 것은 새로운 도성의 건설이었다. 천도 계획은 708년에 결정되었다.

후지와라쿄로 천도한 지 겨우 15년이 지나서 다시 천도 문제가 거론되었어도 왕족과 귀족들은 크게 반발하지 않았다. 그들은 천황이 사망하면 천도하는 것이 당연하다는 낡은 관행을 여전히 떨쳐버리지 못하였다. 지토 천황도 몬무 천황을 위해 새로운 도성을 세운다는 생각으로 후지와라쿄를 세웠을 것이다. 그런데 몬무 천황이 사망하자, 겐메이 천황이 다시 그녀의 손자 오비토 친왕을 위해 새로운 도성을 조영할 차례였던 것이다.

현실적으로도 천도의 필요성이 제기되었다. 후지와라쿄가 자리했던 아스카飛鳥 지방은 사방이 산으로 둘러싸여 협소하고 남쪽으로 치우쳐 있어서 교통이 불편하였다. 게다가 아스카는 호족 세력의 중심지여서 새로운 정치를 시행하기 어려웠다. 때마침 흉작이 계속되고 질병이 유행했기 때문에 조속히 민심을 안정시킬 필요도 있었다. 무엇보다도 율령제도가 본격적으로 시행되면서 더욱 많은 관청이 필요하였고, 관리의 수가 증가하면서 관리와 그 가족들이 거주할 공간이 부족하였다. 또 하나 천도를 결심하게 된 중요한 이유는 후지와라쿄의 공간배치가 당의 장안성과 달랐다는 점일 것이다. 그런 문제점은 701년의 견당사가 조정에 보고하였다.

겐메이 천황은 천도 계획을 발표하고 즉시 새로운 도성 조영 공사를 시작하였다. 도성 공사의 책임자는 후지와라노 후히토였다. 오비토의 생모는 바로 후히토의 딸 미야코宮子였다. 더구나 오비토는 자기 이모, 즉 후히토의 딸 고묘시光明子를 연모하였다. 후히토의 입장에서 보면 새로운 도성 헤이조쿄平城京[57] 조영은 후지와라씨 미래를 위해서도 심혈을 기울여야 하는 공사였다.

새로운 도성, 즉 헤이조쿄가 어느 정도 모습을 드러내자, 겐메이는 710년에 후지와라쿄에서 헤이조쿄로 천도하였다. 야마토大和 북부에 자리한 헤이조쿄는 무엇보다 교통이 편리한 지역이었다. 강을 따라 조금만 내려가면 지금의 오사카와 교토에 도달할 수 있었다. 교통이 편리하기 때문에 많은 물자를 빠른 시간 내에 헤이조쿄로 운반할 수 있었다. 헤이조쿄는 훗날 헤이안쿄平安京로 천도할 때까지 약 80년간 도읍이었다. 이 시기를 나라 시대라고 한다.

헤이조쿄는 당의 장안성을 모방해 조성하였다. 그 넓이는 동서 약 4킬로미터 남북 약 5킬로미터로 후지와라쿄의 약 3배였다. 직사각형의 도성은 조방제로 구획된 도시였다. 북쪽 중앙에 왕궁을 두고, 왕궁의 정문에서 남쪽으로 주작대로를 일직선으로 건설하였다. 동서로 대로를 내어서 9조條로 나눴다. 주작대로를 중심으로 동서 지역에 남북으로 대로를 내어서 각각 4방坊 씩 세분하였다. 그리고 대로 사이에 1정

---

57) 헤이조쿄는 '나라의 도읍지'라는 의미였다. 현재 '나라'를 한자로 '奈良'라고 표기하는데, 원래는 공식적으로 한자로 '平城'이라고 표기하고, 그것을 '나라'라고 발음하는 것이 마땅하였다. 헤이조쿄 유적은 1954부터 발굴되기 시작하였다. 1959년부터는 나라국립문화재연구소奈良国立文化財研究所가 발굴하여 그 존재가 드러났다. 건물의 대부분이 기둥을 땅에다 그대로 세우는 방식이었다. 기둥이 썩으면 교체하는 작업이 이루어졌다. 우물이나 하수구에서 갖가지 식기, 공구, 필기구 등이 발견되었다. 목간도 2만 점 이상이 출토되었다. 목간 연구를 통해 문헌만으로는 알 수 없었던 당시의 일상생활과 행정의 실태가 밝혀졌다.

町 간격으로 동서남북으로 통하는 소로를 내었다. 도시의 모습은 마치 바둑판과 같이 정연하게 구획되었다.

폭 85미터의 주작대로를 경계로 좌경과 우경으로 구분하였다. 좌경에는 동시東市, 우경에는 서시西市가 설치되었다. 동시와 서시는 이치쓰카사市司라는 관리를 두어 감독하게 하였다. 시장에서는 지방에서 운반된 산물과 관리에게 지급되는 포목과 실 등이 교환되었다.

사방 1킬로미터 넓이의 왕궁에는 천황의 거소와 각종 예식이 거행되는 태극전太極殿을 중심으로 관청이 배치되었다. 시가지에는 귀족이나 관리의 저택 이외에 아스카 지방의 사원이 이전해 도시의 외곽에 배치되었다. 도시는 붉은색 기둥, 흰색 벽, 기와로 지붕을 덮은 건물이 많았다. 도시는 웅장하고 화려하였다.

헤이조쿄에는 천황과 그의 일족, 천황을 가까이에서 모시는 후궁 약 280명, 관청에서 근무하는 관리 6,000여 명, 요역으로 동원되었거나 왕궁의 경비를 위해 각 지방에서 징발된 자들, 그리고 일반 주민까지 포함해 15만 명 이상의 인구가 밀집되어 있었을 것으로 추정된다.

왕궁에 출입할 수 있는 자는 천황의 일족, 귀족, 천황의 식사를 담당하거나 후궁을 가까이서 모시는 여성 관리, 지방 호족의 딸로 왕궁에서 근무하는 여성 관리, 6위 이하의 하급 관리, 관위 없이 왕궁에서 일하는 사람 등을 합해 약 1만 명 정도였을 것으로 추정된다. 그중에서 5위 이상의 고급 관리는 약 120명이었다.

헤이조쿄는 일본 각지에서 동원된 인부들의 노역으로 조영되었다. 도성은 넓이 약 3미터 높이 약 5미터의 토성으로 둘러쌌다. 이 공사에 동원된 인부만도 연인원 100만 명이었을 것으로 추정된다. 하루 1,000명의 인부가 쉬지 않고 일해도 3년이 걸렸을 것이다. 그리고 태극전을 중심으로 배치된 궁전과 100동이 넘는 관청을 짓는데 적어도 1,000개 이상의 기둥과 수십만 개의 목재, 헤아릴 수도 없이 많은 기와

가 필요했을 것이다.

　궁성이 모습을 드러낼 무렵 야쿠시지藥師寺, 다이안지大安寺, 간고지元興寺 등과 같은 관립 사원이 조영되었다. 광대한 관립 사원에는 수십 동의 건물이 들어섰다. 왕권의 재정이 지원되는 관립 사원의 조영에도 전국에서 동원된 인부들이 투입되었다. 가혹한 노동을 견디지 못하고 도망하는 인부가 속출했지만, 왕권은 그들의 불만을 누르고 밤을 낮 삼아 공사를 강행하였다. 노역을 마치고 집으로 돌아가는 인부 중에는 식량이 떨어져 도중에서 굶어죽는 자가 적지 않았다. 천황은 지방 관리들에게 인부들을 보살피라고 명령하였다. 하지만 천황의 명령만으로 인부들이 고통이 면해졌던 것은 아니었다.

2. 산업의 발달

　헤이조쿄 천도를 단행한 조정은 국가체제를 정비하기 위해 대규모 토목공사를 시행하였다. 헤이조쿄와 전국 각 지방을 연결하기 위해 도로가 정비되었다. 간선도로에는 4리(약 16킬로미터)마다 역가驛家를 설치하여 관리가 공용으로 이용하도록 하였다. 헤이조쿄의 번영은 농업과 산업의 발달을 전제로 하였다.

　광산의 개발도 촉진되었다. 701년에 쓰시마対馬에서 금이 헌상된 것을 비롯하여 각지에서 광산물이 산출되었다. 무쓰陸奥 지방(지금의 후쿠시마福島·미야기宮城·이와테岩手·아오모리青森의 4개 현)에서 금, 스오周防(지금의 야마구치현山口県의 동남부)·나가토長門(지금의 야마구치현의 일부) 지방에서는 철이 산출되었다. 708년에는 무사시武蔵 지방에서 자연산 동이 산출되었다. 조정은 그것을 기념하여 와도카이친和同開珎이라는 동전을 주조하였다.[58] 와도카이친은 일본에서 주조한 최초의 화폐였다.

동전의 주조는 도성의 경영, 율령의 편찬과 함께 당의 제도를 모방하는 형태를 갖추는 데 도움이 되었다. 와도카이친이 주조된 이래 일본에서 12종류의 동전이 주조되었다. 하지만 동전은 단지 당의 제도를 모방하여 주조하였다. 실태적인 경제 발전에 대응할 필요에서 주조된 것이 아니었다. 그러나 당시의 위정자들은 화폐의 필요성을 인식하였을 것이다. 동시와 서시에서 화폐의 사용이 필요하였을 것이고, 헤이조쿄

일본 최고의 금화 760년 발행 가이키쇼호開基勝宝(좌), 708년 발행 와도카이친和同開珎(우)

조영을 위해 동원된 역부役夫에게 지급되는 경비, 그리고 중앙과 지방을 왕래하는 데 필요한 여비 등의 수요가 있었기 때문이다.

화폐의 필요성이 대두되었지만 실제로 동전은 그다지 유통되지 않았다. 벼와 포목이 화폐의 역할을 대신하였다. 당시는 벼와 포목을 매개로 하는 물물교환이 일반적인 거래방식이었다. 일본은 아직까지 화폐경제의 단계에 진입하지 못했던 것이다. 화폐의 유통 범위는 도성과 그 주변 지역에 한정되었다.

그러자 조정이 동전의 유통을 장려하였다. 미곡과 동전의 교환 비율을 정하고, 관리의 봉록을 동전으로 지급하고, 관리에게 동전의 축적을

---

58) 와도카이친의 주조 장소는 지금의 교토부京都府 소라쿠군相楽郡 가모초加茂町의 제즈錢司로 추정된다. 그러나 동전을 주조한 유적이 야마구치현 등에서도 발견되는 것으로 볼 때, 지방에서도 동전이 주조되었을 것으로 여겨진다.

장려하였다. 711년에 동전을 축적한 자를 승진시키는 지쿠센조이령蓄錢叙位令이 공포되었다. 그 내용은 종6위 이하의 관리가 동전 10관貫 이상을 축적하면 지위를 한 단계 승진시키고, 20관 이상을 축적하면 두 단계 승진시키는 것이었다. 714년에는 군지郡司에 임명되기를 원하는 자는 6관 이상의 동전을 축적하도록 하였다. 토지를 매매할 때도 동전을 사용하도록 하였다. 하지만 조정의 적극적인 화폐 장려 정책에도 불구하고 화폐는 기대하는 만큼 유통되지 않았다. 농민은 화폐를 유통의 수단으로 생각하지 않고 귀중품으로 보관하는 경우가 많았다. 농민의 생활은 아직까지 자급자족 경제의 단계에 머물렀던 것이다.

농업을 비롯한 각종 산업이 발달하였다. 여러 지역에서 낫과 괭이가 조調의 일종으로 상납되었다. 상납된 농구는 상급 귀족들에게 배분되었다. 철제 농구가 사용되면서 경작 능률이 비약적으로 향상되었다. 저수지와 제방공사 등 관개시설의 축조도 국가의 사업으로 추진되었다. 작물도 벼 이외에 보리 재배가 장려되었다. 양잠도 성행하였다.

3. 지배 영역의 확대

7세기 말까지 일본 열도의 규슈 남쪽 지방과 도호쿠 지방은 조정의 지배력이 미치지 못하는 지역이었다. 특히 도호쿠 지방은 조정에서조차 이민족으로 취급했던 에미시蝦夷라는 종족이 지배하고 있었다. 658년에 아베노히라후阿部比羅夫가 수군을 이끌고 지금의 아키타秋田 지역의 에미시를 정벌한 적은 있으나 그들을 완전히 복속시키지 못하였다.

8세기가 되면서 조정은 도호쿠 지방을 지배하에 넣으려고 하였다. 708년에 지금의 야마가타현 지역에 데와군出羽郡을 설치하였고, 712

년에는 데와노키出羽柵라는 방책도 설치하였다. 데와노키는 도호쿠 지방 경영의 최전선 기지가 되었다. 720년을 전후로 도호쿠 지방으로 이주가 시작되면서 방어선이 더욱 확대되었다. 733년에는 지금의 아키타시秋田市 부근에 오카치雄勝 방책을 비롯한 전진기지를 설치하였다.

한편, 도후쿠 지방의 태평양 연안에도 전진기지가 마련되었다. 724년에 후지와라노 우마카이藤原宇合가 다가성多賀城(지금의 미야기현宮城県 다가조시多賀城市)을 건설하는데 성공하였다. 조정은 다가성에 무쓰진수부陸奧鎭守府를 두고 도호쿠 지방 경영의 거점으로 삼았다. 737년에는 후지와라노 마로藤原麻呂와 오노노 아즈마히토小野東人의 노력으로 무쓰와 데와를 잇는 도로가 개설되었다. 그 결과 조정의 지배력이 미치는 지역이 더욱 확대되었다.

규슈의 남쪽은 하야토隼人라는 원주민이 지배하고 있었다. 713년 조정은 그곳에 오스미노쿠니大隅国(지금의 가고시마현鹿児島県 오스미 반도를 중심으로 하는 지역)를 설치하여 지배영역에 포함시켰다. 그러나 720년에 조정이 오스미노쿠니의 지배자로 정한 자가 살해되는 사건이 발생한 것에서도 알 수 있듯이, 하야토 종족이 조정에 완전히 복속한 것은 아니었다. 조정은 대규모의 정벌군을 파견해 하야토 종족을 철저하게 응징한 뒤에야 그 지역을 지배하에 넣을 수 있었다.

하야토 종족이 복속한 후에는 규슈 남단에서 오키나와沖縄로 이어지는 남서 제도의 여러 섬도 조정의 지배하에 편입되었다. 다네가시마種子島, 야쿠시마屋久島, 아마미오시마奄美大島, 이시가키시마石垣島, 도쿠노시마徳之島 등 여러 섬의 지배자들이 연이어서 조정에 복속할 뜻을 전하였다. 조정은 여러 섬을 관장하는 시마시島司라는 관리를 두어 다스렸다.

4. 이웃 나라와의 교류

　대륙을 통일한 당은 대내적으로 율령체제를 정비하고 대외적으로는 지배영역을 확대하였다. 한편, 이란·사라센·인도의 문화를 적극적으로 수용하였다. 그 결과 국제성이 풍부한 문화가 꽃을 피웠다. 당 현종玄宗이 재위하던 천보天寶 시대는 당의 문화가 가장 융성했던 시기였다. 당의 수도 장안長安에는 여러 나라의 사절과 유학생들이 모여 들었다. 당의 문화는 각국의 사절과 유학생들을 통하여 주변 여러 나라에 전파되었다. 일본도 견당사遣唐使[59]를 파견하여 당의 문화를 적극적으로 받아들였다.

　일본은 8세기 이후에 거의 20년에 한 번 정도로 견당사를 파견하였다. 701년에는 아와타노 마히토粟田眞人를 정사로 하는 견당사가 파견되었다. 아와타노 마히토가 다이호 율령의 편찬에 깊이 관여했던 인물이었다는 점에 주목하면, 그때 파견된 견당사는 어느 때와는 다른 임무를 띠고 당으로 건너갔을 것이다. 『구당서旧唐書』의 「일본전」에 국명이 왜에서 일본으로 바뀌었다는 기록이 보인다. 그것을 통하여 701년에 파견된 견당사의 임무가 무엇이었는지를 짐작할 수 있다. 아와타노 마히토는 일본이 이미 율령을 갖춘 법치국가라는 점을 당에 알리면서 국명의 변경을 요구하였을 것이다.

　720년에 파견된 견당사부터 순수한 문화사절단의 성격을 띠었다고 할 수 있다. 견당사가 파견될 때에는 정식으로 1회에 4척의 대형 선박이 이용되었다. 일행은 대사大使·부사副使·판관判官·녹사錄事 등의 정식 사절 이외에 유학생·유학승을 동반하였다. 인원이 적을 때는

---

59) 견당사는 630년에 이누가미노 미타스키犬上御田鍬가 처음으로 파견된 이래 894년에 스가와라노 미치자네菅原道真의 건의로 중지될 때까지 약 260년간 18회에 걸쳐서 파견되었다. 특히 나라 시대에 많이 파견되었다.

100~200명, 많을 때는 500~600명이었다. 견당사가 파견되는 시기가 정해져 있는 것은 아니었으나 8세기 이후에는 대개 20년에 한 번 꼴로 파견되었다.

항로는 북로北路와 남로南路가 있었다. 북로는 이키壹岐·쓰시마対馬·한반도 연안 해안을 거쳐서 중국의 산동 반도에 이르는 항로였다. 처음에는 북로를 따라 당으로 들어갔기 때문에 항해는 대체적으로 안전하였다. 남로는 규슈에서 여러 섬을 경유하여 남중국해를 건너 양자강 부근에 도착하는 항로였다. 신라와 관계가 악화된 8세기 중반부터 이 항로를 이용하였다. 남로를 이용하면 기일은 단축되었지만 위험성이 높았다. 당시 선박은 견고하지 못하였고 항해 기술도 뛰어나지 못하였다. 그래서 조난을 당하는 일이 많았다.

유학생·유학승들은 당에 장기간 체류하였다. 당에 오래 거주한 유학생·유학승은 그곳의 사정에 정통하고, 또 당의 문물을 몸으로 섭취한 장본인들이었다. 그들이 귀국할 때 많은 서적·경전·미술품을 가져와서 일본문화 발전에 크게 기여하였다. 대표적인 유학생으로는 한문 서적을 가져온 기비노 마키비吉備真備, 유학승으로는 법상종法相宗을 전한 도쇼道昭, 삼론종三論宗을 전한 도지道慈 등이 있었다.

8세기 중엽부터 신라와 일본은 정치적으로는 긴장관계를 유지하였다. 하지만 신라와 일본의 교류는 빈번하였다. 사절은 물론 승려의 왕래도 잦았다. 8세기 양국의 사신 왕래 횟수를 보면, 일본에서 신라로 파견된 견신라사가 17회, 신라에서 일본으로 파견된 견일본사가 20회였다. 3년에 1회 꼴로 사신의 왕래가 있었던 셈이다. 일본은 신라로부터 선진문물을 수입하려고 노력하였고, 신라 또한 그런 수요에 응하여 일본으로 많은 물품을 수출하였다. 752년에 일본으로 파견된 신라의 견일본사의 규모는 700명이 넘었다. 그 인원 중에는 많은 상인들이 포함되어 있었다.

일본의 귀족들은 신라의 특산품을 다투어 구입하였다. 도다이지東大寺의 쇼소인正倉院에 소장된 물품 중에 신라에서 수입한 것이 상당량을 차지한다. 그것은 두 나라의 물품 교역의 실상을 보여주는 것이다. 『매신라물해買新羅物解』에는 신라 상인이 공급한 물품 내역이 상세히 기록되어 있다. 참고로 『매신라물해』는 일본의 귀족이나 관리들이 신라 상인으로부터 구입하기를 희망하는 물품의 종류와 가격을 적어 관청에 보고한 것을 정리한 문서였다.

일본은 발해와도 외교관계를 맺었다. 발해는 727년에 고인의高仁義 · 고재덕高齊德 등 24명의 사신을 처음으로 일본에 보냈다. 발해의 사신들은 728년 정월에 쇼무 천황聖武天皇을 알현하고 국서를 전달하였다. 발해가 사신을 파견한 것은 군사적인 목적이었을 것이다. 사신들이 귀국할 때 일본도 히케타노 무시마로引田虫麻呂를 비롯한 사신을 발해에 파견하였다. 그 후 발해는 10세기 중엽까지 35회에 걸쳐서 일본에 사신을 파견하였다.

발해는 당과 신라를 견제하기 위해서도 일본과 교류할 필요가 있었고, 일본도 견당사가 발해를 경유하여 당으로 들어가기도 했던 만큼 발해를 가까이할 필요가 있었다. 일본은 정치적인 면에서도 발해와의 관계를 소홀히 할 수 없었다. 실제로 발해는 8세기 중엽에 안록산의 난이 일어났다는 정보를 일본에 제공하였다. 발해와 일본의 교류는 발해가 멸망하는 10세기 초까지 지속되었다. 그러나 8세기 말엽부터는 정치적인 목적보다 경제적인 목적을 우선한 교류가 이루어졌다. 발해가 일본과 교역한 물품으로 인삼 · 모피 · 꿀 · 사향 등이 있었다. 모피의 종류로는 담비 · 호랑이 · 말 · 곰 · 표범 등의 가죽이 있었다. 일본이 발해와 교역한 물품은 명주와 같은 견직물이 주종을 이루었다. 그 밖에 금 · 기름 · 안료 등이 발해로 수출되었다.

5. 역사와 지지의 편수

국가체제가 정비되면서 조정은 국사를 편찬하기 시작하였다. 712년에 『고지키古事記』, 720년에 『니혼쇼키日本書紀』가 완성되었다. 『고지키』는 예부터 구전해 내려오던 『데이키帝紀』와 『규지旧辞』를 오노 야스마로太安万侶가 정리한 것이다. 모두 3권으로 내용은 천지 창조, 일본 열도의 생성, 천손강림天孫降臨, 진무神武의 동정東征, 야마토타케루노미코토日本武尊의 이야기, 조정의 도호쿠 지방 정벌 등으로 구성되어 있다. 다시 말하자면, 신화에서 편찬 당시까지의 역사를 천황 가문을 중심으로 정리하여 기술한 것이다. 천황 가계의 권위와 통치의 정당성을 주장하기 위해 역사 사실을 왜곡한 부분이 있다. 『고지키』는 한자의 음을 이용하여 고유명사나 일본어를 충실히 표현하려고 노력했다는 점이 주목된다.

『니혼쇼키』는 신화에서 편찬 당시까지의 역사를 편년체로 구성하였다. 정식 한문으로 써진 일본 최초의 관찬 역사서이다. 681년부터 40여 년간에 걸쳐서 광범위한 자료를 수집하고 여러 편수자가 각권을 분담하여 집필하였다. 편수자의 다수가 백제가 멸망한 후에 일본으로 건너온 백제의 지식인이었다. 모두 30권이며 본문 이외에 가계도家系図 1권이 있었다고 하나 전해지지 않는다. 『니혼쇼키』 또한 그 내용을 전적으로 신뢰할 수 없다. 그래서 『니혼쇼키』를 사료로 이용할 경우에는 철저한 사료 비판이 전제되어야 할 것이다. 하지만 전승 자료를 널리 수집하고, 『백제기百済記』를 비롯한 백제의 역사서를 사료로 많이 인용하는 등 『고지키』와는 다른 특징을 구비하고 있다는 점에서 매우 중요한 가치를 지녔다.

역사서와 함께 지지地誌가 편찬되었다. 지지는 각 지방의 산물, 토지의 상태, 지명의 유래, 전해 내려오는 이야기나 특이한 이야기 등을 내용으로 하였다. 713년에 조정은 각 지방의 지배자에게 지리, 산물, 전설 등을 기록하여 제출하도록 명하였다. 그 과정에서 각 지역의 풍토기風土記가 성립되었다. 풍토기는 각 지방별로 작성되었을 것으로 추정된다. 그것의 성립 연대는 각기 다르다. 여러 지방의 지배자들이 보고한 풍토기는 한문체로 되어 있으나 설화를 기록한 부분은 이두체 문장이 섞여 있다. 현재까지 전해지는 것으로는 히타치常陸(지금의 이바라키현茨城県 지역), 하리마播磨(지금의 효고현兵庫県 지역), 이즈모出雲(지금의 시마네현島根県 동부), 분고豊後(지금의 오이타현大分県 지역), 히젠肥前(지금의 사가佐賀・나가사키현長崎県 지역) 등의 풍토기가 있다. 그중에서 완본은 733년에 성립된 이즈모노쿠니出雲国의 풍토기뿐이다.

[2] 사회의 변화와 정계의 동요

1. 나라 시대 정치의 추이

707년 몬무 천황이 사망했을 때, 그의 아들 오비토 왕자首王子는 7살의 어린이였다. 그래서 몬무 천황의 모친이 즉위해 겐메이 천황元明天皇이 되었고, 715년에는 몬무 천황의 누이가 즉위해 겐쇼 천황元正天皇이 되었다. 이렇게 여성이 연이어서 즉위하였으나 정치적으로는 비교적 안정되었다. 그 기간 동안 오비토는 태자의 지위에 머물렀다. 이러한 시대를 배경으로 후지와라노 가마타리藤原鎌足의 아들인 후지와라노 후히토藤原不比等가 정계에서 두각을 나타냈다. 그는 율령제도의 정비에 힘쓰는 한편, 천황 일족과 혼인 관계를 맺으면서 후지와라씨 발전의 기초를 확립하였다.

후지와라노 후히토는 자신이 딸 미야코宮子를 몬무 천황, 아스카베히메安宿媛를 오비토 태자와 혼인시켰다. 아스카베히메는 어려서부터 뛰어난 미인이었고 또 총명하여 고묘시光明子라고 불렸다. 후히토는 4명의 아들을 두었다. 장남은 무치마로武智麻呂, 차남은 후사사키房前, 3남은 우마카이宇合, 4남은 마로麻呂였다. 이들은 조부 후지와라노 가마타리와 친부 후히토의 권위를 배경으로 일찍부터 고위 관직에 취임하여 공경公卿에 준하는 대우를 받았다. 후지와라노 후히토는 경제력도 튼튼하였다. 몬무 천황이 후히토에게 봉호封戶 2,000호를 수여하였다. 이미 후히토는 이것과는 별도로 종2위 다이나곤으로서 봉호 970호를 소유하고 있었다. 다음 해 정2위 우다이진으로 승진하면서 다시 2,200호로 가봉되었다. 당시 봉호를 소유한 자는 그 지역에서 수취하는 조용조租庸調의 2분의 1을 수입으로 하였다.

그러나 720년 후히토가 사망했을 때, 그의 4명의 아들은 아직 정치적으로 성장하지 못하였다. 이러한 구도 속에서 실력자로 부상한 인물이 나가야오長屋王였다. 나가야오는 덴무 천황의 손자이며 다케치 왕자의 아들이었다. 다케치 왕자는 비록 왕위에 오르지는 못하였지만, 진신의 난 때 덴무를 도와 큰 공을 세웠고, 또 지토 천황 때 다이조다이진太政大臣이 되어 국정을 담당하면서 태자에 준하는 대우를 받았다. 경제력도 튼튼하였다. 다케치 왕자가 소유한 봉호는 5,000호였다. 그것을 나가야오가 상속했을 가능성이 높다. 더구나 나가야오는 겐메이 천황의 딸을 부인으로 맞이하였다. 나가야오는 가문의 권위와 경제력을 배경으로 721년에 우다이진의 지위에 올랐다. 당시 나이는 37세였다. 평소에 후지와라노 후히토의 정치에 비판적이었던 나가야오는 정책적인 면에서도 주도권을 잡았다. 그는 후지와라씨의 강력한 경쟁 상대였다. 한편, 덴무 천황의 아들인 도네리 친왕舍人親王도 다이조칸太政官의 요직에 임명되면서 정치는 천황의 일족이 주도하였다.

724년 2월 4일 오비토 태자가 즉위해 쇼무 천황聖武天皇이 되었다. 고묘시는 천황의 혈통을 잇지 않았기 때문에 황후가 되지 못하고 부인의 지위에 올랐다. 이미 718년 쇼무와 고묘시 사이에 딸이 태어났다. 그 후 자식이 없다가 727년에 아들이 태어났다. 쇼무 천황은 생후 33일이 된 아들을 서둘러 태자에 봉하였다. 문무백관이 앞을 다투어 후지와라씨 저택을 방문하여 축하하였다. 그런데 다음 해 728년 5월에 어린 태자가 사망하였다. 후지와라씨 형제들은 정치의 실권에서 소외될 수 있다는 위기감을 느꼈다. 이러한 정세 속에서 일어난 사건이 나가야오의 변이었다.

729년 2월 10일 나가야오가 모반을 획책한다는 밀고가 있었다. 그러자 조정은 즉시 지방으로 통하는 세 곳의 관문을 폐쇄하고, 후지와라노 우마카이가 병사를 이끌고 나가야오의 저택을 포위하였다. 다음 날 두 명의 왕족, 즉 도네리·니타베 친왕新田部親王과 함께 후지와라노 무치마로가 나가야오의 저택에 파견되어 죄상을 심문하였다. 그 과정에서 나가야오와 그의 부인 그리고 두 명의 아들이 자결의 형식으로 살해되었다. 이것은 나가야오를 제거하고, 쇼무 천황의 부인인 고묘시를 황후로 옹립하기 위해,[60] 후지와라씨 형제들이 권력을 다투던 천황 일족[61]과 손을 잡고 조작한 사건이었다.[62]

---

60) 천황의 처첩 지위는 황후, 비, 부인, 빈이라는 4등급의 서열이 있었다. 그중에서 황후는 국정에 직접 관여할 수 있었고, 스스로 천황이 될 수도 있는 권리가 부여되어 있었다. 천황의 일족이 고묘시의 황후 책봉을 반대할만한 충분한 이유가 있었던 것이다. 또 율령에도 천황의 혈통만이 황후가 될 수 있도록 규정되어 있었다. 나가야오는 이 규정을 들어서 고묘시를 황후로 책봉하는 것에 반대하였다.
61) 도네리의 아들은 훗날 후지와라씨의 추천으로 준닌 천황淳仁天皇이 되었고, 니타베의 두 아들은 훗날 태자가 되었다. 두 사람이 후지와라씨와 손을 잡고 나가야오 일족을 멸망시킨 이유를 미루어 짐작할 수 있다.
62) 『쇼쿠니혼키續日本紀』 738년 7월 10일조에 다음과 같은 기록이 있다. 나가야오의 은혜를 입은 사효고노쇼사칸 오토모노 고무시左兵庫少屬大伴子虫가 나가야오를 무고誣告한 사람인 우효고노카미 나카토미노 미야쓰도코로노 아스만도右兵庫頭中臣宮處

후지와라노 후히토의 딸이며 쇼무 천황의 부인이 황후의 지위에 오르는 것을 끝까지 반대한 나가야오가 제거되자, 사건 직후 고묘시는 쇼무 천황의 황후가 되었다.[63] 731년에는 관리들의 추천이라는 변칙적인 방법으로 후지와라노 우마카이·마로 형제가 참의參議에 임명되면서 후지와라씨 4형제가 모두 공경의 반열에 올랐다. 이들은 나이 순서대로 남가南家·북가北家·식가式家·경가京家의 시조가 되면서 정권의 요직을 독점하였다. 조정에서의 권력 서열 6명 안에 후지와라씨 4형제가 포함되었다.

736년 4월부터 서부 일본에서 가뭄이 극심해지며 전염병[64]이 유행하였다. 전염병은 삽시간에 긴키 지방에도 퍼졌다. 여러 관리들이 잇따라 질병에 감염되어 사망하였다. 그 와중에 4월 17일 참의 후지와라노 후사사키, 7월 13일에 참의 후지와라노 마로, 7월 25일 우다이진 후지와라노 무치마로, 8월 5일에 참의 후지와라노 우마카이가 질병에 감염되어 사망하였다. 4개월 동안에 후지와라씨 4형제가 모두 사망했던 것이다. 후지와라씨는 다시 좌절을 경험하였다.

정치의 주도권은 다시 다치바나노 모로에橘諸兄를 중심으로 하는 세력이 장악하였다. 모로에는 참의에서 일거에 다이나곤으로 승진하고, 이어서 우다이진까지 승진하면서 권력의 중추에 섰다. 다치바나노 모로에는 당에서 귀국한 후 쇼무 천황의 신임을 얻은 기비노 마키비吉備

東人를 살해하였다. '무고'는 죄가 없는 사람을 고발한 것을 뜻하는데, 그렇다면 『쇼쿠니혼키』가 편찬된 790년경에는 죄가 없는 나가야오가 억울하게 죽었다는 것이 공공연한 사실이었다는 것을 의미한다.
63) 고묘시는 쇼무 천황의 황후로서 정치에 깊숙이 관여한 인물이었다. 16세 때에 태자비가 되었다. 황족의 혈통이 아닌 여성으로서 일본 최초로 황후의 자리에 올랐다. 그녀는 불교를 적극적으로 후원하였다. 쇼무 천황이 추진한 도다이지 대불 건립 사업도 고묘시의 권유에 의한 것으로 알려져 있다.
64) 734년에 당에서 돌아온 견당사가 옮겼을 것으로 추정되는 전염병이 규슈에서 유행하기 시작하여 736년에는 긴키 지방에서 크게 유행하였다. 조정에서도 많은 사망자가 발생하였다.

真備, 법상종의 승려인 겐보玄昉 등 지식인층과 손잡고 참신한 정치를 시행하면서 정치적인 입지를 강화하였다. 특히 기비노 마키비는 738년 쇼무 천황과 고묘시 사이에 태어난 딸 아베나이신노安倍內親王를 태자로 정하는데 공을 세웠고, 또 여성 태자를 보좌하면서 쇼무 천황과 고묘시의 신임을 얻었다. 후지와라씨는 권력에서 멀어지는 것이 두려웠다. 740년 9월에 일어난 후지와라노 히로쓰구藤原広嗣의 난은 그것을 상징하는 사건이었다.

다자이후大宰府의 관리로 좌천되었던 후지와라노 우마카이의 장남 히로쓰구는 때마침 기근과 질병이 빈발하면서 사회가 동요하자, 기비노 마키비와 겐보를 제거한다는 구실로 규슈 지역의 군사 1만여 명을 동원하여 반란을 일으켰다. 후지와라씨 세력 회복을 목적으로 한 이 난을 후지와라노 히로쓰구의 난이라고 한다. 우다이진 다치바나노 모로에를 비롯한 조정의 수뇌부는 도호쿠 지방에서 명성이 높았던 오노 아즈만도大野東人를 대장군으로 삼고, 1만7,000명의 군사를 보내어 2개월 여 만에 반란을 진압하고 히로쓰구를 처형하였다. 하지만 정계는 크게 동요하였다.

후지와라노 히로쓰구의 난이 있은 후 얼마 지나지 않아서 겐보와 기비노 마키비가 중앙 정계에서 퇴출되었고, 다치바나노 모로에도 세력을 상실하였다. 그러자 후지와라노 무치마로의 아들인 후지와라노 나카마로藤原仲麻呂가 정치의 일선에 나섰다. 그 사이에 후자와라노 히로쓰구의 반란에 놀란 쇼무 천황은 헤이조쿄를 버리고 야마시로山城(지금의 교토부京都府의 중부와 남부)의 구니쿄恭仁京, 셋쓰摂津(지금의 오사카부大阪府와 효고현兵庫県의 일부 지역)의 나니와쿄難波京, 오미近江(지금의 시가현滋賀県) 시가라키쿄紫香樂宮 등으로 빈번하게 옮겨 다녔다. 쇼무는 무려 5년에 가까운 기간을 헤이조쿄를 떠나 방황하였다.

749년 7월 쇼무 천황은 여성 태자 아베에게 양위해 고겐 천황孝謙天

皇이 즉위하였다. 756년 5월 쇼무 태상천황이 사망하였다. 쇼무 천황이 양위한 후에는 후지와라노 나카마로가 고묘 황태후의 신임을 얻어서 두각을 나타냈다. 나카마로는 참의에서 단숨에 다이나곤으로 승진하면서 병권도 장악하였다. 그러자 757년 7월 다치바나노 모로에의 아들 다치바나노 나라마로橘奈良麻呂가 반란을 모의하였다. 후지와라노 나카마로는 이 계획을 미연에 방지하여 반대 세력을 일소하고 실권을 장악하였다. 나카마로는 농민의 부담을 경감하는 정책을 추진하는 등 시대에 부응하는 정치를 하였다.

758년 8월 고겐 천황이 물러나고 준닌 천황淳仁天皇이 즉위하였다. 후지와라노 나카마로는 준닌 천황을 옹립하는 데도 결정적인 역할을 하면서 여전히 세력을 떨쳤다. 나카마로는 유교적인 색채가 강한 정치를 시행하면서 당의 제도를 모방하려고 노력하였다. 758년에는 다이조칸 이하 관직 명칭을 당풍唐風으로 개편하고, 스스로도 에미노 오시카쓰惠美押勝라고 칭하였다. 760년 나카마로는 다이조다이진에 취임하였다. 다이조다이진은 원칙적으로 천황의 일족이 아니면 취임할 수 없는 자리였다. 나카마로의 권력이 절정에 달했다는 것을 알 수 있다. 그러나 759년경부터 승려인 도쿄道鏡가 고겐 상황의 총애를 입어 정치에 진출하면서 나카마로의 입지가 약화되었다. 760년 6월 설상가상으로 황태후 고묘시가 사망하면서 나카마로의 권력이 흔들리기 시작하였다. 고겐 상황이 정치의 주도권을 장악하면서 고겐 상황과 준닌 천황 사이에 긴장감이 조성되었다. 사실상 준닌 천황을 조종하면서 실권을 장악한 후지와라노 나카마로도 고겐 상황과 대립하였다. 고겐의 신임을 독점하지 못하여 불안을 느낀 나카마로는 764년에 승려 도쿄를 제거한다는 구실로 군사를 동원하여 모반을 꾀하였으나 실패하여 가족과 함께 참살되었다. 이것을 후지와라노 나카마로의 난이라고 한다. 이 사건으로 준닌 천황도 폐위되었다.

후지와라노 나카마로의 난 이후, 승려 도쿄의 정치적인 입지는 오히려 강화되었다. 자신을 총애하는 고겐 상황이 다시 천황의 지위에 올라서 쇼토쿠 천황稱德天皇이 되었기 때문이다. 도쿄는 계속 출세하여 일개 승려 신분으로 다이조다이진의 지위에 오르고 법왕法王의 칭호도 얻어 천황에 준하는 대우를 받았다. 그러자 도쿄는 천황의 후계자가 되려는 야심을 품었다. 769년 도쿄에게 천황의 지위를 물려주면 천하가 태평하게 된다는 우사하치만신궁宇佐八幡神宮의 신탁이 내렸다는 소문이 돌았다. 쇼토쿠 천황은 와케노 기요마로和氣淸麻呂를 보내서 신탁의 사실 여부를 확인하도록 하였다. 그러나 와케노 기요마로가 들은 신탁은 도쿄의 즉위를 부정하는 것이었다. 그 사실을 그대로 천황에게 보고하자 천황은 와케노 기요마로를 유배형에 처하였다. 쇼토쿠는 내심으로 신탁을 빌어서 도쿄에게 양위하려고 하였다. 하지만 도쿄의 야망은 와케노 기요마로 등 관리들의 견제로 좌절되고 말았다.

770년 8월에 쇼토쿠 천황이 53세로 사망하였다. 그러자 와케노 기요마로와 함께 도쿄의 타도를 계획하던 후지와라노 모모카와藤原百川·요시쓰구良継 형제가 주도하여 덴지 천황의 후손으로 이미 62세가 된 다이나곤 시라카베오白壁王를 태자로 옹립하고, 태자가 발하는 영지令旨로 쇼토쿠 천황의 잔재를 청산하였다. 도쿄는 시모쓰케노쿠니下野國(지금의 도치키현栃木県 지역)의 야쿠시지로 추방되었다. 도쿄는 불교계를 대표하는 인물도 아니었으며 정치적인 기반도 없이 오로지 여성 천황의 총애로 권세를 누렸기 때문에, 천황이 사망한 후 다시 정계의 중심세력을 형성한 후지와라씨 세력에 의해 제거되었던 것이다. 도쿄에 의해 추방되었던 승려, 신탁 사건으로 유배되었던 와케노 기요마로가 정계로 복귀하였다.

쇼토쿠 천황의 인사상의 혼란을 수습한 후지와라씨는 그해 10월에 시라카베오의 즉위식을 거행하였다. 덴무의 자손이 상속하던 천황의 지위에 100년 만에 덴지의 자손인 고닌 천황光仁天皇이 올랐던 것이다. 773년 정월 고닌 천황과 백제계 도래인 출신 다카노 니이가사高野新笠 사이에 태어난 야마베 친왕山部親王을 태자로 세웠다. 774년 태자 야마베와 후지와라노 요시쓰구의 딸 오토무로乙牟漏 사이에 훗날 헤이제이 천황平城天皇이 되는 아테安殿가 태어났다.

771년에 다이조칸의 수반이었던 사다이진 후지와라노 나가테藤原永手가 사망하고, 우다이진 기비노 마키비도 사직하였다. 다이조칸의 주도권은 고닌 천황을 옹립하는 데 공을 세운 식가式家 출신의 후지와라노 모모카와·요시쓰구 형제가 장악하였다. 그들은 혼란을 거듭했던 율령체제의 재건을 시도하였다. 그러나 일본사회는 대토지 소유의 전개, 반전농민의 몰락이 급속하게 진행되었다. 바람직한 율령체제를 수립한다는 것은 현실적으로 불가능에 가까운 일이었다. 조정의 정책은 이러한 현실인식을 전제로 시행되지 않으면 안 되었다.

2. 율령체제의 정비

율령체제의 모순은 생각보다 빨리 드러났다. 반전수수법班田收授法은 원래의 취지대로 시행되기만 하면 민중의 생활을 안정시키고 국가의 재정을 튼튼히 할 수 있는 합리적인 제도였다. 그러나 그것에는 몇 가지 문제점이 있었다. 무엇보다도 반전수수법을 시행하기 위한 기초 작업이 매우 번잡하였다. 그리고 구분전口分田은 일단 지급하면 일생 경작할 수 있었고, 게다가 선조의 구분전이 그대로 자손에게 지급되는 경우가 많았기 때문에 자연히 사유지와 같이 인식되었다. 사원이나 귀족에게 지급된 토지도 사유지와 같이 인식되었다. 토지공유土地公有의 원칙이 점차로 붕괴되었다.

한편, 농민에 부과되는 세금과 노역 그리고 여러 가지 부담이 과중하였다. 일기가 불순하거나 병충해가 발생하면 농민생활은 더욱 피폐하였다. 생활이 어려워지자 농민 중에는 호적을 작성할 때 남자를 여자로 신고하여 노역의 부담을 면하려는 자가 나타나게 되었다. 경작지를 버리고 도망하는 자들도 증가하였다. 승려가 되거나 스스로 귀족의 종자가 되는 농민이 증가하였다. 승려가 되거나 귀족의 종자가 되면, 세역稅役의 부담을 지지 않아도 되었기 때문이다.

조정이 백만정보개간百万町步開墾 계획을 발표한 것은 사회 모순이 드러나기 시작한 722년이었다. 이어서 723년에는 삼세일신법三世一身法을 시행하여 개간을 장려하였다. 삼세일신법은 새로이 관개시설을 하여 개간한 자에게는 3대에 걸쳐서, 기존의 관개시설을 이용하여 개간한 경우에는 당대에 한하여 그 농지의 점유권을 인정하는 것이었다. 하지만 이 정책은 기간이 한정되어 있었기 때문에 정해진 기한이 다가오면 토지가 다시 황폐해졌다. 조정은 743년에 간전영세사재법墾田永世私財法을 공포하기에 이르렀다. 이 법의 내용은 신분에 따라 개간 면적의 상한선을 설정하고 그 한도 내에서 개간한 토지를 영구히 점유하는 것을 인정하는 것이었다.

이러한 조치는 율령국가의 기초인 공지공민제의 원칙을 조정 스스로 무너뜨린 중대한 정책 변경이었다. 간전영세사재법은 765년에 일시 정지되었으나 772년에 다시 부활되었다. 그 후에는 무제한의 개간이 허용되었다. 그러자 토지를 개간할 수 있는 경제력이 있는 귀족이나 사원, 그리고 지방의 호족들은 노비·부랑민 또는 반전농민班田農民을 동원하고, 그들에게 대량의 철제농구를 지급하여 대규모로 개간을 실시하여 넓은 경작지를 점유하였다. 그러면서 반전농민을 여러 가지 방식으로 흡수하였다. 유력한 농민과 토호도 개간에 힘썼기 때문에 반전제도가 붕괴되기 시작하였다.

유력한 귀족이나 대사원은 광대한 사유지를 경영하기 위해서 현지에 관리소와 창고를 설치하였다. 이것이 훗날 장원의 기원이 되었다. 이 시기의 장원을 초기장원 또는 자간지계장원自墾地系荘園이라고 하여 기진으로 성립된 후반의 장원, 즉 기진지계장원寄進地系荘園과 구별한다. 초기 장원의 경영은 장원의 소유자가 1년 계약으로 농민에게 토지를 빌려주고 수확의 20퍼센트 정도를 지대로 수취하는 방식이었다.

3. 국가불교의 확립

1) 나라 시대의 불교

불교는 나라 시대 문화의 기반을 형성하였다. 조정은 불교를 보호하면서 한편으로 승니령僧尼令을 내려서 불교를 통제하였다. 조정의 허가 없이 사사로이 승려가 될 수 없게 하였다. 승려는 정권을 위해 기도하는 관승官僧으로 한정하였고, 사원 이외의 지역에서 종교 활동을 하지 못하게 하였다. 민간에 포교하는 것이 사실상 금지되었다.

천황은 불교의 힘을 빌려 안으로 반역이나 사회혼란을 방지하고 밖으로는 외세의 침입으로부터 국가를 지키려고 하였다. 부처나 불경의 위력으로 국가를 번영케 하고자 하였던 것이다. 불교는 여전히 주술적인 색채가 농후한 종교로 인식되었다. 천황과 귀족들은 여전히 질병의 치유나 가족의 구원을 위해 사원을 건축하고, 불상을 조성하고, 불경을 필사하는 일에 매달렸다.

승려들은 국가의 평안을 위해 각종 불교행사를 거행하였다. 참회 법회를 열어 오곡이 풍성한 결실을 맺도록 기원하였다. 737년에 흉년이 들고 역병이 돌자 여러 지방에 석가의 불상을 조성하고 『대반야경』을 필사하게 하였다. 불교의 힘으로 민중들이 평안하게 생업에 종사할 수 있도록 하기 위함이었다.

천황 가문과 유력한 호족들이 건립한 사원들도 아스카 지역에서 나라로 이전하였다. 나라로 이전된 사원들은 국가의 지원을 받으며 발전하였다. 그중에서 덴무 천황과 지토 천황의 발원으로 건립된 다이칸다이지와 야쿠시지藥師寺, 후지와라씨藤原氏가 건립한 고후쿠지興福寺와 간고지元興寺, 간진鑑眞이 머물면서 계율을 전한 도쇼다이지唐招提寺, 765년 쇼토쿠 천황의 발원으로 건립된 사이다이지西大寺 등이 도다이지와 함께 나라 지역의 7대 사원이었다.

관립사원에 소속된 승려는 조정을 위한 법회나 기도를 하면서 불교 교리를 연구하였다. 남도6종南都六宗이라는 종파가 형성되었다. 남도란 교토의 남쪽에 있는 나라奈良를 지칭하는 말이었다. 다시 말하면 남도6종이란 나라의 사원을 중심으로 형성된 학파를 지칭하는 것으로 삼론종三論宗·성실종成実宗·법상종法相宗·구사종俱舍宗·화엄종華厳宗·율종律宗을 말한다. 이것은 교단을 의미하는 훗날의 종파와는 성격이 완전히 다른 것으로 불경 이론 연구를 하는 승려들의 집단이라는 의미로 이해해야 한다.

751년 당시 도다이지에서는 이미 6종의 교리가 연구되었다. 하지만 모든 사원이 6종의 교리를 고루 갖췄거나 6종의 이론만 연구했던 것은 아니다. 호류지, 다이안지, 간고지 등의 승려들은 율종, 삼론종, 성실종 등과 함께 유식종唯識宗, 수다라종修多羅宗, 섭론종攝論宗 등을 연구하기도 하였다. 경우에 따라서는 승려들이 다른 사원을 서로 왕래하면서 교리 연구에 참여하기도 하였다.

남도6종은 원래 중국에서 심화된 교리 연구 결과를 수입한 것이다.

나라 시대의 승려들이 일찍이 접해 보지 못한 수준 높은 교학이었다. 남도6종이 일본 불교에 미친 영향을 지대하였다. 하지만 일본의 승려들은 겨우 교리를 학습하는 단계에 머물러 있었다. 신앙을 실천하는 단계에 진입하는 것은 훗날의 일이었다.

남도6종의 형성에 공헌한 인물은 견당사를 따라서 당으로 유학한 학문승, 그리고 당에서 일본으로 건너온 승려와 그 문하생들이었다. 남도6종 중에서 특히 번성한 것은 법상종과 화엄종이었다. 법상종에서 기엔義淵이 출현해 세력을 떨쳤고, 그 문하에서 도지道慈와 교키行基가 출현하였다. 그들은 한반도에서 건너온 도래인계 출신이었다. 화엄종에서는 로벤良弁이 출현하였다. 그 또한 도래인계 출신이었다. 로벤은 처음에 기엔에게서 법상종을 배웠으나 후에 당의 승려 도센道璿에게 화엄종을 배웠다. 로벤은 화엄종을 크게 일으켰다.

남도6종의 학문승 중에는 정치에 관여한 자도 있었다. 그러나 대부분의 승려는 불법의 수호와 교리 연구에 힘썼다. 그중에서 청정한 법도를 지켜나간 도지, 당에서 천신만고 끝에 일본으로 건너와 계율을 전한 당의 승려 간진이 유명하다.

간진 목상

간진은 일본의 유학승 요에이栄叡와 후쇼普照의 간절한 청을 받아들여 도일하기로 결심하고 다섯 번이나 도일을 시도하였다. 그중 네 번은 풍랑을 만나 실패하였고, 그 와중에 설상가상으로 실명하였다. 753년 간진은 간신히 견당사의 귀국선을 타고 일본으로 건너올 수가 있었다. 간진은 도다이지에 계단원戒壇院을 세웠고, 도쇼다이지를 건립해 일본의 불교 발전에 크게 기여하였다.

2) 고쿠분지의 건립

후지와라노 히로쓰구의 반란으로 충격을 받아 이곳저곳을 전전하던 쇼무 천황은 745년에 다시 헤이조쿄로 돌아왔다. 하지만 천황이 왕도를 비우고 방랑하는 사이에 정치는 제 기능을 하지 못하였다. 때마침 천연두가 유행해 귀족은 물론 일반 민중도 많이 죽으면서 사회는 극도로 혼란해졌다.

쇼무 천황은 불교의 공덕으로 사회의 불안을 잠재우고, 연이어 발생하는 천재지변에서 국가를 보호하려고 하였다. 이것을 진호국가鎭護國家의 사상이라고 한다. 741년 쇼무는 고쿠분지国分寺 건립의 조칙을 내렸다. 각 구니国 마다 비구가 거주하는 사원인 고쿠분지와 비구니가 거주하는 사원인 고쿠분니지国分尼寺를 각각 한 곳씩 세우게 하였다. 고쿠분지의 정식 명칭은 금광명사천왕호국지사金光明四天王護國之寺였고, 고쿠분니지의 정식 명칭은 법화멸죄지사法華滅罪之寺였다.

고쿠분지에는 비구 20명, 고쿠분니지에는 비구니 10명을 두고, 사회의 안정과 국가의 평안을 기원하게 하였다. 쇼무 천황은 승려들로 하여금 매월 8일에 『금광명최승왕경金光明最勝王経』을 강독하게 하였다. 『금광명최승왕경』은 『법화경』・『인왕반야경』과 함께 대표적인 호국경전으로 알려져 있었다. 호국경전을 외우면 사천왕四天王의 도움으로 밖으로는 외세의 침략을 물리칠 수 있고, 안으로는 환란을 잠재울 수 있다고 믿었다. 쇼무는 전국에 사원을 세워 불교를 지방에 전파하면서 호국경전을 읽는 소리가 전국에 울려 퍼지기를 희망하였다.

743년 쇼무는 비로자나대불毘盧遮那大佛을 조영하라는 조칙을 내렸다. 비로자나불은 753년에 전국 고쿠분지의 대표 사원이라고 할 수 있는 도다이지에 안치되었다. 천황이 도다이지를 통해 전국의 사원을 직접 통제하는 체제가 구축되었다.『화엄경華嚴經』에 의하면 비로자나불은 근본 부처인 동시에 일체 만물로 나투어서 이 세상에 충만하다고 알려진 부처이다. 쇼무는 비로자나불을 조영해 분열된 국가의 여론을 통합하고 사회의 안정을 꾀하려고 했던 것이다.

[3] 덴표 문화

1. 화엄 사상과 도다이지 대불

비로자나불은 대방광불大方廣佛이라고도 한다. 시간과 공간을 초월해 무한한 빛을 널리 비추는 부처를 의미한다. 연화대좌에 모셔진 비로자나불은 오른손으로 시무외인施無畏印을 짓고, 왼손으로 여원인与願印을 짓고 있는 모양이다. 시무외인은 중생의 두려움을 없애준다는 의미이고, 여원인은 중생이 바라는 바를 들어준다는 의미이다.

『화엄경』의 세계는 일즉다다즉일一卽多多卽一이라는 말에 응축되어 있다고 할 수 있다. 하나는 전체에 들어 있고 전체는 하나에 녹아 있다. 그러면서도 무애자재無碍自在하다. 이것과 저것이 서로 걸림이 없이 오묘하게 융합되어 있다. 화엄세계는 이것이 있으므로 저것이 있고, 저것이 있으므로 이것이 있는 원융圓融의 세계이다. 이것과 저것이 구별 속에서 차별 없이 제자리를 지키며 공존하는 세계이다. 그래서 연기론緣起論으로 설명할 수밖에 없는 세계이다.

모든 중생에게 불성이 있다는 것이 화엄 사상의 핵심이다. 인간을 포함한 우주의 모든 사물은 부처가 모습을 드러낸 것이다. 우주의 사물이 독립적으로 존재하는 것처럼 보이지만 그 본체는 모두 진여眞如이다. 즉 개체와 개체는 그 본질이 동일하다는 것이다. 그런 관점에서 보면 부처와 중생 사이에 아무런 차별이 없다. 부처가 마음이 흐려지면 곧 중생이고, 중생이 마음이 맑아지면 곧 부처인 것이다. 부처라는 생각도 중생이라는 생각도 결국 마음이 지어낸 분별인 것이다.

쇼무 천황은 신라의 승려 심상審祥의 화엄경 강론을 듣고 매우 기뻐하며 도다이지東大寺에 거대한 비로자나불을 건립할 계획을 세웠다. 대불 건립 장소로 도다이지가 선정된 것은 그곳이 일본의 화엄 사상을 대표하는 사원이었기 때문이다. 비로자나불은 마치 태양처럼 광대무변해 널리 세계를 다 비추는 부처이므로 가능한 거대하게 조영하도록 명령하였다. 쇼무는 한량없는 비로자나불의 힘을 빌려 국가를 수호하려는 뜻을 세웠던 것이다. 대불에는 쇼무가 경도되어 있던 화엄경의 교의에 따라서 "불교의 가르침이 충만한 세상을 만들고 싶다."는 염원이 담겨 있었다.

743년 쇼무 천황은 대불을 조영하기 위한

도다이지 대불

조칙을 내렸다. 대불의 설계는 백제가 멸망한 후에 일본으로 건너온 도래인의 후손 구니나카노 기미마로國中公麻呂에게 맡겨졌다. 대불은 당의 낙양洛陽에 있는 용문석굴에 안치된 비로자나불을 모방하였다. 대불 조영에 대한 쇼무의 관심은 매우 컸다. 견당사나 유학생들을 통해 용문석굴의 대불에 관한 이야기를 듣기도 하고, 일본 내의 다른 사원에 있는 비로자나불을 친히 둘러보기도 하였다.

대불 건립 사업은 국가의 총력을 기울여 추진되었다. 대불은 여덟 개 부분으로 나누어 제작되었다. 주조하는 데만 3년이라는 세월이 걸렸고, 300톤이 넘는 구리와 주석이 사용되었다. 도금을 위해 60킬로그램에 달하는 금과 수은이 조달되었다. 대불의 주조와 대불전의 건축을 위해 동원된 인원은 연 230만 명에 이르렀을 것으로 추정된다. 대불의 높이는 약 16미터였다. 대불은 세계 최대의 목조 건축물인 대불전에 안치되었다.

752년 대불의 개안식이 성대하게 거행되었다. 일본에 불교가 전래된 이래 가장 규모가 큰 행사였다. 이 행사에 상황 내외, 천황, 그리고 문무백관이 참석하였다. 일본 전국에서 수많은 승려들이 집결하였다. 멀리 인도의 승려가 초빙되어 개안식을 거행하였다. 대불 건립을 발원한 장본인은 이미 천황의 지위에서 물러나 상황의 신분으로 참석해 감개무량하게 의식을 지켜보았다.

2. 불교의 하향적 확산

국가불교의 성격이 분명해진 것은 7세기 말부터였다. 덴무 천황이 등장하면서 국가불교의 단계에 진입하였다고 할 수 있다. 특히 덴무는 한때 출가해 불교에 귀의한 적이 있었던 만큼 불교에 각별한 관심을 기울였다. 8세기 중반에 쇼무 천황이 등장하면서 국가불교의 성격이 더욱 강화되었다. 쇼무는 스스로를 부처의 노예라고 자처할 정도였다.

나라 시대에는 왕권이 승려의 활동을 철저하게 통제하였다. 승려가 사원 밖에서 종교 활동을 하는 것을 엄격하게 금하였다. 사원 바깥에서 승려가 민중과 접촉하는 것 자체를 금하였다. 승려는 민중에게 불법을 설할 수도 없었고, 민중은 불상에 예배할 수조차 없었다. 승려들이 사원 밖에서 수행하는 것도 국가의 허가를 받게 하였다.

그런 상황 속에서 국가불교의 벽을 뛰어넘어 널리 중생을 구제하려는 뜻을 몸소 실천한 교키行基와 같은 승려가 나타났다. 교키는 백제계 도래인의 후손이었다. 교키는 먼저 도성 건설에 동원된 민중들을 구제하는 일에 앞장섰다. 제자들을 거느리고 다리를 놓고, 도로를 내고, 저수지를 파는 등 민중을 위해 일하였다. 교키의 사회사업은 복전福田 사상[65]과 깊은 관련이 있었다. 교키는 민중의 추앙을 받았으나 조정은 그를 탄압하였다. 민중들을 정치적으로 선동하려는 위험한 인물이라고 생각했기 때문이다.

하지만 교키를 추종하는 사람들이 급증하였다. 조정도 언제까지나 무력으로 민중들의 종교 활동을 금할 수만은 없는 상황이었다. 730년에는 수천을 헤아리는 민중들이 헤이조쿄 동쪽 산기슭에 모여 종교 집회를 열기에 이르렀다. 조정은 더 이상 교키를 비롯한 승려들이 민중을 접촉하는 것을 금할 수 없게 되었다. 오히려 조정은 도다이지 대불을 건립하려면 교키의 도움이 절실히 필요하다고 판단하였다. 그래서 교

---

65) 복전 사상에 의하면, 선행을 하면 복덕이 쌓이는데 그것은 봄에 밭에다 씨를 뿌리면 가을에 추수하는 것과 같은 이치라고 하였다. 사람의 마음에 세 종류의 밭이 있다. 경전敬田・은전恩田・비전悲田이 그것이다. 쇼무 천황의 정실 고묘시는 비전원悲田院을 건립해 고아와 병자들을 수용하고, 시약원施藥院을 세워서 병자들에게 약을 나누어 주었다. 이 또한 복전 사상의 영향을 받은 것이다.

키를 대승정大僧正으로 임명하고, 대불 건립에 민중이 참여하도록 촉구하였다. 교키도 민중들을 이끌고 대불 건립에 협력하였다. 일반 민중들의 출가가 허용된 것도 이 무렵이었다.

당시의 불교가 일본 사회 현실에 적합하게 변용 되었다는 사실도 간과할 수 없다. 일본에서는 불교가 현세구복을 위한 수단으로 이용되었고, 불仏과 신神은 본래 동일한 것이라는 신불습합神仏習合 사상이 형성되었다. 한편, 장례 시 화장하는 풍습이 급속히 확산되어 8세기 초에 민간에 보급되었다.

3. 건축과 미술

중앙집권적 정치체제가 정착하면서 경제력도 중앙으로 집중되었다. 이 시대는 당·신라와 활발하게 교류하면서 귀족들은 국제성이 풍부한 문화를 접할 수 있었다. 헤이조쿄를 중심으로 귀족문화의 꽃이 피었다. 천황의 일족과 귀족들은 넉넉한 부를 배경으로 화려하고 풍요로운 생활을 하였다. 헤이조쿄의 귀족문화는 지방의 호족과 민중의 눈으로 보면 현실과는 동떨어진 이국적인 세계였다.

나라 시대에 많은 사원이 건립되었다. 사원 건축 기법도 발전하여 도쇼다

도쇼다이지 금당

이지의 금당金堂, 도다이지의 법화당法華堂, 호류지法隆寺의 몽전夢殿 등 웅장하고 화려한 건물이 세워졌다. 그 밖에도 도쇼다이지의 강당, 호류지의 법당, 다이마데라当麻寺의

도쇼다이지 법화당

삼중동탑三重東塔, 도다이지의 데가이몬転害門과 부속 건물인 쇼소인正倉院 등이 이 시대를 대표하는 건축물이었다. 특히 쇼소인은 고상식高床式 건물이었다. 목재를 삼각으로 다듬어서 짜 맞추는 방식으로 벽면을 구성하는 아제쿠라즈쿠리校倉造 방식을 채택해 습기를 방지하였다. 섬세하고 정밀한 기교는 목조건축의 모범이 되었다.

고후쿠지를 비롯한 나라의 여러 사원에 국보급 불상이 안치되었다. 불상은 금동상이나 목상 이외에 목재로 심을 만들고 그 위에 점토를 입혀 모양을 만드는 소상塑像, 점토나 목재 위에 마포麻布를 바르고 그 위에 옻칠을 해 만드는 건칠상乾漆像이 등장하였다. 이런 기법의 등장으로 인간의 감정을 보다 풍부하게 표현할 수 있게 되었다. 소상으로 유명한 것은 도다이지 법화당의 일광·월광보살상, 같은

불공견색관음상

도다이지 계단원戒壇院의 사천왕상四天王像, 신야쿠시지新藥師寺의 12신장상, 쇼린지聖林寺의 11면관음상 등이다. 건칠상으로는 도다이지 법화당의 불공견색관음상不空羂索觀音像, 고후쿠지의 12제자상, 팔부중상八部衆像 등이 전해진다.

회화로는 772년에 그려진 야쿠시지의 길상천상吉祥天像이 유명하다. 길상천은 불교에서 복덕을 관장하는 여신이다. 일본에서는 나라 시대 말기부터 신앙의 대상이 되었다. 일본의 길상천상은 대개 당의 귀부인 모습을 하고 있다. 도쇼다이지에 길상천상이 전해지고 있다. 불화 이외에 쇼소인의 조모입여병풍鳥毛立女屛風이 유명하다. 수하미인도樹下美人圖라고도 불려지는 조모입여병풍에 그려진 여인상은 쇼무 천황의 황후 고묘시光明子라고도 전해진다. 이 그림은 덴표 문화 시대의 풍속을 엿볼 수 있는 귀중한 자료이다. 이런 작품은 모두 당의 영향을 받은 작품들로 필치는 넉넉하고 화려하다.

4. 쇼소인

쇼소인正倉院에는 쇼무 천황의 소장품을 중심으로 궁중에서 사용되던 많은 물품이 보관되어 있다. 쇼소인은 쇼무의 사후, 황후 고묘시가 쇼무의 유품을 도다이지에 헌납하면서 설립되었다. 소장품으로는 무기류, 유희구, 악기류, 약재류, 공예품 등 실로 다양하다. 그 수량은 정리된 것만도 9,000여 점에 달한다. 이것만으로도 나라 시대 문화를 생생하게 감지할 수 있을 정도이다.

쇼소인의 보물은 동서 문화의 보고라고 일컬어진다. 소장품의 종류를 살펴보면 당·신라·발해에서 건너온 것뿐만 아니라, 멀리 인도·

페르시아·아라비아·동남아시아 등 세계의 여러 지역에서 제작된 물품도 포함되어 있다. 제조 기법이 이집트에 기원을 둔 것도 있다. 보물들은 일단 중계무역을

쇼소인의 보물 - 색채 그릇

통해 중국의 당이나 한반도의 신라로 유입되고, 그것이 다시 일본으로 유입되었을 것이다.

쇼소인의 물품 목록을 조사해 보면, 당에서 생산된 도자기, 아프리카·아라비아에서 산출된 향료, 동남아시아에서 산출된 등황藤黃과 같은 안료, 소방蘇芳과 같은 염료, 아프가니스탄에서만 생산되는 청금석靑金石과 같은 광물, 실크로드 연변의 국가에서 생산된 유리 제품이나 양탄자

쇼소인의 보물 - 나전장식 비파(뒷면)

등이 포함되어 있다. 특히 신라에서 들여온 보물들이 다수를 차지한다. 신라의 공방에서 만든 생활용품, 공예품, 문방구 등이 많다. 사파리佐波理라는 유기제품,[66] 놋숟가락, 가반加盤이라는 놋그릇,[67] 불교관련 제품

---

[66] 구리와 주석을 합금한 유기제품으로 흔히 놋그릇이라고 한다. 신라는 유기제품의 주요한 생산국이었다. '사파리'는 현재 한국인이 사용하는 언어 '사발'이라는 말의 원형으로 추정된다.
[67] 이것은 크기가 다른 그릇 10여 개를 포개서 하나의 세트로 만든 것이다. 아마도 교역의 효율성을 높이기 위해 그릇의 부피를 최소한 줄였을 것이다.

등 그 종류도 다양하다. 현재 쇼소인에 유기그릇이 436점, 놋숟가락도 345점이 남아있다. 그 밖에도 철제 가위, 가야금의 원형이라고 할 수 있는 신라금, 먹, 나전칠기 거울 등이 있다.

5. 학문과 문학

조정은 유교의 정치사상을 율령체제의 근간으로 하였다. 그 역할을 담당하는 관리 양성기관으로서 중앙에 대학大學, 지방에 국학國學을 설치하고, 학생을 지도하는 박사博士를 두었다. 학교에서는 유학 경전을 연구하는 명경도明經道, 율령을 연구하는 명법도明法道, 사서를 연구하는 기전도紀傳道, 한문학을 연마하는 문장도文章道 등이 중요시되었다. 당시의 학자로는 일본 최초의 사설도서관 운테이芸亭를 창설한 이소노카미노 야카쓰구石上宅嗣, 오미노 미후네淡海三船 등이 유명하다.

견당사의 파견으로 중국의 학문이 수입되면서 한시를 짓는 것이 귀족의 교양으로서 중요시 되었다. 문인으로는 오미노 미후네, 이소노카미노 야카쓰구 등이 유명하였다. 후지와라노 우마카이藤原宇合의 시집이나 이소노카미노 오토마로石上乙麻呂의 시집이 있었다고 하나 전해지지 않는다. 다만, 『가이후소懷風藻』에 그들의 작품이 소개되어 있다. 751년에 성립된 『가이후소』는 일본에서 가장 오래된 한시집이다. 이 책에 64명이 지은 한시 120수가 실려 있다. 편찬자는 오미노 미후네라고 알려져 있으나 확실하지는 않다. 시풍은 중국 육조六朝의 고풍을 답습하고 있다.

와카和歌는 예부터 일본인들이 즉흥적으로 부르던 노래를 한시의 오언五言·칠언시七言詩를 모방해 5·7·5·7·7의 31음으로 정형화시킨 것이다. 31음의 와카를 단가라 하였다. 이외에 5·7의 구를 반복하다가 최후에 5·7·7로 끝을 맺고 거기에 단가를 덧붙이는 장가, 그리고 5·7·7, 5·7·7의 6구체인 선두가旋頭歌 등 3종류의 양식이 있었다. 와카의 세계에서 야마노우에노 오쿠라山上憶良, 야마베노 아카히토山部赤人, 오토모노 야카모치大伴家持 등의 가인이 연이어 출현해 개성이 풍부한 노래를 남겼다.

8세기 말에 『만요슈万葉集』 20권이 편찬되었다. 이 책에 나라 시대까지 지어진 4,500수의 시가가 집대성되었다. 편찬자는 오토모노 야카모치라고 알려져 있으나 확실하지는 않다. 『만요슈』에는 천황의 작품을 비롯해 저명한 가인의 작품이 많이 실렸다. 하쿠호 시대 가인들의 작품뿐 아니라, 편수자로 큰 역할을 했다고 여겨지는 야카모치를 비롯해 야마노우에노 오쿠라·오토모노 다비토大伴旅人·야마베노 아카히토·다카하시노 무시마로高橋虫麻呂·사카노우에노 이라쓰메坂上郎女의 작품이 유명하다. 『만요슈』에는 사키모리防人나 농민의 노래도 실려 있다. 이런 노래에 민중의 소박한 감정이 생생하게 담겨 있다. 『만요슈』는 한자의 음훈을 활용해 일본어를 표현하는 방법인 만요가나万葉仮名를 사용한 것이 특색이다.

6. 헤이조쿄의 일상

헤이조쿄와 같은 거대한 도성이 출현하면서 일본인들은 이전과는 전혀 다른 문제에 직면하였다. 상하수도, 오물 처리, 헤이조쿄에 거주하는 사람들의 식품 및 소비품 조달 등은 반드시 해결하지 않으면 안 되었다. 특히 인구가 집중된 헤이조쿄에서 오물과 하수 처리는 가장 심

헤이조쿄 궁전 정원(복원)

각한 문제였다. 도성의 위생 환경도 매우 열악한 상태였다.

도성에 거주하는 인구가 증가하면서 치안이 새로운 문제로 대두되었다. 헤이조쿄에는 왕족과 귀족 이외에도 많은 군사와 민중이 거주하였다. 그들 중에는 남의 물건을 훔치거나 빼앗는 사람들도 적지 않았다. 실제로 조정은 종종 도적을 단속하라는 명령을 내렸다. 강도·절도 행위는 중범죄로 간주되어 엄벌에 처해졌다. 화폐가 주조되어 유통되면서 화폐를 위조하는 사람도 증가하였다. 조정은 화폐를 위조하는 자를 노비로 삼거나 사형에 처하였다.

나라 시대의 귀족들은 중국풍의 복장을 했으나 일반 농민은 여전히 일본 고유의 소매 짧은 웃옷을 입었다. 남자는 바지를 입고 발목에 대님을 매었다. 여자는 치마를 입었다. 경제력이 있는 귀족은 비단옷을 입을 수 있었다. 하지만 일반 민중들은 칡덩굴이나 대마의 껍질로 짠 섬유로 만든 옷을 입었다.

식사는 1일 2식이 보통이었다. 귀족은 쌀을 주식으로 했으나 민중은 조, 피, 보리, 메밀, 콩 등을 주로 먹었다. 부식물로는 채소 이외에 미역·김 등의 해초류, 어패류, 닭·오리 등의 조류, 사슴·산돼지 등의 육류가 이용되었다. 그러나 불교가 보급되고, 741년과 758년에 육식 금지령이 내려지면서 귀족은 점차로 육식을 하지 않게 되었다.

궁전이나 대사원은 건물 기둥에 붉은색을 칠하고 지붕에 기와를 덮었다. 귀족들 중에는 기와로 지붕을 덮고 나무로 마루를 까는 자가 있었다. 하지만 일반 민중의 집은 여전히 야요이 시대와 같은 주거 환경이었다. 흙집의 바닥에 풀이나 짚을 깔고 가족들이 공동생활을 하였다.

[4] 헤이안 시대 초기의 정치와 사회

1. 간무 천황과 헤이안 천도

고닌 천황光仁天皇의 뒤를 이어 즉위한 간무 천황桓武天皇은 율령체제를 재건하려고 노력하였다. 간무의 정치는 헤이조쿄에서 천도하는 것에서 시작되었다. 간무는 먼저 784년에 나가오카長岡로 천도하였고, 이어서 794년에는 헤이안平安 천도를 단행하였다. 지금의 교토京都인 헤이안에 왕도를 둔 시기부터 가마쿠라 막부鎌倉幕府가 성립되기까지 약 400년간을 헤이안 시대라고 한다.

간무 천황은 사원 세력이 강성한 나라奈良를 버리고 784년에 야마시로山城 지역에 나가오카쿄長岡京를 건설하기 시작하였다. 간무가 천도하려고 했던 이유의 하나로 조정도 두려움을 느낄 정도로 강성해진 사원세력의 존재를 들 수 있다. 나라 시대 말기에는 사원세력이 정치에 개입하여 그 폐해가 적지 않았다. 그래서 간무는 헤이조쿄에 있는 사원을 새로 건설하는 나가오카쿄로 이전하지 못하도록 한다는 방침을 세였다. 천도의 이유가 그것 하나만은 아니었다.

간무는 고닌 천황의 장자이기는 하였지만, 생모가 백제계 씨족 출신인 다카노노 니이가사高野新笠였다. 상식적으로 간무는 천황과 인연이 없는 존재였다. 그런데 고닌의 정비인 이가미 황후井上皇后와 오사베 태자他戸太子가 폐위되면서 간무가 태자의 지위에 오르고 이윽고 45세 때 즉위하였다. 간무 천황이 즉위하면서 왕통은 덴무계 혈통에서 덴지계 혈통으로 완전히 바뀌게 되었다.[68] 간무는 덴무계를 추종하는 세력을 누르기 위해서도 천도를 하는 것이 마땅하다고 생각하였을 것이다.

지금의 교토 무코이치시向日市 지역인 나가오카는 수륙 교통이 원활한 지역이었다. 그래서 새로운 왕도가 들어서기에 적합한 지역으로 선정되었다. 천도를 위한 축성 사업은 급속도로 추진되었다. 784년 6월에 사업이 시작되었고, 공사가 마무리 되지도 않은 상태에서 그해 11월에 천황이 나가오카로 천도하였다. 그러나 오토모씨大伴氏를 비롯한 구세력이 785년 9월에 천도 사업을 총지휘하던 후지와라노 다네쓰구藤原種継를 암살한 것을 시작으로, 계속해서 불상사가 발생하였기 때문에 수년이 지나도 왕도의 건설은 지지부진하였다.

그러자 793년에 다른 곳으로 천도하자는 의견이 대두되었다. 나가오카쿄의 건설이 상당히 추진되었음에도 불구하고,[69] 그곳을 포기하고 다시 천도 논의가 있었던 데에는 그만한 이유가 있었을 것이다. 이제까지 그 이유에 대하여 여러 설이 제기되었지만, 가장 유력한 설은 원령怨靈의 공포에 의한 것이라는 설이다.[70] 간무는 793년 정월에 같

---

68) 중국의 정치사상의 영향을 받았던 간무 천황은 그 부친인 고닌 천황이 덴무계 혈통과 다른 덴지계天智系 혈통으로 천황의 지위에 올랐다는 것은 사실상 새로운 왕조가 창립된 것이라고 생각하였다.
69) 1960년대 나가오카 지역이 본격적으로 발굴되었다. 그 결과 태극전太極殿을 비롯한 왕궁의 대부분과 시가지의 일부분이 이미 건설되었다는 것이 밝혀졌다.
70) 후지와라노 타네쓰구의 암살사건과 관련하여 사와라 태자早良太子가 폐위되어 아와지淡路로 유배된 사건이 있었다. 그때 사와라는 분개하여 식음을 전폐하고 도중에

은 야마시로 지역에 장소를 물색하였다. 간무 천황이 친히 새로 선정된 지역을 시찰하였다. 그리고 곧바로 공사를 시작하여 궁전의 일부가 완성되자마자 같은 해 10월에 정식으로 천도하니 그곳이 헤이안쿄平安京였다.

천도한 뒤에도 왕도의 건설 사업이 계속 추진되었다. 헤이안쿄는 가모가와賀茂川, 가쓰라가와桂川 등이 유입되는 습지대였다. 그래서 가모가와를 비롯한 하천과 수로를 정비하고, 가모가와의 서쪽에 동서 약 4.4킬로미터, 남북 약 5킬로미터의 왕도를 조영하였다. 헤이안쿄는 당의 장안성의 설계도를 기본으로 하면서 헤이조쿄의 건설 경험을 살려서 일본의 현실에 맞도록 설계되었다. 도시의 중앙 북부에 천황의 거주지와 행정부 건물이 있는 왕궁이 위치하였다. 왕궁의 남면 중앙에서 도성을 관통하는 대로가 건설되었다. 이 대로를 주작대로라고 하였다. 주작대로를 중심으로 좌경左京과 우경右京이 나뉘어져 있었다. 남북으로 9조条, 동서로 좌우 각각 4방坊을 두어서 바둑판 모양으로 공간을 구획하였다.

주작대로는 폭이 약 85미터였다. 주작대로의 북쪽에 왕궁의 정문인 주작문이 위치하였고, 남단에는 남대문인 나성문羅城門이 위치하였다. 도시의 북단에 위치한 왕궁은 동서로 약 1.2킬로미터, 남북으로 약 1.4킬로미터의 광대한 면적을 점유하였다. 왕궁의 내부에는 천황의 거주지역과 공무를 집행하는 지역, 관청 등이 배치되었다.

헤이조쿄는 지금도 교토 시가지이다. 그래서 헤이조쿄와는 달리 대규모적인 발굴조사가 불가능하다. 가마쿠라 시대에 그려진 그림 등을 참고하면 도시의 규모나 풍경을 미루어 짐작할 수 있다. 하지만 현재로

죽었다. 그 후 불길한 일이 계속하여 발생하였다. 황태후, 황후가 잇달아 사망하였고, 792년에는 새로 태자가 된 아테安殿가 큰 병을 얻었다. 점을 처보니 모두 사와라의 저주 때문이라는 점괘가 나왔다.

서는 천도 당시의 도시 풍경을 복원하는 것이 불가능한 실정이다.

2. 영토의 확장과 에미시 사회

간무 천황의 정치는 헤이안쿄 건설과 도호쿠 지방 개척에 중점이 두어졌다. 나라 시대 초기까지도 도호쿠 지방은 조정의 지배력이 미치지 못하는 지역이었다. 조정은 8세기 초부터 점차로 도호쿠 지방을 공략하기 시작하였다. 전진 기지를 구축하고, 복속한 원주민을 도호쿠 지방 개척에 앞장세웠다. 그러나 780년에 일어난 이지노 아자마로伊治呰麻呂의 반란이 상징하듯이 에미시蝦夷라고 불리는 원주민들이 끈질기게 항쟁하였다.

간무 천황이 즉위하자, 이지노 아자마로를 토벌하러 출정했던 정동대사征東大使 후지와라노 오구로마로藤原小黒麻呂는 일단 귀환하였다. 하지만 그 후에 간무는 3회에 걸쳐서 원정을 감행하였다. 원정에는 많은 물자가 필요하였고, 수많은 병사들을 보내지 않으면 안 되었다. 원정군을 보내기 위해서는 매번 3년 정도의 준비기간이 필요하였다. 원정군을 지원해야 했던 간토 지방 호족들의 부담도 만만하지 않았다.

798년 3월 첫 번째 원정이 시작되었다. 간무는 정동부장군征東副將軍에 판동坂東[71] 지방의 호족을 발탁하였다. 병사와 병량미의 확보를 원활하게 하고, 에미시와의 전쟁을 유리하게 하기 위해서였다. 참고로 3군으로 편성된 원정군은 지금의 이와테현岩手県 지방으로 진군하면서

---

71) 판동 지방은 시나노信濃와 스루가駿河의 동쪽에 위치한 사가미相模・무사시武蔵・아와安房・가즈사上総・시모사下総・히타치常陸・고즈케上野・시모쓰케下野의 8개 구니国, 지금의 간토 지방에 해당한다. 판동 지방은 정이를 위한 병참기지였다.

전투를 전개하였으나 에미시 1,000여 명에게 기습을 당하여 대패하였다. 원정군은 전의를 상실하고 후퇴하였다.

790년 윤3월 갑옷 2,000벌을 마련하고, 병량 14만 석을 준비하였다. 791년 정월에는 무기를 점검하고, 7월에는 정이대사征夷大使에 오토모노 오토마로大伴弟麻呂, 부사에 사카노우에노 다무라마로坂上田村麻呂를 임명하고, 11월에는 판동 지방에 군량미 12만 석을 준비하였다. 794년 두 번째 원정이 시작되었고, 6월부터 전투가 전개되었다. 그때의 보고서에 의하면, 적 450여 명을 죽이고, 150여 명을 사로잡았으며, 말 85마리를 빼앗고, 에미시의 근거지 75개소를 불태웠다. 하지만 정작 가장 중요한 이사와胆沢 지역은 평정하지 못하였다. 그 지역은 에미시 중에서도 가장 강력한 수장의 근거지였다.

800년부터 세 번째 원정을 준비하였다. 최후의 공격 목표라고 할 수 있는 이사와 지역의 평정은 사카노우에노 다무라마로[72]에게 맡겨지게 되었다. 사카노우에노 다무라마로는 제2회 원정군의 부사로 참가한 경력이 있었다. 그는 797년 11월에 세이다이쇼군征夷大将軍[73]에 임명되었고 801년 2월에 원정길에 올랐다.

사카노우에노 다무라마로는 생각했던 것보다 치열한 전투를 치루지 않고 에미시 지방을 정벌하는데 성공하였다. 에미시의 수장이 5백여 명의 부하들을 거느리고 항복하였다. 802년에 에미시의 본거지라고

---

72) 사카노우에노 다무라마로는 도래인의 후손으로 어려서부터 무예가 출중하기로 이름이 난 인물이었다. 부하로부터 신망을 얻었다. 살아서는 국가를 수호하는 장군으로 숭앙되었고, 죽어서는 국가에 위태로운 일이 있을 때마다 그의 묘가 흔들렸다고 한다. 사카노우에노 다무라마로 전설은 지금까지 전해지고 있다.
73) 794년에 에미시 정벌을 위해 임시로 설치된 영외관이었다. 일본 최초로 세이다이쇼군에 임명된 사카노우에노 다무라마로는 무장으로써 인망을 얻었다. 그 후에 다무라마로는 무장의 귀감이 되었고, 세이다이쇼군은 무가의 동량을 상징하는 권위가 되었다. 무가정권이 성립된 후에는 정권의 수장을 의미하는 말로 정착되었고, 세이다이쇼군을 줄여서 쇼군将軍이라고 칭하였다.

할 수 있는 이사와 지역에 이사와성胆沢城[74]을 구축하면서 도후쿠 지방 공략의 목적은 일단 달성되었다.

도후쿠 지방의 공략은 군사적인 면에서 성공을 거두었다고 할 수 있다. 하지만 대규모 군사 동원은 헤이안쿄의 건설 사업과 함께 재정을 압박하였고, 농민은 과중한 부담으로 시달렸기 때문에 중지하지 않을 수 없었다. 2대 사업의 중지를 주장했던 후지와라노 오쓰구藤原緒嗣는 "오늘 날 천하를 고통스럽게 하는 바는 군사軍事와 조작造作이다."라고 갈파하였다. 여기에서 '군사'란 도후쿠 지방 공략이고, '조작'이란 헤이안쿄 건설 사업을 말하는 것이다.

3. 간무 천황의 개혁

헤이안쿄 건설사업과 도호쿠 지방 경영은 조정의 재정을 궁핍하게 하였다. 더욱 걱정스러웠던 것은 율령체제의 동요였다. 특히 조租·용庸의 미납이 심각하였다. 조정은 재정을 긴축하여 운용할 수밖에 없었다. 간무는 구조조정을 감행하여 불필요한 관청을 정리하고 관리의 인원을 감축하였다. 천황의 일족에게 성을 하사하여 신적臣籍에 편입시키는 사성제도賜姓制度가 이 시기에 뿌리를 내린 것도 긴축정책과 관련이 있었다.

정치개혁도 단행되었다. 8세기 중엽부터 문란해진 지방의 정치에 대한 감독을 강화하였다. 간무는 율령에 제도적으로 정해진 순찰사巡察使

---

74) 이사와성은 현재 이와테현岩手県 미즈사와시水沢市 교외에 있었다. 1954년부터 2년간 행해진 발굴조사에서 그 전모가 거의 드러났다. 성의 장방형의 부지는 항공사진으로도 분명하게 확인할 수 있다.

를 파견하여 지방의 행정을 감찰하였다. 고쿠시國司와 군지郡司에 대한 통제도 강화하였다. 특히 고쿠시가 교대를 할 때 감독관으로 가게유시勘解由使를 파견하였다. 가게유시는 전관과 신임관 사이에 업무와 재정의 인수인계가 이상이 없는 지 감시하였다.

간무는 군지의 임명에 능력주의를 도입하였다. 군지는 출신 성분에 구애되지 않고 재능이 있는 자를 임명한다는 방침을 정하였다. 관찰사觀察使를 파견하여 실적을 올린 지방관은 포상하고, 부정에 개입한 지방관은 처벌하여 지배질서를 바로 잡으려고 노력하였다.

율령에 반전수수班田收授는 6년에 1번씩 시행되게 되어 있었다. 그러나 제도가 시행된 지 얼마 지나지 않아서 반전수수의 시행이 곤란해졌다. 행정을 제대로 집행할 수 있는 능력을 가진 관리가 부족했기 때문이다. 간무는 일본의 실정에 맞추어 반전수수를 12년에 1번씩 시행하도록 하였다.

간무는 농민의 어려움을 해소하기 위해 노력하였다. 당시 산야수익권山野收益權은 사원이나 귀족이 사실상 독점하고 있었다. 간무는 농민도 산과 들에서 나무나 퇴비, 그리고 각종 산물을 자유롭게 수취할 수 있도록 하였다. 고쿠시가 각종 작업에 농민을 강제로 동원하는 잡역 기간을 2분의 1로 줄이도록 하였다. 이 조치로 잡역에 동원되던 기간이 연간 60일에서 30일로 줄었다. 또 실질적으로 고리대금의 성격을 띠었던 스이코出擧의 이자를 50퍼센트에서 30퍼센트로 경감시켰다.

군사제도도 개혁하였다. 율령제도 하에서 군사제도는 농민을 주체로 하였다. 징집제도는 농민 생활을 피폐하게 하고, 군사제도도 부실하게 하였다. 농민이 과중한 군역軍役에 시달리고, 군단의 사물화가 진행되는 등 폐해가 드러났다. 간무는 군사제도의 개혁을 단행하였다. 792년에 당시 최전선으로 여겨졌던 무쓰陸奧・데와出羽・사도佐渡・규슈의 북부 등을 제외하고는 군단을 폐지하고 농민의 군역을 해제하였다.

징병제를 폐지한 것이다. 그 대신에 군지를 비롯한 부유한 자, 관직에 있는 자의 자제를 채용하여 요역徭役을 면제해 주고 그들에게 군단의 임무를 부여하였다. 이것을 곤데이健兒의 제도라고 하였다. 곤데이는 소수정예를 지향하는 군대였다고 할 수 있다.

4. 다이도기의 정치

간무 천황이 사망한 후 아테 태자가 즉위하니 헤이제이 천황平城天皇이었다. 이 시대를 당시의 연호를 따서 다이도기大同期라고 한다. 헤이제이 천황은 간무 천황의 유지를 받들어 율령체제의 재건에 힘썼다. 그의 정책은 상당히 보수적인 경향을 띠었다. 헤이제이는 원래 병약하여 겨우 4년 만에 양위하였지만, 그가 재위하는 동안에 적지 않은 정치적인 사건이 발생하였다.

간무 천황은 정치를 직접 관장하였다. 그래서 후지와라씨는 권력에서 잠시 멀어져 있었다. 그러나 간무가 사망한 후, 후지와라씨 식가式家의 후지와라노 나카나리藤原仲成와 후지와라노 구스코藤原藥子가 헤이제이 천황의 신임을 배경으로 권세를 부렸다. 헤이제이 천황의 비가 바로 구스코의 딸이었다. 807년 후지와라노 나카나리는 음모를 꾸며서 간무 천황의 아들인 이요伊予 모자를 자살하게 하였다. 이요의 어머니는 같은 후지와라씨 남가南家의 여성이었다. 이 사건을 계기로 후지와라씨 남가가 몰락하고 북가가 대두하였다.

헤이제이 천황은 매우 신경질적인 체질인데다 병약하였다. 809년 4월 동생인 가미노嵯野에게 양위하였다. 가미노가 즉위하니 사가 천황嵯峨天皇이었다. 후지와라노 나카나리와 구스코는 세력을 상실하였다. 하지만 나카나리와 구스코는 다시 권력을 잡기 위해 헤이제이 상황[75]과 상의하여 복위 계획을 추진하였다. 이러한 정보를 입수한 사가 천황은 사카노우에노 다무라마로 등으로 하여금 상황 복위 음모를 저지하도록 하였다. 그 결과 810년 9월 구스코는 자살하고 나카나리는 참살되었다. 이 사건을 구스코의 변이라고 한다.

헤이제이 상황은 동생인 사가 천황에게 양위를 한 뒤에도 조칙을 내리면서 실권을 행사하였다. 상황이 천황과 동등한 권한을 갖는 것은 지토 천황 이래의 전통이었다. 고겐 상황과 준닌 천황 사이의 대립도 이러한 전통에 따른 것이었다. 헤이제이 상황과 사가 천황의 대립은 그런 전통이 첨예하게 표출되었을 뿐이었다. 이번의 대립에서는 사가 천황이 선수를 쳐서 후지와라노 나카나리와 구스코를 제거하였고, 헤이제이 상황도 출가하여 권력의 분열은 해소되었지만 후유증이 컸다.

사가 천황은 구스코의 변을 계기로 정무상의 기밀을 유지하기 위해 구로도노토蔵人頭라는 직책을 신설하고, 그 자리에 후지와라노 후유쓰구藤原冬継를 임명하였다. 그 후 구로도노토에는 천황의 측근이 임명되는 요직이 되었다. 구로도노토는 궁중의 문서 보관, 서무 처리, 천황과 다이조칸太政官 사이의 연락을 담당하였다. 구로도노토는 중요한 궁중의 재정도 장악하는 등 점차로 기능을 확대하였다. 나라 시대에는 여관女官이 천황의 명령을 출납하였으나,[76] 구로도노토가 설치되면서 그가 천황의 모든 명령을 출납하였다. 그 결과 다이조칸 정치가 변질되었다. 후지와라노 후유쓰구가 천황 권력에 접근하면서 후지와라씨 북가北家가 흥륭하는 계기가 되었다.

---

75) 헤이제이 천황은 퇴위한 후에도 상황으로서 국정에 개입하였다. 상황은 퇴위한 천황의 칭호로 태상천황太上天皇이라고도 한다. 천황이 출가한 경우에는 법황法皇이라고 한다. 697년에 지토 천황이 양위한 후에 상황이라고 칭했던 것이 전례가 되었다.
76) 영제令制에는 후궁 12사司의 하나인 나이시쓰카사內侍司의 장관인 나이시노카미尙侍가 천황의 명령을 출납하게 되어 있었다.

사가 천황은 게비이시検非違使를 설치하였다. 게비이시는 게비이시노초検非違使庁라는 관청에 근무하면서 주로 교토의 치안을 담당하였다. 게비이시도 구로도노토와 마찬가지로 점차로 기능을 확대하였다. 게비이시는 교토의 경비 업무 이외에 소송과 재판도 담당하였고, 점차로 교부쇼刑部省·교시키京職·단조다이弾正台·에후衛府의 일을 흡수하면서 권위가 강화되었다.

구로도노토와 게비이시의 직책은 율령에 규정되어 있지 않은 관직이었다. 이것을 료게노칸令外官이라고 하였다. 료게노칸은 율령정치가 동요하면서 설치된 특별한 기관이었다. 료게노칸 설치 목적은 율령체제의 동요를 방지하는 데 있었다. 일찍부터 설치되었던 산기参議·주나곤中納言의 직책, 간무 천황 재위 시에 설치된 세이다이쇼군·가게유시勘解由使 등이 직책, 이후에 설치되는 셋쇼摂政·간파쿠関白의 직책 등도 모두 료게노칸에 해당하였다.

민정民政에서도 율령의 원칙을 바꾸어 현실에 부합하는 정책이 시행되었다. 823년 다자이후 관내에 구분전口分田과 여타 경작지의 6분의 1을 따로 분리하여 공영전公営田을 설정하였다. 공영전의 관리자로 각 마을의 유력자를 임명하였다. 공영전은 농민에게 식료와 노임을 주어 경작하게 하였다. 그 수확 중에서 경작하는 자의 조용조租庸調에 해당하는 분량을 제외하고 나머지를 관청의 수입으로 하였다. 이것은 이제까지의 구분전과 성인 남자를 중심으로 부과하던 조세체계를 크게 변경한 것이었다. 이와 같은 방식으로 관전官田·제사전諸司田 등이 설치되었다. 관전·제사전을 경영하여 얻은 수입은 주로 관청 관리의 급여를 충당하는 데 사용되었다.

5. 법제의 정비

구스코의 변을 사전에 제압한 사가 천황은 반대파를 일소할 수 있었다. 823년 4월 사가 천황은 동생인 오토모大伴에게 양위하였다. 오토모가 즉위하니 준나 천황淳和天皇이었다. 사가 상황은 궁전에서 나와서 후원後院으로 거처를 옮겨서 생활하며 국정에 관여하지 않았다. 사가는 상황 권력이 천황 권력과 대립하는 것을 방지하기 위하여 전례를 남겼던 것이다. 그 후 공식적으로는 오직 천황만이 권력을 행사할 수 있었다. 사가 상황의 뒤를 이은 준나·닌묘 천황仁明天皇은 직접 정치를 관장하면서 치적을 쌓았다. 영토 확장사업도 순조롭게 진행되었다. 문화면에서도 주목할 만한 업적을 남겼다. 그래서 이 시기의 정치를 스분崇文의 치治라고 한다.

이 시기에 법전이 편찬되었다. 율령을 손질한 태정관부太政官符 또는 임시의 조칙詔勅을 격格이라고 하고, 그 시행세칙을 집성한 것을 식式이라고 하였다. 격식格式은 그때마다 공포되어 실제 정치를 시행하는 기준으로 삼았다. 사가 천황은 이전의 격식을 정리하여 『고닌캬쿠시키弘仁格式』를 편찬하였다. 또 의식儀式에 대하여 규정한 『고닌기시키弘仁儀式』가 제정되었다. 이 사업은 세와 천황清和天皇의 『조간캬쿠시키貞観格式』, 다이고 천황醍醐天皇의 『엔기캬쿠시키延喜格式』로 이어졌다. 이것을 삼대격식三代格式이라고 하였다. 삼대격식은 율령에 버금가는 중요한 법전으로 인식되었다.

삼대격식은 『엔기시키延喜式』를 제외하고 전해지지 않는다. 다만 격을 분류하여 편집한 『루이주산다이캬쿠類聚三代格』의 30권 중 15권이 현재까지 전해진다. 또 시간이 지나면서 율령에 대한 다양한 해석이 제기되자 율령의 주석서가 편찬되었다. 조정이 공식적인 해석을 수립할 필요성을 느꼈기 때문이다. 833년에는 요로령養老令의 관찬 주석서인

『료노기게令義解』가 성립되었다. 또 9세기 중엽에는 요로령의 사찬 주석서라고 할 수 있는 『료노슈게令集解』가 편찬되었다. 이것은 그때까지 행해진 각종 영문令文의 해석을 집대성한 것이다. 다이호령大宝令의 주해서도 이곳에 인용되어 있다.

□□□제7장

섭관정치와 고대국가의 변용

[1] 섭관정치 시대

1. 후지와라씨 북가의 대두

　후지와라노 후히토藤原不比等의 아들이 남가南家, 북가北家, 식가式家, 경가京家의 네 가문으로 분리되어 발전하였다. 나라 시대 말에는 식가가 일시적으로 흥륭하였으나 9세기 중엽부터 북가의 세력이 급격하게 부상하였다.
　북가는 후지와라노 후유쓰구藤原冬嗣가 권력의 중심에 진출하면서 발전의 기틀을 마련하였다. 후유쓰구는 사가 천황嵯峨天皇의 신임을 얻어 구로도노토에 임명된 후 승승장구하였다. 그는 사다이진左大臣으로 승진하였을 뿐만 아니라 천황과 인척관계를 맺었다. 후유쓰구가 천황의 외조부가 되면서 북가의 권세는 더욱 강성해졌다.

후유쓰구가 사망한 후, 북가의 지위를 확립한 것은 그의 아들 후지와라노 요시후사藤原良房였다. 사가 천황과 준나 천황淳和天皇 2대에 걸쳐서 실권을 장악했던 후지와라씨는 닌묘 천황仁明天皇 시대에 외척의 지위를 다치바나씨橘氏에 빼앗겼다. 그러자 요시후사는 차기 천황의 외척 지위를 노리고 음모를 꾸몄다. 842년 7월 사가 상황의 장례식 때, 도모노 고와미네伴健岑·다치바나노 하야나리橘逸勢 등이 쓰네사다 태자恒貞太子를 받들고 모반을 꾸몄다고 밀고하였다. 이것을 조와承和의 변이라고 한다. 이 사건으로 쓰네사다 태자가 폐위되었고, 도모노 고와미네·다치바나노 하야나리는 유배되었다. 그 밖에 다이나곤大納言 이하 60여 명이 처벌되었다. 그 과정에서 요시후사의 정적들이 모두 제거되었다. 유력한 귀족 가문이었던 오토모씨大伴氏가 권력에서 모두 축출되었고, 북가 이외의 후지와라씨 일족도 권력에서 철저하게 배제되었다. 조와의 변 후, 요시후사는 자신의 누이인 준시順子가 낳은 미치야스 친왕道康親王을 태자로 삼고, 자신의 딸을 태자비로 들여보냈다. 후지와라노 요시후사가 권력을 완전하게 장악했던 것이다.

850년 3월 닌묘 천황이 사망한 후 미치야스 친왕이 즉위하니 몬토쿠 천황文德天皇이었다. 몬토쿠에게는 유력한 태자 후보가 두 명 있었다. 첫째 아들 고레타카 친왕惟喬親王과 넷째 아들 고레히토 친왕惟仁親王이었다. 고레타카의 모친은 기노 나토라紀名虎의 딸이었고, 고레히토의 모친은 후지와라노 요시후사의 딸이었다. 부자상속의 원칙에 따르면 고레타카를 태자로 삼는 것이 당연하였다. 하지만 몬토쿠 천황은 이미 실권이 없었다. 정치는 사실상 후지와라노 요시후사가 전횡하였다. 게다가 기씨는 명문가이기는 하였지만 이미 권력에서 멀어진 씨족이었다. 결국 몬토쿠 천황은 생후 8개월 된 고레히토를 태자로 세우고,

고레타카는 출가시켰다. 요시후사는 천황의 외척으로서 권세를 휘둘렀다. 그 후 요시후사는 다이나곤과 우다이진을 거쳐 857년에 다이조다이진太政大臣의 지위에 올랐다.

858년 8월 몬토쿠 천황이 사망한 후 고레히토 친왕이 8세의 나이로 즉위하니 세와 천황清和天皇이었다. 요시후사는 어린 천황을 보필한다는 구실로 신하로서는 최초로 셋쇼摂政의 지위에 올라 사실상 정권을 장악하였다. 셋쇼는 어린 천황을 보좌하여 정치를 관장한다는 뜻이다. 『니혼쇼키』에는 예전에 쇼토쿠 태자聖徳太子가 스이코推古의 셋쇼로 정치를 관장했다는 기록이 있다. 이 경우는 왕족이 성인이 된 천황에 대신하여 정무를 본 것이다. 헤이안 시대의 셋쇼와는 근본적으로 달랐다.

866년에는 정무소의 정문에 해당하는 오텐문応天門의 화재를 둘러싼 의옥疑獄 사건이 일어났다. 처음 화재가 일어났을 때, 다이나곤 도모노 요시오伴善男는 사다이진 미나모토노 마코토源信가 방화했다고 고발하였다. 그러나 몇 개월 후에 진짜 범인은 도모노 요시오의 아들 나카쓰네中庸라고 신고하는 자가 나타났다. 그러자 후지와라노 요시후사는 도모노 요시오 일족을 유배형에 처하였다. 그때 기씨 일족도 공범자로 몰아 역시 유배형에 처하였다. 이 사건으로 후지와라씨는 예부터 명문 씨족인 도모씨伴氏와 기씨紀氏를 정계에서 완전히 몰아내고 권력을 독점하였다.

2. 초기 섭관정치의 성립

오텐문의 변 이후, 세와 천황은 성인이 되었으나 외조부인 후지와라노 요시후사에게 "천하의 정무를 관장하라."는 조칙을 내렸다. 그리하여 요시후사는 천황이 성인이 된 후에도 정무를 관장하는 셋쇼의 선례를 남기게 되었다. 그 후 요시후사는 생질인 후지와라노 모토쓰네藤原基経를 양자로 들이고, 또 다음 대의 천황과 외척관계를 맺는 데 성공하였다. 872년 9월 요시후사가 사망하고, 같은 해 11월에 그의 양자 모토쓰네가 셋쇼의 지위에 올라 정권을 장악하였다.

876년 11월 세와 천황이 9살이 된 그의 아들 사다아키라 친왕貞明親王에게 양위하였다. 사다아키라가 즉위하니 요제이 천황陽成天皇이었다. 후지와라노 모토쓰네는 요제이 천황이 즉위하자 다이조다이진의 지위에 올랐다. 요시후사는 셋쇼와 다이조다이진을 겸하였다. 요제이가 즉위한 지 8년째 되던 해, 후지와라노 모토쓰네는 17세가 된 요제이 천황을 난폭하고 병약하다는 이유로 자리에서 물러나게 하였다.

884년 2월 요제이 천황이 양위하는 형식으로 도키야스 친왕時康親王이 즉위하니 고코 천황光孝天皇이었다. 고코 천황은 닌묘 천황의 아들로 즉위 당시 이미 55세였다. 고코 천황은 후지와라노 모토쓰네에게 큰 은혜를 입었다고 생각하였다. 고코는 즉위하자마자 모토쓰네에게 간파쿠關白의 지위를 부여하여 모든 실권을 장악하게 하였다.

887년 8월 고코 천황이 즉위한 지 3년 만에 사망한 후, 고코의 일곱째 아들 사다미 친왕定省親王이 즉위하니 우다 천황宇多天皇이었다. 우다 천황도 후지와라노 모토쓰네의 후원으로 즉위할 수 있었다. 우다 천황 역시 즉위하자마자 모토쓰네에게 간파쿠의 지위를 부여하고, 모든 정무를 간파쿠가 관장하게 한다는 조칙을 내렸다. 그러나 모토쓰네는 의례적인 이유에서 일단 간파쿠의 직을 사퇴하였다. 그러자 같은 해 11월에 우다는 다시 조칙을 내렸다. 그런데 그 내용 중에 "모쪼록 아형阿衡의 임무로써 경卿의 임무로 하라."는 부분이 문제가 되었다. 모토쓰네의 측근인 후지와라노 스케요藤原佐世가 '아형의 임무'라는 것은 실권이 없는 것이라고 진언하였다. 그러자 모토쓰네는 6개월간이나 출근하지 않았다. 이것이 소위 아형 사건이었다.

　모토쓰네가 업무를 거부하자 정무는 완전히 정지되었다. 천황은 할 수 없이 조칙을 기초한 다치바나노 히로미橘広相에게 죄를 묻고, 다시 3번째로 조칙을 내려서 모토쓰네에게 정무에 복귀할 것을 청하였다. 그러자 모토쓰네가 출근하였다. 아형 사건은 후지와라노 모토쓰네가 즉위한 지 얼마 안 되는 우다 천황을 위압하기 위한 음모였다. 후지와라씨의 위세가 이미 천황을 압도했다는 것을 보여주는 사건이었다. 이후 후지와라씨는 천황에 대신하여 실질적으로 정무를 수행하였다. 셋쇼정치의 형태가 정비된 것이다.

3. 엔기·덴랴쿠의 치

　891년 정월 후지와라 모토쓰네가 56세의 나이로 사망하였다. 그러자 우다 천황은 셋쇼나 간파쿠를 두지 않고 직접 정치를 관장하였다. 우다 천황은 다행히 혈통적으로 후지와라씨와 관련이 없었다. 그의 모친은 간무 천황의 아들인 나카노 친왕仲野親王의 딸 한시班子였다. 그래서 외척의 간섭을 받지 않고 친정체제를 확립할 수 있었던 것이다. 우다 천황은 친정체제를 강화하고 후지와라씨 세력을 누르기 위해 귀족 출신이 아닌 스가와라노 미치자네菅原道真를 중용하였다.

　897년 7월 우다 천황은 첫째 아들 아쓰히토 친왕敦仁親王에게 양위하고 닌나지仁和寺로 출가하여 처음으로 법황法皇을 칭하였다. 아쓰히토 친왕이 즉위하니 다이고 천황醍醐天皇이었다. 다이고 천황은 우다 천황의 방침을 계승하였다. 다이고 천황은 사다이진에 후지와라노 도키히라藤原時平를 임명하였으나 스가와라노 미치자네를 우다이진에 임명하여 정치를 주도하게 하였다. 스가와라노 미치자네는 천황 친정의 지주로서 중용되었던 것이다.

스가와라노 미치자네는 정사인 『니혼산다이지쓰로쿠日本三代実録』와 『릿코쿠시六国史』의 내용을 편년 순으로 구분하여 정리한 『루이주코쿠시類聚国史』를 편찬하기도 하였다. 또 894년에는 견당사의 폐지를 건의하기도 하였다. 미치자네의 중용으로 정치는 후지와라씨를 견제하면서도 세력균형을 이루었다. 그 결과 다이고 천황은 34년 동안이나 셋쇼摂政나 간파쿠関白를 두지 않고 직접 정치를 관장할 수 있었다. 다이고 천황의 친정체제 유지 정책은 그의 14번째 아들인 무라카미 천황村上天皇에게 계승되었다.

50여 년간의 다이고·무라카미 시대는 친정체제의 최후를 장식하는 시대였다. 후세 사람이 성대聖代라고 칭송하였으나,[77] 실질적으로는 사회 전반에 걸쳐서 조정의 통제력이 약화되었다. 기근과 질병이 계속하여 발생하였고, 도적·방화·살인 등의 범죄가 급증하였다. 다이고 천황과 무라카미 천황 사이에, 930년부터 15년간 스자쿠 천황朱雀天皇이 재위하였는데, 그 시대에 덴교의 난天慶の乱이 일어나는 등 지방도 혼란한 상황이 계속되었다. 이미 천황의 정치력으로 붕괴되는 율령체제를 재건하기에는 역부족인 상황이었다. 그리고 후지와라씨의 권세가 위축되었던 것은 사실이나 그들은 여전히 정치를 주도하였다. 천황이 중용한 스기와라노 미치자네도 결국 후지와라씨의 책모로 좌천[78]되고 말았다. 후지와라씨는 계속 중앙 정계에서 중심세력을 형성하였다.

다이고 천황과 무라카미 천황 치세인 10세기 전반의 시기를 다이

---

77) 엔기·덴랴쿠기를 '성대'라고 칭한 용례는 10세기 후반에 확인된다. 섭관정치 체제 하에서 승진을 하지 못했던 문인 귀족들이 천황 친정 시대를 이상사회로 회상하면서 '성대'라는 용어를 사용하였다.
78) 스가와라노 미치자네가 전례가 없는 승진을 계속하자 후지와라씨는 미치자네를 경계하기 시작하였다. 결국 미치자네는 사다이진 후지와라노 도키히라藤原時平의 책모에 걸려 규슈의 다자이후로 좌천되어 그곳에서 사망하였다.

고 천황의 연호인 엔기延喜와 무라카미 천황의 연호인 덴랴쿠天曆를 따서 엔기·덴랴쿠의 치治라고 한다. 이 시대 정치의 공통점은 율령체제의 재건을 목표로 했다는 것이다. 조정은 반전수수법을 제대로 시행하고, 조·용·조의 세제를 확립하고, 고쿠시 제도를 비롯한 행정제도를 율령에 근거하여 바로 세우려고 노력하였다. 국제國制의 기초를 튼튼히 하려고 한 일련의 정책은 후대에 큰 영향을 미쳤다.

902년 3월 다이고 천황은 엔기신세이延喜新制라고 일컫는 일련의 국정개혁 법령을 발포하였다. 그 속에는 유명한 엔기의 장원정리령莊園整理令이 포함되어 있었다. 여기에는 당시의 조정이 직면한 정치·사회 문제가 단적으로 드러나 있다. 천황의 일족, 특히 상황·법황·동궁·친왕·천황비·황태후 등과 귀족, 그리고 그들과 결탁한 부호에 의한 토지의 기진寄進과 매매로 장원은 날로 확대되었다. 장원이 확대되면서 개간지를 공지公地로 수공하는 것이 부진하였고, 구분전이 부족해지면서 반전수수가 곤란해졌다.

실제로 오랫동안 제대로 된 반전班田이 시행되지 못하였다. 828년에 반전이 실시된 후 50년이나 반전이 시행되지 못하였다. 그 사이에도 전국 각지에서는 장원이 증가하였다. 붕괴되는 율령제도를 재건하기 위해서는 장원의 확대를 막는 것이 가장 시급한 일이었다.

다이고 천황은 장원정리령을 발포하여 비합법적인 장원을 정리하려고 하였다. 이것이 일본에서 처음으로 실시된 장원정리령이었다. 또 다이고 천황은 율령제의 기반인 호적을 정리하여 반전을 시행하려고 노력하였다. 그러나 902년에 일본에서 반전이 최후로 시행되었던 것에서도 알 수 있듯이 장원의 확대를 막을 수 없었다.

927년 12월 『엔기캬쿠시키延喜格式』를 편찬하여 현실에 맞지 않는 법체계를 대대적으로 정비하였다. 그 무렵에 미요시 기요유키三善清行가 의견봉사意見封事 12개조를 다이고 천황에게 제출하였다. 그 내용은 율령정치가 쇠퇴하게 된 이유와 그 대책을 논한 것이다. 이것은 지방정치의 이완 상태를 알 수 있는 귀중한 자료이기도 하다.

967년 5월 무라카미 천황이 사망하고 18세의 노리히라 친왕憲平親王이 즉위하니 레이제이 천황冷泉天皇이었다. 그런데 969년 3월에 안나의 변安和の変이 일어났다. 레이제이 천황은 원래 병약하였기 때문에 일찍부터 양위 문제가 대두되었다. 다음의 천황으로는 레이제이의 동생인 다메히라 친왕爲平親王이 즉위하기로 되어 있었다. 그러나 다메히라는 다이고 천황의 아들인 미나모토노 다카아키라源高明의 딸을 비로 맞아들였다. 다카아키라는 사다이진에 임명되어 권력을 행사하였다. 후지와라씨의 입장에서 보았을 때, 그것은 매우 바람직하지 못하였다. 그래서 후지와라씨는 레이제이의 다른 동생인 모리히라 친왕守平親王을 황태제皇太弟로 추대하였다. 그리고 심복인 미나모토노 미쓰나카源滿仲로 하여금 미나모토노 다카아키라가 다메히라 친왕을 옹립하려는 음모를 꾸몄다고 밀고하게 하였다. 미나모토노 다카아키라는 다자이후大宰府로 유배되었다. 이 사건을 안나의 변이라고 한다.

안나의 변과 같은 음모는 후지와라씨가 다른 씨족을 배척하면서 외척의 지위를 지키는 상투수단이었다. 이미 967년 6월 후지와라노 사네요리藤原実頼는 간파쿠가 되었고, 같은 해 12월에는 다이조다이진에 취임했지만, 안나의 변 이후에 셋쇼·간파쿠의 지위가 상실되기에 이르렀다. 이로써 후지와라씨가 권력을 독점하였다. 섭관정치攝關政治가 확립되었던 것이다.

4. 섭관정치의 전성

후지와라씨의 지위가 확립되어 셋쇼·간파쿠가 정치의 실권을 장악하게 된 10세기 후반부터 원정院政이 개시된 11세기 후반까지의 정치를 일반적으로 섭관정치라고 한다. 섭관정치란 셋쇼·간파쿠가 실권을 행사하는 정치를 말한다. 셋쇼·간파쿠를 배출한 가문은 섭관가라고 불렸다.

셋쇼·간파쿠는 행정 조직의 직무와는 관계없이 그 상위에 위치된 직위였다. 오직 천황의 외척만이 그 지위에 오를 수 있었다. 천황이 연소할 때에는 셋쇼가 되고, 성인이 되어서는 간파쿠가 되는 것이 관례화되었다. 셋쇼는 천황을 대신하여 권력을 행사하는 자리였고, 간파쿠는 이미 성인이 된 천황을 보좌하며 정치적인 자문을 하는 자리였다.

후지와라씨가 권력을 독점하자, 후지와라씨의 권세에 대항하는 귀족이 자취를 감췄다. 그러나 이번에는 후지와라씨 북가 내부에서 셋쇼·간파쿠의 지위를 둘러싸고 권력투쟁이 계속되었다. 권력투쟁의 최후의 승리자는 후지와라노 미치나가藤原道長였다. 그는 우지노조자氏長者라고 불렸다.

그 후 셋쇼·간파쿠의 지위는 후지와라노 미치나가의 자손이 독점하였다. 미치나가는 자신의 딸 4명을 차례로 천황과 태자의 비로 들여보내며 권세를 떨쳤다. 그의 장녀인 쇼시彰子는 이치조 천황一条天皇의 비가 되었고, 이치조와 쇼시 사이에 태어난 두 명의 아들이 훗날 각각 고이치조 천황後一条天皇과 고스자쿠 천황後朱雀天皇이 되었다. 미치나가의 차녀인 겐시妍子는 산조 천황三条天皇의 비가 되었고, 3녀인 이시威子와 4녀인 기시嬉子는 각각 조카인 고이치조 천황과 고스자쿠 천황의 비가 되었다. 고스자쿠 천황과 미치나가의 4녀 기시 사이에 태어난 아들이 고레이제이 천황後冷泉天皇이었다. 그러니까 미치나가는 4명의 딸을 모두 천황과 혼인시켰고, 연이어 권좌에 오른 3명의 천황이 미치나가의 외손이었던 것이다. 후지와라노 미치나가의 뒤를 이어 그의 아들 후지와라노 요리미치藤原賴通가 셋쇼에 취임하였다. 요리미치는 3대에 걸친 천황의 치세 약 50여 년간 셋쇼·간파쿠의 지위에 있으면서 권력을 독점하였다.

셋쇼·간파쿠는 천황을 자신의 혈통에서 배출하였을 뿐만이 아니라 실질적으로 천황에 버금가는 권위와 권력을 보유하였다. 셋쇼·간파쿠의 권위와 권력은 천황의 외조부라는 신분에 주어지는 것이기도 하였다. 천황은 대개 어렸을 적에 외가에서 성장하였고, 또 천황이 되어서도 자주 외가의 사저에서 생활하는 경우가 많았다. 이것을 사토다이리里內裏라고 하였다. 천황에게는 어렸을 때부터 의지했던 외조부야말로 가장 신뢰할 수 있는 존재였던 것이다.

5. 섭관정치의 구조와 배경

섭관정치 시대의 정치는 실질적으로 섭관가에서 행해졌다. 셋쇼·간파쿠는 관인조직을 통하여 정치를 시행하였기 때문에 관인들이 섭관가에 출입하였다. 섭관가가 실질적인 관청이었던 것이다. 섭관가의 사적기관인 만도코로政所는 국정의 중심기관이 되었다. 조정은 단순히 의식을 행하는 정소에 불과하였다. 즉 공사公私가 혼동되는 정치가 시행되었던 것이다.

섭관가는 천황의 대리인으로서 관리의 임면권을 행사하였다.[79] 섭관

---

79) 관리의 임명은 봄과 가을에 있었다. 그 최종 결재는 천황이 어릴 때는 셋쇼가 대신하였고, 천황이 성인이 되면 간파쿠의 조언으로 천황이 하였다. 그러나 실제로는 셋쇼

가가 관리의 임면권을 행사하면서 중요한 관직은 후지와라씨 일족이 독점하였다. 그러자 후지와라씨에 장원을 기진寄進하는 자들이 급증하였다. 그래서 후지와라씨는 비록 명목상이라고는 하지만 광대한 장원을 소유하게 되었고, 그것은 후지와라씨의 경제적 기초가 되었다. 섭관가는 한편으로 천황을 정점으로 하는 율령제를 합법적으로 장악하면서, 다른 한편으로는 율령제와 상반되는 기진지계장원寄進地系莊園의 혼조本所로서 번영을 누렸다. 바로 여기에 섭관정치의 모순이 있었다. 섭관가는 한편으로는 광대한 장원을 소유한 장원영주였지만, 다른 한편으로는 장원을 규제해야 하는 관인조직을 통제하고 있었던 것이다. 물론 고쿠시國司의 임면권도 섭관가에 있었다. 이러한 모순이 중앙정치를 무기력하게 하였을 뿐만 아니라 지방정치도 혼란하게 하였다.

6. 지방정치의 혼란

율령체제의 이완과 함께 매관매직 풍조가 확산되었다. 경제력이 있는 관리나 호족은 궁전의 수리나 사원의 건립비용을 부담하고 관직에 임명되거나 관위를 수여받는 제도가 있었다. 이것을 조고成功라고 하였다. 당사자들은 대부분 고쿠시를 희망하였다. 고쿠시는 농업생산을 직접 장악하면서 손쉽게 재산을 축적할 수 있었기 때문이다.

일단 고쿠시에 임명되면 다시 조고에 의해 같은 지역의 고쿠시에 재임명되는 경우가 많았다. 이것을 조닌重任이라고 하였다. 조고에 의해 고쿠시에 임명되거나 조닌이 되어도 자신은 임지에 부임하지 않는 경우가 많았다. 그들은 모쿠다이目代라는 대리인을 임지에 보내고 본인은

나 간파쿠가 결정권을 행사하였다.

교토에서 생활하면서 봉록을 비롯한 수입만을 취하였다. 이것을 요닌 遙任이라고 하였다. 실제로 임지로 부임하여 직접 정치를 담당했던 고쿠시는 즈료受領라고 하였다.

고쿠시는 조정으로부터 지배지의 조세를 청부맡는 것이 보통이었다. 조정은 고쿠시에게 지배지의 징세권을 부여하고 일정액의 조세만 납부하도록 하였다. 고쿠시가 조세를 청부맡으면서 반전수수법을 기초로 하는 율령제가 붕괴되었다. 고쿠시는 묘名라고 불리는 유력한 농민이 경영하는 경작지를 대상으로 과세하였다. 공령公領도 실태적으로 고쿠시의 사유지나 다름없게 되었다. 즉 공령은 본질적으로는 장원과 같은 성격을 지니게 되었다. 이것을 고쿠가료国衙領라고 하였다.

고쿠시는 재임 기간 동안에 가능한 많은 재산을 축적하려고 혈안이 되었다. 특히 임지에 부임한 즈료는 모든 수단과 방법을 다 동원하여 조세를 징수하였다. 이러한 실정은 『곤자쿠모노가타리슈今昔物語集』에 보이는 후지와라노 노부타다藤原陳忠의 이야기에 사실적으로 반영되어 있다. 노부타다가 임기를 마치고 교토로 돌아갈 때, 도산도東山道의 미사카神坂 고개에서 말과 함께 계곡으로 미끄러졌다. 종자가 바구니를 내려주자, 노부타다는 먼저 버섯을 따서 바구니 가득 채워 끌어올리게 하고, 다시 바구니를 내려주자 한 손으로 버섯을 움켜쥐고 다른 한 손으로 바구니를 잡고 올라왔다고 한다. 그런 모습을 보고 농민들은 "즈료는 넘어져도 흙이라도 집어 들고 일어난다."고 탄식하였다. 즈료의 탐욕은 지방정치를 혼란스럽게 하였고, 나아가 농민들에게 무거운 부담을 강요하였다.

10세기 후반에서 11세기 전반에 걸쳐서 농민들이 즈료의 악정과 폭거를 조정에 직소하거나 해임을 요구하는 사건이 빈발하였다. 즈료의 착취를 감당할 수 없었던 농민들은 고쿠가国衙, 즉 각 구니国에 두었던 관청을 습격하는 등 고쿠시에 직접 대항하는 방법을 취하기도 하였다.

즈료가 휘하의 무사를 앞세워 수탈을 강화하면 농민들은 부호를 중심으로 단결하여 저항하였다. 그중에서 가장 유명한 것은 988년 11월에 일어난 오와리노쿠니尾張国의 봉기였다. 오와리 지방의 군지郡司와 농민들이 합심하여 고쿠시인 후지와라노 모토나가藤原元命의 해임을 요구하였다. 농민들은 모토나가의 악정을 31개조로 열거한 문서를 조정에 보냈다. 거기에는 각종 조세의 착취 과정과 공금 횡령의 실상, 또 고쿠시 일족이나 그 부하의 횡포가 사실적으로 묘사되어 있다.

농민이 저항하는 가장 중요한 요인은 역시 과다한 조세 부담이었다. 섭관정치 체제가 확립되면서 즈료는 섭관가에 대하여 과중한 경제적 부담을 지게 되었다. 고쿠시는 관례적인 국가 불교행사에 필요한 경비를 부담하고, 특정 관사의 행사 비용을 상납하고, 임시 행사 경비를 수시로 상납하지 않으면 안 되었다. 다시 말하자면, 국가사업에 필요한 경비를 즈료에게 부담시키는 제도가 정착되었던 것이다. 즈료가 단지 사적인 이익만을 챙기기 위해 과도한 수탈을 하였다고 볼 수 없는 면이 있었던 것이다. 그것은 부담을 줄여줄 것을 하소연하는 사례가 증가하고 있다는 사실을 통해서도 알 수 있다. 요컨대 섭관가가 즈료에게 과중한 부담을 지우면, 즈료는 그 부담을 농민에게 전가하는 악순환이 되풀이되었던 것이다.

[2] 토지제도의 변화와 장원의 발달

1. 구분전의 변질

1) 사유토지의 증가

율령체제의 기초인 반전제가 붕괴되고 각지에서 장원이 발달하였다. 9세기 중엽부터 천황의 친족·중앙의 귀족·사원에 의한 개간지의 사유화가 진행되면서 장원이 증가되었다. 902년 3월에 일본 최초로 장원정리령이 내려진 것은 장원이 얼마나 확대되었는지를 역설적으로 말해주는 것이다.

장원이 발달하면서 반전수수법의 실시는 점점 어렵게 되었다. 무엇보다도 토지를 회수하고 지급하는 근본자료인 호적이 현실과 전혀 다르게 형식적으로 작성되는 경우가 많았다. 효율적인 반전수수법 시행이 불가능한 현실이었다. 사료 상으로 902년을 최후로 반전수수법의 시행이 완전히 중지되었다.

귀족·사원의 간전지계장원이 발달하고 반전제가 붕괴되면서 농민의 계층분화가 심화되었다. 지방의 호족이나 관리들은 황무지를 개간하여 장원을 경영하였다. 유력한 농민도 개간에 힘써 경작지를 넓혔다. 장원에 소속된 농민 중에서도 경제력이 있는 자가 출현하였다. 그들은 어느 정도 독립적으로 장원영주의 토지를 경작하였다. 유력한 농민의 존재는 이미 초기 장원의 현지 관리인 장장莊長을 통해서도 확인된다. 그들은 독자적으로 경작지를 개간하거나 구분전을 매입하여 사영전私營田을 경영하였다. 이러한 농민을 다토田堵라고 하였다.

소지주라고 할 수 있는 다토의 권리가 신장되었다. 처음에는 장원영주가 그들의 경작권을 마음대로 회수할 수 있었다. 초기의 다토는 장원 영주의 토지를 청부맡는 형식으로 경작하였다. 그러나 세월이 지나면서 점차로 다토의 토지점유권이 인정되었다. 특히 다토가 자력으로 개간한 토지에 대한 권리가 보장되었다. 다토가 점유한 토지점유권을 명확히 하는 수단으로 경작지에 자기의 이름을 붙이는 자가 나타났다. 그것을 묘名 또는 묘덴名田이라고 하고, 그 토지의 점유자를 묘슈名主라고 하였다. 묘슈의 묘덴에 대한 권리를 묘슈시키名主職라고 하였다. 묘슈시키는 상속과 증여의 대상이 되었다.

장원에서 뿐만 아니라 고쿠시가 지배하는 고쿠가령에서도 묘슈가 증가하였다. 묘슈는 토지와 동산을 축적하며 성장하였다. 고쿠가령에서 그들이 점유하는 묘덴이 많은 부분을 차지하였다. 묘슈의 점유지는 그 규모가 각각이었다. 그들 중에는 고쿠시와 긴밀한 관계를 유지하면서 세력을 확대하고, 대규모 경영을 하는 자가 나타났다. 그들을 특히 다이묘다토大名田堵라고 하였다.

2) 조정의 토지경영

반전제의 붕괴가 심각하게 진행되자, 조정은 스스로 경작지 확보에 나서게 되었다. 친왕사전親王賜田과 칙지전勅旨田을 설정하는 한편, 장원에 가까운 성격을 지닌 전제田制로 공영전公營田·관전官田·제사전 등을 설정하였다. 칙지전의 경우, 준나 천황 때 약 3,000정보, 닌묘 천황 때 900정보가 설정되었다. 그것은 간토 지방에서 규슈에 이르기까지 산재해 있었다. 친왕사전은 친왕에 부여한 전답으로 9세기에 들어서 갑자기 증가하였다. 칙지전은 국가의 비용으로 개간한 사유지였다. 이것 또한 9세기 초부터 증가하였다. 친왕사전과 칙지전에는 모두 조세

면제의 특권이 주어졌다. 칙지전을 비롯한 공전의 증가는 장원제의 확산을 방지해야 하는 조정이 오히려 장원제를 조장하는 결과를 초래하였다. 문제의 심각성을 인식한 조정은 902년 3월 장원정리령을 내릴 때 칙지전을 폐지하였다.

823년부터 다자이후에서 공영전 제도가 실시되었다. 당시 다자이후 관내는 흉년이 들고 질병이 유행하였다. 용庸·조調·지시地子[80]를 미납하는 사례가 증가하였다. 다자이후의 관리였던 오노노 미네모리小野岑守는 지방의 유력한 농민을 장장莊長으로 임명하였다. 그리고 전 규슈의 과정課丁을 동원하고, 1정町에 5인씩 배정하여 국유 토지를 경작하게 하였다. 장장이 전 노동과정을 감독하였다. 과정의 동원은 잡요雜徭와 달랐기 때문에 경비와 임금이 지급되었다. 공영전에서 수확되는 생산물을 전부 국가에 납부하도록 하는 대신에, 과정이 부담해야 하는 용·조를 국가가 지급하는 구조였다. 이 방법은 효율적인 경작이라는 측면에서는 효과를 올렸다. 그러나 국가 스스로 반전제의 정신을 변질시킨 것이었다.

조정은 관전官田을 운영하였다. 율령제도 하에서의 관전은 주로 천황가의 비용을 충당하기 위해서 설정되었다. 그러나 국가재정이 적자를 기록하자, 879년 12월 기나이의 야마시로山城·가와치河內·셋쓰攝津·야마토大和·이즈미和泉 등의 지역에 관전을 설치하였다. 그 규모는 약 4,000정보였다. 설치의 목적은 관리의 봉록을 비롯한 공용으로 사용하기 위해서였다. 관전은 직접 경영하는 방식과 농민에게 조세를 면제해 주고 경영하게 하는 방식이 있었다. 율령제의 원칙이었던 공지공민제는 조정의 정책에 의하여 무너지게 되었다.

제사전諸司田은 881년부터 일반화되기 시작한 전제였다. 원래 임무

---

80) 전조田租의 일종으로 관유지를 농민에 대여하고 수취하는 지대地代였다. 부과 세율은 고쿠시가 정하였다.

가 과중한 관청에 지급되었던 수당이 모든 관청에 지급되게 되면서 지출이 과도했던 폐해를 없애기 위한 목적으로 설정되었다. 구체적으로는 관전 중에서 약 3분의 1을 각 관청이 소유하게 하고, 각 관청별로 전답을 경영하게 하였다.

3) 장원과 불수·불입 특권

장원이 완전히 사유지가 된 것은 불수불입不輸不入의 특권을 획득하게 되면서부터였다. 불수란 조세를 납부하지 않아도 되는 특권이고, 불입이란 관리가 장원에 출입하거나 간섭하는 것을 거부할 수 있는 특권이었다.

불수의 특권은 율령제에서는 신전神田·사전寺田 등에 부여되었던 것이다. 그런데 9세기 초부터 갑자기 증가한 칙지전도 이 특권이 부여되었다. 그러자 장원영주와 귀족들도 불수의 특권을 강력하게 희망하였다. 율령체제가 이완되면서 유력한 귀족과 사원은 그 지위를 배경으로 이런저런 구실을 붙여서 국가에 조세를 납부하지 않는 권리를 확보하였다. 불수의 특권이 확대되었다.

장원영주가 불수의 특권을 확보하는 절차는 다음과 같았다. 먼저 장원영주와 귀족은 고쿠시와 장원 측의 입회하에 장원의 경계와 경작지의 면적을 확인하고 그것을 문서화하였다. 이 문서를 릿켄쇼고立券莊号라고 하였다. 이것을 먼저 민부民部에 보고하고, 다이조칸 및 민부성에서 태정관부太政官符와 민부성부民部省符를 발급받았다. 이런 과정을 거쳐야 비로소 특권이 인정되었다. 국가가 불수의 특권을 인정한 장원을 관성부장官省符莊이라고 하였다. 관성부장은 이윽고 고쿠시가 인정하는 것만으로도 불수의 특권이 인정되는 국면장國免莊으로 발전하였다.

고쿠시는 조세를 징수하기 위해 장원에도 관리를 파견하여 토지조사를 하였다. 그런데 불수의 특권을 획득한 장원영주는 국가의 관리인 검전사檢田使·수납사收納使의 출입 등 모든 고쿠시의 간섭을 거부할 수 있는 불입의 특권도 획득하였다. 불수·불입의 특권을 확보한 장원은 토지뿐만이 아니라 토지에 얽매어 있는 농민까지도 독자적으로 지배할 수 있게 되었다. 장원이 완전히 사령화私領化 된 것이다. 장원의 사령화는 9세기경부터 시작되어 10세기경에 일반화되었다.

2. 장원의 발달

장원정리령이 공포된 시기에 간전지계장원墾田地系莊園의 경영에 커다란 변화가 일어났다. 이 무렵에 공령公領 내의 사영전私營田을 기초로 하는 유력 농민층인 다토田堵가 장원영주로부터 경작의 청부를 맡은 토지인 우케사쿠치請作地를 획득하고, 장원영주에게 토지 사용료의 일종인 지시地子를 납부하였다. 우케사쿠치 경작의 형태는 다양하였다. 소규모의 가족경영에 의한 것도 있었지만, 예속민을 사역시켜 경작하는 경우도 있었다. 또 다른 농민에게 다시 경작의 청부를 맡기기도 하였다. 다토의 경작 능력과 규모에 따라서 청부의 규모도 달랐다.

장원영주가 불수·불입의 특권을 획득하면서, 다토는 본래 국가에 납부해야 마땅한 조세와 부역夫役을 장원영주에게 납부하는 조건으로 우케사쿠치의 소유권을 획득하였다. 청부 경작은 원래 1년 단위의 계약으로 토지에 대한 권리는 없었다. 하지만 한 사람이 특정한 토지를 장기간 경작하게 되면서 점차로 토지에 대한 경작권을 주장하기에 이르렀다.

10세기 중엽에 이르면, 중앙의 귀족과 사원은 물론 중소 귀족층도 장원을 확대하였다. 또 유력한 농민층도 귀족과 사원의 경작지를 청부 맡으면서 경작지를 넓혀 나갔다. 그들 중에는 토착 영주로서 확고한 지위를 구축한 자가 적지 않았다. 다이묘다토와 토호 중에는 고쿠가의 하급관리가 되는 자도 있었다.

  귀족과 사원이 불수·불입의 특권을 획득하자, 중소 귀족과 토착 영주는 국가 권력이나 다른 영주의 간섭이나 압력에서 벗어나기 위해, 자신의 경작지를 중앙의 유력한 귀족·사원에 기진하고, 자신은 장원을 관리하는 쇼칸莊官에 임명되었다. 그래서 중소 지주는 대영주의 보호를 받았고, 그 대신에 매년 일정분의 수확량을 대영주에게 납부하였다. 10~12세기에 성립한 장원의 대부분은 기진에 의한 것이었다. 이러한 장원을 초기의 자간지계장원自墾地系莊園과 구별하여 기진지계장원寄進地系莊園이라고 한다. 10세기 이후는 기진지계장원이 주류를 이루었다.

  중소 귀족과 토착 영주의 입장에서 보았을 때, 명목상의 장원영주로는 최고 권력자가 가장 바람직하였다. 섭관정치의 전성기에는 섭관가에 장원의 기진이 집중되었다. 섭관가에 선을 대려는 관리들이 바치는 막대한 헌상물, 또는 그들이 제공하는 노동력은 섭관가 경제력의 적지 않은 부분을 차지하였다. 하지만 그것은 기진지계장원에서 들어오는 수입에 비할 수 없는 수준이었다.

  불수·불입의 특권을 가진 장원이 증가하면 할수록 국가의 재정이 부실해졌다. 조세 수입이 감소하였기 때문이다. 무엇보다도 심각한 것은 국가가 농민에게 부과하던 잡요·부역 등 노동력을 효과적으로 동원할 수 없게 되었다는 것이다. 국가권력의 지배를 받지 않는 토지와 농민이 늘어나면서 율령체제는 급속도로 붕괴되었다. 조정은 장원정리령을 공포하였으나 큰 효과를 거두지 못하였다.

3. 장원의 구조

장원은 그 성립 과정이 매우 다양하다. 그래서 장원의 구조를 유형화하는 것은 결코 용이한 일이 아니다. 그러나 일반적으로 기진지계장원에서는 다이묘다토를 비롯한 경작지를 개발한 토착 영주가 대영주의 쇼칸이 되어서 장원을 실질적으로 지배하였다.

중소 귀족이나 토착 영주로부터 기진을 받은 유력한 귀족이나 대사원은 명목상의 소유자가 되었다. 그들이 장원영주가 되는 셈이다. 후지와라씨 섭관가나 천황의 일족이 장원영주가 되었을 때, 그 가문을 혼조本所 또는 혼케本家라고 하였다. 그 밖의 경우는 료케領家라고 하였다. 쇼칸 밑에는 묘슈名主가 있었고, 묘슈 밑에서 경작에 종사하는 자를 사쿠닌作人이라고 하였다.

쇼칸은 아즈카리도코로預所・게시下司・구몬公文・반쇼番所・사타沙汰 등 실로 다양한 호칭으로 불렸다. 쇼칸은 묘덴名田을 단위로 과세를 하고, 연공年貢 이외에도 구지公事・부야쿠夫役 등도 부과하여 료케・혼조에 보내고, 스스로는 급전給田과 직영지, 그리고 연공 이외에 묘슈에게 일정한 수확물을 징수할 수 있는 권리를 확보하였다. 이와 같은 부담체계는 간전지계장원에서도 확인할 수 있다.

한 곳의 장원에 여러 종류의 권리가 중층적으로 존재하였다. 장원에 존재하는 이러한 권리를 시키職라고 하였다. 시키는 경작지에서 얻는 소위 수익권을 의미하는 것이었다. 한 곳의 장원이 여러 유력한 가문에 동시에 기진되는 경우가 많았다. 그래서 혼조시키本所職・료케시키領家職・아즈카리도코로시키預所職・게시시키下司職 등과 같이 매우 복잡한 시키의 계층질서가 존재하였다. 그러니까 장원의 소유권은 통일적인 것이 아니었다. 장원에는 처분권・관리권・징세권・경작권 등의 권리가 세분화되어 있었다. 그렇기 때문에 직접 경작을 하는 자의 부담이 매우 무거웠다. 묘슈는 이러한 장원의 중층적인 지배질서를 타파하려고 노력하였으나 성공하지 못하였다.

[3] 지방의 동란과 무사의 성장

1. 무사의 등장과 무사단의 형성

무사를 흔히 사무라이(侍)[81]라고 한다. 사무라이라는 말은 원래 윗사람을 옆에서 모시는 자, 즉 경호원이라는 의미였다. 사무라이를 쓰와모노兵라고 한다. 쓰와모노는 한자로 강자强者라고 표기하기도 하는데, 원래는 무기를 의미하는 말이기도 하였다. 쓰와모노는 힘이 센 자라는 뜻이고, 무장한 자라는 의미를 내포하는 말이다. 또한 사무라이는 한자로 무사武士라고 쓰고 모노노후라고 읽는다. 전투에 나아가는 '용맹한 자'라는 뜻이다.

초기의 무사는 무장하고 귀족과 그 저택을 호위하였다. 그런데 11세기 중엽이 되면 무사는 전투원으로서의 정체성과 가문의식을 보유하였다. 같은 핏줄을 나눈 자, 또는 같은 공동체에 소속된 자들이 같은 성을 표방하게 되면서 무사의 가문이 형성되었다. 무사 가문은 세습되었다. 세습은 단지 가산의 세습만을 의미하는 것이 아니라 전투라는 직분을 세습하는 것이었다. 그것은 독특한 문화를 가진 새로운 계층의 출현

---

81) 옥편에서 '侍'자를 찾아보면 '모신다'라는 의미이고, 그 자는 일본어로 '사부라우'라고 발음한다. 그러니까 '사부라우'라는 발음이 변형되어 '사무라이'라는 말이 탄생한 것이다.

을 의미하는 것이었다.

초기의 무사들은 무기를 휴대하고, 죄책감 없이 살인을 하고, 무리를 지어서 싸움을 일삼으며, 사회질서를 어지럽히는 존재로 묘사되었다. 민중이 보았을 때, 그들은 두려움의 대상이었으나 공경의 대상은 아니었다. 그들은 "야만인과 다르지 않고 들개와 승량이와 같은" 존재로, 도저히 공동체의 구성원으로 인정할 수 없는 '별종'으로 인식되었다.

폭력을 행사하는 무사들 「平治物語絵詞」 속의 그림

무사는 지도자를 중심으로 단결하여 무사단武士團을 형성하였다. 주종제도가 형성되면서 그들은 하나의 계급으로서 성장하였다. 폭력을 배경으로 한 그들의 실력은 이미 귀족을 압도하였다. 민중도 그러한 무사의 실체를 인정하였다. 무사는 폭력으로 민중을 위압하였고, 민중은 그런 무사를 두려워하였다.

난폭한 무법자들은 지도자인 무가의 동량棟梁에 의해 통솔되기 시작하면서 변화하였다. 난폭함은 용맹함으로 승화되었다. 기존의 가치와 질서에 구애받지 않았고, 그렇기 때문에 민중의 눈에 질서의 파괴자로 비쳤던 그들은, 인습을 과감하게 타파하는 용기 있는 존재, 합리적인 질서의 창조자로 부상하였다. 이 단계에서도 무사는 여전히 두려움의 대상이었다. 그러나 더 이상 '별종'이 아니었다. 무사는 촌락사회의 지도자로 부각되었다. 민중들은 그러한 무사를 공경하였다.

헤이안 시대 말기, 농촌에서는 호족 상호간에 격렬한 세력다툼이 진행되었다. 조정은 치안을 유지할 수 있는 힘을 이미 상실하였다. 개발 영주들은 자위를 위해 무장하였다. 유력한 묘슈는 스스로 치안을 유지하고, 지배하는 토지와 농민을 보호하기 위해 본인은 물론 일족과 지배하에 있던 농민도 무장시켰다.

처음에는 혈연적으로 가까운 일족을 중핵으로 하는 무장 세력이 형성되었다. 무장한 일족의 구성원을 이에노코家子라고 하였고, 개발 영주인 주군에 충성하는 핵심 전투원을 로토郎党・게닌家人이라고 하였다. 그들 밑에는 쇼주所従・게닌下人으로 불리는 예속성이 강한 하층 농민들이 있었다. 이렇게 하여 무사단이 형성되었다.

호족이 무장하자, 그들을 상대로 조세를 징수해야 하는 고쿠시国司도 무장을 하지 않을 수 없었다. 영슈에는 항상 무기를 휴대할 수 있는 권한을 가진 고쿠시는 규슈의 다지이후와 교토로 통하는 요충지인 이세伊勢・미노美濃・에치젠越前에 한정되어 있었다. 그러나 점차로 그 범위가 확대되어 10세기에는 변방 지역을 제외하고는 거의 모든 지역의 고쿠시들이 무장을 할 수 있게 되었다. 그리고 각지에 오료시押領使・쓰이부시追捕使 등 치안유지를 담당하는 관리가 임명되자, 고쿠시들이 그런 관직을 겸하는 경우가 많았다. 무장을 한 고쿠시는 무력을 배경으로 조세를 징수할 수 있었다.

무사단의 지도자들 중에는 섭관가인 후지와라씨에 토지를 기진하여 쇼칸이 되거나, 섭관가 저택의 경비를 담당하기도 하였다. 후지와라씨 섭관가는 오미近江・이즈미・셋쓰에 있는 장원에서 10일 교대로, 1회에 약 100명의 무사를 동원하여 저택을 경비하게 하였다. 또 무력을 배경으로 고쿠가国衙의 관리나 쓰이부시・오료시・게비이시 등의 관직에 진출하는 자들도 있었다. 그들 중에는 수천의 군대를 동원할 수 있을 정도의 실력을 갖춘 자들도 있었다. 그리고 천황 권력에 접근하여 다키구치滝口의 무사가 되기도 하였다. 다키구치의 무사는 우다 천황宇

多天皇 때 창설되었다. 그들은 천황에 직속된 무사단의 지도자로, 천황의 최측근인 구로도노토蔵人頭의 지휘를 받았다. 처음에는 10여 명이었고, 나중에는 20여 명으로 구성되었다.

　동부 일본에는 귀족이나 사원과 같은 강력한 세력이 없었다. 그 대신에 일찍부터 개발 영주들이 일족과 예속민들을 이끌고 광대한 토지를 개간하고, 그곳을 근거지로 세력을 넓혔다. 그래서 농촌의 유력한 토호를 중심으로 규모가 큰 무사단이 형성되었다. 동부 일본의 무사단은 일찍부터 용맹하기로 유명하였다.

　호족이나 지주가 무장하면서 장원을 보호할 수 있었고, 장원영주의 이익을 지킬 수 있었다. 하지만 일단 형성된 무력은 경우에 따라서 자원영주에 대항할 수 있는 세력으로 성장할 수 있었다. 또 각지에서 형성된 무장 세력이 중앙정치에서 밀려나 지방에 은거하던 명망가와 결합하면 커다란 조직으로 발전할 수 있는 가능성이 있었다.

　섭관정치 체제가 강화되자, 귀족들이나 천황의 일족들은 후지와라씨의 권세에 복종하든지, 그렇지 않으면 지방으로 내려가서 토착하는 길을 택하든지, 양자택일의 기로에 서게 되었다. 후자의 길을 택한 자들 중에 지방의 무사들과 주종관계를 맺고, 점차로 유력한 무사단의 지도자로 성장하는 자가 출현하였다.

　토착 영주가 무사단을 형성하고 상호 연대를 강화하고 있을 때, 보다 큰 단위의 지도자를 필요로 하였다. 이러한 시대적 요청으로 지방에 거주하던 귀족이나 관리가 무장 세력의 수령이 된 사례가 적지 않았다. 이와 같이 지방의 무사들을 장악한 자, 또는 그 가문을 무가의 동량이라고 하였다. 그중에서도 귀종貴種이라고 일컬어지던 천황의 혈통을 이은 자가 특히 공경의 대상이 되었다.

　10세기에 들어서면서 장원이 급속도로 확대되었다. 율령제는 사실상 붕괴되었다. 율령제의 붕괴로 천황과 그 일족의 재정이 궁핍해졌다.

조정은 사성제도賜姓制度를 시행하였다. 즉 천황의 일족을 신적에 편입시켜서 새로운 가문을 창립하게 하였다. 천황 일족의 재정적 부담을 줄이기 위한 방편이었다. 사성으로 성립된 천황의 혈통을 잇는 가문으로는 미나모토씨源氏와 다이라씨平氏 이외에도 다치바나씨橘氏, 오카씨岡氏, 나가오카씨長岡氏, 히로네씨広根氏 등이 있었다.

사성으로 신적에 편입된 천황의 일족 중에서 미나모토씨를 칭했던 가문이 20여 가문, 다이라씨를 칭했던 가문이 4개 가문이었다. 그런데 미나모토씨 중에서 가장 먼저 두각을 나타낸 것이 세와겐지淸和源氏라고 일컬어지는 일족이었고, 다이라씨 중에서 가장 먼저 두각을 나타낸 것은 간무헤이지桓武平氏였다.

무사들은 특히 세와겐지와 간무헤이지를 공경하였다. 세와겐지는 세와 천황의 혈통을 잇는 미나모토씨源氏였고, 간무헤이지는 간무 천황의 혈통을 잇는 다이라씨平氏였다. 세와겐지는 세와 천황의 손자인 쓰네모토오経基王를 시조로 하였고, 간무헤이지는 간무 천황의 증손인 다카모치오高望王를 시조로 하였다. 진수부장군鎭守府將軍에 임명된 쓰네모토오의 아들이 오사카 지방에 정착하여 세력을 넓혔고,[82] 다카모치오는 간토関東 지방에 토착하여 세력을 넓혔다.[83]

---

82) 쓰네모토오는 진수부장군에 임명되면서 미나모토씨가 수여되었다. 그 아들 미쓰나카満仲가 셋쓰노쿠니摂津国(지금의 오사카부와 효고현의 일부)에 정착하면서 무가의 동량 지위를 확립하였다. 미쓰나카의 아들 요리미쓰頼光는 섭관가 후지와라노 미치나가에 접근하여 세력을 확대하였다. 그 동생 요리노부頼信도 무사들이 공경하는 무장이었다.
83) 다카모치오는 889년경에 가즈사노쿠니上総国(지금의 지바현千葉県 중부)의 지방장관인 가즈사노스케上総介로 부임하였다. 그때부터 다이라씨는 간토 지방에 뿌리를 내렸다. 다카모치오의 아들들은 모두 간토 지방에서 커다란 세력을 형성하였다. 다카모치오는 관직에서 물러난 후에도 그 지역에 토착하면서 유력한 호족으로 성장하였다.

2. 조헤이·텐교의 난

무사단이 세간의 이목을 끌게 된 계기가 된 것은 10세기 전반에 일어난 다이라노 마사카도平将門의 난과 후지와라노 스미토모藤原純友의 난이었다. 이것은 지방 무사단이 일으킨 최초의 반란이었다. 이 두 번의 난을 당시의 연호를 따서 조헤이承平·텐교天慶의 난이라고 한다.

다카모치오의 손자인 다이라노 마사카도는 한때 게비이시検非違使가 되려고 상경한 적도 있으나 부친이 사망하자 고향으로 돌아왔다. 마사카도는 부친의 뒤를 이어 가즈사노쿠니上総国 일대를 지배하였다. 마사카도의 지배지역은 그의 백부와 숙부의 지배지역과 인접해 있었는데, 지배지역의 관리 문제로 자주 충돌이 일어났다. 그러다가 급기야 마사카도가 히타치常陸의 호족인 미나모토노 마모루源護를 급습하면서 일족간의 분쟁으로 발전하였다. 분쟁은 938년경까지 수년에 걸쳐서 지속되었다.

그 무렵, 무사시武蔵와 히타치 일대에서 고쿠시国司와 지방 호족간의 충돌이 잇달았다. 조정에 불만을 품고 있던 세력은 마사카도에게 몸을 의탁하였다. 그러자 일족을 상대로 싸워온 마사카토는 생각을 달리하였다. 939년 11월 마사카도는 무사단을 이끌고 히타치의 관아를 습격하면서 조정을 상대로 한 전면전쟁에 들어갔다. 같은 해 12월 11일에는 시모쓰케노쿠니下野国를, 15일에는 고즈케노쿠니上野国(지금의 군마현群馬県)을 공격하여 함락시키고 스스로 신황新皇을 칭하였다.[84]

조정은 후지와라노 타다후미藤原忠文를 세이다이쇼군征夷大将軍으로 삼아 다이라노 마사카도의 토벌에 나섰다. 그러나 토벌군이 도착하기

---

84) 고즈케노쿠니에서는 추방된 고쿠시에 대신하여 마사카도가 직접 쇼칸의 임명식을 거행하였다. 그때 종군하던 한 무녀에게 신이 내렸다. 스가와라노 미치자네菅原道真의 신탁이라고 하며 천황의 지위를 마사카도에게 수여한다고 하였다. 그러자 마사카도는 스스로 천황이 될 수 있다는 야망을 품게 되었다.

전에 다이라노 사다모리平貞盛가 시모쓰케의 오료시押領使인 후지와라노 히데사토藤原秀郷와 협력하여 마사카도군을 시모쓰케에서 크게 격파하고 도망하는 마사카도를 추격하여 시모사下総(지금의 지바현 북부와 이바라키현茨城県 일부)에서 죽였다. 마사카도군은 패색이 짙어지자 스스로 괴멸되었다.

한편, 서부 일본의 세토瀬戸 내해에서 강력한 해적이 출현하였다. 해적은 936년에 후지와라노 후유쓰구의 자손으로 이요노조伊予掾를 역임한 후지와라노 스미토모를 영주로 받들고 이요의 히부리시마日振島를 근거지로 맹위를 떨쳤다. 천여 척의 해적선이 세토 내해를 무대로 공물을 강탈하고 살인을 일삼았다. 조정은 기노 요시히토紀淑人를 쓰이부시追捕使로 임명하여 해적을 소탕하려고 하였다. 그러자 해적들이 항복하였다.

939년 12월 후지와라노 스미토모가 다시 반란을 일으켰다. 조정은 병사를 소집하고 다시 쓰이부시의 장관으로 오노노 요시후루小野好古, 차관으로 미나모토노 쓰네모토源経基를 임명하였다. 전력은 반란군이 우세하였다. 하지만 941년 2월 오노노 요시후루는 스미토모군 내부의 분열을 이용하여 반란군을 무찔렀다. 하지만 후지와라노 스미토모는 항복하지 않았다. 오히려 병선을 이끌고 규슈의 다자이후를 공격하였다. 조정은 같은 해 5월 후지와라노 타다후미를 정서대장군에 임명해 오노노 요시후루와 더불어 스미토모군을 토벌하도록 하였다. 하지만 조정의 군대가 도착하기 전에 오노노 요시후루가 육로와 해로로 협공하는 작전을 구사해 하카타博多에 머물던 스미토모군을 공격하여 크게 이겼다. 스미토모는 이요伊予로 도망하였으나 다치바나노 도야스橘遠保에게 잡혀죽었다.

조헤이·텐교의 난이 일어났을 때, 조정은 아무 역할도 하지 못하였다. 반란을 진압한 것은 지방의 무사단이었다. 반란의 진압은 무사단의 실력을 전국적으로 과시하는 계기가 되었다. 조정과 귀족도 무시들에 대한 인식을 새롭게 하였다. 조정은 무사에게 궁중과 도성의 경비를 담당하게 하였다. 무사를 쓰이부시나 오료시로 임명하고, 공식적으로 병사兵士의 지위를 부여하여 치안을 담당하게 하였다.

3. 다이라노 타다쓰네의 난

조헤이·텐교의 난이 일어난 지 90여 년 후, 도호쿠 지방에서 다시 다이라노 타다쓰네平忠常의 난이 일어났다. 당시 간토 지방은 거의 간무헤이지가 지배하고 있었다. 특히 다이라노 타다쓰네는 시모사下総·가즈사上総·무사시 일대, 즉 지금의 이바라키현·지바현千葉県·도쿄 인근을 지배하고 있었다.

1028년 6월 다이라노 타다쓰네가 봉기하여 가즈사上総(지금의 지바현 중부)의 관아를 습격하고, 아와安房(지금의 지바현 남부)를 점령하였다. 타다쓰네는 처음부터 반란을 치밀하게 계획하였다. 그 점이 일족 간의 사사로운 싸움에서 반란으로 발전했던 다이라노 마사카도의 난과 다른 점이었다.

반란이 일어나자 조정은 게비이시인 다이라노 나오카타平直方를 파견하여 진압하려고 하였다. 그러나 조정은 군사를 동원할 여력이 없었다. 반란이 일어난 지 3년이 지나서야 조정은 미나모토노 요리노부源頼信로 하여금 반란을 토벌하도록 하였다.

요리노부는 용맹하기로 유명하였고 병법에도 통달한 무사였다. 요리노부는 아들인 요리요시頼義와 함께 출정준비를 하였다. 그런데 그 소식을 들은 다이라노 타다쓰네가 스스로 요리노부의 근거지인 가이甲

斐까지 와서 항복하였다. 한때 맹위를 떨치던 타다쓰네가 어떠한 이유로 갑자기 항복을 결심하게 되었는지 그 사정은 자세히 알 수 없다. 아마도 3년 동안 전쟁을 하는 과정에서 민심이 이반되었기 때문일 것으로 여겨진다. 이 사건은 당시 동부 일본 지역의 무사들이 미나모토씨를 신뢰하는 계기가 되었다.

항복한 다이라노 타다쓰네는 요리노부에게 명부名簿를 제출하고,[85] 요시노부의 종자가 될 것을 서약하였다고 전해진다. 요리노부는 타다쓰네를 교토로 압송하였다. 도중에 타다쓰네가 병이 들어 미노노쿠니 美濃国(지금의 기후현岐阜県 지역)에서 사망하였기 때문에 요리노부는 그 수급을 가지고 개선하였다. 그 후 타다쓰네의 일족은 요리노부의 게닌家人이 되었다. 타다쓰네의 반란을 진압한 미나모토씨는 간토 지방에서 무가 동량의 지위를 확보하였다.

마사카도의 난, 타다쓰네의 난 이외에도 분란이 끊이지 않았던 동부 일본 지역은 매우 황폐하였다. 동부 일본의 묘슈 뿐만이 아니라 민중도 신뢰할 수 있는 지도자에 의지하여 황폐한 농촌을 재건하기를 희망하였다. 미나모토노 요리노부는 그 기대에 부응할 만한 믿음직한 무장이었다. 훗날 요리노부가 사가미노카미相模守로 부임했을 때, 간토 지방의 무사들이 그에게 보호를 요청했고, 그것을 계기로 간토 지방 무사들은 미나모토씨와 각별한 관계를 맺게 되었다.

---

85) 명부를 제출했다는 것은 주종관계를 맺었다는 것을 의미하였다. 무사가 주종관계를 맺을 때, 주군에게 씨명氏名을 적은 명찰, 즉 명부를 제출하는 것이 무가의 관행이었다.

4. 전 9년의 전쟁

간토 지방과 서부 일본 지역에서 호족이 성장하고 있을 때, 도호쿠 지방인 무쓰陸奧와 데와出羽 지방에서도 무사단이 결집하였다. 오우奧羽 지방으로 불리는 이 지역을 실질적으로 지배하던 호족은 에미시蝦夷 민족의 수장이었다. 에미시 민족은 외국인이나 다름없는 존재였다. 이곳은 정벌에 의해 일본 영토로 편입된 지역이었다. 그래서 에미시 민족은 조정에 반감을 품었다. 전 9년의 전쟁을 일으킨 아베씨安部氏나 후 3년 전쟁에 휩쓸린 기요하라씨淸原氏는 모두 에미시 민족의 수장이었다.

아베씨는 지금의 이와테현岩手県 일대를 지배하면서 막강한 세력을 형성하였다. 고쿠시의 명령에 따르지 않았고, 조세나 요역徭役도 부담하지 않았다. 11세기 중엽에 무쓰노카미陸奧守 후지와라노 나리토藤原登任가 수천의 병사를 이끌고 이곳을 공격하였으나 오히려 패퇴하였다. 그러자 조정은 미나모토노 요리요시源賴義를 무쓰노카미 겸 진수부장군鎭守府將軍에 임명하여 아베씨 정벌에 나섰다. 요리요시는 간토 지방의 무사단을 이끌고 출진하였다. 그때 요리요시의 장남인 요시이에義家도 참전하였다.

1051년 요리요시가 군대를 이끌고 무쓰로 진격하였다. 그러자 일찍부터 요리요시의 명망을 두려워하던 아베노 요리토키安部賴時가 요리요시에 복종하였다. 그래서 요리요시의 임기 5년 동안 지극히 평온하였다. 그러나 임기 최후의 해에 요리요시의 군영이 습격을 당하여 인마가 살상당하는 아쿠리가와阿久利川 사건이 발생하였다. 요리요시는 범인이 아베노 요리토키의 장남인 사다토貞任라고 지목하고 그를 처벌하려고 하였다. 그러자 아베씨 일족들이 싸움을 결의하였다. 결국 요리요시와 아베씨 사이에 전투가 벌어졌다.

아쿠리가와 사건은 미나모토노 요리요시 측에서 조작한 사건이었다.[86] 요리요시는 평화롭게 임기가 끝나는 것이 오히려 모양이 좋지 않았다. 미나모토씨의 이름을 빛내기 위해서는 반드시 무력으로 정복할 필요가 있었다. 그래서 임기가 거의 끝나갈 즈음에 전쟁을 도발하였고, 아베씨와의 길고도 긴 싸움이 시작되었다.

전쟁 중인 1056년에 요리요시의 임기가 끝났다. 그러나 신임 고쿠시는 전쟁이 한창이라는 소식을 듣고 부임하지 않았고, 요리요시는 중임되어 전쟁이 계속되었다. 요리요시는 고전을 면치 못하였다. 1057년 7월 아베씨의 총대장인 요리토키가 도노미노사쿠鳥海柵에서 전사하였으나 아베씨 일족은 사다토를 중심으로 결사적으로 항전하였다. 전쟁이 계속되는 중에 다시 요리요시의 임기가 끝났다. 1062년에 신임 고쿠시가 부임하였으나 전쟁 중이어서 곧바로 교토로 돌아갔다. 요리요시는 전쟁을 계속하였다. 당황한 요리요시는 최후로 데와노쿠니出羽国의 에미시 수장인 기요하라씨清原氏에 예의를 갖추어 지원을 요청하였다. 기요하라씨는 1만여 군세를 이끌고 요리요시를 지원하였다. 그리하여 요리요시는 가까스로 승리를 거둘 수 있었다.

5. 후 3년의 전쟁

아베씨가 멸망한 후, 도호쿠 지방에서 세력을 떨치게 된 것은 전 9년의 전쟁에서 미나모토노 요리요시를 지원한 기요하라씨였다. 기요하라씨는 전 9년의 전쟁이 끝난 후, 1063년 기요하라노 다케노리清原武則

---

86) 용의자가 사다토인 것 같다는 증언만으로 사다토를 벌하려고 했다는 것은 상식적으로 이해가 되지 않는다. 만약에 아베씨가 반역할 의사가 있었다면, 요리요시가 부임한 이래 5년간이나 복종하지 않았을 것이다. 요리요시도 상대가 에미시 민족이 아니었다면 이와 같이 비겁한 방법으로 싸움을 걸지는 않았을 것이다.

가 진수부장군鎭守府將軍에 임명되었고, 아베씨가 지배하던 지역도 지배하면서 세력을 확대하였다. 그런데 11세기 후반에 기요하라씨 일족 사이에 내분이 일어났다.

　기요하라씨의 적장자는 다케노리의 손자이며, 다케사다武貞의 장남인 기요하라노 사네히라清原真衡였다. 사네히라는 무쓰와 데와의 광대한 지역을 영유하면서 전성기를 구가하였다. 그러나 사네히라의 독재체제를 둘러싸고 일족의 장로인 기미코노 히데타케吉彦秀武와 대립하였다. 1083년 9월 기미코노 히데타케는 사네히라의 이복 동생인 기요히라清衡와 이에히라家衡를 충동질하여 거병하였다. 후 3년의 전쟁이 시작된 것이다.

　그 무렵, 전 9년의 전쟁 때 부친인 미나모토노 요리요시를 따라서 참전했던 미나모토노 요시이에源義家가 데와노카미出羽守에 임명되었고, 1083년에는 무쓰노카미 겸 진수부장군이 되었다. 기요하라씨 일족의 내분이 발생하자, 요시이에는 그 싸움에 간섭하였다. 후 3년의 전쟁이 시작되자, 기요하라노 사네히라가 요시이에에게 원군을 요청하였기 때문이다. 요시이에는 원군을 파견하였다.

　그런데 사네히라는 진중에서 병으로 사망하였다. 그러자 상황이 급진전되어, 기요하라씨 일족의 내분은 기요히라와 이에히라가 정면으로 대립하는 양상으로 전개되었다. 그러자 이번에는 미나모토노 요시이에가 기요히라를 후원하면서 이에히라를 압박하였다. 수세에 몰린 이에히라는 1087년 11월에 가나자와金沢에서 숙부인 다케히라武衡와 함께 전사하였다. 그리하여 후 3년의 전쟁이 막을 내렸다.

　후 3년의 전란을 수습한 미나모토노 요시이에는 조정에 은상을 주청하였다. 하지만 조정은 사사로운 싸움이라 하여 인정하지 않았다. 그러자 요시이에는 자신의 재산을 부하들에게 나누어 주었다고 전해진다. 이러한 요시이에의 처신이 무사들의 절대적인 복종을 이끌어 내었다.

요시이에의 명망은 점점 높아져 전국의 무사들이 다투어 요시이에게 장원을 기진하였다. 요시이에는 간토 이북의 무사들과 주종관계를 맺고, 그들을 조직하여 강력한 무사단을 형성하였다.

6. 오슈 후지와라씨의 번영

전 9년의 전쟁과 후 3년의 전쟁으로 이어진 오슈奧州 지방의 전란은 새로운 지방 권력을 탄생시켰다. 기요하라노 기요히라가 오슈 지방 최고의 권력자로 등장하였다. 기요히라는 무쓰의 호족인 후지와라노 쓰네키요藤原経清의 아들로 태어났으나 전 9년의 전쟁에서 부친이 살해되고, 모친이 기요하라노 다케사다淸原武貞와 재혼하였기 때문에 기요하라씨의 집안에서 성장하였다. 기요히라는 후 3년의 전쟁에서 승리한 후 다시 후지와라씨를 칭하였다.

후 3년의 전쟁에서 최후의 승리를 쟁취한 후지와라노 기요히라는 진수부장군이 되어 지금의 이와테현岩手県 지역인 히라이즈미平泉에 본거지를 두고 광대한 도호쿠 지방을 지배하였다. 그 후 기요히라는 후지와라씨 섭관가의 보호를 받았다. 본래의 성씨를 회복한 기요히라는 오슈 후지와라씨의 시조가 되었고 더욱 강성한 세력을 형성하였다. 후지와라노 기요히라의 아들인 모토히라基衡와 손자인 히데히라秀衡를 후지와라씨 3대라고 한다.

오슈 후지와라씨의 2대인 모토히라는 무쓰·데와의 오료시에 임명되었다. 그는 무쓰노카미로 부임한 후지와라노 모로쓰나藤原師綱의 겐치檢地에 저항하였고, 또 후지와라씨 섭관가가 영유한 장원의 연공 증액을 둘러싸고, 당시 중앙의 실력자인 후자와라노 요리나가藤原頼長와 오랜 시간에 걸쳐서 대립하였다. 하지만 중앙에서도 모토히라의 권세에 정면으로 맞서지 못하였다.

오슈 후지와라씨 3대인 후지와라노 히데히라는 진수부장군에 임명되었다. 1181년에는 다이라씨 정권이 동맹을 맺을 목적으로 히데히라를 무쓰노카미에 임명하였다. 그러나 히데히라는 미나모토씨가 다이라씨 타도를 외치며 거병하자 중립을 지켰다. 하지만 후에 미나모토노 요리토모源賴朝의 동생으로 형의 추격을 피하여 도망해 온 미나모토노 요시쓰네源義経를 보호하면서 요리토모와 대립하였다. 1187년 10월 히데히라는 자식들에게 미나모토노 요시쓰네를 주군으로 섬기라는 유언을 남기고 66세의 나이로 죽었다. 오슈 후지와라씨는 4대 후지와라노 야스히라藤原泰衡 시대에 멸망하였다.

후지와라노 야스히라는 무쓰·데와의 오료시에 임명되었다. 그러나 중앙의 권력은 이미 미나모토노 요리토모가 장악하였다. 오슈 후지와라씨는 계속하여 미나모토노 요시쓰네를 보호하는 것이 큰 부담이 되었다. 1189년 4월 후지와라노 야스히라는 부친 히데히라의 유언을 무시하고 요시쓰네를 살해하였다. 그렇지만 전국 제패를 목표로 하는 미나모토노 요리토모는 오슈 후지와라씨 정벌을 결심하였다. 같은 해 9월 요리토모는 오슈 후지와라씨를 공격하였다. 후지와라노 야스히라는 전투에서 패배하여 홋카이도北海道로 도망하던 중에 가신에게 살해되었다. 이리하여 오슈 후지와라씨가 멸망하였다.

7. 다이라씨의 동향

다이라노 타다쓰네平忠常의 난이 평정된 후, 타다쓰네는 일족들에게 미나모토노 요리노부源頼信에게 신종할 것을 당부하였다. 하지만 다이라씨 일족 중에 미나모토씨인 요리노부에게 신종하는 것을 거부하는 자들도 있었다. 그들은 간사이関西 지방으로 이주하였다. 그러자 간토 지방의 다이라씨 권세가 크게 위축되었다.

다이라노 고레히라平維衡도 미나모토노 요리노부에게 신종하기를 거부한 인물 중의 하나였다. 그는 이세伊勢(지금의 미에현三重県 지역)에 정착하여 이세 다이라씨의 시조가 되었다. 다이라씨는 주로 서부 일본 지역에서 고쿠시를 역임하였다. 고레히라는 이세를 본거지로 하면서 동족인 다이라노 무네요리平致頼와 항쟁하면서 발전을 거듭하였다. 고레히라는 1006년에 이세노카미伊勢守에 임명되었으나 당시 최고 권력자인 후지와라노 미치나가藤原道長의 반대로 결국 해임되는 좌절도 경험하였다. 그 후 고레히라는 후지와라노 미치나가·후지와라노 사네스케藤原実資에게 접근하는 데 성공하여 고즈케노스케上野介, 비젠노카미備前守, 하타치노스케常陸介 등을 역임하였다.

이세 지방에 자리를 잡은 다이라씨는 이가伊賀(지금의 미에현 서북부) 지방까지 세력을 넓혔다. 다이라노 고레히라의 증손인 다이라노 마사모리平正盛는 1097년에 이가 지방의 장원을 로쿠조인六条院에 기진하면서 시라카와 법황白河法皇에게 접근하여 호쿠멘北面의 무사가 되었다. 그 후 마사모리는 미나모토노 요시치카源義親의 반란을 진압하고, 이어서 이요伊予의 해적을 토벌하면서 실적을 쌓았다. 시라카와 법황이 사원을 건립하거나 불탑을 조성할 때에도 큰 역할을 하였다. 그러한 공적으로 이나바因幡(지금의 돗토리현鳥取県 동반부)·사누키讃岐(지금의 지금의 카가와현香川県) 등의 고쿠시를 역임하였다. 그의 활약으로 이세 다이라씨는 중앙의 정치무대에 진출할 수 있는 발판을 구축하였다.

마사모리의 아들인 다이라노 타다모리平忠盛는 시라카와 법황과 도바 상황鳥羽上皇을 섬겼다. 1132년에는 대규모 건축 사업에 적극 기여하여 신임을 얻었고, 또 산요도山陽道(지금의 세토 내해 연안 지방)·난카이도南海道(지금의 와카야마현和歌山県과 아와지淡路 섬을 포함한 시코쿠 전역) 일대의 해적을 진압하였다. 그리고 일송무역日宋貿易에도 관여하여 막대한 재산을 축적해 다이라씨 번영의 기초를 다졌다.

□□□제8장

원정의 전개와 고대국가의 해체

[1] 원정 - 중세의 출발점

1. 고산조 천황의 친정

후지와라노 요리미치藤原賴通는 자신의 딸을 고레이제이 천황後冷泉天皇의 비로 들여보냈으나 외손이 태어나지 않았다. 1068년 4월 고레이제이 천황이 사망하자, 그 뒤를 이어 천황이 된 것은 후지와라노 요리미치와 외척 관계가 없는 고산조 천황後三条天皇이었다. 고산조 천황은 즉위 당시 이미 35세의 나이로 강건하면서도 매사에 적극적인 성격을 지니고 있었다. 더구나 섭관가攝関家와는 외척 관계도 아니었기 때문에 섭관가를 배려할 필요도 없었다.

하지만 고산조는 노골적으로 후지와라씨를 배제하는 태도를 취하지 않았다. 그만큼 후지와라씨 세력은 여전히 강력하였다. 고산조 천황은 한편으로 후지와라노 요리미치의 동생 노리미치敎通를 간파쿠関白에 취임하도록 하고 요리미치의 양녀를 후궁으로 들였다. 섭관가 후지와라씨와 각별한 인연으로 요리미치의 양자가 된 미나모토노 모로후사源師房를 등용하기도 하였다. 후지와라씨의 반감을 사지 않기 위해서였다. 그러면서 고산조 천황은 당시 유명한 학자인 오에노 마사후사大江匡房·산조 사네후사三条実房 등 후지와라씨에 불만을 품었던 중류 귀족 출신과 즈료受領 출신의 인물을 측근으로 등용하여 후지와라씨를 견제하였다. 그리고 셋쇼摂政·간파쿠를 두지 않고 직접 권력을 행사하면서 국정 개혁에 착수하였다.

고산조 천황은 조닌重任·조고成功 등의 매관매직의 풍조를 금하고, 정치기구의 개혁을 단행하였다. 가격법과 두승법斗升法을 정하여 물가를 조절하고, 제각각이었던 부피를 측정하는 도량형, 즉 되와 말을 통일하였다.[87] 고산조 천황이 지정한 되는 중세 시대까지 기준이 되었다. 또 견포絹布의 제도를 정하여 풍기를 숙정하기도 하였다.

고산조 천황이 추진한 개혁 중에서 가장 주목되는 것은 1069년 윤 10월에 개시된 엄격한 장원정리 개혁이었다. 고산조는 장원의 증가가 국가재정을 압박한다는 것을 간파하고 엄격한 장원정리령을 내렸다. 기록장원권계소記録荘園券契所라는 관청을 설치하고 그곳에서 장원영주

---

87) 쌀이나 곡물을 일정한 분량으로 나누거나 더할 때 사용하는 기준 용기를 말한다. 한국에서는 1되를 기준으로 10분의 1이 1홉[合] 10되가 1말[斗], 10말이 1석石으로 통용되고 있으나, 한국에서도 부피를 재는 기준뿐만이 아니라, 무게·길이·깊이·넓이 등을 측정하는 도량형의 기준은 시대마다 각각 달랐다. 일본에서는 나라 시대에 당의 제도인 큰되[大枡]·작은되[小枡]의 제도를 채용하였다. 큰되 1되는 작은되 3되에 해당한다고 규정하였으나 실제로는 큰되만 사용되었다. 헤이안 시대 초기부터 사사로이 되를 만들어 사용하였는데, 고산조 천황이 4치[寸] 8부分 평방, 깊이 2치 4부, 용량은 현재 일본에서 사용되는 되의 약 6홉合 정도의 용적에 해당하는 되를 표준으로 하도록 하였다.

가 제출한 서류를 심사하도록 하였다.

조정은 이전에도 902년, 984년, 1045년, 1055년 등 몇 차례나 장원정리를 시도하였다. 그러나 장원정리령을 내린 정치책임자가 일본 최대의 장원 소유주이며 조정의 고위직을 독점하던 후지와라씨 일족이었다. 효과가 있을 리 만무하였다. 1000년에는 장원정리령을 시행하던 관리 다카하시 요시미치高橋善道가 후지와라씨 소유의 권학원령勸學院領 장원을 정리하려고 하자, 최고권력자 후지와라노 미치나가가 설령 그것이 도리에 벗어났다고 해도 편의를 봐줘야 한다고 주장하였다. 미치나가는 요시미치를 위압하여 장원을 인정하도록 조치하였다. 하지만 후지와라씨도 율령국가의 관직을 독점하면서 권세를 누리는 세력이었고, 그래서 율령국가의 구조를 무너뜨리는 장원의 증가를 한없이 방임할 수는 없었을 것이다. 하지만 일본 최대의 장원 소유주가 내리는 장원정리령이 성과를 거둘 리 만무하였다.

고산조 천황은 이전에 되풀이되었던 장원정리의 문제점을 보완하여 목적을 달성한다는 계획을 세웠다. 고산조는 많은 장원이 조정의 허가도 없이 설정되었고, 정식절차도 밟지 않고 섭관가 소유의 장원을 칭하는 곳이 전국에 산재해 있어서 관리가 공무를 집행할 수 없다는 정보를 입수하였다. 그래서 장원의 서류를 조사하고 기록하는 기록소를 설치했던 것이다. 즉 장원영주가 제출한 서류가 일정의 기준에 부합하지 않았을 때는 장원을 폐지하는 절차를 밟았다. 그 기준은 (1) 1045년 이후에 설정된 장원, (2) 그 이전의 것도 증거가 명확하지 않거나, 서류가 구비되어 있어도 고쿠시國司가 행정을 집행하는 데 장애가 되는 경우에는 장원을 정리하였다. 이전에는 고쿠시가 장원정리령을 시행하였지만, 고산조 천황은 특별 관청을 설치하고, 그곳의 관리에 후지와라씨와 인연이 없는 인물을 임명하였다. 특별 관청의 관리들은 장원영주에게 법에 정해진 대로 서류를 제출하도록 요구하였다.

후지와라씨 일족과 대사원을 비롯한 장원영주들이 장원정리에 저항하였지만 개혁은 원칙대로 추진되었다. 그 결과 섭관가와 대사원의 장원이 많이 정리되었다. 이와시미즈하치만궁石淸水八幡宮의 장원을 예로 들어보면, 전부 34개소의 장원 중에서 13개소의 장원이 정리되었다. 그러나 한편으로는 천황 권력에 의해 공인된 장원은 공적인 성격을 띠게 되었다. 즉 장원도 공령도 같이 토지대장에 파악되어 조세 부과의 대상이 되었고, 이것은 중세적 토지제도인 장원공령제莊園公領制의 출발점이 되었다.

2. 원정의 성립과 전개

고산조 천황은 즉위한 지 4년 만에 퇴위해 법황法皇을 칭하였고, 1072년 12월에 시라카와 천황白河天皇이 즉위하였다. 고산조 법황은 다음 해인 1073년 5월에 사망하였다. 시라카와 천황의 모친은 후지와라노 겐시藤原賢子였다. 그래서 시라카와는 후지와라씨에 대한 저항감이 없었다. 시라카와 천황은 1086년 11월 재위 14년 만에 8세의 호리카와 천황堀河天皇에게 양위하고 스스로 상황이 되었다.

시라카와는 고산조 천황의 셋째 아들이며 자신의 동생인 스케히토 친왕輔人親王을 애써 무시하였다. 하지만 스케히토는 현명하고 신중하여 인망을 모았다. 그의 주변에 모이는 관리들이 적지 않았다. 권력을 지키려는 의지가 남달랐던 시라카와 상황은 자기 아들 호리카와 천황의 지위가 위험하다고 판단하였다. 그래서 고산조 천황도 시도하지 못했던 원정院政[88]을 개시하였다. 호리카와는 자신의 거처에서 정치를 관

---

88) 원院이란 본래 상황의 거소를 의미하였으나 후에는 상황을 원이라고 불렀다. 원정이

장하였다. 이것이 원정의 시초가 되었다. 실로 원정은 후지와라씨와 아무런 관계도 없이, 시라카와 상황이 자기 자손의 지위를 지키기 위한 사적인 목적으로 실시되었던 것이다.

원정이 성립된 원인은 여러 가지가 있을 수 있겠으나 다음과 같은 점을 중요한 원인으로 들 수 있다. 첫째, 천황의 친정이 부활했던 것이 가장 큰 원인이었다. 즉 섭관가 세력이 억압되었기 때문이다. 둘째, 중하급 귀족인 즈료층이 천황의 친정을 요구했기 때문이다. 그들은 오랜 기간에 걸친 섭관가의 전횡에 대하여 저항감을 갖고 있었다. 셋째, 지방 무사계급이 새로운 권력을 요구하였기 때문이다. 천황도 지방 무사들을 자기 편으로 끌어들여 그들의 무력을 배경으로 섭관가의 권세를 억압할 수 있었다.

상황의 처소에는 사설기관인 원청院庁이 설치되었다. 원청에서는 원사院司가 행정을 집행하였다. 상황의 명령은 원선院宣・원청하문院廳下文이라고 일컬어졌다. 그러나 원청이 국정을 운영한 것이 아니고, 상황이 명령을 내려서 행정기관을 조종하는 형식을 취하였다. 이러한 구조상의 특질 때문에 상황의 측근이 득세하였다. 사무에 능통한 실무 관인, 재력이 있는 전직 지방 관인, 승려, 무사 등 개인적으로 상황과 가까운 무리들이 측근을 형성하였다. 원정의 인적 기반은 원청의 구성원으로 편성된 중급 귀족층이었다. 그들은 행정에 필요한 실무능력을 갖추고 있었다. 그들 가운데 즈료로 근무했던 자들은 막대한 재력을 보유하였다. 무사는 시라카와 원정을 보호하는 폭력수단이었다.

시라카와 천황은 장원의 정리를 갈망하던 계층들의 지지를 배경으로 무력을 강화하였다. 상황 처소의 북쪽에 경비를 담당하는 호쿠멘北面 무사를 두고, 주로 기나이畿内를 중심으로 무사단을 조직하여 군사

란 상황이 천황을 후견하면서 정치의 실권을 장악하는 체제를 말한다. 이러한 체제는 제도적인 것이 아니고 오히려 가부장적인 성격을 내포하였다.

적 기반으로 하였다. 처음에는 호쿠멘 무사의 수가 20~30명에 불과하였으나 시라카와 상황은 무가의 동량棟梁들과 결합을 강화하면서 군사력이 증강되었다.

시라카와 상황의 원정은 호리카와·도바鳥羽·스토쿠崇德 천황까지 3대 43년간, 도바 상황의 원정은 스토쿠·고노에近衛·고시라카와後白河 천황까지 3대 27년에 달하였다. 1156년 7월 도바 법황이 사망하고 고시라카와 천황이 즉위하였다. 고시라카와는 재위 2년 만인 1158년 8월에 15세의 니조 천황二条天皇에게 양위하고 원정을 실시하였다. 고시라카와의 원정은 니조·로쿠조六条·다카쿠라高倉·안토쿠安德·고토바後鳥羽 천황까지 5대 34년에 걸쳐 실시되었다. 위의 3명의 상황은 처신이 비교적 자유로운 실권자였으므로 종래의 관행에 크게 구애받지 않고 강력한 권력을 행사하였다.

원정은 천황의 지위에서 벗어난 상황이 정치를 주도하는 형태였다. 천황 이외의 존재가 국정을 관장한다는 점에서 이전의 섭관정치와 다를 바 없었다. 하지만 그 본질이 달랐다. 셋쇼摂政는 천황이 정치를 위임하는 절차가 필요하였다. 즉 권력의 근원은 어디까지나 천황이었다. 하지만 원정에서는 천황이 권력을 위임하는 절차가 없었다. 원정을 실시하는 상황이 권위와 권력의 근원이었다.

원정이 시행되는 기간 동안에도 셋쇼·간파쿠라는 직책은 있었으나 이미 실권이 없는 명목상의 지위에 불과하였다. 섭관가의 세력은 점차로 쇠퇴하였다. 이에 비하여 상황은 천황의 부친 또는 조부였을 뿐만이 아니라, 상황 자신이 전 천황이었기 때문에 그 권위는 대단하였다. 그렇기 때문에 원청에서 내려지는 명령은 천황이 내리는 조칙보다도 중요시 되었다.

3. 원의 장원 획득과 승병의 폭거

원정을 실시했던 상황들은 모두 불교에 귀의하였고, 또 하나같이 출가하여 법황이 되었다. 그들은 많은 사원·불탑·불상을 조성하였다. 시라카와 상황은 교토에 호쇼지法勝寺나 손쇼지尊勝寺와 같은 사원을 건립하였고, 고시라카와 상황은 교토에 산주산겐도三十三間堂를 건립하였다. 상황은 고야산高野山이나 구마노산잔熊野三山으로 행행하여 성대한 법회를 열기도 하였다. 또 구마노 지방에 있는 신사를 참배하는 구마노모데熊野詣에 열심이었다.

상황이 나들이할 때에는 많은 수행원이 호송하였으므로 막대한 비용이 들었다. 자연히 지출이 증가하였고, 그 비용을 조달하기 위해 매관매직을 하였다. 상황의 측근들은 수입이 보장되는 관직을 차지하였다. 뿐만이 아니라, 특정 지역의 행정권과 징세권을 정해진 기간 동안 특정한 자에게 부여하였다. 그 자를 지교코쿠슈知行国主라고 하였다. 지교코쿠슈는 권리를 확보한 지역에 자신의 친족이나 측근, 아니면 유능

법황의 행행

한 모쿠다이目代를 파견하여 행정을 관장하게 하고, 임기 동안에 그 지역의 조세나 관물官物은 물론 기타 수입의 대부분을 자신의 수입으로 하였다. 이런 지교국제知行國制가 전개되면서 매관매직의 풍조는 점점 성행하였다. 정치는 다시 문란해지기 시작하였다. 이러한 현상은 도바 원정 시대에 더욱 심화되었다.

도바 원정 시대는 또 다른 의미에서 역사적으로 주목되는 시대였다. 이 시대에 장원 정책이 크게 변화하였다. 도바는 고산조에서 시라카와까지 추진된 장원정리 정책을 포기하였다. 단지 포기했던 것이 아니라 오히려 도바의 명령에 따라 많은 장원이 설립되었다. 원정은 섭관가의 정치에 대한 반성에서 탄생된 정치체제였다. 그런데 원이 장원의 획득에 앞장섰던 것이다. 원은 섭관가와 다름이 없는 존재로 전락하였다.

원院에 장원의 기진이 집중되면서 원은 거대한 장원영주로서의 성격을 지니게 되었다. 원의 장원영주화는 원이 섭관가나 대사원과 같이 권문의 하나가 되었다는 것을 의미하였다. 장원의 불수불입의 특권이 확대되면서 장원의 독립성은 한층 강화되었다. 국가의 지배권이 미치지 못하는 토지는 계속 증가하였다. 아이러니하게도 천황의 권력에 의해 율령국가는 해체의 길을 재촉하였다.

장원체제는 기진지계장원을 중핵으로 하였기 때문에 그 지배와 영유관계는 중층적 구조를 이루었다. 밑에서부터 위로 단계적으로 기진이 이루어졌고, 그에 대하여 위에서부터 밑으로 단계적으로 직책이 수여되는 체계를 형성하였다. 또한 이 시기에 무사들뿐만이 아니라 사회 전반에 걸쳐서 주인과 종자 사이에 사적인 결합, 즉 주종관계가 강화되었다는 점을 지적하지 않을 수 없다.

한편, 사원에서는 세속화의 경향이 두드러졌다. 사원은 정치에도 개입하였다. 특히 대사원은 경제력을 배경으로 승병僧兵을 조직하였다. 승병은 하급 승려를 중심으로 사원에 소속된 장원의 농민들도 징발하

신여를 메고 시위하는 승병들

여 조직하였다. 무력을 보유한 사원은 다른 계파 또는 다른 사원과 대립하였을 때 승병들을 폭력수단으로 동원하였다. 조정과 대립할 때에도 승병은 시위수단이 되었다. 여러 사원의 승병 중에서도 나라奈良의 고후쿠지興福寺와 히에이잔比叡山의 엔랴쿠지延曆寺의 승병이 가장 포악하였다. 그들은 조정에 대하여서도 상식적으로 용납되지 않는 행동을 서슴지 않으면서 자신들의 요구를 실력으로 관철시키려고 하였다.

고후쿠지의 승병들은 가스가다이샤春日大社의 신목神木을, 엔랴쿠지의 승려들은 신여神輿를 메고 교토까지 진출하여 무력을 행사하기도 하였다. 승병의 폭거는 시라카와 법황이 "뜻대로 되지 않는 것은 가모가와鴨川의 물줄기와 스고로쿠雙六의 주사위와 히에이잔의 승병이다."라고 한탄할 정도였다. 호국불교의 전통 속에서 조정의 지원과 비호 하에 발전한 사원이 국가권력과 정면으로 대결하는 현상은 고대국가의 종언을 상징하는 것이었다.

승병의 폭거를 누르기 위해 무사가 등용되기에 이르렀다. 원에서는 호쿠멘의 무사가, 조정에서는 다키구치瀧口의 무사가 활약하였다. 지방에 근거지를 둔 무사가 중앙으로 진출할 수 있는 기회가 도래하였다. 그때 원과 유착하여 중앙 정계로 진출한 것이 다이라씨 일족이었다. 특히 다이라노 마사모리平正盛의 아들인 타다모리忠盛는 두바 상황의 신임을 얻었다. 그는 무사 신분임에도 불구하고 원의 측근으로 중용되어 무사의 사회적 지위를 비약적으로 향상시키는 계기를 마련하였다.

[2] 원정과 무사의 세상

1. 미나모토씨의 내분

미나모토씨源氏는 대대로 간토 지방을 세력 기반으로 발전하였고, 또 중앙의 후지와라씨藤原氏 섭관가에 신종하면서 정계의 이면에서 활약하였다. 미나모토씨 시조인 쓰네모토오経基王의 아들인 미나모토노 미쓰나카源満仲는 이미 969년 3월 섭관가의 정적이었던 미나모토노 다카아키라源高明를 밀고하여 안나의 변을 일으켰다. 이 사건은 후지와라씨 섭관가 권력을 강화하는 결정적인 계기가 되었다. 986년 6월에는 후지와라노 가네이에藤原兼家 등이 가잔 천황花山天皇을 퇴위시키기 위해 은밀하게 궁중에서 겐케이지元慶寺로 호송할 때도 미쓰나카가 경호를 담당하였다. 그 후에도 미나모토씨는 요리노부·요리요시·요시이에로 대를 이으면서 후지와라씨 섭관가와 사실상 주종관계를 맺었다. 그래서 후지와라씨 섭관가가 실권을 장악한 동안에는 중앙 정치 무대에서 미나모토씨의 지위가 확고하였다.

그러나 시라카와 법황이 본격적으로 원정을 개시하면서 분위기가 급변하였다. 시라카와 법황은 섭관정치를 부정하였고, 후지와라씨 섭관가 세력을 억압하기 위해 다이라씨를 등용하였다. 다이라씨 등용에는 후지와라씨를 보좌하는 미나모토씨 세력을 약화시키고자 하는 목적도 포함되어 있었다.

이미 무사사회에서 신망을 얻었던 미나모토노 요시이에源義家의 차남인 미나모토노 요시치카源義親가 교토로 이송하는 관물官物을 억류하면서 고와의 난康和の乱을 일으켰을 때, 추토사로 다이라노 마사모리平正盛를 임명한 것도 다분히 의도적이었다. 거의 같은 무렵에 미나모토노 요시이에의 3남인 요시쿠니義國가 히타치常陸에서 백부인 미나모토노 요시미쓰源義光와 대립했던 것도 시라카와 법황의 음모였던 것으로 알려졌다. 히타치 사건이 발생하였을 때, 원청院廳은 요시치카·요시쿠니의 부친인 미나모토노 요시이에에게 그 진압을 명령했다는 것도 상식적으로 납득하기 어려운 대목이다. 마침 1106년에 미나모토노 요시이에가 사망해서 부자가 서로 싸우는 비극은 면할 수 있어서 불행 중 다행이었다.

요시이에가 사망한 지 3년이 지난 1109년에 미나모토씨 가문에 내분이 일어났다. 이 내분으로 원정이 실시된 이래 세력을 잃었던 미나모토씨는 치명적인 타격을 입었다. 요시이에의 4남인 요시타다義忠가 미나모토씨 가문의 소료總領가 되었으나 1109년에 암살되었다. 처음에는 미나모토노 시게자네源重実가 범인으로 지목되어 체포되었으나 무죄로 판명되어 석방되었다. 이번에는 요시타다의 백부인 요시쓰나義綱가 범인으로 지목되었다. 원청은 요시타다가 암살된 후에 미나모토씨 가문의 소료가 된 미나모토노 다메요시源為義에게 요시쓰나를 체포하라는 명령을 내렸다. 요시쓰나의 세 아들은 다메요시에게 쫓기다가 오미近江에서 참살되었고, 체포된 요시쓰나도 사도佐渡에 유배되었다가 참살되었다. 이로써 요시쓰나 일족이 전멸되었다.

요시타다를 암살한 진범은 요시이에의 막내 동생이며, 요시타다의 숙부인 요시미쓰義光였다. 그는 미나모토가 소료의 지위를 노려서 범행을 저질렀던 것이다. 훗날 사건의 진상이 밝혀졌는데도 요시미쓰는 아무런 처벌도 받지 않았다. 이 사건의 배경에도 원청의 음모가 있었다고 추측하는 자들이 많았다. 여하튼 미나모토씨 내분의 결과, 미나모토씨 세력이 쇠퇴하였다. 이에 비하여 원정에 참여한 다이라씨는 서서히 정권의 중심세력으로 부각되었다.

2. 호겐의 난

다이라노 마사모리·타다모리 부자는 그동안 서부 일본 지역에서 즈료受領를 역임하면서 그 지역의 호족들을 지배하에 두었다. 또 송宋과 교역하면서 막대한 자금을 축적하였다. 이러한 부와 권력을 상속한 다이라노 타다모리의 아들 다이라노 기요모리平淸盛는 다이라씨 세력을 반석 위에 올려놓았다. 미나모토씨도 비록 수세에 몰리기는 하였지만 중앙 정계에서 상당한 세력을 형성하였다.

이무렵 중앙에서는 천황의 후계를 둘러싸고 도바 법황과 스토쿠 천황崇德天皇 의 대립이 점점 심각해졌다. 또 셋쇼·간파쿠의 지위를 둘러싸고 간파쿠 후지와라노 타다미치藤原忠通와 사다이진左大臣 후지와라노 요리나가藤原賴長 형제 사이에도 긴장감이 조성되었다. 타다미치는 도바 법황을 따랐고, 요리나가는 스토쿠 천황을 따랐다.

도바 법황은 자기가 총애하는 후비가 아들 나리히토体仁를 낳자, 그가 생후 3개월이 되었을 때 태자로 삼았고, 3살이 되었을 때 장남인 스토쿠 천황을 물러나게 하고 어린 아들을 천황으로 즉위시켰다. 그가 1141년 12월에 즉위한 고노에 천황近衛天皇이었다. 그런데 1155년 7월에 고노에 천황이 16세의 나이로 요절하고 말았다. 그러자 도바 법황은 이번에는 넷째 아들을 천황으로 추대하였다. 그가 1155년 7월에 즉위한 고시라카와 천황後白河天皇이었다. 그런 과정에서 스토쿠 상황은 철저하게 무시되었다. 스토쿠 상황의 불만이 깊어졌다.

1156년 5월경 병석에 누운 도바 법황은 7월 2일 54세의 나이로 교토 남쪽의 도바도노鳥羽殿에서 사망하였다. 도바 법황은 이미 6월 초부터 미나모토노 요시토모源義朝・요시야스義康・미쓰야스光保, 다이라노 모리카네平盛兼 등 유력한 무사들에게 궁중과 도바도노의 경비를 명령하고 방위체제를 갖추었다. 이것은 도바 법황 자신이 사망한 후 스토쿠 상황과 후지와라노 요리나가의 반란을 예감했던 것이다. 그만큼 고시라카와 천황과 스토쿠 상황의 대립이 심각하였다. 실제로 도바 법황이 사망하였을 때, 고시라카와는 스토쿠 상황의 조문을 받지 않았다. 이 사건이 발단이 되어 일어난 내란을 호겐의 난保元の乱이라고 한다.

고시라카와 천황 측이 먼저 경계태세를 갖췄다. 7월 5일에 다이라노 기요모리의 아들 모토모리基盛를 비롯한 무사들이 합세하여 교토 시중을 삼엄하게 감시하였다. 7월 8일에는 후지와라노 타다사네藤原忠実・요리나가 부자가 여러 장원에서 병사를 소집하고 있으니 중지시키라는 명령이 내려졌다. 같은 날 천황을 따르는 미나모토노 요시토모를 비롯한 무사들이 후지와라노 미치나가의 저택을 급습하였다. 그러자 스토쿠 상황과 후지와라노 요리나가는 준비가 부족한 상태에서 거병하였다.

스토쿠 상황과 요리나가 편에 가담했던 무사단은 미나모토노 다메요시源為義・미나모토노 요리노리源頼憲・다이라노 타다마사平忠正 일족이었다. 이들은 예부터 후지와라노 요리나가와 밀접한 관계를 유지하였다. 이에 대하여 고시라카와 천황 측은 교토에 거주하는 무사들을 동원하고, 이미 방비태세를 갖추고 있던 미나모토노 요시토모・요시야스가 가세하였다. 그리고 다이라노 기요모리 세력, 미나모토노 요리마사源賴政·시게나리重成·스에사네季実 등 유력한 무장들이 거의 모두 고시라카와 천황의 소집에 응하였다.

7월 11일 새벽 천황 측의 다이라노 기요모리, 미나모토노 요시토모·요시야스 등 600여 명의 무사가 스토쿠 상황의 궁전을 기습하면서 전투가 시작되었다. 상황 측에서는 미나모토노 다메요시·다메토가 분전하였지만 상황의 궁전이 불타면서 상황 측이 패전하였다. 후지와라노 요리나가는 중상을 입고 나라奈良로 도망하였으나 7월 14일 그곳에서 사망하였다. 스토쿠 상황을 비롯하여 미나모토노 요시토모의 부친인 미나모토노 다메요시, 다이라노 기요모리의 삼촌인 다이라노 타다마사 등 상황 편에 섰던 무사들이 체포되었다. 상황은 사누키讚岐로 유배되었고, 체포된 무사들은 사형에 처해졌다. 헤이안 시대부터 거의 350년간 공식적으로 폐지되었던 사형이 부활되었다. 기요모리는 자신의 삼촌인 타다마사 한 사람을 제물로 삼아 권력을 강화했지만, 요시토모는 자신의 부친 다메요시와 동생들을 모조리 사형에 처하는 비극의 주인공이 되었다. 그것은 다이라노 기요모리가 바라던 일이기도 하였다.

호겐의 난 후, 조정 내에서 반대파가 일소되었다. 고시라카와 천황은 후지와라노 타다미치를 후지와라씨 일족의 장자長者에 임명하였다. 원래 후지와라씨 일족의 장자는 후지와라씨 내부에서 자주적으로 결정하면 천황이 임명하는 것이 관례였으나 이번에 그런 선례가 무시되었다. 즉 천황이 섭관가 내부 문제에 간섭하였던 것이다. 섭관가의 권위가 치명적인 타격을 입었다.

호겐의 난에 가담한 무사가 비록 수백 명에 지나지 않았지만, 조정 내부의 대립이 무사 세력을 동원한 전투에 의해 해결되었다는 것은 "무사의 세상"이 도래했다는 것을 의미하는 것이었다. 지엔滋円은 그의 저서 『구칸쇼愚管抄』에서 다음과 같이 말하였다. "도바 법황이 사망하고 일본국에 난역亂逆이 일어난 후 무사의 세상이 되었다."

3. 헤이지의 난

호겐의 난이 일어난 후, 천황 중심의 정치체제를 구축한 고시라카와 천황은 1158년 8월 자신의 아들 모리히토 친왕守仁親王에게 양위하니 그가 니조 천황二条天皇이었다. 고시라카와는 상황이 되어 원정을 개시하였다. 당시 원청院廳에서는 출가하여 신제이信西라고 불렸던 쇼나곤少納言 후지와라노 미치노리藤原通憲와 주나곤中納言 후지와라노 노부요리藤原信頼 두 사람이 권력을 장악하였다. 신제이는 왕궁의 조영과 기록소의 재흥에 수완을 발휘하여 상황의 신임을 얻었다. 한편, 노부요리는 능력은 없었으나 붙임성이 있는 인물이었다. 상황은 그런 노부요리를 총애하였다. 호겐의 난 이후 노부요리는 겨우 27세의 나이에 주나곤의 지위에 올랐고, 원정이 시작되면서 원청의 벳토別当, 즉 장관이 되어 실권을 장악하였다. 노부요리의 권력이 강화되자, 신제이가 그를 견제하기 시작하였다. 노부요리를 우두머리로 하는 세력 또한 신제이와 대립하였다. 그러자 신제이는 자주 고시라카와 상황에게 노부요리는 신뢰할 수 없는 자라고 간언하였다. 그러나 상황은 받아들이지 않았다. 하지만 노부요리의 승진이 유보되었다. 노부요리의 감정이 악화되었다.

때마침 상황과 천황이 대립하는 분위기가 조성되었다. 니조 천황은 아직 청년이었지만 매우 영명하고 천황 중심의 정치를 재현하려는 욕구가 강렬하였다. 고시라카와 상황을 견제하면서 천황의 친정체제를 구축하려고 하였다. 그의 측근에 자신의 외삼촌 다이나곤 후지와라노 쓰네무네藤原経宗와 게비이시検非違使 후지와라노 고레카타藤原惟方 등

적지 않은 정치가들이 있었다. 또 무사 중에서도 미나모토노 미쓰야스가 천황 세력의 일원이었다.

한편, 호겐의 난 후 무사 세력을 대표한 것은 세와겐지淸和源氏 혈통의 미나모토노 요시토모와 간무헤이시桓武平氏 혈통의 다이라노 기요모리였다. 호겐의 난으로 무력이 정쟁의 승패를 좌우한다는 것이 증명되었고, 무사들도 자기들의 실력을 자각하게 되었다. 이러한 정세 속에서 미나모토노 요시토모와 다이라노 기요모리가 무사 세력의 주도권을 장악하기 위해 대립하였다.

요시토모는 부친을 비롯한 일족을 자기 손으로 처형하면서까지 천황에 충성하였고, 또 전투에서도 가장 큰 공훈을 세웠다. 그런데도 천황의 은상은 겨우 정5위 사마노카미左馬頭에 임명한 것에 불과하였다. 그러나 전투에서 공훈도 세우지 않은 기요모리는 고시라카와 상황의 측근인 신제이와 친분이 있어서 세력을 확대하였을 뿐만 아니라 은상도 정4위 하리마노카미播磨守에 임명되었다. 은상을 결정한 것은 무공이 아니고 권력과의 친분관계였던 것이다. 실상을 파악한 요시토모는 신제이에게 접근했지만 문전박대를 당하였다.

상황 측근의 내분이 격화되면서 이윽고 무력으로 신제이를 제거하려고 결심한 후지와라노 노부요리는 특유의 친화력을 발휘하여 세력을 결집하였다. 니조 천황의 친정체제 구축을 희망하는 세력, 그리고 미나모토노 요시토모 세력과 연합하였다. 또 대대로 상황의 호쿠멘北面의 무사로 중용되었으면서도 신제이에 의해 권력에서 밀려난 미나모토노 스에자네源季実를 비롯하여 상황에 불만을 품은 무사들도 가세하였다.

1159년 12월 초, 후지와라노 미치노리와 한 편인 다이라노 기요모리가 일족을 모두 거느리고 구마노산熊野山 참배에 나섰다. 미치노리의 가장 강력한 무장이 교토를 비우게 된 것이다. 후지와라노 노부요리는

이때를 놓치지 않았다. 12월 9일 밤, 수백 명의 무사를 동원하여 상황의 궁전을 급습하여 미치노리를 치려고 하였다. 그 사실을 안 미치노리는 도망하였으나 체포망이 좁혀오자 자살하였다. 그의 목은 교토에 효시되었다. 이 사건을 헤이지의 난平治の乱이라고 한다.

기습에 성공한 후지와라노 노부요리 일파는 미치노리의 일족을 유배에 처한 후, 상황·천황을 궁전에 유폐나 다름없는 상태로 두고 논공행상에 열중하였다. 그들은 조정의 인심을 잃었다. 한편, 구마노산으로 향하는 도중에 급보에 접한 다이라노 기요모리 일행은 12월 17일 교토로 돌아왔다. 기요모리는 기나이畿内의 종자들에게 동원령을 내리고 전투태세를 갖추었다. 다이라노 기요모리는 거짓으로 노부요리에 신종할 의사를 표명하는 한편, 노부요리의 폭거에 불만을 품은 니조 천황파를 설득하여 천황을 여성으로 분장시켜 궁전에서 다이라씨의 근거지인 로쿠하라六波羅로 탈출시켰다. 그 사이에 고시라카와 상황도 닌나지仁和寺로 도망하였다.

노부요리·요시토모는 순식간에 조적朝敵이 되어 고립되었다. 12월 27일 충분한 전력을 갖춘 기요모리는 궁전에 진을 친 노부요리·요시토모 측에 공격을 가하였다. 니조 천황파인 미나모토노 미쓰야스·요리마사가 태도를 바꾸어 기요모리 편에 가담하였다. 미나모토노 요시토모는 고립되어 완패하였다. 후지와라노 노부요리는 체포되어 처형되었다. 요시토모는 동부 일본으로 도망하다 오와리尾張에서 주살되었다. 요시토모의 장자 요시히라義平를 비롯한 일족이 모두 체포되어 처형되었다. 그 와중에 3남인 미나모토노 요리토모源頼朝만이 사형 직전에 구사일생으로 살아서 이즈伊豆(지금의 시즈오카현静岡県 남부와 이즈 제도) 지방으로 유배되었다.

호겐·헤이지의 난은 귀족사회 내부의 분쟁이 무사의 실력에 의해 일거에 해결된 사건이었다. 특히 헤이지의 난은 무사 상호간에 대립하면서 정치의 실권이 무사의 손으로 옮겨간 획기적인 사건이었다. 이러한 혼란을 거치면서 다이라노 기요모리의 권력이 더욱 강화되어 무사의 동량 지위를 확립하였다. 이후 다이라노 기요모리는 무사로서는 처음으로 공경公卿의 반열에 올라 다이라씨 정권 성립의 발판을 구축하였다.

[3] 다이라씨 정권의 성립

1. 고시라카와 상황과 다이라노 기요모리

헤이지의 난에서 승리한 다이라노 기요모리는 고시라카와 상황의 신임을 얻었다. 기요모리는 상황에게 충성하며 권력을 강화하였다. 당시 조정 내에서는 고시라카와 상황과 니조 천황 사이에 정치의 주도권 다툼이 격화되었다. 1160년 초 천황은 상황 거소의 전망대를 판자로 둘러 외부가 보이지 않도록 하라고 명령하였다. 상황이 거소의 전망대에서 교토 시내를 구경할 때 민중들이 모여들어 쳐다본다는 이유였다. 소위 상황 연금사건의 배경에는 천황의 측근 후지와라노 쓰네무네·고레카타가 있었다. 그들은 천황 친정체제를 구축하기 위해서 힘썼다.

고시라카와는 기요모리를 불러서 쓰네무네·고레카타를 잡아오라고 명령하였다. 기요모리는 두 사람을 체포하여 관직을 박탈하고 유배형에 처하였다. 같은 해 6월에는 천황 측근의 무사 미나모토노 미쓰야스·미쓰무네 부자가 상황의 목숨을 노렸다는 죄명으로 유배형에 처해졌다. 천황 측근이 권력에서 추방될 때마다 기요모리가 활약하였다.

미쓰야스・미쓰무네 부자가 유배된 직후에 기요모리는 정3위의 관직에 나아가 공경의 반열에 올랐다. 같은 해 8월에는 참의가 되었고, 1161년 정월에는 이전에 미나모토노 고레카타가 맡았던 게비이시에 임명되어 교토의 치안 책임자를 겸하였다. 상황은 헤이지의 난을 계기로 실권을 장악하려는 천황 측을 공격하기 위해서 기요모리를 이용했던 것이다.

그러나 다이라노 기요모리는 영악하였다. 고시라카와 상황은 기요모리를 편애하였지만, 기요모리는 반드시 상황에게만 충성하지 않았다. 천황 측과도 원만한 관계를 유지하려고 노력하였다. 1161년 9월 천황 측이 후지와라노 노부타카藤原信隆를 비롯한 상황의 측근들을 관직에서 해임시켰고, 1162년 6월에는 상황의 측근들이 가모 신사賀茂神社에서 천황의 초상을 그려놓고 저주한 것이 발각되어 여러 명이 해임되거나 유배형에 처해지는 사건이 일어났다. 이런 사건은 천황 측이 상황 측을 공격한 것으로 추정된다. 그것은 당시 조정 내에 천황 지지 세력이 상당했다는 것, 또 게비이시의 지위에 있었던 기요모리가 천황과 친밀한 관계를 유지했다는 것을 보여준다. 천황의 궁전 일대에는 다이라씨 일족이 초소를 마련하고 삼엄한 경비를 섰다.

중립을 지키면서 신중하게 처신한 기요모리는 상황 측에서도 중시하였고 천황 측에서도 든든한 무력으로 생각하였다. 기요모리는 출세를 거듭하였다. 1161년 9월에 주나곤, 다음 해에는 황태후궁 대부大夫를 겸하면서 종2위로 승진되었다. 1165년에는 효부경兵部卿을 겸하면서 다이나곤에 임명되었다. 그는 조정 내에서도 중심적인 인물이 되었다. 이미 1163년에는 기요모리의 아들 시게모리重盛가 종3위의 지위에 오르면서 기요모리 부자가 공경의 반열에 올랐다. 기요모리가 출세를 거듭하면서 그의 권세에 걸맞은 경제적 기반도 갖추었다.

1165년 6월 니조 천황이 병으로 퇴위하고 다음 달에 23세의 젊은 나이로 사망하였다. 그 뒤를 이어 겨우 2살이 된 니조의 아들 노부히토 친왕順仁親王이 즉위해 로쿠조 천황六条天皇이 되었다. 그러자 조정의 실권은 고시라카와 상황이 장악하였다. 오랫동안 지속되었던 천황과 상황의 대립관계도 해소되었다. 군사력을 배경으로 하는 다이라씨 일족의 역할이 더욱 커졌다. 1166년 기요모리가 정2위로 승진하였다. 같은 해 10월 고시라카와 상황과 기요모리의 처제 시게코滋子 사이에 태어난 노리히토 친왕憲仁親王을 태자로 세웠다. 이때 기요모리는 동궁의 대부, 이어서 11월에는 나이다이진內大臣이 되었다. 기요모리는 태자의 외척인 다이라씨 일족의 장로로서 조정 내에서 누구도 넘볼 수 없는 지위를 확립하였다. 기요모리의 동생 요리모리頼盛는 종3위, 아들 시게모리重盛는 참의·주나곤이 되었다.

1167년 2월 50세가 된 기요모리는 천황을 보좌하는 최고의 지위인 다이조다이진太政大臣에 임명되면서 종1위로 승진하였다. 기요모리는 무사 출신으로는 처음으로 그 지위에 올랐으나 3개월 후에 사퇴하였다. 그때 기요모리는 다이라씨의 동량棟梁 지위를 아들 시게모리에게 물려주었다. 조정은 시게모리에게 도산東山·도카이東海·산요山陽·난카이도南海道의 적도추토권賊盜追討權을 부여하였다. 원정 시기에 무가의 동량이 무사단을 이끌고 국가의 군사·경찰의 기능을 담당하게 되었던 것이다. 이러한 제도는 훗날 가마쿠라 막부 때 수고守護의 권한으로 계승되었다.

다이라씨 일족이 고위 관직을 독점하였다. 공경의 반열에 오른 다이라씨는 기요모리 이외에 종2위 다이나곤의 지위에 오른 그의 아들 시게모리, 정4위 참의의 지위에 오른 기요모리의 처남 도키타다時忠와 시게모리의 동생 무네모리宗盛, 종3위 황태후궁 대부의 지위에 오른 기요모리의 동생 요리모리 등 5명이었다. 또 기요모리는 20여 명의 일족을 고쿠시로 파견하였고, 전국에 500여 곳의 장원을 소유하였다.

2. 다이라씨의 전성

1163년 다이라노 기요모리는 자신의 딸 세이시盛子를 후지와라노 타다미치藤原忠通의 아들로 간파쿠의 지위에 있는 모토자네基実에게 시집보냈다. 모토자네는 후지와라씨 북가의 적장자로 이미 16세 때 간파쿠가 되면서 후지와라씨 일족의 장자가 되었다. 당시 모토자네는 어린 로쿠조 천황의 셋쇼도 겸하였다. 그러나 1166년 모토자네가 24세의 젊은 나이로 급사하였다. 기요모리에게는 충격적인 사건이었다.

하지만 기요모리는 모토자네의 죽음을 전화위복의 기회로 이용하였다. 당시 후지와라노 타다미치가 모토자네에게 상속한 장원은 150여 개소에 달하였다. 기요모리는 그 장원의 일부만 모토자네의 동생 모토후사基房에게 배분하고, 장원의 대부분은 모토자네의 어린 아들 모토미치基通에게 상속시켰다. 모토미치가 상속한 장원은 미망인 세시가 모토미치의 양모養母 자격으로 관리하게 하였다. 섭관가의 방대한 장원을 사실상 다이라씨가 지배하였던 것이다. 고시라카와 상황도 원선院宣, 즉 상황이 내리는 문서로 기요모리의 편을 들어주었다. 상황과 기요모리의 책략으로 후지와라씨 종손 가문이 분열되었다. 섭관가의 위세가 추락하였다.

1168년 2월 고시라카와 상황은 4살 된 로쿠조 천황을 폐하고, 기요모리의 외손자로 7살 된 노리히토 태자를 즉위시켰다. 그가 다카쿠라 천황高倉天皇이었다. 기요모리는 천황의 외척이 되었다. 같은 달 기요모리는 출가 의식을 치렀다. 그 후 기요모리는 세상의 법도에 구애되지 않는 자유로운 입장에서 더욱 강력한 권력을 행사하였다. 같은 해 7월 기요모리는 처남인 다이라노 도키타다를 게비이시에 임명하여 교토의 치안을 담당하게 하였다. 기요모리는 무력을 배경으로 다이라씨의 지배력을 강화하였다.

1169년 6월 고시라카와가 출가하여 법황을 칭하였다. 1171년 기요모리는 자신의 딸 도쿠시德子를 다카쿠라 천황의 후궁으로 들여보냈고, 다음 해에는 중궁中宮이 되게 하였다. 도쿠시가 아들을 낳고, 그 아들이 천황이 되면, 다카쿠라는 상황이 되어 원정을 실시할 것이다. 그렇다면 기요모리는 동시에 천황의 외조부가 되어 권력을 장악할 수 있게 될 것이다. 그런 의미에서 기요모리가 도쿠시를 천황의 중궁을 삼은 의미는 매우 컸다고 할 수 있다.

1178년 봄 다카쿠라 천황의 중궁 도쿠시가 혼인한 지 7년 만에 회임하였다. 기요모리는 유명한 신사와 사원에서 도쿠시의 안산을 기원하는 기도와 법회를 연이어 개최하였다. 죄인을 풀어주는 대사면을 단행하기도 하였다. 기요모리와 다이라씨 일족의 기대에 부응하여 도쿠시는 11월에 아들을 낳았다. 로쿠하라의 기요모리 저택에는 축하 인사하러 달려온 일족들로 붐볐다. 고시라카와 법황도 달려와서 안산을 기원하는 기도를 올렸다. 고시라카와 법황은 도모히토言仁로 명명된 갓난애를 즉시 태자로 세웠다. 이후 조정 내에서는 더 이상 기요모리의 위세에 대항할 자가 없었다. 다이라씨 정권이 확립되었다. 다이라씨 정권을 로쿠하라 정권이라고도 한다. 다이라씨 일족의 저택이 교토의 로쿠하라에 밀집해 있었기 때문이다.

다이라씨 발전의 기반이 되었던 것은 전국 각지에서 성장하던 무사단이었다. 다이라노 기요모리는 주로 서부 일본의 무사를 휘하에 편성하였다. 구체적으로 이세伊勢·이가伊賀 지방을 중심으로 기나이畿內 지역, 특히 세토瀨戶 내해 연안의 무사를 종자從子로 조직한 것이 다이라씨 본래의 무사단이었다. 다이라씨는 종자를 장원이나 공령公領의 관리로 임명하였다. 장원 내에 사사로이 지토地頭를 두고, 그 자리에 기요모리의 게닌家人을 임명하였다.

앞에서 살펴보았듯이, 1167년 기요모리의 아들 시게모리가 적도추토사로 임명되면서 다이라씨가 사실상 전국의 군사경찰권을 장악하였다. 1176년 5월에는 조정이 시게모리에게 해적추토권을 부여하면서 다이라씨의 군사·경찰권이 더욱 광범위하게 적용되었다. 군사·경찰권을 장악한 다이라씨는 전국에서 교토로 상경하여 천황 궁전을 경비하는 무사 조직도 장악하였을 가능성이 크다. 그렇다면 다이라씨는 지방 무사도 지배하에 두었다고 미루어 짐작할 수 있다.

3. 다이라씨의 경제적 기반

셋쓰攝津를 비롯한 세토 내해에서 규슈에 걸치는 서부 일본 지역은 다이라씨 세력의 기반이었다. 실제로 그 지역에 다이라씨의 장원이 밀집되어 있었다. 다이라씨가 이 지역과 밀접한 관련을 맺은 것은 기요모리의 조부 마사모리와 부친 타다모리 시대부터였다. 그때부터 다이라씨는 세토 내해 일대와 규슈의 무사들을 지배하에 편성하여 주종관계로 발전시켰다. 기요모리는 1146년부터 1156년까지 아키安芸의 고쿠시로 재임하면서 이 지역과 깊은 관계를 맺었다. 특히 아키의 미야지마宮島에 있는 해상교통의 수호신 이쓰쿠시마묘진厳島明神을 믿게 되었다. 그것은 훗날 내해항로 지배와 일송무역에 큰 도움이 되었다. 1166년부터는 기요모리와 그의 동생 요리모리가 잇달아 다자이후大宰府의 차관으로 임명되어 일송무역에 힘쓰면서 규슈 지방 지배에 힘을 기울였다. 다이라씨는 규슈 지방의 장원을 늘리고 그 지역의 무사들과 주종관계를 맺었다.

세토 내해 일대와 규슈 지방의 무사들은 무역과 불가분의 관계가 있었다. 다이라씨가 그들의 우두머리가 되기 위해서는 상업과 무역을 보호하고 발전시킬 필요가 있었다. 다이라씨가 지금의 히로시마현広島県에 있는 온도노세토音戸の瀬戸라는 운하를 개척한 것도 상업과 무역을 발전시키기 위한 정책의 일환이었다. 온도노세토 운하의 개척으로 지금의 오사카인 나니와難波에서 서쪽 바다로 직행할 수 있게 되었다.

일본과 송나라의 관계는 9세기 말부터 공식적으로 두절되었다. 그러나 가라모노唐物 즉 수입품의 수요가 증가하여 밀무역이 성행하였다. 다이라노 기요모리는 일송무역에 눈을 돌렸다. 기요모리는 규슈의 하카타항博多港을 재건하고, 지금의 효고현兵庫県에 있던 국제항인 오와다노토마리大輪田泊를 수축하였다. 다이라씨의 장원 후쿠하라쇼福原庄·효고쇼兵庫庄의 외항이라고 할 수 있는 오와다노토마리는 고대 이래 세토 내해 항로의 요충지였을 뿐만 아니라 내해 항로 동쪽의 물류 거점이었던 항구였다. 기요모리는 특히 항구의 전면에 교가시마経島를 축조하여 선박이 안전하게 정박하도록 하였다. 온도노세토 운하의 개척과 오와다노토마리의 수축으로 일송무역이 더욱 원활하게 추진될 수 있었다. 일송무역을 통하여 얻은 이익은 다이라씨 정권의 중요한 수입원이었다.

조정이 다이라씨 일족에게 수여한 지교국知行国도 다이라씨의 경제적 기반이었다. 다이라씨는 지교국에서 조세와 관물을 수취할 수 있었다. 다이라씨에게 수여된 지교국은 1179년에 25개 구니国, 1180년에는 더욱 증가하여 30개 구니였다. 조정은 824년에 전국에 66개의 구니를 설정하였다. 그렇다면 다이라씨에 수여된 지교국은 일본의 2분의 1에 가까웠다. 다이라씨는 무력을 배경으로 대사원과 신사, 그리고 토착 영주를 제압하고 지교국을 효과적으로 다스렸다. 다이라씨에게 지교국은 든든한 경제적 기반이었을 뿐만 아니라 정치·군사적 기반이기도 했다는 것을 알 수 있다.

다이라씨가 소유한 장원이 상당히 많았다고 추정되지만, 사료가 부족하여 그 전모를 파악할 수 없다. 현재 다이라씨 일족의 장원으로 160여 곳이 확인된다. 그것을 살펴보면 다이라씨의 장원은 북쪽으로는 무쓰陸奧에서 남쪽으로는 사쓰마薩摩(지금의 가고시마현鹿兒島縣의 서반부)까지 전국적으로 분포되어 있었다. 그 중에서도 원래 다이라씨의 기반이었던 이세·이가·야마토大和, 세토 내해 연변의 셋쓰·하리마播磨 등의 지역을 중심으로 긴키近畿에서 규슈 지방까지 집중 분포되었다. 참고로 1183년 다이라씨가 교토를 버리고 서부 일본 지역으로 도망하였을 때 몰수된 다이라씨 일족의 장원이 500여 곳이었다.

☐☐☐**제9장**

헤이안 시대의 문화

[1] 고닌·조간 문화

1. 한문학의 융성

794년 간무 천황桓武天皇이 헤이안쿄平安京로 천도한 후부터 9세기 말에 이르는 약 100년간을 고닌弘仁·조간貞觀 시대라고 하고, 그 시대의 문화를 고닌·조간 문화라고 한다. 고닌·조간은 각각 사가 천황嵯峨天皇과 세와 천황淸和天皇이 재위할 때의 연호였다.

이 시대에 법전이 정비되었고 역사서도 편찬되었다. 8세기 초에 『니혼쇼키日本書紀』가 편찬된 이래 10세기 초까지 조정은 역사편찬 사업을 계속하였다. 그래서 『쇼쿠니혼키續日本紀』, 『니혼코키日本後紀』, 『쇼쿠니혼코키續日本後紀』,『니혼몬토쿠텐노지쓰로쿠日本文德天皇実録』,『니혼산다이지쓰로쿠日本三代実録』 등 6종의 칙찬勅撰 역사서가 성립되었다. 이것을 총칭해『릿코쿠시六国史』라고 한다.

조정은 씨성氏姓의 혼란을 바로잡으려고 하였다. 사가 천황의 칙명으로 만타 친왕万多親王과 후지와라노 오쓰구藤原緒嗣가『신센쇼지로쿠新撰姓氏録』를 편찬하였다. 이것은 기나이畿內 지역에 거주하는 1,182씨를 천황 일족에서 분파된 씨족, 토착계 씨족, 도래인계 씨족 등으로 분류해서 그 계보를 집성한 것이다.

학문 분야에서는 여전히 당의 영향이 두드러졌다. 귀족들 사이에서 한문으로 시를 짓는 것이 유행하였다. 814년에서 827년까지『료운슈凌雲集』,『분카슈레이슈文華秀麗集』,『게이코쿠슈経国集』등과 같은 칙선 한시집이 잇달아 편찬되었다. 그 밖에도 구카이空海는 일종의 한시문 평론서『분쿄히후론文鏡秘府論』을 저술하였고, 구카이의 제자 신제이真済는 구카이의 시문을 수집해『쇼료슈性靈集』를 편찬하였다.

한시문 작가로는 사가 천황을 비롯해 구카이, 오노노 다카무라小野篁, 미야코노 요시카都良香, 스가와라노 미치자네菅原道真 등이 유명하였다. 서도 분야에서는 중국적인 서풍이 유행하였다. 서도가로는 사가 천황, 구카이, 다치바나노 하야나리橘逸勢 등이 가장 유명하였다. 그들은 삼필三筆로 일컬어졌다.

한문학이 성행하면서 대학에서는 유학적 교양을 쌓는 명경도明経道에 대신해 중국의 사학과 문학을 배우는 기전도紀伝道・문장도文章道가 교육의 중심이 되었다. 교육 내용이 변경된 배경에 문장이야말로 나라를 다스리는 재능이라는 사상이 있었다. 실제로 문장도 가문인 스가와라씨와 오노씨의 일족 중에서 뛰어난 관리가 많이 배출되었다. 하지만 후지와라씨가 정치를 독점하게 되면서 문장을 중시하는 사상이 자취를 감추게 되었다.

제9장 헤이안 시대의 문화 273

유력한 귀족은 다이가쿠벳소大学別曹를 설치해 일족의 자제들이 침식을 함께하며 학문을 연마하게 하였다. 교육의 내용은 유교적 교양을 쌓는 것에 치중되어 있었다. 민중을 대상으로 하는 교육기관으로서 구카이가 설립한 슈게이슈치인綜芸種智院이 있었다. 그러나 이것은 얼마 지나지 않아서 폐지되었다.

2. 헤이안 시대의 불교

나라 시대의 불교는 천황과 귀족의 비호를 받으며 발전하였다. 대사원은 자기 세력을 강화시키려고 권력에 접근하였다. 국력의 보호 아래 비대해진 사원 세력이 정치에 개입하면서 불교가 부패하였다. 759년경 도쿄道鏡라는 승려가 여성 천황 쇼토쿠稱德의 총애를 입고 정치에 관여하여 천황에 준하는 대우를 받았다. 승려가 정치에 깊숙이 개입하면서 정국이 극도로 문란해졌다.

정권과 유착된 사원 세력과 승려가 왕권까지 넘보는 사태를 지켜본 간무 천황은 수도를 헤이안쿄로 옮기는 것을 기화로 사원 세력과 관계를 단절하려고 결심하였다. 승려의 자격을 엄격히 제한하는 정책을 추진하는 한편, 승려들이 정치에 아예 관심을 갖지 않고, 도성에서 멀리 떨어진 산 속에서 수행에 전념하는 새로운 불교를 일으키려고 하였다. 그래서 804년 젊은 승려 사이초最澄와 구카이空海를 견당사遣唐使의 일원으로 당에 파견해 새로운 불교를 수입하였다.

당시 중국에서는 지의智顗의 천태종天台宗과 법장法藏의 화엄종華嚴宗이 크게 떨쳤다. 또한 인도에서 직접 전해진 밀교密敎가 유행하였다. 사이초는 지의에게 천태종 사상을 배우는 한편, 밀교 수행법도 조금 익히고 805년에 귀국하였다. 구카이는 청룡사靑龍寺에 머물면서 밀교 수행법을 배우고 806년에 귀국하였다.

짧은 유학생활을 마치고 일본으로 돌아온 사이초와 구카이는 산 속으로 들어가 서로 교류하면서 수행에 전념하였다. 사이초는 히에이잔比叡山에 엔랴쿠지延曆寺를 세우고 일본 천태종을 창시하였고, 구카이는 고야산高野山에 곤고부지金剛峰寺를 세우고 진언종眞言宗을 창시하였다. 사이초와 구카이에 의해 일본 불교는 새로운 단계로 발전하였다.

나라 시대 승려들은 도성 내에 있는 사원에 기거하면서 주로 불교 교리를 학습하는 수준에 머물러 있었다. 그러나 사이초와 구카이를 비롯한 헤이안 시대 승려들은 산 속에 있는 사원에서 수행하는 단계로 진입하였다. 나라 시대의 불교가 도시 불교였다면, 헤이안 시대 불교는 산악 불교였다고 할 수 있다. 승려들이 도시를 떠나 산 속으로 들어가 수행하면서 자연히 정치에서 멀어지게 되었다. 승려들이 정치에서 멀어졌다는 것은 불교가 국가의 통제에서 어느 정도 벗어났다는 것을 의미하는 것이기도 하였다.

3. 천태종

전교대사傳敎大師라고도 일컬어지는 사이초는 804년에 당으로 건너가 천태교학과 선禪 그리고 밀교密敎를 조금씩 배우고 이듬해에 귀국해 일본 천태종을 창시하였다 천태종은 나가르주나[龍樹]를 종조로 하는 종파로, 2조 혜문慧文을 거쳐 3조 지의가 대성하였다고 알려졌으나 실질적인 천태종을 창시한 것은 지의라고 할 수 있다. 지의는 천태산에 들어가 교의를 크게 정립하고 종지를 선양했기 때문에 천태대사라고 불렸다.

천태종은 『법화경法華経』을 근본경전으로 삼았다. 『법화경』을 『묘법연화경妙法蓮華経』이라고도 한다. '묘법'이란 최고 절대의 진리를 의미하였다. '연화'란 연꽃이 진흙탕 속에서도 더렵혀지지 않는 것처럼 보살은 속세에 살면서도 진리의 꽃을 피울 수 있다는 가르침이다.

천태종에서는 수행 방법으로 지관止觀을 중시하였다. 지는 남방불교에서 말하는 사마타 samatha, 즉 평온함, 조용함, 감

사이초 초상

정의 제어를 의미하고, 관은 위빠사나vipassana, 즉 명료한 인식, 통찰을 의미한다. 다시 말하면 지관은 마음을 고요하고 평정하게 다스려 대상의 본질을 명료하게 인식하고 통찰한다는 일종의 인식론이라고 할 수 있다.

일본 천태종은 중국의 천태선사 지의가 제시한 방법에다가 계戒, 선禪, 밀密의 방법을 더한 것이다. 사이초는 사람은 모두 불성을 가지고 있으며, 누구라도 깨우칠 수 있다고 하였다. 그리고 어떠한 가르침도 결국은 하나라고 가르쳤다. 사이초는 궁극의 진리라고 할 수 있는 『법화경』의 일승묘법一乘妙法을 근간으로 삼았던 것이다.

당시 승려들은 250개조의 계율을 지키도록 되어 있었다. 사이초는 종래의 계율이 너무 엄격하다고 생각하였다. 계율이 엄격해서 승려들이 제대로 지킬 수 없다면 의미가 없다고 판단하였다. 그래서 계율을

대폭 축소해 승려들이 실제로 지킬 수 있도록 현실화하였다. 원래는 재가 수행자들을 위해 마련된 비교적 엄격하지 않은 계를 대승계大乘戒로 정하였다.

사이초는 천태종의 계가 기존의 계단戒壇에서 독립해야 한다고 주장하였다. 일찍이 조정은 753년에 중국의 승려 간진鑑眞이 일본으로 건너오자, 나라奈良의 도다이지東大寺에 계단을 세우고, 간진으로 하여금 수계受戒를 전담하게 하였다. 그 후에 시모쓰케下野의 야쿠시지藥師寺와 규슈의 간세온지觀世音寺에도 계단이 설립되었다. 일본 승려들은 이 세 곳의 사원에서만 수계를 할 수 있었다. 사이초는 이런 전통에 이의를 제기하였다. 히에이잔 엔랴쿠지에 대승계단이 설립된 것은 사이초가 죽은 뒤의 일이었지만, 대승계단이 설립되면서 천태종의 승려가 되고자 하는 자는 엔랴쿠지에서 계를 받을 수 있게 되었다.

사이초가 창시한 일본 천태종은 중국 천태종의 종지를 순수하게 지켰다고 볼 수 없다. 밀교적 수행 방법이나 염불 수행법을 도입하면서 발전했기 때문이다. 천태종에 밀교를 도입한 엔닌円仁은 지관의 방법으로 상행삼매법常行三昧法을 전하면서 산중에 상행당常行堂을 건립한 이래, 천태종은 점차로 염불 수행을 주로 하는 종파로 변질되었다. 하지만 히에이잔 엔랴쿠지는 오늘날까지 교학의 도량, 진리탐구의 도량으로 일본 불교에서 가장 높은 지위를 차지하고 있다.

4. 진언종

홍법대사弘法大師라고도 일컬어지는 구카이는 804년에 당으로 건너가서 밀교[89]를 배우고 806년에 일본으로 돌아왔다. 구카이가 귀국할 때 밀교 경전과 의식에 사용하는 갖가지 법구法具를 가지고 와서 일본 진언종을 창시하였다.

인도에서 발달한 밀교는 신비적인 성격이 강한 종파이다. 밀교의 근본경전은 『대일경大日經』과 『금강정경金剛頂經』이었다. 7세기경에 성립된 밀교는 인도에서 이론과 수행법이 개발되어 티베트와 중국으로 전해졌다. 구카이가 유학했을 때 마침 밀교는 당의 수도 장안長安에서 유행하였다.

중국에서 돌아온 구카이는 고야산에 곤고부지를 세워 밀교의 수행 도량으로 삼는 한편, 사가 천황으로부터 하사받은 교오고코쿠지敎王護國寺에도 진언원을 설치하였다. 구카이는 매우 치밀하게 진언종의 기반을 확립하는 작업에 착수하였다.

불교 수행의 목표는 부처가 되는 것이다. 수행에는 여러 가지 방법이 있지만, 밀교에서는 오로지 한마음으로 수행을 하면 살아 있으면서 부처가 될 수 있다고 하였다. 밀교는 즉신성불即身成仏할 수 있는 방법을 제시했던 것이다. 즉신성불하기 위해서는 제시된 방법에 따라 엄격히 수행해야 하였다. 수행 방법은 일반인에게는 비밀로 하였다. 수행 방법은 수용할 수 있는 자에게만 가르쳐주었다. 특히 구카이는 수행의 실천을 강조하였다. 구카이의 밀교 수행법은 교리를 탐구하는 수준에 머물렀던 나라 시대의 불교와는 차원이 다른 것이었다.

밀교는 법신불인 대일여래大日如來에 의지하였다. 법신불은 영원한 법 그 자체, 절대적인 부처를 의미하였다. 이런 관점에서 본다면, 석가모니도 절대적인 부처가 인간의 몸으로 나타난 것에 불과하였다. 물론

---
[89] 밀교라는 말은 '비밀스러운 가르침'이라는 뜻으로 현교顯教와 대립된다. 현교는 '공개된 가르침'이라는 뜻으로 밀교의 입장에서 보면 밀교 이외의 모든 가르침이 현교인 셈이다. 현교의 교주는 석가모니이다. 그러나 밀교는 법신불에 의지하였다.

석가모니도 부처가 된 이상 본래자리에서 벗어나지 않았고, 그런 의미에서 절대적이지만, 법신불인 대일여래와는 차원이 다르다는 것이 밀교의 입장이었다.

부처의 실재를 체험하고 본래자리와 하나가 되는 것, 즉 부처가 되는 것을 가지加持라고 하였다. 구카이는 가지기도로 즉신성불 할 수 있다고 가르쳤다. 밀교 의식을 진행할 때는 진언[90]을 외웠다. 여러 부처의 형상에 마음을 집중하고, 진언을 외우고, 손으로 인계를 만들면서 순서에 따라 의식을 행하면 절대적인 경지와 하나가 될 수 있다고 하였다. 밀교의 가지기도는 원시 시대부터 행해진 주술적인 기도와는 본질적으로 달랐다.

진언종은 기도를 중심으로 하였다. 불교의 가피력에 의지해 재앙을 피하고 복덕을 얻기를 갈망하던 귀족들이 앞을 다투어 진언종에 귀의하였다. 밀교에는 인간의 영성에 대한 깊은 자각이 있었다. 그렇기에 혼란한 사회 속에서 불안감을 느끼는 일본인들의 마음을 사로잡을 수 있었다. 더구나 구카이는 실로 다재다능한 인물이었다. 문장, 서예, 그림 등 어느 면에서도 당시 일본에서 가장 높은 실력을 갖추고 있었다. 그런 재능을 통해 귀족이나 지식인들과 교류하면서 자연스럽게 밀교를 전파할 수 있었다.

밀교는 기도에 초점이 맞춰져 있었다. 기도는 즉신성불에 이르기 위해서도 행해졌을 뿐만 아니라, 국가 평안, 풍작, 질병치료, 운수대통 등 현세적인 이익을 위해서도 행해졌다. 민중들은 밀교 승려들에게 재앙을 물리치고 복을 가져다주는 기도를 요구하였다. 영험한 기도 능력을 갖춘 승려들이 명성을 얻었다. 민중이 진언종을 선호하게 된 이유가 바로 여기에 있었다.

---

90) 진언이란 '진실한 말'이라는 뜻으로 보통 다라니陀羅尼라고 한다. 그것은 대일여래, 즉 본래의 부처자리인 깨우침의 세계를 의미하기도 한다.

5. 밀교와 토속 신앙

불교가 점차 민중에게 확산되자, 일본의 토착 신앙인 신도神道와 불교가 융합하는 현상이 일어났다. 이미 8세기부터 신사 경내에 진구지神宮寺를 세우고, 사원 경내에 수호신을 모시는 전각을 세우고 신상神像 앞에서 독경하는 것이 자연스럽게 되었다. 신불습합神佛習合의 경향이 강화되었던 것이다. 9세기에 들어서면 신의 본체는 부처이고, 부처가 인간을 구원하기 위해 출현한 것이 신이라는 본지수적설本地垂迹説이 제시되었다. 예를 들면, 본지인 대일여래가 일본 천황 가문의 조상신 아마테라스오미카미天照大神로 수적하였다고 설명한다.

천태종과 진언종은 종래의 도시 불교와는 성격을 달리했기 때문에 사원은 깊은 산속에 세워졌다. 산속 깊은 곳에서 수행하는 천태종과 진언종의 정신과 일본 고유의 산악신앙이 결합해 슈겐도修驗道가 탄생하였다. 슈겐도란 영험 있는 산에 들어가 수행해 신통력을 얻는 것을 목표로 하는 것으로 수도자들을 야마부시山伏라고 하였다. 슈겐도 수행처로 유명한 곳이 구마노산잔熊野三山이었다.

구마노산잔은 곧 구마노산샤熊野三社, 즉 구마노에 있는 3곳의 신사이다. 구마노니마스 신사熊野坐神社・구마노하야타마 신사熊野速玉神社・구마노나치 신사熊野那智神社가 바로 그것이다. 구마노니마스 신사는 본궁本宮으로 게쓰미코노카미家都御子神를 제신으로 모신다. 구마노하야타마 신사는 신궁으로 하야타마 대신速玉大神을 제신으로 모신다. 구마노나치 신사는 후스미 신夫須美神을 제신으로 모신다.

진언종의 밀교 수행 방식이 민간 신앙과 결합해 일반인에게도 큰 영향을 미쳤다. 전국 각지에서 진언종을 창시한 구카이와 관련된 전설이 남아있다. 구카이가 신통력으로 우물을 발견하고, 연못을 파고, 길을 냈다는 이야기가 전한다. 시코쿠四国 지방에서는 구카이의 족적을 찾아

순례하는 전통이 지금도 남아있다.

밀교는 음양도陰陽道와도 결합하였다. 음양도는 오행五行의 원리로 자연계의 재난이나 인간계의 길흉을 설명하는 것이다. 음양도는 국가의 의례나 귀족들의 일상생활에 큰 영향을 미쳤다.

6. 밀교 예술

무로지 금당

고닌·조간 시대에 밀교가 성행하였다. 밀교는 예술에도 영향을 미쳤다. 건축 분야에서는 산의 지형을 자연스럽게 이용해 건물을 배치한 밀교 사원이 건축되었다. 사원의 지붕도 노송나무 껍질로 덮은 히와다부키檜皮葺라는 일본풍이었다. 대표적인 유적으로는 나라현 무로지室生寺의 금당과 오층탑이 있다. 신사 건축양식으로는 가스가즈쿠리春日

造⁹¹⁾·나가레즈쿠리流造⁹²⁾와 같은 새로운 기법이 도입되었다. 가스가즈쿠리의 대표적인 건축물로는 가스가 신사春日神社의 정전을 들 수 있고, 나가레즈쿠리의 대표적인 건축물로는 교토에 있는 가모 신사賀茂神社 정전을 들 수 있다.

밀교는 4종의 만다라曼荼羅⁹³⁾를 중시하였다. 수행을 할 때는 보살상과 부동명왕상不動明王像은 말할 것도 없고 많은 종류의 법구들을 이용하였다. 그것들은 밀교에서 가르침을 전하거나, 의식을 거행하거나, 수행을 할 때 반드시 필요한 도구들이었다. 그래서 구카이나 그 제자들이 중국에서 공부하고 일본으로 돌아올 때 많은 그림·불상·도구들을 가지고 귀국했던 것이다.

중국에서 일본으로 가지고 온 그림·불상·도구들을 일본에서 복제하거나 모방하면서 많은 미술품이나 공예품이 제작되었다. 예를 들면 일본에서 가장 먼저 제작된 밀교 그림이라고 할 수 있는 「용맹·용지도龍猛·龍智圖」는 구카이가 당에서 공부를 마치고 귀국할 때 가지고 온 「진언오조도眞言五祖圖」를 모방해서 밀교의 고승 용맹과 용지를 그린 것이다.

밀교의 영향으로 종래 일본에 없었던 다양한 불교 미술이 발달하였다. 특히 변형된 관세음보살상, 부동명왕상 등 다양한 불상들이 제작

---

91) 신사 건축양식의 하나이다. 건물의 정면 지붕이 약간 돌출된 예배드리는 장소가 있다. 지붕 위의 양끝에 지기千木라하여 X자 형으로 교차시킨 길다란 목재를 설치한 것이 특징이다. 특히 긴키 지방에 많이 남아있는 신사 건축양식이다. 대표적인 것이 가스가다이샤春日大社의 정전이다.
92) 신사 건축양식의 하나이다. 지붕의 전면이 뒷면보다 앞쪽으로 돌출되어 있는 예배 목적의 건축양식이다. 일본적인 자연스러움과 장엄함을 겸한 양식이기 때문에 전국적으로 보급되었다. 대다수의 신사가 이 건축양식을 도입하였다.
93) 범어梵語를 음역해 표기한 것이다. 부처가 깨달은 세계를 형상화한 것인데, 여러 부처와 보살이 모여 있는 세계인 도량道場을 표현한 것이기도 하다. 만다라의 종류로는 여러 부처와 보살을 모두 표현한 도회만다라都會曼陀羅, 일부 부처와 보살을 표현한 부회만다라部會曼陀羅, 특정한 부처나 보살을 표현한 별존만다라別尊曼陀羅 등이 있다.

되었다. 만다라와 같은 특수한 그림도 소개되었다. 그림과 조각상을 통해 불교의 수호신이 된 힌두교의 여러 신들이 일본인들에게 소개되었다는 것도 주목된다.

조각 분야에서도 새로운 기법이 나타났다. 밀교 그림에 나타난 불보살들이 조각상으로 제작되었다. 예를 들어 교토 진고지神護寺의 약사여래상은 큰 나무 하나를 재료로 하여 조각하는 이른바 이치보쿠즈쿠리一木造 기법으로 제작된 불상이다. 이치보쿠즈쿠리 기법은 두터운 재질에 번파식翻波式이라는 파도 형태의 주름을 겹쳐서 조각하는 것을 특색으로 하였다. 나라현 간

진고지 약사여래상

고지元興寺의 약사여래상, 무로지 금당의 불상과 미륵당의 석가여래상 등은 이 시기에 조성된 것이다.

목심건칠木心乾漆 기법으로 제작된 불상도 나타났다. 이 기법은 먼저 나무로 불상의 대체적인 모형을 만들고, 그 위에 섬세한 부분을 조각하거나 만들어 붙인 다음 옻칠이나 금칠을 해 완성하는 것이었다. 대표적인 작품으로 교오고코쿠지 강당의 범천상梵天像이 있다. 세 개의 얼굴에 네 개의 팔이 달린 이 조각상은 밀교의 그림을 참고로 하여 제작한 것이다. 오사카 간신지觀心寺의 여의륜관음상如意輪觀音像도 목심건칠 기법으로 제작되었다.

오늘날 박물관에 전시된 조각상은 물론 사원 경내에 배치된 것들도 보통 한 작품씩 감상하는 것이 일반적이다. 하지만 본래는 불교 교리를

제9장 헤이안 시대의 문화 283

알고 사원에 배치된 조각상을 입체적으로 감상해야 할 것이다. 여러 보살상, 부동명왕상 등은 서로 일정한 의미와 관련성을 염두에 두고 배치되었기 때문이다. 그러나 설령 한 작품씩 감상한다고 해도 일반적으로 정관양식貞觀樣式이라는 이 시대의 불상에는 양식적인 특징이 현저하게 드러나 있다. 불상들은 하나같이 풍만하면서 신비로운 분위기를 띠고 있다.

이 시대에 신불습합 사상의 영향을 받은 불상들이 제작되었다. 일본인들은 원시 시대부터 건국신과 조상신을 섬기는 습속이 있었다. 이런 신들은 특정한 모습을 갖고 있지 않았다. 그러나 헤이안 시대에 들어와 많은 조각상들이 제작되면서 일본인들이 섬기던 신들이 다양한 조각상으로 표현되었다. 신불습합을 보여 주는 대표적인 작품으로는 교토 마쓰오다이샤松尾大社의 여신·남신상, 나라 야쿠시지藥師寺의 승형팔번상僧形八幡像·신공황후상神功皇后像 등이 있다.

야쿠시지 신공황후상

회화 분야에서도 밀교와 관련된 그림이 많이 제작되었다. 이 시기에 기도를 위해 특히 여의륜관음상과 부동명왕상이 많이 제작되는 경향이 있었다. 대표적인 작품으로는 시가현滋賀縣 온조지園城寺의 부동명왕상을 들 수 있다. 그 밖에 고야산高野山 묘오인明王院의 적부동赤不動, 교토 쇼렌인靑蓮院의 청부동靑不動이 유명하다.

불화 이외에 불교의 세계를 도식적인 그림으로 설명하는 만다라가 발달하였다. 만다라는 원래 인도의 수행처를 의미했는데, 훗날 중국·한반도·일본에서는 불법의 세계를 모두 그린 그림을 지칭하였다. 진언종에서는 대만다라·삼매만다라·법만다라·갈마만다라羯磨曼茶羅를 4종 만다라라고 칭하고, 그것으로 불보살의 형체나 상호相好를 비롯해 도구·인계·명호 및 각 불보살의 위신력과 교의教義를 설명하였다. 만다라의 세계는 각각 태장계胎藏界와 금강계金剛界가 있는데, 그것을 통칭해서 양계만다라兩界曼茶羅라고 한다. 대표적인 것으로는 교토 진고지의 양계만다라를 들 수 있다.

묘오인 적부동

금강계 만다라(좌) 태장계 만다라(우)

종교와 관계없는 화풍도 나타났다. 구다라노 가와나리百濟河成와 고세노 가나오카巨勢金岡가 출현해 풍경과 동식물의 그림을 그렸다고 전해진다. 이런 세속화가 야마토에大和絵로 발전하였다.

제9장 헤이안 시대의 문화 285

[2] 국풍문화

10세기는 동아시아 국제질서가 크게 변화하는 시기였다. 특히 동아시아 세계의 중심에 있으면서 주변 세계에 강한 영향을 미쳤던 당이 쇠퇴하기 시작하였다. 변화를 예감한 것은 견당사를 이끌고 여러 차례 당에 건너갔으며 국제정치에 정통했던 스가와라노 미치자네菅原道眞였다. 그는 894년에 국가적인 사업의 일환으로 파견했던 견당사의 폐지를 우다 천황宇多天皇에게 건의하였고, 조정은 그의 건의를 수용해 견당사를 폐지하였다. 중국과의 정식 외교관계가 단절된 것이다.

견당사가 폐지된 지 10여 년 후인 907년에 당은 결국 멸망하였다. 926년 동북아시아를 다스리던 발해가 거란에 멸망하였다. 935년 한반도에서는 신라가 멸망하였고, 후삼국 시대를 거쳐 고려가 한반도를 통일하였다. 중국 대륙에서는 당이 멸망한 후, 50여 년간의 혼란기가 지속되다가 960년에 송宋이 건국하였다.

일본은 동아시아 세계의 다른 국가와 교류하려는 의지가 없었다. 송이 건국되었어도 일본은 송에 사절을 파견하지 않았다. 고려와도 외교관계를 맺지 않았다. 그러나 민간차원의 교류는 끊어지지 않았다. 송의 상선이 일본을 왕래하면서 사무역이 성행하였다. 송에서 서적, 공예품, 각종 약품 등이 일본으로 수입되었다. 송으로 건너가는 일본인도 적지 않았다. 고려의 상인도 가끔씩 규슈의 하카타博多로 와서 교역하였다.

10세기에서 12세기에 이르는 시기의 문화는 방향성이나 내용 면에서 이전 시대와는 많은 차이점이 있었다. 일본의 풍토와 국민성에 부합되는 문화가 형성되었다. 강렬함은 결여되어 있었지만 부드럽고 우아하며 세련된 문화가 형성되었다. 문화의 일본화가 진행된 것이다. 이런 성격을 지닌 문화를 국풍문화国風文化라고 한다.

1. 가나의 발달

문화의 일본화를 상징하는 것은 일본 문자인 가나仮名의 발달이었다. 가나는 표의문자인 한자의 부수를 편의적으로 활용해서 일본인의 소리와 감정을 되도록 섬세하게 표현할 수 있도록 한 표음문자이다.

8세기 말에 한자의 일부를 그대로 취해 글자로 사용하는 가타카나片仮名가 개발되었다. 예를 들면, 한자의 伊・宇는 일본어로도 "이"・"우"로 발음되는데, 伊자에서 <イ>를 취해 "이"로 발음하고, 宇자에서 <ウ>를 취해 "우"로 발음하는 식으로 한자의 부수를 빌려 일본인의 소리를 표현했던 것이다.

9세기 후반에 한자의 초서체를 모방하고, 그것을 더욱 간소화해서 가나의 자체를 정비하였다. 예를 들면, 한자의 以를 초서체 형식을 빌려 간략하게 <い>로 표기해 "이"로 발음하고, 呂자를 초서체 형식을 빌려 간략하게 <ろ>로 표기해 "로"로 발음하고, 波자를 초서체 형식을 빌려 간략하게 <は>로 표기해 "하"로 발음하였다. 이런 식으로 일본인의 50음을 표현할 수 있는 글자가 만들어졌다. 이것을 히라가나平仮名라고 하였다. 이런 과정을 거치면서 10세기 초에 가타가나와 히라가나의 형태가 완성되었다.

한문학을 숭앙하는 자들은 가나를 문자다운 문자가 아니라고 업신여겼다. 그들은 한자를 진정한 글자, 즉 마나真名라고 하였고, 그에 비해 진정한 글자가 아닌 글자라는 의미에서 가나仮名라고 했던 것에서도 알 수 있다. 특히 귀족들은 가나를 사용하려 하지 않고 여전히 한자를 고집하였다. 그러나 한문이 쇠퇴하면서 일본어를 소리 나는 대로 표현할 수 있는 가나가 보급되었다. 특히 여성들이 가나 문자를 즐겨 사용하였다. 가나가 보급되면서, 가나를 통해 일본인의 감정이나 감각을 생생하게 표현할 수 있게 되었다.

2. 문학의 발달

일찍이 가나 문학의 선구라고 할 수 있는 『다케토리모노가타리竹取物語』・『이세모노가타리伊勢物語』가 집필되었다. 『다케토리모노가타리』는 대나무에서 태어난 소녀의 이야기이다. 『이세모노가타리』는 120여 편의 단편으로 구성된 이야기이다. 내용은 주로 연애에 관한 것이다.

『우쓰호모노가타리宇津保物語』・『오치쿠보모노가타리落窪物語』와 같은 전기소설도 집필되었다. 『우쓰호모노가타리』는 현악기를 다루는 일족의 이야기와 한 처녀를 둘러싼 연애 이야기로 구성되었다. 『오치쿠보모노가타리』는 한 소녀가 계모에게 학대를 당하다가 귀공자와 연애하여 행복하게 된다는 줄거리로 구성되었다.

11세기 초에 대작 『겐지모노가타리源氏物語』가 집필되었다. 이 작품은 궁중을 무대로 펼쳐지는 히카루겐지光源氏라는 인물의 애정 생활에 초점을 맞춘 소설이다. 작자는 무라사키시키부紫式部였다. 현재 전해지는 『겐지모노가타리』 54첩帖은 언제 집필되었는지 확실하지 않다. 무라사키 시키부가 궁중으로 들어가기 전에도 집필을 했을 것이다. 그러나 본격적인 집필은 아마도 궁중에서 생활하면서 시작하였을 것이다. 새로 집필한 부분도 있고 그 전에 쓴 것에다가 덧붙인 부분도 있을 것이다. 주인공 히카루겐지가 여러 여성들과 사랑을 나누며 서로 상처를 입히거나 또는 반성하는 장면에는 작가의 궁중생활 경험이 배어있다. 궁중에서 체득한 냉철한 안목으로 복잡한 인간의 삶을 통찰한 결과라고 할 수 있다.

고대 일본인들이 생각한 일기는 현재 우리들이 생각하는 일기와는 성격이 달랐다. 그들은 작품 속에서 시간에 따라 전개되는 이야기 형식의 문장을 일기라고 하였다. 가나로 집필된 일본 최초의 일기로 『도사닛키土佐日記』를 들 수 있다. 『도사닛키』는 기노 쓰라유키紀貫之가 도사에서 교토까지 여행하면서 기록한 것으로 엄격하게 분류하자면 기행문이지만 날짜에 따라서 써졌기 때문에 일기로 분류한다. 970년대에 집필된 『가게로닛키蜻蛉日記』는 후지와라노 미치쓰나藤原道綱의 어머니가 남긴 자서전적 소설이다. 『무라사키시키부닛키』는 무라사키 시키부가 궁중에서 시녀 생활할 때 쓴 작품이다. 내용은 2부로 나눠지는데, 전반은 1008년부터 2년 동안에 걸친 내용이고, 후반은 편지글을 모은 것이다. 1007년 역시 천황 비를 시봉하던 이즈미시키부和泉式部도 『이즈미시키부닛키』를 남겼다. 이즈미 시키부 자신의 연애 이야기를 적나라하게 묘사한 작품이다. 『사라시나닛키更級日記』는 스가와라노 다카스에菅原孝標의 딸이 쓴 작품이다. 1060년을 전후로 하여 성립되었을 것으로 추정된다.

『겐지모노가타리』와 같은 시기에 무라사키시키부와 같은 궁중 작가 세이쇼나곤清少納言이 『마쿠라노소시枕草子』라는 수필집을 남겼다. 『마쿠라노소시』는 『겐지모노가타리』와 함께 헤이안 시대 문학의 최고 걸작으로 평가되는 작품이다. 『마쿠라노소시』는 1001년 전반기에 성립되었을 것이다. 전체적으로 300여 개의 길고 짧은 이야기로 구성되었다. 『마쿠라노소시』는 훗날 『쓰레즈레구사徒然草』에 영향을 미쳤다.

한문학은 귀족의 교양으로서 중요시되었다. 한문학은 당의 문학, 그 중에서 시문詩文에 초점이 맞춰져 있었다. 당시 귀족들은 중국의 문장가 백거이白居易의 『백씨문집白氏文集』을 반드시 익혀야 하는 것으로 생각하고 있을 정도로 시문에 심취해 있었다.

귀족들은 한문을 구사할 수 있는 실력을 갖추어야 하였다. 특히 작문 실력이 중요하였다. 처음에는 유학 경전을 익히는 명경도明經道가 공부의 중심이 되었으나 한문학이 융성하면서 문장을 중요시 여기는 풍조가 일어났다. 그러자 한문학 과목인 문장도文章道와 역사 과목인 기전도紀傳道가 대학 교육의 중심 과목이 되었다.

3. 건축과 정원

당시의 주택은 설계나 재료 면에서 일본풍이 강조되었다. 신덴즈쿠리寢殿造라고 일컫는 건축양식이 발달하였다. 이것은 귀족의 저택으로 대지의 북쪽에 신덴이라는 정전正殿이 남향으로 위치하고, 그 동서쪽에 가족이 생활하는 건물이 있었다. 신덴의 남쪽에 마당과 일본식 정원을 만들고, 정원의 동서쪽으로 건물과 대문을 배치하였다. 정원과 조화를 이루는 깔끔한 분위기의 건축양식은 에도江戶 시대 후기까지 교토의 귀족 저택 양식으로 전해졌다.

섭관가로 무소불위의 권력을 행사했던 후지와라노 미치나가의 저택은 전형적인 신덴즈쿠리 양식이었다. 건물의 배치는 신덴을 중심으로 뒤쪽으로 안주인이 거주하는 기타노타이北の対가 이어졌고, 신덴의 좌우에 각각 히가시노타이東の対와 니시노타이西の対가 회랑처럼 자리를 잡았다. 건물들은 복도로 연결되어 있었다. 히가시노타이의 남쪽 끝에 이즈미도노和泉殿라는 건물이 위치하였고, 니시노타이의 남쪽 끝에는 쓰리도노釣殿라는 건물이 자리 잡았다.

신덴즈쿠리(복원 모형)

신덴의 남쪽 정면에 정원이 조성되었다. 정원은 연못·야리미즈遣水·쓰키야마築山·나카지마中島로 구성되었다. 야리미즈는 연못에 물을 끌어들이는 도랑이었다. 도랑은 대체로 신덴과 히가시노타이 사이를 지났다. 물은 바위로 만든 도랑을 따라 연못으로 흘러들었다. 쓰키야마는 인공적으로 만든 동산이었다. 나카지마는 연못의 가운데에 조성한 섬이었다. 조그만 구름다리를 통해 섬으로 건너갈 수 있었다.

헤이안 시대의 정원은 신덴즈쿠리 양식의 저택에 딸린 정원 이외에도 사원에 딸린 정원이 유명하였다. 후지와라노 미치나가가 세운 호조지法成寺, 후지와라노 요리미치藤原頼通가 세운 뵤도인平等院의 호오도鳳凰堂, 그리고 원정기院政期에 시라카와 상황이 세운 로쿠쇼지六勝寺 등에 딸린 정원이 특히 유명하다. 이 시대에 건립된 사원들은 정토 사상의 영향을 받았다. 그래서 정원도 정토를 상징하는 모양으로 조성되었다. 이런 정원을 정토식 정원이라고도 한다.

4. 정토교

불교는 천태종과 진언종이 크게 떨쳤다. 두 종파는 모두 기도를 중요시했기 때문에 현세구복을 갈망하던 귀족과 밀착되어서 다른 종파에 비해 압도적인 교세를 떨쳤다. 천태종과 진언종은 귀족들의 일상생활에도 많은 영향을 미쳤다.

천태종은 사이초가 죽은 후 교세가 양분되었다. 엔닌円仁은 당에서 10여 년 수행하고 일본으로 돌아와서 엔랴쿠지를 일본 불교의 성지로 만드는 데 기여하였다. 엔닌의 뒤를 이어 엔랴쿠지의 좌주가 된 것은 엔친円珍이었다. 엔친도 당에서 5년간 수행하고 귀국해 천태종의 세력을 확장하는 데 힘썼다. 그러나 교리 면에서 엔친파와 엔닌파가 대립하였다.

진언종도 구카이가 죽은 후 여러 파로 분리되었다. 구카이의 제자 신제이眞濟와, 구카이의 동생 신가眞雅가 연이어 장로가 되어 귀족에게 접근하였다. 여러 분파 중에서 신가가 이끄는 세력이 가장 강성하였다.

불교가 기도를 통해 현세이익을 추구하는 종교로 발전하고 있을 때, 그 반동으로 내세를 강조하는 정토교浄土教가 일어났다. 정토교는 아미타불을 믿고 염불하면 사후에 극락정토에 왕생할 수 있다고 가르쳤다. 정토교는 교토의 로쿠하라미쓰지六波羅密寺의 승려 구야空也의 열성적인 포교로 유행하기 시작하였다. 10세기 중반에 구야는 교토 일대를 염불행각하면서 정토교의 가르침을 전하였다.

구야 목상. 입으로 "나무아미타불"을 외우면 한 음절마다 나무아미타불로 변했다는 전설을 조각으로 표현한 작품.

헤이안 시대 후기는 정치·사회적으로 불안정한 시기였다. 고대적인 질서가 붕괴되고 중세적인 질서가 형성되는 과도기이기도 하였다. 천재지변도 연이어 발생하였다. 고통스러운 현실에서 도피해 극락정토에 왕생하기를 희망하는 자들이 늘어났다.

정토교는 귀족은 물론 일반 민중에게도 널리 전파되었다. 정토교는 때마침 유행한 말법사상[94]으로 더욱 성행하였다. 당시 민중은 1052년

---

94) 말법사상이란 불교의 시대관으로 정법正法 시대와 상법像法 시대가 지나면 말법 시대가 온다는 것이다. 정법 시대는 보통 석가가 열반한 후 1,000년간으로 불법이 제대로 행해지는 기간이다. 상법 시대는 그 후 1,000년간으로 사람들은 불상과 사원 건축의 조성에만 매달리는 기간이다. 이 시대에 불법의 정신이 점점 희미해진다. 상

부터 말법 시대에 접어든다고 믿었다. 때마침 정치가 문란하고, 도적이 횡행하고, 질병이 발생했기 때문에 말법사상은 더욱 실감 있게 일본인의 마음속으로 파고들었다. 사람들은 오직 아미타불의 구원으로 극락에 왕생하기를 바라며 정토교에 귀의하였다.

5. 예술

　건물 내부의 벽이나 병풍에 일본의 풍물을 소재로 하고, 부드러운 선과 온화한 색채를 특징으로 하는 야마토에大和繪가 그려지게 되었다. 야마토에는 일본적인 것을 추구하는 분위기 속에서 시키에四季繪, 메이쇼에名所繪 등 새로운 귀족 예술의 한 형식으로 탄생하였다. 시키에는 춘하추동 사계절의 볼거리를 주제로 매월의 연중행사를 주로 병풍에 그린 것이다. 각종 행사를 통해 사계절의 변화를 한눈에 조망할 수 있다. 메이쇼에는 안내도의 일종으로 경치가 아름다운 장소, 이름난 장소, 유명한 산 등의 풍경을 여러 가지 기법을 조합해 주로 병풍에 그린 것이다.

　일상생활에서 사용하는 도구나 가구에도 일본에서 독자적으로 개발한 마키에蒔繪 기법이 도입되었다. 마키에는 칠기에 먼저 문양을 그리고, 그 위에 금이나 은의 가루를 뿌려서 정갈하게 모양을 내는 기술로 오늘날까지 일본을 대표하는 기술로 전래되고 있다. 라덴螺鈿 기법도 발달하였다. 이 기법은 푸른색을 띤 조개를 갈아서 공예품에 붙이는 세공법이다. 칠기에 붙여서 모양을 내기도 한다. 마키에 기법과 라덴 기

　　법 시대가 지나면 말법 시대가 온다. 이 시대는 1만년이나 지속된다. 말법 시대에는 불법이 행해지지 않는다. 전란과 천재지변이 일어나 세상이 혼란에 빠진다.

법은 우아하고 섬세한 일본풍 작품을 더욱 독특하게 표현하는 기술이다. 금공예 분야에서도 일본의 독특한 공예품인 얇고 작은 거울이 생산되었다.

서도 분야에서는 중국풍의 필법에 대신해 선이 가늘면서도 미려한 일본풍 글씨가 발달하였다. 일본풍 필법에 능했던 인물로는 오노노 미치카제小野道風, 후지와라노 스케마사藤原佐理, 후지와라노 유키나리藤原行成가 있었다. 그들을 특히 삼적三蹟이라고 하였다.

기노 쓰라유키도 명필로 이름을 날렸다. 그는 『다케토리모노가타리』의 이야기를 붓으로 썼다. 그의 글씨를 보면 당시에 이미 한자를 쓸 때도 아름다움을 추구하는 일본풍 서체가 요구되었다는 것을 알 수 있다. 아름다움을 추구하는 서풍은 히라가나로 글을 쓰게 되면서 더욱 발달하였다. 히라가나로 쓴 글씨는 중국의 한자나 한국의 한글과는 다르게 글자를 연결해서 쓰기 때문에 아름답게 느껴졌다. 특히 후지와라노 유키나리의 필적은 당시 사람들의 모범이 되었을 뿐만 아니라 오늘날에도 가장 이상적인 히라가나 서풍으로 알려져 있다.

보도인 호오도 아미타내영도

귀족들은 정토교를 신봉하였다. 정성을 다해 『법화경』을 사경하고 불화佛畵와 불상을 제작하였다. 불경이나 소형 불상을 소지하는 사람들도 증가하였다. 그들은 생전에 공덕을 쌓으면 죽을 때 아미타여래가 구원하러 온다고 믿었다. 당시 성행한 아미타내영도阿彌陀來迎圖는 그들의 신앙을 상징하는 것이었다. 유명한 작품으로 고야산高野山의 성중내영도聖衆來迎圖와 뵤도인平等院 호오도鳳凰堂의 문에 그려진 아미타내영도가 있다.

정토교의 유행은 미술에도 반영되었다. 헤이안 시대 초기에 밀교와 관계가 깊은 미술 작품이 제작되었지만, 이 시대에는 정토교와 관계가 깊은 작품이 많이 제작되었다. 각지에 아미타여래상이 봉안된 것은 말할 것도 없다. 당시 최고의 권력자 후지와라노 미치나가藤原道長는 호조지法成寺를 세우고 사원의 중앙에 아미타당을 건립하였다. 아미타당은 정토교 사원의 본존인 아미타불을 봉안하는 곳으로 정토교의 중심이 되는 건물이었다.

뵤도인 호오도 전경

후지와라노 요리미치가 세운 우지宇治 뵤도인의 호오도도 아미타불을 봉안한 대표적인 건축물이다. 뵤도인은 1052년에 세워졌고, 호오도는 1053년에 건립되었다. 호오도는 제법 넓은 연못을 앞에 두고 세워졌다. 서쪽으로 봉황의 날개처럼 펼쳐진 복도로 연결되어 있고, 뒤쪽으로는 봉황의 꼬리처럼 우아한 건물이 모습을 드러내고 있다. 지붕에는 청동으로 만든 봉황이 장식되어 있다. 뵤도인의 본존불 아미타여래상은 호오도에 들어가지 않고도 연못의 건너편에서 바라다 볼 수 있도록 설계되었다.

호오도의 아미타여래상은 일본식 불상 형식을 완성하였다고 알려진 조초定朝가 제작하였다. 조초는 젊었을 때부터 천황 일족과 후지와라씨 일족을 위해 불상을 제작하면서 이름이 널리 알려졌다. 아미타여래상은 불상의 각 부분을 여러 사람이 나누어서 조각해 나중에 모아서 조립하는 요세키즈쿠리寄木造 기법으로 제작되었다. 이 기법도 역시 조초가 완성하였다고 전한다.

6. 음양도

말법사상이 유행하면서 불안을 느끼는 일본인이 많았기 때문에 음양도陰陽道가 유행하였다. 음양도란 5~6세기에 중국에서 전래된 음양오행 사상이 변질된 것으로 천문·역曆·수數의 지식에 음양오행설을 가미해서 자연현상을 설명하려는 자연인식론이었다. 중국의 한漢 시대에 성립된 사상이나 실제적으로는 미신적인 요소가 많았다. 음양도가 발달한 것으로 방술方術이 있었다. 방술은 음과 양, 오행五行의 작용, 일월의 운행, 간지干支의 결합 등의 작용을 알아서 길흉화복을 간파하고 사전에 화를 제거하려는 방법이었다.

방술은 율령제의 일부로 편입되었다. 조정이 방술을 통제하면서 그것을 독점하였다. 나카쓰카사쇼中務省의 음양료陰陽寮에 천문박사·역박사·음양박사·음양사를 두었다. 음양사는 주로 방위와 일시에 관한 것을 점치는 일을 전문으로 했으나 꿈을 판단하고 악령을 진정시키는 일도 담당하였다.

헤이안 시대 중기에 이르러 음양도가 더욱 유행하였다. 음양도가 유행하게 된 것은 귀족의 정치적 지배력이 약화되고, 진취적 기상이 상실되고, 귀족사회의 분위기가 퇴폐적으로 흐른 결과였다. 귀족의 생활은 여러 가지 금기에 속박되어 있었다. 특히 주술과 방술이 성행하였다. 관혼상제·연중행사는 말할 것도 없고, 목욕을 하거나 손톱을 깎는 행위까지 금기가 정해져 있었다. 음양도가 인간의 행동과 생활을 일일이 제약했던 것이다.

당시의 귀족사회에서는 재액災厄을 피하기 위한 방술로 가타타가에方違와 모노이미物忌가 특히 유행하였다. 가타타가에란 인간이 외출할 때나 거처를 옮길 때 행하는 행위였다. 특히 악한 귀신이 있는 곳이나 흉한 방향으로 발걸음 할 때 전날 밤에 미리 다른 장소에서 하룻밤을 지내고 다음 날 방향을 바꾸어서 목적지로 향하면 흉한 것을 피할 수 있다고 믿었다. 모노이미란 특정한 시간이나 장소에서 다른 사람이나 사물을 삼가는 행위였다. 특히 자신이 부정不淨할 경우나 다른 사람이 부정할 경우 서로 접근하거나 교제하는 것을 삼갔다. 당시의 문학작품에도 가타타가에나 모노이미와 관련한 장면이 빈번히 묘사되어 있다.

정토교 신앙이 성행한 배경에 방술에 의지했던 귀족의 정신적인 태도가 있었다고 할 수 있다. 귀족은 해결하기 어려운 일에 봉착하면 사원에서 기도를 하거나 방술에 의지하였다. 일반 민중들도 고료에御靈絵를 비롯해 역신疫神이나 원령怨靈을 달래는 제사를 드리게 되었다.

헤이안 시대에 중시된 금기 중에 오늘날까지도 일본인의 일상생활을 제약하는 미신으로 남아있는 것이 많다. 특히 이사를 할 때 방위를 따진다든지, 부정하다고 생각되는 곳에 다녀왔을 때 그것을 정화하는 행위를 한다든지, 원령이 인간에게 재앙을 가져다준다든지 하는 생각은 모두 음양도의 영향을 받은 것이다.

7. 생활과 의례

민중은 마麻로 짠 섬유로 옷을 지어 입었지만, 귀족은 주로 비단으로 옷을 지어 입었다. 의복에는 진한 색채와 화려한 일본풍 문양이 선호되었다. 귀족이나 관리는 천황의 즉위식이나 조례, 기타 의례적인 행사에 예복礼服을 입었다. 예복은 소매가 넓고 옷단이 땅에 길게 끌리게 되어 있어서 보기에는 아름다웠으나 매우 비활동적이었다. 그래서 예복은 중요한 의식 때만 착용하는 것이 관례가 되었다.

귀족 남자가 조정에 나아갈 때의 복장으로 속대束帶가 있었다. 속대는 신분의 고하에 따라 각각 정해진 색깔이 있었다. 천황도 의식을 행할 때 정장으로 속대를 착용하였다. 바지 단을 길게 늘인 것이 특색이었다. 의관衣冠은 속대를 간략하게 한 복장으로 도노이기누宿直衣라고도 하였다. 의관은 문관·무관 구별 없이 궁중에서 착용하였다. 속대에 비해 겉옷이 몇 가지 생략되었고 움직이기에 편리하도록 개량되었다. 하지만 여전히 바지를 길게 늘어서 끌리게 하는 등 실용성 면에서 문제점이 많았다.

귀족의 평상복으로는 노시直衣와 가리기누狩衣가 있었다. 노시는 잣포雜袍라고도 하였다. 잣포는 기본적으로 의관과 흡사했지만 옷의 소재가 약간 달랐다. 특히 겨울과 여름에는 각각 다른 옷감을 사용하였다. 가리기누는 원래 사냥복이었다. 면포로 옷을 지었기 때문에 호이布衣라고도 하였다. 훗날 비단으로 옷을 지었어도 호이라는 명칭은 그대로 남았다. 가리기누는 세월이 지나면서 빳빳하게 풀을 먹여 착용하였다. 그래서 일상복으로 이용하기에 오히려 불편해졌다. 하급 귀족은 가리기누보다 가볍고 날렵한 스이칸水干이라는 복장을 하였다. 스이칸은 옷깃을 끈으로 묶는 것이 특색이었다. 본래는 면포를 소재로 했으나 세월이 지나면서 비단으로 옷을 지었다. 스이칸은 점차로 무사나 민중도 착용하게 되었다.

남성의 속대에 해당하는 여성의 예복으로는 주니히토에十二単라는 뇨보쇼조쿠女房装束가 있었다. 이것은 20벌 이상의 각양각색의 의복을 껴입는 화려하기 그지없는 의상이었다. 또 이쓰쓰가사네五つ重ね・나나쓰가사네七つ重ね라고 하여 색깔이 다른 옷을 다섯 벌, 또는 일곱 벌 겹쳐서 입기도 하였다. 그러나 정장을 하면 옷의 무게만도 상당했기 때문에 활동하기에 불편하였다. 궁중의 여성은 천황이 부재중일 때도 겉옷에 해당하는 가라기누唐衣를 제외한 옷은 모두 갖추어 입고 생활하였다. 평상시에는 치마를 입고, 그 위에 우치기袿라는 겹으로 된 상의를 입는 것이 보통이었다. 이것은 뇨보소조쿠에서 허리에 두르는 치마와 가장 나중에 입는 겉옷인 가라기누를 생략한 복장이었다. 우치기에다 웃옷에 해당하는 고우치기小袿를 걸쳐 입으면 간편한 외출복이 되었다.

화려한 의복에 비하면 음식은 보잘 것 없었다. 쌀을 주식으로 했으나 1일 2식이 보통이었고 간식은 거의 없는 형편이었다. 주식은 쌀을 시루에 쪄서 먹거나, 오늘날과 같이 솥에 물을 붓고 밥을 지어서 먹었다. 물을 많이 붓고 죽을 쑤어 먹기도 하였다. 여름철에는 밥을 찬물에 말아먹는 경우가 많았다. 이것을 스이한水飯이라고 하였다. 겨울철에는 쪄서 말린 밥을 뜨거운 물에 말아먹기도 하였다. 이것을 유즈케湯漬라고 하였다. 여행을 떠날 때는 쌀을 쪄서 말린 비상식량을 가지고 다니며 물에 불려서 먹었다.

부식물로는 주로 채소를 먹었으나 물고기·꿩·오리와 같은 육류를 먹기도 하였다. 그러나 일본인의 식탁에서 소나 말의 고기를 찾아보기는 어려웠다. 8세기 중엽에 조정이 육식금지령을 내린 것에서도 알 수 있듯이, 불교가 일본인의 식생활에 큰 영향을 미쳤던 것이다. 음식을 조리할 때 기름을 사용해 볶는 요리는 거의 없었다. 조미료로 소금이나 된장을 많이 이용하였다. 꿀로 단맛을 내기도 하였다.

귀족의 자제는 10~15세에 겐부쿠元服나 모기裳着의 의식을 거행하였다. 겐부쿠는 남성의 성인식이었다. 남자가 성인이 되었다는 표시로 성인의 옷을 입고, 머리를 묶고, 관을 썼다. 이 시점부터 어렸을 때의 이름을 버리고 실명을 사용하였다. 모기 의식은 여성의 성인식이었다. 여자는 성인이 되었다는 표시로 어른의 치마를 착용하였다. 길일을 택해 집안 어른의 주도로 의식을 거행하였다. 성인이 된 남자는 관직에 나아갈 수 있었다. 관직의 위계와 승진은 집안의 사회적 지위에 의해 결정되었다.

일상생활에서는 의례와 작법이 중시되었고 연중행사도 발달하였다. 정월 초하루에 거행되는 신년 축하식, 관리의 임명 및 승진 등의 행사가 있었다. 4월에는 가모노마쓰리賀茂祭가 있었다. 이 축제는 4월 중순 교토의 가모와케이카즈치 신사賀茂別雷神社에서 거행되었다. 이 축제는 667년 왕도를 오미近江의 오쓰大津로 옮기던 해에 국가 행사의 하나로 시작되었다. 4월과 7월에는 불교 행사인 간부쓰에灌仏会와 우라본에盂蘭盆会가 있었다. 6월과 12월의 그믐날에는 진기칸神祇官에서 주관하는 오하라에大祓가 있었다. 이것은 온 나라의 죄업과 부정을 씻어내는 행사였다. 관리들이 궁중의 정문인 주작문朱雀門 앞에 모두 모여서 행사를 진행하였다. 7월에는 다나바타七夕가 있었다. 이것은 7월 7일 밤에 견우와 직녀에게 소원을 비는 행사였다. 또한 7월에 스모相撲 대회가 열리기도 하였다. 그 밖에도 많은 연중행사가 있었다. 궁중에서 개최되

천황이 참석한 가운데 의식을 거행하는 귀족들

는 법회만 1년에 10회 이상이었다. 많은 연중행사를 차질 없이 진행하기 위해서 작법을 상세하게 기록한 서적도 편찬되었다. 선례와 작법을 잘 알고 있는 것이 중요한 교양으로 인식되었다.

[3] 원정기의 문화

1. 문학과 역사

원정기에 역사물과 함께 다양한 종류의 설화집이 간행되었다. 9세기 초에 이미 『니혼료이키日本靈異記』와 같은 설화집이 발간되었다. 이것은 승려 게이카이景戒가 중국의 설화를 모방해 편찬한 일본에서 가장 오래된 불교 설화집이다. 그 내용은 예부터 전승되는 116편의 인과응보 설화를 연대순으로 엮은 것이다. 984년 미나모토노 다메노리源爲

憲가『산보에코도바三宝絵詞』를 간행하였다. 이 작품도 불교 설화집이었다.

12세기 전반에 성립되었을 것으로 추정되는『곤자쿠모노가타리슈슈今昔物語集』는 이미 간행된 설화집과는 성격이 다른 것이었다. 이것은 인도·중국·일본의 3부로 나누어 1,065편의 설화를 집성한 일본 최대의 설화집이다. 그 내용에는 불교설화도 포함되어 있었지만, 당시의 세속적인 이야기나 민간에서 전승되던 이야기까지 다양한 설화가 포함되어 있다. 이야기에는 귀족, 서민, 도적, 은자 등 실로 다양한 계층이 등장한다. 역사의 변혁기를 살아가는 서민의 생활이 생생하게 펼쳐진다. 특히 무사 계급의 성장이 긍정적으로 묘사되었다. 새로운 시대의 도래와 낡은 시대의 퇴조가 극명하게 대조되었다.

일기로는 후지와라노 미치나가藤原道長의『미도칸파쿠키御堂関白記』, 후자와라노 사네스케藤原実資의『쇼유키小右記』, 요시시게노 야스타네慶滋保胤의『니혼오조고쿠라쿠키日本往生極楽記』 등이 있다. 특히『니혼오조고쿠라쿠키』는 쇼토쿠 태자·교키行基 등 유명한 승려 45명의 전기를 기록한 것이다.

이 시대에 역사 모노가타리라고 일컬어지는 작품이 성립되었다. 역사 모노가타리는 가나 문자를 사용해 역사를 이야기 형식으로 엮은 것이다. 대표적인 작품으로는 헤이안 후기에 성립된『오카가미大鏡』와『에이가모노가타리栄華物語』가 있다.『오카가미』는 본래 문학작품으로 집필된 것이 아니었다. 본기本紀·열전列傳의 편제를 갖추고 있는 것에서도 알 수 있듯이 분명한 역사서다. 조명하려고 한 시기는 몬토쿠 천황文徳天皇 시대인 850년부터 고이치조 천황後一条天皇 시대인 1025년까지였다. 후지와라노 미치나가를 중심으로 하는 후지와라씨의 영화에 초점이 맞춰진 것이 특징이다. 역사물 중에서 가장 비판의식이 뛰어난 작품이다. 신랄한 필치로 섭관정치의 공죄를 논하고 있다. 역사 인물을 매우 세밀하게 묘사하고 있기 때문에 문학작품으로서도 손색이 없다는 평가를 받고 있다.

『에이가모노가타리』는 11세기에 성립되었다. 정편은 여성 가인 아카조메에몬赤染衛門이 쓰고, 후편은 여성 가인 데와노벤出羽弁이 썼다고 알려져 있으나 분명하지 않다. 우다 천황 시대인 9세기 중반부터 호리카와 천황堀河天皇 시대인 11세기 말까지 약 200년간에 걸친 귀족의 역사를 서술하였다. 후지와라노 미치나가의 영화에 초점을 맞추었다. 역사서로서는 처음 가나로 쓰면서 편년체의 형식을 취한 작품이다. 『오카가미』와 비교해 보았을 때 『에이가모노가타리』는 지루한 사실의 나열에 그친 작품이다. 섭관정치 시절의 화려한 영화를 애처롭게 회상하는 내용이 대부분으로 비판정신이 결여되어 있다.

1170년에 『이마카가미今鏡』가 성립되었다. 이 책은 『오카가미』의 기록을 이어 1125년부터 1170년까지 천황·후지와라씨·미나모토씨의 전기와 일화를 기술하였다. 『이마카가미』는 '지금의 역사'라는 의미로 편제나 구성이 『오카가미』와 동일하다. 『이마카가미』는 『오카가미』의 속편의 성격이 짙은 작품이다.

군기물軍記物의 선구가 되는 『쇼몬키将門記』, 『무쓰와키陸奧話記』 등도 이 시대에 성립되었다. 940년에 성립된 『쇼몬키』는 일본 최초의 군기물이라고 할 수 있다. 간토 지방에서 반란을 일으킨 다이라노 마사카도平将門가 다이라노 사다모리平貞盛와 후지와라노 히데사토藤原秀郷에게 쫓기는 과정을 묘사하고 있다. 『쇼몬키』는 전기문학으로 분류되지만 역사의 전개 과정을 사실적으로 기술했기 때문에 역사 연구 자료로도 가치가 있다. 『무쓰와키』는 『무쓰노모노가타리陸奧物語』라고도 한다. 전9년의 전쟁을 치밀하게 묘사한 군기물이다. 성립된 연대는 확실하지는 않으나 전9년의 전쟁이 끝나고 얼마 지나지 않은 시기에 집필되었을 것으로 추정된다. 전란을 소재로 한 작품인 만큼 지방 무사의 활약상이 생생하게 묘사되어 있다. 이런 것들은 모두 새로운 경향의 작품들이었다.

2. 예능

일본 역사상 처음 서민문화라고 할 수 있는 덴가쿠田楽·사이바라催馬楽·이마요今様가 이 시대에 성립되었다. 덴가쿠는 원래 모내기를 할 때 신에게 풍작을 기원하고 농사를 권장하기 위해 행해진 의식으로 춤과 노래를 동반하였다. 그런데 점차로 모내기와는 상관없이 단지 농민을 위로하기 위한 음악으로 발전해서 10세기 중반에 형식화되었다. 교토에서 덴가쿠가 유행한 시기는 11세기 전기에서 12세기 초까지였다. 덴가쿠가 유행하면서 농민은 물론 도시 상공인·귀족·무사도 덴가쿠를 즐기게 되었다. 덴가쿠는 훗날 노가쿠能楽의 한 형식으로 발전하게 되었다.

사이바라는 말을 모는 마부의 노래에서 발달한 것으로, 신에게 제사를 드릴 때 연주하는 춤곡인 가구라神楽의 여흥으로 불리는 경우가 많았다. 서민의 노래였기 때문에 처음에는 선율도 부정확했으나 궁중 가요에 도입되면서 악보에 기록되었다. 가사는 연애를 내용으로 하는 것이 많았다. 사이바라도 귀족들 사이에서 널리 불리게 되었다.

고시라카와 법황은 민간에서 유행한 속요 이마요에도 관심을 기울였다. 그는 이마요를 수집해『료진히쇼梁塵秘抄』를 편찬하였다. 이 속요집은 12세기 말에 편찬된 것으로 이마요 가요를 집대성한 문헌이다. 현존하는 것은 일부분에 지나지 않지만, 헤이안 시대 말기 서민의 사유방식이나 생활상을 엿볼 수 있는 중요한 자료이다.

이마요는 예능인이라는 매개자를 염두에 두고 이해해야 한다. 당시 가장 대표적인 예능인은 여러 지방을 편력하는 구구쓰傀儡나 유녀遊女였다. 천한 신분으로 차별받던 구구쓰나 유녀는 꼭두각시를 조종하면서 노래를 불렀다. 그들이 부르는 노래는 어디까지나 놀이의 일종이었기 때문에 선율도 가사도 일정하지 않았다. 하지만 선율이나 가사를 동반하지 않는 서민의 노래는 종래의 가요에 비해 새로운 느낌으로 다가왔다. 그래서 이마요라고 했던 것이다.

3. 미술

이 시대에 에마키모노絵巻物라는 두루마리 그림이 발달하였다. 에마키모노를 통해 야마토에의 기법이 더욱 발전하였다. 에마키는 오른쪽에서 왼쪽으로 시간과 공간이 전개되도록 구성되었다. 마치 현대의 만화와 같은 그림인데, 같은 화면에 서로 다른 시기에 일어난 사건을 묘사하는 표현법을 채택하였다.

시간이나 공간이 전개되는 형식을 취하지 않고 주로 심리를 묘사하는 기법을 취한 에마키도 있었다. 후지와라노 다카요시藤原隆能가 그렸다는 「겐지모노가타리에마키源氏物語絵巻」가 대표적인 작품이다. 12세기 전반에 제작된 이 작품은 무라사키 시키부의 『겐지모노가타리』가 원작이다.

「겐지모노가타리에마키」처럼 이야

겐지모노가타리에마키

시기산엔기에마키(상) 조주기가(중) 반다이나곤에고토바(하)

기를 화면으로 구성한 에마키는 이야기의 전개 보다는 원작의 분위기나 등장인물의 심리 표현에 초점을 맞춰서 그림을 그리는 경우가 많았다. 이야기의 장면 선정이 에마키의 작품성을 좌우하는 중요한 요소였다. 에마키의 인물 표현 기법으로는 하관이 둥근 얼굴 모양에 가는 선을 긋는 방법으로 눈을 표현하고, 코도 역시 가는 선으로 아주 작게 형태만 표현하는 방법을 취하였다. 이 표현법을 히키메카기바나引目鉤鼻라고 한다. 인물이 입고 있는 의복이나 방에 배치된 가구와 같은 장식물은 매우 아름답고 섬세하게 채색하였다. 건물은 지붕을 들어낸 후 위에서 내려다보는 조감기법을 취하였다. 이런 표현법을 후키누키야타이吹拔屋台라고 한다.

승려 가쿠유覺猷가 그렸다고 전하는 「시기산엔기에마키信貴山縁起絵卷」, 「조주기가鳥獣戯画」 등의 작품, 그리고 12세기 후반에 한 궁정 화가가 그렸다고 전해지는 「반다이나곤에코도바伴大納言絵詞」 등은 에마키모노의 걸작으로 꼽힌다. 이 세 작품의 소재가 된 이야기를 간단하게 소개해 보면 다음과 같다.

「시기산엔기에마키」는 나라奈良 시기산에 있는 사원에서 생활하는 한 승려의 전설을 세 장면의 그림으로 그린 것이다. 첫 번째는 한 유복한 농민이 승려의 바리를 자기 집 창고에 감추는 장면이다. 두 번째는 마법의 탁발 바리가 창고에 있는 쌀가마를 송두리째 승려가 있는 산으로 옮겨놓자 놀란 농민이 승려에게 달려가서 쌀가마를 돌려달라고 애원하는 장면이다. 세 번째는 승려가 탁발 바리에게 쌀가마를 원래 있던 곳으로 돌려놓으라고 명령하자, 탁발 바리가 농민의 창고로 쌀가마를 옮기는 장면이다. 쌀가마가 하늘을 날아가는 장면이 압권이다.

「조주기가」는 원숭이·토끼·개구리와 같은 동물들이 사람의 흉내를 내며 수영·활쏘기·승마·씨름과 같은 경기를 하면서 익살스러운 행동을 하는 모습을 그린 것이다. 그림은 서로 물고 물리는 시합을 차례로 묘사하고 있다. 예를 들면 원숭이와 토끼가 수영을 해서 토끼가 이기는 장면, 토끼와 개구리가 씨름을 해서 개구리가 이기는 장면, 이런 식으로 화면을 구성하였다. 무사 계급이 대두하면서 쇠퇴하는 귀족 계급을 은유적으로 표현한 것이라고 해석되는 그림이다.

「반다이나곤에코도바」는 역사적 사실인 오텐몬応天門 화재 사건을 둘러싸고 반다이나곤의 음모를 묘사한 작품이다. 불타는 오텐몬 주변에서 어쩔 줄 모르고 우왕좌왕하는 사람들의 행동과 표정을 매우 사실적으로 표현한 장면이 압권이다.

오사카시 시텐노지四天王寺의 「센멘코샤쿄扇面古写経」에도 야마토에 형식으로 당시 귀족과 서민의 생활이 묘사되어 있다. 귀족뿐만 아니라 서민의 일상생활도 거리낌 없이 화폭에 담았다는 점이 주목된다.

4. 건축

원정기에 들어서면서 교토의 귀족문화가 지방으로 전파되었다. 특히 지금의 이와테현岩手県에 해당하는 오슈奥州 지방을 지배하던 후지와라씨는 교토의 귀족문화를 적극적으로 받아들였다. 오슈 후지와라씨가 북부 일본 최대의 실력자로 군림하면서 그 근거지 히라이즈미平泉는 북부 일본에서 가장 번영하였다. 후지와라노 기요히라藤原清衡는 히라이즈미에 주손지中尊寺를 세웠다. 기요히라의 아들 모토히라基衡는 모쓰지毛越寺를, 모토히라의 아들 히데히라秀衡는 무료코인無量光院을 세웠다.

히라이즈미에 있는 주손지에는 곤지키도金色堂가 여전히 화려한 자태를 드러내고 있다. 곤지키도는 아미타여래를 모신 법당이다. 건물 전

주손지 곤지키도

에 옻칠을 하고 그 위에 금박을 입혔기 때문에 붙여진 명칭이다. 내부는 금색의 마키에蒔絵와 나전螺鈿으로 장식하였다. 주손지에 오슈 후지와라씨 3대의 유체가 안치되어 있다. 말하자면 주손지는 오슈 후지와라씨의 성지라고 할 수 있는 사원이다.

오늘날 모쓰지에는 유명한 정토식 정원이 남아있을 뿐이지만, 원래 모쓰지는 주손지를 능가하는 화려한 사원이었다. 모쓰지는 교토의 호쇼지와 같은 가람 배치 형식을 갖춘 사원으로 북부 일본에서 가장 오래된 사원이었다. 우지의 뵤도인을 모방한 건축물로 알려진 무료코인 규모 또한 뵤도인平等院과 거의 같은 거대한 사원이었다. 사원 터는 남북 273미터, 동서 242미터로 사원 전체가 토성으로 에워싸여 있었다. 주손지를 비롯한 히라이즈미에

모쓰지 정원

제9장 헤이안 시대의 문화 309

남아있는 불상들을 살펴보면 그 양식이 북부 일본의 전통에서 벗어나 있다. 그것들의 대부분은 당시 교토에서 활약했던 불사佛師 조초定朝의 작품과 흡사하다. 히라이즈미의 불교문화가 교토에서 직수입되었다는 것을 알 수 있다.

히라이즈미의 화려한 불교문화는 오슈 후지와라씨가 멸망하면서 점차로 쇠퇴하였다. 오슈 후지와라씨는 1189년 가마쿠라 막부鎌倉幕府를 창립한 미나모토노 요리토모源頼朝의 공격을 받고 멸망하였다. 요리토모의 동생 요시쓰네義経를 숨겨주었다는 이유였다. 당시 요리토모의 동생 요시쓰네는 고시라카와 법황의 밀명을 받고 요리토모에 반기를 들었으나 실패하고 후지와라씨에 몸을 의탁하고 있었다.

히라이즈미가 번영할 당시 오이타현大分県에 있는 후키지富貴寺의 대당大堂, 후쿠시마현福島県에 있는 시라미즈白水 아미타당阿彌陀堂, 돗토리현鳥取県에 있는 산부쓰지三仏寺의 투입당投入堂 등이 건립되었다.

후키지의 건물은 현존하지 않고 아미타여래를 모신 본당인 대당만이 남아있다. 본존인 아미타여래는 불사佛師 조초의 작품이다. 1160년에 건립되었다고 전해지는 시라미즈 아미타당은 헤이안 후기에 유행한 3간間 아미타당 건축의 대표적인 형태를 갖추고 있다. 시라미즈

시라미즈 아미타당

아미타당은 본존인 아미타여래와 함께 일본 국보로 지정되어 있다. 원정기에 조성된 각 지방의 사원이나 불상을 보면 중앙의 귀족문화가 지방으로 전파되었다는 것을 알 수 있다.

중세

□□□제10장

무사사회의 확립

[1] 다이라씨 타도 내란

1. 저항운동의 전개

다이라씨平氏 정권은 최초의 무가정권武家政權이었지만 조정을 장악하여 권력을 행사하였다. 그 정치 형태는 후지와라씨藤原氏 정권과 다를 바가 없었다. 특히 천황과 인척관계를 맺고, 외척의 지위를 배경으로 권력을 행사하는 방식이 후지와라씨 섭관가攝関家와 다르지 않았다. 일족 중에 공경公卿이 16명, 고위 관직에 오른 자가 30여 명이었다. 다이라씨는 점차로 귀족화되었던 것이다. 당시 다이라노 도키타다平時忠가 "다이라씨가 아니면 인간이 아니다."라고 말하였을 정도로 다이라씨의 권세는 하늘을 찔렀다.

하지만 다이라씨 정권의 영화도 영원할 수는 없었다. 조정의 귀족은 물론 지방의 무사도 다이라노 기요모리平清盛의 전제 정치에 불만을 품었다. 다이라씨가 독재를 강화하고, 그 일족이 고위 관직을 독점하기 시작하면서 가장 먼저 귀족들이 불만을 품었다. 관직은 귀족 가문의 상징이었을 뿐만 아니라 생활의 기반이었으니 당연한 일이었다. 다이라노 기요모리와 고시라카와 법황後白河法皇이 소원해진 것도 다이라씨에 대한 저항운동이 격화되는 계기가 되었다.

기요모리는 고시라카와 법황의 권위를 배경으로 단기간에 다이라씨 정권을 반석 위에 올려놓을 수 있었다. 고시라카와도 원정을 강화하는데 기요모리의 무력이 절대적으로 필요하였다. 요컨대 기요모리와 고시라카와는 서로 의지하는 관계였다. 그런데 기요모리가 다카쿠라 천황高倉天皇의 외척이 되고, 정권이 천황과 기요모리의 수중으로 옮겨가면서 고시라카와 법황과 기요모리가 대립하게 되었다.

법황과 그 측근들은 다이라씨를 타도할 방도를 찾았다. 1177년 5월 사이코西光・후지와라노 나리치카藤原成親를 비롯한 법황 측근들이 교토 히가시야마東山의 시시가타니鹿ヶ谷에 있는 산장에 모여서 다이라씨를 압박하고 원정을 강화하는 방책을 논의하였다. 그러나 동지의 일원이었던 타다 유키쓰나多田行綱가 배반하여 기요모리에게 밀고하였다. 기요모리는 음모에 가담한 자들을 체포하였다. 사이코는 사형을 당하고 다른 자들은 유배형에 처해졌다. 이 사건에 고시라카와 법황이 관련되어 있었다.

1178년 6월 고시라카와 법황은 기요모리의 딸 세이시盛子가 사망하자 그녀가 소유하던 방대한 섭관가의 장원을 회수하고, 다음 달에 기요모리의 아들 시게모리重盛가 사망하자 그가 소유하던 장원 또한 몰수하였다. 고시라카와는 다이라씨를 타도할 결심을 했던 것이다. 기요모리는 격분하였다. 1179년 11월 그는 수천 명의 무사를 거느리고 교토로 입성하였다. 기요모리는 먼저 고시라카와에 협조한 간파쿠関白 모토후사基房를 비롯한 40여 명의 귀족을 추방하였다. 그리고 자신의 양손자인 고노에 모토미치近衛基通를 간파쿠로 임명하는 등 다이라씨 일파를 조정의 요직에 배치하였다. 교토는 다이라씨가 거느리는 무사로 넘쳐났다.

기요모리가 강압적인 방법으로 고시라카와 법황의 원정을 폐지하고, 법황을 도바鳥羽의 이궁에 유폐하였다. 자신의 딸이며 중궁인 도쿠시德子의 거처를 자신의 저택으로 옮겼다. 그리고 기요모리는 다카쿠라 천황에게 자신의 별장이 있는 후쿠하라福原(지금의 고베시神戶市 지역)에서 새로운 정부를 세울 계획이라고 말하였다. 기요모리는 섭관정치와 인연을 끊고 천황을 중심으로 하는 기요모리 정부를 세우기로 결심했던 것이다. 1180년 2월 기요모리는 다카쿠라 천황을 물러나게 하고 자신의 외손인 안토쿠 천황安德天皇을 세웠다.

1180년 3월 다카쿠라 상황이 가모 신사賀茂神社나 이와시미즈하치만궁石清水八幡宮에 참배하는 관례를 깨고 다이라씨가 신앙하는 이쓰쿠시마 신사厳島神社에 참배한다는 소문이 돌았다. 그러자 그것에 반대하는 온조지園城寺의 승려들이 고후쿠지興福寺·엔랴쿠지延曆寺의 승려들과 합세하여 다카쿠라 상황을 납치하는 계획을 세웠다. 이 계획은 실행되지는 않았지만, 종래 사이가 나빴던 온조지가 고후쿠지·엔랴쿠지와 연합하여 다이라씨 반대운동에 나섰다는 것이 주목된다. 몇 달 전인 1179년 10월 엔랴쿠지의 승병들이 나라의 대사원 승려들과 연합하여 다이라씨를 상대로 유격전을 벌인 일이 있었다. 다이라씨는 대사원의 승병들을 적으로 돌렸던 것이다.

기요모리는 군사력을 앞세워 다이라씨에 대항하는 세력을 탄압하였다. 새로운 수도로 정해진 후쿠하라의 건설공사도 진행되었다. 그러나 기요모리의 탄압정책으로 귀족과 사원 세력이 더욱 결집하였다. 다이라씨는 점점 고립되었다. 이러한 다이라씨에 최초로 타격을 가하려고 한 것은 미나모토노 요리마사源賴政였다. 요리마사는 헤이지의 난平治の乱 때 미나모토노 요시토모源義朝 편에 서지 않고 다이라노 기요모리를 도왔다. 그 공적으로 조정에서 공경의 반열에 오른 유일한 미나모토씨 일족이었다.

1180년 4월 요리마사는 고시라카와의 아들 모치히토오以仁王를 앞세우고 다이라씨 타도 계획을 실행하였다. 요시마사가 온조지에 머물면서 일을 추진할 때, 고후쿠지 등 사원 세력도 요리마사를 지원하였다. 정보를 입수한 기요모리는 먼저 모치히토오를 체포하려고 하였다. 하지만 모치히토오는 온조지로 피신하였다. 기요모리는 온조지에 모치히토오의 인도를 요구하였으나 온조지는 기요모리의 요구를 거절하였다. 위험을 감지한 요리마사와 모치히토오는 온조지를 떠나 나라의 고후쿠지로 이동하였다. 5월 26일 다이라군은 우지宇治의 뵤도인平等院에 머물던 요리마사 일행을 공격하였다. 전투에 패배한 요리마사는 자살하였고, 나라로 도망하던 모치히토오도 교토의 고묘산光明山에서 참살되었다.

기요모리는 요리마사를 지원한 온조지·고후쿠지의 장원을 몰수하였다. 교토를 사원 세력으로부터 방어할 자신이 없었던 기요모리는 서둘러 후쿠하라로 천도하였다. 실로 400년만의 천도였다. 후쿠하라로 옮긴 안토쿠 천황은 기요모리 저택에, 다카쿠라 상황은 기요모리의 이복동생 요리모리의 저택에, 고시라카와 법황은 기요모리의 동생 노리모리敎盛의 저택에 임시로 기거하였다. 귀족들은 임시 거처를 마련하고 생활하였다. 도성의 건설도 천도 후에 착수한 상태여서 어수선하였다.

2. 내란의 발발

1180년 4월 9일 미나모토노 요리마사와 모치히토오가 다이라씨 타도의 기치를 올렸을 때, 모치히토오의 이름으로 여러 지역의 무사에게 명령서가 하달되었다. 그 내용은 대략 다음과 같았다. "(다이라씨가) 천황의 지위를 찬탈하고, 지금의 천황을 몰아내기 위해 군대를 움직였다. 뜻이 있는 자는 즉시 힘을 합하여 다이라씨를 타도하라. 이 명령에 따르지 않는 자에게는 다이라씨 일족과 같은 죄를 묻겠다. 전공을 올린 자는 우선 여러 지역의 사절使節에 임명하고, 추후에 다시 은상을 내리겠다." 이 명령서는 1159년 12월 헤이지의 난 때 구사일생으로 살아남아 이즈伊豆(시즈오카현静岡県 지역)로 유배되었던 미나모토노 요리토모源頼朝에게도 전달되었을 것이다.

1180년 8월 이즈에 은거하던 미나모토노 요리토모가 300여 명의 무사를 거느리고 다이라씨 타도의 기치를 올렸다.[95] 요리토모는 부인 호조 마사코北条政子의 부친이며, 이즈의 호족이었던 호조 도키마사北条時政의 원조로 거병하였다. 9월에는 시나노信濃의 미나모토노 요시나카源義仲도 거병하였다. 요리토모는 다메요시為義의 장남 요시토모義朝의 3남이었고, 요시나카는 다메요시의 차남 요시카타義賢의 차남이었다. 요리토모와 요시나카는 4촌간이었다.

다이라씨 타도 내란을 보통 겐페이갓센源平合戦이라고 한다. 다이라씨와 미나모토씨가 세력을 다투는 과정으로 인식하는 경우가 많다. 하지만 그것은 단순히 다이라씨와 미나모토씨의 대결이 아니었다. 물론 요리토모와 요시나카가 먼저 거병하고, 가이甲斐에서도 미나모토씨의

---

[95] 요리토모는 미나모토노 요시토모源義朝의 아들이었다. 헤이지의 난 때 미나모토씨는 멸족의 위기를 맞았었다. 14세의 어린 나이였던 그는 사형 직전에 가까스로 목숨을 부지하여 이즈로 유배되었다. 그로부터 20년의 세월이 흐른 1180년 드디어 미나모토씨 가문의 재건이라는 사명을 띠고 다이라씨 타도의 선봉에 서게 된 것이다.

일족인 다케다씨武田氏·야스다씨安田氏 등이 잇달아 봉기하는 등 미나모토씨 일족이 반란을 주도한 것은 사실이었다. 하지만 오미近江의 가시와기柏木·야마모토山本, 이요伊予의 고노河野, 규슈의 사쓰마薩摩 등 전국 각지에서 다이라씨에 반감을 품은 무사들이 동시다발적으로 다이라씨 타도의 기치를 올렸고, 대사원의 승병들도 이에 동조하면서 전국적인 내란으로 발전하였다.

특히 미나모토노 요리토모가 봉기한 간토関東 지방은 예부터 중앙정권에 저항한 전통이 있었고, 또 독립심이 강하고 패기에 찬 무사단이 포진한 곳이었다. 그들은 황무지를 개간하여 장원을 형성하고 직접 또는 간접적으로 농업 생산에 종사하면서 실력을 쌓았다. 그들 중에는 고쿠시国司의 대리인인 모쿠다이目代나 현지의 행정을 사실상 책임지는 직책에 임명된 자들이 많았다. 쇼지庄司 또는 쇼칸庄官이라고 불리는 장원의 지배인이 된 자들도 많았다. 그들의 일족이 단결하여 무사단을 결성하였다. 규모가 큰 무사단은 휘하에 규모가 작은 무사단을 거느리기도 하였다. 고쿠시의 압력에 시달리는 경험을 한 그들은 경작지의 지배권이 보장되는 새로운 정치체제의 출현을 갈망하였다. 그런데 간토 지방의 무사 중에는 예부터 미나모토씨와 주종관계를 맺은 가문이 적지 않았다. 요리토모는 그들을 광범위하게 포섭하여 전력을 강화하였다.[96] 요리토모는 동부 일본 무사들을 포섭할 때 모치히토오의 명령서를 지혜롭게 이용하였다.

1180년 8월 미나모토노 요리토모는 사가미相模(가나가와현神奈川県 지역)의 이시바시야마石橋山의 전투에서 대패하였다. 요리토모는 일단

---

96) 미나모토노 요리토모의 선조들인 요리노부頼信, 요리요시頼義, 요시이에義家 등이 동부 일본에서 무명武名을 드날리고 무가의 동량으로서의 지위를 확립하였다. 그 후 동부 일본의 무사들은 누대에 걸쳐서 미나모토씨와 주종관계를 맺었다. 이들이 즉 미나모토씨의 고케닌들이었다. 이들은 미나모토씨가 몰락하고 다이라씨가 융성했을 때는 할 수 없이 다이라씨에게 복종하였으나 요리토모가 거병하자 그 휘하로 모여들었다.

하코네산箱根山으로 피신하였다가 적의 눈을 피해 바닷길로 아와安房 (지금의 지바현千葉県 지역)로 도망하였다. 요리토모가 첫 전투에서 살아남은 것은 기적에 가까웠다. 그러나 요리토모가 이시바시야마 전투에서 패배한 후, 가즈사上総와 시모사下総97)의 무사단이 달려와서 미나모토노 요리토모의 군단에 합류하였다. 특히 가즈사노 곤노스케上総権介의 지위에 있는 다이라노 히로쓰네平広常가 2만의 대군을 이끌고 합류하면서 요리토모의 전력이 강화되었다. 전열을 가다듬은 요리토모는 2개월이 지나지 않아서 간토 지방을 제압하였다.

1180년 10월 요리토모는 가마쿠라鎌倉에 본거지를 마련하였다. 가마쿠라는 교통의 요지였을 뿐만 아니라 3면이 바다로 둘러싸인 군사적 요충지였다. 가마쿠라는 미나모토씨와 인연이 깊은 지역이기도 하였다. 미나모토씨는 4대에 걸쳐서 사가미노카미相模守에 임명되었다. 미나모토노 요리요시는 쓰루오카하치만궁鶴岡八幡宮을 세웠고, 훗날 요시이에가 수축하였다. 요리토모의 부친 요시토모는 저택을 가마쿠라에 두었다.

한편, 다이라노 기요모리는 미나모토군을 추토하기 위해 손자인 다이라노 고레모리平維盛가 지휘하는 대군을 간토 지방으로 파견하였다. 양편의 군대는 후지가와富士川를 사이에 두고 대진하였다. 같은 해 10월 20일 밤, 미나모토군의 다케다 노부요시武田信義가 다이라군의 후방을 기습하려고 군대를 움직였다. 그러자 후지누마富士沼의 물새가 일제히 날아올랐다. 이 소리를 적이 내습하는 것으로 오인한 다이라군은 도망하기에 바빴다. 다이라군은 전투다운 전투도 하지 못하고 스스로 괴멸하였다. 총대장인 다이라노 고레모리는 불과 몇 명의 부하들만 거느리고 교토로 퇴각하였다. 너무나 싱겁게 끝난 이 전투를 후지가와 전투

---

97) 가즈사는 지바현 중부 지역이고, 시모사는 지바현 북부와 이바라키현茨城県의 일부를 포함하는 지역이다.

라고 한다.

당시 전대미문의 대기근이 일본 열도를 덮쳤다. 전국적으로 아사자가 속출하였다. 교토도 아사자의 시체로 넘쳐났다. 가모노 조메이鴨長明의 『호조키方丈記』에 "교토에 굶어죽은 자 이미 4만2,300여 명이다."라는 기록이 있다. 전국에서 반란이 일어나자 조세로 징수한 미곡이 교토로 올라오지 않아서 귀족들도 굶어죽는 형편이었다. 이런 상황에서 다이라씨가 대군을 동원하는 일은 쉽지 않았다. 다이라씨는 반란군과 싸우기 이전에 대기근과 싸우지 않으면 안 되었다.

대기근은 미나모토노 요리토모가 승기를 잡았지만 결코 상경을 서두르지 않았던 이유이기도 하였다. 교토로 진격하려고 해도 병량미를 확보하는 것이 쉬운 일이 아니었다. 요리토모는 상경할 생각이 있었지만, 지바 쓰네타네千葉常胤를 비롯한 측근들이 만류하였다. 요리토모를 지지한 간토 지방의 무사들이 바라는 것은 다이라씨 정권·천황 정권의 압력으로부터 무사의 계급적 이익을 지켜주는 정권이 동부 일본에 탄생하는 것이었다. 요리토모가 상경하여 다이라씨를 멸망시키는 것은 2차적인 문제였다.

요리토모는 동생인 미나모토노 요시쓰네義経·노리요리範頼에게 패주하는 다이라군을 추격하게 하고 자신은 가마쿠라로 회군하였다. 간토 지방을 먼저 안정시키는 것이 중요하다고 판단했기 때문이다. 당시 히타치常陸(지금의 이바라키현 지역)에서는 사타케씨佐竹氏가 여전히 다이라씨 편에 서서 요리토모를 따르지 않았다. 10월 말 요리토모는 사다케씨를 공격하여 수일 만에 멸망시켰다. 히타치 남부를 지배하던 요리토모의 숙부 시다 요시히로志田義広도 복속하였다. 간토 지방을 거의 평정한 요리토모는 가마쿠라로 개선하여 무사단을 통제하는 기구를 개설하는 등 세력기반을 공고히 하는 데 전념하였다.

다이라씨는 1180년 11월에 수도를 다시 후쿠하라福原에서 교토로 옮겼다. 반란의 확대, 엔랴쿠지의 강력한 환도 요구, 다카쿠라 상황의 병세 악화 등이 환도를 결정하게 된 이유였다. 다이라씨는 환도로 엔랴쿠지를 비롯한 대사원과 귀족들의 요구에 타협하면서 반란의 진압에 전력을 기울였다. 12월에는 오미 지역에서 봉기한 미나모토씨를 진압하는 데 성공하였다. 한편, 다이라씨는 엔랴쿠지, 온조지, 고후쿠지 등 적대적인 대사원의 승병과 정면으로 대결하였다. 11월 중순에 온조지를 불태우고, 12월 말에는 나라의 고후쿠지와 도다이지를 공격하였다. 이때 도다이지의 대불전을 비롯한 사원이 대부분 소실되었다.

다이라노 기요모리가 열병으로 병상에 누웠다. 그의 병세는 호전되지 않았고, 1181년 윤2월 64세의 나이로 사망하였다. 그는 사망 직전에 다음과 같이 유언하였다. "이 세상에 여한은 없지만, 요리토모의 목을 보지 못하고 죽는 것이 유감이다. 나를 위해 당탑堂塔을 세울 필요는 없다. 요리토모의 목을 묘전에 바치는 것이 둘도 없는 공양이라고 생각하라."

기요모리의 뒤를 이은 것은 차자인 다이라노 무네모리平宗盛였다. 무네모리는 기요모리와 달리 평범한 인간이었다. 누구의 눈에도 다이라씨의 쇠퇴가 감지되었다. 기요모리 없는 다이라씨는 미나모토씨와의 전투에서 연패하면서 급격하게 쇠퇴하였다.

3. 다이라씨 멸망

1181년 가을 기요모리의 조카인 다이라노 미치모리平通盛가 호쿠리쿠北陸 지방 추토에 나섰으나 에치젠越前·가가加賀의 무사들이 저항하여 나아갈 수 없었다. 1182년에는 내전이 소강상태에 들어갔다. 다만 미나모토노 요시나카만이 에치고越後에서 쳐들어온 다이라씨 세력을 요코타가와라橫田河原(지금의 나가노현 지역)에서 크게 물리쳤다. 이해에 군사적 충돌이 없었던 것은 전국적으로 대기근이 들었기 때문이다. 특히 서부 일본 지역의 피해가 커서 다이라씨에 매우 불리한 조건이었다.

1183년 4월 다이라노 고레모리平維盛가 대군을 이끌고 호쿠리쿠 지방을 제압하려고 하였다. 때마침 미나모토노 요시나카는 시나노에서 호쿠리쿠 지방으로 나아가 교토로 입성할 준비를 하였다. 그런데 5월에 고레모리가 이끄는 다이라군이 먼저 엣추越中로 침입하였다. 요시나카는 엣추과 가가加賀의 접경 지역인 도나미야마砺波山에서 4만여 명의 다이라군을 맞아 싸워 대승하였다. 요시나카는 퇴각하는 다이라군을 무찌르면서 6월에 오미 지방으로 진격하였다.

거의 같은 시기에 요리토모는 간선도로인 도카이도東海道와 도산도東山道의 지배권을 확립하였다. 그리하여 1183년경에는 미나모토노 요리토모가 도카이도와 도산도를 지배하고, 미나모토노 요시나카가 호쿠리쿠도北陸道와 산인도山陰道를 지배하고, 다이라씨는 산요도山陽道・난카이도南海道・사이카이도西海道를 지배하는 이른바 3자가 정립하는 형국이 되었다.

도나미야마 전투에서 요시나카가 다이라군을 괴멸시키자, 도카이도 연변과 기나이 지방에서 반란군의 활동이 갑자기 활발해졌다. 요시나카는 그들과 긴밀하게 연락하면서 교토를 포위하는 전략을 취하였다. 이윽고 1183년 7월 요시나카가 다이라씨의 본거지인 교토로 입성하였다. 위기를 맞은 다이라씨 일족은 7월 25일 6살 난 안토쿠 천황과 3종의 신기를 받들고 서쪽으로 달아났다. 고시라카와 법황은 일찍이 형세를 간파하고 엔랴쿠지로 피신하였다. 다이라씨가 물러간 후 교토로 돌아온 고시라카와는 입경한 다이라노 요시나카에게 다이라씨 추토를 명령함과 동시에 가마쿠라에 사자를 파견하여 요리토모의 상경을 종용하였다. 요시나카를 견제하려는 속셈이었다.

한편, 요시나카는 안토쿠 천황 다음에 누구를 천황으로 추대할 것인가 등의 문제를 둘러싸고 고시라카와 법황과 대립하였다. 고시라카와는 안토쿠 천황의 아우로 4살 난 시노미야四宮를 추천하였다. 하지만 요시나카는 모치히토오의 아들 호쿠리쿠미야北陸宮를 추천하였다. 같은 해 8월 고시라카와는 요시나카의 뜻을 묵살하고, 3종의 신기가 없이 시노미야를 즉위시켰다. 그가 고토바 천황後鳥羽天皇이었다. 이 일로 고시라카와와 요시나카의 사이가 벌어졌다. 게다가 요시나카군은 군기가 문란하여 약탈을 일삼았기 때문에 인심을 얻지 못하였다. 귀족들도 언행이 세련되지 못한 요시나카를 멀리하였다.

1183년 10월 고시라카와 법황은 도카이도·도산도 연변의 조세와 사원·귀족의 장원은 원래대로 회복한다고 선언하고, 만약 그러한 조치에 불복하는 자가 있다면, 미나모토노 요리토모에게 연락하여 명령을 실행하게 하라는 선지宣旨를 내렸다. 이 시점에서 가마쿠라 막부鎌倉幕府의 권력이 사실상 성립되었다. 요시나카는 고시라카와의 이러한 조치에 반발하였다. 그러자 같은 해 11월 고시라카와는 요시나카에게 교토를 떠나라고 요구하였다.

법황의 태도에 불만을 품은 요시나카는 궁전에 불을 지르고, 법황의 측근들을 살해하거나 파면시키고, 스스로 세이다이쇼군의 지위에 올랐다. 그러나 이미 요시나카를 추토하라는 고시라카와의 명령을 받은 요리토모는 미나모토노 요시쓰네·노리요리가 이끄는 대군을 교토로 보내 요시나카를 공격하였다. 1184년 정월 요시나카는 요리토모가 파견한 군대에 오미 지역에서 패배하여 사망하였다. 당시 요시나카의 나이는 31세였다. 요시나카의 사망으로 그때까지 다이라씨·요리토모·요시나카가 삼분三分하던 일본 열도는 다이라씨와 요리토모가 대립하는 형국이 되었다. 요리토모는 고시라카와로부터 다이라씨를 추토하라는 선지를 받았다. 이윽고 미나모토씨와 다이라씨의 대결이 시작된 것이다.

요시나카와 요리토모가 서로 싸우는 동안 규슈로 물러났던 다이라씨는 세력을 회복하여 세토瀨戶 내해 일대에서 주고쿠中國・시코쿠四國・규슈의 북부를 지배하에 두고, 일족의 주력이 동쪽으로 진군하면서 전열을 갖추어 다시 본거지인 후쿠하라로 돌아왔다. 다이라씨의 군세는 수만 명으로 알려졌다. 2월 중순에는 교토를 회복할 계획이었다. 그러나 1184년 2월 초 다이라씨가 상륙하여 성책을 수축하던 후쿠하라의 남쪽 이치노타니一の谷 부근이 미나모토군에 의해 기습공격을 받았다. 혼란에 빠진 다이라군은 다이라노 미치모리・타다노리忠度・쓰네토시經俊・아쓰모리敦盛 등 일족의 여러 장수가 전사하고, 시게히라重衡는 생포되는 타격을 입었다. 처음부터 병선에 머물렀던 무네모리宗盛는 안토쿠 천황을 데리고 야시마屋島로 도망하였다.

이치노타니 전투에서 대패한 다이라씨는 다시 교토로 진격할 여력을 상실하고 말았다. 하지만 다이라씨는 아직까지 세토 내해를 세력 하에 두었다. 이때 요리토모와 요시쓰네 사이가 소원해졌다. 교토에 주둔하는 요시쓰네와 가마쿠라의 요리토모가 의사소통이 되지 않았다. 노련한 고시라카와 법황은 요리토모의 추천도 없이 요시쓰네를 게비이시檢非違使에 임명하였다. 요리토모는 격분하여 요시쓰네를 지휘관에서 해임하고, 보다 순종적인 노리요리를 총지휘관에 임명하였다.

1184년 9월 미나모토노 노리요리가 이끄는 미나모토군은 산요도山陽道를 따라 서쪽으로 나아갔다. 그러나 세토 내해의 제해권은 여전히 다이라씨가 장악하였고, 육지에서도 다이라씨 편에 선 무사들이 많았다. 무엇보다도 병량과 선박이 부족하였다. 노리요리가 전과도 올리지 못한 채 나가토長門에 도착한 것은 1185년 정월이었다. 미나모토군의 사기는 저하되었고, 병사들은 향수병에 시달렸다. 노리요리는 이미 자신감을 상실하였다.

요리토모는 다이라군을 총공격하기 위해 다시 미나모토노 요시쓰네를 총지휘관으로 등용하였다. 2월 중순 요시쓰네는 150여 명의 결사대를 이끌고 세쓰摂津의 와타나베渡辺를 출발하여 어둠속에서 아와阿波의 가쓰우라勝浦로 건너갔다. 보통 때 같으면 3일 걸리는 뱃길을 폭풍우를 등지고 4시간 만에 야시마屋島로 진군하여 다이라군을 후방에서 기습하였다. 요시쓰네군은 크게 승리하였다. 이 전투에서 패배한 다이라씨는 세토 내해의 제해권도 상실하고 말았다.

요시쓰네는 이요伊予(지금의 에히메현愛媛県 지역)의 고노 미치노부河野通信와 구마노熊野의 수군을 자기편으로 끌어들여 전력을 보강하였다. 1185년 3월 24일 미나모토군은 나가토의 단노우라壇の浦로 몰린 다이라군을 총공격하였다. 양군은 해상에서 결전을 벌였다. 처음에는 바깥바다에서 안바다로 흐르는 조류를 탄 다이군이 유리한 형국이었다. 그러나 조류의 방향이 바뀌면서 미나모토군이 유리해졌다. 결국 이 전투에서 다이라씨가 전멸하였다. 나이 어린 안토쿠 천황도 다이라씨 일족과 함께 물에 빠져 숨졌다. 싸움이 끝난 후, 어린 천황과 함께 물에 빠진 3종의 신기를 찾기 위해 물 속을 샅샅이 살폈다. 동경과 곡옥은 발견되었지만 도검은 끝내 발견되지 않았다.

다이라씨는 중앙 귀족 출신이면서도 지방에 본거지를 두고, 경제적인 실력을 쌓고 무사의 신망을 얻어 무가의 동량 지위를 얻었다. 이윽고 사회가 혼란하여 무사의 활약이 요청되는 시기를 이용하여 중앙의 정치를 독점하였다. 그러나 창조적인 정치기구를 갖추지 못하였고 스스로 귀족이 되려고 하였을 뿐이다. 중앙의 정치를 전횡하여 귀족과 사원의 반감을 샀고, 또 귀족화하여 무사로부터도 지지를 얻지 못하였다. 결국 다이라씨는 귀족과 무사 쌍방에서 공격을 당하여 멸망하였다.

[2] 가마쿠라 막부의 성립

1. 요리토모와 요시쓰네

단노우라에서 다이라씨를 전멸시킨 미나모토노 요시쓰네가 교토로 개선하였다. 그의 무공이 세상에 알려지면서 민중의 영웅으로 떠올랐다. 무사들 사이에서도 요시쓰네의 인기가 상승하였다. 아이러니하게도 그의 명성이 형인 요리토모와의 사이를 갈라놓는 요인이 되었다. 요리토모는 요시쓰네가 정치적으로 부상하는 것을 경계하였다. 자신에게 충성하는 무사는 요시쓰네를 따르지 말라는 명령을 내릴 정도였다.

1185년 5월 단노우라에서 포로로 잡은 다이라노 무네모리를 가마쿠라에 호송하기 위해 교토를 출발한 요시쓰네는 가마쿠라에 사자를 보내 충성을 서약하는 문서를 요리토모에게 제출하였다. 하지만 요리토모는 의심을 풀지 않았다. 요시쓰네가 가마쿠라로 가는 길목인 사가미相模의 사카와酒匂까지 진군하였을 때, 요리토모는 호조 도키마사北条時政를 보내 포로를 인수하면서 요시쓰네의 가마쿠라 입성을 허락하지 않았다. 요시쓰네는 고시고에腰越에서 대기하였다. 요시쓰네는 요리토모의 측근인 오에 히로모토大江広元에게 자신의 심경을 담은 서한을 보내 형의 오해를 풀어달라고 간청하였다. 그러나 요시쓰네의 노력에도 불구하고 그대로 교토로 돌아가라는 명령이 하달되었다. 요시쓰네는 한을 품고 말머리를 돌렸다.

요시쓰네가 교토로 돌아가자 요리토모는 요시쓰네가 전공을 세워 은상으로 받은 장원 24곳을 몰수하였다. 때마침 요리토모와 사이가 좋지 않았던 미나모토노 다메요시源為義의 10남 유키이에行家가 요시쓰네와 손을 잡고 요리토모에 대항하는 세력을 형성하려고 하였다. 형 요리토모의 냉대에 분개한 요시쓰네는 유키이에와 손을 잡았다. 요시쓰네는 고시라카와 법황에게 요리토모 추토의 선지를 요청하고, 요리토모가 자신을 감시하기 위해 교토로 보낸 무사들을 무자비하게 살해하였다. 미나모토노 요시쓰네는 생사를 걸고 요리토모와 맞서는 수밖에 다른 길이 없었다.

1185년 10월 18일 요시쓰네·유키이에에게 요리토모를 추토하라는 선지가 내려졌다. 요시쓰네는 선지를 앞세워 우선 기나이에서 병사를 모집하였지만 그 세력은 기대에 미치지 못하였다. 한편, 자신을 추토하라는 선지가 내려졌다는 정보를 입수한 요리토모는 대군을 이끌고 가마쿠라를 출발하였다. 11월 3일 요시쓰네는 요리토모와 정면충돌을 피하여 200여 명의 측근을 대동하고 교토를 떠났다. 그러나 우여곡절 끝에 요시노 방면으로 향할 때는 벤케이弁慶를 비롯한 3명의 측근만이 그를 따랐다. 그 후 요시쓰네의 행방이 묘연하였다.

11월 5일 요리토모가 이끄는 대군이 교토로 입성하였다. 고시라카와 법황은 요시쓰네의 관직을 거두고, 요리토모에게 사자를 파견하여 양해를 구하였다. 하지만 요리토모는 고시라카와를 협박하여 오히려 요시쓰네를 추토하라는 선지를 얻어냈다. 요리토모는 요시쓰네를 추토하는데 주력하였다. 1186년 2월경에 요시쓰네가 오슈奧州의 후지와라노 히데히라藤原秀衡에게 몸을 의탁하고 있다는 정보가 입수되었다. 전국통일을 이루려는 요리토모는 여전히 중앙권력에 복속하지 않고 독자적인 세력을 구축한 오슈의 후지와라씨를 제압하지 않으면 안 되었다. 요리토모는 요시쓰네 추토를 명분으로 오슈 후지와라씨를 정벌하기로 결심하였다.

요리토모는 고시라카와 법황에게 히데히라 추토의 선지를 요청하였다. 조정의 권위를 이용하여 추토의 명분을 세우기 위해서였다. 고시라카와는 히데히라에게 서신을 보내 모반인 요시쓰네를 인도하라고 요구하였다. 그러나 히데히라는 듣지 않고 1187년 9월부터 전투 준비에 들어갔다. 그런데 정치적인 교섭이 진행되던 중 히데히라가 사망하면서 국면이 전환되었다.

히데히라는 야스히라泰衡를 비롯한 여러 아들에게 요시쓰네를 대장군으로 삼아 결속을 강화하라는 유언을 남겼다. 그러나 후지와라 가문의 형제들이 반목하면서 결속력이 급속히 저하되었다. 1188년 조정은 후지와라씨에 여러 번 요시쓰네를 인도하라고 압박하였다. 한편, 요리토모는 1189년 2월 조정에 야스히라 추토의 선지를 요청하였다. 야스히라는 조정과 요리토모의 압박에 견디지 못하고 고로모가와衣川의 저택에 있던 요시쓰네를 기습하였다. 속수무책이었던 요시쓰네는 처자와 함께 자결하여 30년의 생애를 마감하였다.

요시쓰네의 죽음도 이미 오슈의 후지와라씨를 정벌하기로 결심한 요리토모의 마음을 돌리지 못하였다. 1189년 7월 요리토모는 법황의 선지를 기다리지 않고 오슈 정벌에 나섰다. 7월 21일 야스히라는 요리토모에게 대패하여 도망하였으나 9월 3일에 부하들에게 죽임을 당하였다. 후지와라씨가 멸망하면서 요리토모는 무쓰陸奥 · 데와出羽 지방을 지배하에 넣었다. 이 시점에서 미나모토노 요리토모의 전국지배 기반이 완성되었다.

2. 슈고와 지토

1185년 11월 미나모토노 요리토모는 고시라카와 법황을 협박하여 요시쓰네 · 유키이에의 추포를 명하는 선지를 얻어낸 후, 전국에 슈고守護와 지토地頭을 임명할 수 있는 권리와 경작지 1반反당 5되의 병량미를 징수할 수 있는 권리를 확보하였다. 이것은 무사에 의한 군사·경찰권과 토지 관리권을 합법적으로 장악한 것으로 무가정권 확립을 위한 획기적인 사건이었다. 12월에는 요리토모에 반감을 품고 있던 법황의 측근들을 파면시키고, 요리토모에 호의적인 귀족들을 중요한 정무회의에 참가시키는 등 조정내의 인사에 간섭하였다.

슈고의 직무는 오반야쿠大番役의 재촉, 모반자 검거, 살인자 체포 등이었다. 오반야쿠는 다이라 정권 때부터 동부 일본의 무사에 부여되었던 임무였다. 즉 동부 일본의 무사는 3년 교대로 교토로 가서 천황의 궁전을 경비하였다. 요리토모가 가마쿠라 막부를 세운 후에는 그 기간을 3년에서 6개월로 단축하였으나 오반야쿠는 고케닌御家人, 즉 막부에 직속한 무사의 가장 중요한 의무로 여겨졌다. 동부 일본의 무사들을 지휘하여 오반야쿠의 임무를 완수하는 것도 슈고의 가장 중요한 책임이었던 것이다.

오반야쿠의 재촉이 슈고의 가장 중요한 직무였던 것에서도 알 수 있듯이, 슈고에게 지배지역 내의 고케닌을 지휘할 수 있는 권한이 부여되었다. 슈고는 유사시에 지배지역의 고케닌을 통솔하는 군사령관이었던 것이다. 평화 시에는 막부의 법령과 명령을 고케닌에게 하달하고, 고케닌의 청원을 막부에 전하는 책임이 있었다. 대사원의 조영과 수리, 또는 도로와 숙역을 정비하고 관리하는 일도 슈고의 일이었다. 슈고는 지배지역의 치안·경찰뿐만 아니라 막부의 지방관리 역할도 수행했던 것이다. 하지만 막부는 슈고가 지배지역 내의 고케닌들과 주종관계를 맺는 것을 엄격하게 금지하였다. 막부의 쇼군将軍과의 관계에서는 슈고나 고케닌은 신분적으로 동등하였다.

지토시키地頭職, 즉 지토로서의 직무와 그것에 부수된 권리 중에서 가장 중요한 것은 본령안도本領安堵 지토시키, 즉 고케닌이 원래 보유하던 장원을 지배할 수 있는 권한을 막부의 쇼군이 승인하는 것이었다.

고케닌을 새로운 장원의 지토시키에 임명하거나 경찰업무를 위해 임시로 지토시키에 임명하는 경우 등이 있었다. 본령안도는 미나모토씨가 본가의 지위를 점하는 간토 지방의 장원을 제외하고, 막부의 쇼군이 귀족이나 대사원을 본가로 하는 장원의 쇼칸莊官과 새로운 주종관계를 맺고, 쇼군이 그 영지를 안도, 즉 지배권을 보장하는 것이었다. 이때 쇼칸은 실질적인 장원의 소유주이나 형식적으로 귀족이나 대사원에 장원을 기진寄進하고 자신은 관리자의 자격으로 장원을 경영하는 경우가 많았다. 이런 쇼칸을 근본영주라고 하는데, 그들은 쇼군과 주종관계를 맺은 후에도 본가와의 관계는 그대로 유지하였다. 요컨대 한 명의 근본영주 또는 한곳의 토지를 본가와 막부의 쇼군이 동시에 지배하는 구조가 되었다는 점에 주목할 필요가 있다. 고케닌을 새로운 장원의 지토시키에 임명하는 것은 그 공적에 대한 은상이었다. 다이라씨나 반란 세력, 또는 범죄인으로부터 몰수한 장원이 은상으로 주어졌다. 경찰업무를 위해 임시로 부여된 지토시키는 장원을 수여하는 것이 아니라 지위만 부여하는 것이 일반적이었다.

지토는 장원의 관리권, 장원의 연공과 부역의 징수권, 장원의 경찰권과 재판권을 행사하였다. 농사를 독려하고 황무지를 개발하는 것도 지토의 책임이었다. 근본영주이면서 지토에 임명된 자는 장원을 자유롭게 처분할 수 있는 권한이 있었다. 하지만 새로운 장원의 지토시키에 임명된 자는 장원을 자유롭게 처분할 수 있는 권한이 없는 경우가 많았다. 연공 징수권은 지토의 수입으로 인정된 범위 내에서 행사할 수 있었다. 1185년 11월 칙허에 의해 공식적으로 토지 1반 당 5되의 병량미를 징수할 수 있게 되었다. 그리고 지토에게 슈고의 권한에 속하는 모반자·살인자 이외의 경범죄를 다스릴 수 있는 경찰권·재판권이 주어졌다.

지토시키에는 일반적으로 쇼칸시키와 같이 반드시 도쿠분得分, 즉 수

익이 뒤따랐다. 지토시키는 직무였지만 다른 한편으로는 수익권이며 재산권이었고 할 수 있다. 그러니까 지토시키에 임명된다는 것은 수익권과 토지재산을 수여하는 것이었다. 미나모토노 요리토모가 고케닌을 지토시키에 임명하는 것은 곧 영지를 수여하는 것이었다. 시키職는 곧 수익권이며 재산권으로 인식되었던 것이다.

지토가 임명된 지역에 대한 지배의 구체적인 내용과 직무에 따른 수익은 지토에 따라 달랐다. 개발영주, 즉 처음부터 황무지를 개간하여 장원을 지배하다가 본령안도의 형식으로 지토에 임명된 근본영주는 장원의 농민에 대한 지배력이 강력하였다. 하지만 새로운 장원의 지토시키에 임명된 자는 장원의 농민에 대한 지배력이 전자보다 약하였다. 장원제적 지배기구의 일단을 담당하는 쇼칸으로서 관리권을 행사하였을 뿐이었다.

3. 막부와 조정의 관계

다이라씨가 멸망한 후, 고시라카와 법황은 몇 번이나 미나모토노 요리토모에게 상경을 권했으나 요리토모는 서두르지 않았다. 오슈 정벌이 끝난 후, 1190년 10월 요리토모는 이윽고 상경하였다. 전국통일의 위업을 귀족들에게 과시하면서 조정에서 자신의 편을 드는 구조 가네자네九条兼実의 지위를 안정시킬 목적이었다. 상경한 요리토모는 법황에게 전국의 치안경찰권을 위임해 줄 것을 요구하여 관철시켰다. 그 결과 요리토모의 무사단이 국가의 군사력으로 공인되었다.

법황은 요리토모를 다이나곤大納言 및 우곤에쇼군右近衛将軍에 임명하여 지배층의 일원으로 편입시키려고 하였다. 하지만 요리토모는 무가

정권의 수장에 걸맞은 세이다이쇼군征夷大將軍의 지위를 희망하였기 때문에 곧 관직을 사퇴하였다. 법황은 요리토모의 환심을 사기 위해 공전功田 100정을 하사하고, 요리토모의 부하 10여 명에게도 관직을 주었다. 하지만 요리토모는 필요 이상 귀족 세력과 타협하는 것을 기피하여 같은 해 말 가마쿠라로 돌아왔다.

요리토모와 친밀했던 구조 가네자네는 법황에게 요리토모를 세이다이쇼군에 임명하도록 주청하였으나 법황은 좀처럼 승인하지 않았다. 요리토모의 군사력을 직접 확인한 귀족들 사이에 무가정권과 대항하는 분위기가 형성되었기 때문이다. 1186년 봄 구조 가네자네는 셋쇼의 지위에 올랐다. 하지만 귀족들은 요리토모에 협조하는 구조 가네자네에게 대항하였다. 1191년 7월에는 가네자네가 법황을 저주했다는 소문을 퍼뜨리기도 하였다.

1192년 3월 고시라카와 법황이 사망하면서 원청院廳의 지배력이 약화되었다. 구조 가네자네의 지위가 확립되어 정치의 실권을 장악하였다. 가네자네는 자신의 딸을 고토바 천황의 비로 들여보냈다. 가네자네는 고시라카와 법황의 측근을 파면하고, 법황의 장원을 몰수하고, 동생인 지엔慈円을 천태종의 좌주로 임명하는 등 권세를 떨쳤다. 그리고 요리토모를 세이다이쇼군에 임명하였다. 세이다이쇼군은 원래 에미시蝦夷을 정벌할 때에 임시로 설정된 관직이었는데, 요리토모가 그 직위에 취임하면서 무가로서 천하의 실권을 장악한 자를 의미하였다. 세이다이쇼군의 칭호는 생략하여 쇼군將軍이라고 하였다. 미나모토노 요리토모가 쇼군에 취임하면서 가마쿠라 막부는 명실상부하게 성립되었다.[98]

---

98) 정권의 성격을 어떻게 해석하느냐에 따라서 가마쿠라 막부의 성립 시기는 달라질 수 있다. 현재까지 유효한 학설은 다음과 같다. (1) 1180년 미나모토노 요리토모가 가마쿠라에 근거지를 두고 막부의 통치 조직인 사무라이도코로가 설치된 시점, (2) 1183년 요리토모가 고시라카와 법황에게서 도카이도·도산도의 장원과 공령公領

요리토모가 세이다이쇼군에 취임하면서 교토의 조정과 가마쿠라의 막부가 서로 협조하는 분위기가 형성되었고, 정무도 순조롭게 처리되는 시기가 도래하였다. 하지만 조정에서 구조 가네자네가 권세를 누릴 때, 쓰치미카도 미치치카土御門通親가 은밀하게 세력을 넓혔다. 그는 고시라카와 법황의 측근으로, 법황의 딸을 낳은 단고노쓰보네丹後局와 결탁하였다. 미치치카는 가네자네의 권세가 안정되었을 때에는 정국의 전환을 꾀하는 것이 곤란하다는 것을 알고 훗날을 대비하였다. 그는 먼저 막부에 접근하여 막부와 가네자네를 이간하는 일부터 시작하였다. 미치치카는 고토바 천황의 후궁으로 들여보낸 자신의 양녀가 다메히토為仁 황자를 낳자 입지가 강화되었다. 미치치카는 단고노쓰보네, 고시라카와 법황의 황자 등과 함께 가네자네 배척운동을 일으켰다. 1196년(겐큐建久7) 11월 가네자네가 음모를 꾸몄다고 천황에게 상주하여 가네자네를 실각시켰다. 이어서 가네자네 일당도 조정에서 모두 몰아냈다. 이것을 겐큐 7년의 정변이라고 한다.

미치치카는 자신의 일당을 조정의 관직에 임명하면서 막부와 충돌을 피하기 위한 방책도 강구하였다. 요리토모의 최측근으로 교토슈고京都守護의 지위에 있던 이치조 요시야스一条能保의 장자 다카요시高能를 참의參議에 임명하였다. 그리고 요시야스의 사위이며 막부와 친밀했던 사이온지 긴쓰네西園寺公経도 고위 관직에 임명하였다. 미치치카는 가네자네 일파를 일소하면서 한편으로 친막부 세력을 관직에 임용함으로써 막부와 정면으로 대립하는 것을 피했던 것이다. 하지만 조정에서 가네자네 일당이 완전히 축출되면서 막부를 대변하는 세력이 일소되

의 지배권을 인정받아 막부의 권력이 사실상 성립되었던 시점, (3) 1184년 이미 성립된 사무라이도코로 이외에 구몬조·몬추조가 설치되어 막부의 기본적인 기구가 정비된 시점, (4) 1185년 요리토모가 고시라카와 법황을 압박하여 전국에 슈고·지토를 설치할 수 있는 권한을 쟁취한 시점, (5) 1192년 요리토모가 세이다이쇼군에 임명되었던 시점 등이다. 여러 학설 중에 1185년 군사 정권으로서 막부의 지배기구의 근간을 갖춘 시점이 가장 유력하다.

었다.

조정의 실권을 장악한 미치치카는 외손인 다메히토 친왕을 즉위시켜 천황의 외조부가 되려고 노력하였다. 1196년 말 미치치카는 고토바 천황의 양위를 막부에 통보하고, 반대 여론을 무시하고 양위 준비를 서둘렀다. 1198년 정월 3살이 된 다메히토 친왕이 즉위해 쓰치미카도 천황土御門天皇이 되었다.

고토바 상황은 원정을 개시하였다. 미치치카는 원청의 최고 지위인 벳토別当가 되어 실권을 장악하였다. 쇼군 요리토모는 교토의 정세 변화에 관심을 보였으나 주도적으로 조정에 개입할 수 없었다. 1198년 9월 교토슈고 이치조 다카요시가 사망하면서 교토의 정보가 가감 없이 막부에 전달되던 통로도 두절되었다. 그러자 쇼군 요리토모는 실각한 가네자네와 은밀히 연락하면서 다시 상경할 준비를 하였다. 하지만 1199년 정월 쇼군 요리토모가 53세의 나이로 사망하였다.

4. 정치기구의 정비와 쇼군 권력의 확립

미나모토노 요리토모는 거병한 직후인 1180년에 이미 미나모토씨와 주종관계를 맺은 무사를 통솔하기 위한 기관인 사무라이도코로侍所를 설립하고, 장관인 벳토에 충복인 와다 요시모리和田義盛를 임명하였다. 막부를 개설하면서 사무라이도코로는 고케닌을 통제하고, 군사·경찰의 임무를 담당하는 기관으로 발전하였다. 1184년에는 정무 일반을 관장하는 기관인 구몬조公文所와 재판과 소송을 담당하는 기관인 몬추조問注所를 설립하였다. 구몬조의 벳토에는 교토에서 초빙한 오에 히로모토大江広元를 임명하였다. 몬추조의 장관인 시쓰지執事 역시 교토에서 초빙한 미요시 야스노부三善康信를 임명하였다.

가마쿠라 막부의 중앙 정치기구는 군사·행정·사법의 3기관만으로 구성된 간단한 것이었다. 이 기관은 각기 정무를 분담하여 관장하였지만, 중요한 문제는 세 기관의 장관을 포함한 중신들이 합의하여 결정하는 방식을 채택하였다. 물론 최종적인 결정권은 쇼군 미나모토노 요리토모에게 있었다.

가마쿠라 막부는 전국 각지에 슈고를 두었다. 슈고는 관할 지역의 고케닌을 통솔하고, 쇼군의 명령에 따라서 군사권과 경찰권을 장악하였다. 슈고는 하나의 구니國에 1명을 두는 것을 원칙으로 하였으나 한 사람이 여러 구니의 슈고직을 겸하는 경우도 있었다. 슈고직에는 주로 동부 일본 출신의 고케닌이 임명되었다. 그 직위는 세습되었다. 슈고에게는 그 임무에 대한 특별한 보상은 없었지만, 그들은 지토를 겸하면서 그 직무에 대한 수입에 의존하였다. 슈고가 임명되었다고 하여도 지방 행정의 책임자는 어디까지나 고쿠시國司였고, 행정 실무자는 지방의 호족이었다. 슈고는 호족들에게 명령권을 행사하여 점차로 행정조직을 통한 지배를 강화하였다.

장원이나 공령公領에는 지토를 두었다. 지토도 고케닌 중에서 임명하는 것이 원칙이었다. 원래 특정한 장원을 지배하던 고케닌을 그 지역의 지토로 임명하는 경우도 있었고, 전혀 다른 곳의 장원이나 공령의 지토로 임명하는 경우도 있었다. 지토는 장원의 조세를 징수하고, 경작지를 관리하고, 치안을 유지하는 것을 임무로 하였다. 지토는 장원영주에게 연공을 납부할 의무가 있었지만 지토의 임명권은 막부에 있었다. 장원영주는 지토의 임명에 저항하였다. 막부가 지토를 임명한다는 것은 결국 무사 세력이 장원영주의 지배권을 침해하는 것이었기 때문이었다. 하지만 막부의 권력이 강화되면서 지토 임명권이 확대되었다.

미나모토노 요리토모가 가마쿠라에 막부를 개설하고 무가정치武家政

治를 개시하였지만, 전국을 지배하는 정권은 아니었다. 교토에는 천황을 정점으로 공가公家, 즉 귀족이 관직을 차지한 조정이 엄연히 존재하였다. 가마쿠라 막부는 동부 일본의 정권이라는 성격을 지녔을 뿐이었다. 따라서 가마쿠라 시대에는 공가와 무가가 이원적 지배질서를 형성하였다고 할 수 있다.

1185년 미나모토노 요리토모가 슈고와 지토를 설치할 즈음, 전국의 장원과 공령公領에 지토를 설치할 수 있는 권한을 얻었지만, 공가와 사원이 강력하게 반대하였기 때문에, 그 설치 지역은 축소되고 한정될 수밖에 없었다.[99] 요리토모는 고쿠시가 지배하는 고쿠가령國衙領이나 장원영주가 소유한 장원을 부정할 수 없었다. 그것에 의존하여 지방의 지배권을 강화해 가는 데 만족하지 않을 수 없었다.

막부가 지배하는 영지는 동부 일본을 중심으로, 간토고료関東御領·간토고분코쿠関東御分国·간토신시쇼료関東進止所領가 있었다. 이 셋을 통칭하여 간토고세이바이치関東御成敗地라고 하였다. 간토라는 것은 곧 가마쿠라 막부를 의미하였다. 그러니까 간토고세이바이치라고 하면 가마쿠라 막부의 쇼군이 지배하는 영지라는 의미였다.

간토고료는 쇼군 가문이 직접 영유한 장원이었다. 직할령을 의미하였다. 처음에는 다이라씨가 소유하던 장원을 몰수하여 직할령을 설정하였다. 전국에 약 500개소였다. 그러나 1221년에 발생한 조큐承久의 난 이후에는 거기에다 천황의 편에 섰던 무사의 장원을 몰수한 3,000개소의 장원이 더해졌다. 직할령에는 지토를 두어 관리하였고, 고케닌의 은급지恩給地로 활용하였다.

간토고분코쿠는 쇼군 가문의 지교국知行国이었다. 지교知行란 토지·

---

99) 막부가 지토를 임명하면 장원은 결국 지토에 의해 지배될 가능성이 높았다. 그래서 장원영주는 막부가 지토를 임명하는 것에 반대하였다. 미나모토노 요리토모도 장원영주의 반대를 무시할 수 없었다. 그래서 1186년에 다이라씨와 그 추종자들이 지배하던 장원과 모반인의 장원에 한하여 지토를 임명하기로 결정하였다.

재산의 직접지배를 의미하였다. 지교국이란 율령제 구니国의 지교권知
行權를 특정한 가문이나 사원 등에 부여하고, 그 구니의 조세나 관물을
수취하여 자신의 것으로 할 수 있도록 한 제도였다. 쇼군 가문 지교국
의 고쿠시는 막부가 고케닌 중에서 선발하여 교토의 조정에 추천하면
조정이 임명하였다. 따라서 쇼군 가문 지교국의 고쿠시는 막부의 명령
에 따라 일을 처리하고 수입의 일부를 막부에 납부하였다. 처음의 고분
코쿠御分国는 사가미相模・무사시武蔵・가즈사上総・시모사下総・스루
가駿河・이즈伊豆・에치고越後・시나노信濃・분고豊後의 9개 구니였다.

막부의 쇼군은 지토를 모든 고쿠가령이나 장원에 둘 수는 없었다. 하
지만 부분적으로는 장원과 고쿠가령 중에 군량미를 징수할 수 있는 권
리와 지토의 토지관리권이 인정되는 경우가 있었다. 이와 같이 권리를
의미하는 시키職가 막부에 있는 토지를 간토신시쇼령이라고 하였다.

[3] 무사사회의 구조와 고케닌 제도

1. 무사단의 구조

무사는 대부분이 농촌에 토착하여 생활하였다. 그들은 지배지역 내
교통의 중심지에 저택을 마련하였다. 그 저택을 야카타館라고 하였다.
야카타는 대개 부케즈쿠리武家造라고 일컬어지는 양식이었다. 야카타
의 지붕은 널판으로 덮였고, 마루에는 다타미疊도 깔지 않았을 만큼 간
소하였다. 야카타는 무사 가족의 거주지였을 뿐만이 아니라 방어진지
이기도 하였다. 그래서 일반적으로 무사의 저택은 주변보다 약간 높은

곳에 위치하였다.

야카타는 수천 평에서 수만 평에 이르는 광대한 면적을 차지하였고, 담장으로 둘러싸여 있었다. 야카타의 외곽으로 담장을 따라 해자인 호리堀를 파

무사의 저택

고, 하천에서 물을 끌어들여 흐르게 하였다. 집안으로 출입하려면 도랑을 건너야 하였다. 그래서 무가의 저택은 호리노우치堀內라고 일컬어졌다.

야카타의 주인과 그 가족은 모야母屋라는 장소에서 거주하였다. 모야를 중심으로, 주인을 섬기는 게라이家來의 거주 장소인 도오자무라이遠侍, 마굿간, 보초가 근무하는 망대, 훈련장 등이 배치되어 있었다. 창고에는 갑옷인 요로이鎧, 도검인 가타나刀, 활과 화살인 유미야弓矢, 그리고 전투에 필요한 각종 무기, 소모품 등이 보관되어 있었다. 훈련장에서는 무사의 자제와 게닌들이 군사훈련을 실시하였다.

야카타의 전면에는 가도타門田라고 불렸던 논과 가도바타門畠라고 불렸던 밭이 자리하였다. 가도타를 비롯한 직영지는 게닌下人 · 쇼주所從라고 불리는 예속 농민이 경작하게 하였다. 그 밖의 다른 경작지는 하급 묘슈名主나 사쿠닌作人이라고 불리는 농민에게 경작시키고 수확물의 일부를 수취하였다. 무사는 하급 묘슈나 사쿠닌을 부역에 동원하기도 하였다. 예속 농민 중에서 무사의 게닌이나 로토郎党가 되는 자들도 있었다. 이들은 무사의 일족인 이에노코家子를 중심으로 무사단을 형성하였다.

하카타와 그 주변의 직영지는 조정이나 장원영주로부터 조세가 면제되고, 아무런 간섭도 받지 않는 완전한 사유권이 인정되는 경우도 있었다. 무사는 이곳을 중심으로 주변을 개발하여 사유지를 확대하였다. 가마쿠라 시대가 되면서 막부의 쇼군과 주종관계를 맺고, 공령과 장원의 지토에 임명되면서 새로 영지를 획득한 무사들은 그곳에 새로운 야카타를 세우고 지배의 거점으로 삼았다.

무사사회에서는 일찍부터 여러 자식이 영지와 재산을 분할하여 상속하는 원칙이 확립되었다. 상속할 때는 적자嫡子인 소료惣領에게 많은 지분을 할애하고, 그 나머지를 차자에게 분할하여 상속하는 것이 일반적이었다. 영지를 분할하여 상속한 차자들은 새로 거주하게 된 지역의 지명을 묘지苗字, 즉 성으로 사용하면서 분가하였다.

하지만 분가한 차자들이 완전히 독립한 것이 아니었다. 여전히 본가의 수장을 받들고, 본가 소료의 통제 하에 혈연관계를 중심으로 결합하였다. 이러한 본가·분가의 혈연집단을 일문一門·일족一族·일가一家 등으로 칭하였다. 일족의 수장인 소료의 통제에 따르는 혈연집단의 구

한가한 시간을 보내는 가마쿠라 시대 무사들

성원을 쇼시庶子, 또는 이에노코라고 하였다. 하지만 혈연관계가 없는 소영주가 호족적 영주의 일족에 포함되어 의제적으로 이에노코가 되는 경우도 있었다. 반대로 이른 시기에 분가한 일족이 본가의 게라이의 지위로 전락하는 경우도 있었다. 이러한 무사의 결합을 보통 소료제라고 한다.

소료는 일족의 영지에 대한 통제권을 보유하였다. 소료는 분가가 지배하는 영지도 처분할 수 있는 권한이 있었다. 일족은 관계를 공고히 하기 위해 사원을 건립하고 그곳에서 단결을 맹세하였다. 소료는 일족을 대표하여 우지가미氏神를 제사하면서 일족을 통제하였다. 소료는 일족의 수장임과 동시에 전쟁터에서는 군사지휘관이기도 하였다.[100] 소료는 일족을 핵심 무력으로 하는 무사단을 거느리고 출진하였다. 일족의 구성원에게는 소료에 복종하고, 일족을 위해 자기를 희생하는 것이 무사의 도덕이라는 점을 강조하였다.

소료의 분가에 대한 통제력의 정도는 일족의 규모, 또는 시대에 따라 차이가 있었으나 막부의 쇼군은 소료를 통해서 무사단을 장악하였다. 무사단이 전투에 동원되거나 군역과 번역番役을 부담할 때, 쇼군이 일족에 대하여 수여하는 은급恩給도 소료를 통하여 지급되는 것이 일반적이었다. 일족의 무사가 관직에 나아갈 때도 소료의 허락을 받는 절차가 필요하였다. 막부도 소료가 허락하지 않는 자에게 관직을 수여하지

---

[100] 일본의 주종관계는 서양의 주종관계보다 강했다고 알려져 있다. 이러한 강력한 주종관계는 주인과 종자 사이의 보호와 복종의 관계만으로 설명할 수 없을 것이다. 일본의 경우, 주인과 종자 사이의 혈연관계, 그리고 일상적인 생활을 통하여 형성된 도덕적 감정이 주종관계를 더욱 공고하게 하는 요인이었다. 이러한 관계는 무사사회가 동족조직을 근간으로 하였기 때문에 가능한 것이었다. 일족의 족장, 즉 소료의 권위가 곧 주군의 권위로 작용하면서 무사조직을 결속하였다. 이와 같이 고케닌은 각자의 동족집단을 견고하게 이끌고, 쇼군은 이러한 고케닌 조직의 위에 군림하였다. 요컨대 쇼군은 족장 중의 족장, 즉 대족장의 권위와 함께 고케닌의 주군으로서의 권위를 한 몸에 지니고 무사사회를 지배하였다. 일본 봉건제도의 주종관계는 이와 같은 구조에서 형성될 수 있었다. 주군에 대한 절대적인 복종은 권력이 가족적 성격을 띠는 것에서 기인하는 속성이었던 것이다.

않는 것이 원칙이었다. 또 공령과 장원영주는 조세와 부역을 소료에게 부과하고, 소료는 그것을 분가들에게서 징수하여 일괄 납부하는 책임을 졌다.

소료는 특별한 일이 없는 한 본가의 장남이 선정되었다. 하지만 장남이 일족을 통제할 수 있는 능력이 없을 경우에는 부친이 차자 중에서 기량이 있는 자에게 소료의 지위를 물려주는 경우도 있었다. 소료의 선정과정에 친권이 결정적으로 작용했던 것이다. 부친은 자기의 의사에 따라 자유롭게 영지와 재산을 처분할 수 있었다. 부친이 급사한 경우에는 유언이 있으면 그것에 따랐지만, 유언이 없었을 경우에는 생전의 뜻에 따랐다.

2. 주종관계와 고케닌 제도

가마쿠라 막부는 주종관계를 근간으로 하였다. 쇼군은 고케닌御家人[101]에 은혜를 베풀고, 고케닌은 쇼군에게 충성하는 고케닌 제도가 정착되었다. 고케닌이란 쇼군에게 명부名簿, 즉 성명을 적은 명패를 제출하고 충성을 서약한 후 게라이家来가 된 자를 말하였다. 게라이라고 하여도 그들이 거느리는 무사단의 규모는 제각각이었다. 몇 개의 군 또는 구니國를 실질적으로 지배하면서 수천 명의 무사단을 거느린 호족적 영주도 있었고, 한 마을 또는 몇 개 마을을 지배하면서 소규모 무사단을 거느린 영주도 있었다.

미나모토노 요리토모가 초기에 고케닌으로 조직한 것은 주로 간토

---

101) 쇼군에 대하여 경의를 표하기 위해, 쇼군의 게닌家人에 '御'자를 붙여 고케닌御家人이라고 하여 다른 무사들과 구별하였다.

지방의 무사들이었다. 하지만 요리토모 세력이 확대되면서 기나이畿內를 포함한 서부 일본의 여러 지역 무사들도 고케닌 조직에 포함되었다. 요리토모는 고케닌 제도를 강화하기 위해 각지의 명망 있는 호족들을 고케닌으로 받아들였다. 무용이 출중한 자들도 신분에 구애받지 않고 고케닌으로 발탁하였다. 다이라씨에 충성을 바쳤던 무사들도 관대하게 맞아들여 고케닌으로 편성하였다. 이렇게 하여 형성된 고케닌의 총수는 1185년 당시 2,096명이었다. 그 후에도 계속하여 각지의 무사가 고케닌으로 편성되었다. 고케닌의 숫자는 꾸준히 증가하였다.

고케닌은 가례형家禮型 종자와 게닌형家人型 종자로 대별할 수 있다. 전자는 상대적으로 독립성이 강하고, 쇼군과 주종관계를 맺을 때도 쌍무적인 계약관계를 전제로 하였다. 가례형 종자는 스스로의 판단으로 쇼군과의 주종관계를 파기할 수 있었다. 그러나 게라이형 종자는 쇼군에 대한 예속성이 강하였다. 쇼군에 대하여 일방적인 충성이 요구되었다. 편무적인 계약관계라고 할 수 있었다.

고케닌 제도는 고대의 게닌 제도를 모방하여 이에노코, 로토, 게닌家人, 쇼주所從 등의 이름으로 주종관계에 편입된 존재를 기초로 성립되었다고 할 수 있다. 가마쿠라 시대의 고케닌은 대체로 3개의 계층, 즉 호족적 고케닌층, 토호적 고케닌층, 묘슈적名主的 고케닌층으로 분류할 수 있다. 호족적 고케닌층은 동부 일본의 호족들이 대부분을 차지하였다. 그들은 대대로 지배하던 광대한 토지를 영유하였다. 토지는 일족, 게닌·쇼주에 분할하여 지급하고 자신은 소료로서 최고의 소유권을 보유하였다. 서부 일본에는 토호적 고케닌층이 많았다. 그들은 직영지는 노비에게 경작시키고, 나머지 토지는 게닌 또는 일반 농민에게 소작을 주고 년공年貢을 징수하였다. 묘슈적 고케닌층은 고케닌 중에서 가장 많은 비율을 차지하였다. 그들은 보유한 토지를 주로 직접 경작하고, 여유분의 토지가 있을 경우에는 영세한 농민에게 소작을 주고 간접적으로 지배하는 방식을 취하였다.

쇼군과 고케닌은 고온御恩과 호코奉公라는 관계를 맺었다. 고케닌이 충성 서약을 하면 쇼군은 그들을 보호할 의무를 졌다. 쇼군은 고케닌의 본령本領을 안도安堵하였다. 그것은 고케닌이 조상 때부터 경작하던 영지의 점유권을 승인하는 것이었다. 쇼군이 고케닌에게 새로운 영지를 수여하는 경우도 있었다. 이것을 신은급여新恩給與라고 하였다. 또 쇼군은 무사들이 영지의 지배권을 둘러싸고 소송이 벌어지면 고케닌을 보호하였다. 나아가 슈고나 지토에 임명하거나 조정의 관위에 취임할 수 있도록 고케닌을 천거하였다. 이와 같이 쇼군이 고케닌을 보호하고 그들을 보살피는 것을 고온御恩이라고 하였다.

고케닌은 쇼군에게 충성으로 보답해야 하는 의무를 졌다. 이것을 고케닌야쿠御家人役라고 하였다. 중요한 고케닌야쿠로는 교토나 가마쿠라의 경비警備를 담당하는 것, 임시의 군역軍役을 부담하는 것, 평시와 전시에 군사적으로 봉사하는 것 등이 있었다.

평시에 부담하는 군역의 대표적인 것으로 다이리오반内裏大番이 있었다. 이것은 주로 교토에 있는 천황의 궁전을 경비하는 것이었다. 천황 궁전의 경비는 원래 11세기경부터 교토 인근의 무사가 담당하기도 하고, 각 지역의 무사가 교대로 근무하기도 하던 것이었다. 막부가 성립되면서 고케닌야쿠로서 제도화되었다. 다이리오반을 담당하는 일반 고케닌은 슈고의 지휘를 받고, 유력한 고케닌은 직접 막부의 명령을 받아서 소료의 통제 하에 교대로 근무하였다.

다이리오반과 유사한 고케닌야쿠로 카가리야반야쿠篝屋番役가 있었다. 이것은 기나이와 서부 일본의 고케닌이 교대로 교토에 머물면서 교토 시가지를 경비하는 일이었다. 그들의 주둔지를 카가리야라고 한 것에서 그 이름이 유래하였다. 이 제도는 훗날 정비되어 카가리반야쿠를 담당하면 다이리오반야쿠를 면제하였다.

1225년에는 가마쿠라반야쿠鎌倉番役가 제도화되었다. 이 의무는 도토미遠江로부터 동쪽의 무사에게 부과되었다. 주로 막부의 출입문을 비롯한 건물을 경비하는 것이었다. 경비병은 1개월 내지 2개월마다 교대로 근무하였다.

그 밖에 전시에 대비한 군역에 해당하는 이코쿠케이고반야쿠異國警固番役가 있었다. 이것은 일본인이 국경선으로 여겼던 규슈의 북부를 경비하는 일이었다. 동원된 무사들은 주로 하카타博多를 중심으로 규슈 북부 해안을 경비하였다. 주로 규슈를 비롯한 서부 일본의 무사들이 동원되었으나 동부 일본의 무사라고 하여도 서부 일본 지역에 영지를 보유한 자는 동원의 대상이 되었다. 이코쿠케이고반야쿠에 동원되면 다이리오반야쿠는 면제되었다.

고케닌에게는 군역 이외에도 정기적, 또는 부정기적인 경제적 부담을 졌다. 경제적인 부담은 항례적인 것과 임시적인 것이 있었다. 그 내용은 가마쿠라 막부, 천황의 궁전, 막부가 지정한 사원 등을 건축하거나 수리하는 것, 대규모 토목공사, 도로공사 등 다양하였다. 또 막부의 명령이 있을 때 인력과 자금을 부담하지 않으면 안 되었다.

□□□제11장

막부 정치의 전개

[1] 가마쿠라 막부 초기의 권력투쟁

1. 호조씨 대두

　미나모토노 요리토모源賴朝는 자신이 귀족적 성향을 지니고 있었기 때문에 조정의 정치를 부정하려고 하지 않았다. 또한 수많은 장원을 소유하였기 때문에 장원체제를 유지하려고 노력하였다. 한편, 요리토모는 슈고守護와 지토地頭를 설치하고 무가 세력을 전국적으로 확대하여 실권을 장악하려고 하였다. 자연히 고쿠시와 슈고, 장원영주와 지토 사이에 분쟁이 끊이지 않았다. 쇼군 요리토모의 이러한 양면적인 태도에 대하여 고케닌御家人들은 불만을 품었다. 하지만 쇼군 요리토모는 무가의 동량인 미나모토씨의 적손이며, 가마쿠라 막부를 창립한 장본인이라는 권위가 있었다. 고케닌들은 불만을 노골적으로 표현하지 못하였다.

 그러나 1199년 정월 요리토모가 세상을 떠나고, 그의 아들 미나모토 노 요리이에源賴家가 18세의 나이로 권력을 상속하면서 가마쿠라 막부鎌倉幕府는 커다란 전환기를 맞이하였다. 청년 요리이에는 아직 고케닌들을 통솔할만한 기량을 갖추고 있지 않았다. 요리토모를 주군으로 섬기던 고케닌들은 요리이에에 심복하지 않았다. 그러면 그럴수록 청년 요리이에는 고케닌들을 위압하려는 마음이 강렬해졌다. 요리이에는 처가인 히키씨比企氏 일족과 측근들을 총애하면서 막부의 원로와 중신들을 위압하려고 하였다. 당연히 요리이에를 받드는 측근 집단과 고케닌들이 심각하게 대립하였다.

 막부의 중신들은 청년 요리이에가 소송에 직접 관여하지 못하도록 하였다. 그리고 호조 도키마사와 그의 아들 호조 요시토키北條義時를 비롯하여 오에 히로모토, 미요시 야스노부, 와다 요시모리, 히키 요시카즈比企能員 등 원로 13명과 함께 합의제를 구성하여 소송을 재결하였다. 이들은 초대 쇼군 요리토모가 거병할 때부터 섬겼던 고케닌들과 사무라이도코로 · 구몬조 · 몬추조의 장관, 또는 중요한 사무를 담당하는 책임자들이었다.

 쇼군이 소송의 전결권을 행사하지 못하도록 한 것은 요리이에의 권력을 약화시키는 결정적인 요인이 되었다. 당연히 요리이에는 크게 반발하였다. 1199년 12월 요리이에는 만도코로에 명하여 전국의 오타부미大田文, 즉 경작지의 면적, 영유관계 등을 기록한 토지대장을 조사하게 하고, 초대 쇼군 요리토모가 거병한 이래 전공에 따라 막부가 수여한 은급지 중 500정이 초과한 부분을 몰수하려고 하였다. 그러자 원로들의 부탁을 받은 미요시 야스노부가 요리이에에게 간청하여 이 명령은 무기한 연기되었다. 이 사건을 계기로 여러 고케닌들의 마음이 쇼군 요리이에게서 멀어졌다.

가마쿠라 막부 쇼군의 권위가 실추되자, 유력한 고케닌들은 권력의 주도권을 둘러싸고 첨예하게 대립하였다. 그 첫 번째 희생자가 사무라이도코로 쇼시所司의 지위에 있던 가지와라 가게토키梶原景時였다. 그는 초대 쇼군 요리토모의 총애를 배경으로 절대적인 권세를 휘둘렀다. 자연히 무사들의 원한을 살 수밖에 없었다. 1199년 말 갑자기 유키 도모미쓰結城朝光가 나서서 가게토키가 자신을 음해했다고 주장하였다. 도모미쓰는 지바 쓰네타네千葉常胤를 비롯한 60여 명의 유력한 고케닌이 서명한 연판장을 작성하여 가게토키를 가마쿠라에서 추방하였다. 이 연판장에 있는 "닭을 기르는 자는 여우를 기르지 못하고, 가축을 기르는 자는 늑대를 기르지 못한다."는 말이 고케닌들을 감탄하게 하였다고 한다. 그때까지 가게토키에 대한 원한이 초대 쇼군 요리토모가 사망하면서 일시에 폭발했던 것이다. 가게카쓰는 1200년 정월 은밀히 일족을 거느리고 교토로 향하던 중 스루가駿河의 기요미가세키淸見関 근처에서 살해되었다.

한편, 교토의 조정은 막부가 혼란한 틈을 이용하여 천황 정권의 주체성을 확립하려고 하였다. 1200년 4월 친막파를 몰아내고 실권을 장악한 쓰치미카도 미치치카와 고토바 상황이 천황의 후계자를 정하면서 그 사실을 막부에 통보하지 않았다. 이것은 선례를 무시한 행위로 조정이 막부의 권위를 경시했다는 것을 의미하였다. 같은 해 7월 조정은 막부에 아와지淡路·아와阿波·도사土佐 3국의 슈고 사사키 쓰네타카佐々木経高를 처벌하라고 요청하였다. 쓰네타카가 교토에서 소란을 피웠다는 이유였다. 막부는 쓰네타카를 변호하였지만, 완강한 조정의 태도에 굴복하여 같은 해 8월 2일 쓰네타카를 파면하지 않을 수 없었다.

막부가 조정의 태도에 굴복하는 모양새를 취하자, 막부의 권위가 실추되었고, 그 여파는 지방으로 파급되었다. 1200년 9월에는 무쓰陸奧의 호족 시바타 지로芝田次郎가 병을 핑계로 가마쿠라에 출두하지 않아서 모반혐의로 추토되는 사건이 일어났다. 1201년 정월에는 에치고越後의 호족으로 다이라씨의 구신이었던 조 나가모치城長茂가 교토로 가서 고토바 상황에게 쇼군 요리이에를 추토하라는 선지를 내려달라고 요청하는 사건이 일어났다. 막부는 교토의 수비를 책임진 오야마 도모마사小山朝政에게 나가모치를 추토하라고 명령하였다. 막부군에 쫓기던 나가모치는 야마토大和의 요시노吉野에서 자살하였다. 일련의 사건으로 막부의 통제력이 약화되었다는 사실이 만천하에 드러났다. 이런 와중에 1202년 7월 요리이에가 세이다이쇼군에 임명되었다. 하지만 불안정한 정세는 지속되었다.

한편, 미우라 요시즈미三浦義澄·아다치 모리나가安達盛長·지바 쓰네타네 등 막부 초창기 이래의 원로들이 잇달아 사망하였다. 호조 도키마사는 이런 분위기에 편승하여 인망을 잃은 2대 쇼군 요리이에와 그의 장인 히키 요시카즈를 제압하고 실권을 장악하겠다는 속내를 드러냈다. 그는 자신의 딸이며 초대 쇼군 요리토모의 부인 호조 마사코[102]와 모의하여 1203년 8월 쇼군 요리이에를 겐닌지建仁寺에 유폐하고, 서부 일본 38개 구니国의 지토시키地頭職를 요리이에의 동생 사네토모実朝에게, 전국의 슈고시키守護職와 간토 28개 구니의 지토시키를 요리이에의 적자 이치만一幡에게 분할 상속하려고 하였다. 이 사실을 안 쇼군 요리이에와 히키 요시카즈는 크게 반발하였다. 그러자 같은 해 9월 도키마사가 요시카즈를 유인하여 살해하고, 이치만을 앞세워 히키씨 일족을

---

102) 미나모토노 요리토모가 사망한 후, 정치의 중심에는 미나모토노 요리토모의 부인 호조 마사코가 있었다. 그녀는 자신의 친아들로 2대 쇼군인 미나모토노 요리이에를 권좌에서 쫓아내고 살해하면서까지 정권을 탐했던 인물이었다. 당시 그녀는 아마쇼군尼将軍이라고 불렸는데, 호조씨가 실권을 장악한 배경에는 바로 그녀가 있었다.

멸망시켰다. 이때 히키씨와 가까웠던 고케닌들도 제거되었다.

반대파를 제거한 도키마사는 2대 쇼군 요리이에를 폐하고, 사네토모를 옹립하였다고 조정에 보고하였다. 조정은 사네토모를 세이다이쇼군에 임명하였다. 1203년 10월 막부는 사네토모의 성인식을 거행하고, 호조 도키마사는 오에 히로모토와 함께 만도코로의 벳토, 즉 장관에 취임하였다. 도키마사는 히로모토를 앞세우고 3대 쇼군 사네토모의 후견인으로 막정을 장악하였다. 실권을 장악한 도키마사는 폐위된 요리이에를 이즈伊豆의 슈젠지修善寺로 옮긴 다음, 다음 해 7월에 암살하였다. 그때 요리이에의 아들 이치만까지 살해하여 후환을 없앴다.

호조 도키마사는 자신의 첩 마키씨牧氏의 사위이며 미나모토노 요리토모의 혈통을 이은 히라가 도마마사平賀朝雅를 막부의 요직인 교토슈고에 임명하였다. 당시 교토의 조정에서 막부와 관계를 개선하려는 분위기가 형성되었다. 1202년 10월 막부와 대립하던 쓰치미카도 미치치카가 사망하였기 때문이다. 친화력이 있었던 히라가 도모마사는 조정과 원활한 관계를 유지하여 인망을 얻었다. 1204년 정월 도모마사는 다이라씨 잔당들이 이가伊賀·이세伊勢 지역에서 일으킨 반란을 신속히 토벌하고, 그 지역의 슈고를 겸하였다. 그의 권세는 날로 성하였다.

1204년 11월 히라가 도모마사와 막부 창업 공신인 하타케야마 시게타다畠山重忠의 아들 시게야스重保가 다투게 되었다. 마키씨는 호조 도키마사에게 시게타다가 반란을 모의하고 있다고 참언하였다. 그러자 1205년 6월 도키마사는 시게타다·시게야스 부자를 죽였다. 도키마사의 권세가 하늘을 찔렀다. 오만해진 도키마사는 자신이 옹립한 3대 쇼군 미나모토노 사네토모를 죽이고 히라가 도모마사를 쇼군으로 추대하려고 결심하였다. 하지만 그의 음모는 사전에 발각되었다. 이 사건이 문제가 되어 도키마사는 정치에서 물러나게 되었다.

2. 와타씨의 멸망과 쇼군가 혈통 단절

호조 도키마사의 지위는 그 아들 호조 요시토키에게 상속되었다. 이미 도키마사는 1203년에 만도코로政所의 장관을 겸하면서 정치를 총괄하는 싯켄執權이 되었는데, 요시토키가 그 지위에 오르게 된 것이다. 이후 싯켄의 지위는 호조씨에 의해 독점되었다. 요시토키는 교토의 고케닌들에게 명하여 히라가 도모마사를 제거하고, 교토슈고에 나카하라 스에토키中原季時를 임명하였다. 이가・이세의 슈고에는 이전의 슈고였던 오우치 고레요시大內惟義의 아들 고레노부惟信를 임명하였다.

호조 요시토키의 권모술수는 부친 도키마사를 능가하였다. 요시토키는 부친 도키마사의 실패에서 배웠다. 그래서 요시토키는 호조씨가 독재하는 모양새를 취하지 않고, 오에 히로모토를 비롯한 쇼군 측근들과 밀접하게 교류하면서 3대 쇼군 사네토모를 정면에 내세우는 방법을 택하였다. 요시토키는 호조씨에 우호적인 고케닌들의 신뢰를 회복하면서 다른 한편으로 적대적인 고케닌들의 위세를 꺾는 데 온갖 노력을 다하였다.

3대 쇼군 사네토모는 호조씨의 권세 앞에 무력하였다. 사네토모는 오로지 교토의 귀족에 접근하여 와카和歌・게마리蹴鞠 등 취미생활에 마음을 빼앗겼다. 요시토키는 사네토모에게 궁술을 연마하고, 무예에 전념하면서 막부의 정치에 관심을 기울일 것을 권유하였다. 하지만 사네토모는 마음을 돌리지 않았다. 그러자 고케닌들의 마음이 사네토모에게서 멀어졌고, 요시토모는 이런 상황을 교묘하게 이용하여 권력을 강화하였다. 연로한 오에 히로모토도 정무에서 점점 멀어지자, 요시토키가 막부 정치를 홀로 관장하는 체제가 성립되었다. 그러나 요시토키가 호조씨의 권력을 확립하기 위해서는 유력한 고케닌을 굴복시키든지, 아니면 멸망시키는 길이 있을 뿐이었다.

요시토키는 유력한 고케닌을 억압하는 정책을 추진하였다. 1209년 요시토키는 슈고의 종신재직제를 정기교대제로 전환한다고 선언하였다. 요시토키는 공령과 장원에서 도적이 횡행하고 봉기가 발생하는 것은 슈고가 직무를 태만히 했기 때문인데, 그것은 바로 슈고의 종신재직제가 원인이라고 지적하였다. 그러나 그것은 명분에 불과하였고, 요시토키가 노렸던 것은 세습에 의해 강화된 호족들의 세력을 약화시키는 것이었다. 고케닌들은 크게 반발하였다. 특히 지바 시게타네千葉成胤·미우라 요시무라三浦義村 등이 자신들 집안이 슈고에 임명된 유래를 설명하면서 미나모노토 요리토모가 발행한 문서를 제시하였다. 고케닌들의 반발로 요시토키는 개혁을 폐기하였다. 하지만 호조씨의 전횡에 반감을 품는 고케닌들이 증가하였고, 급기야 호조씨와 사무라이도코로의 벳토 와다 요시모리 사이에 전투가 벌어졌다.

1213년 2월 시나노信濃의 무사 이즈미 지카히라泉親衡가 암살당한 2대 쇼군 미나모토노 요리이에源頼家의 혈통을 이은 센주千手를 받들고 호조씨를 타도하려는 음모가 발각되었다. 이때 지카히라 측에 가담했던 승려 안넨安念이 음모에 가담한 자들 중에 와다 요시모리의 두 아들, 즉 요시나오義直와 요시시게義重 그리고 요시모리의 조카 다네나가胤長가 포함되어 있다고 폭로하였다. 이 사건은 요시토키가 와다씨에 공격을 가할 수 있는 절호의 기회였다. 요시토키는 표면적으로는 요시모리에게 호의를 베풀었다. 요시나오와 요시시게는 부친 요시모리의 공훈으로 사면되었다. 하지만 다네나가는 요시모리를 비롯한 일족 98명이 애원하는데도 일족 앞에서 체포하여 무쓰로 유배하고 영지를 몰수하였다. 몰수한 장원은 관례에 따라 일단 요시모리에게 수여하였지만, 다시 몰수하여 요시토키 자신의 영지로 삼았다. 이것은 와다 요시모리를 모욕하기 위한 요시토키의 책략이었다.

1213년 5월 와다 요시모리는 일족인 미우라 요시무라를 비롯한 추종 세력을 거느리고 거병하여 막부 및 호조 요시토키·오에 히로모토의 저택을 공격하였다. 그러나 이것은 요시토키의 덫에 걸려든 것이었다. 이미 미우라 요시무라를 비롯한 미우라 일족은 요시토키에게 와다 요시모리를 배반하겠다고 약조한 상태였다. 약속대로 막부를 공격하던 미우라 요시무라가 호조 요시토키에게 통고하고 막부를 방어하였기 때문에 와다군이 수세에 몰렸다. 와다군은 일단 후퇴하여 전열을 가다듬었으나 거병 3일 째 되던 날 요시모리가 전사하면서 괴멸하였다. 와다씨가 멸망한 후, 요시토키는 스스로 사무라이도코로의 장관도 겸하면서 막정의 실권을 완전히 장악하였다. 싯켄의 지위가 확립되었다.

1219년 정월 쓰루가오카하치만궁鶴岡八幡宮에서 의식을 마치고 나오던 3대 쇼군 미나모토노 사네토모가 2대 쇼군 요리이에의 아들 구교公暁에 의해 살해되었다. 2대 쇼군 요리이에가 횡사한 것은 사네토모의 계략이었다고 믿었던 구교가 기회를 엿보아 사네토모를 죽였던 것이다. 물론 구교는 호조씨에 의해 범행 현장에서 살해되었다. 3대 쇼군 사네토모는 자손이 없었다. 가마쿠라 막부를 창립한 미나모토노 요리토모의 자손이 전멸하였다.

미나모토씨의 혈통이 단절되자, 막부는 고토바 상황에게 친왕 중 한 명을 막부의 쇼군으로 맞이하고 싶다고 주청하였다. 그러나 막부가 내분으로 붕괴하기를 기대하던 고토바 상황은 막부의 요청을 단호하게 거절하였다. 그러자 막부는 구조 미치이에九条道家의 2살 난 아들 요리쓰네頼経를 4대 쇼군으로 영입하였다. 미치이에는 미나모토노 요리토모의 여동생의 외손으로 미나모토씨와 친족이라는 명분을 내세웠다. 어린 쇼군에 대신하여 초대 쇼군 요리토모의 미망인 마사코政子가 정무를 보고, 그녀의 남동생이며 싯켄인 호조 요시토키가 보좌하는 체제를 갖췄다. 마사코는 아마쇼군尼将軍이라고 불렸다.

[2] 천황의 반격

1. 고토바 상황의 원정

 가마쿠라 막부의 초대 쇼군 미나모토노 요리토모가 사망한 후, 호조씨가 권력을 완전히 장악하기까지 20여 년 동안 막부는 심각한 내분을 겪었다. 교토의 조정은 막부가 혼란스러운 틈을 타서 권위를 회복하였다. 1196년에 막부에 협조적이었던 구조 가네자네가 정적인 쓰치미카도 미치치카에 의해 추방되면서 교토 조정의 분위기가 급변하였다. 1198년 미치치카는 수완을 발휘하여 고토바 천황이 3살 된 아들에게 양위를 하고 스스로는 상황이 되어 원정院政을 시행할 수 있도록 하였다.
 초기 고토바 상황의 원정은 조정의 실권자 쓰치미카도 미치치카의 천하였다. 미치치카는 조정의 관위를 수여할 때 상황의 의사조차 무시할 정도로 권력을 휘둘렀다. 하지만 1202년 10월 미치치카가 급사하면서 고토바 상황의 전제체제가 서서히 확립되었다. 상황이 조정의 정치를 주도하면서 미치치카에 의해 등용된 인물들이 조정의 정치에서 차례로 해임되었다. 상황의 막부에 대한 저항의식도 강화되었다.
 고토바 상황은 다재다능한 재능의 소유자였다. 당대 최고의 와카 작가였으며, 악기, 바둑 등 잡기는 물론 스모, 수영, 경마, 궁술 등에 뛰어난 재능을 보였다. 상황 자신이 앞장서서 당시 세상을 어지럽히던 도둑 가타노 하치로交野八郎를 체포한 적도 있었다. 또 원청院廳에 대장간을 차려놓고 직접 도검을 제작해 측근들에게 나누어주기도 하였다. 고토바 상황은 무예를 연마하는 것을 즐겼다. 그는 역대 천황 중에서 가장 무예에 능한 인물이었다.

쓰치미카도 미치치카가 사망한 후, 고토바 상황은 셋쇼 후지와라노 모토미치藤原基通를 해임하고 그 자리에 구조 요시쓰네九条良経를 임명하였다. 모토미치는 미치치카가 천거한 인물이었고, 요시쓰네는 미치치카의 정적 구조 가네자네의 아들이었다. 하지만 구조 요시쓰네의 셋쇼 임명이 구조 가네자네 일당의 부활을 의미하는 것은 아니었다. 상황의 원정에는 정치력을 발휘할 수 있는 측근이 없었고, 상황의 유모였던 후지와라노 겐시藤原兼子가 참모 역할을 담당하고 있었다. 그녀는 후지와라 노리카네藤原範兼의 딸로, 쓰치미카도 천황을 낳은 쇼메이몬承明門과 준토쿠 천황順德天皇을 낳은 스메이몬修明門이 각각 그녀의 사촌과 조카였다. 관위 수여도 그녀의 내락이 있어야 결정되었다. 그녀의 오빠 노리미쓰範光도 위세를 떨쳤다. 하지만 그들의 권세도 상황 독재의 일환이었다.

고토바 상황은 일찍부터 막부의 3대 쇼군 사네토모에게 접근하였다. 자신의 측근 보몬 노부키요坊門信清의 딸을 사네토모의 처로 맞아들이게 한 것도 상황이었다. 3대 쇼군 사네토모 또한 교토의 귀족사회를 동경하였다. 상황과 사네토모는 서로 우호적이었다. 그러나 사네토모가 암살되면서 조정과 막부의 관계가 소원해졌다. 막부는 고토바 상황의 아들을 막부의 쇼군으로 영입하고 싶다는 뜻을 조정에 전하였으나 상황은 거절하였다. 그뿐만 아니라 막부에 셋쓰(지금의 효고현)의 나가에長江·구라하시倉橋 장원의 지토를 파면하라고 요구하였다. 이것은 조정의 막부에 대한 중대한 도전이었다. 막부는 전공을 세운 고케닌을 지토로 임명하였다. 상황의 요구로 고케닌을 파면한다면 막부는 고케닌의 권리를 보호할 의무를 저버리는 것이었을 뿐만 아니라 고케닌 권익을 부정하는 것이었다. 상황과 막부의 정면충돌은 피할 수 없는 분위기가 형성되었다.

1210년 11월 고토바 상황은 쓰치미카도 천황을 권좌에서 물러나게 하고, 모리나리 친왕守成親王을 즉위시키니 그가 준토쿠 천황이었다. 고토바 상황은 성품이 온화하고 매사에 소극적이었던 쓰치미카도 천황을 못마땅해 하였다. 그래서 성격이 활달한 모리나리 친왕이 성장하기를 기다려 천황에 즉위시켰던 것이다. 그런데 고토바 상황은 새로운 천황이 즉위할 때 막부에 자문을 구했던 전례를 무시하였다.

준토쿠 천황을 중심으로 조정을 통합한 고토바 상황은 막부를 타도하는 작업에 착수하였다. 상황은 원에 직속한 병사인 호쿠멘 무사北面武士 조직과는 별도로 세이멘 무사西面武士[103] 조직을 결성하여 원의 직속 군사를 양성하였다. 교토에 머무는 고케닌과 호조씨의 정치에 반감을 품은 무사들을 상황 편으로 끌어들이는 작업도 진행하였다. 또 당시 무시할 수 없는 무력을 보유한 대사원의 승병 세력도 조직화하는 데 힘을 기울였다. 1220년 12월 상황은 측근인 손초尊長로 하여금 데와出羽의 하구로산羽黒山 승병 조직을 장악하게 하고, 1221년 4월에는 천태종의 좌주 조엔承円을 파면시키고, 그 자리에 손카이 친왕尊快親王을 임명하여 천태종 산하의 승병집단을 장악하였다. 고토바 상황이 자주 신도神道의 성지 구마노산잔熊野三山으로 행행한 것도 종교 세력을 조정 편으로 끌어들이기 위해서였을 가능성이 크다.

2. 조큐의 난

1219년에 3대 쇼군 미나모토노 사네토모가 암살된 것을 기화로 고

---

103) 인노사이멘院西面이라고도 한다. 고대 말에 설치되었던 호쿠멘北面의 무사와 같이 원청院廳을 경비하고, 고토바 상황을 경호하는 것을 임무로 하였다. 무용이 뛰어난 10여 명의 간토 지방의 무사를 임명하였다. 그들은 가마쿠라 막부에 대항하는 원의 무력이었으나 조큐承久의 난 이후에 막부에 의해 폐지되었다.

토바 상황은 막부를 토벌하려고 결심하였다. 막부가 친왕을 4대 쇼군으로 영입하고 싶다는 주청도 단호하게 거절하고, 오히려 나가에·구라하시 장원의 지토 파면을 요구하는 등 막부의 반응을 살폈다. 그러나 상황의 지토 파면 요청은 막부의 강력한 반발에 부딪혔고, 또 쇼군 후계 문제도 막부의 기민한 조치로 해결되었다. 고토바 상황의 기대와는 반대로 막부는 조금도 동요하지 않았다. 하지만 상황의 막부 타도 의지는 여전하였다. 후지와라 미쓰치카藤原光親를 비롯한 상황의 몇몇 측근들이 막부타도 계획은 무모하다고 여러 차례 간언하였으나 상황의 뜻을 꺾을 수 없었다.

상황의 막부타도 움직임을 가장 빨리 탐지한 것은 오우치大內의 슈고 미나모토노 요리시게源頼茂였다. 상황은 1219년 7월 세이멘 무사에게 명하여 요리시게를 모반을 꾀했다는 죄목으로 습격하여 살해하였다. 이 사건을 계기로 토막계획이 급속히 진행되었다. 여러 명의 친왕, 상황의 측근들, 쓰치미카도 상황의 측근들, 준토쿠 천황의 측근과 인척, 엔랴쿠지延曆寺를 비롯한 대사원의 승려들, 호쿠멘의 무사들이 모의에 가담하였다. 1221년 4월에는 준토쿠 천황도 주쿄 천황仲恭天皇에게 양위하고 모의에 참가하였다.

당시 세간에서는 이미 상황이 막부를 토벌한다는 소문이 돌기 시작하였다. 극비로 상황에 충성을 맹세하는 무사들이 늘어났다. 그중에서도 가마쿠라 막부의 가장 유력한 고케닌인 미우라 요시무라三浦義村의 동생 다네요시胤義가 상황에게 충성을 맹세하였다. 그는 다음과 같이 말하였다. "천황이 호조 요시토키를 토벌한다고 하면 성공은 의심할 여지가 없다. 형 요시무라에게 전국 총추포사의 지위를 부여하면 반드시 같은 편이 될 것이다." 상황 측은 한껏 고무되었다.

미나모토노 요리토모가 사망한 후, 호조씨가 싯켄 정치를 확립하기까지 많은 희생자가 발생하였다. 가장 희생이 컸던 것은 미나모토씨 일족과 쇼군 요리토모와 깊은 관계를 유지했던 인물들이었다. 미나모토씨 혈통이 단절되고, 교토에서 귀족이 4대 쇼군으로 영입되면서, 호조씨는 미나모토씨 일족을 탄압하였다. 그러자 미나모토씨 일족이 상황 측에 가담하였다. 호조씨에 멸망당한 고케닌의 일족·동지들도 호조씨를 원망하였다. 와다 요시모리和田義盛의 아들 도모모리朝盛, 히키씨의 동지 가스야 아리히사糟屋有久 등이 상황에 충성하였다. 여러 가지 이유로 호조씨에 반감을 품었던 고케닌들도 많았다. 예를 들면 호조씨에 의해 아와지淡路·아와阿波·도사土佐의 슈고의 지위에서 파면당한 사사키 쓰네타카佐々木経高, 아들이 상황의 세이멘의 무사가 되었다고 영지를 몰수당한 니시나 모리토오仁科盛遠 등이 호조씨에 불만을 품었다. 그 밖에 고케닌이 아닌 무사들 중에 상황에 충성하는 자들이 많았다. 기나이를 포함한 서부 일본의 무사로 고케닌이 되지 않은 무사들 중에는 방대한 상황의 장원과 밀접한 관계를 유지하고 있던 자들이 많았다. 그들을 규합하는 것이 상황의 목표 중의 하나였다.

1221년 5월 고토바 상황은 드디어 호조 요시토키 타도의 기치를 올렸다. 상황은 엔랴쿠지·도지東寺·닌나지仁和寺 등 여러 대사원에 명하여 막부의 싯켄 호조 요시토키가 스스로 멸망하도록 하는 기도를 올리게 하였다. 그리고 긴키 지방에 산재한 장원의 무사 및 여러 사원의 승병을 징집하였다. 그리고 5월 15일 이윽고 호조 요시토키 추토의 선지를 전국의 슈고·지토에게 발령하였다. 상황은 호쿠멘·세이멘 무사와 승병 세력을 결집한 다음 고케닌들을 포섭하면 막부 내부에서도 적지 않은 고케닌들이 이반할 것이라고 믿었다. 그러나 고토바 상황의 휘하에 결집한 병력은 일부 대사원의 승병을 제외하고는 기대에 훨씬 미치지 못하였다.

이에 대하여 가마쿠라 막부의 결속은 의외로 강력하였다. 미나모토노 요리토모의 부인인 호조 마사코가 눈물로 호소한 연설에 감복한 고케닌들이 호조씨를 중심으로 단결하여 막부에 충성을 다할 것을 서약했다는 이야기는 유명하다. 마사코는 쇼군 요리토모가 고케닌들에게 베푼 은혜를 강조하였다. 무사들에게 가장 큰 부담이었던 오반야쿠의 근무기간을 쇼군 요리토모가 3년에서 6개월로 단축시킨 은혜를 잊어서는 안 된다는 점, 무사들의 계급적 이익을 보호한 것은 교토의 천황이나 귀족들이 아니라 가마쿠라 막부라는 점을 강조하였다. 마사코의 연설이 끝나자 원로 미우라 요시무라가 솔선하여 막부에 충성을 맹세하였고, 유력한 고케닌들도 차례로 충성을 맹세하였다. 그러자 오에 히로모토의 건의로 즉시 정토군 파견이 결정되었다. 막부는 도토미遠江 동쪽의 고케닌들에게 동원령을 내렸다.

하지만 막부 측은 군주인 상황을 상대로 전투를 벌이는 일이 도리에 어긋나는 일이라는 무사들의 평판이 두려웠다. 막부 측의 고뇌가 『마스카가미增鏡』에 다음과 같이 기술되어 있다. 정토군 총대장 호조 야스토키가 부친 요시토키에게 물었다. "상황이 몸소 군의 선두에 서서 출진한다면 어떻게 할까요?" 요시토키가 대답하였다. "상황이 스스로 출진한다면, 그때는 무기를 버리고 항복하는 수밖에 없다. 만약 상황이 교토에 머물고, 군병만 파견한다면 싸울 일이다." 막부 측이 조정을 상대로 싸우는 것을 얼마나 두려워했는지 알 수 있는 대목이다.

호조 요시토키는 고케닌들 사이에 조정의 권위를 두려워하는 분위기가 확산되기 전에 교토를 점령한다는 방침을 세웠다. 요시토키는 자신의 아들인 호조 야스토키北條泰時를 대장으로 하고, 동생인 도키후사時房를 부장으로 삼아 19만의 대군을 편성하여 교토로 진군하게 하였다. 이에 대하여 상황 측은 군대를 편성하여 막부군에 대항하려고 하였다. 상황 측에 가담한 무사도 적지 않았다. 상황에 직속한 무사와 승병을 중심으로 서부 일본의 슈고·지토가 가담하였다. 하지만 막부 통제 하의 고케닌 조직은 붕괴되지 않았다.

막부의 정토군은 도카이東海·도산東山·호쿠리쿠北陸 가도를 따라 진군하면서 각지의 무사들을 합류시켰다. 정토군은 우지宇治와 세타勢田에 방어선을 구축한 상황 측의 군대를 무찌르고 6월 15일에 교토에 입성하였다. 그러자 고토바 상황은 호조 요시토키를 추토하라는 선지를 철회하고, 이번의 거병은 일부 간신들의 음모였고, 상황 자신은 모르는 일이라고 발뺌하였다. 그리고 앞으로는 막부가 요청하면 선지를 내릴 것이라고 선언하였다. 사실상 항복했던 것이다. 이것이 조큐의 난 承久の乱이었다.

3. 막부 권력의 강화

조큐의 난이 진압된 후에도 막부군의 총대장 호조 야스토키·도키후사는 계속 교토의 로쿠하라六波羅에 머물면서 전후 처리에 부심하였다. 막부 측은 조큐의 난을 계기로 느슨했던 고케닌 제도를 강화하려고 작심하였다. 그래서 막부의 은혜를 입은 고케닌의 신분으로 상황 측에 가담했던 고토 모토키요後藤基清, 고조 아리노리五条有範, 사사키 히로쓰나佐々木広綱 등을 교토 시정에서 효수형에 처하였다.

조큐의 난 이전에는 막부가 고케닌을 확실하게 장악하지 못하였다. 특히 기나이 지방을 중심으로 하는 서부 일본 고케닌의 막부에 대한 충성도는 동부 일본의 그것에 비하여 매우 약하였다. 그래서 많은 고케닌들이 상황 측에 가담하였다. 또 같은 일족이나 형제들이 상황 편과 막부 편으로 나누어 참전한 경우도 적지 않았다. 일족 간에 대립한 경우도 있었지만, 일족의 혈통을 유지하기 위한 고육지책인 경우도 있었다. 승리한 측의 일족이 패배한 측에 가담했던 일족을 구명하는 것이 관습이었다. 그러나 이러한 관습을 용인하는 것이 막부를 위해서 결코 바람직하지 않았다. 그래서 상황 측에 가담했던 고케닌을 포함한 무사를 극형에 처했던 것이다.

고케닌들을 가혹하게 처형했던 막부였지만, 상황 측에 가담했던 귀족들의 처분은 관대하였다. 민심의 동요를 막기 위해서였다. 하지만 막부 타도 계획을 추진했던 주모자들은 엄벌에 처해졌다. 하무로 미쓰치카葉室光親 등의 귀족들이 가마쿠라로 호송되는 도중 비참하게 살해되었다. 귀족들을 처벌한 막부는 고토바 상황의 처리에 부심하였다. 6월 23일 호조 요시토키는 교토에 머물던 야스토키에게 고토바·쓰치미카도·준토쿠 상황을 유배형에 처하라고 명령하였다.

7월 13일 고토바 상황은 오키隱岐(지금의 시마네현島根県에 속한 섬)로 유배되었다. 준토쿠 상황은 사도佐渡(지금의 니이가타현新潟県에 속한 섬)로 유배되었다. 쓰치미카도 상황은 막부 타도 계획에 직접 참가하지 않아서 막부도 그를 처분할 의사가 없었다. 하지만 쓰치미카도 상황 자신이 부친인 고토바 상황이 유배되는데 그 아들인 자신이 교토에 머무는 것은 도리가 아니라고 하여 스스로 도사土佐(지금의 고치현高知県 지역)로 유배되는 길을 택하였다. 그 밖에 막부 타도 계획에 참가했던 고토바 상황의 아들들이 각각 다지마但馬, 히젠肥前 등의 지역으로 유배되었다.

조큐의 난 후, 준토쿠 천황의 뒤를 이어 즉위했던 주쿄 천황은 재위 70여 일만에 폐위되고, 그 뒤를 이어 고호리카와 천황後堀河天皇이 즉위하였다. 고호리카와 천황은 당시 나이가 10살이었기 때문에 그의 부친 모리사다守貞 친왕이 원정을 실시하면서 정무를 관장하였다. 모리사다가 바로 고타카쿠라인後高倉院이었다. 고토바 상황에게서 몰수한 전국 220여 개소의 광대한 장원은 형식적으로 고타카쿠라인에게 기진되었다. 하지만 그 장원은 막부가 필요하다면 언제든지 회수한다는 조건이었다. 조큐의 난 후, 조정은 막부의 뜻에 따라 움직이는 기관에 불과하였다.

막부는 교토에 천황과 귀족을 감시하는 강력한 기관을 설치하였다. 조큐의 난이 일어나기 전에도 막부는 교토에 교토슈고를 두어 조정을 감시하였다. 하지만 조큐의 난에 직면해서 교토슈고는 위급한 상황에 기민하게 대처하지 못하였다. 막부는 교토슈고의 지위를 강화하여 로쿠하라탄다이六波羅探題를 설치하였다. 로쿠하라탄다이에는 반드시 호조씨 일족 중에서도 싯켄에 버금가는 인물이 임명되었다. 일단 유사시 로쿠하라탄다이는 막부의 명령이 하달되기 전에 독자적으로 판단하여 위급한 상황에 대처하도록 하였다. 그 임무는 교토 인근의 고케닌 통솔, 조정의 감시, 오와리尾張(지금의 아이치현愛知県 지역) 서쪽 지방의 관할, 지토 및 고케닌에 대한 재판 등이었다. 로쿠하라탄다이가 설치되면서 서부 일본 지역에 대한 막부의 지배가 강화되었다.

막부는 조정의 개혁에 착수하였다. 먼저 셋쇼인 구조 미치이에九条道家를 해임하고, 그 자리에 고노에 이에자네近衛家実를 취임시켰다. 그러나 이에자네의 취임은 어디까지나 가문의 품격에 따른 것이었을 뿐이고, 막부의 조정 개혁의 목적은 막부와 친밀한 사이온지 긴쓰네西園寺公経로 하여금 조정의 실권을 장악하게 하는 것이었다. 막부는 나이다이진內大臣이었던 긴쓰네를 최고 관직인 다이조다이진太政大臣에 취임시키고, 그를 통하여 막부의 요구를 그대로 실현시켰다.

조정의 개혁이 마무리된 후, 로쿠하라탄다이는 막부에 맞섰던 귀족과 무사를 조사하여 그 영지를 남김없이 몰수하였다. 그들이 지배하던 영지는 3,000개소에 달하였다. 막부가 몰수한 영지의 대부분이 서부 일본, 즉 오와리 서쪽 지역에 있던 것이었다. 특히 기나이 일대, 산인 지방山陰地方, 세토 내해 연안, 규슈의 북부에 분포되어 있었다. 그것은 조큐의 난 때 막부에 맞섰던 귀족·무사의 대부분이 서부 일본에 영지를 보유했다는 것을 의미한다. 그때까지 막부는 서부 일본에서 다이라씨의 영지나 모반인으로부터 몰수한 곳에만 지토를 임명할 수 있었다. 즉 막부의 힘이 미치지 못했던 지역이 상당히 많았다. 그런 만큼 조큐의 난의 성과가 컸다고 할 수 있다. 막부는 몰수한 영지에 공을 세운 고케닌을 지토로 임명하였다. 새로 임명된 지토는 대부분 동부 일본 출신 무사들이었다. 이를 계기로 서부 일본의 장원과 공령에도 막부의 세력이 미치게 되면서 막부의 지배는 전국적으로 확대되었다.

조큐의 난을 계기로 조정과 막부의 이원적 지배가 크게 변화하였다. 막부로 대표되는 무가 정권이 조정으로 대표되는 천황·귀족 정권을 압도하였다. 막부와 조정 사이의 세력관계가 역전되어 막부의 정치력이 더욱 강화되었다. 심지어 천황이 즉위할 때도 막부가 깊이 관여할 수 있게 되었다.

[3] 싯켄 정치의 전개

1. 렌쇼와 효조슈의 설치

1224년 6월 2대 싯켄 호조 요시토키가 급사하였다. 『아즈마카가미 吾妻鏡』에는 각기병이 도져서 사망하였다고 기록되어 있으나, 당시에 이미 권력을 둘러싼 암투로 암살되었을 가능성이 제기되었다. 음모의 주모자는 싯켄 요시토키의 후처 이가씨伊賀氏였다. 그는 당시 막부의 만도코로 장관이었던 오빠 이가 미쓰무네伊賀光宗와 모의하여 이가씨의 친족인 이치조 사네마사一條實雅를 쇼군으로 추대하고, 자신이 낳은 아들 호조 마사무라北条政村를 싯켄으로 세우려고 하였다.

이가씨의 음모는 아마쇼군 호조 마사코의 기민한 조치로 무산되었다. 마사코는 이가씨가 막부의 실력자 미우라 요시무라를 자기편으로 끌어들이려고 한다는 정보를 입수하고, 요시무라를 설득하여 이가씨 일당을 사전에 제압하였다. 이가 미쓰무네는 만도코로 장관의 지위에서 파면되어 시나노信濃로 유배되고, 요시토키의 후처 이가씨는 이즈에 유폐되었다. 이치조 사네마사는 에치젠으로 유배되었다. 음모에 직접 가담하지 않은 마사무라는 무사하였다.

호조 마사코는 호조 야스토키를 3대 싯켄으로 지명하였다. 교토에 있던 요시토키와 도키후사가 급거 가마쿠라로 돌아와 나란히 싯켄의 지위에 올랐다. 야스토키의 아들 도키우지時氏와 도키후사의 아들 도키모리가 교토의 로쿠하라탄다이로 파견되었다. 이리하여 막부 수뇌부의 경질이 완료되었다. 두 명의 싯켄 중 두 번째 서열에 해당하는 도키후사는 특히 렌쇼連署라고 불렸다. 렌쇼라는 말은 막부의 공문서인 구다시부미下文·게치조下知状·미쿄조御教書에 도키후사가 첫 번째 서열의 야스토키와 나란히 서명하는 것에서 유래하였다. 이후 렌쇼는 반드시 호조씨 일족의 유력자 중에서 임명하였다.

싯켄 야스토키는 호조씨의 도쿠소得宗, 즉 가독의 지위를 일족과 명확히 구분하려고 하였다. 그리고 싯켄의 지위가 동요하는 것을 방지하기 위한 방법으로 도쿠소 가문에 가레이家令라는 직책을 신설하고, 그 자리에 비토 가케쓰나尾藤景綱를 임명하였다. 가게쓰나는 도쿠소 가문의 공문서 일체를 총괄하였다. 이것은 훗날 도쿠소 가문의 전제로 이어지는 제도로 주목된다.

1225년 6월 가마쿠라 막부 창립 이래 원로로서 정치를 안정시키는 데 힘썼던 오에 히로모토가 사망하고, 1개월 후에는 호조 마사코가 사망하였다. 그때까지 막부의 정치형태는 쇼군 독재체제를 원칙으로 하였다. 특별히 정치의 운용이나 재판에 관한 규정을 설정하지 않고 오로지 쇼군 개인의 판단에 맡겨졌다. 그래서 비슷한 사건이나 사례에 반드시 일정한 원칙이 적용되었다고 할 수 없었다. 고케닌의 안위와 권리가 오로지 쇼군 개인의 역량이나 성품에 달려있었다고 해도 과언이 아니었다. 쇼군의 혈통이 단절된 후, 호조씨가 싯켄의 지위를 상속하면서 권력을 장악했지만 쇼군 그 자체는 아니었다. 호조씨가 쇼군처럼 독재하면서 고케닌들을 통솔하는 것은 불가능하였다.

　호조씨는 싯켄의 지위를 확보하면서 막부의 정치를 담당하기 위해서는 시정의 원칙을 명확히 하고, 공평하게 재판하여 고케닌들의 신망과 지지를 회복할 필요가 있었다. 그래서 호조씨는 합의제 원칙을 도입하여 1225년에 효조슈評定衆를 신설하였다. 싯켄 야스토키는 나카하라 모로카즈中原師員 · 니카이도 유키무라二階堂行村 · 마치노 야스토시町野康俊 등 사무관료와 미우라 요시무라 · 나카조 이에나가中条家長를 비롯한 원로 고케닌 등 11명을 효조슈에 임명하고, 거기에 싯켄과 렌쇼도 참여하여 13명이 정책을 채택하고, 인사를 결정하고, 소송을 판결하는 등 중요한 정무를 처리하였다. 그 후 만도코로와 몬추조는 각기 재정사무와 재판사무를 담당하였고, 월 수차례 열리는 효조슈 회의는 최고 행정기관 · 최고 재판기관 · 입법기관의 역할을 하였다.

　효조슈의 첫 번째 회합은 1225년 12월이었다. 효조슈는 싯켄 · 렌쇼에 이어서 세 번째로 중요한 기관이었다. 효조슈는 형식적으로는 행정실무에 밝은 고케닌들을 선발하여 구성한 기관이었다. 하지만 구성원의 대부분이 호조씨 일족이었고, 나머지 고케닌들도 그들의 면면을 살펴보면 호조씨와 긴밀한 관계를 유지하는 자들이었다. 즉 효조슈는 실제적으로는 호조씨 일족의 합의기관 성격이 농후하였다. 이 단계에서 호조씨에 의한 싯켄 정치가 완성되었다고 할 수 있다.

2. 고세이바이시키모쿠의 제정

조큐의 난 후, 새로 임명된 지토가 급증하였고, 종래 막부의 권력이 미치지 못하는 상황과 귀족의 장원까지 막부의 지배하에 편입되었다. 지토는 원칙적으로 고케닌 중에서 임명되었기 때문에 막부의 지배를 받았다. 하지만 지토는 장원을 관리하고, 연공을 징수하면서 장원영주와도 관계를 맺었다. 그래서 지토와 장원영주 사이에 수익의 분배를 둘러싸고 분쟁이 발생하는 경우가 많았다. 막부는 이러한 분쟁을 재판을 통하여 처리하지 않으면 안 되었다. 당시 영지는 그야말로 무사들이 생사를 걸고 지켜야 하는 삶의 터전이었다. 장원을 둘러싼 분쟁에 공평한 재판이 요구되었다. 3대 쇼군 호조 야스토키는 재판의 기준이 되는 기본법전을 마련해야겠다고 결심하였다.

1232년 8월 일본 최초의 체계적인 무가법武家法이라고 할 수 있는 『고세이바이시키모쿠御成敗式目』가 제정되었다. 『고세이바이시키모쿠』는 조에이시키모쿠貞永式目라고도 하는데, 이 법전은 중국에서 체계화된 성문법을 수입하여 제정하는 형식을 취한 고대의 율령과는 성격이 달랐다. 오랜 역사과정을 거치면서 무사사회 내부에서 자연스럽게 형성된 관습과 도덕 그리고 막부의 판례를 정리한 것이었다. 3대 싯켄 야스토키도 도리道理, 즉 무사사회의 관습법에 따라 생활하는 무사들의 상식에 입각하여 『고세이바이시키모쿠』를 제정

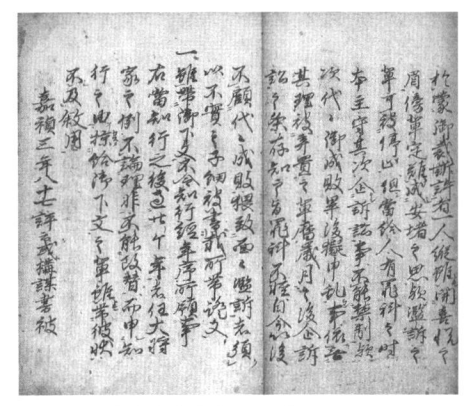

고세이바이시키모쿠 제8조(鶴岡本)

하였다고 밝혔다.

『고세이바이시키모쿠』는 글을 거의 모르는 무사도 이해하기 쉽도록 평범한 문체로 써졌다. 내용도 간단하고 실제적이었다. 호조 야스토키는 법을 제정하게 된 취지를 다음과 같이 설명하였다. "도리道理에 입각한 법으로, 신분의 고하를 막론하고 공정한 판결을 내리는 기준으로 삼는다." 이 말에는 『고세이바이시키모쿠』가 객관적이고 공정한 기준이 되기를 바라는 제정자의 뜻이 담겨져 있었다.

반포될 당시의 법조문은 51개조로 비교적 간단히 구성되어 있었다. 그러나 이 법전은 세월이 지나면서 그때그때의 필요에 따라 내용이 추가되었다. 형식은 편년적으로 집성되었다. 추가된 법조문을 모두 합치면 600여 조에 이르는 방대한 분량이 되었다. 그 내용은 고케닌에 대한 행정·민사·형사·소송에 관한 것이었다. 특히 슈고·지토 등 고케닌의 직무에 관한 규정, 토지를 둘러싼 고케닌 상호간의 대립과 관련한 문제, 영지의 상속 문제, 형사 관계, 소송의 수속에 관한 문제, 그리고 신분에 대한 규정 등이 자세하게 기록된 것이 특징이었다.

상속법에서 부모의 권리가 절대적이었다. 부모가 일단 상속한 영지라도 훗날 그 행위를 취소할 수 있었다. 부모가 상속한 영지를 막부가 승인한 후에도, 부모는 그 영지에 대한 상속을 취소하고 다른 자식에게 상속할 수 있었다. 막부 권력이 친권에 간섭할 수 있는 여지는 매우 제한적이었다. 단 부모가 영지를 남겨두고 급사한 경우, 막부는 그 자식들의 충성도를 평가하여 영지를 적절하게 분할하여 상속하게 할 수 있었다. 그 밖에는 원칙적으로 막부의 권력이 친권에 개입할 수 없었다. 차남의 지위와 권리도 보호되었으며, 분할상속을 원칙으로 하였다. 소료의 권한 유지를 위해서라면 여성에게도 재산의 상속권이 인정되었다. 영지를 상속한 여성이 고케닌이 될 수도 있었다. 뿐만이 아니라 부친이 사망한 후에는 모친이 친권을 행사할 수 있었다. 여성이 양자를 들여서 가독을 상속하게 할 수도 있었다.

　막부는 무사, 서민, 노비 등으로 신분을 구별하고, 무사를 다시 고케닌과 일반 무사로 구별하여 형벌에 차등을 두었다. 살인자는 사형 또는 유배형에 처하고 영지를 몰수하였다. 심하게 악담을 한 자는 유배형에 처하였다. 폭력을 행사한 자는 영지를 몰수하고, 그중에 영지가 없는 자는 유배형에 처하였다. 문서를 위조한 자는 영지를 몰수하고, 영지가 없는 자는 멀리 유배하였다. 서민이 문서를 위조하면 얼굴에 낙인을 찍었다. 위증을 한 자는 벌금형에 처하고, 벌금을 내지 못하는 자는 추방형에 처하였다. 간통이나 강간한 자는 영지의 2분의 1을 몰수하고 막부에 출사를 금하였다. 길거리에서 여성을 추행한 자는 고케닌이라면 100일간 출사 금지, 하급 무사는 머리를 삭발하게 하였다.

　새로이 법전이 마련되었다고 하여 전통적인 법체계인 율령이 부정되고, 『고세이바이시키모쿠』가 유일한 법전으로 인정된 것은 아니었다. 조정이나 장원영주의 지배 지역에서는 율령이 여전히 효력을 발휘하였다. 『고세이바이시키모쿠』가 적용되었던 것은 막부의 세력 범위 내에 한정되었다. 그러나 막부의 지배권이 확대되면서 『고세이바이시키모쿠』의 적용범위는 전국적으로 확대되었을 뿐만이 아니라 후세에도 커다란 영향을 미쳤다. 합의제의 도입과 『고세이바이시키모쿠』의 제정으로 상징되는 호조 야스토키의 정신은 그의 손자이며 5대 싯켄인 호조 도키요리北条時頼에게 계승되었다.

3. 호조씨 독재체제의 확립

　1242년 6월 호조 야스토키가 사망하고, 그의 손자 쓰네토키経時가 4

대 싯켄에 취임하였다. 하지만 쓰네토키는 병이 들어 1246년 3월 싯켄의 지위를 동생인 도키요리時賴에게 물려주고 23세의 젊은 나이로 사망하였다. 5대 싯켄 도키요리는 고케닌을 보호하면서 호조씨 권력을 강화하는 정책을 추진하였다.

1246년 10월 싯켄 도키요리는 교토의 카가리야篝屋를 폐지한다고 발표하였다. 카가리야라는 말은 무사들이 교토 시내 각지에 초소를 세우고 야간에 경비를 서면서 모닥불을 지폈던 것에서 유래하였다. 3대 싯켄 야스토키 때 처음으로 실시한 카가리야 제도는 교토의 치안을 확보하는 데 큰 도움이 되었다. 카가리야에서 경비를 섰던 것은 천황과 상황의 궁전을 경비하기 위해서 상경한 고케닌들이었다. 카가리야 제도의 폐지는 결국 고케닌들의 부담을 덜기 위한 조치였던 것이다. 싯켄 도키요리는 천황과 상황의 궁전을 경비하는 오반야쿠大番役도 6개월에서 3개월로 줄였다.

싯켄 도키요리는 지토에 임명된 고케닌들의 권리 보호에 힘썼다. 고케닌은 막부의 가신이었지만 한편으로 장원영주가 수여한 영지를 보유한 고케닌이 적지 않았다. 이런 경우는 장원영주가 영지를 회수하여도 막부가 간섭할 수 없었다. 하지만 싯켄 도키요리는 1248년 장원영주가 정당한 사유 없이 고케닌의 영지를 회수할 경우 막부가 직접 나서서 항의한다는 방침을 정하였다. 이런 방침이 근본적인 해결책은 되지 못하였지만, 막부가 고케닌을 보호하겠다는 강력한 의지를 표명했다는 데 의미가 있었다.

싯켄 도키요리는 고케닌 보호의 일환으로 재판제도를 개혁하였다. 1249년 12월에 히키쓰케引付라는 고케닌의 소송을 전담하는 기관을 신설하였다. 지토와 장원영주의 소송 및 심리도 히키쓰케에서 담당하도록 하였다. 싯켄 도키요리가 히키쓰케를 신설한 것은 고케닌들이 동요하는 것을 방지하고, 싯켄 정치에 대한 신뢰를 회복할 필요가 있었기 때문이었다. 싯켄 도키요리는 히키쓰케를 설치하여 재판을 신속하고 정확하게 진행하려고 하였다.

히키쓰케는 효조슈의 하부기관으로 1심에서 3심까지 3국이 있었다. 각 국의 장관을 도닌頭人이라고 하였고, 그 밑에 여러 명의 효조슈와 히키쓰케슈, 그리고 사무를 담당하는 유히쓰右筆가 소속되어 있었다. 도닌은 효조슈가 겸임하였다. 호조 마사무라北条政村, 호조 도모나오北条朝直, 호조 스케토키北条資時 등 효조슈 중에서 호조씨 일족이 1심·2심·3심의 도닌, 니카이도 유키카타二階堂行方를 비롯한 만도코로의 관료 5명이 히키쓰케슈에 임명되었다. 히키쓰케슈는 명문 가문의 자제들이었다. 그들 중 대부분이 훗날 효조슈에 임명되었다.

재판은 원고가 해당 관청에 소장을 제출하면서 시작되었다. 관청에서는 소장의 뒷면에 이름을 명기하고 순서에 따라 피고에게 답변을 요구하는 문서를 발송하였다. 분쟁의 대상이 된 토지는 피고가 그대로 점유하게 하였으나 타인에게 양도할 수 없었다. 피고가 답변서를 재판소에 제출하면 소장과 답변서를 검토하였다. 소장과 답변서는 3번에 걸쳐서 교부되었고, 그 과정에서 시비가 명백하다고 판단될 경우에는 그대로 판결을 내릴 수 있었으나 애매한 경우에는 원고와 피고를 재판정으로 불러서 변론하게 하였다. 소환장을 3번 발송하여도 출두하지 않을 경우에는 패소하였다. 재판 결과는 문서로 작성되어 심의를 거친 다음에 승소한 자에게 전달하였다.

싯켄 도키요리는 히키스케를 설치하여 고케닌의 동요를 잠재우고, 고케닌들이 싯켄에 복종하게 하는 데 성공하면서 호조씨 독재체제가 확립되었다. 한편, 호조씨는 쇼군이 정치 세력화할 가능성을 철저하게 차단하였다. 1244년 4대 싯켄 호조 쓰네토키는 4대 쇼군인 구조 요리쓰네를 압박하여 당시 여섯 살 난 요리쓰네의 아들 요리쓰구賴嗣를 5대 쇼군으로 취임시켰다. 그때 4대 쇼군 요리쓰네는 27세의 젊은 나이였다. 1246년 5대 싯켄 호조 도키요리는 4대 쇼군이었던 요리쓰네가 측근과 모의하여 쇼군에 복귀하려는 음모를 꾸몄다는 죄목으로 그를 교토로 추방하였다. 4대 쇼군 요시쓰네의 측근이었던 나고에 미쓰토키名越光時도 제거하였다.

5대 싯켄 호조 도키요리는 호조씨에 심복하지 않는 세력을 가차 없이 제거하였다. 1247년에 유력한 고케닌인 미우라 야스무라三浦泰村 일족을 멸망시켰다. 그 일족 중에 나고에 미쓰토키와 내통한 자가 있었다는 것을 문제 삼았다. 이어서 1252년에는 5대 쇼군 구조 요리쓰구가 호조씨를 배척하려는 음모를 꾸몄다는 죄목으로 쇼군직에서 추방하였다. 그때 요리쓰구의 나이는 겨우 13살이었다. 호조씨는 5대 쇼군을 추방하면서 구조 가문과 절연하였다.

1252년 2월 막부는 니카이도 유키카타를 교토로 보내 천황의 일족을 쇼군으로 맞이하고 싶다는 뜻을 전하였다. 조정은 고사가 천황後嵯峨天皇의 아들 무네타카宗尊 친왕을 쇼군으로 추천하였다. 같은 해 4월 1일 세이다이쇼군에 임명된 무네타카가 가마쿠라에 도착하여 6대 쇼군에 취임하였다. 이와 같이 천황의 일족으로 맞아들인 쇼군을 미야쇼군宮将軍이라고 하였다. 미야쇼군은 가마쿠라 막부가 멸망할 때까지 4대째 이어졌다.

교토에서 맞아들인 쇼군은 실권이 전혀 없는 허수아비였다. 모든 권력은 싯켄인 호조씨가 장악하였다. 막부는 쇼군과 고케닌의 관계를 기본으로 하였지만, 미나모토씨의 혈통이 단절된 뒤로는 싯켄과 고케닌의 주종관계가 실질적인 막부의 주종관계가 되었다. 초대 쇼군 미나모토노 요리토모와 고케닌 사이의 주종관계는 그대로 호조씨와 고케닌 사이의 주종관계로 전환되었던 것이다.

제12장

가마쿠라 무사와 장원제

[1] 무사의 생활과 정신세계

1. 일상생활

　무사는 자신의 영지를 지키기 위해 외부의 적과 싸우지 않으면 안 되었다. 무사의 목표는 전투에서 승리하는 것이었다. 그래서 무사는 평소에도 최악의 상황에 대비하면서 무예를 익히는 생활을 하였다. 무사 가문에 태어난 자는 무예를 수련하는 것이 당연한 일이었다. 초대 쇼군 미나모토노 요리토모는 장자 요리이에에게 "궁마의 재주를 익히는 것 이외에 다른 일이 있을 수 없다."고 훈계하였고, 실제로 궁술의 달인이었던 시모코베 유키히라下河辺行平에게 요리이에의 교육을 맡겼다.

무사의 자제는 10살 전에 이미 말을 타고 활을 쏘는 훈련을 시작하였다. 어린 나이부터 무예를 몸에 익히지 않으면 말을 타고 자유자재로 무기를 쓸 수 없었다. 무사의 자제들은 말을 달리면서 활을 쏘는 이누오우모노犬追物·

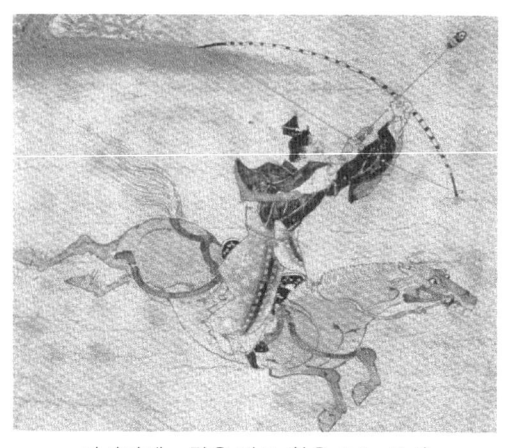
가사가케 - 말을 타고 활을 쏘는 무사

가사가케笠懸·야부사메流鏑馬·마키가리巻狩 등 훈련을 겸한 놀이를 하였다. 이누오우모노는 대나무 울타리를 한 장소에 개를 풀어 놓고 말을 타면서 그 개를 활로 쏘아 맞히는 연습을 하는 것이었다. 가사가케는 말을 타고 달리면서 활을 쏘아 갓 모양의 과녁을 맞히는 연습을 하는 것이었다. 야부사메는 길을 따라서 적당한 간격으로 여러 개의 과녁을 설치하고 말을 타고 달리면서 그 과녁을 향하여 활을 쏘는 연습을 하는 것이었다. 마키가리는 실전 훈련을 겸하여 산야에서 동물을 한 곳으로 몰면서 사냥을 하는 것이었다.

무사의 생활은 검소하였다. 의복도 실용적인 것을 선호하였고, 사치스러운 것을 경계하였다. 고케닌이 막부에 출사할 때는 평상복으로 히타타레直垂를 착용하였다. 격식을 차려야 할 때에는 스이칸水干을 착용하였다. 스이칸은 히타타레보다 옷의 길이가 허벅지를 덮을 만큼 길었다. 또 원래 속옷이었던 고소데小袖를 웃옷으로 입기도 하였다. 남성은 고소데에 주름이 잡힌 바지인 하카마袴를 입었고, 여성은 고소데에 가는 허리띠를 매고 생활하였다. 식단은 매우 간소하였다. 시루에 찐 밥인 고와이強飯는 특별한 기념일이 아니면 일상적으로 먹지 않았다. 주식으로는 밥이나 죽을 먹었다. 죽은 쌀·팥이나 조와 같은 잡곡, 또는 쌀과 야채나 미역 등을 같이 끓여서 먹는 경우가 많았다. 부식으로는 야채 이외에 닭고기나 토끼고기 등을 먹었다. 무사는 평소부터 최악의 상황에 대비하기 위해 매우 거친 음식을 먹는 것도 훈련의 일환이라고 생각하였다.

무사는 전투원으로서의 기량만이 강조되는 생활을 하였기 때문에 책을 가까이 하지 않았다. 이러한 독특한 생활방식 속에서 독자적인 무사의 도덕이 형성되기 시작하였다. 그것은 무사라면 마땅히 지켜야 할 무용, 예절, 정직, 검약 등의 덕목이었다. 이러한 도덕은 무사가 싸움터를 전전하며 주군과 생사를 같이하고, 또 평상시에도 전투태세를 갖추고 긴장감을 늦추지 않는 생활 속에서 자연히 형성된 것이었다. 이렇게 형성된 무사의 도덕은 훗날 무사도의 기원이 되었다.

무사의 일족은 씨족의 조상신인 우지가미氏神를 중심으로 단결하였다. 무사들이 서약할 일이 있을 때 우지가미를 모신 신사 앞에 모여서 의식을 거행하였다. 소료惣領는 우지가미를 제사하는 제사장으로서의 권한을 가졌고, 이 주술적인 권위에 의해 일족을 통솔하였다. 무사들은 자기들의 우지가미뿐만이 아니라 다른 신사에도 경의를 표하였다. 특히 이세 신궁, 가스가 신사春日神社, 가모 신사賀茂神社, 이나리 신사稻荷神社 등이 그들의 신앙 대상이 되었다.

2. 무사와 전투

무사가 평상시 훈련을 하는 것은 전투에 대비하기 위한 것이었다. 무사는 전투가 발생하면 일족을 거느리고 출진하였다. 평상시에 훈련을

같이 하던 친족들이 전장에서 생사를 같이 하였던 것이다. 일본어에 이자가마쿠라 いざ鎌倉라는 말이 있는데, 이것은 가마쿠라 시대 고케닌들이 평상시에도 출동할 준비를 하고 생활하다가 쇼군의 명령이 하달되면 잠시도 지체하지 않고 가마쿠

서둘러 출진하는 무사들

라로 달려간 데서 유래하였다. 특히 동부 일본의 고케닌들은 비상사태가 발생하면 가마쿠라로 향하는 전용도로인 가마쿠라카이도鎌倉街道를 이용하여 행군하였다.

일본 중세의 무사는 농촌에 토착하였다. 평상시에는 무사도 직접 또는 간접적으로 생산에 종사하였다. 그러다가 주군이 동원령을 내리면 무사단을 지휘하여 주군의 군단에 편입하였다. 군단은 무사가 사적으로 거느리고 출진한 규모가 크고 작은 부대의 집합체였다. 통상 무사단은 가문의 지도자인 소료를 중심으로 편성되었다. 가문이라고 해도 겨우 기마 무사 몇 명으로 구성된 경우가 있는가 하면, 기마 무사 수천 명으로 구성된 가문도 있었다. 이와 같이 무사단의 규모는 천차만별이었다. 규모가 큰 무사단의 소료는 혈족은 물론 가문과 직접 또는 간접으로 관계를 맺고 있는 존재까지 포함한 군대를 거느렸다. 혈족 이외의 구성원은 집단의 수장과 주종관계를 맺었는데, 그들의 수장은 규모가 큰 가문의 소료였다. 소료 중에서 유력한 자가 쇼군과 직접 주종관계를

맺고 고케닌 신분이 되었다. 고케닌은 쇼군에 대하여 상대적으로 자율성이 보장되어 있었다. 그렇기 때문에 고케닌인 소료를 주군으로 섬기는 무사, 즉 배신陪臣들은 쇼군을 주군이라고 생각하지 않았다. 일본에서도 서양과 마찬가지로 '내 주군의 주군은 내 주군이 아니다'라는 원칙이 성립되었다.[104]

일본 중세 무사는 전쟁의 경비를 전적으로 자신이 부담하였다. 민중을 전쟁에 동원하는 대신에 국가가 무기와 식량을 지급했던 조선이나 중국과는 사뭇 달랐다. 일본의 경우에는 주군이 무사에게 영지를 하사하거나, 원래 지배하던 영지의 지배권을 승인하였는데, 그것은 곧 전쟁비용을 부담하는 조건이었던 것이다.

일본 중세에서는 종자를 거느린 기마무사가 전투의 주역이었다. 전형적인 전투방식은 기마무사가 일대일로 싸우는 잇키우치一騎打였다. 본격적인 전투가 시작되기 전에 양편에서 선발된 무사가 나노리名乘라는 의식을 행하고, 서로 말을 타고 싸우는 경우도 있었다. 나노리는 무사가 서로 자기가 누구인지,

무사의 잇키우치(『다이헤이키』부분)

---

104) 무사 A가 쇼군將軍에 충성을 서약하였다면, 쇼군이 주군이 되고, 무사 A는 쇼군의 종자가 되는 것이다. 그런데 쇼군과 주종관계를 맺을 정도의 무사라면, 그는 독자적인 무사단을 거느렸다. 그 무사단은 A를 주군으로 받드는 다수의 무사로 구성되었다. 무사 A를 주군으로 받드는 자들을 무사 A'라고 한다면, 무사 A'는 무사 A의 종자가 되는 셈이다. 같은 논리로 무사 A'는 보다 규모가 작은 무사단을 거느리는 수장인 경우가 있을 수 있는데, 이러한 경우 무사 A'는 그 종자들의 주군이 되는 것이다. 주종제는 피라미드 조직과 같았다.

얼마나 용감한 전투원인지를 큰 목소리로 외치는 일종의 기 싸움이었다. 무사는 자기가 어느 전투에서 어떤 공훈을 세웠는지, 어떤 가문의 누구의 자손인지를 외쳐서 적의 기세를 누르려고 하였다. 상대편도 뒤질세라 가문의 내력이나 자신의 전적을 큰소리로 외쳤다. 상대방의 말을 받아서 야유를 보내는 경우도 있었다.

　무사는 공훈을 세우기 위해 전쟁터를 누볐다. 공훈이 인정되어 주군에게서 은상恩賞을 받으면, 자신은 물론 가문의 명예를 높이는 일이었다. 누구보다도 먼저 적진으로 돌진하는 것이 용맹한 무사의 바램이었다. 이것을 이치방노리一番乘라고 하였다. 이치방노리는 전투의 실마리를 만드는 계기가 되었다. 유리한 입장에서 전투의 실마리를 만드는 편이 승리할 확률이 높기 때문에, 이치방노리는 가장 명예로운 전투행위였으며, 무사라면 그 공을 절대 양보할 수 없는 것이었다. 또 무사는 가장 먼저 적의 수급을 올리고 싶어 하였다. 이 수급을 이치방쿠비一番首라고 하였다. 또 무사는 가능하면 신분이 높은 적과 싸우기를 희망하였다. 신분이 높은 자의 수급은 요키쿠비良首라고 하였다.

　전투가 끝나면 총대장인 주군은 구비짓켄首実検이라는 행사를 주관하였다. 이것은 무사가 올린 수급을 검사하는 마무리 행사였다. 무사는 자신이 벤 적의 목을 쟁반에 받쳐 들고 주군 앞으로 나아가 바치는 의식을 거행하였다. 수급은 이미 깨끗하게 손질되어 있었다. 시체를 관리하는 여성들이 수급의 머리를 단정하게 묶고, 얼굴에 화장을 하여 두었던 것이다. 이 행사를 통하여 무사는 총대장인 주군을 지근거리에서 대면할 수 있었다. 주군은 무사의 활약상을 일일이 거론하면서 노고를 치하하고 은상을 내렸다.

3. 정신세계

1) 명예

일본 중세의 무사는 엄격한 주종관계에 속박되어 있으면서도 자율성이 보장된 존재였다. 그래서 개별 무사가 주군과 대립할 수 있는 가능성이 항상 존재하였다. 가마쿠라 막부의 중신 하타케야마 시게타다畠山重忠는 자신이 반란을 획책한다는 소문이 돈다는 소리를 듣고 다음과 같이 말하였다. "무사가 모반을 꾸민다는 풍문이 도는 것은 오히려 명예라고 할 수 있다." 시게타다는 모반의 중심인물이 자기라는 소리가 결코 싫지 않았다. 그것은 전투원인 무사에게 명예가 될지언정 결코 불명예가 되지 않았던 것이다.

『아즈마카가미吾妻鏡』에 소개된 구마가이 나오자네熊谷直実의 일화는 무사에게 명예가 무엇인지 잘 보여준다. 1187년 쓰루오카하치만궁鶴岡八幡宮에서 활을 쏘는 의식이 거행되고 있을 때, 쇼군 미나모토노 요리토모는 나오자네에게 과녁을 들고 서 있으라고 명령하였다. 그러자 나오자네는 매우 화를 내면서 다음과 같이 말하였다. "고케닌은 모두 동료다. 활을 쏘는 자는 모두 기마무사인데, 과녁을 들고 서 있는 자는 보병이다. 다른 사람이 볼 때 상하의 분별이 있는 것처럼 보인다. 나는 명령에 따를 수 없다." 나오자네는 기마무사야말로 진정한 무사라고 생각했던 것이다. 쇼군 요리토모는 나오자네를 달래면서 말하였다. "과녁을 들고 서 있는 것은 활을 쏘는 것에 비하여 결코 비천한 일이 아니다." 하지만 나오자네는 끝까지 명령에 따르지 않았다. 나오자네는 그 사건을 계기로 고케닌의 지위를 버리고 출가하고 말았다. 그는 불명예를 감수하고 명령에 따르느니 차라리 명령에 불복종하고 명예를 지키는 길을 택했던 것이다.

무사는 목숨은 죽으면 끝나는 것이지만 명예는 영원한 것이라고 생각하였다. 가마쿠라 시대에는 '이름을 중요시 한다'라는 정신이 이미 보편적으로 수용되었다. 일본 중세의 무사는 비겁한 것을 가장 수치스럽게 여겼다. 당시의 설화집에는 명예를 중시했던 무사의 이야기가 많이 등장하였다.『곤자쿠모노가타리슈今昔物語集』[105]에도 비겁하지 않고 '사나이답게 행동한' 무사의 이야기가 소개되어 있다. 미나모토노 미쓰루源充와 다이라노 요시부미平良文의 이야기도 그 중의 하나였다.[106]

같은『곤자쿠모노가타리슈』에 소개된 다이라노 고레모치平維茂의 일

---

[105]『곤자쿠모노가타리슈』는 12세기 초에 성립되었다. 이 책의 내용의 대부분은 실제로 있었던 사실을 소재로 하고 있다. 요시부미와 미쓰루도 10세기 중엽에 동부 일본에 실제로 존재했던 인물이었다. 하지만『곤자쿠모노가타리슈』는 어디까지나 설화집이다. 역사상의 사건을 정확하게 기록하고 있다고 볼 수는 없다. 특히 위의 사건은 기록으로 남겨지기까지 150여년의 세월이 흘렀다. 그동안 많이 왜곡되고 과장되었을 것이다. 그럼에도 불구하고 위의 이야기는 가마쿠라 시대 무사의 명예관념을 엿볼 수 있는 자료로 손색이 없다.
[106] 대강의 줄거리는 다음과 같다. 두 무사는 서로 경쟁적으로 무사로서의 기량을 뽐내면서 상대편을 업신여겼다. 두 무사는 넓은 벌판에서 기량을 겨루기로 하였다. 약속한 날 두 무사는 각각 500~600명의 무사단을 거느리고 지정된 장소로 나갔다. 양 부대는 거리를 두고 대치하여 전열을 정비하고 서로 사자를 파견하여 선전포고를 하였다. 전투는 통상 양편의 사자가 무사히 자기편의 진영으로 돌아옴과 동시에 활을 쏘면서 시작되었다. 그런데 전투를 개시하려는 순간 요시부미는 미쓰루에게 큰 소리로 말하였다. "오늘의 싸움이 양편의 부대가 서로 활을 쏘는 것으로 끝나서는 안 될 것이다. 우리의 의도는 단지 두 사람의 기량을 시험하기 위함이다. 부대를 거느리고 싸우는 방식을 피하고 두 사람이 활로 기량을 겨루는 것이 어떠한가." 미쓰루는 즉석에서 그 제안을 받아 들였다. 두 무사는 자기편의 군사들을 뒤로 하고 넓은 들판의 한 가운데로 나아갔다. 특히 요시부미는 부하들에게 어떠한 경우라도 절대로 군사행동을 하지 말라고 엄명하였다. 부하들이 지켜보는 가운데 두 무사는 말을 타고 싸웠다. 싸움은 일대일로 승부를 겨루는 잇키우치 방식이었다. 두 무사는 서로 말을 달려 접근하여 활을 쏘고 스쳐 지나쳤고, 다시 말머리를 돌려 달리면서 접근하여 활을 쏘았다. 요시부미가 미쓰루의 가슴을 겨냥하여 활을 쏘면 미쓰루는 말을 달리면서 곡예 하듯이 몸을 굽혀 화살을 피하였다. 미쓰루가 요시부미의 가슴을 겨냥하여 활을 쏘면 요시부미는 교묘하게 화살을 피하였다. 이렇게 몇 차례나 겨루었으나 승부가 나지 않았다. 그러자 요시부미가 미쓰루에게 말하였다. "서로의 기량은 충분히 알았다. 서로 훌륭하였다. 이제 그만두는 것은 어떤가? 우리들은 선조 대로 원수지간도 아니고, 서로 죽일 필요도 없지 않은가." 미쓰루도 요시부미의 제안을 쾌히 응낙하였다. 손에 땀을 쥐고 결투를 지켜보던 양편의 병사들이 환호하였다. 이 싸움이 있고 나서 두 무사는 더욱 친하게 지냈다.

화는 무사에 있어서 명예가 얼마나 중요한 가치였는가를 말해준다. 어느 날 고레모치는 길을 가다가 기습을 당하여 거의 손을 쓰지 못하고 죽을 지경에 이르렀다. 사태가 불리하자 고레모치의 하인은 주인에게 산으로 피신하는 것이 좋겠다고 충고하였다. 그러나 고레모치는 "내가 그런 행동을 하면 내 자손에게 수치스러운 일"이라고 말하며 혼신을 다하여 일어나 적에게 돌진하였다. 의외의 반격에 적은 뒷걸음질 쳤고, 승기를 잡은 고레모치는 적을 물리쳤다. 고레모치는 자손에게 수치스럽지 않기 위해 목숨을 걸었다. 고레모치는 동부 일본에서 가장 강한 무사라는 평판을 얻었다.[107]

　가마쿠라 막부의 로쿠하라탄다이六波羅探題라는 요직을 맡았던 호조 시게토키北条重時는 자손에게 교훈서를 남겼다. 시게토키는 거기에서 명예의 중요성을 강조하였다. 그는 어떠한 경우라도 세상 사람들 앞에서 수치스러운 행동을 하지 말 것이며, 좋은 평판을 얻을 수 있도록 행동하라고 당부하였다. 좋은 평판을 얻는다는 것은 곧 무사의 명예를 드높이는 일이기도 하였다. 그와 반대로 세간의 비난을 받는 것은 매우 불명예스러운 일이었다.

　군기물軍記物에도 명예를 지키기 위해 목숨을 돌보지 않고 전장을 누빈 무사의 이야기가 자주 등장한다. 그들이야말로 가장 바람직한 무사상이었다. 미나모토노 요리토모의 장인이며 가마쿠라 막부의 실력자였던 호조 도키마사北条時政는 어느 날, 이치노타니一の谷 전투를 회상하였다. 그때 그는 전사한 무사의 이름을 일일이 부르며 눈물을 흘렸다는 이야기는 유명하다. 전투원의 명예를 위해 목숨을 버린 자는 죽어서도

---

107) 무사가 나약하거나 비겁하다는 소리를 듣는 것은 가장 불명예스러운 일이었다. 전투에서 적에게 등을 보인 무사는 나약하고 비겁하다는 낙인이 찍혔다. 그런 무사는 수치스러워서 고개를 들고 다닐 수 없었다. 다른 무사로부터 존경을 받을 수 없었을 뿐만 아니라 자손들에게까지 수치심을 안겨주었다. 고레모치가 하인의 충고를 받아들여 산으로 도망하였다면 안전하게 목숨을 연명할 수 있었을 것이다. 하지만 그의 명예는 실추하였을 것이다.

이름을 빛냈던 것이다.

불명예는 비난의 대상이 되었다. 다이라씨平氏의 총대장이었던 다이라노 무네모리平宗盛는 단노우라壇の浦의 전투에서 포로가 되어 가마쿠라로 연행되었다. 그때 무네모리는 요리토모에게 목숨을 살려달라고 간청하였다. 그 광경을 옆에서 지켜본 한 무사가 무네모리를 경멸하였다.『겐페이조스이키源平盛衰記』는 그 장면을 다음과 같이 기록하였다. "무네모리는 무가의 동량의 몸으로 필부의 손에 잡혀 영원히 그 비난이 만인의 입에 회자되었다. 수치를 역대 조상의 행적에 남겼다."

2) 충성

충성은 주종관계를 근간으로 하는 무사사회에서 가장 중요한 덕목이었다. 무사를 대상으로 한 역사서나 문학작품이 주군에게 충성을 다하는 무사를 감동적으로 묘사한 것에서도 알 수 있다.『곤자쿠모노가타리슈』에도 주군을 위해 충성을 다하는 무사의 이야기가 많이 소개되어 있다. 패색이 짙은 전투의 현장에서 "주군이 생애의 최후를 맞이하는데 어찌 우리가 함께 멸망하지 않을 수 있겠습니까."라고 외치며 적진으로 돌진하는 늙은 무사의 이야기는 일본 무사의 기골을 느끼게 한다. 군기물인『헤이케모노가타리平家物語』는 '죽으려면 한 장소에서 죽기를' 서약하는 무사의 이야기가 대부분이었다.[108]

평소에 주어진 임무를 성실하게 수행하는 것도 충성이었지만, 전시에 목숨을 바치는 것이 가장 고결한 충성이었다. 무사의 정신이 있는

---

108) 무사사회에는 신분서열이 엄존하였지만, 충성을 다하는 마음에는 차별을 두지 않았다. 가마쿠라 막부를 세운 미나모토노 요리토모도 가끔 무사의 본분에 대하여 훈시하였다. 그는 무사는 송곳을 겨우 꽂을 정도로 좁은 영지를 가진 자나 광대한 영지를 보유한 자나 지조에는 차별이 없다고 강조하였다.

그대로 발휘되는 곳이 전장이었고, 본래의 인간성이 적나라하게 표현되는 곳도 그곳이었다. 주군인 미나모토노 요시쓰네源義経를 구하기 위해 스스로 희생의 길을 택한 사토 쓰구노부佐藤継信의 최후는 충성이란 무엇인가를 보여준다. 그는 다음과 같이 말하며 장렬한 최후를 맞이하였다. "무사의 몸으로 태어나 적의 화살을 맞고 주군을 대신하여 죽는 것은 당연한 일이다."

무사의 소원은 주군이 전사하면 따라 죽는 것이었다. 미나모토노 요리토모는 거병한 후 첫 번째 전투인 이시바시야마石橋山 전투에서 대패하였다. 그때 선봉장은 사나다 요시타다佐奈田義忠였다. 요시타다는 분투하였으나 고립되어 전사하였다. 그때 요시타다의 가신으로 57세의 분조文三가 있었다. 그는 결코 신분이 높은 무사는 아니었으나 그의 충성심은 훗날 무사의 귀감이 되었다. 분조는 주군이 전사에 직면하였을 때 다음과 같이 말하며 달려드는 적을 맞이하였다. "최후의 전투에서 주군을 버리고 도망했다는 말을 듣는 것은 분한 일이다. 죽으려면 같은 곳에서 싸우다 죽겠다."

사사키 다카쓰나佐々木高綱가 미나모토노 요리토모에게 충성을 서약하며 말하였다. "무사는 목숨을 주군에게 바쳐 전장에 나가는 몸이라면 다시 돌아와 뵙겠다고 말하는 것이 아니다." 미우라 요시아키三浦義明는 1180년 요리토모가 거병하였을 적에 89세의 나이였다. 그러나 그는 다음과 같이 말하며 선봉에 섰다. "무사의 가문에 태어난 자는 싸우는 것이 법이다. 적 앞에서 목숨을 아까워하는 것은 무사가 아니다." 하타노 요시카게波多野義景는 1189년 요리토모가 도호쿠 지방을 공략할 때 출진하면서 자신의 영지를 아들에게 물려주었다. 살아서 돌아오지 않을 각오를 했던 것이다.

충성이 강조되었던 만큼 충성스럽지 못한 행위는 비난의 대상이 되었다. 무사사회는 주군을 배반한 자를 용서하지 않았다. 특히 미나모토노 요리토모는 자기 주군의 목을 베어 항복하거나 은상을 청하는 적을 용납하지 않았다. 오히려 그런 자를 가장 가혹한 형벌로 다스렸다. 종자가 주군의 은혜를 저버리면 최후가 어떻게 된다는 것을 보여주기 위함이었다.

민중도 주군에게 불충한 무사를 비난하였다. 주군이 위급한 상황에 처하였을 때, 주군을 버리고 달아난 고토 모리나가後藤守長의 이야기는 유명하다. 그는 다이라노 시게히라平重衡의 가신이었다. 1184년 이치노타니 전투에서 시게히라가 패주할 때, 그가 타고 있는 말이 적의 화살에 맞았다. 다급해진 시게히라는 모리나가가 타고 있는 말을 빌려 타려고 하였다. 그러나 모리나가는 주군을 버리고 그대로 달아났다.

훗날 고토 모리나가는 승려가 되어 교토로 돌아왔는데, 교토의 민중은 그를 사람이 아니라고 비난하였다. 모리나가는 남몰래 피신하지 않을 수 없었다. 충성이라는 덕목은 단지 무사사회에서만 강조되는 것이 아니었다. 무사사회의 가치가 하향적으로 침투되면서 충성은 일본인의 가장 중요한 가치로 자리 잡았던 것이다.

[2] 장원제와 농업경영

1. 장원과 농민

가마쿠라 시대 사람들이 어떻게 살았는지 알기 위해서는 먼저 장원의 구조를 이해하여야 한다. 그러나 장원의 구조는 매우 복잡하였을 뿐만 아니라 지역에 따라 또 시대에 따라 달랐다. 본보기가 되는 장원의 풍경을 제시하기도 용이한 일이 아니다. 여기서는 가마쿠라 시대 장원의 한 예로 12세기 말 야마토大和에 소재했던 고후쿠지興福寺 소유의 이케다쇼池田庄라는 장원을 살펴보기로 하겠다.

이케다쇼의 면적은 36정町 180보步였다. 장원의 동쪽에는 둘레가 10리나 되는 저수지가 있었다. 장원의 이곳저곳에는 창고와 주거지가 산재하였고, 장원을 수호하는 신사도 있었다. 장원의 창고에는 농민이 납부한 연공미가 보관되어 있었다. 신사와 창고가 있는 곳이 장원의 중심부였다. 마쓰리를 비롯한 장원의 각종 행사가 이곳에서 거행되었다. 신사와 창고 주변에 주거지가 집중되어 있었다. 이 장원에는 11명의 묘슈名主가 있었다. 묘슈가 보유한 경작지, 즉 묘덴名田은 장원의 각지에 산재해 있었다. 묘덴 이외에 고후쿠지의 비용으로 충당하기 위해 설정된 멘덴免田, 장원 관리의 수입을 위해 설정된 규덴給田, 그리고 영주가 직접 경작하는 전답인 쓰쿠다佃 등의 경작지가 각지에 산재하였다.

장원의 규모 또한 제각각이었다. 이케다쇼와 같이 한 지역을 차지한 장원도 있었지만, 좁은 면적의 경작지가 여러 곳, 또는 수십 곳에 산재한 경우가 많았다. 장원의 농민이 모여 생활하는 마을이 없는 경우도 있었다. 영주의 토지대장에 등재되고, 연공을 납부하면 그것이 곧 장원이라고 인식되었다. 기나이畿內 지방의 장원은 대체로 소규모였다. 이에 비하여 기나이 지방에서 멀리 떨어진 동부 일본이나 규슈 지방의 장원은 매우 넓은 면적을 점유한 곳이 많았다. 지방의 대토지 장원은 영주의 다이칸代官이라고 할 수 있는 호족이 농민을 지배하였다.

영주는 장원에서 연공을 징수하고, 농민을 부역에 동원하기 위해서 다이칸을 파견하여 겐추檢注, 즉 토지조사를 실시하였다. 토지조사를 실시하여 경작지의 위치, 면적, 연공액, 농민의 이름 등을 겐추초檢注帳에 기재하였다. 토지조사를 위해 파견된 겐추시檢注使 일행은 경작지를 실측하는 다토리田取, 경작지의 그림을 그리는 즈시圖師 등을 포함하여

10여 명으로 구성되었다. 장원의 농민들은 겐추시 일행이 마을에 머무는 10여 일 동안 그들을 안내하고 접대하였다.

묘슈는 대개 무사 신분이었다. 묘슈라고 해도 경제력은 제각각이었다. 광대한 묘덴名田을 소유하면서 일반 묘슈를 거느린 자, 아즈카리도코로預所·게시下司·구몬公文 등의 쇼칸荘官이 된 자, 막부의 고케닌이 되어서 지토에 임명된 자, 그리고 쇼칸이나 지토를 포함하여 군사적인 조직을 편성한 다이묘슈大名主 등이 있었다. 규모가 작은 경작지를 보유한 묘슈는 직접 경작에 종사하였다.

소위 중산층 묘슈는 경작지의 일부를 쓰쿠다佃 또는 쇼사쿠正作라는 직영지로 하고, 그 이외의 토지는 사쿠닌作人이라는 농민에게 소작하게 하였다. 직영지는 게닌下人·쇼주所従에게 경작시켰다. 게닌이나 쇼주는 무사인 묘슈나 농민에 예속된 하층민으로 노예 신분이었다. 그들은 권리도 없었고 상속·증여·매매·저당 등의 대상이 되었다. 그들은 주인의 집 사랑채에서 거주하면서 주인의 직영지를 경작하거나 잡역에 동원되었다. 그들과 거의 같은 신분으로 나고名子나 마우토間人가 있었다. 묘슈나 상층 농민이 직접 경작하지 않는 토지는 일반 농민에게 종자와 농구를 제공하고 경작시키는 경우도 있었다.

장원을 대표하는 존재는 묘슈였다. 묘슈에게는 영주에게 연공을 납부하는 의무가 부여되었다. 영주는 묘슈의 권리를 인정하였다. 토지에 대한 권리는 일반적으로 시키職라고 하였다. 묘슈의 권리는 묘슈시키名主職라고 하였다. 이러한 권리의식은 묘슈가 하층 농민에게 소작을 시키면서 점차로 농민사회에도 하향적으로 침투되었다.

묘슈 이외의 농민은 묘덴을 경작하는 사쿠닌이 대부분이었다. 사쿠닌은 사쿠시키作職라는 경작권을 매개로 다시 하층 농민에게 소작을 주는 경우가 많았다. 소작인은 게사쿠닌下作人이라고 하였다. 경작권은 사쿠시키·게사쿠시키下作職로 분화되었다. 묘슈는 사쿠닌에게 연공

이외에도 가지시加地子라는 경작료를 수취하였다. 사쿠닌은 경작에 의한 수입으로 생활하였다. 그래서 게사쿠닌은 경작지에 대한 연공·가지시 이외에 사쿠닌의 수입을 의미하는 사쿠시키토쿠분作職得分을 부담하였다. 이와 같이 토지에 대한 권리, 즉 시키職는 복잡하게 분화되어 있었다.

장원영주는 기본적으로 생산량의 30~50퍼센트를 연공으로 수취하였고, 그것 이외에 각종 명목으로 미곡을 수취하였다. 밭에서는 보리, 수수, 콩 등의 잡곡을 수취하였다. 그 밖에 구지公事라는 것이 있었다. 그것은 뽕, 마, 깨, 감 등과 같은 미곡 이외의 수확물, 농민이 생산한 가마니, 숯, 장작 등도 수취의 대상이 되었다. 또 농민에게 부역은 연공보다도 무거운 부담이었다. 부역 중에 쓰쿠다, 즉 영주가 직영하는 장원 내의 논밭을 경작하는 부역도 있었다. 농민은 도로나 수로를 내거나 수리하는 토목공사, 또는 영주가 여행할 때 짐을 운반하거나 가마를 메는 일에도 동원되었다. 묘슈는 일반 농민이나 하층농민인 게닌·쇼주를 부역에 동원하는 책임을 졌다.

2. 농민의 생활

겐페이갓센源平合戰 이래, 오랜 기간 동안 일본 열도를 혼란의 도가니로 몰아넣은 전란도 조큐承久의 난을 끝으로 종언을 고하였다. 하지만 전란 후에 기아가 농촌을 엄습하였다. 그중에서도 가장 혹독했던 것은 조큐의 난이 일어난 지 10년 후인 1230년에 발생하여 수년간 지속된 전국적인 대기근이었다. 당시의 기록은 벼와 보리가 결실을 맺지 못하였고, 굶어 죽는 자들이 속출하였으며, 들쥐가 큰 무리를 지어 들판을 덮었다고 전하고 있다.

　장원영주와 지토는 농민에게 종자와 곡식을 대여하거나 배급하여 농업생산의 회복을 꾀하였다. 농민도 농촌이 황폐화되는 것을 방지하기 위해 노력하였다. 굶어 죽는 자와 도망하는 자가 끊이지 않는 상황을 극복하기 위해 촌락의 유력한 농민을 중심으로 연대를 강화하였다. 이러한 노력이 결실을 맺어 전란과 기근의 피해를 극복하고 농촌이 안정을 되찾게 되었다.

　농민은 토양을 비옥하게 하기 위해 비료를 사용하였다. 비료로는 인분 이외에 퇴비가 사용되었다. 퇴비는 풀이나 나뭇잎을 베어 땅속에 묻어서 썩히는 방법으로 만들어 논밭에 뿌렸다. 가축의 배설물이나 인분을 비료로 이용하기도 하고, 풀이나 나무를 태워서 그 재를 사용하기도 하였다. 석회질 비료도 이용되었다.

　농경에는 소나 말이 이용되었다. 특히 봄에 모내기를 위해 논을 갈고 써레질을 할 때 축력은 매우 유용한 수단이었다. 논밭을 가는 데는 주로 소가 이용되었고, 짐을 운반하는 데는 주로 말이 이용되었다. 14세기 초에 이미 도호쿠東北 지방에서는 좋은 말이 생산되고, 서부 일본에서는 좋은 소가 생산된다고 알려져 있었다. 일찍부터 서부 일본에서 소를 축력으로 이용하였을 가능성이 크다.

　농구로는 호미, 삽, 쟁기, 그리고 낫이 사용되었다. 이전에는 귀족과 대사원에서 철제농구를 거의 독점적으로 소유하였지만, 점차로 여유 있는 농민들도 그것들을 보유할 수 있게 되었다. 14세기 초에는 일반 농민들도 철제농구를 대장간에서 비교적 싼값에 구입할 수 있었기 때문에 널리 보급되었다. 철제농구의 보급과 저수지를 비롯한 수리시설의 확충으로 생산량이 증가하였다.

　모내기가 끝난 후에는 논에 물을 대고 김을 매는 일이 농민의 일상이었다. 대규모 치수사업이 거의 없었던 당시에는 기존의 용수시설을 어떻게 효과적으로 이용하느냐에 따라 농사의 성패가 좌우되었다. 특히 경작지가 협소했던 기나이 지방에서는 농업용수를 공평하게 공급하기 위한 방법이 제시되었다. 가장 일반적인 방법은 일정한 순서에 따라 적당한 시간을 정하여 논에 물을 대는 것이었다. 수차를 이용하여 하천이나 저수지의 물을 논에 공급하기도 하였다. 우지宇治(지금의 교토부 우지시 일대) 지역에서는 일찍부터 수차를 이용하였다.

자기 논에 물을 먼저 대기 위해 다투는 물꼬 싸움이 잦았다. 용수시설이 제대로 갖추어지지 않은 곳은 수해의 위험도 컸다. 장원의 토지대장을 보면 대부분이 수해피해 사실을 기재하였다. 또 김을 매지 않으면 수확을 기대할 수 없었다. 농민들은 병충해에 의한 피해, 새나 짐승에 의한 피해로부터 수확물을 지키기 위해서 필사적으로 노력하였다. 새나 짐승을 쫓기 위해 논밭 주변에 오두막을 세우고 지켰다. 허수아비를 세우거나 흔들면 소리가 나는 판자를 설치하여 새를 쫓기도 하였다.

농민이 긴 여름동안 노동의 나날을 보내면 이윽고 추수의 계절이 다가왔다. 추수의 방법은 지금과 크게 다르지 않았다. 추수한 벼는 볏단걸이에 걸어서 말렸다. 벼가 마르면 탈곡하고 벼의 껍질을 벗기는 매갈이 작업을 하였다. 매갈이 작업에는 돌절구나 나무절구가 사용되었다.

서부 일본에서는 이모작이 일반화되었다. 이모작은 일본의 농업사에서 획기적인 일이었다. 1264년 가마쿠라 막부는 비젠備前(지금의 오카야마현), 빈고備後(지금의 히로시마현) 지방의 고케닌에게 농민들이 벼를 벤 후 심은 보리에 과세하지 말라고 명령하였다. 당시 서부 일본에서 이모작이 시행되었다는 것을 알 수 있다. 이모작이 시행되면서 보리가 많이 생산되었다. 농작물의 품종도 개량되었다.

농민들은 생산량을 늘리기 위해서 개간에 힘썼다. 개간사업은 대개 농업용수를 끌어들이는 사업과 동시에 추진되었다. 장원영주는 새로 개간한 경작지에 대하여서는 연공의 부담을 경감하였다. 개간지에 대한 연공은 일반 경작지의 2분의 1정도였다. 히젠肥前(지금의 나가사키현) 지방의 마쓰라쇼松浦庄에서는 개간지에 대한 연공을 파격적으로 경감하여 개간을 장려하였다. 당시의 개간은 노동력을 집중 투하하여 개간하는 방식이 아니라, 대부분이 기존의 경작지 주변을 조금씩 개간하여 경작지를 확대하는 방식이었다.

이모작이 시행되면서 보리가 전국적으로 보급되었다. 보리 다음으로 중요한 것은 콩과 동부였다. 그 밖에 메밀, 수수, 피 등도 각지에서 재배되었다. 농작물의 품종도 개량되었다. 도시 근교에서는 상품작물로 과일이 재배되었다. 각지에서 특산품이 생산되었다. 단바丹波의 밤, 미노美濃(지금의 나가노현)의 감, 와카사若狹(지금의 후쿠이현)의 잣, 시나노信濃(지금의 나가노현)의 배 등이 유명하였다. 기호품으로 차가 재배되었다. 14세기경에 야마시로山城(지금의 교토)의 도가노오栂尾를 비롯한 기나이 지방 각지에서 차가 재배되었다.

가내 수공업도 발달하였다. 이 시대에는 주로 장원 내에서 영주의 수요에 충당할 목적으로 수공업 생산이 이루어졌기 때문에, 주로 농가의 가내 수공업 형태를 띠었다. 농촌에서는 뽕, 마, 닥나무, 옻나무, 쪽, 들깨, 차 등의 작물을 재배하였고, 생사, 견직, 마포, 종이 등을 생산하였다. 가마니, 나무통, 국자 등도 생산되었다. 이러한 제품은 장원 내의 시장이나 교토, 나라, 가마쿠라 등의 중앙시장으로 출시되기도 하였다.

3. 장원제의 변용

지토地頭는 신분적으로는 막부에 종속되어 있었으나 직무상으로는 장원영주에게 연공을 납부해야 하는 책임이 있었다. 그런데 지토는 막부의 권력을 배경으로 점차로 장원을 침략하였다. 연공을 체납하거나 횡령하는 지토의 수가 점점 증가하였다. 또 가뭄이 들거나 수해가 발생하면 천재지변을 이유로 장원영주에게 연공의 감면을 요구하기도 하였다. 연공을 수취할 수 있는 경작지가 감소했다는 이유였다. 각종 세금을 횡령하고 불법적으로 장원의 일부를 사유화하기도 하였다. 또 새로운 경작지를 개척하여 그곳에서 수취한 연공을 자신의 수입으로 삼기도 하였다.

장원영주의 대부분은 교토나 나라 등 도시에 거주하였다. 장원의 지배권은 점차로 장원에 근거지를 둔 지토가 장악하였다. 그러면서 연공을 둘러싼 분쟁이 끊이지 않았다. 연공이 줄어든 장원영주가 막부에 그 사정을 호소하여 지토와 소송을 벌이는 일이 늘어났다. 분쟁을 경험하면서, 풍작과 흉작에 관계없이, 지토에게 일정한 연공만을 상납하도록 하고 그 대신에 장원의 모든 권리를 지토에게 일임하는 장원영주들이 증가하였다. 이것을 지토우케地頭請[109]라고 하였다. 막부는 고케닌을 보호하는 입장에서 이 제도를 적극적으로 용인하였기 때문에 지토우케는 급속도로 증가하였다.[110] 지토우케 제도가 성립된 후에도 장원영주와 계약한 액수의 연공을 납부하지 않는 지토가 증가하였다. 지토는 여러 가지 구실을 붙여서 연공을 체납하거나 횡령하였다.

장원영주와 지토의 분쟁을 해결하는 수단으로 시타지추분下地中分이라는 제도가 도입되었다. 이것은 장원영주와 지토가 아예 장원을 절반으로 나누어 소유하고 토지와 주민을 각각 완전하게 지배하는 방식이

---

109) 지토우케에는 막부의 개입으로 성립된 것과 장원영주와 지토 사이에 사적으로 성립된 것이 있었다. 지토가 납부하기로 계약한 일정액의 연공을 우케료請料라고 하였는데, 지토는 우케료만 납부하면 장원에서 징수하는 모든 수익을 자신의 수입으로 할 수 있었다. 막부는 지토 우대정책의 일환으로 장원영주에게 지토우케 제도를 권고하기도 하였다.
110) 13세기 중엽에는 조정의 최고 권력인 셋쇼攝政를 역임한 구조 미치이에九条道家의 장원에서조차 40개소의 장원 중 8개소가 지토우케의 장원이 되는 실정이었다.

었다. 막부도 이러한 방식을 적극적으로 권유하면서 가마쿠라 시대 중엽부터 성행하였다. 장원영주와 지토가 서로 합의하여 시타지추분 계약을 하는 것을 와요和与라고 하고, 당사자 간에 작성하는 계약서를 와요조和与状라고 하였다. 장원영주 측의 신청으로 막부가 재판을 통하여 결정하는 시타지추분도 있었다. 그러나 시타치추분 제도도 장원 내에서 자신의 영지를 확대하려는 지토의 욕망을 제어하지 못하였다. 지토는 장원에서 장원영주의 권력을 서서히 배제하였다. 장원영주와 지토가 이원적으로 지배하던 장원은 점차로 지토가 일원적으로 지배하는 방식으로 변질되었다.

장원의 지배방식이 변질되면서 장원에 거주하는 농민사회도 변화하였다. 종래 장원 촌락의 중핵을 이루었던 묘슈층 밑에는 소작을 하는 사쿠닌 이외에 예속성이 강한 게닌·쇼주가 있었는데, 그들은 농촌 생산력이 향상되면서 자영농으로 자립하였다. 그 결과 묘슈층은 점차로 분해되었다. 묘슈는 장원의 과중한 수탈체제를 타파하기 위해 장원을 넘어서 주변의 묘슈들과 연대를 강화하기도 하였다.

그동안 농민은 장원영주에게 연공을 납부하고 지토에게는 노동력을 제공하였다. 그런데 지토의 지배가 강화되면서 농민은 노동력 제공을 둘러싸고 지토와 대립하였다. 농민은 미야자宮座[111]의 단결을 더욱 강화하였다. 이치미신스이一味神水라고 하여 수호신을 모시는 장소에서 물을 서로 마시면서 단결할 것을 맹세하고 지토에 대항하였다.[112] 농민

---

111) 농민이 서로 힘을 모아 기아를 극복할 수 있었던 것은 농촌에 미야자라는 조직이 있었기 때문이었다. 미야자는 촌락을 수호하는 신사를 중심으로 단결한 조직체로 농번기 때는 마을의 구성원이 협동하여 일하였다. 농민은 미야자를 중심으로 협동하여 이른 봄에는 가래나 쇠스랑으로 논밭을 일구는 작업을 하고, 초여름에는 모내기·모종을 하고 벌레를 잡았다. 그리고 가을에는 추수를 하였다. 농민이 미야자를 중심으로 공동 작업을 하였기 때문에 생산성이 향상되었다.
112) 지토는 일상적으로 농민을 지배하면서 무리한 노동력 제공을 요구하였다. 그 요구를 농민이 거절하면 가혹한 폭력을 가하기도 하였다. 농민에게 지토는 공포의 대상이었다. 그래서 농민은 단결하여 대항하지 않으면 안 되었다.

들은 경작권을 확보하기 위해서 투쟁하였다. 기이紀伊의 아테가와쇼阿氐河莊의 농민은 막부에 소장을 제출하여 지토의 지나친 노동력 징발을 탄원하기도 하였다. 농민의 실력이 향상되었다는 것을 알 수 있다.

한편, 지토가 실질적으로 장원영주가 되면서 쇼칸의 영주화도 진행되었다. 유력한 슈고는 막부의 통제를 넘어서 지토·쇼칸과 새로운 주종관계를 맺었다. 장원제는 점차로 변질되어 갔다. 이 과정에서 고대적인 사원과 귀족은 점점 쇠퇴하고 슈고영국守護領國이 형성되기 시작하였다.

[3] 장원영주경제와 상공업

1. 상업과 금융의 발달

농촌의 부흥은 도시에도 영향을 미쳤다. 농업생산력이 향상되면서 장원영주가 주로 거주하는 교토와 나라, 그리고 막부가 위치한 가마쿠라에 연공으로 징수한 물자가 집중되었다. 특히 교토와 가마쿠라는 치안이 강화되고, 상품을 거래하는 장소가 정해지는 등 질서정연한 도시로 정비되었다.

연공은 주로 미곡으로 납부되었다. 원격지에서는 미곡 대신에 견직과 면포가 납부되기도 하였다. 미곡은 특산물과 교환되어 장원영주에게 납부되는 경우도 있었다. 이러한 유통구조는 미곡과 특산물, 또는 미곡과 생활용품을 교환하는 정기적인 시장을 필요로 하였다. 시장은 장원의 중심지, 교통의 요지, 사원이나 신사의 입구 등에 개설되었다.

교토・오사카 지방과 같은 선진지역에서는 월 3회 정도의 정기시가 열리게 되었다. 정기시는 지방 민중의 경제적 욕구를 충족시켰을 뿐만 아니라 장원・공령에서 장원영주에게 공납하기 위한 물품을 조달하는 시장으로서의 역할도 하였다. 정기시가 열리는 지역에서는 상점을 구비한 상인들도 등장하게 되었고, 물건을 보관하는 창고도 세워지게 되었다. 장을 순회하는 상인들도 나타나게 되었다. 또 렌자쿠 상인連雀商人이라는 행상인이 등장하였다.

이미 12세기경에 정기시가 성립되었으나 그것이 전국적으로 확산된 것은 13세기 중엽부터 14세기 초엽이었다. 정기시로 유명했던 곳은 사쓰마薩摩의 이사쿠伊作 장원, 에치고의 오쿠야마奧山 장원, 히젠의 시카다鹿田 장원, 빗추備中의 니이미新見 장원, 엣추越中의 호리에堀江 장원, 지쿠젠筑前의 가이타粥田 장원 등에서 정기적으로 열리는 시장이었다. 장원영주가 수취한 연공미를 판매하기 위해서 개설된 정기시도 있었다. 대표적인 연공미 방출 시장으로 하리마의 야노矢野 장원 시장이 있었다. 정기시는 월 3회 열리는 것이 일반적이었다.

정기시에서 다양한 상인들이 상품을 교환하거나 판매하였다. 교토나 무쓰陸奧 등 멀리 떨어진 곳을 왕래하는 행상인, 시장에 터전을 마련한 상인, 시장 주변 장원에서 농업에 종사하면서 상업을 겸하는 자들, 사냥꾼이나 어민 등과 같은 비농업민 등이 정기시에서 활동하였다. 말 100여 필에 비단・무명・미곡 등 다양한 물품을 싣고 행상을 하면서 정기시에도 참여하는 대상인도 있었다. 지방 장원의 민중에게 정기시는 농촌에서 자급자족할 수 없는 사치품, 생활용품, 철제 농기구 등을 손에 넣을 수 있는 장소였다. 시장은 사루가쿠猿樂, 덴가쿠田樂, 비와호시琵琶法師 등 전국을 떠도는 예능인들이 활동할 수 있는 공간이기도 하였다.

지토나 장원영주뿐만 아니라 민중도 시장을 이용하였다. 농업생산이 향상되자, 농민은 소비하고 남은 농산물과 자신들이 생산한 수공업 제품을 시장에서 판매하였다. 또 장원영주에 예속되어 있었던 수공업자가 점차로 독립하여 제품을 전문적으로 생산하였다. 특히 대장장이·목수·염색업자 등 직인職人들은 시장에서 팔기 위해 고급제품을 생산하기 시작하였다. 시장은 더욱 활기를 띠게 되었다.

교토와 나라에는 견직물을 비롯한 고급품을 생산하는 수공업자와 상인들이 모여들어 성황을 이루었다. 상품의 거래가 활발해지면서 화폐의 필요성이 대두되었다. 화폐로는 일송무역을 통하여 중국에서 들여온 송전宋錢이라는 동전이 주로 이용되었다. 그것은 교환하기에 편리하였기 때문이다. 하지만 당시 조정에서는 동전의 사용을 범죄로 인식하였다. 1192년 12월 조정은 가마쿠라 막부에 동전의 사용을 금지시키라고 명령하였다. 하지만 막부는 동전 사용을 금하는 명령을 내리는 것을 주저하였다. 당시 이미 교토를 비롯한 전국 각지에서 동전이 일반적으로 사용되었기 때문이다.

상업이 발달하면서 동전뿐만 아니라 어음도 사용되었다. 원격지의 금전 거래나 결제를 할 때 금전을 사용하지 않고 어음을 사용하는 방법인 가와세爲替 제도가 정착되었다. 사이후割符라는 가와세 어음이 발행되기도 하였다. 도매업자인 사카야酒屋나 운송업자는 축적한 화폐를 자본으로 고리대업을 시작하였다. 그들을 가시아게借上라고 하였다. 또 민중의 상부상조적인 금융기관이라고 할 수 있는 다노모시賴母子도 농촌을 중심으로 뿌리를 내렸다.

이 시대에는 멀리 떨어진 지방간에도 상품이 유통되었다. 도로와 항만이 정비되면서 바샤쿠馬借·샤샤쿠車借 등의 운송업자가 등장하였다. 또 수상교통이 발달하면서 전문적으로 화물을 보관하고, 판매나 운송을 대행하는 도이마루問丸라는 상인들이 활약하였다. 그들은 원래 장원영주들이 연공으로 거두어들인 미곡을 보관하거나 운송하는 책임자였다. 그들은 점차로 영주로부터 독립하여 교토의 요도淀와 야마자키山崎, 오쓰항大津港(지금의 시가현滋賀県 지역), 효고항兵庫港(지금의 고베항神戸港의 서부), 쓰루가항敦賀港(지금의 후쿠이현福井県 지역) 등에서 각종 상품을 중개하거나 위탁판매 하는 도매상으로 발전하였다.

장원영주가 연공으로 수취한 미곡이나 상품이 지방에서 중앙으로, 또는 중앙에서 지방으로 유통되면서 육상과 해상의 교통로가 정비되었다. 막부는 가마쿠라에서 교토로 연결되는 도카이도東海道를 군사적인 면이나 경제적인 면에서 매우 중요하게 여겼다. 막부는 도카이도의 교통 요충지에 역駅을 설치하였다. 역은 도카이도 연변을 지배하는 슈고守護가 책임지고 관리하였다. 역의 관리를 책임진 슈고는 막부의 관리가 이용할 수 있도록 도카이도 인근 마을에서 인부와 말을 징발하여 역에 상주시켰다.

이 시대에는 중국과의 교류가 생각보다 활발하였다. 막부는 송이나 원과 정식적으로 외교관계를 맺지는 않았지만, 사무역의 형태로 일송무역이 성행하였다. 무역의 중심이 된 항구는 규슈의 하카타博多였다. 상인들은 하카타와 중국의 명주明州를 오가면서 무역하였다. 일본에서는 송으로 금·수은·유황·마키에蒔絵·도검 등을 수출하였고, 송에서는 비단과 같은 직물·도자기·향료·약품·서적 등의 상품과 송전이 수입되었다. 그 밖에 귀족이나 승려들의 기호품도 중요한 수입품이었다. 전라남도 신안 앞바다에서 일본의 무역선이 발견됨으로써 일송무역의 규모가 상상했던 것보다 컸다는 것이 밝혀졌다.

2. 상공업과 동업조합

고대 율령제 국가체제 하에서 기술을 가진 수공업자는 원칙적으로 국가에 예속되어 있었다. 그러나 장원제가 발달하면서 관영 공방에서 일하던 수공업자들이 섭관가나 대사원과 사적인 관계를 맺고 활동하기 시작하였다. 11세기경에는 섭관가에 직속되어 고급 비단을 짜는 직인의 존재가 확인된다. 그들은 원래 조정의 오리베노쓰카사織部司라는 관청에 예속되었던 직인이었다. 같은 시기에 여러 관청, 상황의 처소, 귀족의 가문에서 일하던 직조 기술자들이 사적으로 베틀을 마련하고 고급 비단을 주문 생산하는 자들이 출현하였다. 중세가 개막되면서 이들의 활동이 두드러졌다.

화폐경제가 발전하면서 제품의 판매 경쟁이 심해졌다. 그러자 수공업자는 관소나 슈고·지토의 규제에서 벗어나 자유로운 상거래를 할 수 있도록 조정이나 장원영주에게 보호를 요청하였다. 대사원과 유력한 장원영주는 수공업자에게 영업상의 특권을 보장하고, 그 대신에 공산품을 공납하도록 하였다. 수공업자들은 대사원과 유력 장원영주의 보호를 받으며 자座라는 동업조합을 결성하여 상업상의 특권을 누리게 되었다.

사료에 처음 등장한 자는 1112년에 모습을 드러낸 나라奈良 고후쿠지興福寺의 보호를 받는 목재상 동업조합, 1118년에 등장한 나라 도다이지東大寺의 보호를 받는 대장장이 동업조합 등이었다. 이러한 자는 수공업자 조합이든 상인 조합이든 어느 것도 경쟁상대를 제압하려는 의도에서 결성된 동업자간의 영업상 연대조직이라고 할 수 있다. 자가 결성되었다고 하여 자의 구성원이 아닌 수공업자를 완전히 배제하는 것이 목적은 아니었다. 오히려 그들을 외연 조직으로 편성하는 경우도 있었다.

자의 공동체 일원을 자슈座衆라고 하였다. 자슈는 자토座頭를 중심으로 조직을 형성하였다. 그러나 그들은 원래 조정·귀족·대사원의 예속민이었다. 그래서 혼조本所, 즉 조정·귀족·대사원의 보호를 받는 대신에 자야쿠座役라는 공납貢納을 바치고 노동력도 제공하였다. 자슈들은 그러한 예속관계를 이용하여 상품의 납품이나 판매의 독점권을 얻었고 관전關錢·시장세·영업세 등을 면제받았다.

당시는 관청의 관료나 장원영주 조차도 사치품과 생활용품을 언제나 시장에서 구입할 수 있는 조건이 성숙되지 않았다. 지방의 수공업자들도 전문적으로 제품을 생산할 수 있는 여건이 아니었다. 시장이 발달하지 않았을 뿐만이 아니라 주문생산으로 생계를 유지할 수 없었기 때문이다. 그래서 관청의 관료나 장원영주, 또는 나누시들이 수공업자에게 일정의 경작지를 지급하고, 생활이 안정된 수공업자는 제품을 공납하는 관계가 성립되었다. 이러한 수공업자는 관청이나 여러 장원의 사정에 따라 달랐지만 대개 대장장이, 주물사, 토기제작 직인 등을 비롯하여 각종 무구·농구·생활용품 등을 제작하는 수공업자들이었다.

당시 주요 도로나 항구에 설치된 관소關所는 원활한 상품유통을 방해하였다. 고대 이래 국가는 요충지에 관소를 설치하고 통행인으로부터 통행세를 징수하였다. 1222년 이와시미즈하치만궁石淸水八幡宮에 예속된 기름 상인이 동부 일본 지역으로 진출하기 위해 미노美濃의 후와不破에 설치된 관소를 자유롭게 통과할 수 있도록 해달라고 혼조에 요청하였다. 당시 멀리 떨어진 지역을 왕래하면서 행상을 하거나 전국을 순회하면서 일을 하는 직인들이 결코 적지 않았다는 것을 알 수 있다.

중세의 자, 특히 상인들이 결성한 자의 특권은 상인의 신분과 계보, 혼조와 결합한 계기, 특권의 방식과 내용, 자의 입지조건의 차이 등에 따라 다양하였다. 과역과 조세의 면제, 원료를 우선적으로 매입할 수 있는 특권, 시장과 특정 지역에서 특정 상품을 독점적으로 판매할 수 있는 전매권, 멀리 떨어진 지역을 왕래할 때 상품을 독점적으로 휴대하거나 운송할 수 있는 특권, 도매를 할 수 있는 특권 등이 있었다. 자는 자의 구성원 이외의 상인에 대하여서는 배타적이었다. 자 공동체 구성원 내부에서는 규칙을 정하여 규제하였다. 자는 동업집단 또는 지연집단으로서 상부상조적 성격을 지닌 조직이기도 하였다.

□□□제13장

가마쿠라 시대의 불교와 문화

[1] 가마쿠라 신불교

1. 정토종

헤이안不安 시대 중기에 겐신源信이 『오조요슈往生要集』를 저술해 정토신앙淨土信仰을 소개한 이래, 그것에 귀의하는 자들이 점차로 늘어났다. 헤이안 시대부터 가마쿠라 시대 초기에 걸쳐 정토교는 천태종과 진언종을 구별하지 않고 열기를 더하였다. 이것에 확고한 교리를 제시해 독립된 불교의 일파로서 발전의 기틀을 마련한 것이 호넨法然이었다.

처음에 호넨은 천태종의 본산 히에이잔比叡山 엔랴쿠지延曆寺로 출가하였다. 그러나 호넨은 기존 불교의 한계를 명확하게 인식하였다. 호넨이 출가를 결심한 12세기 중엽은 사원이 이미 세속화되어 있었다. 고위 승직은 귀족이 독점하였고, 승려들은 서로 다투면서 때로는 조정에 강소強所를 하는 등 한마디로 혼란스럽기 그지없는 상황이었다. 절망한 호넨은 히에이잔을 떠나 당시 넨부쓰히지리念仏聖들이 모여서 수행하는 교토의 구로다니黑谷로 가서 에이쿠叡空를 스승으로 정토교 염불수행을 하였다.

호넨은 1175년 구로다니를 떠날 때까지 약 20년 동안 에이쿠 밑에서 수행하였다. 호넨은 그곳에서 치열하게 공부해 가장 지혜로운 승려라는 평판을 얻었으나 정토교에서 진정한 구원을 확신할 수 없었다. 그러던 중 호넨이 43세 되었을 때, 중국 정토교를 대성한 선도善導의 『관경소觀経疏』에 있는 다음과 같은 문장을 읽고 홀연히 깨우친 바가 있었다. "오로지 아미타불阿弥陀佛의 명호를 외우면 올바르게 왕생할 수 있다. 그것이 바로 중생을 구제하고자 하는 아미타불이 바라는 것이다." 호넨은 수행에 관계없이 아미타불을 진심으로 부르면 정토에 왕생할 수 있다고 확신하였다.

설법하는 호넨

호넨은 외쳤다. "어떻게 하면 정토에 왕생할 수 있을 것인가? 여기에서 분명하게 알아야 할 것은 불상이나 탑을 조성하고, 적선을 하고, 지식을 쌓고, 견문을 넓혀서 정토에 가려고 한다면, 왕생하는 자는 적고 왕생하지 못하는 자는 많을 것이다. 그런 행위는 잡된 행위에 불과한 것이다. 오로지 아미타불을 일심으로 부르면 왕생하는 자는 많고 왕생하지 못하는 자는 적을 것이다."

호넨은 말세의 중생이 자력으로 수행해 깨달음을 얻는 것은 사실상 불가능하다고 생각하였다. 타력본원, 즉 아미타불의 본원을 믿고, 오로지 서방정토에 왕생하는 것을 기원해야 한다고 확신하였다. '나무아미타불'[113]을 부르는 것만으로 서방정토에 왕생할 수 있다고 하였다. 호넨은 오로지 '나무아미타불'을 부르는 전수염불專修念佛의 길을 제시하였다. 그것이야말로 이행문易行門, 즉 행하기 쉬운 길이라고 하였다. 아미타불의 본원은 절대적이기에 남녀와 귀천의 차별 없이 염불로 구원될 수 있다고 하였다. 가마쿠라 신불교는 이렇게 성립되었다.

1186년경부터 호넨의 교설이 상층 귀족 사이에 널리 퍼지게 되었다. 호넨은 법상종, 삼론종, 천태종 등의 승려가 주장하는 왕생정토 방법과 자신이 주장하는 왕생정토 방법의 차이를 자세히 설명하였다. 다른 종파의 법은 모두 훌륭하여 사람과 가르침이 상응하면 깨우치기 용이하지만, 자신과 같이 완고하고 우매한 자는 그런 그릇이 되지 못하기 때문에 전수염불을 통해서 미혹에서 벗어날 수밖에 없다고 말하였다. 호넨은 훌륭한 자들의 수행을 방해하는 것이 아니라고 하면서 말법 시대에 왜 정토교의 방법이 필요한지 설명하여 사람들에게 감명을 주었다.

호넨은 속세에 관심을 두지 않았을 뿐만 아니라 속세의 어떤 권위도 인정하지 않았다. 오로지 성스러운 아미타불에게 모든 것을 바치고자 하였다. 자기 자신과 세상을 정화하는 것만이 정토에 왕생할 수 있는

---

[113] '나무南無'는 산스크리트어의 '나마스'라는 말을 한자로 표기한 것으로 '귀의한다', '경배한다'는 뜻이다. '아미타'의 뜻은 '무량수無量壽', '무량광無量光'으로 표현된다.

길이라고 하였다. 왕생하는 길에 승려나 서민의 차별이 없다고 설파하였다. 서민들은 호넨의 가르침에서 구원의 가능성을 발견하였다.

호넨의 전수염불이 서민 사이에 널리 퍼지기 시작하자 다른 종파의 압박이 심해졌다. 대사원은 조정에 전수염불의 금지를 요청하기도 하였다. 엔랴쿠지의 승려들이 공격해오자 호넨은 1204년에 7개조의 제계制誡를 작성하고, 제자들과 함께 서명하여 천태종에 제출하기도 하였다. 호넨은 구불교의 공격을 피하려고 노력했지만 구불교는 집요하게 호넨을 공격하였다.

1205년에 고후쿠지興福寺의 승려들이 호넨의 9개조 과실을 열거하면서 고토바 상황後鳥羽上皇에게 전수염불의 금지를 요청하였다. 1207년 고토바 상황은 전수염불을 중지하라는 명령을 내렸다. 호넨은 도사土佐 지방으로 유배되었고, 호넨의 제자 여러 명이 사형을 당하거나 유배형에 처해졌다.

호넨은 반년 정도 유배 생활을 한 후에 사면되었지만 교토에 돌아오지 못하였다. 유배 생활 중의 호넨은 변방의 비천한 자들에게 염불의 공덕을 전하였다. 그동안 교토에서 벗어나지 않았던 호넨은 변방 사람들에게 염불의 공덕을 전파하게 된 인연을 기뻐하였다고 한다.

2. 정토진종

정토진종浄土真宗의 종조는 신란親鸞이었다. 잇코종一向宗이라고도 한다. 신란도 처음에 히에이잔 엔랴쿠지에서 부단염불不斷念仏을 수행하였다. 부단염불은 3일 내지 7일간 쉬지 않고 염불하여 삼매의 경지에 들어가 마음이 안정되었을 때 하나의 대상에 집중하면 바른 지혜가 열려 진리를 깨우칠 수 있다는 수행법이었다. 수행자는 삼매의 경지에 도달하기 위해 계율을 지키는 생활을 중요시하였다.

1201년 신란은 호넨을 찾아갔다. 백일 동안 호넨을 방문하여 법문을 들었다. 그리고 잡행을 버리고 오로지 정진에 매달리게 되었다. 신란은 점차로 호넨의 문하에서 두각을 나타내게 되었다. 1207년 법난으로 호넨이 도사에 유배될 때 신란도 에치고越後로 유배되었다. 신란은 매일 7만 번 아미

신란

타불을 부르는 수행을 일생 계속하였다. 신란은 사면된 뒤에도 교토로 돌아오지 않고 에치고에 거주했는데, 1214년 히타치常陸(지금의 이바라키현茨城県 지역)로 이주해서 염불의 공덕을 설하였다.

신란은 호넨의 염불을 순화하여 계승하고 그것을 더욱 철저한 이론으로 정립하였다. 왕생하려면 염불의 형식과 회수보다도 아미타불의 본원에 대한 오로지한 신심이라는 신심위본信心爲本을 제창하였다. 그는 왕생정토의 인연은 아미타불로부터 주어진 타력의 신심이며 염불을 하는 자가 스스로 일으키는 것이 아니라고 하였다. 그래서 아미타불을 부르는 것은 구원에 대한 보은의 행위라고 주장하였다. 나아가 자신이야말로 죄가 많은 악인惡人이라는 것을 자각함으로써 아마타불의 본원을 올바르게 믿을 수 있다는 악인정기설惡人正機說을 주장하였다. 자신이 우매하고 악하다는 것을 자각하는 것이야말로 진실로 불도에 들어가는 것이라고 하였다.

신란은 수학修学과 지계持戒를 부정하였다. 그래서 신란은 스승 호넨

과는 달리 결혼하였다. 육식도 금하지 않았다. 그는 평생 강렬한 염불에 대한 믿음과 날카로운 비판정신을 가슴에 품고, 권력에 접근하지 않고, 시정의 한 승려로서의 삶을 살았다. 그는 속세에 살면서 신앙을 대성하려고 하였다. 그의 저서『교교신쇼敎行信証』에는 정토진종의 본의가 설해져 있다. 신란이 죽은 후 제자 유엔唯円이 정토진종의 정통 교설을 분명히 하기 위해 신란의 법어를 정리하여 19조로 구성된 『단니쇼歎異抄』를 저술하였다.

신란이 죽은 후 정토진종은 시모쓰케下野(지금의 도치기현栃木県 지역)의 센주지파専修寺派와 교토 오타니大谷의 혼간지파本願寺派로 분리되어 발전하였다. 특히 혼간지파는 신란의 외손이기도 한 가쿠뇨覚如가 교단의 형태를 갖추었고, 무로마치 시대室町時代에 렌뇨蓮如가 출현해 교세를 떨쳤다.

3. 시종

호넨의 정신을 계승하면서 특이한 정토교를 형성한 것이 잇펜一遍이었다. 호넨이 창설한 정토종의 일파에 속했던 잇펜은 와카야마현和歌山県 구마노 신사熊野神社의 신탁을 받아서 믿고 믿지 않는 것에 구애되지 말고 염불을 해야 한다고 설파하였다. 잇펜은 일상의 일념이 임종하는 순간이라고 강조했기 때문에 시종時宗이라고 하였다. 시종의 '時'란 평생이 임종이며, 임종이 평생으로 '지금'의 일각일각一刻一刻이 죽음이며, 또한 살아있음이라는 의미이다.

잇펜은 기도 중에 일체 중생의 극락왕생은 십겁의 옛날에 아미타불이 정각을 성취했을 때 이미 결정했다는 것을 깨달았다. 잇펜은 자력의 상념에서 벗어나 나무아미타불이라는 여섯 글자의 명호를 생각하며 외울 때 아미타불의 세계에 직접 들어간다고 하였다. 부처도 없고 나도 없는 경지에 이르렀을 때 살아있으면서 왕생을 실현할 수 있다고 하였다. 특이하게 잇펜의 염불 사상에 선禪의 정신과 상통하는 면이 있었음을 알 수 있다.

잇펜은 각지를 떠돌아다니면서 포교를 하였다. 그래서 잇펜을 유행상인遊行上人이라고 하고, 시종을 유행종이라고 일컫기도 하였다. 잇펜은 가는 곳마다 '나무아미타불, 결정왕생육십만인決定往生六十萬人'이라고 적힌 종이를 사람들에게 나누어 주고 신도들의 이름을 기록하였다.

잇펜

잇펜은 헤이안 시대 중기에 나무아미타불을 부르면서 전국을 편력한 승려 구야空也의 행적을 본받았다. 1279년부터 잇펜은 많은 제자들을 거느리고 염불을 외우면서 걷는 오도리넨부쓰踊念仏를 시작하였다. 오도리넨부쓰를 보기 위해 모여든 사람들은 대부분이 가난한 사람들이었다. 잇펜을 만난 사람들은 앞을 다투어 신도가 되었다.

잇펜은 이세伊勢・구마노熊野 등의 신사에도 참배하면서 사람들에게 염불왕생의 표찰을 건네주기도 하였다. 잇펜은 불교의 영역을 넘어서 신사 신앙과도 결합하였고, 서민들이 믿고 있는 여러 신들을 배척하지 않았다. 다만 여러 신들도 아미타불을 찬양하며 수호하고 있다고 주장하였다. 시종은 무사・농민・도시 상공업자 사이에 널리 퍼졌다. 잇펜은 51세에 일생을 마쳤는데, 생전에 25만이 넘는 신도를 거느렸다.

4. 법화종

법화종의 종조는 니치렌日蓮으로 니치렌종이라고도 한다. 1222년 어부의 아들로 태어난 니치렌은 12세 때 아와安房(지금의 지바현千葉県 지역)에 있는 천태종 사원 세이초지清澄寺에서 도젠道善의 제자로 출가했지만, 장성해서는 가마쿠라・히에이잔의 엔랴쿠지・고야산의 곤고부지 등에서 수행하였다.

니치렌은 여러 종파 중에서 어떤 것이 석가의 진의를 담고 있을

니치렌

까 하는 의문을 품고 공부하던 중에 『묘법연화경妙法蓮華經』에 대한 신심을 굳건히 하였다. 『묘법연화경』이야말로 진실한 가르침이라는 것을 깨달았다. 1253년 4월 바다 위로 떠오르는 태양을 향하여 『묘법연화경』에 귀의한다는 의미로 '나무묘호렌게쿄南無妙法蓮華経'라고 크게 염불하면서 법화행자로서의 뜻을 정하였다. 그의 나이 32세 때였다.

니치렌이라는 이름을 정식으로 사용하게 된 것은 그가 가마쿠라로 옮긴 후였다. 니치렌은 창제성불唱題成仏을 설하였다. 창제성불이란 『묘법연화경』의 제목만 외우는 것으로도 성불할 수 있다는 가르침이었다.

그는 특히 '나무묘호렌게쿄'라고 염불하는 것이야말로 말법의 세상과 국가를 구하는 길이라고 주장하였다.

니치렌은 다른 종파들을 신랄하게 비판하면서 저잣거리에서 설법하는 방식으로 포교하였다. 니치렌은 "염불무간念佛無間·선천마禪天魔·진언망국眞言亡國·율국적律國賊"이라는 이른바 4개격언四箇格言을 입에 달고 다녔다. 다시 말하면 염불을 외우면 무간지옥으로 떨어지고, 선을 수행하는 것은 마귀의 짓이며, 진언을 외우는 것은 나라를 망하게 하는 짓이며, 율법을 강조하는 것은 도적들의 헛소리라고 주장하였다. 그가 얼마나 다른 종파를 매도했는지 알 수 있다. 심지어 자신이 창설한 종교의 모체가 되는 정토종까지 사교라고 매도하였다.

13세기 중엽은 자연재해가 잇달아 발생하고 전염병이 돌아 민심이 동요하였다. 그러자 니치렌은 『릿쇼안코쿠론立正安國論』을 저술해 당시 가마쿠라 막부의 실력자 호조 도키요리北条時頼에게 바쳤다. 니치렌은 재앙이 발생하는 것은 올바른 불법이 행해지고 있지 않기 때문이라고 하면서 당시 교세를 확장하던 정토종 일파를 탄압하라고 촉구하였다. 원의 침략이 임박했던 1268년 싯켄執權 호조 도키무네北条時宗를 비롯한 막부의 요인들에게 서신을 보내 다른 종파를 탄압하고 자신의 종파를 공인하라고 요구하기도 하였다.

니치렌은 너무 도에 지나친 신조와 과격한 언행으로 다른 종파로부터 탄압을 받았다. 그는 1261년 이즈伊豆(지금의 시즈오카현静岡県 지역)로, 1271년 사도佐渡(지금의 니이가타현新潟県에 속한 섬)로 유배되기도 하였다. 아와安房에서는 사람들에게 습격을 당하기도 하였다. 만년에 미노부산身延山의 구온지久遠寺(지금의 야마나시현山梨県 소재)에 머물면서 포교에 힘썼고, 닛쇼日昭·니치로日朗·닛코日興 등의 제자와 많은 신도를 거느렸다. 주로 무사와 상공업자들이 신도가 되었다.

불경의 제목만 외우면 누구라도 성불할 수 있다는 그의 가르침은 독송과 사경을 강조한 종래의 법화 신앙, 심원한 이치를 가르치는 천태종에 비해 매우 간단하고 현실적이며 또 서민적이었다. 법화창제法華唱題는 니치렌 이전에도 일부에서 행해져 왔으나 신심창제信心唱題의 한 구절을 선취하여 다른 행위를 배제했다는 점에 법화종의 특색이 있었다. 니치렌은 다른 종파를 배척했지만, 그의 가르침에는 다른 종파의 영향과 구불교의 잔재가 있었음을 부정할 수 없을 것이다.

5. 임제종

일본에 처음 임제종臨濟宗을 전한 인물은 에이사이榮西였다. 에이사이는 빗추備中(지금의 오카야마현岡山県 지역) 기비쓰 신사吉備津神社의 신관 가야씨賀陽氏 집안에서 태어났다고 전해지나 확실하지는 않다. 1153년 그의 나이 13세 때 히에이잔에서 에이사이라는 법명을 받았다. 그 후 천태교학과 밀교를 수행하다가 법화경을 읽고 유학을 결심하였다. 1168년 에이사이는 송으로 건너

에이사이

갔는데, 송에서 조겐重源을 만나게 되었다. 조겐은 정토 관련 서적과 불사리를 구하기 위해 송에 왔었다. 에이사이는 조겐과 함께 천태산天台山과 육왕산育王山을 순례하고 반년 만에 귀국하였다. 에이사이는 히에

이잔의 전통 속에 이미 선맥이 이어지고 있다는 것을 알았다. 에이사이는 귀국한 후 본격적으로 선과 밀교를 공부하였다.

에이사이는 한동안 규슈 일대에서 활동하기도 했으나, 1187년 다시 중국으로 건너가 회창懷敞 선사에게 임제종을 배웠다.[114] 1191년에 귀국한 에이사이는 규슈 하카타博多의 쇼후쿠지聖福寺에 본거지를 두고, 교토를 왕래하면서 임제선 전파에 전념하였다. 임제선은 '불입문자不立文字'를 제창하였다. 좌선을 하면서 스승에게서 받은 공안公案을 참구하는 것을 중시하였다.

선종이 퍼지기 시작하자 히에이잔의 천태종은 1194년에 선종의 금지를 조정에 요구하기 시작하였다. 조정은 천태종의 요구를 수용하여 선종을 금지하는 명령을 내렸다. 그러나 에이사이는 조금도 굴하지 않고 규슈를 중심으로 포교 활동을 전개하면서 천태종 승려들의 잘못을 논박하였다. 반론을 논리적으로 정리한 것이 1198년에 저술한 『고젠코코쿠론興禪護国論』이다. 천태종을 창시한 사이초도 중국에서 선을 공부했으므로 선을 무시한다면 사이초를 무시하는 것이며 그것은 천태종의 근본을 부정하는 것이다. 천태종이 부정되는데 천태종의 승려들은 왜 선을 공격하려는가? 에이사이는 자신을 비방하는 천태종의 승려들에게 이렇게 반론하였다. 그리고 에이사이는 다음과 같이 논파하였다. "불법의 내적인 생명은 선이며 계율이다. 그리고 이 불법을 수호하는 것이 국가다. 즉 왕법과 불법은 서로 의존하는 관계인 것이다. 왕법이 불법을 보호하고, 나라에 계율을 지키는 자들이 많으면 불보살이 국왕을 수호하는 것이다."

1199년 에이사이는 막부의 초대를 받아 가마쿠라로 진출하였다. 거

---

[114] 처음에 에이사이는 인도로 건너가 불교 성지를 순례하고자 하였다. 일단 중국으로 건너간 후, 중국에서 해로로 인도로 건너가려고 했으나 풍랑을 만나 중국 남방의 온주溫州로 돌아오고 말았다. 그는 인도행을 포기하고 천태산 만년사万年寺로 가서 회창 선사에게 배웠다.

기에서 에이사이는 막부의 실력자들과 접촉하였다. 귀족문화에 대항의식을 갖고 있던 무사들은 선종에 매력을 느꼈다. 막부의 후원을 얻게 된 에이사이는 다시 교토로 진출하였다. 가마쿠라 막부는 교토에 겐닌지建仁寺를, 가마쿠라에 주후쿠지寿福寺를 건립하고 에이사이를 맞아들였다. 신앙의 근거지를 마련한 에이사이는 교토와 가마쿠라를 왕래하면서 본격적인 포교활동을 전개하였다. 에이사이는 권력과 유착해 포교활동을 전개했던 것이다.

6. 조동종

도겐道元은 어린 나이에 부모를 여의고 인생의 무상함을 느껴 13세 때 히에이잔의 엔랴쿠지로 출가하였다. 천태종의 교리를 배우면서 도겐은 고민에 빠졌다. "살아 있는 것에는 모두 불성이 있다고 배웠는데, 왜 다시 진리를 얻으려고 수행해야 하는가."라는 의문이 들었기 때문이다. 도겐은 고승들에게 가르침을 청하기도 하고, 에이사이의 제자 묘젠明全에게 선을 배우기도 하였다. 하지만 도겐은 만족할 만한 답을 얻지 못하였다.

1223년 도겐은 송으로 건너가 중국 각지의 선원을 전전하며 수행하였다. 그러는 동안에 중생을 구제한다는 대승불교는 단순히 문자와 지식만으로 접근해서는 안 되고, 엄격한 인격의 완성을 통해 달성될 수 있다는 것, 즉 선의 진리는 철저한 자력본원自力本願에 있다는 것을 깨달았다. 세상이 무상함을 철저하게 인식하면 오히려 철저한 현실주의의 입장에 서게 되고, 그 단계에서는 현실생활이 그대로 수도의 장이 된다는 것도 체험하였다. 도겐은 오로지 좌선을 행하여 크게 깨친다는 서원을 세웠다.

도겐은 다시 천동산으로 가서 여정如淨 선사에게 조동종曹洞宗을 배웠다. 묵조선默照禪이라고도 하는 조동선은 스승이 낸 문제를 해결하는 임제선과는 달랐다. 오로지 좌선을 통해 깨달음을 얻고 성불하는 수행법이었다.

여정은 남송 말기에 전통적인 선수행의 가치를 강조한 복고적인 혁신가였다. 그는 종래의 유·불·도 삼교일치설을 부정하고 선을 기초로 한 불법을 확립하려고 노력하였다. 준엄한 종풍을 세우고, 이미 귀족화해 세속에 물든 선승들을 호되게 비판하였다. 여정 선사 밑에서 오로지 좌선에 몰두하는 수행을 한 도겐은 1227년에 귀국하였다.

도겐이 귀국할 때, 여정은 도겐에게 도시에 거주하지 말고, 권력을 가까이 하지 말고, 심산유곡에 도량을 마련하고 오로지 수행에 전념하면서 선의 전통을 이어갈 것을 당부하였다. 도겐은 여정의 가르침을 실천하였다. 도겐도 삼교일치설을 부정하고, 스스로의 가르침을 불법 그 자체라고 주장하였다. 그는 여성을 부정시하는 태도를 준엄하게 비판하였다. 여성의 출입을 제한하는 곳을 마계魔界라고 단언하며 그런 규정을 없애라고 하였다. 도겐이 일본에 조동종을 전하면서 일본에도 순수한 선종이 뿌리를 내리게 되었다.

귀국한 도겐은 교토의 겐닌지에서 잠시 지낸 후 후시미伏見의 후카쿠사深草에 관음도리원觀音導利院을 세우고 엄격한 좌선을 행하였다. 1233년 『후칸자젠기普勸坐禪儀』를 저술하였다. 도겐은 이론에 얽매이지 않고 오로지 좌선만이 성불에 이르는 길이라고 주장하였다. 염불이나 기도를 부정하고 정통 선법 운동을 전개하였다. 조동종에 귀의하는 신도들이 늘어날수록 천태종을 비롯한 구불교 세력이 도겐을 거칠게 공격하였다.

1243년 도겐은 에치젠越前(지금의 후쿠이현福井県 지역)으로 내려가서 에이헤이지永平寺를 세우고 참선 수행에 전념하였다. 도겐은 엄격한 규칙을 세우고 제자들에게 참선 수행을 지도하였다. 일본 임제종을 창시한 에이사이는 권력과 유착해 세력을 확장했으나, 도겐은 깊은 산속에 있는 에이헤이지에서 세상과의 교류를 단절하고 엄격한 좌선을 실천하였다.

도겐은 1231년부터 1253년 죽을 때까지 자신의 법어인 『쇼보겐조正法眼藏』를 집필하였다. 제자 에조懷奘는 도겐의 법어를 정리하여 『쇼보겐조즈이몬키正法眼藏隨聞記』를 집필하였다. 그 후 13세기말부터 14세기에 걸쳐 에이잔瑩山이 출현하여 노토能登(지금의 이시카와현石川県 지역)에 소지지総持寺를 세우고 종풍을 떨쳤다.

7. 구불교의 개혁

신불교가 세력을 떨치자, 구불교 세력은 귀족의 비호를 받으면서 신불교를 강하게 탄압하였다. 하지만 융성한 신불교 기세를 꺾을 수 없었다. 그러자 구불교 내부에서 사회의 변화에 대응해 적극적으로 대처하려는 움직임이 일어났다. 계율을 강조하면서 세속화한 불교의 개혁에 앞장서는 승려들이 나타났다.

법상종法相宗에서 해탈상인解脫上人이라고 불렸던 조케이貞慶가 염불에 편향되고 있는 풍조를 파계라고 공격하면서 법상종의 종지를 지키려고 노력하였다. 율종律宗에서는 슌조俊芿가 1199년에 중국의 송으로 건너가서 계율을 배우고 돌아와 교토에 센뉴지泉涌寺를 건립하고 새로운 율종의 일파를 열었다. 나라奈良 사이다이지西大寺의 에이손叡尊과 그의 제자 닌쇼忍性도 율종의 발전에 기여하였다. 묘에明惠는 교토의 도가노오梅尾에 고잔지高山寺를 창건하고 청정한 생활을 하면서 화엄종華嚴宗의 중흥을 꾀하였다. 특히 묘에는 『사이자린摧邪輪』을 저술해 호넨의 교의를 비판하면서 구불교에 새로운 바람을 불어넣었다. 묘에는 당시 가마쿠라 막부의 실권자 호조 야스토키北条泰時의 정치에 영향을 미쳤다. 야스토키는 묘에의 가르침대로 공론을 존중하고 도리에 따라 공평한 정치를 실행한 인물로 유명하다.

구불교는 신도와 거리를 좁히려고 노력하였다. 법회를 열어서 신도와 접하는 기회를 마련하였다. 또 고講라는 강론을 통해 신도를 사원으로 불러들였다. 미로쿠코弥勒講·다이시코大師講, 니오코仁王講, 오조코往生講, 네한코涅槃講 등이 성립되었다. 그림을 통해 불교의 교리를 쉽게 설명하기도 하였다. 율종에서는 병자나 고아를 구제하고, 도로를 정비하고, 다리를 놓고, 우물을 파는 등 사회사업에도 힘을 기울이며 서민의 생활 속으로 들어가려고 노력하였다. 구불교는 혁신운동을 통해 새로운 시대의 요구에 부응할 수 있게 되었다. 그러나 일부 승려들의 노력만으로 구불교를 근본적으로 재건할 수는 없었다.

[2] 가마쿠라 시대의 문화

1. 문화의 특색

일본 중세 문화의 중심에 불교가 있었다. 신불습합神佛習合과 본지수적설本地垂迹說이 전개되면서 신도가 불교 속에 포섭되었다. 불교·신도·유교를 하나로 보는 삼교일치설三敎一致說은 유교를 불교에 포함시켰다. 히에이잔 엔랴쿠지는 불교의 본산이었을 뿐만 아니라 학문의 본산이기도 하였다. 엔랴쿠지 승려들은 농학·토목학·약학·병학·천문학·와카·유학을 연구하였다. 사원은 중국 문화를 일본에 소개하는 창구이기도 하였다

일본 중세에는 신의 세계와 인간의 세계가 밀접하게 연결되어 있었다. 중세 일본인은 인간 사회에서 전쟁이 일어나는 것은 신의 세계에서 전쟁이 일어났기 때문이라고 생각하였다. 원수의 이름이 써진 인형을 칼로 베거나 불태우는 저주 행위가 실제로 효험이 있다고 생각하였다. 정신세계에서의 폭력이 일상적으로 행해졌던 것이다.

재판에서도 신판神判이 여전히 기능하였다. 실제로 가마쿠라 막부는 판결을 내리기 어려운 사건은 소송 당사자를 7일간 신사에 머물게 하여 이변이 일어나는 쪽을 패소로 결정하였다. 뜨거운 물속에다 돌을 담가 놓고 그것을 집어내게 하여 화상의 유무로 죄의 유무를 판단하는 것도 정식 재판의 과정이었다. 신불神佛에 서약하는 것은 실정법 이상의 규제력을 지녔다.

일본 중세는 문화 수용의 기반이 확대된 시대이기도 하였다. 고대에는 주로 귀족이 문화의 담당자였으나 중세에는 귀족뿐만 아니라 무사와 서민을 포함한 광범위한 계층이 문화를 창조하고 향유하였다. 불교가 서민의 세계로 확대된 것이 영향을 미쳤다고 할 수 있다.

이 시기에 출간된 불교 설화에는 무사와 서민이 주인공으로 등장하였다. 이마요今様·사루가쿠猿楽·덴가쿠田楽도 주로 무사와 서민이 즐기는 예능으로 자리를 잡았다. 『헤이케모노가타리』 등과 같은 전기문학은 이야기꾼을 통해 전국 각지로 전파되었다. 무사사회의 불문율이라고 할 수 있는 도리道理 관념도 서민의 보편적인 법관념으로 정착되었다.

일종의 부정不淨 관념인 게가레穢れ 문화가 일본 사회에 뿌리를 내린

것도 중세 시대였다. 부정 관념은 일본인의 정신에 심각한 영향을 미쳤다. 각종 금기가 일본인의 일상생활을 규제하였다. 교토와 나라 지방에서는 히닌非人 집단이 형성되었다. 히닌은 부정한 존재로 인식되어 차별의 대상이 되었다. 불교의 영향으로 여성 차별 관념이 형성된 것도 이 시대였다. 고야산高野山과 도다이지東大寺의 대불전과 같은 사원은 여성의 출입을 금지하였다. 여성은 부정한 존재라고 여겨졌기 때문이다. 부정 관념은 일본인의 식생활에도 영향을 미쳤다. 귀족사회에서는 가축의 고기를 먹지 않게 되었다.

2. 학문과 사상

율령제에는 대학·국학의 제도가 있었다. 하지만 그런 제도는 헤이안 시대 중기부터 유명무실해지다가 가마쿠라 시대에 이르러 완전히 자취를 감추었다. 귀족의 학문도 점차로 가학家學으로 전해지게 되었다. 학문은 주로 귀족과 승려에 의해 전승되면서 겨우 명맥을 유지하였다. 특정한 신분이나 가문이 학문을 세습하게 되었다.

현실과 단절된 채 고전 연구에 몰두하는 자들이 나타났다. 귀족은 영화로웠던 지난날을 그리워하는 심정으로 율령제도나 관례를 연구하였다. 이런 학문을 유직고실有職故實[115]이라 하는데, 주로 관직·장속裝束·조세제도·의식儀式·연중행사가 연구의 대상이 되었다. 유직고실 학문의 대표적인 업적으로는 준토쿠 천황이 저술한 『긴피쇼禁秘抄』와 고토바 상황이 저술한 『세조쿠센신히쇼世俗淺深秘抄』 등이 있다. 『긴피쇼』는 궁중의 작법 전반에 대한 연구서였다. 『세조쿠센신히쇼』는 궁

---

[115] 유직有職은 박식博識을 의미하고, 고실故實은 관습이나 의식을 의미하였다.

중의 의식·작법·고실을 열기한 것이었다. 고전문학 연구도 진행되었다. 승려 센가쿠仙覚는 『만요슈万葉集』의 주석서 『만요슈추샤쿠万葉集注釋』를 편찬하였다. 미나모토노 미쓰유키源光行·지카유키親行 부자는 『겐지모노가타리源氏物語』의 주석서를 펴냈다. 우라베 가네카타卜部懐賢는 『니혼쇼키日本書紀』의 주석서 『샤쿠니혼키釈日本紀』를 저술하였다.

귀족에 비해 무사는 학문에 거의 관심을 기울이지 않았다. 하지만 정치를 담당하는 상급무사는 학문의 중요성을 인식하였다. 특히 막부의 실력자 가네자와 사네토키金沢実時는 학문에 많은 관심을 기울였다. 사네토키는 쇼묘지稱名寺(지금의 요코하마시横浜市 소재) 경내에 가네자와 문고를 설립하여 누구라도 열람할 수 있게 하였다. 아시카가씨足利氏 일족의 학문소라고 할 수 있는 아시카가 학교도 이 시대에 창설되었다. 막부의 실력자 호조 도키요리北条時頼는 『정관정요貞觀政要』를 읽었고, 가네자와 사네토키는 『군서치요群書治要』 강의를 들었다고 전한다.

중국에서 주자학이 전래되었다. 주자학은 승려 슌조俊芿·엔니円爾·주겐中厳이 일본에 소개하였다. 주자학은 상하질서를 합리화하는 역할을 하였다. 고다이고 천황의 측근 승려 겐에玄恵는 조정에서 중국의 주자가 주석한 사서를 강의하였다. 기타바타케 지카후사北畠親房는 겐에에게 유학을 배웠다. 주자학의 대의명분론大義名分論은 조정의 귀족에게 영향을 끼쳤다. 고다이고 천황이 대의명분론을 내세워 막부를 타도하려고 했던 것도 주자학의 영향을 받았기 때문이었다.

이세 신궁[116]의 신관 와타라이 이에유키度会家行는 본지수적설에 대하여 반본지수적설反本地垂迹説을 주장하였다. 불仏이 신神의 모습으로

---

116) 미에현三重県 이세시伊勢市에 있는 신궁으로 내궁内宮에서는 천황의 조상신인 아마테라스오미카미天照大神를 받들고, 외궁外宮에서는 도유케豊受의 신을 받들고 있다. 그 기원은 분명하지 않지만 도유케의 신은 예부터 받들던 토착신이었고, 아마테라스오미카미는 5세기 말에서 6세기 중엽에 기나이畿内에서 옮겨진 것이라는 설이 유력하다. 천황 이외에 누구도 사사로이 참배하지 못하게 했는데, 중세에 이르러 일반인의 참배가 허용되었다.

체현해 가르침을 준다는 것, 다시 말하면 불이 신의 본체라는 것이 고대 이래의 본지수적설인데, 반본지수적설은 글자 그대로 본지수적설을 완전히 뒤집어서 불은 신이 모습을 바꾸어 체현한 것이라고 주장하는 것이다. 이와 같은 사상의 변화는 신국神國 사상의 고양을 배경으로 하였다. 와타라이는 신도에 관한 서적을 정리하여 『루이슈진기혼類聚神祇本』을 저술하였고, 이세 신궁을 신앙의 중심으로 하는 이세 신도를 대성하였다.

3. 문학

가마쿠라 시대 초기 와카和歌 분야에서 뛰어난 가인들이 배출되었다. 후지와라노 데이카藤原定家는 새로운 시가의 이론을 제시하였다. 1205년 고토바 상황은 후지와라노 데이카·후지와라노 이에타카藤原家隆·자쿠렌寂蓮 등에게 명해 『신고킨와카슈新古今和歌集』를 편찬하게 하였다. 이 책에는 『고킨와카슈』가 편찬된 이래 가장 많은 와카가 수록되었을 뿐만 아니라 세련된 표현은 와카의 전형이 되었다. 『신고킨와카슈』에는 고토바 상황의 작품을 비롯해 후지와라노 데이카·후지와라노 이에타카·후지와라노 슌제이藤原俊成·사이교西行·가모노 조메이鴨長明 등의 시가가 실려 있다. 그 시가들은 언어를 넘어선 감정을 깊고도 섬세하게 표현하는 새로운 경지에 도달하였다.

무사 출신 사이교는 각 지방을 여행하면서 자연의 아름다움을 노래한 작품을 자신의 가집 『산카슈山家集』에 실었다. 고토바 상황 또한 뛰어난 가인이었다. 그는 와카는 평화로운 세상을 만들고 서민을 편안하게 한다는 생각의 소유자였다. 고토바 상황의 사상은 3대 쇼군 미나모토노 사네토모源実朝에게 영향을 미쳤다. 후지와라노 데이카에게 배운 사네토모 또한 가인으로 이름을 날렸고 『긴카이와카슈金槐和歌集』를 남겼다. 그 밖에 후지와라노 슌제이의 『조슈에이소長秋詠草』, 후지와라노 데이카의 『슈이구소拾遺愚草』, 후지와라노 이에타가의 『슈교쿠슈拾玉集』, 자쿠렌의 『자쿠렌호시슈寂蓮法師集』 등의 저작이 있다. 가론서歌論書로는 준토쿠 천황의 『야쿠모미쇼八雲御抄』, 후지와라노 데이카의 『마이게쓰쇼每月抄』 등이 있다.

와카는 가마쿠라 시대 중기부터 점차로 쇠퇴하였다. 후지와라노 데이카의 아들 다메이에為家는 대대로 와카를 가학으로 하는 니조가二条家의 시조가 되었고, 다메이에가 죽은 후, 다메이에의 세 아들 다메우지為氏·다메노리為教·다메스케為相가 각각 니조가·교고쿠가京極家·레이젠가冷泉家로 분리되어 주도권을 다투었다. 시가는 내용적으로 볼 만한 것이 거의 없게 되었다.

산문으로는 왕조 귀족의 이야기를 중심으로 한 『우지슈이모노가타리宇治拾遺物語』·『고지단古事談』·『고콘초몬쥬古今著聞集』 등이 있었다. 불교 설화를 중심으로 하는 작품으로는 가모노 조메이의 『홋신슈發心集』와 이치엔一円의 『샤세키슈沙石集』가 있었다.

가모노 조메이는 『호조키方丈記』라는 수필집도 남겼다. 이 작품은 조메이가 헤이안 시대에서 가마쿠라 시대에 걸치는 동란기를 살면서 체험하고 견문한 다양한 사건을 기록한 것이다. 『호조키』에는 인생의 무상함이 짙게 배어있다. 요시다 겐코吉田兼好는 『쓰레즈레구사徒然草』를 집필하였다. 이 책은 역사의 전환기를 헤쳐 나온 필자가 넓은 견문과 예리한 관찰력으로 쓴 수필이다. 가마쿠라 지식인의 여유로운 사색의 깊이를 느낄 수 있는 걸작이다.

기행문으로는 『가이도키海道記』·『도칸키코東関紀行』·『이자요이닛키十六夜日記』 등이 유명하다. 『이자요이닛키』는 가인으로 유명한 후지와라노 다메이에의 후처 아부쓰니阿仏尼가 남긴 기행문이다. 아부쓰니는 남편이 죽은 후 자신의 소생 후지와라노 다메스케藤原為相가 전처 소생 다메우지為氏에게 빼앗긴 장원을 되찾기 위한 소송 건으로 교토와 가마쿠라를 왕래했을 때 쓴 글이다. 그의 글에는 자식을 생각하는 어머니의 심정이 생생하게 표현되었다.

4. 역사와 군기물

이 시대에 가나로 써진 역사서가 연이어 출간되었다. 역사물로는 『이마카가미今鏡』의 뒤를 이어 나카야마 타다치카中山忠親의 작품이라고 알려진 『미즈카가미水鏡』가 집필되었다. 이것들은 모범적인 역사서로 손꼽히는 『오카가미大鏡』를 본받아서 집필된 역사물이었다. 『이마카가미』는 『오카가미』가 서술하지 못한 이후의 역사를 기술한 것이었다. 『미즈카가미』는 『오카가미』 이전의 역사를 기술한 것이다. 두 작품 모두 그 수준이 『오카가미』에는 미치지 못하였다.[117] 또, 막부의 가신이 집필한 것으로 추정되는 『아즈마카가미吾妻鏡』가 있다. 이것은 막부의 성립과 발전 과정을 편년체로 기술한 역사서인데, 가마쿠라 막부의 공식기록이라고 할 수 있다. 가마쿠라 정치사와 무사사회의 역사를 연구하는데 없어서는 안 될 중요한 사료다.

사론으로는 섭관가攝關家 출신 승려인 지엔慈円이 편찬한 『구칸쇼愚管抄』가 있다. 이 책은 조큐의 난 직전에 집필된 것인데, 일본의 건국에서 편찬 당시까지의 역사를 서술한 것이다. 지엔은 역사의 흐름을 도리라

---

117) 『오카가미』와 『이마카가미』, 12세기 초에 성립된 『미즈카가미水鏡』, 1370년을 전후해 성립된 『마스카가미増鏡』를 욘카가미四鏡라고 한다.

는 관점에서 보려고 하였다. 귀족사회가 몰락하고 무사사회가 도래한 것도 역사의 도리라고 보았다. 특히, 귀족의 몰락과 무사의 성장 과정을 말법사상의 관점에서 서술하였고, 역사 내용의 변천을 7기로 나누어 시대구분을 시도한 것은 근대 역사학의 시점에서도 주목된다. 그 밖에 승려인 시렌師鍊이 저술한 『겐코샤쿠쇼元亨釈書』가 있다. 이것은 일본 최초의 불교사라고 할 수 있는 저서다. 또 조정을 중심으로 한 역사서로서 『햐쿠렌쇼百鍊抄』와 『데이오헨넨키帝王編年記』가 집필되었다.

이 시대의 문예작품 중에서 특히 주목되는 것은 무사를 주인공으로 묘사한 군기물軍記物이다. 『헤이케모노가타리平家物語』를 비롯해 『호겐모노가타리保元物語』·『헤이지모노가타리平治物語』·『겐페이조스이키源平盛衰記』 등의 군기물은 간결하면서도 힘이 넘치는 문체로 무사의 실태를 생생하게 묘사하였다.

『헤이케모노가타리』는 겐페이갓센源平合戰을 주제로 한 군기물로 다이라씨平氏의 흥망을 그린 것이다. 다이라씨의 영화로웠던 시절을 동정어린 시선으로 그리면서 새로운 역사를 만들어가는 무사

「헤이케모노가타리에마키」 - 천황의 행행 장면

의 활약상을 생생하게 묘사하였다. 중세 시대를 대표하는 문학작품으로 평가할 만한 것이다. 『호겐모노가타리』는 미나모토노 다메토모源為朝를 중심으로 한 호겐의 난의 결말을 묘사한 작품인데, 주로 다메토모의 비극에 초점을 맞춘 것이다. 『헤이지모노가타리』는 헤이지의 난을 소재로 한 작품인데, 주로 미나모토노 요시토모源義朝 일족의 운명을 소재로 한 것이다. 『겐페이조스이키』는 다이라씨의 영화와 몰락에 초

점을 맞추어 묘사한 작품이다. 군기물은 음악에 맞추어 줄거리를 낭독하는 비와호시琵琶法師라는 이야기꾼이 일본 각지로 전파하였다. 그래서 문자를 해독하지 못하는 서민도 그 줄거리를 알게 되었다.

5. 건축

미나모토씨와 다이라씨가 정권을 쟁취하기 위해 싸우는 동안 교토를 중심으로 한 서부 일본이 황폐화되었다. 서부 일본이 전쟁터가 되었을 뿐만 아니라 자연 재해가 잇달아 발생하면서 서민의 일상생활이 붕괴되었다. 농업생산도 크게 위축되었다. 특히 교토는 두 번의 큰 화재를 겪었고, 나라도 다이라씨 군사들의 방화로 큰 피해를 입었다. 황폐한 서부 일본을 재건하기 위해 힘을 쏟은 것은 간진쇼닌勸進上人[118]이었다.

조겐 목상

나라의 여러 사원은 조겐重源이라는 승려의 노력으로 부흥되었다. 조겐은 고시라카와 법황과 가마쿠라 막부의 초대 쇼군 미나모토노 요리토모의 원조를 받고, 여러 지역으로 발

---

118) 일본에서는 헤이안 시대 말기부터 히지리聖 또는 쇼닌上人이라고 불리는 민간 포교승들이 앞장서고, 민중들이 힘을 모아 불상과 범종을 조성하고 사경寫經을 하는 전통이 있었다. 이것을 간진이라는데, 가마쿠라 시대에도 황폐화된 서부 일본을 재건하기 위해 간진쇼닌들이 앞장서고, 그들의 권유로 민중도 기꺼이 인적·물적 자원을 제공해 사원·장원·도로·항만의 건설을 추진하였다.

도다이지 남대문

걸음 하면서 기부금을 모아서 도다이지東大寺 대불의 수리와 대불전·남대문의 재건에 심혈을 기울였다. 그래서 사람들은 조겐을 다이부쓰쇼닌大仏上人이라고 추앙하였다.

조겐은 중국의 송에서 새로운 덴지쿠요天竺様· 또는 다이부쓰요大仏様라는 힘찬 건축양식을 도입하여 사업을 완성하였다. 덴지쿠요는 전체의 구조적인 아름다움에 역점을 둔 것으로 호방하고 자유로운 기법으로 주로 규모가 큰 건축물에 적합한 것이었다. 덴지쿠요는 순수한 명맥을 잇지 못하고 일본의 전통적인 건축

조도지 정토당

양식과 혼합되었다. 덴지쿠요 건축양식은 도다이지의 남대문, 오노小野의 조도지浄土寺(지금의 효고현兵庫県 소재)의 정토당浄土堂 등에서 확인

할 수 있다.

가마쿠라 시대 중기에 가라요唐樣 또는 젠슈요 禪宗樣라는 건축양식이 중국의 송에서 전래되었는데, 이 양식이 사원 건축에 도입되었다. 원래 선종에서는 우상을 중요시하지 않았으며 건물도 장엄하게 꾸미지 않았다. 이런 정신이 선종 양식에 표현되었다. 젠슈요 양식은 선종 사원 이외의 사원에도 도입되었다.

가라요 양식은 삼문三門·불전佛殿·법당·방장方丈이 직선으로 이어져 있고, 종루·경당이 좌우로 배치된 청초하고 안정된 분위기가 느껴진

엔가쿠지 사리전(상) 이시야마데라 다보탑(하)

다. 이런 건축양식을 대표하는 작품은 엔가쿠지円覺寺의 사리전이다. 간소하면서도 다양한 곡선기법이 잘 표현되어 있다

그 밖의 건축양식으로는 와요和樣와 신와요新和樣가 있었다. 와요는 덴지쿠요 이전에 일본화된 나라·헤이안 시대의 건축양식을 말한다. 이 양식을 채용한 가마쿠라 시대의 건축물로는 교토 렌게오인蓮華王院

의 본당과 오쓰大津의 이시야마데라石山寺(지금의 시가현滋賀県 소재)의 다보탑이 있다. 신와요는 전통적인 양식에 덴지쿠요와 가라요 수법을 가미한 셋추요折衷樣인데, 신와요 양식의 건축물은 남북조 시대에 세워진 가와치河内의 간신지觀心寺 본당이 대표적이다.

이 시대에 무가의 건축양식인 부케즈쿠리武家造가 정형화되었다. 이 양식은 헤이안 시대에 완성된 귀족 주택양식을 기본으로 해 무사의 일상생활에 적합하도록 개조한 건축양식이었다.

6. 회화와 서도

가마쿠라 시대의 회화는 주로 야마토에大和絵였다. 정토신앙의 영향을 받아서 불경을 서민이 알기 쉽게 해설한 극락도나 지옥도가 많이 그려졌다. 이 시대의 불화는 귀족적인 소양을 갖추지 못한 서민을 포교의 대상으로 했기 때문에 평범하고 이해하기 쉬운 것이 많이 제작되었다.

불화 분야에서 다쿠마 쇼가宅磨勝賀, 승려 신카이信海 등이 활약하였다. 다쿠마 쇼가의 대표적인 작품으로는 교토의 진고지神護寺에 있는 「십이천병풍十二天屏風」이 있다. 신카이는 교토의 다이고지醍醐寺에 거주하면서 「비

신카이의 부동명왕상

사문천상毘沙門天像」, 「금강동자상金剛童子像」, 「부동명왕상不動明王像」 등의 작품을 남겼다. 정토종이 발전하면서 정토만다라淨土曼茶羅·아미타

여래내영도 등의 작품도 많이 그려졌다.

선종이 발달하면서 인물을 사실적으로 묘사한 니세에似絵라는 초상화가 새롭게 등장하였다. 고승의 초상화로 중국풍 초상이 제작되었다. 선종에서는 전법의 증거로 납의衲衣를 입고, 가사袈裟를 두르고, 의자에 앉아 있는 스승의 모습을 그린 그림과 법어를 제자에게 전수하는 전통이 있었다. 초상은 정상頂相이라고 하였다. 초상에는 전신상과 반신상이 있었다. 스승의 초상을 제자에게 전하는 습속은 중국 북송 시대부터 성행했는데, 선종이 일본에 전해지면서 일본에서도 유행하였다. 이 습속은 선종의 발전과 함께 지속되었으며 많은 정상이 제작되었다. 승려들 사이에서 스승의 초상을 숭배하는 풍습이 생긴 것도 이 시대부터였다. 초상화의 사실적인 양식은 일본의 미술사에 큰 영향을 미쳤다. 교토의 다이토쿠지大德寺에 소장된 임제종 승려 묘초妙超의 초상화 다이토코쿠시상大灯国師像이 특히 유명하다.

니세에의 대표적인 작가로 후지와라노 다카노부藤原隆信와 그 아들 노부자네信実가 있었다. 교토의 진고지에 소장된 미나모토노 요리토모源頼朝의 초상은 개성을 잘 표현한 작품으로 손꼽힌다. 노부자네의 작품으로 알려져 있는 고토바 상황의 초상도 이 시대를 대표하는 미술품이다.

전통적인 에마키모노絵巻物도 이 시대에 많이 그려졌다. 두루마리 그림인 에마키모노는 서책의 삽화로 발달했는데, 사원의 역사, 고승의 전기, 불교 설화, 전쟁 등 다양한 주제로 표현되었다. 사원의 연기緣起에 관해서는 「가스가곤겐레이켄키에마키春日権現霊験記絵巻」, 「기타노텐진엔기에마키北野天神縁起絵巻」, 「이시야마데라엔기에마키石山寺縁起絵巻」 등이 유명하다. 종조의 전기에 관해서는 「호넨쇼닌에덴法然上人絵伝」, 「잇펜쇼닌에덴一遍上人絵伝」 등이 대표적이다. 이런 작품에는 가마쿠라 신불교를 창설한 승려 호넨과 잇펜이 포교하는 모습이 생생하게 묘사되어 있다. 무사사회의 전투를 주제로 한 작품으로 「헤이지모노가타리에마키平治物語絵巻」, 「모코슈라이에고토바蒙古襲来絵詞」 등이 있다. 에마키모노는 사원에 속한 화가들이 공동으로 제작했기 때문에 작자를 알 수 없는 것이 대부분이다.

서도 분야에서는 일본의 전통적인 필체 세손지류世尊寺流 이외에, 후시미 천황伏見天皇의 아들로 쇼렌인靑蓮院의 문주門主가 된 손엔호尊円法 친왕이 쇼렌인류를 창시하였다. 쇼렌인류는 중국의 송과 원에서 받아들인 서풍을 가미해 발전시킨 서법이었다. 쇼렌인류는 에도江戸 시대에 융성했던 오이에류御家流의 원류가 되었다. 그리고 이 시대에 수결의 일종인 무가의 가오花押가 특히 유행하였다.

7. 조각과 공예

이 시대 조각의 주류를 이룬 것은 목각이었다. 특히 나라의 불사佛師, 즉 불상 조각가들의 활약이 눈부셨다. 나라 지역에서 도다이지 재건을 비롯한 규모가 큰 사원이 재건 사업을 정력적으로 추진했기 때문이다. 나라의 불사들은 고대 조각기법을 기본으로 하고, 거기에 송의 양식을 가미하는 방법으로 힘차면서도 인간적인 면모를 사실적으로 묘사한 작품을 많이 남겼다.

대표적인 불사로 운케이運慶와 그의 아들 단케이湛慶, 운케이의 제자 고쇼康勝・고벤康辯・조케이定慶・가이케이快慶가 있었다. 운케이의 부친 고케이康慶도 이름이 알려진 불사였다. 그들은 모두 나라 출신 불사였다. 그중에서도 운케이와 가이케이가 가장 두각을 나타냈다.

도다이지를 재건할 때 조겐을 도와 불상과 목상의 조각을 한 것도 운케이와 가이케이였다. 정교한 사실성과 풍부한 인간미의 표현이 그들 작품의 특색이었다. 특히 도다이지의 남대문에 있는 금강역사상金剛力士像은 역동성이 뛰어난 작품으로 평가되고 있다. 이 작품은 운케이와 가이케이의 합작품이었다. 운케이가 제자들을 이끌고 만들었다는 고후쿠지興福寺 북원당北圓堂의 여러 조각상도 유명하다.

무가정권이 들어서면서 무구武具와 도검 제작이 성행하였다. 도검 분야에서는 교토의 아와타구치 요시미쓰粟田口吉光, 가마쿠라의 오카자키 마사무네岡崎正宗, 빗추備中(지금의 오카야마현 지역)의 오사후네 나가미쓰長船長光, 엣추越中(지금의 도야마현富山県 지역)의 고 요시히로鄕義弘 등이 명장으로 이름을 날렸다. 가마쿠라 시대 중기의 도공 아와타구치 요시미쓰는 특히 단도와 검의 제작에 능하였다. 가마쿠라 시대 말기의 도공 오카자키 마사무네는 가마쿠라 막부의 어용장인이었다. 그는 특히 합금 기술이 뛰어났다. 강철을 사용하는 칼날 부분과 주로 연철을 사용하는 도신刀身 부분을 교묘하게 합성해 명품을 제작하였다. 무사들은 그의 작품을 보

도다이지 남대문의 금강역사상

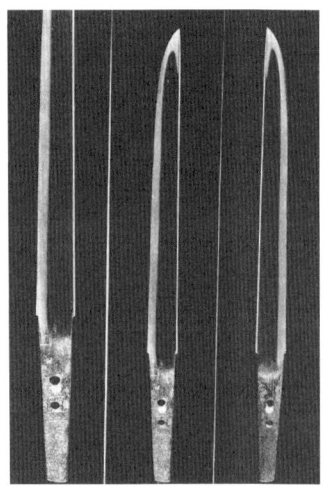

가마쿠라 시대 제작된 단도

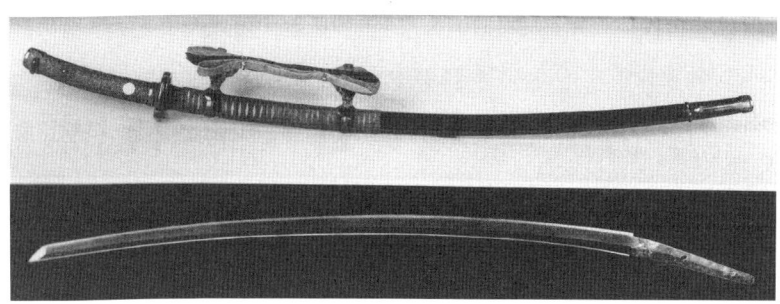

물로 여겼다. 마사무네의 작품 중에 국보나 보물로 지정된 것이 많다. 가마쿠라 시대 중기의 도공 오사후네 나가미쓰의 작품도 현재까지 많이 전해진다. 그만큼 무사가 그의 작품을 선호했던 것이다. 고 요시히로는 마사무네의 제자였다. 현재까지 전해지는 요시히로의 명문이 새겨진 작품은 없지만, 에도 시대에는 마사무네, 요시미쓰와 함께 3작作으로 일컬어질 정도로 실력이 인정되었다. 갑주甲冑 분야에서는 묘친明珍이 가장 유명하였다.

가마쿠라 시대 제작된 장도(상)
투구와 갑옷(하)

 도기 분야에서는 가토 가게마사加藤景正가 가장 유명하였다. 가게마사는 1223년 도겐道元이 중국으로 유학을 떠날 때 그를 따라 송으로 건너가서 도기 제작법을 배웠다. 귀국한 후 오와리尾張(지금의 아이치현愛知縣 지역)의 세토에서 세토야키瀨戶燒를 생산하였다.

제13장 가마쿠라 시대의 불교와 문화 427

□□□**제14장**

가마쿠라 막부의 멸망과 겐무의 신정

[1] 원의 일본 침입과 막정의 동요

1. 원의 1차 침입

1266년 원元[119]의 세조 쿠빌라이는 조공을 권고하는 국서를 일본에 보내면서 고려가 일본을 설득하도록 하였다. 가마쿠라 막부는 이 국서에 대하여 민감하게 반응하였다. 당시 원은 이미 고려를 지배하고 있었

---

119) 칭기스칸의 뒤를 이은 태종太宗 오고타이는 1234년에 여진족이 세운 금金을 멸망시키고 고려를 침략하였다. 그리고 서쪽으로 동유럽 지역까지 침략하였다. 정복사업은 4대 헌종憲宗 몽케 시대에도 계속되었다. 5대 세조世祖 쿠빌라이가 제위에 오르면서 수도를 지금의 북경으로 옮기고, 1271년에는 국호를 원元이라고 칭하였다. 그리고 남송을 압박하고 고려를 지배하여 넣었다.

고, 대륙의 남쪽으로 밀려난 송을 압박하던 상황이었다. 이러한 국제정세의 변화를 지켜본 가마쿠라 막부의 위정자는 원이 일본을 침입할 가능성이 있다고 판단했던 것 같다.

일본은 원의 항복 요구를 거절하였다. 막부는 1868년부터 원의 침입에 대비하여 규슈를 중심으로 해안의 경비를 강화하기 시작하였다. 방위를 담당하는 중심 무력은 역시 규슈의 고케닌御家人들이었다. 막부는 전쟁에 필요한 비용을 마련하기 시작하였다. 비용은 고케닌은 물론 일본 각 지역의 무사, 장원, 사원에게도 부과한다는 방침을 정하였다.

1270년 쿠빌라이는 일본을 침략할 준비를 하기 시작하였다. 원의 군대를 고려로 보내어 둔전병으로 10개소에 분산 배치하는 계획을 세웠다. 그리고 침략의 전진기지라고 할 수 있는 고려의 김해에 원의 군대를 주둔시켰다. 고려의 함선도 집결시켰다.

1274년 원의 쿠빌라이는 고려에 함선을 건조하라는 명령을 내렸다. 고려는 기술자를 포함한 부역자 3만5,000명을 동원하여 함선 900척을 건조하였다. 침략군의 진용도 정비되었다.[120] 1274년 10월 3일 원정군은 합포合浦(지금의 마산)를 출발하여 10월 5일에 쓰시마対馬를 공격하고, 10월 14일에 이키壱岐를 비롯한 여러 섬을 공략하고, 10월 19일에 하카타만博多湾으로 진격하였다. 10월 20일에는 하카타를 비롯한 3곳으로 상륙하여 진격을 개시하였다. 이미 동원되어 전투태세를 취하던 일본의 무사도 전투에 돌입하였다. 원정군의 공격으로 일본군은 많은 사상자를 내었다. 저녁때가 되자 수세에 몰린 일본군이 후방으

---

[120] 원정군은 몽고인을 중심으로 여진인, 한인, 고려인 등으로 편성되었다. 함선의 노를 젓고 안내하는 인원 1만5,000명 중에서 6,700명이 고려인이었다. 출정하는 군대는 2만5,600명이었는데, 원에서 1만5,000명의 정예부대가 도착하였고, 이미 고려에 배치되었던 둔전병이 5,000명, 그리고 고려군이 5,600명이었다. 원정군은 일본에 둔전병을 주둔시킬 계획이었다. 각종 경작용구도 함선에 적재하였다. 원의 흔도忻都가 도원수, 홍다구洪茶丘와 유복형劉復亨이 부원수, 그리고 고려의 김방경金方慶이 도독사로서 군대를 지휘하였다.

출진하는 일본무사 「蒙古襲来絵詞」 속의 그림

로 후퇴하기 시작하였다.

일본군은 대외전쟁 경험이 없었다. 특히 이민족이 대규모로 일본 열도를 침입한 적이 없었다. 무엇보다도 일본군은 원정군에 대하여 아는 바가 없었다. 일본군을 괴롭혔던 것은 전투방법의 생소함이었다. 일본군은 전통적인 기마전 전법이었고, 원정군은 간편한 군장을 한 보병이 집단전법을 구사하였다. 일본군을 괴롭혔던 것은 원 군대의 신병기였다. 특히 일본군을 놀라게 했던 것은 화약을 이용한 무기였다. 원정군의 새로운 전법과 신병기 앞에서 일본 무사들은 전의를 상실하였다. 전장을 이탈하여 도망하는 자가 속출하였다. 일본군은 통제가 불가능할 정도로 붕괴되었다. 일본군의 총지휘관 쇼니 가게스케少弐景資도 도망하는 다급한 상황이었다.

그러나 밤이 되자 어쩐 일인지 원정군은 함선으로 철수하였다. 그날 작전회의에서 해전 경험이 풍부한 고려의 김방경은 공격을 속행할 것을 강조하였지만, 원정군 도원수 흔도는 이 말에 귀를 기울이지 않았다. 그날 밤 폭풍우가 몰아닥쳤다. 다수의 전함이 암벽에 부딪치거나

원군과 일본군의 전투. 그림 중앙 위쪽에 작열하는 것이 화약무기

함선끼리 충돌하여 난파하였다. 물에 빠져죽는 병사들이 속출하였다. 원정군은 큰 피해를 입었다. 원정군은 할 수 없이 고려의 합포로 철수하였다. 당일 사고로 죽은 병사가 1만3,500여 명이라고 알려졌다.

2. 원의 2차 침입

일본 침략에 실패한 원은 고려에 주군하는 둔전군을 보강하였다. 재차로 일본을 침략할 준비를 하였다. 그러면서 일본에 두세충杜世忠을 사자로 보내 항복을 권고하였다. 가마쿠라 막부의 싯켄執權 호조 도키무네北條時宗는 두세충을 처형하였다. 그리고 규슈의 무사를 동원하여 지휘 체계를 확립하고 연안의 경비를 강화하였다.

그동안에 가마쿠라 막부의 권력은 더욱 강화되었다. 원이 다시 침략할 준비를 한다는 정보를 입수하고, 국경을 방어하는 지휘관의 한 사람이었던 분고豊後(지금의 오이타현大分県 지역)의 슈고守護 오토모 요리야스大友頼泰에게 고케닌이 아닌 무사도 소집하여 전투에 참가시킬 것을 명령하였다. 침입 지역이 확대될 것에 대비하여 아키安芸(지금의 히로시마현広島県 지역)의 슈고 다케다 노부토키武田信時에게도 같은 명령을 내렸다. 그리고 서부 일본에 영지를 보유한 무사에게 현지에서 방어에 전념할 것을 명령하였다. 방어지역을 규슈에서 혼슈本州의 서부까지 확대하였다. 함선도 징발하였다. 원정군이 상륙하기 쉬운 해안지역에 석축을 쌓아 방어진지를 구축하였다.[121]

원의 침입에 대비하는 과정에서 규슈 일원에 대한 막부의 장악력이 강화되었다. 그때까지 규슈는 헤이안平安 시대부터 그 지역을 실질적으로 지배하면서 반독립적인 기풍을 유지하던 호족들이 많았다. 그래서 막부는 규슈의 슈고를 통제하면서 다른 지역의 슈고에게는 허용하지 않았던 강력한 권한을 부여하였다. 그리고 동부 일본의 무사를 파견하여 규슈의 무사를 제압하는 방침을 취하였다. 원의 2차 침입에 대비하면서 막부는 규슈 지역의 슈고를 대폭 교체하였다. 새로 슈고에 임명된 자들은 태반이 호조씨의 일족이나 인척관계에 있는 자들이었다.[122]

1281년 정월 쿠빌라이는 일본 침략을 위한 동원령을 내렸다. 함선에는 경작에 필요한 도구, 볍씨 등도 다량으로 적재하였다. 장기간에 걸쳐서 둔전병을 주둔시키기 위한 전략의 일환이었다. 원정군은 동로군

---

121) 방어진지는 1271년 3월부터 쌓기 시작하였다. 서쪽으로는 하카타만博多湾에서 동쪽으로는 가시이하마香椎浜에 이르렀다. 방어진지 구축에는 고케닌뿐만 아니라 장원과 사원, 그리고 각 지역의 호족이 비용을 분담하였다. 그때 쌓은 석축의 높이는 약 2미터, 폭은 하부가 약 3미터, 상부가 1미터에서 1.8미터 정도였다. 석재는 인근의 야산에서 채취하였을 것으로 추정된다.
122) 그중에는 싯켄執權인 호조 도키무네의 동생 두 명도 포함되었다. 히고肥後(지금의 구마모토현熊本県 지역)의 슈고로 임명된 아다치 야스모리安達泰盛는 호조 도키무네의 장인이었다. 그리고 에치젠越前(지금의 후쿠이현福井県 지역)의 슈고로 임명된 기라 미쓰우지吉良満氏, 호우키伯耆(지금의 돗토리현鳥取県 지역)의 슈고로 임명된 아시나 요리쓰라蘆名頼連 두 사람은 아다치 야스모리의 측근이었다.

과 강남군으로 나누어서 출진하였다. 병력은 1차 침략 때의 5배에 달하였다. 고려의 합포에서 출발한 동로군은 함선 900척에 약 4만의 병력이 탑승하였다. 멸망한 송의 수군인 강남군은 함선이 3,500척에 약 10만의 병력이 탑승하였다. 동로군은 5월 3일에 합포를 출발하였다. 동로군과 강남군은 6월 15일에 이키壱岐 섬에서 합류하기로 되어 있었다.

강남군은 출발이 예정보다 늦어져 6월 하순이 되어서야 일본 근해에 도착하였고, 동로군과 연락을 취하면서 7월 하순에 히젠肥前(지금의 사가현佐賀県 지역)이 건너다보이는 다카시마鷹島에 결집하였다. 그리고 본격적인 상륙작전을 준비하였다. 그런데 윤 7월 1일 밤에 갑자기 폭풍우가 거세게 일어나기 시작하였다. 원정군은 속수무책이었다. 선단은 서로 부딪치면서 난파하였다. 하카타만 인근에 배치된 일본군은 다카시마 부근으로 달려가서 파도에 밀려온 침략군을 섬멸하였다. 원정군은 전 병력의 70~80퍼센트가 수장되거나 일본군에게 살해되었다. 패잔군은 고려의 합포로 퇴각하였다.

원이 두 번이나 일본을 침입하였지만, 일본군은 싸움다운 싸움 한번 하지 않고 폭풍의 위력으로 원정군에게 괴멸적인 타격을 입히고 전쟁에 승리하였다. 승전 소식에 접한 일본인은 틀림없이 신불神佛의 가호가 있었다고 믿기 시작하였다.[123] 신불에의 신뢰가 점점 깊어졌고, 일본은 신국神国이라는 관념이 형성되기 시작하였다. 그리고 두 번이나 적군을 괴멸시킨 폭풍을 가미카제神風라고 하였다.

---

[123] 일본에서는 원의 1차 침입이 있기 전부터 이미 조정도 막부도 일본의 승리와 적국의 파멸을 신과 부처에 기원하였다. 가메야마 상황亀山上皇은 이세 신궁에 전승을 기원하면서 본인의 목숨을 국난과 바꾸고 싶다고 빌었다. 싯켄인 호조 도키무네는 피로 경문을 써서 국가의 안태를 기원하였다. 임제종의 선승인 소겐祖元은 경문의 한 자 한 귀 한 획까지 모두 신병神兵으로 변하여 적에 승리할 수 있도록 해달라고 빌었다. 기도의 열풍은 일본 열도를 뜨겁게 달구었다.

3. 고케닌의 궁핍

 원의 침입을 성공적으로 물리치면서 표면적으로는 막부의 권력이 강화된 것처럼 보였다. 하지만 고케닌 제도에 커다란 변화의 조짐이 보이기 시작하였다. 고케닌들은 원의 침입으로 막대한 전비를 부담하였다. 군공을 세운 고케닌들은 당연히 그 대가로 은상을 기대하였다. 하지만 막부는 고케닌들의 기대에 부응하지 못하였다. 은상을 내리려면 토지가 있어야 하는데, 원과의 전쟁은 외세의 침입을 방어한 전쟁이었다. 몰수한 토지가 있을 리 만무하였다. 상상 이상의 희생을 감수하면서 전쟁을 치룬 고케닌들이 경제적으로 궁핍에 시달리면서 막부에 대한 불신이 쌓이게 되었다.

 원의 침입이 있기 전부터 고케닌의 생활은 이미 궁핍해지고 있었다. 대륙에서 다량의 송전宋錢이 수입되어 화폐가 유통되면서 상업이 발달하였다. 화폐경제가 고케닌들의 생활에 큰 영향을 미쳤다. 화폐를 취급하거나 대여하는 고리대금업자도 출현하였다.

 오반야쿠大番役나 가마쿠라반야쿠鎌倉番役 등으로 교토나 가마쿠라에서 근무하면서 중앙의 고급문화를 접할 수 있었던 고케닌들의 생활이 점차로 사치스러워졌다. 지출이 증가할 수밖에 없었다. 지출이 늘어나면서 고케닌들은 상대적으로 궁핍해졌다. 고케닌들 중에는 상인이나 금융업자에게 토지를 저당 잡히고 금전을 융통하여 다급한 상황을 모면하는 자들이 늘어났다. 토지를 매매하는 고케닌 수가 증가하였다. 이러한 정세 속에서 발발한 원의 침입은 고케닌들을 더욱 궁핍하게 하는 결정적인 요인이 되었다.

 막부는 궁핍한 고케닌들을 구제하기 위해 1297년에 도쿠세이령德政令을 내렸다. 고케닌이 토지를 저당 잡히거나 매매하는 것을 금하는 한편, 고케닌이 지토地頭나 다른 고케닌에게 매각한 토지로 20년이 지나지 않은 토지는 무조건 원래의 주인에게 돌려주도록 하고, 고케닌이 서민에게 매각한 토지는 무조건 원래의 소유주에게 돌려주도록 명령하였다. 고케닌의 금전 거래에 관한 소송도 일체 접수하지 않았다. 그러나 이러한 폭력적인 조치로도 고케닌의 궁핍을 근본적으로 해결할 수 없었다. 오히려 도쿠세이령이 내려진 이후, 고케닌은 금전을 융통할 수 없었다. 경제적으로 궁핍한 고케닌의 생활은 더욱 곤경에 처하였다. 역효과에 당황한 막부는 다음 해에 서둘러 도쿠세이령을 폐지하지 않을 수 없었다.

일본 중세 영주층의 상속은 일반적으로 소료惣領인 적자가 영지를 많이 상속하고, 그 나머지를 차자가 분할하여 상속하는 것이 원칙이었다. 그러나 점차로 장자와 차자간의 대립이 심화되면서 차자가 독립하는 경향이 두드러졌다. 게다가 고케닌의 영지가 세분화되면서 막부에 대한 부담능력도 줄었다. 그것 또한 고케닌의 궁핍을 촉진시키는 요인이 되었다. 화폐경제의 발달로 지출은 증가하였으나 영지가 축소되어 수입이 감소하였기 때문이다. 그러자 소료가 영지의 전부를 단독상속하는 사례가 증가하였다. 여성에게는 이치고분一期分, 즉 당대에 한하여 영지를 상속하는 관행이 성립되었다. 그러자 가마쿠라 시대 고케닌 제도의 근간이었던 소료제, 즉 소료를 중심으로 한 일족의 결합형태가 점차로 변질되었다.

고케닌의 대부분은 궁핍하였지만, 한편으로는 궁핍한 고케닌들의 토지를 매입하여 세력을 확대하는 고케닌들도 있었다. 고케닌 사회에도 계급분화가 진행되었다. 토지를 집적하여 상대적으로 부유해진 고케닌 가문의 적자가 광대한 토지를 단독상속하면서, 그 경제력을 바탕으로 더욱 강력한 권력을 행사할 수 있게 되었다. 그들은 일족의 세력을 더욱 강력하게 결집하여 유력한 고케닌으로 성장하였다. 그들의 대부분은 슈고들이었다. 고케닌 제도가 크게 동요하기 시작하였다.

4. 호조씨의 전제정치

두 번에 걸친 원의 침입에도 불구하고 일본은 결정적인 타격은 입지는 않았다. 하지만 언제 원이 다시 침입할지 알 수 없었다. 막부는 원의 3차 침입에 대비하여 경계태세를 늦추지 않았다. 규슈의 무사들에게 계속하여 연안을 경비하게 하는 한편, 전국의 장원과 공령公領에서 고케닌이 아닌 무사도 동원하는 체제를 확립하였다. 그 결과 막부의 지배력이 미치는 범위가 확대되었다.

막부 내부에서는 호조씨北条氏 독재 경향이 두드러졌다. 호조씨는 원의 침입 이후 한층 표면화된 국내의 모순, 특히 막부에 대한 고케닌층의 불만에 대하여 합의제를 폐지하고 전제정치를 강화함으로써 대응하려고 하였다. 원의 침입을 기화로 싯켄인 호조 도키무네는 자신의 저택으로 가신들을 불러서 회의를 열었고, 또 모든 정무를 독단으로 처리하였다. 호조씨의 적자, 즉 도쿠소得宗를 중심으로 하는 전제정치가 확립되었다.

호조씨 일족이 중앙기관의 요직을 독점하였다. 호조 도키무네는 효조슈評定衆와 히키쓰케슈引付衆에 호조씨 일족을 임명하였다. 싯켄 정치의 전통인 합의제의 원칙이 유명무실하게 되었다. 새로 임명되는 슈고는 대부분 호조씨 일족이었다. 특히 원의 침입이 계속되면서 국경 지방이라고 할 수 있는 나가토長門(지금의 야마구치현山口県의 일부 지역)··스오周防(지금의 야마구치현의 동남부)·지쿠고筑後(지금의 후쿠오카현福岡県의 서남부) 등의 슈고에 호조씨를 임명하였다. 그 결과 전국적으로 50퍼센트에 가까운 슈고시키守護職를 호조씨가 차지하였다. 또한 호조씨는 전국 각지의 주요 도시·항만·장원 등도 직접 지배하에 두었다.

도쿠소 권력은 호조 도키무네의 아들인 호조 사다토키北条貞時 시대에 이르러 더욱 강화되었다. 도쿠소 정치의 인적 기반은 호조씨 도쿠소 가문의 가신인 미우치비토御內人였다. 중요한 직책에 그들이 등용되었다. 원래 미우치비토는 고케닌보다 낮은 신분계층이었는데, 그들이 권력을 행사하게 되면서 일반 고케닌은 도자마外樣라고 하여 멀리하였다. 중요한 정무는 요리아이寄合라는 일부 중심인물과 미우치비토의 회의에서 결정되었다. 효조슈나 히키쓰케슈 등의 직책이 요직이라는 의미가 상실되었다. 미우치비토의 대표자는 우치칸레이內管領라고 일컬어졌다. 우치칸레이는 사무라이도코로侍所를 지배함과 동시에 도쿠소 가문의 가정기관도 장악하였다. 미우치비토가 정치의 실권을 장악하면서 그들과 도자마 고케닌의 대립이 격화되었다.

호조 사다토키를 보좌하며 정치를 담당했던 인물은 아다치 야스모리安達泰盛였다. 호조씨와 혈족관계이며, 가마쿠라 막부 창립 이래 공신가문의 후예였던 그는 『고세이바이시키모쿠御成敗式目』에 필적하는 내용을 갖춘 『신고시키모쿠新御式目』 38개조를 정하여 새로운 정치개혁의 기조를 제시하였다. 야스모리는 도쿠소의 지도성을 강화함과 동시에 막부의 기반이 되는 고케닌층을 보호하기 위해 소송제도의 개혁, 전국의 이치노미야一宮[124]・고쿠분지国分寺의 흥행, 간토고료関東御領[125] 경영의 강화, 검약의 이행 등 일련의 덕정德政을 추진하려고 하였다. 그러나 야스모리의 개혁은 너무나 이상에 치우쳐 있었고, 또 급작스럽게 추진되었기 때문에 반발에 부딪쳤다. 특히 우치칸레이인 다이라노 요리쓰나平賴綱를 비롯한 미우치비토의 불만을 샀다.

1285년 11월 우치칸레이 요리쓰나는 야스모리가 자신의 아들인 아다치 무네카게安達宗景를 쇼군으로 추대하려는 음모를 꾸몄다고 모함

---

[124] 중세 시대 신사 중에서 전국 제일의 사격社格이 인정되는 곳을 말한다. 고대부터 유서가 깊고, 역사적으로 고쿠가国衙와 깊이 관련되어 있는 신사가 선발되었다.
[125] 가마쿠라 막부의 쇼군에 직속된 장원이었다. 막부 재정의 기반이 되는 경작지였는데, 가마쿠라 시대 후반에 이르면 그것의 다수가 도쿠소령德宗領으로 전환되었다.

하여 일거에 아다치 일족을 멸망시켰다. 이 사건을 시모쓰키 소동霜月
騷動이라고 한다. 시모쓰키 소동 이후, 우치칸레이 요리쓰나가 막부의
실권을 장악하였다. 내부의 세력다툼이 치열해지고, 우치칸레이의 권
력이 비대해지자, 호조 사다토키는 위기감을 느꼈다. 1293년 4월 사다
토키는 우치칸레이 요리쓰나를 제거하였다. 이 사건을 헤이젠몬平禪門
의 난이라고 한다.

헤이젠몬의 난 후에도 미우치비토의 위세는 날로 강성하였다. 도자
마 고케닌들의 불만이 점점 고조되었다. 미우치비토에 대한 고케닌들
의 불만은 호조씨 도쿠소 가문에 대한 저항감으로 발전하였다. 미우치
비토를 기반으로 한 도쿠소 전제정치는 확립되었으나 그것은 오히려
막부의 정치체제를 동요시키고, 호조씨를 더욱 고립시키는 결과를 초
래하였다.

[2] 천황의 계통 문제와 가마쿠라 막부

1. 지묘인 계통과 다이카쿠지 계통의 대립

조큐의 난 후, 막부는 교토의 조정을 완전히 통제하였다. 조정 관료
의 임명과 해임은 물론 천황 지위의 승계까지도 막부의 의사에 따라
결정되었다. 1228년 막부는 간파쿠關白 고노에 이에자네近衛家實를 파
면하고 그 자리에 4대 쇼군으로 영입한 구조 요리쓰네의 친부 미치이
에道家를 임명하였다. 그리고 막부와 친밀했던 사이온지 긴쓰네와 간파
쿠 미치이에가 협력하여 조정의 정치를 관장하도록 하였다. 막부는 이

두 사람을 통하여 조정의 정치를 좌지우지하였다.

1230년 간파쿠 미치이에는 자신의 딸을 고호리카와 천황後堀川天皇의 정실로 들여보냈다. 1232년 고호리카와 천황은 그 아들 시조 천황四条天皇에게 양위하고 원정을 실시하였다. 그런데 1242년에 시조 천황이 후사를 두지 못하고 급사하였다. 조정은 황급히 막부에 다음 천황을 누구로 추대할 것인지 자문하였다. 막부는 쓰치미카도 천황의 아들을 즉위시켰다. 그가 고사가 천황後嵯峨天皇이었다.

1246년 고사가 천황은 장자인 고후카쿠사 천황後深草天皇에게 양위하고 원정을 실시하였다. 그러나 고사가 천황은 둘째 아들을 더 좋아하였다. 1259년에 고후카쿠사 천황을 물러나게 하고, 둘째 아들을 천황의 지위에 오르게 하니 그가 가메야마 천황亀山天皇이었다. 이후 고후카쿠사 천황의 혈통과 가메야마 천황의 혈통이 대립하였다.

고사가 상황이 사망한 후, 이번에는 누가 상황이 되어 원정을 주도해야 하는가라는 문제로 알력이 생겼다. 막부는 그 문제에 적극적으로 개입하였다. 막부는 고사가 상황의 유지를 존중하여 가메야마 천황을 상황으로 추대하고, 그가 원정을 실시하도록 지원하였다. 그 대신에 가메야마 상황의 아들인 고우다 천황後宇多天皇의 태자로 고후카쿠사 상황의 아들을 세웠다. 그가 1287년에 즉위한 후시미 천황伏見天皇이었다. 그리하여 천황의 지위는 고후카쿠사 천황을 시작으로 하는 지묘인持明院 계통[126]과 가메야마 천황을 시작으로 하는 다이카쿠지大覚寺 계통[127]이 교대로 승계하는 선례가 세워지게 되었다.

그러나 그 후에도 지묘인 계통과 다이카쿠지 계통의 대립은 쉽사리

---

[126] 고후카쿠사 상황은 교토의 지묘인을 거소로 정하였다. 그래서 고쿠카쿠사 상황의 혈통을 지묘인 계통이라고 일컫게 되었다.

[127] 가메야마 천황의 적통인 고우다 천황이 1321년에 사가산嵯峨山의 다이카쿠지大覚寺를 재건하고 그곳에 거주하였다. 그래서 가메야마·고우다 천황의 혈통을 다이카쿠지 계통이라고 일컫게 되었다.

잠재워지지 않았다. 후시미 천황은 1298년에 10살이 된 첫째 아들 고후시미 천황後伏見天皇에게 양위하고 원정을 실시하였다. 지묘인 계통에서 2대에 걸쳐서 천황에 취임했던 것이다. 그러자 고우다 상황은 당시 가마쿠라 막부의 실력자인 호조 사다토키北条貞時에게 약속이 지켜지지 않았다고 불만을 토로하였다. 그러자 막부가 나서서 즉위한 지 3년 되는 고후시미 천황을 물러나게 하였다. 그리고 1301년에 고우다 상황의 아들을 천황으로 추대하니 그가 고니조 천황後二条天皇이었다. 그때 막부는 소위 양통질립兩統迭立의 방식을 제시하였다. 그리고 조정과 막부는 지묘인 계통과 다이카쿠지 계통이 교대로 천황에 즉위한다는 협약을 하였다. 천황의 후계 문제까지 막부가 나서서 개입했던 것이다. 협약에 따라 고니조 천황은 취임한 지 7년만인 1308년에 후시미 천황의 아들인 하나조노 천황花園天皇에게 양위하였다. 양통질립의 전통이 세워지게 된 것이다.

1317년 막부는 한발 더 나아가 태자가 즉위하고, 다음 태자가 선정될 때, 지묘인 계통과 다이카쿠지 계통이 합의하여 결정한다는 원칙을 세웠다. 이것은 분보文保의 화담和談이라고 한다. 그러나 분보의 화담은 적지 않은 부작용을 낳았다. 천황의 계승에 관한 문제에 막부가 적극적으로 간섭하게 되면서 천황과 귀족이 불만을 품게 된 것이다.

2. 가마쿠라 말기의 정치상황

1318년 2월 하나조노 천황의 태자로 정해졌던 다이카쿠지 계통의 다카하루尊治가 즉위해 고다이고 천황後醍醐天皇이 되었고, 고우다 법황의 원정이 시작되었다. 법황은 도인 사네야스洞院実泰, 마데노코지 노부후사万里小路宣房 등과 같은 인재를 측근으로 등용하여 정무를 보좌하게 하였다. 측근들의 적극적인 보좌로 조정의 정치가 활기를 되찾았다. 마데노코지의 건의로 법황은 직접 소송의 재판을 처결하기도 하였다.

그러나 오래지 않아 고우다 법황은 정무를 천황에게 양도하기로 결심하였다. 1321년 10월 막부에 사신을 파견하여 원정의 폐지와 천황의 친정에 대한 동의를 구하였다. 막부도 양통질립의 원칙에 저촉되지 않는다고 판단하여 천황의 친정을 양해하였다. 승려 겐에玄惠에게 대의명분을 강조하는 주자학을 배운 고다이고 천황은 유교적 덕치주의와 율령제 고대국가의 부활을 꿈꾸던 야심가였다. 고다이고 천황은 기록소記錄所를 부활시키는 등 정치를 쇄신하였다.

고다이고 천황은 고우다 법황의 측근이었던 마데노코지 노부후사를 조정의 정치에 참여시키고, 기타바타케 지카후사北畠親房를 기용하였다. 또 지묘인 계통에 속하는 히노 스케토모日野資朝·히노 도시모토日野俊基를 중용하는 등 가문의 지위에 구애받지 않고 인재를 발탁하였다. 고다이고 정권의 정치를 담당했던 자들은 비교적 신분이 낮은 소장파 관료들이었다.

한편, 후지와라씨 섭관가는 후지와라노 가네자네藤原兼実 때에 고노에近衛 가문과 구조九条 가문으로 분리되었다. 1221년에 일어난 조큐承久의 난 이후, 구조 가문에서 다시 니조二条 가문과 이치조一条 가문이 분리되었다. 그리고 1252년에는 다카쓰카사鷹司 가문이 창립되었다. 그리하여 5가문의 섭관가가 성립되었다. 이것은 막부 측의 책략에 의한 것이었다. 섭관가가 분립하면서 조정 내부의 정치적인 역학관계는 매우 복잡하게 전개되었기 때문이다.

막부의 정치도 혼란스럽기는 마찬가지였다. 1316년 14세로 14대 싯켄에 취임한 호조 다카토키北条高時는 놀기를 좋아하고 무능하여 정치를 돌보지 않았다. 그 결과 미우치비토 출신의 우치칸레이内管領인

나가사키 다카스케長崎高資가 실권을 장악하였다. 그러자 고케닌들은 막부에 대하여 저항감을 갖게 되었다. 막부는 고케닌에 대한 통솔력을 상실하였다. 슈고와 지토도 막부로부터 이반하였다. 막부의 지배에 복종하지 않고 사회질서를 파괴하는 지토와 묘슈名主가 증가하였다. 세상 사람들은 그들을 아쿠토惡党라고 불렀다.

이러한 혼란스런 틈을 타서 고다이고 천황은 두 번이나 막부를 전복하려고 기도하였다. 천황이 무력으로 막부를 타도하려고 결심했던 직접적인 원인은 천황의 후계를 둘러싼 내분을 일거에 잠재우기 위해서였다. 협약에 의하면 다이카쿠지 계통이었던 고다이고 천황의 다음에 천황이 되기로 정해진 것은 지묘인 계통의 가즈히토 친왕量仁親王이었다. 하지만 고다이고는 자신의 아들에게 천황의 지위를 물려주고 싶었다. 타고난 야심가였던 고다이고는 이러한 상황을 일거에 타개하려면 막부를 타도하고 천황 중심의 정치체제를 재건하는 길 밖에 다른 방법이 없다고 판단하였다.

천황을 보좌하는 소장파 관료들도 막부가 왕위 계승문제에 개입하는 것이 불만이었다. 그것은 대의명분론의 관점에서 보아도 부당한 것이었다. 고다이고 정권 내부에서 막부 타도의 기운이 조성되었다. 토막討幕의 계획은 부레이코無礼講, 즉 신분과 지위를 구별하지 않고 예의도 지킬 필요가 없이 행해지는 연회의 형식을 빌어서 은밀하게 추진되었다. 토막의 계획이 막부에 의해 발각되지 않도록 하기 위함이었다. 그리고 히노 스케토모는 동쪽 방향으로, 히노 도시모토는 서쪽 방향으로 잠행하여 막부에 불만을 품은 무사와 사원을 천황 편으로 끌어들였다.

고다이고 천황의 첫 번째 계획은 기나이畿内의 무사와 승병들에게 가마쿠라 막부가 교토에 설치한 로쿠하라탄다이를 공격하게 하는 것이었다. 그 다음은 동부 일본에서 교토로 통하는 교통의 요충지를 선점하는 것이었다. 그리고 긴키 지방과 서부 일본의 무사를 규합하여 막부를 타도하는 것이었다. 1324년 9월에 거병하기로 하였다. 그러나 그 계획은 로쿠하라탄다이에 의해 사전에 발각되어 실패로 끝났다. 토막 계획에 참여했던 미노美濃(지금의 기후현岐阜県 지역)의 호족 도키 요리카네土岐頼兼·다지미 구니나가多治見国長 등이 살해되었고, 히노 스케토모는 사도佐渡로 유배되었다. 고다이고 천황은 이 계획을 전혀 몰랐다고 발뺌하여 무사하였다. 이 사건을 쇼추正中의 변이라고 한다.

막부는 교토에 5,000명의 기병을 파견하여 조정을 감시하는 한편, 교토 시중의 경비를 강화하였다. 쇼추의 변은 고다이고 천황의 입지를 약화시켰다. 하지만 고다이고 천황은 호조씨 권력이 점점 약해지고 있다고 판단하고 다시 토막 계획을 추진하였다. 천황의 아들인 모리나가護良 친왕은 히에이잔 엔랴쿠지의 좌주座主가 되어 사원세력의 결집에 힘썼다. 하지만 이번에도 토막 계획은 고다이고 천황의 측근인 요시다 사다후사吉田定房의 밀고로 사전에 발각되었다.

막부는 정변의 주모자로 지목된 히노 도시모토와 진언종의 승려인 몬칸文観을 체포하여 가마쿠라로 압송하였다. 막부는 고다이고 천황도 체포하려고 하였다. 그러나 고다이고는 교토의 가사기데라笠置寺로 탈출하여 그곳에서 토막에 호응하는 병력을 결집하였다. 지금까지 일본에서 최고의 충신으로 받들어지는 가와치河内 출신의 무사 구스노키 마사시게楠木正成가 고다이고에게 달려간 것도 바로 그때였다. 그러나 고다이고 천황은 막부의 포위망을 벗어나지 못하고 체포되어 오키隠岐섬으로 유배되었다. 히노 스케토모와 히노 도시모토는 사형에 처해졌다. 그때 막부는 고다이고 천황에게 지묘인 계통인 고곤 천황光厳天皇에게 양위하도록 압박하여 즉위를 실현시켰다. 하지만 고곤 천황은 천황을 상징하는 소위 3종의 신기神器[128]가 없는 상태에서 즉위하였기 때문

---

128) 예부터 천황의 지위를 상징하는 증거로서 전해 내려온 3종의 보물이다. 그것은 야타노카가미八咫鏡라는 거울, 구사나기노쓰루기草薙劍라는 칼, 야사카니노마가타마

에 훗날 정통성이 문제가 되었다. 이것을 겐코元弘의 변이라고 한다.

3. 가마쿠라 막부의 멸망

고다이고 천황의 계획은 실패하였으나 이를 계기로 기나이를 중심으로 하는 사원 세력과 호조씨의 정치에 반발하는 고케닌들이 각지에서 거병하였다. 모리나가 친왕과 구스노키 마사시게 등의 집요한 저항이 계속되었다. 특히 마사시게는 산악지대에 산성을 구축하고 농성하면서 막부군과 대립하였다. 모리나가 친왕은 요시노吉野 지방에서 활동하면서 각지의 무사들에게 거병을 호소하였다.

막부는 반란 세력들을 제압하기 위해 대군을 동원하였다. 막부의 대군은 3군으로 나뉘어 각각 가와치河内 · 야마토大和 · 기이紀伊 지방으로 진격하였다. 각 군단의 대장은 호조씨 일족 중에서 임명되었다. 1332년 막부군은 모리나가 친왕의 거점인 요시노를 함락시켰다. 하지만 구스노키 마사시게는 여전히 지하야성千早城에서 막부의 대군에 맞섰다. 그 사이에 모리나가 친왕의 명령으로 규슈와 이요伊予 지방의 무사들이 거병하였다. 막부는 군대를 나누어 규슈와 이요 지방도 공격하지 않으면 안 되었다. 1333년 윤 2월 혼란한 정세를 틈타서 고다이고 천황이 유배지인 오키 섬에서 탈출하였다. 그때 호키伯耆의 호족 나와 나가토시名和長年가 고다이고 천황을 맞이하여 센조산船上山에서 농성하면

八坂瓊曲玉라는 구슬이었다. 그 유래는 『니혼쇼키日本書紀』에 보인다. 거기에는 삼종의 신기를 물려받지 않은 천황은 정통성이 없는 천황이라고 기록되어 있다. 고분에서 거울, 칼, 구슬 등이 출토되는 것으로 보아 그것들은 고대 호족 가문에서 보물로 전해졌던 것 같다. 3종의 신기가 천황의 정통성을 상징하게 된 것은 7세기경이었을 것으로 추정된다.

서 막부 측의 사사키 기요타카佐々木淸高의 공격을 물리쳤다. 그러자 각지의 토착 무사와 슈고들이 호조씨 타도의 기치를 올렸다.

오랫동안 조정의 지배하에 있던 장원의 무사, 막부의 핍박을 받던 일반 무사들, 또는 호조씨에게 멸망당한 고케닌 일족들이 호조씨 정권에 반기를 들었다. 아쿠토 세력도 천황의 휘하로 결집하였다. 3월이 되자 고다이고 천황은 지구사 타다아키千種忠顯에게 산인·산요 지방의 병사를 이끌고 교토로 진격하도록 명령하였다. 지구사 타다아키는 하리마播磨에서 거병한 아카마쓰 노리무라赤松則村와 호응하여 교토로 진격하였으나 교토의 막부군은 그것을 격파하지 못하였을 뿐만 아니라, 여전히 구스노키 마사시게가 지키는 지하야성도 함락시키지 못하였다. 막부의 무력함이 백일하에 드러나자 각지에서 무사들이 봉기하였다. 이요伊予(지금의 아이치현愛知縣)의 도이 미치마스土居通益·도쿠노 미치쓰나德能通綱, 히고肥後(지금의 구마모토현熊本縣)의 기쿠치 다케토키菊池武時 등이 봉기하였다. 또 고스케上野(지금의 군마현群馬縣)의 닛타씨新田氏와 시모쓰케下野(지금의 도치기현栃木縣)의 아시카가씨足利氏도 호조씨 타도의 기치를 올렸다.

사태의 심각성을 인식한 막부는 아시카가 다카우지足利高氏와 나고에 다카이에名越高家를 교토로 보내어 반란세력을 진압하려고 하였다. 형세를 관망하던 다카우지는 미카와三河의 야하기矢作에 이르렀을 때 고다이고 천황에게 귀순할 결심을 하였다. 천황에게 밀사를 파견하여 그 뜻을 전하고 밀지를 받았다. 다카우지는 이미 군대를 거느리고 가마쿠라를 출발할 때 호조씨에 반기를 들 생각을 했던 것이다. 그러나 다카우지는 자신의 속내를 숨기고 교토에 도착하여 회의를 열어 자신은 산인도, 나고에 다카이에는 산요도 방면으로 진격하여 호키에 은거한 고다이고 천황을 공격하기로 하였다.

1333년 4월 27일 단바丹波 시노무라篠村(지금의 가메오카시龜岡市)

에 도착한 다카우지는 오가사와라 사다무네小笠原貞宗 · 유키 무네히로結城宗広 · 시마즈 사다히사島津貞久 · 아소 고레토키阿蘇惟時 등에게 밀사를 파견하여 천황의 밀지를 전하면서 호조씨에 대항할 뜻을 분명히 하였다. 한편, 산요도 방면으로 진군하던 나고에 다카이에는 교토를 출발한 직후 아카마쓰 노리무라 군대와 싸우던 중 전사하였다. 다카이에 휘하의 부대는 교토로 돌아왔다. 교토에 주둔하던 막부의 군사들은 아시카가 다카우지가 반기를 들었다는 소식을 접하고 도망하였다. 천황에 투항하는 무사들이 줄을 이었다.

  5월 7일 아시카가 다카우지는 호키에서 동쪽으로 진군한 지구사 타다아키, 아카마쓰 노리무라 등의 군대와 연합하여 사방에서 교토의 로쿠하라를 공격하였다. 막부군은 로쿠하라 방어에 진력하였으나 방어선이 무너졌다. 로쿠하라탄다이 호조 나카토키北条仲時는 고후시미 · 하나조노 상황과 고곤 천황을 교토 교외로 피신시키고, 자신도 오미 지방으로 도망하였다. 호조 나카토키는 오미에서 막부가 파견한 지원군과 합세하여 교토를 수복할 계획이었다. 하지만 그는 오미로 도망하던 중 토호들의 공격으로 사망하였다.

  아시카가 다카우지가 반기를 든 후, 가마쿠라 막부에 결정적인 타격을 가한 것은 닛타 요시사다新田義貞였다. 닛타씨는 미나모토씨의 혈통을 잇는 명문 가문이었으나 호조씨는 닛타씨를 중용하지 않았다. 평소 호조씨에 불만을 품고 있던 닛타 요시사다는 1332년 겨울 고다이고 천황의 밀지를 받고 막부 타도를 결심했을 것이다. 다카우지의 모반에 자극을 받은 요시사다는 1333년 5월 8일에 막부 타도의 기치를 올렸다. 요시사다는 간토 일대의 고케닌들을 규합하여 5월 23일 막부군의 방어선을 돌파하여 가마쿠라로 난입하였다. 그러자 가마쿠라 막부의 14대 싯켄 호조 다카토키北条高時는 일족과 부하들을 거느리고 자살하였다. 호조씨가 멸망하면서 가마쿠라 막부가 붕괴하였다. 규슈에 있는 전방사령부라고 할 수 있는 진제이탄다이鎭西探題도 규슈의 호족인 오토모씨大友氏와 시마즈씨島津氏의 공격으로 함락되었다. 같은 해 6월 4일 고다이고 천황이 교토로 귀환하였다.

[3] 겐무의 신정

1. 신정부의 기구와 조직

교토로 돌아온 고다이고 천황은 가마쿠라 막부가 옹립한 지묘인 계통의 고곤 천황을 폐하였다. 또 고곤 천황을 섬겼던 간파쿠 다카쓰카사 후유노리鷹司冬教를 비롯한 조정의 관료들을 해임하였다. 고곤 천황의 조정 존재 그 자체를 부정하였다. 고다이고 천황은 단지 잠시 떠났던 교토로 돌아왔을 뿐, 결코 빼앗겼던 권력을 되찾은 것이 아니라는 것을 분명히 했던 것이다.

고다이고 천황은 의욕적으로 정치를 개시하였다. 그의 목표는 막부도, 원정院政도, 그리고 셋쇼摂政와 간파쿠関白도 부정하고, 천황이 직접 정치를 관장하는 정치체제로 돌아가는 것이었다. 고다이고는 무가정권이 성립된 이래 정치에서 소외되었던 귀족을 정치의 일선에 배치하였다. 고다이고는 조정의 기초를 다지기 위해서 중앙·지방의 정치조직을 개편하였다. 이러한 고다이고 천황의 신정을 겐무建武의 중흥이라고 한다.

천황은 모리나가 친왕을 세이다이쇼군에 임명하고, 가마쿠라 막부를 타도하는 데 결정적인 공을 세운 아시카가 다카우지를 진수부장군

鎭守府將軍에 임명하였다. 가마쿠라 막부가 개설된 이래 무사사회의 지도자가 막부를 개설하여 정치를 관장하던 전통과 제도가 부정되었다. 한편, 다카우지는 가마쿠라 막부에 반기를 들면서 각 지방의 무사들에게 천황 측에 가담할 것을 권유하였고, 교토의 로쿠하라가 멸망한 후에는 그곳에 본부를 설치하고 무사를 장악하면서 가마쿠라 막부의 뒤를 잇는 무가의 동량棟梁임을 자처했었다. 내심 세이다이쇼군에 임명되기를 기대했던 다카우지는 크게 실망하였다.

고다이고 천황의 정치는 결코 다이조다이진을 중심으로 하는 율령제 원리에 의한 것이 아니었다. 1334년 12월 조정의 관료를 임명하였으나 최고의 관직으로서 사다이진左大臣을 두고 천황이 직접 정부기관을 장악하였다. 전통적으로 상급 귀족의 합의체였던 다이조칸太政官의 기능을 부정했던 것이다. 또 고다이고 천황은 조정의 관료를 임명할 때 귀족 가문의 서열을 중시하던 관례를 타파하고, 하급 관청의 운영을 특정한 귀족 가문이 세습적으로 독점하던 관행도 부정하였다. 고다이고의 정치는 천황의 친정이었지만 결코 고대 율령제로 복귀한 것이 아니었다.

신정부의 최고기관으로 국정의 중요사항을 의결하는 기로쿠쇼記錄所[129]를 설립하고, 귀족 출신의 사무 관료와 구스노키 마사시게楠木正成·나와 나가토시名和長年 등의 무사가 임명되었다. 가마쿠라 막부의 몬추조問注所와 같은 기관인 잣소케쓰단쇼雜訴決斷所를 두었다. 이 관청에서 주로 영지에 대한 소송을 처리하도록 하였다. 업무는 다수의 귀족과 무사가 참여하여 심의하였다. 군사와 경찰의 업무를 담당하는 기관으로서 무샤도코로武者所를 두고, 장관인 도닌頭人에는 닛타 요시사

---

[129] 이 제도는 고산조 천황後三條天皇 때에 장원을 정리하기 위해 처음으로 설치되었는데, 가마쿠라 시대가 되면서, 일반 소송과 예산의 심의기관이 되었으나 점차로 유명무실화 되었다. 고다고 천황이 즉위한 후에 이 제도를 다시 세웠지만, 겐코元弘의 변으로 일시 중단되었다. 이 제도는 신정부가 성립되면서 다시 부활하였다.

다新田義貞를 임명하였다. 무샤도코로는 주로 교토의 경비를 담당하였다. 그 업무의 성격상 가마쿠라 막부의 사무라이도코로에 해당하는 관청이었다. 또 가마쿠라 막부를 타도하는데 공을 세운 자들에게 은상을 내리기 위해 온쇼가타恩賞方를 설치하고, 논공행상의 심사를 하도록 하였다.

지방에는 고쿠시国司 제도를 부활하였다. 그러나 가마쿠라 막부가 성립된 이래 확고한 세력으로 자리를 잡은 슈고를 아예 부정할 수는 없었다. 그래서 고쿠시와 슈고를 같이 두거나, 한 사람이 고쿠시와 슈고를 겸임하도록 하였다. 무쓰陸奥・데와出羽 지방에는 무쓰쇼군부陸奥将軍府를 설치하고, 노리나가 친왕義良親王을 보내어 다스리도록 하였다. 무쓰쇼군부의 본부는 다가성多賀城에 두고, 기타바타케 지카후사의 아들인 기타바타케 아키이에北畠顕家를 무쓰노카미陸奥守로 삼아 노리나가 친왕을 보좌하도록 하였다. 가마쿠라에는 가마쿠라쇼군부鎌倉将軍府를 설치하고, 나리나가 친왕成良親王을 보내어 다스리도록 하였다. 가마쿠라쇼군부의 지배 영역은 간토 지방 10개 구니였다. 아시카가 다카우지의 동생인 아시카가 타다요시足利直義를 무사시노카미武蔵守에 임명하여 나리나가 친왕을 보좌하도록 하였다.

2. 신정의 전개

고다이고 천황은 생전에 스스로 고다이고라는 시호를 정하였고, 그 다음 천황도 고무라카미後村上라고 칭했던 것에서도 알 수 있듯이, 고다이고는 이상적인 정치가 시행되었다고 생각하는 10세기 다이고・무라카미 천황 시대의 정치를 모범으로 삼았다. 그런데 다이고・무라카미 시대는 셋쇼와 간파쿠를 두지 않았다. 고다이고는 모든 권력이 천황 자신에 집중되는 것을 이상적인 정치로 생각했던 것이다. 그래서 고다이고는 친정을 실시하면서 셋쇼를 폐지했던 것이다.

고다이고는 천황의 일족이나 귀족 출신의 인물들을 고위 관료에 임명하고, 그 밑에서 무사가 업무를 담당하는 형식을 취하였다. 호조씨北条氏에게서 몰수한 영지는 주로 천황의 일족에게 분배하였다. 사원의 영지는 원래대로 회복하였다. 노골적으로 공가와 사원을 중시하는 정책을 추진했던 것이다. 신정부 내부에서조차 귀족과 무사의 대립은 피할 수 없는 형국이었다. 신정부는 의욕적으로 정치를 주도하였으나 그만큼 불안한 요소들이 내재되어 있었던 것이다.

신정부 수립에 참가했던 귀족과 무사의 기대가 일치하지 않았다는 점이 치명적이었다. 귀족은 천황 정권의 확립을 꿈꾸었다. 하지만 무사는 단지 자신의 영지 확대를 목적으로 하거나 호조씨를 대신하는 무가 정권의 수립을 기대하였다. 신정부가 무사의 요망에 제대로 부응하지 못했다는 점 또한 불안한 요인으로 남아있었다. 특히 은상이 귀족이나 사원에게는 후하게 적용되었으나 정작 무사에게는 그렇지 못하였다. 특히 중·하급무사에 대한 은상은 매우 인색한 편이었다. 논공행상이 공평하지 못하다고 판단한 무사들이 고다이고 천황의 정치에 불만을 품었다.

천황 궁전의 재건을 위한 비용을 전국의 지토地頭에게 부담시킨 것도 너무 성급한 조치였다. 이 조치는 신정부에 대한 불만을 지방의 무사와 농민에게까지 확산시키는 계기가 되었다. 신정부가 무사의 지배지에 대한 소유권을 인정받기 위해서는 천황의 인가가 있어야 한다는 명령을 서둘러 발표한 것도 혼란을 가중시키는 요인이 되었다. 은상의 대상에서 제외된 무사가 소송을 하고, 조상 대대로 소유한 토지에 대한 소유권을 인정받기 위한 소송이 급증하면서 정치는 극도로 혼란해졌다.

1334년 8월에 교토 가모가와鴨川의 니조가와라二條河原에 붙여진 낙서落書에 당시의 상황이 생생하게 묘사되어 있다. 당시의 민중은 자주 바뀌는 제도에 혼란스러워 하였다. 갑자기 출세한 인물에 대한 저항감도 있었다. 특히 고다이고 천황과 친분관계가 있었다는 것만으로 중앙의 정치무대에 등장한 구스노키 마사시게나 나와 나가토시 등에 대한 무사의 반발이 극심하였다.[130] 무능한 관리도 비웃음의 대상이 되었다. 특히 영지에 대한 지배권을 인정받기 위해 문서를 지참하고 지방에서 상경하여 소송을 제기하는 무사가 많았으나 정작 그것을 처리하는 관리가 무능하였기 때문에 혼란이 가중되었다. 갑작스러운 정책의 변경이 가져다 준 혼란이었다.

3. 신정의 붕괴

아시카가 다카우지足利尊氏[131]는 신정부 창립의 일등공신이었다. 아시카가씨足利氏는 원래 미나모토씨源氏였는데, 시모쓰케下野의 아시카가 장원에 근거지를 두었기 때문에 아시카가씨라고 불리게 되었다. 다카우지는 가마쿠라 막부를 미나모토씨가 개설하였음에도 불구하고, 실질적으로 호조씨 정권이 되어버린 것을 안타까워하였다. 그가 겐코元弘의 난이 일어났을 때, 막부에 반기를 든 것은 미나모토씨를 재흥하겠다는 뜻이 있었기 때문이었다. 천황 정권을 수립하는 것이 그의 목적

---

130) 구스노키 마사시게는 궁중에서 도망한 고다이고 천황에게 달려가기 전까지 제도권에서 일탈한 아쿠토였고, 고다이고가 유배지인 오키에서 탈출하였을 때 천황을 보필한 나와 나가토시 또한 제도권에 진입하지 못한 변방의 호족이었다.
131) 원래의 이름은 다카우지高氏였으나 고다이고 천황의 이름 중의 한 글자를 받아서 다카우지尊氏라고 개명하였다.

이 아니었던 것이다.

아시카가 다카우지는 신정부에 적극적으로 참여하지 않았다. 그의 심복인 고노 모로나오高師直를 사무라이도코로의 장관에 해당하는 구보도코로窪所에 취임시켰을 뿐이었다. 자신을 세이다이쇼군에 임명하지 않은 고다이고 천황에 소극적으로 대항했던 것이다. 하지만 다카우지는 진수부장군이라는 지위를 최대한 이용하였다. 후지와라 히데사토藤原秀郷가 진수부장군에 임명된 이래, 진수부장군은 간토 지방 무사들 사이에서 무가의 동량에 버금가는 지위로 인식되었다. 모리나가 친왕의 세이다이쇼군 지위는 단지 칭호에 불과했던 데 비하여, 진수부장군에 임명된 다카우지는 실제로 무사단을 거느렸을 뿐만 아니라 무쓰陸奥 지방을 지배하였다. 1334년 6월 다카우지는 군사력을 배경으로 모리나가 친왕을 세이다이쇼군의 지위에서 물러나게 하고 가마쿠라에 유폐하였다.

한편, 호조씨가 멸망할 때 시나노信濃로 도망했던 가마쿠라 막부의 14대 싯켄 호조 다카토키의 아들 도키유키時行는 1335년 7월 귀족인 사이온지 긴무네西園寺公宗와 은밀히 내통하여 가마쿠라를 공격하였다. 가마쿠라는 끝내 함락되었다. 그때 가마쿠라의 방어 책임자는 아시카가 다카우지의 동생인 타다요시였다. 타다요시는 가마쿠라 공방전의 혼란을 틈타서 그곳에 유폐 중이던 모리나가 친왕을 살해하였다.

고다이고 천황은 나리나가 친왕成良親王을 세이다이쇼군에 임명하여 호조 도키유키를 토벌하려고 하였다. 그러나 호시탐탐 기회를 엿보던 아시카가 다카우지는 1335년 8월 천황의 칙허도 없이 스스로 세이다이쇼군을 칭하며 군대를 이끌고 가마쿠라로 진군하여 동생인 타다요시와 함께 호조 도키유키 세력을 진압하였다. 호조 도키유키가 일으킨 난을 나카센다이中先代의 난[132]이라고 한다.

---

132) 가마쿠라 막부의 초대 싯켄인 호조 도키마사부터 14대 싯켄인 호조 다카토키까지

나카센다이의 난이 진압된 후에도 다카우지는 계속하여 가마쿠라에 주둔하였다. 그는 미나모토씨의 혈통을 이었고, 가마쿠라는 미나모토씨가 일본 최초로 무가정권을 수립한 유서깊은 고장이기도 하였다. 다카우지는 천황의 명령을 무시하고, 가마쿠라에 주둔함으로써 조정에 대한 반역의 뜻을 공공연하게 표방하였다.

1335년 10월 드디어 아시카가 다카우지는 신정부군의 총사령관이며 무샤도코로의 도닌 닛타 요시사다를 토벌한다는 명목으로 교토로 진군하였다. 신정부는 다카나가 친왕尊良親王을 상장군으로 하고, 닛타 요시사다가 지휘하는 군단을 편성하여 다카우지를 토벌하도록 하였다. 신정부군은 서전에서 승리하였다. 하지만 1335년 12월 하코네산箱根山 일대의 다케노시타노竹ノ下 전투에서 패배하였다. 전투에서 승리한 아시카가군은 일시적으로 교토를 점령하였다. 하지만 오우奧羽 지방에서 급거 상경한 기타바타게 아키이에北畠顯家의 군대와 패잔병을 결집하여 전열을 가다듬은 다카나가 친왕의 군대에 패배하여 규슈로 후퇴하였다.

아시카가 다카우지는 규슈에서 무사단을 결집하였다. 특히 오토모씨大友氏·시마즈씨島津氏·쇼니씨少弐氏 등을 복속시키는데 성공하였다. 1336년 4월 다카우지는 규슈의 무사단을 이끌고 다시 교토로 진군하였다. 다카우지는 같은 해 5월 셋쓰攝津의 미나토가와湊川 전투에서 신정부의 맹장 구스노키 마사시게를 패사시키고 교토를 점령하였다. 마사시게와 함께 신정부군을 이끌던 나와 나가토시도 잇달아 전사하였다. 닛타 요시사다는 에치젠 지방으로 도망하였다.

고다이고 천황은 히에이잔 엔랴쿠지로 도망하였으나 곧 체포되어 교토의 가잔원花山院에 유폐되었다. 이리하여 신정은 2년 만에 붕괴되

를 호조씨 센다이先代라고 하고, 호조 도키유키를 나카센다이中先代라고 하였다. 그래서 이 난을 나카센다이의 난이라고 한다.

었다. 실권을 장악한 다카우지는 같은 해 8월에 고다이고 천황과 혈통이 다른 지묘인 계통의 고묘 천황光明天皇을 즉위시켰다. 그런데 천황의 정통성을 증명하는 3종의 신기神器는 여전히 고다이고가 보유하고 있었다. 다카우지는 고다이고를 협박하여 같은 해 12월 21일 3종의 신기를 고묘 천황에게 양도하도록 하였다. 하지만 이때 고다이고가 양도한 신기는 모조품이라고 알려졌다. 『다이헤이키』에 다음과 같이 기록되어 있다. "3종의 신기를 고묘 천황에게 양도하라고 하자, 고다이고 천황은 미리 준비해 두었던 신기를 바꿔치기 해서 내시에게 주었다." 소위 3종의 신기 진위 논란은 훗날 천황의 정통성 문제로 비화되었다.

□□□제15장

남북조 내란과 무로마치 막부

[1] 무로마치 막부의 성립

1. 막부의 개설

고묘 천황光明天皇에게 양위하는 의식을 거행한 고다이고 천황後醍醐天皇은 경비가 허술한 틈을 이용해 요시노吉野 지방으로 도망하였다. 고다이고가 가와치河内(지금의 오사카 지역)의 도조東条 방면에서 산길을 타고 요시노에 도착한 것은 1336년 12월 28일이었다. 고다이고는 요시노에 도착한 다음 날 엔랴쿠지延暦寺에 서신을 보내 자신의 승리를 위해 기도해 달라고 요청하였다. 대사원 세력은 여전히 천황이 의지할 수 있는 세력이었던 것이다.

요시노는 천험한 요새였을 뿐만 아니라, 서쪽으로 고다이고 천황의 정치적 기반인 고카와粉河가 있었고, 동쪽으로는 천황의 조상신을 모신 이세 신궁伊勢神宮의 세력권이었다. 또 고다이고의 충신 기타바타케 지카후사北畠親房의 세력이 포진하였다. 그러나 요시노는 방어하기에는 좋았지만 험준한 산간이라는 단점이 있었다. 고다이고는 각지의 사원과 자신에 복종하는 무사들에게 서신을 보내 거병을 재촉하였다.

한편, 고묘 천황을 옹립하고 실권을 장악한 아시카가 다카우지足利尊氏는 교토의 치안을 안정시키는 일에 주력하였다. 다카우지는 가마쿠라 막부鎌倉幕府의 효조슈評定衆였던 니카이도 제엔二階堂是円·승려인 겐에玄惠 등의 도움으로『겐무시키모쿠建武式目』17개조를 제정하였다. 그것은 다카우지가 막부의 운영에 참조하기 위한 것이기도 하지만, 거기에는 새로운 무가정권의 시정방침이 제시되어 있었다. 그런 의미에서『겐무시키모쿠』의 제정은 다카우지가 실질적으로 막부의 개설을 선언했다는 의미를 갖는다.『겐무시키모쿠』는 비록 가마쿠라 시대에 제정된『고세이바이시키모쿠御成敗式目』와 같이 고케닌에 관한 구체적인 법규범은 아니었지만, 당시 무사사회의 현실을 잘 반영한 것이었다.『겐무시키모쿠』는 가마쿠라 막부의『고세이바이시키모쿠』와 같은 법전이 아니라 일종의 지침서였다. 맨 처음에 막부의 소재지를 어디로 할 것인가에 대하여 언급하였지만 확정하지는 않았다. 그 다음에는 시정방침에 대해 기술하였다. 먼저 검약을 강조하였다. 당시 바사라婆娑羅라고 하여 사치를 일삼는 풍조를 엄격하게 규제하는 것이었다. 여럿이 모여서 놀고 도박을 하는 것도 규제하였다. 살인, 도둑, 강도 등의 단속을 강화하였다. 빈민에 대한 규제를 완화하였다. 빈민을 가혹하게 다루면 그들은 결국 부랑민이 되어 치안을 문란하게 하는 존재로 전락한다고 경고하였다. 전화의 피해를 입은 교토 시민들이 도시 재건에 힘쓸 수 있도록 하는 내용도 포함되었다. 전후 부흥을 촉진하는 정책의 일환이었다.

　아시카가 다카우지는 『겐무시키모쿠』를 공포하였지만 가마쿠라 막부가 제정한 『고세이바이시키모쿠』를 폐지한 것은 아니었다. 다카우지는 『고세이바이시키모쿠』를 무로마치 막부의 법규로 그대로 계승하였다. 무로마치 막부가 새로이 제정하는 법령은 모두 『고세이바이시키모쿠』의 추가법령의 성격을 지녔다고 해도 과언이 아니었다. 실제로 1338년에 무로마치 막부가 성립된 후에도 필요에 따라 수시로 법령을 제정하여 공포하였다. 추가로 제정된 법령을 모은 법령집을 『겐무이라이쓰이카建武以来追加』라고 하였다. 이 법령집에는 200여 조의 법령이 수록되어 있다. 『고세이바이시키모쿠』를 기본법으로 하면서 사회의 변화에 대응하기 위한 추가법을 제정했다는 것을 알 수 있다.

　아시카가 다카우지는 심복인 고노 모로나오高師直를 무로마치씨 일족과 무사단의 정무를 총괄하는 최고책임자인 시쓰지執事에 임명하였다. 몬추조의 장관에는 『겐무시키모쿠』의 제정에도 참여한 오타 도키쓰라太田時連를 임명하여 기구의 정비에 착수하였다. 다카우지는 호조씨의 로쿠하라를 멸망시켰을 때, 그곳에 부교쇼奉行所를 설치하고 여러 지역의 무사들을 통솔하였는데, 부교쇼의 조직이 그대로 통치 조직으로 확대되었다.

　1338년 8월 다카우지는 북조의 고묘 천황으로부터 세이다이쇼군征夷大将軍에 임명되었다. 다카우지는 막부를 개설하고 무가정치를 부활시켰다. 다카우지가 일찍이 실권을 장악했음에도 불구하고 2년 후에야 세이다이쇼군에 취임했던 것은 고다이고에 충성을 다하는 경쟁자 닛타 요시사다新田義貞가 건재했기 때문이다. 1338년 7월 닛다 요시사다가 전사하면서 닛타씨와 아시카가씨의 천하쟁패 다툼에 종지부를 찍었고, 다카우지는 요시사다가 전사한 다음 달에 세이다이쇼군에 취임했다는 것이 상징적이다. 무로마치라는 명칭은 막부의 3대 쇼군 아시카가 요시미쓰足利義滿가 조성한 쇼군의 거소[133)]가 교토의 무로마치 지역에 있었기 때문에 붙여졌다.

2. 막부의 조직

　무로마치 막부의 기구는 3대 쇼군 아시카가 요시미쓰 시대에 정비되어 국가기구로서의 형태를 갖추게 되었다. 막부 중앙의 여러 기관은 가마쿠라 막부의 그것을 계승하였다. 중앙에는 막부의 최고책임자로서 간레이管領를 두었다. 간레이는 막부체제 유지의 중심적 역할을 수행하는 기관이라고 할 수 있는데, 아시카가 쇼군을 보좌하는 역할도 겸하였다. 아시카가씨 일족의 슈고守護인 호소카와씨細川氏・시바씨斯波氏・하타케야마씨畠山氏가 교대로 간레이시키에 취임하였다. 간레이 밑에 사무라이도코로侍所・만도코로政所・몬추조問注所 및 효조슈・히키쓰케引付 등이 있었다.
　만도코로는 주로 쇼군의 직할령에서 연공을 징수하는 일을 전담하였고, 히키쓰케는 소송기관의 중심으로 재판을 담당하는 등 각 기관이 담당하는 사무는 거의 가마쿠라 막부의 그것과 동일하였다. 하지만 가마쿠라 막부와 비교하여 보았을 때, 각 기관의 권한이 대폭 축소되어서 단지 사무 기관에 불과하였다. 그중에서 사무라이도코로는 교토 내외의 행정과 사법을 총괄하고, 야마시로山城의 슈고를 겸하는 요직이었다. 사무라이도코로의 장관은 간레이 다음으로 실권이 주어졌다. 사

---

133) 아시카가 요시미쓰는 교토의 무로마치 지역에 새로이 저택을 조성하고, 1378년에 쇼군의 거처를 그곳으로 이전하였다. 이 지역은 기타코지北小路의 북쪽, 무로마치의 동쪽에 있었기 때문에, 처음에는 기타코지테이北小路亭라고 불리기도 하였지만, 후에 무로마치도노室町殿로 불리게 되었다.

무라이도코로의 장관인 쇼시所司에는 야마나씨山名氏·아카마쓰씨赤松氏·잇시키씨一色氏·교고쿠씨京極氏 등의 가문에서 선발되는 것이 관례였다.

가마쿠라에는 가마쿠라부鎌倉府를 두었다. 가마쿠라부의 장관은 가마쿠라쿠보鎌倉公方라고 하였다. 가마쿠라부는 가이甲斐(지금의 야마나시현山梨縣 지역), 이즈伊豆(지금의 시즈오카현静岡縣 지역)을 포함한 간토 지방의 10개 구니를 관할하였다. 가마쿠라부는 군사·행정면에서 독립성이 보장된 특별 지역이었다.[134] 그 밖에 오슈탄다이奥州探題·우슈탄다이羽州探題·규슈탄다이九州探題가 설치되었다. 특히 규슈탄다이는 규슈 지역의 무사를 통제하고 외교문제를 담당하였다. 그 밖의 지역에는 슈고와 지토를 두었다.

무로마치 막부의 쇼군은 호코슈奉公衆라는 군사조직을 거느렸다. 호코슈는 쇼군에 직속한 군사력으로 아시카가씨 일족의 가신들과 슈고의 일족 그리고 교토 인근이나 지방의 유력한 무사로 구성되었다. 그들은 항상 교토에 상주하면서 쇼군을 호위하거나 막부의 경비를 담당하였다. 호코슈는 전국에 산재한 쇼군의 직할령을 관리하거나 슈고들의 동향을 감시하는 역할을 하기도 하였다.

막부의 직할령은 고료쇼御料所라고 하였다. 내란을 거치면서 몰수한 토지를 고료쇼로 설정하였다. 고료쇼는 전국에 산재했으나 대규모적인 것은 아니었다. 막부는 고료쇼에서 연공을 징수하였다. 막부는 필요에 따라 슈고와 지토地頭에게도 경비를 부담시켰다. 하지만 점점 세력이 강성해지는 슈고가 언제나 막부의 요구에 순순히 응한다는 보장이

---

[134] 아시카가 다카우지는 가마쿠라를 중시하였다. 호조씨의 반란을 막기 위해 다카우지의 아들인 모토우지基氏를 간레이로 임명되었다. 그 후 가마쿠라부는 세력을 얻어서 교토의 막부와 동격으로 인식되었다. 14세기 말부터 모토우지의 자손은 가마쿠라쿠보, 가마쿠라부의 시쓰지執事인 우에스기씨上杉氏는 간토칸레이関東管領로 불리게 되었다. 가마쿠라부에는 막부와 같이 사무라이도코로·몬추조·만도코로·효조슈·히키쓰케 등의 기구를 두었다.

없었다. 그래서 막부는 민중에게도 과세하는 방침을 정하였다.

막부는 임시로 경작지에서 징수하는 단센段錢, 가옥에 부과하는 무네베치센棟別錢을 부과하였다. 교토의 관문과 중요한 교통로에 관소를 설치하고 관전關錢을 징수하였다. 3대 쇼군 아시카가 요시미쓰 시대부터는 만도코로에 노센카타納錢方라는 징세기관을 설치하고, 사카야야쿠酒屋役・도소야쿠土倉役를 부과하였다. 도소와 사카야는 양조업이나 술집을 겸하면서 고리대금업에 종사하였다. 막부는 그들의 영업활동을 보장해주고 그 대가로 세금을 징수하였다. 특히 막부는 양조업자에게 당시의 양조용기인 쓰보壺라는 술항아리를 기준으로 세금을 부과하였다. 그 밖에 일명무역日明貿易의 이윤과 기타 임시로 징수한 세금으로 막부 재정을 보충하였다. 화폐경제의 발달이 막부의 재정정책에 큰 영향을 미쳤던 것이다. 무로마치 시대는 슈고가 강성하였다. 전국의 경작지와 주요 도시는 거의 유력한 슈고들이 장악하였다. 그래서 막부는 독자적인 재정확보책을 강구해야 했던 것이다.

3. 막부 초창기의 분열

무로마치 막부가 성립되고 통치조직이 정비되었음에도 불구하고, 막부는 일거에 남조를 멸망시키지 못하였다. 그 이유는 요시노가 교통의 요지였을 뿐만이 아니라, 섣불리 공격하기 어려운 험준한 지형에 위치해 있었고, 무엇보다도 남조의 정통성을 무시할 수 없었기 때문이었다. 그러나 그보다도 더 중요한 이유는 막부 내부의 갈등이 심화되었기 때문이었다.

아시카가 다카우지가 쇼군에 취임하면서 명실상부한 막부의 수장이 되었다. 하지만 막부 초창기의 정치는 쇼군 아시카가 다카우지와 그 동생인 아시카가 타다요시足利直義가 권력을 나누어 가진 체제였다. 쇼군 다카우지는 스스로 무사에 대한 군사지휘권과 인사권을 장악하여 무사에 대한 주종제적인 지배권을 확립하였다. 하지만 쇼군 다카우지의 동생이며 막부 창업 공신인 타다요시에게 행정권과 재판권을 통괄할 수 있는 권한이 주어졌다. 무로마치 막부의 권력은 일종의 이원정치 형태였다고 할 수 있다.

무로마치 막부 권력의 이원성은 가마쿠라 막부의 지배방식에서 기원했다고 할 수 있다. 가마쿠라 막부 쇼군의 지배권의 핵심은 주종제에 근거한 것이었다. 가마쿠라 막부의 권력은 이론적으로 쇼군이 천황으로부터 국가를 수호할 책무와 일본을 다스릴 수 있는 권한을 위임받아 성립되었다. 그 후 주종제적 지배권은 막부의 쇼군에 속하였고, 통치권적 지배권은 싯켄인 호조씨가 행사하는 체제가 형성되었다. 그래서 가마쿠라 막부를 계승한 무로마치 막부 초창기에는 주종제적 지배권은 쇼군인 다카우지가 장악하고, 통치권적 지배권은 그 동생인 타다요시가 장악하는 이원적 체제가 성립했던 것이다. 실질적으로 타다요시가 무로마치 막부 정치의 중심이었다.

이러한 권력구조 하에서 정책을 둘러싸고 내부의 의견이 대립되는 경우가 많았다. 쇼군 다카우지와 타다요시의 제도적인 권력 분할은 각기 의존하는 세력을 양산하였다. 직접적으로는 사무라이도코로의 장관 임면을 둘러싸고 당파적 대립이 형성되었다. 타다요시는 전통적인 권리를 존중하였다. 즉 가마쿠라 시대의 질서를 유지하려고 하였다. 이에 대하여 가마쿠라 시대의 질서를 개혁하려는 일파는 쇼군 다카우지의 지배권을 통하여 자기의 이익을 관철하려고 하였다. 타다요시를 중심으로 하는 소위 가마쿠라 막부식 체제의 재건을 목표로 하는 점진파와 고노 모로나오를 중심으로 하는 소위 신체제 구축을 주장하는 급진파가 정책면에서 대립하였다.

급기야 아시카가 타다요시와 고노 모로나오가 충돌하였다. 1349년 윤6월 타다요시는 모로나오를 자택으로 유인하여 살해하려고 하였으나 실패하였다. 그러자 타다요시는 쇼군 다카우지와 상의하여 모로나오를 시쓰지의 지위에서 파면하고, 모로나오의 조카 모로요師世를 그 자리에 임명하였다. 그러나 8월에 모로나오의 동생 고노 모로야스高師泰가 군대를 이끌고 교토로 진입하면서 정세가 일변하였다. 생명의 위협을 느낀 타다요시는 쇼군 다카우지에게 도움을 요청하였다. 하지만 쇼군 다카우지는 고노 모로나오와 타협하여 타다요시를 정무에서 은퇴시키고, 타다요시를 대신하여 자신의 아들 아시카가 요시아키라足利義詮로 하여금 막부의 정무를 관장하도록 하였다.

권좌에서 쫓겨난 아시카가 타다요시는 1350년 10월 교토에서 탈출하여 가와치河內로 도망하였다. 이후 타다요시는 자신의 양자인 아시카가 타다후유足利直冬와 손잡고 거병하여 아시카가 다카우지·고노 모로나오의 무력과 충돌하였다. 두 세력은 기나이를 중심으로 공방을 되풀이하였다. 간토 지방에서 타다요시의 일파인 우에스기 노리아키上杉憲顕가 가마쿠라를 중심으로 세력을 넓혔다. 오슈奧州 지방에서는 역시 타다요시 일파인 기라 사다이에吉良貞家가 세력을 떨쳤다. 각지에서 타다요시 세력이 우세를 점하였다. 1351년 2월 셋쓰摂津의 니시노미야西宮 전투에서 타다요시 세력이 승리하였다. 이때 고노 모로나오 형제가 살해되었다.

이후 교토의 쇼군 다카우지와 에치젠越前에 근거지를 두고 오미近江 지방으로 진출하려는 타다요시는 화목과 충돌을 되풀이하면서 대립하였다. 1351년 10월 쇼군 다카우지와 타다요시는 오미의 고후쿠지興福寺에서 회담하였으나 최종적으로 결렬되었다. 타다요시는 간토 지방으로 물러났다. 쇼군 다카우지는 남조 측과 강화를 맺고, 같은 해 11월에

간토 지방으로 진군하였다. 1352년 정월 쇼군 다카우지는 가마쿠라로 진격하여 타다요시 일파를 제압하였다. 2월 26일 타다요시가 급사하였는데, 당시부터 쇼군 다카우지가 타다요시를 독살했다는 소문이 돌았다. 이리하여 쇼군 다카우지·고노 모로나오 일파와 타다요시 일파의 대립으로 격화된 막부의 내분이 일단락되었다. 이 내분을 간노의 요란觀応の擾亂이라고 한다.

싸움은 아시카가 타다요시가 제거되면서 일단 급진파의 승리로 끝났으나 점진파의 저항도 만만치 않았다. 점진파와 급진파는 각기 다른 편을 경계하기 위해 그때그때의 상황에 따라서 남조와 내응하였기 때문에 내란은 점점 더 복잡한 양상을 띠게 되었다. 아시카가 막부가 내분으로 좀처럼 안정을 찾지 못하는 상황에서 전국의 슈고는 독자적인 발판을 구축하기 위해 서로 투쟁하였다. 그 과정에서 같은 친족이라도 한쪽은 남조 편에 서고, 다른 한쪽은 북조 편에 서는 경우도 있었을 만큼 내란은 복잡하게 얽혀져서 전국적으로 확대되었다.

[2] 내란의 전개와 사회변동

1. 남조 세력의 저항

요시노로 도망한 고다이고 천황은 여전히 자신의 정통성을 주장하였다. 교토의 조정과 요시노의 조정이 대립하면서 공존하는 모양이 되었다. 요시노의 조정을 남조, 교토의 조정을 북조라고 하였다. 이후 일본에서는 반세기에 걸친 내란이 지속되었다. 이와 같이 남조와 북조가 대립하고, 사회가 분열되었던 약 60년간의 역사를 남북조 시대라고 한다.

　이 시대는 정치적 뿐만이 아니라 사회적으로도 변동이 시작되는 시기였다. 무엇보다도 무사사회의 혈연적 결합인 소료제惣領制가 붕괴되고, 농촌에서 소농민이 성장하면서 촌락 질서가 재편되던 시기였다. 농촌에서는 새로운 촌락 공동체인 소손惣村을 형성하려는 움직임이 일어났다. 한편, 무사는 영토 확장과 농촌의 지배를 목표로 혈연에 의한 단결보다도 인접한 무사끼리 또는 슈고를 중심으로 단결하였다. 무사가 지연적으로 결합하면서 각 지방에는 무사단이 형성되었다. 그들은 주도권을 장악하기 위해 서로 투쟁하였다. 이런 사회변동을 배경으로 남북조의 대립은 전국적인 내란의 양상을 띠게 되었다.

　한편, 고다이고 천황은 여러 아들을 각지로 파견하여 자신이 친정을 수립하였을 때 우대했던 무사, 자신과 친분이 있는 사원의 세력, 스스로 남조를 섬기는 무사 등을 병력으로 활용하면서 북조, 즉 무로마치 막부와 항전하였다. 고다이고 천황이 가장 믿었던 것은 쓰네나가恒良·다카나가尊良 친왕을 받들고 호쿠리쿠北陸 지방으로 향한 닛타 요시사다新田義貞의 활약이었다. 요시사다는 호쿠리쿠 지방의 호족 게히 구지気比宮司와 헤이센지平泉寺 신도들의 지원을 기대하였다. 하지만 그곳은 이미 막부 세력이 강성하여 목적지에 접근하는 것도 용이하지 않았다. 오미를 지나 북쪽으로 향하던 요시사다의 군대가 에치젠의 슈고 시바다카쓰네斯波高経의 기습으로 고전하였다. 설상가상으로 고노 모로야스가 이끄는 막부군의 공격으로 대패하였다. 요시사다의 아들 요시아키義顕와 다카나가 친왕이 자살하고, 쓰네나가 친왕이 살해당하였다.

　닛타 요시사다가 호쿠리쿠 지방에서 싸우는 동안 기타바타케 아키이에北畠顕家는 노리나가義良 친왕과 함께 도호쿠東北 지방에서 세력을 넓혔다. 그러나 적의 세력이 강성하여 료젠霊山(지금의 후쿠시마현 소재)으로 거점을 옮기지 않을 수 없었다. 1337년 8월 아키이에는 노리나가 친왕을 앞세우고 가마쿠라를 거쳐 서쪽으로 나아가 1338년 정월에 미노美濃(지금의 기후현)에서 막부군와 싸우고, 이세伊勢(지금의 미에현)를 거쳐 나라奈良로 진출하였다. 하지만 나라에서 막부군과 싸워 대패한 아키이에는 이즈미和泉의 이시쓰石津에서 고노 모로나오가 이끄는 막부군과 싸우다 전사하였다.

같은 해 7월에는 닛타 요시사다가 에치젠의 후지시마藤島 전투에서 전사하였다. 기타바타케 아키이에에 이어 남조의 총사령관인 닛타 요시사다가 전사하면서 남조의 사기가 꺾였다. 닛타 요시사다는 아시카가 다카우지에 대항할 수 있는 가문 출신이었다. 그런 요시사다가 남조군을 지휘하는 한 남조도 지방의 무사들을 장악할 수 있었다. 그래서 다카우지도 요시사다가 건재할 때는 군사적 승리를 선언할 수 없었다. 닛타 요시사다가 전사한 다음 달, 다카우지는 비로소 세이다이쇼군에 취임하여 아사카가씨가 무가의 동량 가문임을 선언하였다. 1339년 8월에는 고다이고 천황이 파란만장한 삶을 마감하였다. 고무라카미 천황後村上天皇이 그 뒤를 이었으나 남조 세력은 점점 약화되었다.

노리나가 친왕이 기타바타케 아키이에와 함께 동쪽으로 진출할 때 고다이고 천황의 측근인 기타바타케 지카후사北畠親房도 동행하였다. 지카후사는 한때 히타치常陸(지금의 이바라키현)까지 진출하였으나 그곳의 호족 사다케씨佐竹氏의 공격으로 오다와라성小田原城으로 물러났다. 지카후사는 오다 하루히사小田治久를 비롯한 호족의 도움으로 동부 일본에 거점을 확보할 계획이었으나 막부군의 공격으로 오다와라성을 버리고 후퇴하였다. 남조 측은 간토 지방의 거점을 상실하였다.

기타바타케 지카후사는 요시노로 돌아와 고무라카미 천황을 받들었다. 기나이에서는 구스노키 마사시게의 아들인 구스노키 마사쓰라楠木正行가 거점을 확보하였다. 1347년 8월 마사쓰라는 기이의 막부 측 무사단을 공격하고, 9월에는 가와치의 야오성八尾城을 공격하면서 기세를 올렸다. 막부는 군대를 파견하여 스미요시住吉, 덴노지天王寺 등에서 마사쓰라와 싸웠다. 이 전투에서 마사쓰라는 막부군에 승리하였다. 하지만 1348년 1월 마사쓰라는 가와치의 시조나와테四條畷 전투에서 패배하여 자결하였다. 마사쓰라의 사망으로 남조는 최후의 무력을 상실하였다. 단지 규슈에서 가네나가 친왕이 기쿠치 다케미쓰菊池武光・고조 요리모토五條賴元 등의 무사와 함께 세력을 유지하였을 뿐이다.

2. 무사단의 변용과 영주연합의 형성

가마쿠라 시대의 무사사회는 일문・일족・일가 등 동족결합으로 이루어졌다. 일족의 규모는 각기 달랐지만 소료를 중심으로 일족이 단결하였다. 하지만 가마쿠라 시대 후반부터 이 소료 제도에 변화가 일어났다. 영지의 상속 형태는 종래의 분할상속에서 단독상속으로 이행되었다. 그러면서 소료, 즉 가독의 지위가 절대화되었다. 소료는 주변의 비혈연적 소영주층도 가신단으로 편성하고, 그 지역에 뿌리를 내렸다. 그들은 고쿠진国人 또는 구니슈国衆라고 불렸다.

단독상속으로의 이행은 무사 가문에 따라 다양한 형태를 띠었다. 동부 일본의 경우, 시모쓰케下野의 모테기씨茂木氏는 14세기 초, 무쓰의 이와사키씨岩崎氏는 14세기 중엽, 간토 간레이管領 가문인 야마노우치씨山内氏는 14세기 말에 각각 단독상속을 실시하였다. 서부 일본의 경우, 빈고備後의 야마노우치씨는 14세기 초, 분고豊後의 오토모씨와 아키安芸의 고바야카와씨小早川氏는 14세기 중엽, 사쓰마의 시부타니씨渋谷氏는 14세기 말엽에 각각 단독상속을 실시하였다. 15세기에 접어들면 단독상속이 일반화되었다.

　단독상속이 확립되면서 소료의 지위는 가문의 고유한 지위로 인식되었고, 소료시키惣領職라는 관념이 형성되었다. 남북조 시대에는 소료시키가 영지와는 명확히 구분되어 사용되었다. 소료시키가 일족의 종가를 상징하게 되면서 상부권력이 이것에 개입하기도 하였다. 1334년 고다이고 천황은 본래 서자 가문인 유키 무네히로結城宗広에게 유키씨 가문 소료의 지위를 부여하였다. 무로마치 막부의 4대 쇼군 아시카가 요시모치足利義持는 아카마쓰씨赤松氏의 소료 미쓰스케満佑에게서 소료시키를 빼앗아 서자인 모치사다持貞에게 수여하였다. 1441년에는 무로마치 막부의 6대 쇼군 아시카가 요시노리足利義教가 고바야카와씨의 소료 히로히라熙平에게서 소료시키를 빼앗아 모리카게盛景에게 수여하였다. 무로마치 막부는 소료시키의 여탈권을 장악하여 고쿠진을 통제했던 것이다.

　간노의 요란을 거치면서 내란기의 사회모순이 표면화하였다. 장원을 침략하여 보다 넓은 지역을 지배하는 영주가 되려는 고쿠진 세력과 장원적 질서를 유지하려는 장원영주 세력의 대립이 심화되었다. 지방영주인 고쿠진은 가마쿠라 시대의 지토에서 분화된 계열과 남북조 시대 이후에 현지에서 영주제를 형성하기 시작한 쇼칸荘官 계열로 분류되었다. 그들은 지방에 뿌리를 내리고, 아래로는 일족과 촌락의 상층 농민을 가신으로 편입시키는 한편, 위로는 막부·슈고 등의 상층권력에 대항하면서 고쿠진 상호간의 연대를 강화하였다.

　남북조 내란기의 고쿠진 영주층은 한편으로 사회 변화에 대응하면서, 다른 한편으로는 한 지역의 지배자로서 지역적인 연합을 형성하였다. 잇키一揆라는 영주연합이 그것이었다. 잇키의 형태가 사료에 등장하는 것은 14세기 중엽이다. 잇키는 전투가 발발하였을 때 무사들을 임시로 조직한 것, 무사의 일족이 소료를 중심으로 결집하여 형성한 것

등이 있었다. 또 혈연적 결합이 아니라 주로 지연적 결합으로 형성된 고쿠진잇키가 있었다. 그리고 구니国 이상의 보다 큰 단위로 고쿠진들이 결집하는 구니잇키国一揆・소코쿠잇키総国一揆가 있었다. 고쿠진들은 잇키 계장契狀을 작성하여 단결력을 강화하였다.

일족 잇키는 동족의 정치적 결집을 직접적인 목적으로 하는 경우가 많았고, 또 소료시키를 확립한 계층이 많았다. 이에 대하여 지역의 영주가 연합한 고쿠진잇키는 한편으로는 슈고의 군사 편성의 기반이면서, 다른 한편으로는 슈고에 저항하는 측면이 있었다. 간토 지방의 잇키가 점차로 통합되고, 잇키 조직의 장악을 둘러싸고 가마쿠라쿠보鎌倉公方와 간토 간레이 가문이 경쟁하면서 슈고-고쿠진-잇키 조직이라는 서열이 형성되었다.

고쿠진이 단합하여 슈고의 다이칸代官을 몰아내기도 하였다. 1400년에는 시나노의 고쿠진이 단합하여 슈고 오가사와라 나가히데小笠原長秀를 몰아냈다. 막부가 각 지방의 슈고를 견제하기 위해 잇키 조직의 결성을 독려하는 경우도 있었다. 1377년의 규슈 남쪽의 고쿠진 61명이 단합하여 결성한 잇키는 규슈탄다이九州探題 이마가와 료슌今川了俊이 슈고 시마즈씨島津氏를 견제하기 위해 조직한 잇키였다. 실제로 잇키를 일으킨 61명의 고쿠진은 막부의 쇼군에 직접 충성할 것을 맹세하였다. 규슈 북부의 마쓰라당松浦党 잇키도 막부가 주도하여 조직한 성격이 강한 잇키라고 할 수 있다.

하지만 고쿠진잇키의 본질은 고쿠진들이 연합하여 상부 권력에 대항하고 소령을 원활하게 지배하기 위한 것이었다. 1404년 아키安芸의 고쿠진 33명이 연합하여 일으킨 잇키는 슈고 야마나 미쓰우지山名満氏가 고쿠진의 소령을 조사하려고 하자 반발한 것이었다. 잇키슈一揆衆는 슈고가 소령을 몰수하면 단합하여 저항하고, 막부가 구니야쿠国役를 부과하면 모두 담합하여 대처하기로 서약하였다. 고쿠진 연합은 농민을 효과적으로 지배하기 위해서도 필요하였다. 마쓰라당의 잇키 계장에는 다른 곳에서 도망해 온 농민을 영내에 두지 말 것, 대대로 주인을 섬긴 하인이 도망해 왔을 경우, 그 주인이 요구하면 돌려줄 것 등의 조항이 기재되었다.

잇키는 원칙적으로 구성원의 대등한 계약으로 성립되었다. 잇키 계장에 원을 그리고, 그 원의 바깥쪽을 따라 방사선 형태의 서명을 하는 소위 가사렌판笠連判이라는 형식을 취하였다. 잇키에 참가한 자들은 차별이 없고, 서열도 없이 모두 평등하다는 것을 의미하는 것이다. 하지만 잇키에 조직이 없었던 것은 아니다. 잇키에는 핵심 구성원이 있었고, 그들이 업무를 분장하여 일사분란하게 조직을 통솔하는 것이 일반적이었다.

3. 내란기의 사회변동

무사사회 내부에서도 일족간의 대립이 표면화되었다. 대립은 주로 소료惣領와 다른 형제간의 싸움으로 전개되었다. 그리고 아쿠토悪党가 막부의 법을 무력화시키면서 활동하였고, 쓰치잇키土一揆, 즉 토착 무사들과 농민이 연합하여 지배 권력인 장원영주와 슈고에 저항하는 세력이 증가하였다. 내란기의 사회는 구질서의 존속을 원하는 세력과 구질서를 파괴하고 새로운 변화를 갈망하는 세력이 양분되어 대립했던 것이다.

원의 침입이 있었던 13세기 후반부터 막부와 장원영주에 대하여 공공연하게 저항하는 지토와 묘슈名主의 활약이 두드러졌다. 그들은 아쿠토라고 불렸다. 아쿠토는 본래 사회질서를 문란하게 하는 산적이나 도적과 같은 범법자를 일컫는 말이었다. 그런데 가마쿠라 시대 후반부터 장원의 지배에 반항하는 지토나 묘슈도 아쿠토라고 불리게 되었고, 이윽고 막부에 대항하는 모든 존재들이 아쿠토라고 불리게 되었다.

가마쿠라 시대 말기 하리마播磨의 아쿠토에 대하여 기록한 『미네아이키峰相記』에 의하면, 그들은 기존의 가치에 구애되지 않고, 10~20명씩 무리를 지어 다니면서 도박을 일삼고 도둑질을 생업으로 하는 자들이었다. 그들은 전투가 벌어지면 산성으로 들어가 저항하고, 토벌군에 협조하는 체 하며 거짓으로 유인한 후 습격을 감행하는 파렴치한 존재들이었다.

아쿠토는 13세기 후반부터 14세기 중엽에 이르는 시기에 가장 활발하게 활동하였다. 그들은 처음에 소집단을 이루어 활동하였으나 점점 세력을 확대하여 50~100명이 대집단을 이루어 교통의 요충지나 유력한 사원의 장원을 근거지로 활동하였다. 그들은 모두 기마무사였다. 기동력을 갖추고 수개 구니에 이르는 지역의 아쿠토들과 연대하는 경우도 있었다.

아쿠토는 농민이나 부랑자들을 같은 편으로 끌어들여서 장원영주에 저항하였다. 조세를 내지 않고, 연공과 재산을 약탈하기도 하였다. 아쿠토는 지방의 유력자들이었다. 장원의 묘슈나 쇼칸 뿐만 아니라 막부의 명령으로 아쿠토를 진압하던 지방의 무사들도 아쿠토가 되어 활동하기도 하였다. 아쿠토와 손을 잡는 슈고도 있었다. 이가노구니伊賀國의 슈고인 니키 기카쿠仁木義覺가 대표적인 존재였다.

가마쿠라 막부는 법령을 내려서 사회질서를 문란하게 하는 아쿠토를 진압하려고 하였으나 큰 성과를 거두지 못하였다. 토벌에 나선 슈고나 무사들도 아쿠토의 위세에 눌려 후퇴할 정도였다. 막부가 아무리 아쿠토의 토벌을 명령해도 효과가 거의 없었다. 많은 무사나 농민이 아쿠토의 편을 드는 상황이었다. 기존의 질서를 문란하게 하는 아쿠토의 활약은 막부의 정치를 더욱 동요하게 하는 요인이었다.

아쿠토 중에는 무사단을 이끌고 장원에 난입하여 행정소를 습격하는 자도 있었다. 또 성곽을 쌓고, 초소를 세우는 자들도 출현하였다. 그들의 세력은 막부와 슈고에 정면으로 대항할 정도로 성장하였다. 그들 중에서 유력한 자는 무로마치 시대에 이르러 고쿠진층의 일원으로 발전하기도 하였다. 고다이고 천황이 가마쿠라 막부에 쫓기는 신세가 되었을 때, 제일 먼저 달려간 구스노키 마사시게楠木正成도 아쿠토 출신이었다. 고다이고 천황은 아쿠토 세력을 적극적으로 이용하여 막부군을 후방에서 교란하는 작전을 전개하였다.

남북조 내란이 장기화되면서 아쿠토의 활동이 질적으로 변화하였다. 전투와 내란을 거치면서 아쿠토 조직은 점차로 지역에 기반을 둔 무사단으로 성장하였다. 슈고와 주종관계를 맺는 경우도 있었다. 실제로 남북조 시대 중기 이후, 아쿠토라는 말이 사료에서 거의 자취를 감추고, 그 대신에 고쿠진이라는 말이 많이 등장하였다. 남북조 내란 시대는 이미 『미네아이키』에 묘사된 무사들만을 아쿠토라고 지칭할 수 없었다. 거의 모든 무사들이 아쿠토였다고 할 수밖에 없는 시대였다.

『미네아이키』는 아쿠토를 배반을 일삼는 존재라고 매도하였다. 그런데 남북조 내란기의 무사들이야말로 배반을 손바닥 뒤집듯이 하는 존재들이었다. 극단적인 경우에는 일족이 두 편으로 나뉘어 각각 북조와 남조의 편에 서서 싸우기도 하였다. 오로지 주군을 섬기는 것이 마땅하다고 생각하는 무사는 거의 없었다. 주군에 대한 충성심이 있었던 것은 대대로 주군 가문에 예속된 존재, 즉 후다이譜代 무사들뿐이었다고 해도 과언이 아니다. 전투가 있을 때 참가하여 가신이 된 존재, 즉 도자마外様는 주군에 충성해야 한다는 의식이 희박하였고, 스스로 이반하고 거취를 결정할 자유가 있었다.

남북조 내란 시대의 무사는 북조군과 남조군의 활약을 눈여겨보면서 어느 쪽이 우세한지 판단하고, 우세한 쪽에 가담하는 것이 일반적이었다. 자기가 속했던 편이 조금이라도 열세라고 판단하면 이반하는 것은 당연한 권리였다. 이러한 상황 하에서 슈고와 고쿠진 사이의 영원한 주종관계는 기대하기 어려웠다. 일단 주종관계를 맺었어도 전투의 상황에 따라 아무렇지도 않게 배반하는 경우가 많았다. 이러한 슈고와 고쿠진의 관계는 당연히 슈고의 영국지배에도 반영되었다. 슈고는 각지의 부하나 고쿠진의 협력 없이는 막부가 부여한 고유한 권한, 즉 시세쓰준교켄使節遵行權조차 행사할 수 없는 경우도 있었다.

[3] 남북조 통일과 정치체제의 안정

1. 간레이 제도의 성립과 남북조 통일

무로마치 막부의 정치가 안정되면서 내분도 점차로 진정되었다. 1358년 4월 무로마치 막부를 창립한 아시카가 다카우지가 사망하고, 그의 아들인 요시아키라義詮가 2대 쇼군에 취임하였다. 2대 쇼군 요시아키라는 이복 형인 타다후유直冬가 가담한 남조군의 공격을 격퇴하고 정권을 안정시켰다. 그러나 2대 쇼군 요시아키라는 1367년에 병으로 사망하였다. 그러자 그의 아들 아시카가 요시미쓰足利義滿가 10살의 나이에 대를 이었다.

3대 쇼군 요시미쓰에게는 호소카와 요리유키細川賴之[135]라는 신뢰할

---

135) 호소카와 요리유키는 아와阿波(지금의 도쿠시마현德島県)의 슈고 호소카와 요리하루細川賴春의 아들로 24세 때인 1352년에 가독을 상속하였다. 그 후 아와·사누

수 있는 측근이 있었다. 2대 쇼군 요시아키라는 임종에 즈음하여 호소카와 요리유키에게 간레이管領에 취임하여 어린 쇼군을 보필해 달라고 간청하였다. 2대 쇼군의 간곡한 요청을 거부하지 못한 요리유키는 본거지인 시코쿠四国에서 상경하여 막부의 간레이에 취임하였고, 그 후 평생을 3대 쇼군 요시미쓰를 보좌하며 무로마치 막부 정치의 안정에 힘썼다.

1367년 12월 호소카와 요리유키는 검약령을 발포하여 기강을 바로잡았다. 5개조로 된 검약령은 사치를 금지하는 내용과 함께 관리와 슈고의 청렴을 강조하는 내용도 포함되어 있었다. 1369년에도 비슷한 내용의 검약령이 발포되었는데, 그것은 주로 교토 시중의 장악과 상업을 규제하는 것이 목적이었다. 사원에 대하여서도 검약과 규율을 강조하였다.

1368년 4월 3대 쇼군 요시미쓰가 성년식을 거행하였다. 이때 요리유키가 보호자의 역할을 하였고, 호소카와씨 일족도 중요한 역할을 담당하였다. 요리유키는 스스로 쇼군의 분신으로서 직무를 대행하고 있다는 책임감을 갖고 있었다. 같은 해 12월 아시카가 요시미쓰가 세이다이쇼군에 임명되었다. 하지만 3대 쇼군 요시미쓰가 정무를 개시하는 것은 1372년 그의 나이 15세가 되었을 때부터였다. 그 전에는 슈고 보임장, 소령 안도장, 재판 허가장 등 막부의 중요 문서에 요리유키가 서명하여 발급하였다. 적어도 1372년까지 요리유키는 쇼군을 대신하여 강력한 권력을 행사하였고, 그것은 간레이 지위가 확립되었다는 것을 의미하였다.

1368년 6월 한제이령半済令이 발령되었다. 이 법령은 천황 및 조정에 속한 영지, 사원에 속한 영지, 2대 쇼군 요시아키라 시대에 설정된 영

키·讚岐·이요伊予·빙고備後·빗츄備中 등의 지역을 전전하며 슈고를 역임하였다.

지 등을 제외한 각지의 소령을 시타지추분下地中分, 즉 장원을 2분의 1 또는 1대 2로 분할하여 장원영주와 지토가 각각 소유권을 행사하도록 하는 것이었다. 이러한 조치는 한편으로 사원의 영지를 보호하면서, 다른 한편으로 무사가 사실상 소령을 지배하게 하는 것이었다. 한제이령은 장원공령제가 점차로 해체되는 계기가 되었다. 호소카와 요리유키는 슈고의 경제적 부담을 덜어주고, 그 대신에 새로운 세원을 개발하였다. 시장경제의 발달에 주목한 요리유키는 도소土倉·사카야酒屋에 세금을 납부하게 하였다.

호소카와 요리유키는 정치의 안정에 노력하면서 남조와 북조의 통합에도 힘을 기울였다.[136] 요리유키는 남조 온건파의 중심인물이었던 구스노키 마사노리楠木正儀와 긴밀한 연락을 취하면서 평화 협상을 추진하였다. 협상 도중인 1368년에 남조의 고무라카미 천황後村上天皇이 사망하였다. 그러자 다음 해에 구스노키 마사노리가 무로마치 막부에 투항하였다.[137] 그가 막부에 투항한 것은 남조의 내분 때문이었다. 남조에는 여전히 강경파가 득세하였다. 고무라카미 천황이 사망하고, 강경파인 조케이 천황長慶天皇이 즉위하자, 마사노리는 협상 전망이 밝지 않다고 판단하였다.[138]

구스노키 마사노리가 막부에 투항하자, 구스노키씨 일족이 마사노리를 공격하였다. 그러자 호소카와 요리유키는 아카마쓰 미쓰노리赤松

---

136) 2대 쇼군 아시카가 요시아키라도 남북조 통합에 적극적이었다. 1366년부터 적극적인 공작을 벌였다. 남조 측에서도 하무로 미쓰스케葉室光資가 교토까지 가서 담판에 응하였다. 그러나 막부는 북조를 본위로 하여 남조를 흡수통합하려고 하였고, 남조는 먼저 막부의 쇼군이 항복하라고 요구하여 회담은 결렬되고 말았다.
137) 구스노키 마사노리는 전쟁의 비참함을 누구보다도 잘 알고 있던 인물이었다. 남조의 군사력이 열세라는 현실적인 문제도 있었지만, 현실과 동떨어진 대의명분론만으로는 남조가 직면한 난관을 해결할 수 없다는 것을 잘 알고 있었다. 마사노리는 그의 부친 구스노키 마사시게보다 현실적이었다. 긴 내전을 경험하면서 부자지간에도 생각의 차이가 발생했던 것이다.
138) 그것은 조케이 천황이 퇴진하고, 온건파인 고카메야마 천황後亀山天皇의 즉위가 확실시 되는 시점에 마사노리가 다시 남조로 돌아간 것을 보면 알 수 있다.

光範 등을 파견하여 마사노리를 구원하였다. 남조의 군사지도자 마사노리의 투항은 남조에 큰 타격을 안겨주었다. 1373년 8월 구스노키 마사노리는 막부군의 선봉에 서서 가와치의 아마노大野 행재소行在所를 공격하였다. 아마노의 군대는 요시노 산 속으로 후퇴하지 않을 수 없었다. 그 결과 가와치·기이 일대의 남조 세력이 급격하게 쇠퇴하였다. 남조 내부에서 분열이 심화되었다.

한편, 무로마치 막부의 정치는 안정기에 접어들었다. 1378년 21세가 된 3대 쇼군 요시미쓰는 새로 지은 무로마치의 저택으로 거처를 옮겼다. 다음 해에는 12년간 쇼군 요시미쓰를 보좌하던 호소카와 요리유키가 퇴진하였다.[139] 요리유키가 비난을 감수하고 정치를 주도한 12년 동안 3대 쇼군 요시미쓰는 어느 덧 22세의 건장한 청년으로 성장해 있었다. 쇼군의 권력이 확립되었다.

3대 쇼군 요시미쓰는 1385년부터 1390년까지 전국 각지를 시찰하였다. 쇼군 요시미쓰의 시찰은 막부의 위세를 과시하는 정치적인 행위였다. 유력한 슈고들이 쇼군을 수행하였다. 6년에 걸쳐서 각지의 정치 상황을 시찰한 요시미쓰는 막부의 세력을 능가하는 강대한 슈고를 견제하거나 제거할 필요성을 절감하였다. 그것은 막부의 권위를 지키기 위해서 반드시 필요한 과정이기도 하였다. 요시미쓰는 아시카가 일족이 아닌 유력한 슈고를 압박하였다. 1390년 유력한 슈고인 도키씨土岐氏 일족을 분열시키고, 다음 해인 1391년에는 전국에 11개 구니国의 슈고를 겸하던 야마나씨山名氏를 멸망시켰다. 그 결과 무로마치 막부를 위협하는 세력이 사라지게 되었다. 각지의 무사도 무로마치 막부의 권위에 복종하였다. 그 사이에 규슈에서는 규슈탄다이九州探題 이마가와

---

139) 호소카와 요리유키의 엄정한 정치는 기득권 세력인 승려와 슈고의 반발을 샀다. 1379년 유력한 슈고들이 연명으로 요리유키의 퇴진을 요구하였다. 그러자 요리유키는 간레이 지위에서 물러났다.

사다요今川貞世가 남조 세력을 제압하였다. 그러자 남조는 명목상의 정부로 존속하는 모양이 되었다.

아시카가 요시미쓰는 압도적인 실력을 배경으로 남조와 평화협상을 시도하였다. 그때 요시미쓰가 내건 조건은 다음과 같았다. 첫째, 남조의 고카메야마 천황은 3종의 신기를 교토에 돌려주는 것에 동의하고, 막부가 옹립한 고코마쓰 천황에게 '양국讓國'의 의식으로 그것을 수여한다. 둘째, 장래 다이카쿠지 계통과 지묘인 계통이 서로 번갈아가며 천황에 즉위한다. 셋째, 전국의 고쿠가령國衙領은 모두 다이가쿠지 계통이 관할한다. 넷째, 전국에 산재한 조코도령長講堂領은 모두 지묘인 계통이 관할한다.

쇼군 요시미쓰가 제시한 4가지 조건을 검토해 보면, 남조와 북조의 주장을 다 포용한 내용이지만, 특히 남조 측의 체면을 존중한 흔적이 역력하다. 제1항에서 고카메야마 천황이 북조의 고코마쓰 천황에게 '양국'의 의식을 거행한다는 것은 남조에 정통성이 있다는 남조 측의 주장을 인정한 것이다. 제2항의 양통질립의 원칙은 남북조 시대 이전으로 돌아가자는 것이다. 북조 측에서 보았을 때 이미 기정사실화 된 사안을 뒤집는 것으로 불만의 소지가 있는 내용이다. 그런 만큼 쇼군 요시미쓰가 정치적으로 결단을 내린 사안이라고 할 수 있다. 제3항과 제4항은 경제적인 문제였다. 조코도령은 가마쿠라 시대부터 지묘인 계통의 재산이었지만, 전국의 고쿠가령은 반드시 다이가쿠지大覺寺 계통의 것이라고 할 수 없었다. 그런 면에서 다이가쿠지 계통이 유리한 조건인 것처럼 보인다. 그러나 전국의 고쿠가령은 이미 실태적으로 슈고의 지배하에 들어가 있었다. 이 약속은 남조 측의 체면을 생각한 형식적인 것에 지나지 않았던 것이다. 요컨대 쇼군 요시미쓰가 강화의 조건으로 내건 4개조는 남북조 통일을 실현시키기 위해 북조의 불만을 누르고, 남조의 체면을 세우는 모양으로 정리한 것이었다.

남조의 고카메야마 천황은 쇼군 요시미쓰의 제안을 수용하였다. 1392년 10월 고카메야마 천황은 요시노에서 교토로 가서 북조의 고코마쓰 천황에게 양위하는 형식으로 남조와 북조는 통합되었다. 하지만 고카메야마 천황이 직접 고코마쓰 천황을 만나지는 않고 3종의 신기만 전달하였다. 다이가쿠지에 머물렀던 고카메야마 천황에 대한 북조 측의 시선은 차가왔다. 쇼군 요시미쓰는 1394년 2월이 되서야 고카메야마를 덴류지天竜寺로 초대하여 처음으로 대면하였다. 그리고 상황의 존호를 허용하였다. 고카메야마는 교토의 변두리에서 소리 없이 생활하였다. 쇼군 요시미쓰가 강화의 조건으로 내건 약속도 지켜지지 않았다.[140] 강화의 조건조차도 요시미쓰의 교묘한 책략이었던 것이다.

2. 슈고다이묘의 성장

남북조 시대의 내란이 지속되는 동안에 각 지역을 실질적으로 지배한 슈고守護는 자신의 세력을 착실하게 키워 나갔다. 내란이 장기화되면서 무로마치 막부는 슈고에게 지배 영역내의 무사에 대하여 광범위한 지배권을 부여하였다. 슈고는 군사력을 배경으로 세력을 확대하였다. 또 슈고는 내란의 전비를 조달하기 위해 지배지역의 토지에 단센을 부과하였다. 경제력이 있는 유력한 슈고는 점차로 다이묘大名로 성장하였다. 그들을 슈고다이묘守護大名라고 하였다.

아시카가 다카우지는 남북조 내란이 지속되는 중에 내분에 시달렸

---

[140] 1410년 3월 고카메야마 상황은 4대 쇼군 아시카가 요시모치足利義持의 저택을 방문하였다. 그때 고카메야마는 쇼군에게 경제적인 지원을 호소하였을 것이다. 그러나 4대 쇼군 요시모치는 고카메야마를 비정하게 대하였다. 그러자 같은 해 11월 고카메야마 상황은 돌연히 교토에서 요시노의 산으로 들어갔다.

고, 한때 남조군이 교토를 점령하기도 하였다. 아시카가 일족이 교토를 버리고 피난하는 일촉즉발의 상황이 전개되었다. 다카우지는 어쩌면 멸망할 수도 있다는 위기감을 느꼈다. 권력을 지키기 위해서는 슈고들을 자기편으로 끌어들이지 않으면 안 되었다. 1352년 7월 아시카가 다카우지는 교토 주변지역인 오미近江·미노美濃·오와리尾張의 3개 구니國에 한제이령半濟令을 내렸다. 이 지역은 격전 지역이었기 때문이었다. 한제이령은 이세伊勢 등의 5개 구니로 확대되었다. 한제이령은 무사가 장원이나 공령公領의 연공 2분의 1을 군량미로 징수하는 것을 허락하는 것이었다. 원래는 1년으로 한정된 임시조치였다. 하지만 슈고는 지속적으로 군량미를 징수하였다. 군량미를 관리하고 지급하는 슈고의 권한이 크게 강화되었다. 결국 한제이령은 슈고의 장원침탈의 실마리가 되었다.

한제이령은 점차로 제도화되었다. 장원이나 공령의 연공뿐만이 아니라 토지도 2분의 1을 빼앗는 슈고도 있었다. 대상 지역도 확대되었다. 한제이령은 3대 쇼군 아시카가 요시미쓰 시대에 전국적으로 확대되기에 이르렀다. 군사력을 보유한 슈고는 영지를 둘러싼 분쟁이나 상속을 둘러싼 분쟁이 발생했을 때 실력을 행사하기도 하였다. 또 재판을 하여 토지를 처분하는 권한도 행사하였다. 슈고의 권한이 강화되자 장원과 공령의 연공 징수를 슈고가 청부맡는 이른바 슈고우케守護請 관행이 정착되었다. 슈고는 원래 장원영주가 보유하던 권익을 탈취하여 장원을 완전히 지배하였다. 슈고는 지배지역 내의 지토와 토착무사인 고쿠진을 세력 하에 두게 되었다. 즉 슈고는 단지 토지만 지배하게 된 것이 아니라 토지에 속해 있는 무사와 농민도 지배하게 된 것이다.

슈고는 다양한 방법으로 장원과 공령을 침탈하였다. 새로 획득한 지역에는 신임하는 가신을 슈고다이守護代로 파견하고, 장원에도 가신을 파견하여 지배하였다. 경우에 따라서는 획득한 토지를 이미 가신이 된 고쿠진에게 분배하여 그들을 통제하기도 하였다. 이렇게 지배지역 전체를 사실상 자신의 영지로 확보한 슈고를 가마쿠라 시대의 슈고와 구별하여 슈고다이묘라고 한다. 슈고다이묘의 권력은 세습되었다. 막부의 쇼군조차도 슈고다이묘의 실력에 압도되어 눈치를 살피지 않을 수 없는 상황이었다. 이와 같이 장원과 공령을 지배하에 두고 가신단을 거느린 독립성향이 강한 슈고다이묘의 지배체제를 슈고영국제守護領國制라고 한다.

슈고다이묘들 중에는 여러 구니의 슈고시키守護職를 겸하는 경우도 있었다. 예를 들면, 도키씨土岐氏는 미노·오와리·이세의 슈고시키를 겸임하였다. 야마나씨 일족은 산요山陽·산인山陰 지방을 중심으로 11개 구니의 슈고시키를 차지하였다. 이는 일본 전체 66개 구니의 6분의 1에 해당하였다. 그래서 당시에 야마나씨는 이미 로쿠부이치도노六分一殿라고 일컬어졌다. 강성해진 슈고다이묘들은 막부에 위협적인 존재였다.

3. 쇼군 전제체제의 확립

14세기 말, 3대 쇼군 요시미쓰 시대에 60여 년간 지속된 남북조 내란이 종언을 고하고 전국 통일이 달성되었다. 요시미쓰는 슈고를 효과적으로 통제하면서 막부의 기구도 정비하였다. 조정의 고유 권한이었던 교토의 행정·재판권도 장악하였다. 요시미쓰는 1378년 교토의 무로마치室町 지역에 쇼군의 저택을 조성하는 등 막부의 권위를 확립하려고 노력하였다. 쇼군의 저택에는 등나무, 벚나무, 진달래, 동백, 황매화 등의 꽃나무를 여러 귀족의 저택에서 옮겨 심었다. 쇼군의 저택에

는 사계절 항상 꽃이 피어있
었다. 민중은 쇼군의 저택을
하나노고쇼花の御所라고 하였
다. 쇼군 저택의 풍경은 평화
가 도래하였음을 상징하는
것이었다.

무로마치 막부는 슈고의
영국지배를 기반으로 성립
된 정치체제였다. 슈고는 쇼
군의 권위와 무력을 배경으
로 영국을 지배하였다. 쇼군
또한 유력한 슈고의 뒷받침
이 없이는 정권을 유지할 수

아시카가 요시미쓰

가 없었다. 말하자면 무로마치 막부는 유력한 슈고 연합정권의 성격을 지닌 정치체제였다고 할 수 있다. 그래서 쇼군과 슈고는 긴장관계에 있으면서도 타협하면서 정치체제를 유지하였다. 이런 정치체제의 특성 때문에 쇼군을 보좌하면서 쇼군과 슈고의 관계를 조정하고 중앙의 행정을 통괄하는 간레이管領의 역할이 중요시되었다.

3대 쇼군 요시미쓰는 날로 강성해지는 슈고들의 세력을 억제하기 위해 먼저 기나이의 유력한 고쿠진들을 직할군으로 편성하여 군사력을 강화하였다. 그리고 자신에게 우호적인 슈고들을 효율적으로 관리하였다. 그런 다음에 막부에 위협이 된다고 판단된 유력한 슈고를 압박하기 시작하였다.

1390년 도키씨土岐氏를 멸망시키는 과정을 살펴보면, 3대 쇼군 요시미쓰의 정치력이 돋보인다. 당시 미노·오와리·이세의 슈고시키를 겸임하던 도키씨의 가독은 도키 야스유키土岐康行였다. 도키씨 세력이 강성하여 막부를 위협할 정도였다. 쇼군 요시미쓰는 이간책을 썼다. 요시미쓰는 먼저 도키 야스유키의 동생인 미쓰사다満貞를 형이 지배하던 오와리의 슈고에 임명하였다. 그러자 동생인 미쓰사다는 형인 야스유키에 맞서려고 하였다. 분노한 야스유키는 동생인 미쓰사다를 공격하였다. 그러자 쇼군 요시미쓰는 미쓰사다를 지원하였다. 막부의 원조를 받은 도키 미쓰사다는 야스유키를 패퇴시켰다. 도키 야스유키는 결국 멸망하고 말았다. 멸망한 야스유키는 1391년에 막부가 야마나씨山名氏를 멸망시킬 때 막부 측에 참가하여 출진하였다. 쇼군 요시미쓰는 도키 야스유키의 공적을 인정하여 그를 이세의 슈고에 임명하였다. 한편, 쇼군 요시미쓰는 도키 미쓰사다를 오와리의 슈고직에서 해임시켰다. 싸움에 임하여 비겁했다는 이유였다. 이렇게 하여 강력한 슈고였던 도키씨는 겨우 가문의 명맥만 유지하게 되었다.

도키씨에 이어서 쇼군 요시미쓰의 탄압 대상이 되었던 것은 야마나씨였다. 당시 야마나씨 일족은 다지마但馬・호우키伯耆・오키隠岐・단바丹波・단고丹後・미마사카美作・이즈모出雲・빈고備後・야마시로山城・기이紀伊・이즈미和泉 등 산요山陽・산인山陰 지방을 중심으로 11개 구니의 슈고시키를 겸하면서 거대한 세력을 형성하였다. 야마나씨의 세력이 너무 강성해지는 것을 경계한 쇼군 아시카가 요시미쓰는 1389년 야마나 도키요시山名時義가 사망한 후 야마나씨 일족이 분열하자 야마나 우지키요山名氏清를 멸망시켰다.[141] 1391년의 일이었다. 이때 호소카와씨・하타케야마씨・오우치씨 등의 군대가 동원되었다. 이것을 메이토쿠明徳 난이라고 한다.

---

141) 1392년 3월 쇼군 요시미쓰가 가장 신뢰하는 측근이었던 호소카와 요리유키가 64세로 사망하였다. 죽음에 임박하여 쇼군 요시미쓰에게 다음과 같이 말하였다. "야마나 우지키요는 무력을 배경으로 쇼군의 명령에 따르지 않았습니다. 저는 항상 이것을 염려하였습니다. 이윽고 그를 멸망시킬 수 있었습니다. 이제 여한이 없습니다." 도키씨와 야마나씨에 대한 강압정책은 쇼군 요시미쓰와 요리유키가 긴밀하게 의논하면서 추진했다는 것을 알 수 있다.

메이토쿠 난의 결과, 야마나씨가 지배하던 11개 구니는 완전히 분할되어 야마시로는 하타케야마 모토쿠니畠山基国, 기이와 이즈미는 오우치 요시히로大內義弘, 단바는 호소카와 요리유키, 단고는 잇시키 미쓰노리一色滿範, 미마사카는 아카마쓰 요시노리赤松義則, 빈고는 호소카와 요리나가細川賴長, 이즈모와 오키는 교고쿠 다카노리京極高詮에게 각각 분할되었다. 야마나씨는 야마나 도키히로山名時熙가 다지마를, 야마나 우지유키山名氏幸가 호우키를 지배하는 데 그쳤다.

야마나씨가 멸망하자, 오우치 요시히로가 가장 강력한 슈고로 부각되었다. 당시 오우치 요시히로는 스오周防·나가토長門·이시미石見·부젠豊前·이즈미·기이 등 6개 구니의 슈고직을 겸하였다. 그리고 중국과 무역을 하면서 막대한 부를 축적하였다. 오우치씨가 쇼군의 명령도 거절할 정도의 세력으로 부상하자,[142] 쇼군 요시미쓰도 위협을 느끼게 되었다. 쇼군과 요시히로 사이에 긴장관계가 조성되었다. 그러자 쇼군이 요시히로를 교토로 불러들여 살해한다는 풍문이 돌기 시작하였다. 1399년 실제로 쇼군 요시미쓰는 요시히로를 초청하였다. 같은 해 10월 13일 요시히로는 5,000기의 군사를 이끌고 사카이堺에 도착하였지만, 그곳에 진을 치고 움직이지 않았다. 오우치 요시히로는 이미 전쟁을 각오하였다. 요시히로는 11월 20일에 가마쿠라쿠보鎌倉公方인 아시카가 미쓰카네足利滿兼와 나란히 상경하기로 약속하였다. 또 쇼군 요시미쓰의 전제정치에 불만을 품었던 단바의 미야타 도키키요宮田時淸, 미노의 도키 아키나오土岐詮直, 오미의 교고쿠 히데미쓰京極秀滿 등을 비롯한 남조의 유신들에게도 협력을 요청하였다.

---

142) 1397년 교토의 기타야마에 쇼군의 저택을 조성할 때 슈고들이 공사를 분담하였다. 슈고들은 인부를 파견했을 뿐만 아니라 전국에서 목재, 석재, 꽃나무, 정원용 기석奇石 등을 모아서 공사를 진행하였다. 그런데 오우치 요시히로는 "나는 무력으로 쇼군에 봉사하였으니 그런 일은 거절한다."고 말하면서 쇼군의 명령에 따르지 않았다.

오우치 요시히로가 먼저 전쟁을 염두에 두고 행동하자, 쇼군 요시미쓰는 오우치 요시히로가 모반을 일으켰다고 선언하고 전국의 슈고에게 동원령을 내렸다. 막부군은 호소카와씨·교고쿠씨·아카마쓰씨 등의 6,000기가 먼저 사카이堺를 향하여 출진하였다. 같은 해 11월 14일에는 쇼군 요시미쓰가 직접 3만여 기를 거느리고 사카이로 향하였다.[143] 전투는 11월 말부터 1개월간 지속되었고, 오우치 요시히로가 전사하면서 막을 내렸다. 이 사건을 오에이応永의 난이라고 한다. 이것은 막부의 중앙집권화 의지를 분명히 한 사건이었다. 오에이의 난을 끝으로 막부를 능가하는 슈고의 세력은 모습을 감추었다. 유력한 슈고도 쇼군의 위세에 눌려서 저항을 할 수가 없게 되었다.

쇼군 요시미쓰는 이미 1394년에 쇼군의 지위를 당시 9세인 아들 아시카가 요시모치足利義持에게 물려주고, 자신은 다이조다이진太政大臣의 지위에 올랐다. 요시미쓰는 사실상 천황이 된 것처럼 행동하기도 하였다.[144] 그리고 명의 책봉을 받았다. 당시 많은 비난이 있었음에도 불구하고 스스로 일본국왕이라는 칭호를 사용하였다. 자신이야말로 일본의 주권자라는 의식을 갖고 있었다.

권력을 장악한 아시카가 요시미쓰는 둘째 아들 아시카가 요시쓰구足利義継를 천황의 자리에 앉히고 자신은 태상천황이 되려는 야망을 품었다. 그 준비의 일환으로 요시미쓰는 1406년 자신의 부인 히노 야스코日野康子를 준삼후准三后의 지위, 즉 태상태후·황태후·황후에 준하는

---

[143] 쇼군 직속의 군대는 2,000여 기에 불과하였다. 나머지는 하타케야마씨·시바씨·도키씨·기라씨吉良氏·이시도씨石搭氏·요시미씨吉見氏·시부카와씨渋川氏·잇시키씨一色氏·이마가와씨今川氏·사사키씨佐々木氏·다케다씨武田氏·오가사와라씨小笠原氏·도가시씨富樫氏·고노씨河野氏 등 각지에서 참가한 슈고들의 군대였다.
[144] 쇼코쿠지相国寺에 공양을 올릴 때도, 히에이잔에 오를 때도, 천황의 행행行幸과 동등한 격식을 갖추도록 하였다. 국가의 평안을 기원하는 기도를 드리기도 하였다. 자녀를 닌나지仁和寺·쇼렌인青蓮院·엔유인円融院·다이카쿠지大覚寺 등 천황의 자손만 들어가는 것이 이미 관행이 된 사원의 몬제키門跡로 들여보냈다.

지위에 올려놓았다. 1408년에는 고코마쓰 천황을 자신의 저택으로 맞아들여 연회를 베풀 때, 쇼군 요시미쓰는 천황과 나란히 앉고, 아들인 요시쓰구는 최고의 관직인 간파쿠關白보다 상석에 앉게 하였다. 그것은 요시쓰구가 친왕과 동등한 지위라는 것을 보여준 것이었다. 다음 달에는 요시쓰구를 천황의 궁전으로 들여보내서 겐부쿠元服 의식을 거행하게 하였다. 모두 친왕의 겐부쿠 의식과 동등한 격식에 따랐다. 고코마쓰 천황이 아시카가 요시쓰구는 양자로 삼았다는 설이 있다. 그러나 쇼군 요시미쓰의 야망은 달성되지 않았다. 갑자기 유행병에 걸려서 사망하고 말았던 것이다.

[4] 14~15세기 동아시아 정세와 대외관계

1. 왜구와 한반도

14세기 중엽, 남북조 내란의 와중에도 무로마치 막부는 착실히 정치적 기반을 다지고 있었다. 당시 동아시아 국제질서는 크게 변화하고 있었다. 중국에서는 원이 멸망하고 명이 건국하였다. 한반도에서는 고려가 멸망의 길로 접어들고 있었다. 지금의 오키나와沖繩인 유구琉球에서는 중산왕국의 상씨尚氏가 남산南山·중산中山·북산北山의 3왕국을 압도하면서 통일을 지향하고 있었다.

이 무렵 일본 내 무사 중에는 집단을 이루어 밀무역을 행하면서 한반도와 중국 연안 지역에 출몰하여 약탈과 살육을 일삼는 무리들이 나타났다. 그들은 주로 규슈의 북부와 인근 섬에 근거지를 두었다. 그런데 쓰시마対馬・이키壱岐를 비롯한 도서 지역은 경작지가 적었다. 그래서 생활이 궁핍해진 무사나 농민들이 해적이 되는 경우가 많았다. 그들은 유력한 무사에 의해 조직화되었다. 그들은 왜구倭寇라고 하였다. 특히 남북조 시대와 무로마치 시대 전반에 걸쳐서 활동한 왜구를 전기 왜구라고 한다. 그들의 활동 무대는 한반도와 중국 연안이었다. 특히 한반도를 자주 침략하였다.

왜구는 13세기 초에 고려의 해안에 상륙하여 살인과 도적질을 한 적이 있었다. 그들은 경인년庚寅年인 1350년 2월에 무리를 이루어 경상도 남해안 일대를 침략하였다. 고려사에는 다음과 같이 기록되었다. "왜가 고성・죽림・거제・합포에 침구하였다. 천호千戸인 최선과 도령都領인 양관이 싸워서 이를 격파하고 300여 명을 베었다." 같은 해 4월에는 100여 척의 왜선이, 5월에는 66척의 왜선이 순천을 침략하였다. 6월에는 합포와 장흥을, 11월에는 동래를 침략하였다.

1350년에 왜구가 대대적으로 그리고 연속적으로 한반도를 침략했던 것은 남북조 시대의 정치상황, 즉 남조와 북조의 대립과 밀접한 관련이 있었다. 당시 한반도를 침략한 왜구는 쓰시마의 무사로 추정되는 정규 병력이었다. 쓰시마의 병력은 당시 규슈의 북부를 지배했던 남조 측의 쇼니 요리히사少弐頼尚가 장악하고 있었다. 그런데 나가토탄다이長門探題 아시카가 타다후유足利直冬가 규슈에서 빠른 속도로 세력을 확장하면서 쇼니 요시히라의 거점인 다자이후大宰府를 압박하였다. 위기에 처한 요시히라는 군량미를 확보하기 위해 한반도 남부의 조창漕倉을 습격하였다. 1350년에 한반도 남부를 침략한 왜구는 단순한 도적이 아니었다. 일본의 남조 측 군사의 침략이었던 것이다.

왜구는 경인년의 침구를 시작으로, 고려가 멸망할 때까지 거의 매년 고려의 전 해안은 물론 내륙으로 침략하여 사람들을 납치하고 물자를 약탈하였다. 어떤 때는 고려의 수도였던 개성까지 침략한 적도 있었다. 고려는 왜구를 토벌하는데 진력하였다. 고려 공민왕 때 무로마치 막부에 사신을 파견하여 왜구의 단속을 요구하였으나 큰 효과를 거두지 못하였다. 최무선은 화통火筒과 화포火砲을 제작하여 왜구를 격퇴하는 데 기여하였다. 특히 진포鎭浦에 침입한 왜선 500여 척을 화포로 격파하였다.

왜구를 토벌하는 과정에서 신흥 무장세력이 등장하였다. 왜구 토벌에 공이 있었던 인물은 최영과 이성계였다. 특히 이성계의 활약이 두드러졌다. 1380년 9월 전라북도 운봉에서 이성계가 이끄는 고려군과 아지발도阿只拔都가 이끄는 왜구의 군단이 전투를 벌여 고려군이 대승하였다. 황산대첩荒山大捷이었다. 이 전투에 대하여 『고려사』는 다음과 같이 기록하였다. "흐르는 강물이 6~7일

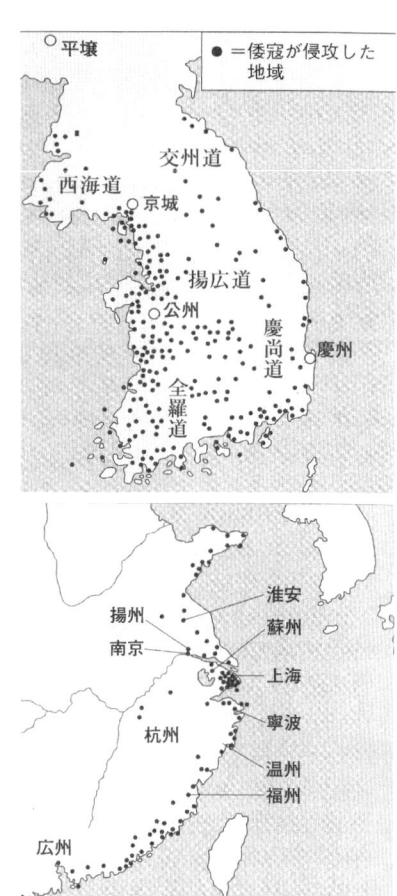

왜구 침략지역 - 한반도(상) 중국(하)
武光誠『図説日本史』(青春出版, 2007)

동안이나 전사자들의 피로 물들었고 1,600여 필의 말을 노획하였다." 고려를 멸망시키고 조선을 세운 이성계는 왜구를 토벌하면서 실력을 키웠다. 왜구는 고려를 멸망시키는 중요한 요인이 되었던 것이다.

2. 일본과 명의 무역

왜구는 중국의 연안 해안까지 침략하여 노략질하였다. 왜구의 노략질에 고심하던 명明은 일반 상인이 해외로 진출하거나 다른 나라와 무역하는 것을 금지하였다. 이 정책을 해금정책海禁政策이라고 한다. 그리고 명은 일본으로 사신을 보내어 왜구의 단속을 요청하였다. 명의 사신이 내일하자, 해금정책으로 무역의 길이 막힌 일본 상인들은 명과 정식 통교할 수 있는 기회라고 생각하였다. 상인들은 무로마치 막부에 명의 요청을 수락할 것을 간청하였다. 3대 쇼군 요시미쓰도 막부 재정 확립에 도움이 된다고 생각하여 명과 국교를 개시하려고 결심하였다.

1401년 쇼군 요시미쓰는 규슈를 통제하기 위해 설치한 규슈탄다이九州探題에게 왜구의 단속을 명하는 한편, 하카타博多의 상인과 승려를 사신으로 명에 파견하여 통교하기를 원한다는 뜻을 밝혔다. 그러자 명은 쇼군 요시미쓰를 일본국왕으로 책봉하고 조공무역을 허용하였다. 쇼군 요시미쓰는 명의 책봉을 받고 명의 연호를 사용하였다. 책봉을 받고 연호를 쓴다는 것은 명의 속국이 되었다는 것을 의미하였다. 그래서 일본 국내에서는 쇼군이 책봉을 받고, 명의 연호를 사용하는 것은 굴욕적이라는 비판이 있었다. 하지만 쇼군 요시미쓰는 정치적인 권위를 높일 수 있었을 뿐만 아니라 명과 무역하여 많은 이익을 얻을 수 있었다.

명은 일본에 감합부勘合符를 교부하였다. 감합부라는 것은 명이 무역을 통제하기 위해 발행한 일종의 상륙허가서로서 공적인 선박과 사적인 선박을 구별하기 위한 것이었다. 감합부를 갖고 명으로 건너가는 배를 감합선이라고 하였다. 1404년부터 막부가 선박을 파견하는 형식으로 일명무역日明貿易이 개시되었다. 1404년에서 1410년까지 6회에 걸쳐서 견명선遣明船이 파견되었다. 견명선은 명의 닝파오寧波에서 입국 절차를 마치고 상륙하였다. 당시 명은 속국에 대하여 조공무역朝貢貿易

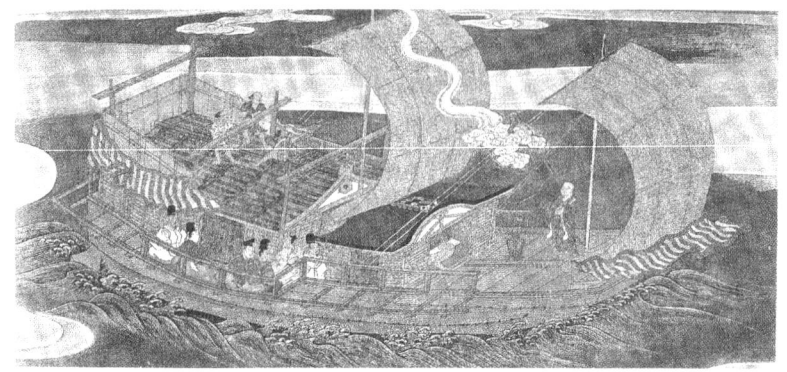
견명선

의 형식을 취할 것을 강요하였다. 일명무역도 일본이 명에 공물을 헌상하면 명이 일본에 물자를 하사하는 형식으로 이루어졌다. 조공무역은 관세도 없었으며 조공사절의 체제 비용도 명이 부담하였다. 일본의 사절은 닝파오에서 명의 수도인 북경으로 가서 조공을 바쳤다. 그때 사적인 교역이 허용되었다.

일명무역은 4대 쇼군 아시카가 요시모치足利義持 시대에 일시적으로 중단되었다. 쇼군 요시모치는 조공 형식의 무역이 명에 대하여 굴욕적인 태도를 취하는 것이라고 생각하였다. 그러나 6대 쇼군 아시카가 요시노리足利義教 시대에 이르러 일명무역이 재개되었다. 막부의 재정이 궁핍해졌기 때문이었다. 무역 규정도 개정하여 10년에 1회로 정하고, 그 규모도 무역선 3척, 승선 인원 300명으로 정하였다. 하지만 규정은 엄격하게 지켜지지 않았다. 대체로 규정보다 많은 규모의 무역선이 파견되었다. 어떤 때는 10여 척이나 되는 감합선이 출발하는 경우도 있었다. 1434년에는 6척, 1451년에는 10척의 무역선이 파견되었다. 무역선은 1547년까지 17회 파견되었다. 일본은 명에 금·동·유황·도검·칠기 등을 수출하고 명에서 동전·생사生糸·면사綿糸·견직물·도자기·사탕 등을 수입하였다. 일본상인들이 가장 선호했던 수입품은 생사였다. 보통 4~5배, 경우에 따라서는 20여 배의 이윤을 남길 수 있는 상품이었기 때문이다.

처음에는 막부가 직접 장악하던 감합무역의 실권이 점차로 오우치씨와 사카이堺 상인, 그리고 호소카와씨와 하카타博多 상인의 손으로 넘어가게 되었다. 오우치씨와 호소카와씨는 무역의 주도권을 둘러싸고 대립하였다. 1523년에는 호소카와 다카쿠니細川高國와 오우치 요시오키大內義興가 각각 명에 사절을 파견하였는데, 양 사절이 중국의 닝파오에서 심하게 충돌하는 사건이 일어났다. 사건은 호소카와씨의 사절이 명의 관리에게 뇌물을 바치고 먼저 화물을 하역한 것이 발단이 되었다. 격분한 오우치씨의 사절이 호소카와씨의 배에 불을 질렀던 것이다. 사건이 발생하자 명은 일시적으로 일본과의 무역을 금지하였다. 하지만 무역은 곧 재개되었다. 이 사건을 계기로 감합무역은 오우치씨가 독점하였다. 그러나 감합무역은 1551년에 오우치씨가 멸망하면서 단절되고 말았다.

3. 일본과 조선의 무역

1392년 한반도에서는 이성계가 고려를 멸망시키고 조선을 건국하였다. 조선과 일본은 서로 무역을 통하여 이익을 얻고자 하는 이해관계가 일치하여 통교를 계속하였다. 그러던 중 1419년에 대마도에 근거지를 둔 왜구가 조선을 침략하였다. 조선의 세종은 200여 척의 병선과 1만7,000여 명의 군사를 동원하여 대마도의 왜구를 토벌하였다. 이 사건을 일본에서는 오에이應永의 외구外寇라고 한다. 무로마치 막부는 조선의 입장을 이해하였기 때문에 양국 간의 무역은 단절되지 않았다.

한편, 조선은 왜구를 근절시키기 위한 방법의 하나로서 회유책을 썼다. 왜인들을 조선 내에 거주하게 하기도 하고, 쓰시마対馬 도주 소씨宗氏를 매개로 하여 조일무역을 허용하였다. 당시 일본의 규슈 · 주고쿠中國 지방의 다이묘와 호족들이 빈번하게 조선에 사절을 파견하여 무역을 청하였다. 조선은 그들을 일일이 상대하는 것보다 쓰시마 도주를 대일무역의 통로로 하는 것이 유익하다고 판단하였다. 그래서 조선정부는 1443년에 쓰시마 도주인 소씨와 계해약조癸亥約條를 맺었다. 그 후 조선은 1년에 쓰시마의 세견선 50척의 입항을 허용하고, 통신부通信符를 사용하여 무역하도록 하였다. 무역항은 부산포 · 내포 · 염포의 3포에 한정하였다. 3포와 수도인 한성에 왜관倭館을 두었다. 왜관은 일본의 사절을 접대하거나 교역하는 장소로 이용되었다.

조선은 일본에서 구리 · 유황 등을 주로 수입하였다. 그리고 후추 · 약재 · 향목 등 동남아시아의 특산품도 일본 상인을 통하여 수입하였다. 동남아시아 지역의 특산품은 유구의 상인들이 일본으로 수출한 것을 하카타의 상인들이 중계무역의 형식으로 다시 조선으로 수출하는 것이었다. 일본은 조선에서 면화 · 견직물 · 인삼 · 공예품 등을 수입하였다. 불경도 대량으로 조선에서 수입하였다.

4. 일본과 유구의 무역

유구에서는 안사按司라고 불리는 수장들이 200여 년 동안이나 서로 항쟁하다가 14세기에 이르러 중산 · 북산 · 남산의 3왕국이 세력 균형을 이루었다. 1429년에 중산의 왕인 상파지尚巴志가 세 왕국을 통일하였다. 상파지는 수리首里를 수도로 정하고 주변의 여러 섬들도 지배하에 두는 유구왕국을 건설하였다.

1372년에 중산의 왕인 찰도察度가 명에 조공을 하고 책봉을 받았다. 중국과의 관계는 유구왕국이 건설된 다음에도 계속되었다. 중국에 대한 조공 횟수를 다른 나라와 비교하여 보았을 때 유구가 가장 많았다. 유구에서 생산되는 특산품은 유황·말·나각·소가죽 등으로 매우 한정되어 있었다. 그래서 진귀한 조공품을 주변세계에서 조달하기도 하였다. 중국에서는 주로 도자기와 견직물을 수입하였다.

유구는 전형적인 무역 왕국이었다. 유구의 무역은 왕국을 유지하기 위한 관영무역이었다는 점이 특징이다. 모든 무역선은 국왕의 소유였다. 상인이 무역선을 소유하는 것은 용납되지 않았다. 무역을 하기 위해 외국을 왕래하는 것도 국가가 임명한 관리였다.

유구는 조선·명·일본 그리고 동남아시아를 연결하는 중계무역의 거점이기도 하였다. 유구는 명의 해금정책과 왜구 단속으로 무역 활동의 유리한 지위를 점했던 것이다. 15세기에 들어서 유구는 활발한 중계무역을 전개하였다. 명·조선·일본 및 동남아시아 여러 나라에 상선을 파견하여 각종 물자를 중계하여 막대한 이익을 얻었다. 1389년에 고려와 통교를 시작하였고, 이어서 조선과도 활발하게 교류하면서 조선의 특산품을 수입하였다. 1415년에 무로마치 막부와 정식으로 통교하였고, 이후에는 3~4년에 한 번씩 일본에 사신을 파견하였다. 그러나 교역은 그 이전부터 활발하였다. 유구는 하카타·쓰시마·사카이·사쓰마薩摩 등의 상인과 교역하면서 중국과 동남아시아의 특산품을 팔고, 일본에서는 공예품·도검·구리 등을 매입하였다. 그러나 16세기 중엽부터 중국 상인의 동남아시아 진출, 유럽인들의 내항, 일본상인들의 동남아시아 진출로 유구의 중계무역이 큰 타격을 입었다.

□□□제16장

정치체제의 동요와 민중의 대두

[1] 농촌의 변용과 민중의 도전

1. 소손의 형성

농촌은 가마쿠라鎌倉 시대 후기부터 변화의 조짐을 보이기 시작하였는데, 남북조 시대를 거치면서 그 변화의 속도가 빨라졌다. 14세기 후반에는 장원영주와 고쿠진国人이 지배하는 농촌에서 농민이 지역적으로 결합하여 소惣 또는 소손惣村이라는 자치조직을 결성하기 시작하였다.

생산력이 향상되면서 실력을 보유한 묘슈名主를 중심으로 촌락공동체가 형성되었다. 촌락공동체는 경작상의 필요[145]에 의해, 장원영주·고쿠진의 부당한 요구에 대항하기 위해, 또 촌락을 전란의 피해에서 보호하기 위해 단결을 강화하기 시작하였다. 유력한 농민은 성장하기 시작한 소농민을 구성원의 일원으로 참여시켰다.

소손의 단결을 촉진시키는 직접적인 계기가 되었던 것은 남북조 내란이었다. 슈고다이묘守護大名도 이러한 촌락의 변화를 긍정적으로 인식하였다. 여러 촌락을 통합하여 지배하는 것이 오히려 편리했기 때문이다. 소손은 지리적 조건이나 공동의 이해관계에 따라 여러 촌락이 하나의 향鄕으로 통합되는 경우가 많았다. 이러한 촌락의 결합을 향촌제鄕村制라고 하였다.

소손의 중심 인물은 지자무라이地侍였다. 그들은 무사적 성격을 지닌 유력한 농민이었다. 그들 중에서 오토나乙名·사타닌沙汰人·반토番頭·도시요리年寄 등의 지도자가 선출되었다. 소손의 구성원인 소뱌쿠쇼惣百姓는 요리아이寄合라는 회의를 통해 운영에 참여하였다. 회의에서는 마을의 수호신에 제사를 지내고, 공유지와 관개용수를 관리하거나 정비하고, 마을을 방어하고, 질서를 유지하고, 도로를 수리하고, 기타 마을의 운영에 관한 사항 등을 논의하였다. 또 무라오키테村掟라는 자치 규약을 제정하고, 그것을 위반한 자에게는 각종 제재를 가하였다. 요리아이에 참석하지 못하게 하거나, 벌금을 부과하거나, 경우에 따라서는 소손에서 추방하는 등 경찰권과 재판권도 행사하였다. 무력도 보유하였다.

농민이 단결할 수 있었던 것은 미야자宮座라는 조직이 있었기 때문에 가능하였다. 미야자는 촌락을 수호하는 신사神社를 중심으로 뭉친 조직

---

[145] 장원 지배체제 아래서는 촌락이 여러 명의 장원영주에게 분할되어 지배되는 경우가 많았다. 그런 경우 농민은 산림이나 임야를 공동으로 이용한다든지, 농업용수를 공동으로 분배한다든지 할 때 불편한 점이 많았다. 그러한 불편함은 소손이 형성되면서 해소되었다.

체였다. 농민들은 농번기 때 미야자를 중심으로 협동하여 작업하였다. 농민은 미야자를 통하여 단결력을 강화하였다.[146] 특히 농민이 장원영주나 지토地頭에 대항하여 잇키一揆를 일으킬 때, 이치미신스이一味神水라고 하여, 수호신을 모시는 장소에서 물을 서로 나누어 마시며 단결을 맹세하였다.

소손은 연공을 지게우케下請 방식으로 영주에게 납부하였다. 지게우케는 소촌우케惣村請라고도 하는데, 장원의 연공을 소손이 청부맡는 것을 말한다. 지게우케 방식이 정착되었다는 것은 지자무라이를 중심으로 하는 소손이 촌락 운영의 주도권을 장악했다는 것을 의미하였다. 소손은 사회적·경제적으로는 물론 정치적으로도 하나의 단위로 행동하였다. 소손의 결합은 생산력이 발전했던 기나이畿內·도카이東海·호쿠리쿠北陸 지방에서 현저하게 진전되었다.

2. 저항하는 농민

당시 농촌에서는 고쿠진과 지자무라이 이외에 게닌下人이나 누히奴婢에서 성장한 소농민층이 형성되고 있었다. 농민들은 고쿠진이나 지자무라이를 중심으로 단결하여 장원영주에게 연공이나 부역의 감면, 쇼칸莊官이나 지토의 교체 등을 요구하기에 이르렀다. 요구가 관철되지 않을 경우에는 집단으로 행동하기도 하였다. 농민들이 무장하고 봉기를 일으키기도 하였다. 이것을 잇키라고 하였다. 또 고쿠진은 무사단

---

146) 이른 봄에는 가래나 쇠스랑으로 논밭을 일구는 작업을 하고, 초여름에는 모내기·모종을 하고, 한여름에는 벌레를 잡고, 가을에는 추수를 하였다. 농민들은 미야자를 중심으로 협동하였기 때문에 생산성이 향상되었다. 농민이 장원영주나 지토에게 저항할 수 있었던 것도 미야자를 중심으로 단결하였기 때문에 가능하였다.

을 조직하여 슈고守護의 압박에 저항하기도 하였다. 이것을 고쿠진잇키 国人一揆라고 하였다.

14세기 중엽, 하리마播磨(지금의 효고현兵庫県 지역)의 야노노쇼矢野 莊라는 장원에서는 농민들이 장원의 쇼칸인 와키다 쇼한脇田昌範의 악행을 열거하면서 그의 파면을 요구하였다. 그때 농민들이 제출한 소송장의 내용은 대략 다음과 같다. (1) 말과 되의 크기를 속여서 연공을 무리하게 거두어들이려고 하였다. (2) 연공율이 낮은 경작지를 마음대로 연공율이 높은 경작지로 둔갑시켜 연공을 부과하였다. (3) 농민의 전답을 약탈하고, 슈고가 보낸 사자와 연락을 취하면서 농민을 압박하였다. (4) 농민과 관계없는 지샤전寺社田에 대해서도 부역을 부과하여 농민들을 고통스럽게 하였다.

농민들이 쇼칸의 불법적이고 부도덕한 압박에 저항하기 위해서 소송을 제기한 것만은 아니었다. 농민들은 매년 정해진 연공이나 부역의 부담을 경감시켜 달라고 소송을 제기하였다. 연공 감면 요구는 그 후에도 되풀이되었다. 1347년 농민들은 흉년이 들었다는 이유로 야노노쇼의 장원영주인 도지東寺에 대해 연공의 감면을 요구하여 연공미 30석을 줄이는데 성공하였다. 다음 해에는 수해를 이유로 29명의 농민이 서명하여 연공미의 감면을 청원하였다. 다시 4년 후에는 부역을 면제하고 연공미도 40석을 감면해 달라고 요구하였다. 장원영주가 수용하지 않으면 연공을 체납하는 방식으로 저항하였다. 다른 장원에서도 이와 같은 농민의 저항은 끊이지 않았다.

농민의 저항 중에서 특히 주목되는 것은 토지의 측량을 거부하는 것이었다.[147] 농민들이 조직적으로 저항하면, 장원영주도 토지 측량 작업

---

147) 이세伊勢(지금의 미에현三重県 지역)의 소네노쇼曽禰荘는 다이고지醍醐寺의 영지였는데, 1347년에 토지를 측량하려고 하였다. 소네노쇼는 수십 년간 토지를 측량하지 않았기 때문에 연공이 오히려 해마다 감소하였다. 그래서 다이고지는 토지를 측량하여 연공을 현실화시키려고 하였다. 그때 농민은 온갖 이유를 들어 장원영주의

을 강행할 수 없는 일이었다. 농민의 조직적인 저항의 중심에는 아이러니하게도 영주가 장원을 관리하기 위해 임명한 쇼칸이 있었다.[148] 쇼칸은 농민의 투쟁을 은근히 부추기면서 장원영주의 토지 측량에 반대하였다. 그 이유는 쇼칸이 토지대장에 기록되어 있지 않은 은전隱田을 사유지로 소유하고, 그것을 게닌家人들에게 경작시키거나 분배하여 세력을 확대하였기 때문이다. 토지 측량을 저지하여 얻은 이윤은 결국 쇼칸과 농민들 차지가 되었다.

3. 도잇키

14세기부터 향촌제가 형성되면서 민중들이 단결하였다. 그들은 장원영주와 그 대리인에게 조직적으로 저항하기 시작하였다. 15세기가 되면, 도잇키土一揆라는 민중 봉기가 여러 지역에서 발생하였다. 도잇키는 토호와 농민, 그리고 도시의 상공인도 가담한 복잡한 구성체였다. 민중은 지역과 신분을 초월하여 단결하였다. 민중이 권력에 저항하게 되면서 막부와 슈고다이묘의 권위가 크게 손상되었다. 도잇키의 발생은 특히 무로마치 막부의 쇠퇴를 촉진시켰다.

농민들은 장원영주에게 연공의 면제나 감면을 요청하였고, 장원영

  토지 측량에 저항하였다.
148) 쇼칸은 원래 장원영주가 파견한 대리인에 불과하였다. 그러나 장원 내의 유력한 지주이면서 무력을 행사할 수 있었던 쇼칸은 시간이 지나면서 장원영주로부터 서서히 독립하여 영주화되기 시작하였다. 그렇기 때문에 쇼칸은 어떤 때는 농민과 연합하여 장원영주를 압박하였고, 어떤 때는 새로운 지배자로서 농민 위에 군림하기도 하였다. 장원 외부의 슈고와 결탁하여 장원영주에 저항하는 한편, 농민을 압박하기도 하였다. 장원영주의 영향력에서 벗어나서 소영주로 독립하려고 모색하는 쇼칸이 증가하였다.

주나 슈고다이묘의 부당한 압력에 저항하였다. 장원영주에게 불법을 일삼는 대리인을 파면해 줄 것을 요구하기도 하였다. 농민의 집단행동은 치밀하게 준비되었다. 상황에 따라서 대처하는 방법도 다양하였다. 처음 단계에서는 슈소愁訴라고 하여 소장을 제출하고, 요구가 관철되지 않을 경우에는 보다 강력한 고소强訴라는 방법을 택하였다. 고소는 무장을 갖추고 집단적으로 시위하는 강력한 투쟁방식이었다. 그럼에도 불구하고 농민의 요구가 관철되지 않을 경우에 최후로 조산逃散이라는 방법을 선택하였다. 조산은 경작을 포기하고 다른 곳으로 이주하는 저항 방법이었다. 무력으로 장원영주에 맞서서 투쟁하기도 하였다. 이와 같이 지자무라이·농민 연합이 장원영주·슈고다이묘를 상대로 투쟁을 전개한 것을 도잇키라고 하였다.

도잇키는 도쿠세이德政를 요구하였다. 도쿠세이는 채권·채무 관계를 파기하는 것이었다. 특히 화폐경제가 발달한 선진 지역인 기나이 일대는 연공을 납부하는 것도 어려운 지경이었는데, 민중은 사원이나 금융업자에게 토지나 물건을 저당 잡히고 높은 이자를 지불하고 있었다. 그래서 기나이 일대의 지자무라이·농민 등은 집단으로 무로마치 막부에 도쿠세이를 요구하였다. 특히 흉작이나 질병이 유행할 때, 민중이 집단으로 도쿠세이나 연공의 감면을 요구하며 잇키를 일으켰다. 1428년 교토를 중심으로 발생한 쇼초正長의 도잇키는 도쿠세이의 시행을 요구한 최초의 대규모 잇키였다. 그 해는 기근이 들어 굶어 죽는 자가 속출하였다. 민심이 흉흉한 중에 오미近江의 교통업자인 바샤쿠馬借가 금융업자를 습격한 것이 발단이 되어 잇키가 일어났다. 잇키는 야마시로山城·야마토大和를 비롯한 기나이 일대로 확산되었다. 잇키 세력은 금융업자인 도소土倉와 양조업자인 사카야酒屋는 물론 사원을 습격하여 저당물을 약탈하고 차용증서를 불태워 스스로의 힘으로 도쿠세이를 실현하였다. 막부는 병력을 출동시켰지만 사태에 효과적으로 대응하지 못하였다. 그 후에도 교토 일대의 민중은 자주 잇키를 일으켜 무로마치 막부에 도쿠세이를 강요하였다. 이러한 일련의 잇키를 도쿠세이잇키德政一揆라고 하였다. 15세기에 들어서면서 유력한 묘슈·도시하층민·바샤쿠·농민 등의 민중이 도쿠세이령과 관전關錢의 철폐를 요구하며 봉기하여 막부·도소·사원에 저항하는 사례가 증가하였다.

도쿠세이잇키의 전제가 된 것은 가마쿠라 시대 후반부터 발달하기 시작한 화폐경제였다. 화폐경제는 기나이를 중심으로 발달하여 지방의 농촌에도 침투하였다. 이러한 현상에 대처할 수 없었던 농민은 고리대금업자로부터 금전을 융통하여 급한 상황을 모면하는 경우가 많았다. 토지를 매각하는 농민도 증가하였다. 한편, 장원영주는 영내의 교통 요지에 관소를 설치하여 관전을 징수하였다. 바샤쿠를 비롯한 운송업자의 불만이 고조되었다.

1420년대부터도 도잇키土一揆가 빈발하였다. 막부는 그들의 요구를 수용하여 도쿠세이령德政令을 내리는 경우가 많았다. 되풀이되는 도쿠세이령으로 금융업자와 양조업자의 수입이 감소하였고, 막부가 그들에게서 거두어들이던 세금도 줄었다. 그러자 막부는 부이치센分一錢 제도를 실시하였다. 이 제도는 금융업자가 채권을 도쿠세이령에서 제외시킬 때, 또는 민중의 채무 파기를 승인할 때, 그 채권액이나 채무액의 일부를 막부에 납부하도록 하는 조건으로 도쿠세이령을 내리는 것이었다. 이것을 특히 부이치도쿠세이령分一德政令이라고 한다. 8대 쇼군將軍 아시카가 요시마사足利義政는 재임 기간 중에 13회나 부이치도쿠세이령을 내렸다. 막부는 단지 수수료 수입을 늘리기 위해 공권력의 행사를 포기했던 것이다.

1429년에는 하리마(지금의 지금의 효고현 지역)에서 도잇키가 발생하였다. 잇키 세력은 슈고인 아카마쓰씨赤松氏 군대와 전투를 벌여서 그들을 하리마 지역에서 몰아냈다. 1441년에는 가키쓰嘉吉의 잇키가 일어났다. 교토 일대의 교통업자와 농민이 교토에 있는 사원을 점거하고 금융업자를 습격하면서 도쿠세이를 요구하였다. 막부는 군대를 파견하였으나 진압에 실패하였다. 막부는 잇키 세력의 요구를 받아들이지 않을 수 없었다. 1457년에는 조로쿠長禄의 도잇키가 일어났다. 호소카와씨細川氏의 군대를 비롯한 슈고다이묘의 군대가 도잇키 세력에게 패배하였다.

[2] 오닌 난

1. 막부 정치의 추이

1394년 12월 아시카가 요시모치足利義持가 9세의 나이로 무로마치 막부의 4대 쇼군에 취임하였다. 1408년에 3대 쇼군이었던 요시미쓰가 사망하였을 때, 4대 쇼군 요시모치는 이미 23세의 건장한 청년으로 성장해 있었다. 그는 시바 요시마사斯波義将를 비롯한 측근들의 보좌를 받으면서 정치를 담당하였다. 4대 쇼군 요시모치는 전 쇼군 요시미쓰가 생전에 조정에서 수여받은 태상천황의 호칭을 사퇴하고, 일명무역日明貿易을 중지하는 등 요시미쓰가 추진한 정책을 시정하기도 하였다.

1423년 3월 4대 쇼군 요시모치는 16살이 된 그의 아들 아시카가 요시카즈足利義量에게 쇼군의 지위를 물려주었다. 그런데 5대 쇼군 요시카즈는 재위 3년 만인 1425년 2월 19세의 젊은 나이로 사망하고 말았다. 4대 쇼군이었던 요시모치가 1428년 정월에 사망할 때까지 정치를 돌보았으나 쇼군이 없는 막부의 정치는 혼란하였다. 1429년 3월이 되어서야 아시카가 요시노리足利義教가 6대 쇼군에 취임하였다. 쇼군 요시노리는 3대 쇼군 요시미쓰의 아들로 일찍이 출가하여 천태종의 좌주座主가 되었는데, 쇼군의 후사가 마땅치 않자 유력한 슈고다이묘들이 협의하여 그를 6대 쇼군으로 옹립하였다.

3대 쇼군 요시미쓰가 사망한 후, 슈고다이묘 세력이 다시 고개를 들었다. 1416년 8월에는 우에스기 젠슈上杉禅秀의 난이 일어났다. 당시 간토칸레이関東管領 우에스기 젠슈가 가마쿠라쿠보鎌倉公方 아시카가 모치우지足利持氏와 사이가 좋지 않아 1415년 간토칸레이 지위에서 물러난 후, 3대 쇼군 요시미쓰의 차남으로 4대 쇼군 요시모치에 대해 불만은 품은 아시카가 요시쓰구足利義嗣, 4대 가마쿠라쿠보 모치우지에 불만을 품고 있던 아시카가 미쓰타카足利満隆 등과 모의하고, 동부 일본의 몇몇 호족들을 자기편으로 끌어들여 반란을 일으켰다. 막부는 기민하게 대응하여 다음 해 정월에 반란을 진압하였다. 하지만 이 사건을 계기로 호족들의 분권화가 더욱 진행되었다. 쇼군의 권위는 상대적으로 저하되었다.

6대 쇼군에 취임한 아시카가 요시노리는 쇼군권력을 강화하고 슈고다이묘를 억제하는 정책을 추진하였다. 그러나 6대 쇼군 요시노리는 여러 명의 후보자 중에서 한 사람을 고르는 추첨 방식으로 쇼군이 되었기 때문에 그의 권위는 다른 쇼군에 비하여 매우 취약하였다. 유력한 슈고다이묘들은 6대 쇼군의 명령에 따르려하지 않았다.

가마쿠라쿠보 아시카가 모치우지는 6대 쇼군 요시노리의 권위에 공공연하게 도전하였다. 그러자 쇼군 요시노리는 모치우지를 압박하면서 전제정치를 강화하였다. 가마쿠라쿠보와 쇼군이 대립하자, 간토칸레이 우에스기 노리자네上杉憲実가 중재하려고 노력하였다. 하지만 그 과정에서 가마쿠라쿠보 모치우지와 사이가 악화되었다. 결국 가마쿠라쿠보 모치우지는 1438년에 막부에 반기를 들었다. 이를 에이쿄永享

의 난이라고 한다. 난이 일어나자, 6대 쇼군 요시노리는 우에스기 노리자네와 협력하여 1439년 2월에 모치우지를 멸망시켰다. 그러자 1440년에 가마쿠라쿠보 모치우지를 도와서 싸웠던 간토關東 지방의 실력자 유키 우지토모結城氏朝가 모치우지의 두 아들을 앞세우고 막부에 반기를 들었다. 6대 쇼군 요시노리는 다시 우에스기 노리자네를 파견하여 1441년 4월에 유키 우지토모를 공격하여 죽이고, 아시카가 모토우지의 두 아들도 체포하여 죽였다. 이로서 일단 반란은 평정되었으나 간토 지방의 호족들이 두 파로 분열되어 다투게 되었다. 막부의 지배력이 더욱 약화되었다.

  6대 쇼군 요시노리는 전제정치를 더욱 강화면서 슈고다이묘들을 처벌하였다. 실추된 무로마치 막부의 권위를 회복하기 위해서였다. 그러자 유력한 슈고다이묘들이 쇼군 요시노리에게 반감을 품게 되었다. 1441년 6월 쇼군 요시노리가 살해되는 사건이 일어났다. 유력한 슈고다이묘의 한 사람이었던 아카마쓰 미쓰스케赤松滿祐가 쇼군 요시노리를 자신의 저택으로 초대하여 범행했던 것이다. 이 사건을 가키쓰嘉吉의 난이라고 한다.

  6대 쇼군 요시노리가 암살된 후, 간레이 호소카와 모치유키細川持之는 요리노리의 아들로 당시 8세였던 아시카가 요시카쓰足利義勝를 7대 쇼군에 취임시켜서 서둘러 혼란을 수습하려고 하였다. 하지만 막부의 권위는 이미 크게 손상되었고 대응력도 상실하였다. 가키쓰의 난이 일어난 지 1개월이 지나서야 아카마쓰 미쓰스케 토벌군이 편성될 정도였다. 사건이 발생한 지 3개월이 지나서야 사무라이도코로侍所의 장관이었던 야마나 모치토요山名持豊가 암살자 미쓰스케를 토벌하여 사태를 수습하였다. 이 사건을 계기로 쇼군 권력이 급격하게 쇠퇴하였다.

  설상가상으로 7대 쇼군 요시카쓰는 쇼군에 취임한 지 2년 만에 사망하였다. 그의 뒤를 이어 당시 7살이던 아시카가 요시마사足利義政가 8

대 쇼군에 취임하였다. 8대 쇼군 요시마사는 성장하여서도 정치에는 관심이 없고, 사치스러운 생활을 좋아해서 각종 건축공사를 벌이는 데 여념이 없었다. 하지만 쇼군에게 직언을 마다하지 않으면서 정치를 바르게 이끄는 충성스러운 측근이 없었다. 막부의 재정도 바닥을 드러냈다. 그러자 쇼군 요시마사는 어려운 재정을 보충하기 위해 해외무역에 적극적으로 손을 대었다.

8대 쇼군 요시마사 시대에 쇼군의 권위가 더욱 실추되었다. 쇼군 요시마사의 측근으로는 애첩인 이마마이리노쓰보네今參局와 가라스마루 스케도烏丸資任·아리마 모치이에有間持家 등이 있었다. 그들은 쇼군의 측근이라는 점을 이용하여 권세를 휘둘렀다. 당시 사람들은 그들을 3마三魔라고 불렀다. 쇼군 요시마사 자신도 토목공사를 일으키고 각종 놀이에 심취하여 사치스러운 나날을 보냈다. 쇼군의 정실 히노 도미코日野富子마저도 막부의 정치에 깊이 관여하였다. 그녀는 뇌물을 즐겨 받았을 뿐만 아니라 미곡의 거래나 고리대금업에 손을 대었다. 또 궁중의 조영을 구실로 교통의 요지에 관소를 설치하고 통행료를 징수하였다. 막부의 정치는 극도로 부패하였다.

2. 오닌 난의 발발

무로마치 막부의 정치가 동요하면서, 막부 내부에서는 간레이管領 가문인 시바씨斯波氏·하타케야마씨畠山氏·호소카와씨細川氏와 시시키四職 가문[149]의 하나인 야마나씨山名氏가 세력을 강화하여 심하게 대립

---

149) 막부의 사무라이도코로 장관, 즉 도닌頭人의 지위에 교대로 취임할 수 있는 슈고다이묘 가문으로 아카마쓰씨赤松氏·잇시키씨一色氏·교고쿠씨京極氏·야마나씨山

하였다. 마침 8대 쇼군 요시마사의 후계문제가 대두되었고, 가독家督의 상속을 둘러싼 대립이 시바씨와 하타케야마씨 가문에서도 발생하여 정국이 더욱 불안하게 전개되었다.

8대 쇼군 요시마사와 정실인 히노 도미코 사이에 출생한 남아가 일찍 죽었다. 그래서 쇼군 요시마사는 출가하여 승려가 된 동생 요시미義視를 환속시켜서 후계자로 정하고, 호소카와 가쓰모토細川勝元를 후견인으로 삼았다. 그런데 공교롭게도 그 다음 해에 정실인 히노 도미코가 아들 요시히사義尙를 낳았다. 그러자 쇼군 요시마사는 야마나 모치토요山名持豊를 후견인으로 삼고, 요시히사를 쇼군으로 추대하려고 하였다. 그래서 쇼군 후계 문제를 둘러싼 대립이 발생하였다.

한편, 막부의 간레이 가문의 하나로 유력한 슈고다이묘였던 시바씨도 내분에 휩싸였다. 가독인 시바 요시타케斯波義健가 18세에 요절하면서 가신들 사이에 분란이 일어났던 것이다. 요시타케에게는 아들이 없었다. 그래서 가이 쓰네하루甲斐常治를 비롯한 중신들이 일족인 시바 요시토시斯波義敏를 후계자로 정하였다. 그러나 요시토시는 중신들과 대립하였고, 막부의 명령에도 따르지 않았기 때문에 1359년에 추방되었다. 그래서 시바씨와 동족인 시부카와 요시카네渋川義鏡의 아들 요시카도義廉가 시바씨를 상속하도록 되어 있었다. 그런데 간레이 호소카와 가쓰모토가 추방된 시바 요시토시의 사면을 막부에 청원하였고, 막부는 그 청원을 받아들여서 요시토시를 사면하였다. 그러자 가독을 둘러싼 시바씨 내부의 대립이 더욱 격화되었다.

역시 막부의 간레이 가문이었던 하타케야마씨도 상속을 둘러싼 분쟁이 표면화하였다.[150] 하타케야마씨의 가독인 하타케야마 모치쿠니畠

名氏를 일컫는다.
150) 당시 무사사회에서는 단독상속이 정착되었다. 후계자에게 가문의 영지와 재산은 물론 적장자로서의 지휘권도 모두 물려주었다. 소료惣領의 정치적·경제적 지위는 다른 자식들에 비하여 절대적이었다. 그래서 그 지위를 둘러싸고 일족과 가신단이

山持国도 아들이 없었기 때문에 동생의 아들 하타케야마 마사나가畠山政長를 양자로 들였다. 그런데 그 후에 모치쿠니의 첩이 요시나리義就를 낳았다. 그러자 모치쿠니는 자신의 소생인 요시나리에게 가독의 지위를 물려주었다. 그러나 유력한 가신들은 이전에 양자로 맞아들인 마사나가를 옹립하려고 하였다. 그래서 호소카와 가쓰모토의 후원에 힘입어 요시나리를 배척하고 마사나가를 주군으로 정하고 요시나리를 추방하였다. 쫓겨난 요시나리는 야마나 모치토요에게 몸을 의탁하였다. 요시나리는 모치토요의 알선으로 8대 쇼군 요시마사를 접견하기도 하였다. 요시나리는 일관되게 자신의 정통성을 주장하였다.

　쇼군 가문과 유력한 간레이 가문인 시바씨·하타케야마씨의 내분을 둘러싸고, 호소카와 가쓰모토와 야마나 모치토요의 대립은 날이 갈수록 심화되었다. 야마나 모치토요는 쇼군 요시마사의 신임이 두터웠다. 모치토요는 쇼군을 움직여서 다른 간레이 가문을 권력에서 완전히 몰아내려는 흑심을 품었다. 모치토요는 먼저 하타케야마씨의 내분에 간섭하였다. 가신들에게 쫓겨난 하타케야마 요시나리를 보호한 것도 하타케야마씨를 분열시키기 위한 포석이었다. 그리고 쇼군을 움직여서 하타케야마 마사나가의 저택을 요시나리에게 양도하도록 압력을 가하였다. 마사나가는 쇼군의 압력에 저항하였다. 그러자 쇼군은 마사나가를 간레이의 지위에서 물러나게 하였다. 야마나 모치토요는 차제에 역시 간레이 가문이며 최고의 실력자인 호소카와 가쓰모토도 권력에서 추방하려는 공작을 벌였다. 하지만 쇼군도 그 일만은 엄두도 내지 못하였다. 그러자 자신의 음모가 드러날 것을 두려워한 야마나 모치토요는

서로 대립하는 경우가 많았다. 그러다보니 막부의 소료 공인을 둘러싸고 각기 막부 내의 실력자와 결탁하는 경우가 많았다. 무가의 상속은 가신들에게도 중요한 문제였다. 누가 후계자가 되느냐에 따라서 가신들의 운명을 좌우하였음은 물론 무사사회의 세력구도에도 영향을 미쳤다. 그래서 가독의 상속문제를 둘러싼 분쟁이 끊이지 않았던 것이다.

만약의 사태에 대비하여 은밀하게 전투에 대비하기 시작하였다.

한편, 하타케야마씨의 내분은 군사적인 충돌을 피할 수 없는 상황으로 치달았다. 마사나가 진영과 요시나리 진영도 전쟁 준비에 혈안이 되어 있었다. 이 상황에서 만약에 야마나 모치토요와 호소카와 가쓰모토가 하타메야마씨의 내분에 간섭한다면 대란으로 발전할 것이 뻔하였다. 두려움을 느낀 쇼군 요시마사는 최고의 실력자인 모치토요와 가쓰모토에게 하타케야마씨의 내분에 간섭하지 말 것을 명령하고, 두 사람이 서로 약속하게 하였다.

1467년 정월 18일 하타케야마 마사나가는 스스로 저택을 불태우고 고료샤御靈社 근처에 진을 쳤다. 이 소식을 들은 요시나리는 유사 나가나오遊佐長直의 군대를 선봉으로 요시나가군을 공격하였다. 전투는 오후까지 계속되었다. 유사 나가나오가 이끄는 군대의 사상자만도 600명이 넘었다. 전투가 요시나리군에게 불리하게 전개되자 야마나 모치토요는 약속을 무시하고 싸움에 개입하였다. 하지만 호소카와 기쓰모토는 약속을 지켜서 싸움에 개입하지 않았다. 호소카와 가쓰모토의 원군이 오지 않는다는 소식을 들은 하타케야마 마사나가는 고료샤에 불을 지르고 잠적하고 말았다.

같은 해 3월부터 호소카와 가쓰모토는 본격적으로 전투를 준비하기 시작하였다. 야마나 모치토요도 병력을 결집하기 시작하였다. 교토는 혼란스러웠다. 조정에서는 난국을 타개하고자 3월 5일에 평화를 기원하는 염원을 담아서 연호를 오닌応仁으로 개정하였다.

같은 해 4월부터 지방에서 병력들이 교토로 결집하기 시작하였다. 5월에는 떼도둑이 활개를 치고 피난하는 민중의 행렬이 이어졌다. 호소카와군은 무로마치의 쇼군 저택에 진을 쳤고 야마나군은 평야에 진을 펼쳤다. 양군의 진지는 교토의 동쪽과 서쪽에 있었다. 세간에서는 호소카와군을 동군, 야마나군을 서군이라고 불렀다. 이리하여 천하를 양분하는 전쟁이 발발하였다. 이 내란을 오닌 난이라고 한다. 전쟁은 11년간이나 지속되었다.

2. 오닌 난의 전개

동군이나 서군에 속했던 슈고다이묘는 각기 병력을 교토에 상주시켰다. 동군은 호소카와씨 일족, 하타케야마 마사나가畠山政長・시바 요시토시・아카마쓰 마사노리赤松正則・교고쿠 모치키요京極持清・다케다 구니노부武田国信 등 기나이 주변 24개 구니国의 병력 16만, 서군은 야마나씨 일족, 시바 요시카도・하타케야마 요시나리・잇시키 요시나오一色義直・도키 시게요리土岐成頼・롯카구 다카요리六角高頼 등 20개 구니의 병력 9만이라고 일컬어졌다. 양군 합하여 25만여 군병이 교토에 집결하였다.

당황한 8대 쇼군 요시마사는 전쟁을 중지시키려고 노력하였다. 동생 아시카가 요시미足利義視를 야마나 모치토요와 호소카와 가쓰모토에게 파견해 두 사람 사이를 조정하려고 하였다. 그러나 쇼군은 이미 지도력을 상실하였다. 더구나 쇼군 요시마사의 처 히노 도미코는 전쟁의 종식에는 관심이 없었다. 동군과 서군을 가리지 않고 고리대로 돈을 빌려주고 높은 이자 소득을 챙겼다.[151]

1467년 5월 말 동군이 서군에 속한 잇시키 요시나오의 저택을 점령하면서 오닌 난이 개막되었다. 동군의 호소카와 가쓰모토는 쇼군 요사마사의 처소에서 쇼군의 군기를 동군 진영으로 가져오고, 이어서 고쓰

---

151) 전쟁의 원인을 제공한 하타케야마 마사나가도 도미코에게서 1,000관문貫文을 빌렸다. 도미코는 고리대로 번 돈으로 미곡을 매점매석하여 막대한 이윤을 얻었다.

치미카도後土御門 천황과 고하나조노後花園 상황을 동군의 진영으로 맞아들였다. 동군이 서군을 조적朝敵으로 규정했던 것이다. 그러자 서군의 야마나 모치토요는 1468년 11월 쇼군 요시마사의 동생 아시카가 요시미를 쇼군으로 옹립하였다.

동군은 국지전에서 승리하면서 우세한 입장에 섰다. 서군은 병력면에서도 동군에 비하여 열세를 면치 못하였다. 서군의 야마나 모치토요는 자신의 영국에서 병력을 보충하고, 서부 일본의 실력자 오우치 마사히로大内政弘와 고노 미치하루河野道春에게 상경해 줄 것을 간청하였다. 같은 해 8월 드디어 오우치 마사히로가 2만의 병력을 이끌고 교토로 행하였다. 오우치군은 도중에 고노 미치하루의 2천여 군대와 합류하고, 동군의 방어선을 돌파하여 서군에 가담하였다. 오우치씨가 전쟁에 참가하면서 서군이 우세한 형국이 지속되었다.

하지만 서군도 결정적인 승리를 쟁취하지 못하고 지리한 공방전이 지속되었다.[152] 계속되는 시가전으로 교토에 있는 대사원이 연이어서 소실되거나 파괴되었다. 교토를 더욱 황폐화시킨 것은 용병으로 동원된 아시가루足軽의 난폭한 행동이었다. 아시가루는 정규군이 아니었고 대부분이 고용된 존재들이었기 때문에 군기가 문란하였다. 그들은 경무장을 하고 집단을 이루어 방화하고 약탈을 일삼으며 교토를 더욱 황폐화시켰다. 전란 중에 사원이나 귀족이 보관하던 보물이나 서책이 모두 소실되거나 분실되었다.

전란은 점차로 교토의 교외로 확산되었다. 동군은 교토의 서쪽에 있는 가쓰라가와桂川 인근의 니시오카西岡 지역의 농민을 동원해 서군의 배후를 공격하였다. 농민군은 야마자키山崎 전투에서 활약하였다.

---

[152] 서군은 동군의 수송로를 차단하고, 천황의 궁전에 가까운 지역에 진을 치고 있던 동군의 다케다 노부카타武田信賢를 공격하여 승리하였다. 또 동군의 거점인 쇼코쿠지相國寺도 괴멸시키려고 공격하였다. 승려를 매수하여 사원에 불을 지르고 공격하였으나 동군을 이기지 못하고 철수하였다.

동군은 1470년 여름에 서군에 속해있던 시바씨의 중신인 에치젠越前의 아사쿠라 도시카게朝倉敏景를 우군으로 끌어들였다. 그래서 동군은 셋쓰摂津(지금의 오사카 지역), 단바丹波(지금의 교토 북부), 하리마(지금의 효고현 지역)에 이어서 에치젠을 세력권에 포함하면서 전략상의 거점을 확보하였다. 열세였던 동군이 다시 세력을 만회하였다.

전란이 장기화되면서 지방에서 잇키一揆가 연이어서 발생하였다. 잇키 세력은 슈고의 지휘 하에 있는 무사와 대립하였다. 그러자 교토에 주둔한 슈고다이묘의 군대에 군량이 제때에 수송되지 못하였다. 또 슈고다이묘들이 교토에 주둔하는 동안에 그들의 영국에서 정변의 위기가 고조되었다. 위기에 처한 슈고다이묘들은 교토의 전장에서 은밀하게 자신의 영국으로 돌아갔다. 1472년에는 양군이 휴전을 할 것이라는 소문이 돌았다.

1473년 3월 야마나 모치토요가 사망하고, 이어서 같은 해 5월에 호소카와 가쓰모토가 세상을 떠났다. 그러자 1474년 4월 호소카와 가쓰모토의 아들 호소카와 마사모토細川政元와 야마나 모치토요의 아들 야마나 마사토요山名政豊 사이에 강화가 성립되었다. 그러나 전쟁의 불씨는 여전히 남아 있었다.[153] 하지만 점차로 대립은 하타케야마씨 문제로 국한되었고, 1477년 9월에는 하타케야마 요시나리도 갑자기 군사를 돌려서 자신의 영지인 가와치河内로 돌아갔다. 교토에 결집한 무사도 속속 고향으로 돌아갔다. 이리하여 11년 만에 오닌 난은 승자도 패자도 없이 끝나게 되었다.

---

153) 오닌 난의 실마리를 제공한 하타케야마 마사나가畠山政長와 요시나리義就의 화해는 성립되지 않았고, 전쟁의 주도권을 장악한 오우치 마사히로를 비롯해 여전히 교토에 머물고 있는 양군은 아직도 긴장관계를 유지하였다. 그러자 막부는 오우치 마사히로에게 종4위의 관위를 수여하고, 규슈의 지쿠젠筑前・부젠豊前・히젠肥前(지금의 후쿠오카현福岡県을 중심으로 하는 지역)의 3개 구니를 수여하여 귀국하게 하는 데 성공하였다.

4. 오닌 난의 영향

　법상종의 승려인 진손尋尊은 그의 일기 『진손다이소조키尋尊大僧正記』에서 당시의 정세를 깊이 있게 분석하였다. 그는 일본 전국을 쇼군에게 복종하지 않는 지역, 내란이 일어난 지역, 쇼군에 복종하는 지역 등으로 분류하였다. 그런데 쇼군에 복종하는 지역도 그 지역의 슈고는 쇼군의 명령에 복종할 의향이 있었지만, 슈고다이守護代 이하의 무사는 좀처럼 복종하려 하지 않았다. 쇼군의 권위는 회복하기 어려울 만큼 추락하였고, 그 명령은 유명무실하였다. 쇼군의 영향력이 미치는 지역은 겨우 교토 일대에 불과하였다. 각지에서 토호들의 세력이 강성해졌다. 슈고다이묘가 실력을 쌓은 슈고다이나 고쿠진에 의해 멸망하는 사례가 급증하였다.

　전쟁터가 되었던 교토는 황폐화되었다. 교토에 거주하던 귀족의 생활기반이 완전히 붕괴되었다. 남북조 내란으로 커다란 타격을 입은 장원제도는 이 시점에서 거의 붕괴되었다. 오닌 난으로 교토의 저택이 소실되고, 지방의 장원을 통째로 빼앗겨 수입의 원천이 붕괴된 귀족과 승려 중에는 연고를 찾아 지방으로 옮겨가는 경우가 많았다. 생계를 위해 직업을 갖는 귀족도 있었다. 지방의 호족에게 글씨를 써 주거나 와카를 가르쳐 주고 연명하는 귀족들도 있었다. 또 약을 제조하여 생계를 유지하는 귀족도 있었다.

　천황의 권위도 실추되었다. 천황의 경제생활은 상상할 수 없을 만큼 궁핍하였다. 고카시와바라 천황後柏原天皇은 호소카와씨의 반대로 22년간이나 즉위식을 올리지 못하였다. 고나라 천황後奈良天皇은 즉위식을 올리는데 10년이라는 시간이 필요하였다. 재정이 궁핍했기 때문이다. 천황과 귀족은 겨우 전통을 유지하였을 뿐 정치적으로도 경제적으로도 회복이 불가능할 정도로 몰락하였다.

[3] 경제생활의 진전

1. 농업과 수산업의 발달

정치·사회적 전환기였던 무로마치 시대에 산업과 경제가 발전하였다. 농업 분야에서는 경영의 집약화와 다각화가 진전되었다. 벼의 품종도 개량되었다. 전국시대戰國時代의 농업서인 『세이료키淸良記』에는 벼의 품종이 와세早稻 12종, 나카테中稻 24종, 오쿠테晩稻 24종이 있었다고 기록되어 있다. 모내기 방법도 개선되었다. 볍씨를 물에 담가서 발아를 촉진하는 침종법浸種法이 개발되었다. 이 방법은 소규모 집단농법에 적합하였기 때문에 수확량이 증대되었다. 당시 한 반反 당 수확량은 평균 1석石 정도였는데, 침종법이 개발되면서 선진 지역인 기나이에서는 1반 당 최고 3석의 수확을 올릴 수 있었다. 또 벼와 보리를 번갈아 심어 수확하는 이모작이 시행되었다. 이모작은 동부 일본 지역까지 보급되었다. 기나이畿內에서는 벼와 보리, 그리고 메밀을 번갈아 심는 삼모작이 시행되기도 하였다.

재배기술의 발달, 관개시설의 확충, 비료의 이용 등에 따라 선진 지역에서는 벼의 수확이 증가하였다. 과일·잡곡·채소·뽕나무·옻나무 등 다양한 작물이 재배되면서 시비법施肥法도 발달하였다. 땅을 비옥하게 하기 위해 논에다 풀을 깔고 재를 뿌렸다. 재는 풀이나 나무를 태워서 만들었다. 인분이나 가축의 분뇨도 거름으로 사용되었다. 외양간의 두엄도 퇴비로 이용되었다. 또 강이나 저수지에서 물을 길어 올리는 용골차龍骨車와 같은 양수기가 사용되기 시작하였다.

각지에서 상품 작물이 재배되었다. 옷감의 재료가 되는 마와 모시풀이 동부 일본 지역에서 많이 재배되었다. 조선에서 전래된 면화가 미카와三河(지금의 아이치현愛知県 지역)에서 재배되기 시작하였다. 염료의 재료인 쪽이 서부 일본 지역에서, 꼭두서니·지치·잇꽃 등이 동부 일본 지역에서 재배되었다. 들깨는 주로 태평양 연안 지역에서 재배되었다. 종이의 원료인 닥나무는 전국 여러 지역에서 재배되었다. 특산물로는 우지宇治의 차, 고슈甲州의 포도, 기슈紀州의 밀감 등이 유명하였다. 교토·나라 등 대도시 근교에서는 도시로 출시하기 위한 다양한 종류의 야채가 재배되었다. 농업생산력은 무로마치 시대 후기에 이르러 더욱 증가하였다.

 수산물의 상품화가 진전되면서 수산업이 발달하였다. 고기잡이를 전문으로 하는 어부가 증가하였다. 수산업은 특히 서부 일본 지역의 해안이나 비파호琵琶湖 주변에서 발달하였다. 농업 이상으로 협동작업이 필요한 수산업은 촌락민이 공동으로 경영하는 방식이 일반적이었다. 각종 어구도 발달하였다. 호수나 하천에서는 나무나 대나무를 이용하여 물이 한 곳으로 흐르게 막아 놓고, 그곳에 통발을 놓아 고기를 잡기도 하였고, 대로 만든 통발을 물고기가 다니는 곳에 소용돌이형·미로형으로 쳐놓고 물고기를 잡기도 하였다. 그물을 사용하여 물고기를 잡기도 하였다. 바다에서는 낚시나 작살, 또는 그물을 이용하여 주로 연안에서 고기잡이를 하였다. 그물의 종류도 다양하게 발달하였다.

 소금의 수요가 증가하면서 제염업이 발달하였다. 소금은 주로 식품 보존용이나 조미료로 사용되었다. 소금을 생산하는 방법으로 가장 일반적인 것은 아게하마법揚浜法이었다. 이것은 염전에 바닷물을 길어 올려서 그것을 자연스럽게 증발시켜 진한 소금물로 만든 다음, 그것을 다시 솥에 넣고 불을 때서 소금을 제조하는 방법이었다. 조수 간만의 차를 이용하여 바닷물을 염전에 가두는 이리하마법入浜法도 개발되었다. 소금의 산지로는 세토瀬戸 내해 일대, 특히 이요伊予의 유게시마弓削島와 사누키讃岐의 시와쿠지마塩飽島 일대가 유명하였다.

2. 산업의 발달

　수공업은 국내 수요의 증가와 대외 무역의 성황에 힘입어 크게 발전하였다. 수공업자는 점차로 귀족·사원·장원영주의 예속에서 벗어나 전문적인 직업인으로 활동하게 되었다. 수공업의 분화가 진전되면서, 수공업자는 주로 주문생산을 하면서 시장의 수요를 예측하여 상품을 생산하기도 하였다.

　철물업 분야에서는 농기구와 도검의 생산이 증가하였다. 농민의 수요에 대응하여 낫·쟁기·호미 등의 농기구나 냄비·솥 등의 일용품이 생산되었다. 도검은 국내 수요가 많았을 뿐만이 아니라 주요 수출품이기도 하였기 때문에 대량으로 생산되었다. 유명한 도검의 생산지로는 시모쓰케下野(지금의 도치기현栃木県 지역), 노토能登(지금의 이시카와현石川県 지역), 지쿠젠筑前(지금의 후쿠오카현福岡県 지역), 야마토大和(지금의 나라현 지역), 야마시로山城(지금의 교토 지역) 등이었다.

　직물업 분야에서는 특히 견직물이 발달하였다. 견직물은 교토의 니시진西陣과 규슈의 하카타博多, 그리고 시모쓰케下野의 아시카가足利, 고즈케上野의 기류桐生 등의 지역에서 발달하였다. 고급 견직물은 중국의 명에서 수입되었지만, 야마구치山口·하카타·사카이堺·교토 등에서는 중국에서 기술자가 건너와서 고급 견직물을 생산하기도 하였다. 마포麻布의 생산지로는 에치고越後(지금의 니가타현新潟県 지역), 시나노信濃(지금의 나가노현長野県 지역), 엣추越中(지금의 도야마현富山県 지역) 등이 특히 유명하였다.

　종이의 수요가 증가하면서 제지업이 발달하였다. 미노美濃(지금의 기후현岐阜県 지역)의 미노가미美濃紙, 하리마播磨(지금의 효고현 지역)의 스기와라가미杉原紙, 야마토의 나라가미奈良紙, 사누키讃岐(지금의 가가와현香川県 지역)의 단시檀紙, 에치젠越前(지금의 후쿠이현福井県 지역)의 도리노코가미鳥子紙 등이 제작되었다. 가장 대표적인 고급종이 생산지인 미노美濃에는 종이만을 전문으로 취급하는 시장이 형성되었다.

양조업과 제유업製油業도 전국적으로 확산되었다. 가와치·야마토·셋쓰·교토 등은 술의 산지로 유명하였다. 15세기 전후에는 교토 지역에만 350개소 가까운 양조장이 있었다. 제유는 특히 야마시로에서 발달하였다. 교토의 리큐하치만궁離宮八幡宮의 아부라자油座의 존재가 그것을 말해준다.

기타 특산품으로 도기와 칠기가 발달하였다. 도기 생산지로 유명한 곳은 가와치의 구즈하楠葉, 오와리의 세토, 에치젠의 인베伊部, 오미近江(지금의 시가현滋賀県 지역)의 시가라키信楽 등이 있었다. 칠기 분야에서는 교토를 중심으로 마키에蒔絵가 발달하였다. 칠기 기술로는 사카이의 칠기공 슌케이春慶가 개발한 슌케이 기법이 각지로 전파되었다.

3. 상업의 발달

수공업과 농업의 발달은 시장의 발달을 촉진하였다. 각지에서 정기적으로 장이 서는 정기시가 개설되었다. 장이 서는 횟수도 가마쿠라 시대에 비하여 증가하였다. 오닌 난 후에는 월 3회 개설되는 산사이이치三斎市, 월 6회 개설되는 로쿠사이이치六斎市 등의 정기시가 일반화되었다. 이렇게 각지에서 정기시가 개설되면서 유명한 사원의 입구에 발달한 몬젠마치門前町나 시장을 중심으로 발달한 이치바마치市場町가 형성되었다.

대도시 주변과 특산물 산지에서는 특정 상품만을 취급하는 전문시장이 형성되었다. 특히 교토에 전문시장이 많이 개설되었다. 롯카쿠六角의 어시장, 산조三条·시치조七条의 미곡시장, 요도가와淀川 연변의 어시장·소금시장 등이 유명하였다. 그 밖에 미노의 종이시장, 오사카의 어시장과 소금시장도 유명하였다.

시장의 대부분은 사원·장원영주·슈고다이묘 또는 지역의 토호들이 경영하였다. 시장에는 상품의 종류에 따라 판매하는 자리가 지정된 것이 보통이었다. 그 지정된 좌석을 이치자市座라고 하였다. 시장은 장원영주·슈고다이묘 등이 파견한 이치모쿠다이市目代라는 감독관이 통제하였다. 시장의 상인은 이치센市錢·지센寺錢이라는 시장세를 납부하고 지정된 이치자에서 독점적으로 상품을 판매할 수 있었다.

두부상인(상) 미곡상인(중) 기름상인(하)

행상도 증가하였다. 행상은 개인이 짐을 지고 다니며 물건을 파는 상인과 시장에 일정한 거처를 두고 정해진 지역을 순회하며 물건을 파는 상인이 있었다. 상인중에는 대규모 행상단을 조직하여 활약하는 상인도 있었다. 대도시에는 상설점포가 개설되었다. 점포는 수십 개의 상점이 처마를 맞대고 줄지어 늘어서서 영업하였다. 이렇게 한곳에 정착하여 상업에 종사하는 상인들을 조닌町人이라고 하였다.

상품의 도매와 숙박업을 겸하는 돈야問屋가 생겨났다. 그들의 대부분은 장원의 연공을 수송하던 기관인 도이마루問丸에서 독립한 자들이었다. 돈야는 수륙교통의 요지와 대도시에 근거지를 마련하고 영업하여 막대한 부를 축적하였다. 돈야는 교토의 요도가와淀川 연변, 세토 내해 연안, 비파호 연안, 호쿠리쿠北陸 지방의 여러 항구, 이세만伊勢湾 연안 등 상품 유통이 활발한 지역에 밀집해 있었다. 그들 중에는 특정 지역의 특정 상품만을 취급하는 도매상인 오로시우리돈야卸売問屋로 발전하는 자들도 있었다.

무로마치 시대의 상공업에서 특히 눈에 띄는 현상은 자座가 발달했다는 것이다. 자는 중세 시대의 특권적 동업조합이었다. 상업이 미발달한 단계에서는 이러한 동업조합이 조직됨으로써 상업 발달을 촉진하였다. 무로마치 시대가 되면서 교토나 나라에는 여러 상공업 분야에 걸쳐서 다양한 형태의 자가 발달하였다. 자의 규모가 커졌을 뿐만이 아니라 그 숫자도 증가하였다.

자의 종류로는 종이·기름·누룩·비단·소금·생선·목공 등 다양하였다. 자는 장원영주를 혼조本所로 받들고, 자의 구성원들은 스스로를 자슈座衆라 하였다. 혼조는 자슈를 보호하였고, 자슈는 자야쿠座役라고 하여 혼조에 각종 금전이나 노동을 제공하였다. 혼조는 자슈에게 관전·영업세·시장세를 면제하고 일정 지역에서 매매를 독점하는 특권을 부여하였다. 예를 들면, 오야마자키大山崎의 아부라자油座는 야마시로山城 오야마자키무라大山崎村에 있는 리큐하치만궁離宮八幡宮의 신인神人을 주체로 한 자座였는데, 아부라자의 상인들은 이 신사에 등유를 무상으로 공급하는 대신에 기나이畿内는 물론 미노美濃·오와리尾

張 · 아와지淡路 · 히고肥後 등 10개 구니国 이상의 지역에 들깨 · 들기름을 독점적으로 매매할 수 있는 특권을 부여받았다.

자는 자치적인 운영형태를 취하였다. 자의 대표자는 자가시라座頭 · 가시라비토頭人 · 오토나 등으로 불렸다. 유명한 자로서 조정에 속한 것으로 긴리쿠고닌자禁裡供御人座 · 시후카요초자四府駕輿丁座가 있었다. 신사에 속한 것으로는 기타노 신사北野神社의 고지자麴座, 기온샤祇園社의 와타자綿座, 리큐하치만궁의 아부라자 등이 있었다. 그 밖에 사원인 고후쿠지興福寺나 도다이지東大寺에 속한 자가 있었다.

오닌 난 후, 자의 보호자인 사원이나 귀족이 몰락하면서 자의 특권이 제약되었고, 상품 유통 규모가 커지면서 자는 시대의 변화에 능동적으로 대처하지 못하였다. 자는 신흥 상공업자와 대립하면서 점점 폐쇄적인 성격을 띠게 되었다. 원래 상공업 발달에 기여했던 자가 오히려 상공업의 자유로운 발달을 가로막게 되었다.

4. 화폐경제의 발달

무로마치 시대에 특히 화폐경제가 발달하였다. 동전으로 세금을 납부할 수 있게 되면서 화폐는 더욱 활발하게 유통되었다. 연공의 수납액을 화폐, 특히 영락전永樂錢으로 환산하여 표시하는 관고제貫高制가 일반화되었다. 하지만 막부는 화폐를 주조하지 않고 중국에서 송전宋錢이나 명전明錢을 수입하여 유통시켰다. 주로 유통되는 화폐로는 영락통보永樂通寶 · 홍무통보洪武通寶 · 선덕통보宣德通寶 등이 있었다.

시간이 지나면서 일본 국내에서 유통되는 화폐의 수요가 증가하였으나 중국에서 수입되는 화폐는 감소하였다. 통화가 부족하게 되자 품질이 조악한 사주전이 국내에서 제작되어 유통되었다. 당연히 통화 유통에 혼란이 일어났다. 상인들이 거래할 때 조악한 동전을 꺼리고 양질의 동전만은 선별하여 받는 풍조가 확산되었다. 막부와 슈고다

출토된 중국 화폐. 대부분이 송전宋錢이지만 명전明錢도 섞여 있다.

이묘는 화폐간의 교환 비율을 정하고, 유통 화폐의 종류를 제한하는 등 혼란을 줄이려고 노력하였다. 하지만 이러한 혼란은 양질의 화폐가 대량으로 유통되기 전에는 진정될 수 없는 것이었다.

　대표적인 금융기관으로는 사카야酒屋와 도소土倉가 있었다. 사카야와 도소는 전당포인 시치야質屋와 고리대업도 겸하던 금융업자였다. 15세기 초에는 그 숫자가 교토에만 300여 개소가 있었다. 나라奈良와 사카모토坂本(지금의 시가현 지역)에도 금융업자들이 많았다. 사원도 위패를 안치한 사당에 희사한 금전을 이용하여 고리대금업을 하였다. 이것을 사당전祠堂錢이라고 하였다. 이것은 도쿠세이령德政令의 대상에서도 제외되었기 때문에 사원의 중요한 재원이 되었다. 민중 사이에서는 계를 조직하여 미곡이나 금전을 적립하고 교대로 제비를 뽑아서 그것을 이용하는 다노모시코賴母子講가 유행하였다. 가와세爲替라는 어음제도가 보급되면서 사이후割符라는 어음이 거래에 이용되었다. 돈야는 어음을 발행하면서 상품거래의 지배권을 장악하였다.

5. 교통의 발달

대도시와 지방의 상품유통이 증가하면서 육상교통과 해상교통이 발달하였다. 특히 상품의 운송에 중요한 역할을 한 것은 해상교통이었다. 서부 일본의 항만을 왕래하는 정기선인 가이센廻船이 증가하였다. 항구까지 선박으로 운반된 상품은 바샤쿠馬借·샤샤쿠車借 등 교통 노동자가 각지로 운반하였다. 특히 오쓰大津와 사카모토坂本의 바샤쿠는 호쿠리쿠北陸 지방에서 비파호를 거쳐 교토까지 미곡을 운반하였다.

교토의 미곡시장. 쌀을 운반하는 바샤쿠

교통이 발달하면서 민중의 여행도 증가하였다. 각지의 사원이나 신사를 참배하는 것이 유행하였다. 특히 이세 신궁을 참배하는 자들이 급증하였다. 이세 가도가 발달한 것은 그 때문이었다. 동부 일본 사람들은 이세 신궁을 참배한 후 다시 서부 일본 33개소 관음영장觀音靈場을 순례하기를 희망하였다. 가마쿠라와 교토를 연결하는 간선도로인 도카이도東海道가 발달하였다. 도카이도에는 60여 개소의 숙박시설이 설치되었다. 여러 슈고다이묘 영국을 통과하는 도로도 정비되었다. 그러나 이 시대에 민중이 여행한다는 것은 결코 쉽지 않은 일이었다. 도적들이 많았을 뿐만 아니라 각지에 관소가 많이 설치되어 있었기 때문이다.

장원영주나 슈고다이묘들은 육상교통의 요지에 관소를 설치하고 쓰료津料나 관전關錢을 징수하였다. 관소 설치의 가장 중요한 목적은 역시 관세를 징수하기 위한 것이었다. 각지에 설치된 관소의 수는 상상 이상으로 많았다. 15세기 중엽 교토의 요도가와淀川 유역 약 40 킬로미터 인근에 600여 개소의 관소가 있었고, 이세 가도의 구와나桑名에서 히나가日永에 이르는 약 16킬로미터 거리에 60여 개소의 관소가 있었던 것을 보아도 알 수 있다. 관소에서는 왕래하는 상인들과 여행자들에게 통행세를 부과하였다. 요도가와 인근의 관소에서 1년간 징수한 통행세는 약 1,000관에 달하였다.

제17장

전국시대와 다이묘 영국제

[1] 센고쿠다이묘의 성장

1. 무로마치 막부의 쇠퇴

오닌 난応仁の乱으로 무로마치 막부室町幕府는 붕괴의 길로 접어들었다. 막부는 일본사회를 통괄하는 공권력으로서의 역할을 수행하지 못하였다. 그렇다고 하여 오닌 난 직후부터 쇼군将軍 가문과 막부의 기구가 일시에 소멸된 것은 아니었다. 막부는 나름대로 곤란한 상황을 타개하려고 노력하였다. 그 대표적인 사례가 9대 쇼군 아시카가 요시히사足利義尚의 롯카쿠씨六角氏 정벌이었다.

오닌 난 후, 오미近江 지방의 슈고 롯카쿠 다카요리六角高頼가 불법으로 장원을 횡령하였다. 막부는 다카요리에게 횡령한 장원을 원래대로 돌려주라고 명령하였다. 하지만 다카요리는 막부의 명령을 무시하였다. 그러자 막부는 1487년 10월 롯카쿠씨 정벌에 나섰다. 롯카쿠 다카요리는 산 속에 숨어서 항전하였다. 전쟁은 장기화되었다. 쇼군 요시히사는 1년 5개월간이나 전장에 머무르다가 1489년 3월에 그곳에서 사망하였다. 그의 나이 25세 때의 일이었다.

9대 쇼군 요시히사가 사망하면서 쇼군의 지위는 호소카와씨細川氏를 중심으로 하는 간레이管領 가문에 의해 좌지우지되었다. 쇼군 요시히사에게는 후사가 없었기 때문에 후계자 문제가 대두되었다. 우여곡절 끝에 1490년 7월 9대 쇼군 요시히사의 사촌인 아시카가 요시타네足利義稙가 10대 쇼군에 취임하였다. 하지만 10대 쇼군 요시타네는 쇼군에 취임한 지 3년도 되지 않아서 호소카와 마사모토細川政元에 의해 교토에서 추방되었다. 10대 쇼군 요시타네가 하타케야마씨畠山氏와 친밀한 관계를 유지했다는 이유였다. 1494년 12월 호소카와 마사모토는 아시카가 마사토모足利政知의 아들이며 8대 쇼군 요시마사義政의 양자였던 아시카가 요시즈미足利義澄를 11대 쇼군으로 옹립하였다. 이것은 쇼군의 지위가 유력한 슈고다이묘에 의해 좌지우지되는 선례가 된 획기적인 사건이었다. 사태는 여기에서 끝난 것이 아니었다. 추방된 요시타네는 11대 쇼군 요시즈미를 인정하지 않았다. 요시타네는 서부 일본 지역을 방랑하면서 쇼군의 지위를 회복하기 위한 투쟁을 전개하였다. 전 쇼군이 지방의 슈고다이묘에게 머리를 조아리며 도움을 요청했던 것이다.

1508년 4월 오우치 요시오키大內義興가 전 쇼군 요시타네를 앞세우고 교토로 입성하였다. 그러자 11대 쇼군 요시즈미는 쇼군의 지위에서 물러나 오미 지역으로 도망하였다. 아시카가 요시타네는 오우치 요시오키의 무력을 배경으로 다시 쇼군의 지위에 오르는 데 성공하였다.

하지만 쇼군 요시타네는 1521년 3월 호소카와 다카쿠니細川高国의 압박을 견디지 못하고 아와지淡路로 도망하였다. 그러자 같은 해 12월 호소카와 다카쿠니는 11대 쇼군 요시즈미의 아들 아시카가 요시하루足利義晴가 호소카와 다카쿠니에 의해 12대 쇼군으로 옹립되었다. 그러나 실권은 호소카와씨가 장악하였다. 1546년 요시하루 역시 교토에서 추방되고, 그의 아들 아시카가 요시테루足利義輝가 13대 쇼군의 지위에 올랐다. 13대 쇼군 요시테루는 1565년 5월에 마쓰나가 히사히데松永久秀에게 암살되었다. 이와 같이 쇼군의 운명은 유력한 슈고다이묘 호소카와씨와 오우치씨에 의해 결정되는 신세가 되었다.

간토 지방에서는 이미 오닌 난 직전에 가마쿠라쿠보鎌倉公方의 지배 지역이 분열하였고, 간토간레이関東管領 가문인 우에스기씨上杉氏도 분열하였다. 그러자 고쿠진国人도 분열하여 항쟁하였다. 막부의 실력자였던 호소카와씨도 내분이 계속되면서 가신인 미요시 나가요시三好長慶에게 실권을 빼앗겼고, 미요시씨 또한 부하인 마쓰나가씨松永氏에게 실권을 빼앗겼다. 이와 같이 부하가 무력으로 주군을 몰아내고 권력을 탈취하는 하극상의 풍조가 고개를 들었다.

16세기 초부터는 유력한 슈고다이묘守護大名나 고쿠진은 막부의 명령에 복종하지 않았다. 슈고다이묘의 지위를 부여하는 기관으로서 막부가 필요했을 뿐이었다. 하지만 교토의 주변 지역인 기나이畿内는 다른 지역과는 사정이 달랐다. 선진 지역인 기나이에서는 다이묘 영국이 성장하기 어려웠다. 이러한 사정으로 무로마치 막부는 겨우 기나이 지역에 한하여 어느 정도 권위를 유지할 수 있었다.

2. 하극상의 사회

막부의 존재가 유명무실해지면서 슈고의 영국 지배가 강화되었다. 그러나 영국 내에서도 슈고다이守護代나 각 지역의 토호, 즉 고쿠진이 슈고를 몰아내는 경우가 많았다. 슈고다이는 슈고의 다이칸代官이었다. 즉 교토에 거주하는 슈고에 대신하여 장원에 파견된 존재였다. 그들은 현지에서 각종 행정권을 행사하면서 실력을 축적하였다. 고쿠진도 각 지역에 밀착하여 실력을 축적하였다. 그들 중에는 실력이 슈고를 능가하는 자도 있었다. 이러한 현지의 지배자들이 정치권력으로 성장하면서 상위의 지배자를 몰아내는 풍조를 하극상下剋上이라고 하였다.

고쿠진이 하극상의 주역이 된 것은 오닌 난 이후의 일이었다. 오닌 난이 장기화된 것도 아랫사람이 윗사람의 명령에 복종하지 않고, 실력으로 신분상승을 꾀하는 하극상의 풍조가 만연하였기 때문이다. 오닌 난이 시작되고, 슈고다이묘들이 교토에 머물며 전쟁에 여념이 없는 동안에, 슈고다이나 고쿠진은 슈고다이묘의 영지를 사유화하였다. 장원 영주에게 연공을 납부하지 않은 것은 물론이었다. 전국에 산재한 쇼군의 영지도 그 지방의 실력자들이 사유화하였기 때문에 세금을 징수할 수 없었다. 쇼군의 명령이 효력을 발휘하는 지역은 교토 일대에 불과하였다. 오닌 난이 끝날 즈음에는 쇼군·귀족·사원은 지배지를 거의 상실하였다.

하극상 풍조는 16세기 말에 도요토미 히데요시豊臣秀吉가 전국을 통일할 때까지 약 100년 동안 지속되었다. 이 시기는 주로 무력에 의존하여 문제를 해결하는 방식이 정당화되었던 시대였다. 전쟁이 끊이지 않았던 시대였다. 일본 열도는 분열되었다. 이러한 시기를 전국시대戰國時代라고 한다.

오닌 난 후에는 도잇키土一揆의 움직임이 점점 활발하여졌다. 특히 지역의 유력자인 고쿠진이 주도하는 구니잇키国一揆가 자주 일어났다. 고쿠진이 잇키를 일으켜 세력을 과시함으로써 슈고다이묘의 지배를 배제하려고 하였다. 그중에서도 가장 유명했던 것은 1485년에 일어난 야마시로山城의 구니잇키였다.

오닌 난 후에도 야마시로의 남부, 가와치河内, 야마토大和 등에서 하타케야마 나가마사畠山長政·요시나리義就의 전투가 계속되었다. 1485년 양군은 야마시로

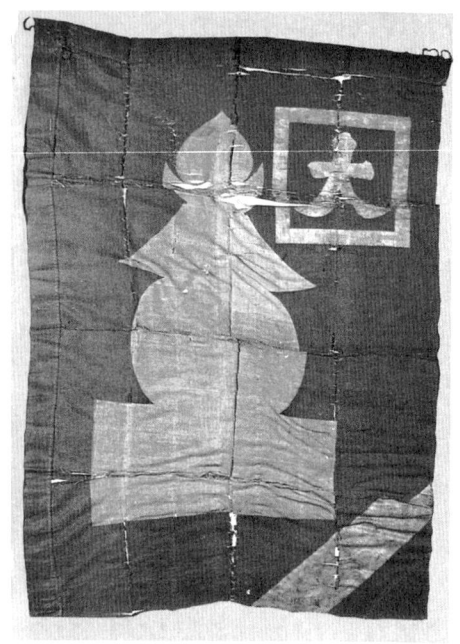

잇코잇키 깃발

남부에 대군을 결집시켜 대전하였다. 전투가 전개되면서 농민이 징발되고 촌락이 초토화되었다. 1485년 12월 전란의 피해를 감당하기 어려웠던 우지宇治·구세久世·쓰즈키綴喜·사가라相楽의 4개 군 36명의 고쿠진이 농민을 이끌고 봉기하여 양군을 몰아내고, 그 후 8년간 슈고다이묘의 지배를 거부하였다. 고쿠진들은 오키테掟, 즉 자치규약을 정하고 대표를 선정하여 자치를 실시하였다. 36명의 고쿠진 중에는 호소카와씨가 임명한 다이칸代官이 많았다.

구니잇키보다 더욱 강력한 조직력을 갖추고 영주에게 대항했던 것은 정토진종浄土真宗 혼간지파本願寺派, 즉 잇코종一向宗의 문도가 단결하여 일으킨 잇코잇키一向一揆였다. 처음에 잇코종은 주로 호쿠리쿠北陸지방의 농민들이 귀의하였는데, 신앙으로 단결한 농민들은 영주와 전

면전쟁을 감행할 수 있을 정도로 큰 세력을 형성하였다.

15세기 후반에 정토진종에서 렌뇨蓮如가 출현하여 교세를 확장하였다. 정토진종에서는 신도를 문도門徒라고 하였는데, 렌뇨는 문도를 조직화하였다. 그는 소惣라는 농민의 자치조직에 주목하였다. 렌뇨는 각 촌락의 소를 중심으로 문도들이 종교 모임을 결성하게 하였다. 각 촌락의 문도 조직은 지역에 산재한 사원, 즉 말사末寺가 지도하고 관리하였다. 말사를 중심으로 장악된 문도 조직은 다시 본사本寺가 통제하였다. 잇코종의 문도 조직은 본말제도本末制度를 축으로 하는 상명하달 조직으로 정비되었던 것이다.

잇코종의 문도는 이러한 조직력을 기반으로 권력에 대항하였다. 잇코잇키의 목적은 이미 연공의 감면, 덕정의 요구 등과 같은 경제적인 요구가 아니라 정권을 요구하는 것이었다. 1488년에 가가加賀(지금의 이시카와현石川県 남부)의 잇코잇키가 발생하였다. 당시 가가에서는 슈고다이묘 토가시씨富樫氏가 양편으로 나뉘어서 대립하였다. 잇코종의 문도도 예기치 않게 분쟁에 휘말리게 되었다. 처음에 렌뇨는 문도가 전투에 참가하는 것에 반대하였지만, 평소에 토가시 마사치카富樫政親의 가혹한 지배에 불만을 품었던 농민이 봉기하였다. 20여만 명의 문도가 단결하여 토가시씨와 전면전쟁을 감행하였다. 이 전쟁에서 토가시씨가 멸망하고, 가가 지역은 혼간지의 지배지가 되었다. 이 지역은 그 후 1세기에 걸쳐서 잇코종의 문도에 의해 자치적으로 지배되었다.

잇코잇키는 호쿠리쿠 지방 이외에도 혼간지파가 뿌리를 내린 기나이·미카와三河·오와리尾張·미노美濃·기이紀伊 등의 지역에서도 발생하였다. 강력한 무력을 자랑했던 오다 노부나가織田信長·도요토미 히데요시·도쿠가와 이에야스德川家康 등도 잇코잇키 세력을 두려워하였을 정도였다.

한편, 법화종法華宗은 교토의 상공업자인 마치슈町衆를 중심으로 교세를 확대하였다. 1532년에 법화종 신도가 잇코잇키와 대립하여 야마시나혼간지山科本願寺를 불태웠다. 1536년에는 엔랴쿠지延曆寺와 충돌하여 교토의 21개 사원을 불태웠다. 이 사건을 덴분홋케天文法華의 난이라고 한다.

3. 군웅의 할거

생존하기 위해 전쟁을 하지 않으면 안 되는 상황 속에서 강력한 무력을 구비하고 영국의 토지와 농민을 일원적으로 지배하는 권력자가 출현하였다. 그들은 영토를 스스로의 실력으로 쟁취하고, 그것의 지배를 위해 상위의 권력을 반드시 필요로 하지 않았다. 이와 같은 지역적 통일 권력을 센고쿠다이묘戰国大名라고 하였다.

센고쿠다이묘는 장원체제를 완전히 부정하였다. 센고쿠다이묘가 지배하는 지역을 분국分国이라고 하였다. 센고쿠다이묘 중에는 다테씨伊達氏・시마즈씨島津氏・오토모씨大友氏・이마가와씨今川氏・다케다씨武田氏 등과 같이 슈고다이묘에서 성장한 경우도 있었으나,[154] 우에스기씨上杉氏・아사쿠라씨朝倉氏・오다씨織田氏・마쓰다이라씨松平氏・모리씨毛利氏 등과 같이 지역의 토호나 슈고다이묘의 가신이 주군을 멸망시키고 센고쿠다이묘로 성장한 경우가 대부분이었다.

선진 지역인 기나이에서는 고쿠진들이 항쟁을 되풀이하였기 때문에

---

154) 전국시대에도 명맥을 유지할 수 있었던 슈고다이묘는 주로 중앙에서 멀리 떨어진 변방의 몇몇 다이묘 가문에 불과하였다. 그들이 지배하는 지역은 생산력이 낮았기 때문에 슈고다이묘에 대신하는 현지 지배자가 용이하게 세력을 형성하기 어려웠다. 하극상 운동을 통하여 새로이 등장한 센고쿠다이묘는 이런 전통적인 슈고다이묘와 구별되었다.

센고쿠다이묘가 출현하지 못하였다. 교토에서는 간레이인 호소카와 마사모토와 그 가신 미요시 나가요시三好長慶가 실권을 장악하였다. 오미近江에서는 아자이 나가마사浅井長政가 오다니성小谷城을 근거지로 하면서 고쿠진들을 효율적으로 편성하여 성장을 거듭하였다. 셋쓰摂津·이즈미和泉 지역은 이시야마혼간지石山本願寺의 혼간지 고사本願寺光佐가 지배하였다.

이에 비하여 후진 지역에서는 유력한 센고쿠다이묘들이 힘을 축적하였다. 도호쿠東北 지방에서는 다테씨伊達氏를 비롯하여 아이즈会津의 아시나씨芦名氏, 데와出羽의 모가미씨最上氏, 무쓰陸奥의 난부씨南部氏 등이 할거하였다. 특히 다테씨는 무로마치 시대 초기 이래 무쓰슈고시키陸奥守護職를 상속하면서 발전하였다. 16세기에 들어와서 다테 다네무네伊達稙宗가 새로운 영국 지배의 기초를 구축하였고, 이후에는 그 아들 마사무네正宗가 아시나씨를 멸망시키고 세력을 확장하여 도호쿠 지방 제일의 센고쿠다이묘로 발전하였다.

규슈九州의 북부에서는 류조지씨竜造寺氏·아리마씨有馬氏·오무라씨大村氏 등이 대두하였다. 류조지씨는 원래 히젠肥前의 슈고 쇼니씨少弐氏의 가신이었는데, 1559년에 주군을 몰아내고 히젠 일대를 장악한 다음 히고肥後·지쿠고筑後 지역으로 세력을 확대하였다. 한편, 슈고에서 성장한 오토모씨大友氏는 분고豊後를 중심으로 규슈 북부를 통일하였다. 오토모씨는 남북조 시대 이래 분고를 중심으로 부젠豊前·지쿠고筑後의 슈고를 겸했던 슈고다이묘 가문이었는데, 16세기에 들어와서는 후나이府内를 거점으로 센고쿠다이묘로 변신하는 데 성공하였다. 오토모씨와 같은 구세력으로 사쓰마薩摩·오스미大隅 지방을 지배하던 시마즈씨도 여전히 강성하였다. 시마즈씨는 가마쿠라 시대 이래 사쓰마·오스미·휴가日向의 슈고시키를 겸했던 가문이었다. 15세기에 일시적으로 내분을 겪었으나, 16세기에 들어와서 시마즈 다카히사島津貴

久가 내분을 극복하고 3개 구니를 통합하였다. 다카히사는 가고시마鹿兒島를 거점으로 센고쿠다이묘로 전환하는 데 성공하였다. 시코쿠四国의 도사土佐(지금의 고치현高知県)에서 조소카베씨長宗我部氏가 대두하여 시코쿠를 통일하였다.

중간 지대라고 할 수 있는 지역에서는 더욱 유력한 센고쿠다이묘들이 성장하였다. 주고쿠中国 지방에서는 아마코씨尼子氏가 이즈모出雲·이와미石見 지역을 지배하였다. 아마코씨는 이즈모·오키隱岐의 슈고인 교고쿠씨京極氏 밑에서 15세기 초까지 이즈모슈고다이를 역임하였으나 점차로 고쿠진들을 규합하여 산인山陰 지방에서 아키安芸·히고肥後에 걸치는 거대한 영국을 형성하였다. 오우치씨大内氏는 스오周防·나가토長門 지역을 지배하였다. 오우치씨가 16세기 중반에 가신인 스에 하루카타陶晴賢에게 멸망하자, 아키安芸의 고쿠진에서 성장한 모리 모토나리毛利元就가 다시 스에 하루카타를 멸망시키고 오우치씨가 지배하던 스오·나가토 지역을 장악하였다. 모리 모토나리는 이윽고 아마코씨의 지배 지역도 손에 넣었다.

간토 지방에서는 호조씨北条氏가 대두하였다. 본래 이세씨伊勢氏라고 알려져 있으나 신분도 확실하지 않은 호조 소운北条早雲이 이즈伊豆 아시카가씨의 내분을 교묘히 이용하여 그 지역을 탈취하였다. 그리고 사가미相模로 진출하여 오다와라小田原에 본거지를 두고, 간토 일대에 강대한 영국을 수립하였다.

중부 일본 지역에서는 에치고越後의 슈고 우에스기씨上杉氏의 가신인 나가오 가게토라長尾景虎가 우에스기씨의 성을 상속받아 우에스기 겐신上杉謙信이라고 칭하였다. 그는 가이甲斐(지금의 야마나시현山梨県)를 통일하고 세력을 확대하던 다케다 신겐武田信玄과 대립하였다. 다케다씨는 가마쿠라 시대 이래 가이의 슈고였는데, 16세기에 이르러 다케다 신겐이 고후甲府를 거점으로 시나노를 비롯한 주변 지역으로 영국을 확장하면서 발전하였다. 남북조 시대 말기 이래 시바씨斯波氏가 지배하던 광대한 영토는 아사쿠라씨朝倉氏·이마가와씨今川氏·오다씨織田氏에 의해 분할되었다. 에치젠越前은 아사쿠라씨, 오와리尾張는 오다씨, 도토우미遠江는 이마가와씨가 차지하였다. 그중에서도 이마가와씨는 남북조 시대 이래 스루가슈고駿河守護를 세습하던 명문 가문이었다. 16세기에 들어와서 이마가와씨는 슨푸駿府에 근거지를 두고 도토오미와 미카와에 이르는 광대한 영국을 형성하였다. 그리고 신원도 확실하지 않은 사이토 도산斎藤道三은 미노美濃의 슈고였던 도키씨土岐氏를 몰아내고 그 지역을 차지하였다. 오미近江의 아자이씨浅井氏 또한 주군인 교고쿠씨의 실권을 빼앗은 후 성장하였다.

4. 센고쿠다이묘의 분국 지배

센고쿠다이묘는 분권적인 봉건제 영주로서의 성격을 강화하였다. 그들은 부국강병을 기치로 내걸고 영국 지배를 강화하는 데 힘썼다. 농업 생산력을 높이기 위해 농민을 통제하고, 실전에서 승리할 수 있는 전투력을 갖춘 가신단을 편성하고, 농민과 가신단을 효율적으로 통제하기 위해 분국법分國法을 제정하였다. 이러한 영국 지배체제를 다이묘 영국제大名領國制라고 한다.

센고쿠다이묘는 이미 무로마치 막부의 통제에 따르지 않았다. 그들은 독립된 소국가의 지도자였다.[155] 센고쿠다이묘는 장원영주와 토착

---

155) 센고쿠다이묘는 영국을 지키기 위해 강력한 군사력을 보유해야 했고, 군사력은 튼튼한 경제력을 기반으로 하였다. 군사력과 경제력을 기르기 위해서는 정책을 입안하고 추진할 수 있는 능력이 요구되었다. 센고쿠다이묘는 단지 농민을 수취하는 데 힘쓰기만 하면 되었던 슈고다이묘와는 질적으로 달랐다. 센고쿠다이묘는 뛰어난

영주가 지배하던 토지를 빼앗아 그것을 가신들에게 나누어주는 정책을 추진하였다. 분국은 센고쿠다이묘가 독자적으로 지배하는 영역이었다. 센고쿠다이묘는 각 촌락의 무사를 직접 생산에서 분리하여 가신단에 편성하였다. 센고쿠다이묘는 가신들을 성곽 주변에 집단을 이루어 거주하도록 하였다. 이런 정책을 병농분리兵農分離라고 한다.

약탈하는 아시가루

가신들은 다이묘의 일족으로 구성된 이치조쿠슈一族衆, 남북조 내란 때부터 가신단에 편입된 무사인 후다이譜代·구니슈国衆, 그 후 새로이 가신단에 편성된 무사인 도자마外様·신잔슈新参衆 등으로 분류되었다. 가신단의 휘하에는 로토郎党·주겐仲間·고모노小者 등이 있었다. 그 밖에 경보병으로 적진의 정찰·방화·매복 등의 임무를 수행했던 아시가루足軽가 있었다. 가신 중에서 군사작전이나 전투, 그리고 행정 등에 뛰어난 능력이 있는 무사는 이쿠사부교軍奉行에 발탁되었다. 이쿠사부

군사 지도자, 치밀하고 인내심 많은 경제 전문가, 그리고 명석한 위정자로서의 재능을 겸비하지 않으면 안 되었다.

교의 휘하에는 구미가시라組頭가 있었다. 구미가시라는 단독 부대를 이끄는 지휘관이었다. 구미가시라 밑에는 요리코寄子·요리키寄騎로 불리는 무사들이 배속되었다.

가신들의 일상생활은 메쓰케目付라는 관리에 의해 통제되었다. 가신 상호간의 사적인 동맹은 금지되었다. 영주가 무사의 가문에 부여한 영지인 지교치知行地는 자유롭게 처분할 수 없었다. 지교치는 원칙적으로 분할상속이 금지되고 장자 단독상속이 장려되었다. 혼인도 주군의 허가를 받아야했다.[156] 형벌은 가혹하였으며 사사로이 다투었을 경우에는 시비를 논하지 않고 양편을 함께 처벌하였다. 복수의 근원을 없애기 위해서였다. 이와 같은 처벌 방식을 겐카료세이바이喧嘩両成敗라고 하였다. 법을 범한 자는 엄벌에 처해졌다. 개인의 죄를 일족에게까지 책임을 묻는 연좌법이 정해졌다. 농민이 세금을 체납하거나 방화를 하였을 경우에도 촌락의 구성원에게 연좌법이 적용되었다.

센고쿠다이묘 통치의 가장 중요한 목표는 부국강병이었다. 센고쿠다이묘들은 영국의 지배를 더욱 강화하기 위해 독자적인 법률을 제정하였다. 이것은 국법, 분국법, 가법, 벽서壁書 등으로 불렀으나 일반적으로 분국법이라고 하였다. 분국법 속에는 강력한 국가를 건설하려고 했던 센고쿠다이묘의 의지가 잘 반영되어 있었다. 법의 형식은 가마쿠라 막부의 고세이바이시키모쿠御成敗式目를 모방하였고, 내용은 무사가 마땅히 지켜야 할 것과 농민을 다스리는 방법 등에 대하여 기술하였다. 분국법 중에서 유명한 것으로는 오우치씨의 『오우치케카베가키大內家

---

156) 당시 일본인은 혼인이란 곧 가문과 가문간의 결합이라고 생각하였다. 그래서 혼인은 연대 또는 동맹을 강화하는 것으로 인식되었다. 만약에 가신이 적국의 가문과 혼인하였다면, 그것이 장차 센고쿠다이묘에게 큰 위협이 될 가능성이 있었다. 가신 상호간의 혼인도 그 세력관계를 면밀하게 검토한 다음에야 허락하였다. 유력한 가신이 서로 혼인으로 동맹을 강화하여 주군을 몰아내는 경우도 있었기 때문이다.

壁書』,157) 다케다씨의 『고슈핫토甲州法度』,158) 이마가와씨의 『이마가와카나모쿠로쿠今川仮名目錄』,159) 다테씨伊達氏의 『진카이슈塵芥集』,160) 아사쿠라씨의 『아사쿠라토시카게17개조朝倉敏景十七箇條』,161) 조소카베씨의 『조소카베모토치카100개조長宗我部元親百箇條』,162) 호조씨의 『소운지도노21개조早雲寺殿二十一箇條』163) 등이 있다.

　분국법은 가법이라고 일컬어졌던 것에서도 알 수 있듯이, 센고쿠다이묘가 무사사회의 질서를 세우기 위한 목적으로 제정한 것이다. 그것이 그대로 국법이 되고 정치방침이 되었다. 하지만 분국법은 무사사회만을 대상으로 한 것이 아니었다. 분국법 제정의 또 다른 목적은 센고쿠다이묘가 지배하는 지역의 민중이 법의 내용을 이해하고 실천하게 하기 위한 것이었다. 재판을 할 때 판단의 기준으로 삼기 위해 제정한 고세이바이시키모쿠와는 성격이 다른 것이었다. 그래서 분국법은 누구라도 이해하기 쉽도록 매우 쉬운 용어를 사용하였다.

---

157) 오우치씨 29대 마사히로政弘가 정한 법령을 중심으로, 28대 노리히로敎弘 시대인 1459년부터 30대 요시오키義興 시대 초기인 1495년까지 성립된 법령 50여 편이 수록되어 있다. 무사·농민·상인의 통제를 비롯하여 분국의 통치에 관한 법령이 대부분이다.
158) 『신겐카호信玄家法』 또는 『고슈시키모쿠甲州式目』라고도 한다. 26개조 본과 55개조 본이 있다. 전자는 1547년에 다케다 신겐武田信玄이 제정하였고, 후자는 전자에 29개조 내지 30개조를 더하고, 추가 2개조를 포함한 체제를 취하고 있다.
159) 1526년 이마가와 우지치카今川氏親가 정한 가법 33조와 1553년 이마가와 요시모토今川義元가 정한 추가 21개조를 총칭한다. 동부 일본 최고의 분국법으로『고슈핫토甲州法度』 등에 큰 영향을 미쳤다.
160) 1936년에 다테 다네무네伊達稙宗가 제정하였다. 전 170개조로 구성되었다. 분국법 중에서 가장 내용이 풍부하다. 체제는 『고세이바이시키모쿠』를 모방하고 있지만 그 내용은 다테씨의 분국 지배의 실정이 반영되어 있다.
161) 전국시대 아사쿠라씨의 가법이다. 『아사쿠라다카카게조조朝倉孝景條々』라고도 한다. 아사쿠라 다카카게가 제정하였다. 17개조로 구성되었다. 그 내용은 가신단의 통제, 인재 등용, 민정, 절약과 검소 등을 규정한 것이다.
162) 조소카베 모토치카·모리치카盛親 부자가 1596년에서 97년 사이에 제정하였다. 가신단 뿐만 아니라 농민과 상공인 문제까지 규정된 분국법이라는 점이 주목된다.
163) 호조 소운이 제정한 호조씨 가법이다. 가신단의 교육과 통제를 목적으로 하였다. 그 내용은 주로 무사의 일상생활과 근무 자세에 관한 것이다.

[2] 전국시대의 사회와 경제

1. 센고쿠다이묘의 농촌 지배

　센고쿠다이묘는 부국강병의 기반이 되는 농업생산력을 향상시키기 위해 노력하였다. 농민에게 새로운 경작지를 개발하도록 장려하고, 하천에는 제방을 쌓고, 용수로를 건설하는 등 권농 정책과 농촌보호 정책을 병행하여 추진하였다. 특히 다케다 신겐武田信玄은 홍수의 피해를 막고, 경작지를 보호하기 위해 많은 제방을 축조하였다. 지금까지 남아있는 것으로 신겐즈쓰미信玄堤(지금의 야마나시현山梨県 가마나시가와釜無川 소재)가 유명하다. 다케다씨는 신겐즈쓰미 이외에도 고후甲府 분지 여러 곳에 제방을 축조하였다. 고후 분지에는 가마나시 · 후에후키笛吹 · 아시가와芦川 하천이 후지카와富士川로 합류하였다. 하천들은 큰비가 내리면 자주 범람하였다. 다케다씨는 일찍부터 치수사업에 힘썼다. 특히 다케다 신겐이 제방을 축조하면서 용수로가 확보되었다. 영국 내의 경작지가 비약적으로 확대되었다.

　다케다씨만 치수사업에 힘쓴 것이 아니었다. 다케다씨와 인접한 이마가와씨의 덴류가와天竜川 치수사업도 유명하였다. 1570년대에는 호조씨가 도네가와利根川를 대대적으로 개수하였다. 규슈 분고豊後의 오토모 요시치카大友義親는 오이타大分 평야에 30킬로미터에 달하는 용수로를 내어 광대한 경작지를 개발하였다. 다른 센고쿠다이묘들도 황무지를 경작지로 개발하기 위해 노력하였다. 일본의 경작지는 무로마치 시대 초기에 94만 정보였는데, 전국시대 말기에는 163만 정보에 달하였다. 증가분의 대부분이 센고쿠다이묘들이 개발한 경작지였다.

　센고쿠다이묘의 정책 중에서 특히 주목되는 것은 농민에 대한 직접 지배를 강화했다는 점이다. 센고쿠다이묘는 토착 무사를 가신단에 편입하고, 무사가 마음대로 농민을 지배하지 못하도록 하였다. 장원제도를 타파하고, 장원영주가 보유하던 권리를 부정하였다. 그리고 영국 내의 토지와 농민을 직접 장악하는 체제를 정비하였다. 그때 소손惣村의 조직을 센고쿠다이묘에게 유리하도록 이용하였다. 그 결과 도잇키의 발생 건수가 현저하게 감소되었다.

센고쿠다이묘는 복잡한 경작관계를 해소하기 위해 노력하였다. 중세 장원체제 하의 농촌에서는 영주·쇼칸莊官·묘슈名主 등이 각각 경작지에 대한 권리를 주장하는 경우가 많았다. 즉 영주와 경작자 사이에 중간 착취계층이 존재했던 것이다. 센고쿠다이묘는 이와 같이 경작지에 중층적으로 존재하던 권리구조를 개혁하여 모든 경작지를 일원적으로 지배하였다. 그 결과 농민은 다이묘에게 연공을 납부하기만 하면, 다른 착취에서 자유로워질 수 있게 되었다. 농민의 생활은 이전보다 안정되었고, 센고쿠다이묘는 연공을 더 많이 수취할 수 있게 되었다.

센고쿠다이묘는 연공을 통일하는 정책도 추진하였다. 당시 연공의 수취비율은 영주에 따라 천차만별이었다. 심지어 같은 영주라도 지역에 따라 비율이 다른 경우가 보통이었다. 센고쿠다이묘는 경작지를 파악하기 위해 겐치檢地, 즉 토지조사 사업을 실시하였다. 경작지에 등급을 매겨 생산량에 따른 연공을 공평하게 부과하려고 노력하였다. 생산량의 50퍼센트를 연공으로 거두는 5공5민제五公五民制가 정착하였다. 겐치와 함께 인구조사에 해당하는 닌베쓰아라타메人別改, 가옥세를 확보하기 위한 무나베쓰아라타메棟別改 등의 정책도 추진하였다. 그리하여 경작지와 경작자를 정확하게 파악하고, 조세를 같은 시기에 빠짐없이 부과할 수 있게 되었다.

2. 기술과 산업의 발전

　전국시대는 치수기술, 축성기술, 야금기술, 직조기술 등 모든 기술이 비약적으로 발전한 시대였다. 특히 치수와 관개시설의 정비는 농업생산력을 높이기 위해서 반드시 필요하였다. 다테씨는 용수로와 제방을 수리하고 유지하는 데 세심한 주의를 기울였다. 다케다 신겐이 축조한 신겐즈쓰미에 적용된 가스미테이霞堤라는 공법은 매우 뛰어난 치수기술이었다. 이런 기술은 에도 시대江戸時代에 계승되어 큰 하천의 치수가 가능하였다. 치수기술의 발달로 대규모의 경작지가 개발되었다.

　교토·오사카 지방을 중심으로 돌로 성벽을 쌓은 성곽이 조성되었다. 성곽은 센고쿠다이묘의 생활·행정 공간이었을 뿐만 아니라 적의 공격에 대비하기 위한 방어시설이었다. 센고쿠다이묘가 축조한 성곽은 이전의 산성과는 성격이 다른 시설이었다. 산성은 험준한 산세를 이용한 방어시설이었다. 유사시에 산성에 들어가 농성하면서 적과 대치하였다. 그러나 전국시대의 성곽은 평지에 축조하였다. 성벽 밖에는 적이 접근하기 어렵도록 깊고 넓은 해자垓字를 파서 물을 가두었다. 다리를 건너야 성으로 출입할 수 있었다. 이러한 성곽을 축조하기 위해서는 고도의 기술이 필요하였다. 특히 돌로 성벽을 쌓아올리는 아노즈미穴太積라는 축성기술은 전국시대 이후에 축조된 성곽에 적용되었다.

　16세기 중엽에 이르러 금·은·동·아연 등의 광산이 개발되었다. 센고쿠다이묘는 특히 금산과 은산의 개발에 힘썼다. 조카마치城下町가 형성되고 상공업이 발달하면서 대량의 화폐를 주조할 필요가 있었고, 군자금을 조성하기 위해서도 금과 은을 확보하지 않으면 안 되었다. 때마침 중국과 조선에서 전래된 새로운 기법의 채광기술과 제련기술이 광공업 발전에 이바지하였다. 1526년에는 하카타의 호상 가미야 주테이神谷寿禎가 이와미石見의 오모리大森 은산(지금의 시마네현島根県 소재)에서 은광석을 채굴하기 시작하였다. 1533년에 조선에서 회취법灰吹法이라는 제련기술이 도입되면서 은의 생산량이 급증하였다. 새로운 제련기술인 회취법은 전국의 금·은 광산으로 전파되었다.

1542년 사도佐渡의 쓰루시鶴子 은광산이 개발되었다. 다음 해인 1543년에는 다지마但馬의 이쿠노生野 은광산(지금의 효고현兵庫県 소재)이 개발되었다. 이 광산에도 새로운 제련기술인 회취법이 이와미광산에서 이전되었다. 특히 이쿠노의 은광산은 당시 일본에서 가장 규모가 큰 광산이었다. 16세기 말, 도요토미 히데요시가 이 광산에서 캐낸 은만 1만 킬로그램에 달하였다.

각지에서 금광산이 개발되었다. 은과 같은 제련기술인 회취법으로 비교적 쉽게 순금을 제련할 수 있게 되었다. 다케다 신겐이 개발에 심혈을 기울였던 가이의 구로카와黒川 금광산은 가나야마슈金山衆라는 독립적인 광산업자 집단이 개발하였다. 이마가와씨는 스루가駿河의 후지·우메가시마梅ヶ島 금광산을 개발하였다. 특히 구로카와 금광산에서는 갱도를 파는 기술이 발달하였다. 암반을 깨거나 뚫고, 갱도에 배수로를 설치하기 위해 측량을 하는 기술은 고슈류甲州流라고 불렸다. 암반을 깨는 기술과 측량기술은 각지에 전파되어 후세에 이르기까지 영향을 미쳤다. 다케다씨 군단에는 다수의 가나야마슈가 기술자 부대에 편성되어 망루를 설치하거나 적의 성벽 밑으로 갱도를 뚫는 작전에 투입되기도 하였다.

서부 일본의 다이묘나 오다 노부나가·도요토미 히데요시는 중국과 조선에 은을 대량으로 수출하였다. 일본에서 생산된 은의 대부분은 수입품의 결제, 또는 수출품으로서 외국에 유출되었다. 은의 수출은 1540년대부터 급증하였다. 중국에서는 생사가 수입되었다. 그 생사를 원료로 각지에서 방직업이 성행하였다. 견직물 중에서 가장 유명했던 것은 교토의 니시진오리西陣織였다. 면화가 재배되면서 면제품을 특산품으로 개발하는 센고쿠다이묘도 있었다.

　장원영주에 공납물을 수송하기 위해 수운水運이 발달하였다. 수운은 장원영주들이 거주하던 교토를 구심점으로 전국의 중요한 지역으로 연결되었다. 15세기 전기부터 각지에 항구도시가 발전하기 시작하였다. 센고쿠다이묘들은 해상 교통로를 지배하려고 노력하였다. 해상교통로는 원격지에서 대량의 상품과 군수품을 수송하기 위해서도, 멀리 떨어진 지역을 침략하기 위해서도 매우 유용하였다. 수군의 중요성이 대두된 것도 이 무렵이었다.

3. 도시의 발흥과 상공인

　병농분리가 진행되면서 센고쿠다이묘의 거성 주변에 조카마치가 형성되었다. 조카마치는 무사가 집단으로 거주하는 지역과 상공인들이 거주하는 지역으로 구분되었다. 상공인은 무사가 필요한 군수품이나 생활용품을 제조하거나 공급하는 역할을 하였다. 센고쿠다이묘들은 상공인을 조카마치로 불러들이기 위해 노력하였다. 도로를 개선하고, 관소를 폐지하고, 라쿠이치樂市·라쿠자樂座[164] 등의 제도를 도입하여 상공인들이 자유롭게 영업할 수 있도록 보호하였다.

　센고쿠다이묘의 부국강병 정책으로 교토·나라·가마쿠라 등 전통적인 도시 이외에 각지에 도시가 형성되었다. 도시에는 상공업자를 중심으로 하는 자치조직이 결성되었다. 자치조직은 도시의 구성원인 마

---

164) 라쿠이치·라쿠자란 특권적인 자座나 시장의 독점을 폐지하고 시장세 등을 면제하는 정책이었다. 이 정책의 목적은 상품 거래를 원활하게 하는 것이었다. 1549년 오미 지역의 사사키씨佐々木氏가 처음으로 실시하였다. 이 정책을 가장 적극적으로 실시한 것은 오다 노부나가였다.

치슈町衆가 매월 교대로 당번을 정하여 운영하였다.

전국시대에는 사원과 신사 주변에도 도시가 발달하였다. 이러한 도시를 몬젠마치門前町라고 하였다. 이세 신궁이 있는 우지야마다宇治山田와 젠코지善光寺가 있는 나가노長野가 전통적인 도시와 나란히 발전하였다. 사원의 경내에 건물이 들어서고 마을이 조성되기도 하였다. 이것을 지나이마치寺內町라고 하였다. 지나이마치 주위에 흙으로 담을 쌓고, 해자를 파고, 출입문을 세웠다. 외부로부터 침략에 대비하기 위해서였다. 이시야마혼간지를 중심으로 형성된 이시야마石山[165)는 전국시대의 조카마치와 거의 같은 풍경이었다. 에치젠의 요시자키吉崎(지금의 후쿠이현 소재), 돈다바야시富田林(지금의 오사카 지역) 등은 종교도시로 유명하였다.

조카마치는 센고쿠다이묘 영국의 정치·경제·문화의 중심지로서 번영하였다. 지방의 조카마치는 교토·나라 등 중앙도시와 연결되는 상업의 중심지로 발전하였다. 센고쿠다이묘도 조카마치를 보호하고 육성하였다. 전형적인 조카마치로 유명한 곳은 오우치씨의 야마구치山口, 이마가와씨의 슨푸駿府, 호조씨의 오다와라小田原, 우에스기씨의 가스가야마春日山, 오토모씨의 후나이府內, 시마즈씨의 가고시마鹿兒島 등이었다.

수륙교통의 요지에 발달한 항구도시를 미나토마치港町라고 하였다. 그곳은 상업과 무역의 중심지였다. 교토의 요도가와淀川 유역의 요도淀, 교토의 북쪽에 있는 거대한 호수인 비파호琵琶湖, 한반도가 바라다보이는 해안에 위치한 미쿠니三国·쓰루가敦賀·오바마小浜·사카모토坂本·오쓰大津, 세토瀨戶 내해의 효고兵庫·사카이堺·오노미치尾道, 이

---

165) 이시야마는 지금의 오사카로 발전하였다. 바다를 배경으로 하면서 수로와 육로를 통하여 사방으로 연결되는 교통의 요충지에 위치하였다. 도요토미 히데요시가 실권을 장악한 후에 오사카성을 건설하고 교토나 사카이堺의 상공업자를 이주시키면서 일본 제일의 상업도시로 발전하였다.

세만伊勢湾 연안의 구와나桑名・욧카이치四日市・오미나토大湊, 규슈九州의 하카타博多・보노쓰坊津 등이 대표적인 항구도시였다.

전국 각지에서 시장이 발달하면서 형성된 도시를 이치바마치市場町라고 하였다. 하지만 시장의 발달이 반드시 도시의 건설로 연결되었다고 할 수는 없다. 하지만 시장이 발달한 지역은 항만과 숙역宿驛 등의 기능을 보유하고 있었다. 후쓰카이치二日市, 밋카이치三日市, 욧카이치四日市, 이쓰카이치五日市, 요카이치八日市, 도카이치十日市 등의 지명이 오늘날까지 각지에 남아있다. 그곳은 시장이 발달했던 지역이었다.

교통의 발달과 함께 각지에 숙박시설이 들어서면서 발달한 도시를 슈쿠바마치宿場町라고 하였다. 사가모相模의 후지사와藤沢(지금의 가나가와현神奈川県 소재), 무사시武蔵의 시나가와品川(지금의 도쿄 시내 소재), 이즈伊豆의 미시마三島(지금의 시즈오카현静岡県 소재), 시마다島田(지금의 시즈오카현 소재), 요시다吉田(지금의 야마나시현山梨県 소재) 등이 유명하였다.

조카마치 이외의 도시에서는 유력한 도시민을 중심으로 자치조직이 발달하였다. 교토의 경우를 예로 들면, 원래는 상업지역을 의미하는 '마치町'라는 말이 생활조직을 의미하게 되었고, 이러한 '마치'에서 생활하는 자들 중에서 특히 토지와 건물을 소유한 자들을 마치슈町衆라고 하였다. 마치슈의 대부분이 상공업자들이었다.

오닌 난으로 폐허가 된 교토를 재건한 것은 교토의 마치슈였다. 특히 교토의 마치슈는 문화의 담당자이기도 하였다. 화려한 축제로 유명한 기온마쓰리祇園祭도 그들에 의해 재흥되고 유지되었다. 교토 이외에도 마치슈가 자치적으로 운영하는 도시가 증가하였다.

마치슈가 조직을 결성하고, 스스로가 단결하여 방어하는 도시도 있었다. 마치슈는 자치규약을 만들어 잇키 세력 등 외부의 적으로부터 도시를 방어하였다. 교토를 비롯하여, 지금의 오사카 지역에 있었던 히라노平野·나라·사카이·하카타·우지야마다 등이 자치가 발달한 대표적인 도시였다. 특히 사카이에서는 36명으로 구성된 에고슈会合衆,[166) 하카타에서는 12명으로 구성된 넨교지年行司[167) 등을 선발하여 자치를 실시하였다.

교토와 더불어 마치슈가 도시의 자치를 담당했던 곳이 사카이였다.[168) 사카이는 다른 도시보다 자치권이 강하였다. 사카이는 센고쿠다이묘 상호간의 대립을 교묘하게 이용하면서 다이묘의 지배로부터 독립하여 자주적으로 도시를 운영하였다. 사카이는 어떠한 다이묘에 속하지 않은 무사, 즉 로닌牢人을 고용하고, 도시 주위에 방어시설을 구축하여 자력으로 도시를 방어하였다. 1568년 당시 가장 강력한 다이묘였던 오다 노부나가가 사카이에 군자금을 내든지 아니면 전쟁을 하든지 양자택일을 요구하였을 때, 36인의 지도자들은 한때 오다 노부나가의 군대와 전면전쟁을 검토한 적도 있었다. 그만큼 경제면에서나 군사면에서 막강한 실력을 갖추고 있었다.

---

166) 사카이는 도시의 남쪽과 북쪽의 대표자 36명이 합의하여 시정을 운영하였다. 36명의 대표자는 해안가에 해산물을 수납하기 위해 세운 창고인 나야納屋를 소유한 유력한 상인이었기 때문에 나야슈納屋衆라고 불렸다.
167) 매월 윤번을 정하여 행정을 담당하였기 때문에 12명으로 구성되었다. 하카타에서는 유력한 호상이 자치를 담당하였다.
168) 셋쓰·가와치·이즈미와 접해 있는 사카이는 세토 내해나 규슈로 나아가는 교통의 요지에 위치한 국제항구이기도 하였다. 오닌 난으로 또 하나의 국제항구인 효고兵庫가 불에 타 쇠퇴하면서 사카이가 더욱 발전하였다. 사카이가 일본 최대의 국제항구로 발전하면서 그 지역의 상인들은 큰 부를 축적하였고 사회적 지위도 향상되었다.

[3] 국제관계의 새로운 전개

1. 16세기의 왜구

15세기 후반부터 동아시아 해역에서는 새로운 움직임이 일어났다. 감합무역이 단절되면서 다시 왜구가 활동하기 시작하였다. 왜구들은 16세기에 들어서면서 극성하였다. 이 시기에 활동한 왜구를 무로마치 전반에 활동한 왜구와 구별하여 후반 왜구라고 한다. 그들은 주로 중국의 동남해 연안에서 활동하였다. 왜구들 중에는 중국인이나 포르투갈인도 포함되어 있었다.[169] 그러나 왜구 집단 중에서 가장 포악한 것은 진왜真倭 또는 흉왜兇倭라고 불렸던 일본인이었다. 왜구의 우두머리 중에서 특히 유명했던 자는 중국인 왕직王直[170]이었다.

16세기 중엽에 왜구가 특히 기승을 부렸다. 1555년에는 60여명의 왜구가 중국 대륙 깊숙이 침입하여 80여 일간에 걸쳐서 절강·안휘성을 공포에 떨게 하고, 남경을 거쳐 강소성을 공격하면서 4,000여 명의 중국인을 살해하는 만행을 저지르기도 하였다. 같은 해 5월에 왜구는 70여 척의 선단을 구성하여 조선의 제주도를 거쳐 전라도를 습격하였다. 그들은 병영을 함락하고 노략질을 감행하면서 수많은 인명을 살상

---

[169] 16세기에 들어서 왜구는 그 수가 급증하였고 또 활동범위도 넓어졌다. 그러다 보니 일본인 이외의 외국인도 왜구의 무리에 합류하였다. 중국인이 가장 많았으나 포르투갈인을 비롯한 외국인들도 왜구의 무리에 포함되었다. 외국인으로 왜구가 된 자들은 위왜偽倭·가왜仮倭·장왜裝倭라고 하였다.

[170] 왕직은 근거지를 일본의 규슈에 두고 휘왕徽王이라고 칭하며 해상왕으로 군림하였다. 그는 일본의 다이묘들과도 친교를 맺었다. 왕직은 제주도 있었고, 협객 기질도 있었고, 교양도 있었던 인물이었던 것으로 알려졌다. 1545년경에 일본에 온 왕직은 하카타 상인들과 친교를 맺게 되었고, 그 후 일본과 중국 간의 밀무역을 주도하였다. 왕직은 중계무역을 주도하면서 중국의 관리나 토호 등과 결탁하여 거대한 부를 축적하였다.

하였다.

왜구가 극성하다보니 명의 관리들 중에는 자신의 공적을 올리기 위해 왜구의 숫자와 잔인성을 부풀리기도 하였다. 중국인의 도적행위를 왜구의 행동으로 처리하여 보고한 경우도 있었다. 어떤 경우에는 중국인이 스스로 왜구를 칭하며 반란을 은폐하기도 하였다. 그것을 관리가 교묘하게 이용하기도 하였다.

조선과 명은 왜구 대책에 부심하였다. 명은 일본의 무로마치 막부에 왜구의 근절을 요청하는 한편, 왜구의 수괴로 알려진 왕직을 체포하여 처형하였다. 조선과 명의 노력으로 왕직과 그의 일당이 괴멸적인 타격을 입었다. 물론 그 후에도 왜구의 활동은 계속되었지만 16세기 후반에는 세력이 현저하게 쇠퇴하였다. 왜구가 쇠퇴하게 된 근본적인 이유의 하나로 명의 해금정책이 이완된 것을 들 수 있다. 명의 상선이 복건성에서 상세를 납부하기만 하면 남해의 각 지역에서 공공연하게 무역을 할 수 있는 길이 열리자 왜구의 활동이 위축되었다.

2. 오닌 난 이후의 조일관계

오닌 난 이후에 무로마치 막부가 사실상 붕괴하자, 조일朝日 관계에도 변화의 조짐이 보이기 시작하였다. 하타케야마씨畠山氏・교고쿠씨京極氏・시바씨斯波氏・야마나씨山名氏・호소카와씨細川氏・오우치씨大內氏 등 유력한 슈고다이묘들은 독자적으로 조선과 외교관계를 맺었다. 일본인은 구실만 있으면 조선으로 건너가 접대를 받고 교역을 하려고 하였다. 그들이 조선에 요구했던 것은 조선에 있는 대장경大藏経과 반야경般若経 등 불교서적과 전국의 사원에 널려있던 불교용품 및 유적들이었다. 사원을 재흥한다는 명목으로 비용의 원조를 요구하기도 하였다.

14~15세기 왜구가 약탈의 대상으로 했던 것은 대부분이 미곡과 사람들이었다. 특히 사람들을 납치하여 노예로 부리거나 상품으로 매매하였다. 그러나 정상적인 통교관계가 지속되면서 면직물과 불교서적이 수입품의 주종을 이루었다. 식량은 쓰시마에 미곡과 콩을 공급하는 정도였다.

고려 시대에 제작되었던 대장경이 대량으로 일본으로 수입되었던 것도 조일무역의 특색이었다. 조선에서는 유교를 장려하고 불교를 탄압하였으므로 수천 권이 넘는 대장경은 조선국내에서는 그 가치를 상실하였기 때문에 손쉬운 수출품이 되었다. 고려 말부터 16세기 중엽까지 일본이 대장경을 요구한 것은 83회였는데, 그중에서 일본으로 가져오는데 성공한 것은 43부였다.

일본에서 조선으로 수출된 물품 중에서 가장 많은 비중을 차지했던 것은 동銅·유황硫黃·금 등의 광산물이었다. 16세기 중엽부터 은이 다량으로 수출되었다. 일본에서 생산된 도검과 부채도 중요한 수출품이었다. 동남아시아나 명에서 일본으로 수입된 물품이 중계무역 형태로 다시 조선에 수출되기도 하였다. 염료·향료·약재 등이 가장 많았다. 중계무역을 주도했던 것은 주로 하카타와 사카이의 상인들이었다.

3. 삼포 왜란

조선은 세종 때 삼포三浦를 개방하여 일본인의 거주를 허가하였다. 처음에는 거주인 수를 한정하려고 하였으나 성과를 거두지 못하였다. 일상적으로 삼포에 거주하는 일본인인 항거왜恒居倭의 수는 계속 증가하였다. 15세기 말에는 3,000명 이상의 일본인이 삼포에 거주하였다. 쓰시마의 영주 소씨宗氏는 삼포에 관리를 파견하여 조세를 징수하였다. 일본인은 한성의 관리나 상인들과 교류하면서 밀무역을 주도하였다. 일본인의 세력은 벌써 위험 수위를 넘고 있었다.

　1508년 11월에 왜선이 돌연히 가덕도加德島를 습격하는 사건이 일어났고, 다음 해 3월에는 왜선이 제주도의 공마선貢馬船을 약탈하는 사건이 일어났다. 이 사건에 대한 조선의 조치에 불만을 품은 항거왜는 무기를 들고 집단으로 시위하기 시작하였다. 제포薺浦(지금의 창원시 진해구)와 부산포의 일본인은 쓰시마의 지원 하에 무장봉기를 계획하였다. 쓰시마 영주 소 요시모리宗義盛는 200여 척의 선단을 파견하고, 2,000여 명의 군대를 조선으로 보내어 항거왜의 폭동을 지원하였다. 1510년 4월 4월 일본인 5,000여 명이 집단을 이루어 제포와 부산포를 급습하여 관리를 살해하고 감금하였다. 거제도 방면에서는 100여 척의 왜선이 영등포를 공격하였다. 이어서 웅천熊川과 동래東萊를 함락하고 제포에 결집한 일본인은 조선 정부와 협상을 시도하였다. 조선 정부는 정토군을 파견하려고 하였으나 그 전에 황형黃衡·유담년柳耼年 등의 방어사가 일본인 폭도들을 무찔렀다. 폭도들은 할 수 없이 4월 19일에 제포를 버리고 쓰시마로 철수하였다. 이것이 삼포의 왜란이다. 이 사건으로 쓰시마와 조선의 관계는 단절되었고, 일본 선박의 조선 입항도 금지되었다.

　그 후 우여곡절 끝에 조선과 쓰시마가 임신약조壬申約條를 체결하였다. 임신약조의 내용은 쓰시마 영주의 세견선을 반감하여 25척으로 하고, 세사미歲賜米와 대두大豆를 반감하여 100석으로 하고, 특송선을 폐지하고 세견선을 이용하도록 하였다. 그리고 쓰시마 영주의 자식 및 대관代官, 조선과 특별한 관계를 유지하던 일본인에게 미곡과 대두를 지급하던 관례도 폐지하였다. 그동안 쓰시마 영주 소씨가 보유하던 특권도 제한하였다.

그 후에도 조일관계는 결코 평탄하지 않았다. 1544년에는 사량蛇梁에서 다시 일본인이 조선인을 공격하는 사건이 일어났다. 왜선 20여 척이 경상도 사량에 침입하여 10여 명의 조선인을 살상하였다. 이 사건은 규모는 크지 않았지만 그 영향은 매우 컸다. 조선에서는 일본인의 도항을 일체 금지하자는 의견이 힘을 얻었기 때문에 조일관계는 3년여 동안 단절되었다. 1555년에는 왜구가 70여 척의 선단을 구성하여 전라도 달량達梁의 병영을 급습하였다.

조일관계가 경색되자, 쓰시마 영주는 왜구에 대한 정보를 조선에 제공하면서 관계 개선을 모색하였다. 그리고 조선과 쓰시마의 관계를 임신약조 이전의 상태로 회복하기 위해 끈질기게 노력하였다. 그리하여 1557년 4월에 정사약조丁巳約條를 맺어 관계를 회복하는데 성공하였다. 정사약조에 따른 조선과 쓰시마의 관계는 임진왜란이 일어날 때까지 지속되었다.

□□□제18장

무로마치 시대의 문화와 종교

[1] 무로마치 전기의 문화와 종교

1. 남북조 문화

가마쿠라鎌倉 시대 후지와라노 데이카藤原定家의 자손이 분열하면서 와카和歌는 내용적으로 볼만한 것이 거의 없었다. 그런데 무로마치室町 시대에 이르러 침체된 와카에 새로운 기운을 불어넣은 것이 렌가連歌였다. 렌가는 가인이 취미로 짓기 시작한 시가에서 발달한 것이었다. 렌가 중에서도 와카의 전통을 계승한 유신렌가有心連歌가 귀족들 사이에서 유행하였다. 해학을 주로 하는 무신렌가無心連歌는 주로 서민에게 보급되었다. 1356년 니조 요시모토二條良基는 구사이救濟 법사의 도움으로 형식을 통일한 『쓰쿠바슈菟玖波集』를 편찬했고, 『오안신시키應安新式』에서 렌가의 규칙을 정하였다. 렌가가 정식 문학으로 자리매김 되었다.

남북조 시대에 귀족과 무사의 흥망성쇠를 그린 역사서나 역사문학이 발달하였다. 대표적인 작품으로 조정의 역사를 남조 귀족의 입장에서 서술한 『마스카가미增鏡』가 있었다. 이것은 가나로 집필한 역사서였다. 고토바 천황後鳥羽天皇에서 고다이고 천황後醍醐天皇까지의 역사를 기록하였다. 또 무로마치 막부를 창립한 아시카가 다카우지의 가신으로 알려진 인물이 북조의 입장에서 다카우지의 치적과 정통성을 강조한 『바이쇼론梅松論』이 있었다. 사실을 정확하게 기술한 점이 주목되는 책이다.

『다이헤이키太平記』는 남북조 시대의 군기물이었다. 전부 40권으로 구성되었고, 남북조 내란을 중심으로 한 전란을 생생하게 묘사하였다. 끝도 없는 전란 속에서도 평화를 꿈꾸는 서민의 삶을 웅장한 스케일로 그려낸 대 서사시라고 할 수 있다. 남북조 내란을 남조의 입장에서 서술한 작품이었다. 『다이헤이키』의 이야기는 비와호시琵琶法師라는 이야기꾼을 통해 서민에게 널리 전파되었다.

그 밖의 군기물로는 미나모토노 요시쓰네源義経의 생애를 그린 『기케이키義経記』가 있었다. 이것은 사실과 전설이 혼합된 것으로 영웅전설적 색채가 농후한 작품이다. 특히 요시쓰네와 요시쓰네의 충복 벤케이弁慶의 활약이 대부분을 차지하고 있다. 그리고 복수를 주제로 한 『소가모노가타리曽我物語』가 있었다. 이것은 1193년 소가 스케나리曽我祐成와 도키무네時致 형제가 부친을 살해한 구도 스케쓰네工藤祐経를 죽여 원수를 갚은 이야기를 사실적으로 구성한 영웅담이다.

대표적인 사론으로는 남조의 중심인물 기타바타케 지카후사北畠親房가 저술한 『진노쇼토키神皇正統記』였다. 이 책은 지카후사가 고무라카미 천황後村上天皇에게 헌상하기 위해 히타치常陸의 오다성小田城에서 집필하였다. 지카후사는 신화시대 이래 왕위의 계승이 정당하게 계승되어 정통성이 남조의 고무라카미 천황으로 이어졌다고 주장하였다. 이것은 『구칸쇼愚管抄』의 말법사상적인 역사관과는 다른 신국사상의 관점에서 기술한 것이 특징이다.

유직고실有職古實 연구도 계속되었다. 이 분야의 연구로는 고다이고 천황이 저술한 『겐무넨추교지建武年中行事』와 기타바타케 지카후사가 저술한 『쇼쿠겐쇼職原抄』가 있었다. 또 『겐지모노가타리』를 연구한 책도 출판되었다. 대표적인 저서로 조케이 천황長慶天皇이 저술한 『센겐쇼仙源抄』, 요쓰쓰지 요시나리四辻善成가 저술한 『가카이쇼河海抄』가 있었다. 『센겐쇼』는 『겐지모노가타리』의 사전이고, 『가카이쇼』는 『겐지모노가타리』의 주석서였다.

무로마치 막부의 쇼군將軍 가문은 임제종에 귀의하였다. 막부는 중국의 관사官寺 제도를 모방해 교토와 가마쿠라에 각각 5개소의 사원을 세웠다. 이것을 5산 제도라고 한다. 5산은 학문 연구의 요람이라고 할 수 있었다. 한문학·역사학·유학의 연구가 성행하였다. 5산의 선승들은 폭넓은 교양이 선의 공부를 위해서도 포교를 위해서도 필요하다고 생각하였다.

5산의 학문을 5산 문학이라고 하였다. 특히 5산은 일본 한문학의 본산이라고 일컬어졌다. 5산에서는 서적도 출판하였다. 이것을 5산판이라고 하였다. 5산을 대표하는 승려로는 5산 문학을 정점에 올려놓았다고 평가되는 엔게쓰円月, 교토의 다이토쿠지大德寺를 창설한 묘초妙超, 묘초의 제자로 교토 묘신지妙心寺를 창설한 에겐慧玄, 고다이고 천황과 아시카가 다카우지가 귀의한 고승 소세키疎石의 제자 묘하妙葩·슈신周信·주신中津 등이 있었다. 묘하는 막부의 3대 쇼군 아시카가 요시미쓰足利義滿의 신임을 얻어 5산을 통할하였다. 슈신은 가마쿠라에서 가마쿠라쿠보鎌倉公方 아시카가 모토우지足利基氏에게 참선을 가르쳤고, 겐닌지建仁寺와 난젠지南禅寺의 주지를 역임하였다. 명에 유학한 주신은 3대 쇼군 아시카가 요시미쓰가 귀의한 고승으로 쇼코쿠지相国寺의 주지를 지냈다.

고후쿠지興福寺 정문 앞에 설치한 사루가쿠 무대

이 시대에 덴가쿠田楽와 사루가쿠猿楽가 보급되었다. 덴가쿠는 원래 농촌에서 모내기를 할 때 신에게 풍년을 기원하던 행사였다. 일을 할 때 박자를 맞추거나 의욕을 북돋우기 위한 단순하고 소박한 놀이였다. 그것이 도시에서 상연되는 예능으로 발전한 것이다. 헤이안 시대 중기에 이미 덴가쿠호시田楽法師라는 전문 예능인이 출현하였다. 여러 사람이 북과 피리, 그리고 빈자사라編木라는 타악기를 연주하면서 춤을 추었다. 특히 음악에 맞추어 종횡으로 모였다 흩어지기를 반복하면서 질서정연한 무용을 선보였다.

사루가쿠라는 말의 어원은 원래 중국의 당에서 전래된 산가쿠散楽였다. 산가쿠는 곡예와 가무를 중심으로 하는 예능이었는데, 10세기에 이르러 해학적인 연기를 주로 하는 예능으로 발전하면서 사루가쿠라고 불리게 되었다. 이윽고 사루가쿠는 대화를 주로 하는 희극 교겐狂言과 그윽한 경지를 표현하는 가무극 노能로 분화하였다.

각 마을의 신사나 마을 사람들이 모이는 장소를 중심으로, 이른바 서민적인 향촌문화가 뿌리를 내렸다. 서민 사이에 뿌리를 내린 새로운 문화는 다음 세대의 서민문화를 꽃피우는 기반을 마련하였다.

2. 기타야마 문화

1397년 무로마치 막부의 3대 쇼군 아시카가 요시미쓰는 교토의 기타야마北山에 별장을 짓고 그곳에 금각金閣을 세웠다. 금각은 건물을 금박으로 입힌 화려하기 이를 데 없는 건물이었다.

금각

금각의 1층은 귀족풍의 신덴즈쿠리 양식, 2층은 무가풍의 쇼인즈쿠리 양식, 3층은 선종禪宗 양식의 불당으로 꾸며졌다. 쇼군 요시미쓰가 죽은 후, 금각은 선종 사원인 로쿠온지鹿苑寺가 되었다. 금각이 기타야마에 세워졌기 때문에 14세기 말의 문화를 기타야마 문화라고 한다.

막부의 보호 아래 육성된 기타야마 문화는 전통적인 귀족문화와 대륙문화를 기조로 하는 것이었다. 금각의 건축양식이 일본의 전통적인 양식과 선종 양식이 융합된 것을 보아도 알 수 있다. 특히 사치성이 농후한 귀족문화가 무사문화와 융합되어 기타야마 문화를 꽃피웠다.

이 시대에 중국의 송·원 문화 영향을 받아서 수묵화가 성행하였다. 산수화에 속하는 수묵화는 실제 풍경을 사생하는 것이라고 하기보다는 화가의 마음속에 그려진 이상적인 풍경을 화폭에 담는 것이라고 할 수 있다. 중국에서는 산수를 가장 높은 덕이 함유된 대상이라고 생각하였다. 산속에서 유유자적하게 사는 신선을 소재로 삼아 그림을 그리는 일이 마음을 다스리는 일과 다르지 않았기 때문이다.

처음에 막부와 사원은 중국에서 수묵화를 수입했는데, 점차 수묵화를 선호하는 사람들이 늘어났다. 마침 수묵화가 선의 정신을 표현하는 수단으로 중시되면서, 승려들 중에 중국에서 수입된 그림을 모방하는 자가 나타났다.

일본 수묵화의 기초는 도후쿠지東福寺의 밍초明兆에 의해 다져졌다. 밍초는「오백나한도」를 비롯한 뛰어난 작품을 많이 남겼다. 밍초를 계승해 일본 수묵화의 기반을 닦은 인물은 쇼코쿠지의 조세쓰如拙였다. 조세쓰는「효넨즈瓢鮎図」라는 작품을 남겼다. 한편, 가마쿠라 시대부터 유행하기 시작한 선승의 초상화도 여전히 성행하였다. 이 시대는 야마토에大和絵를 비롯한 일본풍의 회화가 인기

조세쓰의「효넨즈」

를 끌지 못하고 가라에唐絵라는 중국풍의 회화가 성행하였다.

학문 분야에서는 역시 5산 문학이 주류를 점하였다. 중국의 명과 교역하는 서부 일본 슈고守護의 문화 교류 풍조에 힘입어 학문이 지방에도 전파되었다. 1439년 가마쿠라 시대에 아시카가씨足利氏가 설립한 아시카가 학교가 우에스기 노리자네上杉憲実에 의해 재흥되었다. 아시카가 학교에서는 선승을 초빙해 유학을 연구하고 가르치게 하였다.

문학 분야에서는 『신쇼쿠코킨와카슈新続古今和歌集』가 간행되었다. 이 책은 10세기에 간행된 『고킨와카슈』이래 계속된 칙찬 와카집의 최후를 장식하는 것이었다. 쇼테쓰正徹・신케心敬 등이 출현하여 은근하고 깊은 와카의 가풍을 선보였다. 도 쓰네요리東常縁는 가학의 성전으로 여겨졌던 『고킨와카슈』내용에 있는 특별한 어구를 스승이 제자에게 은밀히 구전하는 고킨덴주古今伝授의 전통을 세웠다. 그 후 고킨덴주는 소기宗祇에서 산조니시 사네타카三条西実隆로, 사네타카에서 호소카와 유사이細川幽斎로 전해졌다.

이 시대에 상공인과 농민, 그리고 잇키一揆의 열정이 문화면에도 반영되었다. 특히 집단으로 즐기는 예능이나 문예가 발달하였다. 노能・교겐狂言・렌가連歌・오토기조시御伽草子가 귀족・무사・서민의 구별 없이 인기를 끌게 되었다.

노能는 기타야마 문화를 대표하였다. 노는 노래와 춤 그리고 장단으로 어우러지는 연극이다. 노의 기원은 산가쿠인데, 11세기경부터 산가쿠의 해학적인 동작이 사루가쿠라고 불리며 발달하였다. 남북조 시대에 유행한 덴가쿠의 리듬과 형식이 노에 접목되면서 사루가쿠노猿楽能가 성행하였다.

노는 무대에서 상연되지만 무대 장치가 거의 없는 것이 특색이었다. 주로 두 사람이 연기를 하였다. 연기는 사실적이면서도 상징적이었다. 감정의 발산보다는 절제와 암시에 무게를 두는 특징이 있었다.

노는 14세기 말 간아미觀阿弥와 그의 장남 제아미世阿弥의 활약으로 확립되었다. 간아미·제아미 부자는 무로마치 막부의 3대 쇼군 아시카가 요시미쓰의 후원을 받으며 노를 단순한 해학에서 예술로 승화시켰다.

간아미는 유현幽玄의 미를 표현하는 데 중점을 두면서도 부채와 북을 사용하며 노래를 부르고 춤을 추는 구세마이曲舞의 기법을 도입해 활기찬 노를 창조하였다. 제아미는 명곡을 창작해 이른바 무겐노夢幻能를 완성하였다. 제아미는 노의 대표적인 이론서 『후시카덴風姿花伝』을 집필하였다. 그는 이 책에서 미의 극치에 대하여 설명하였다. 제아미가 말하는 미의 극치란 기품이 있으며, 가련한 모양이며, 보일 듯 말 듯 하면서도 심오한 뜻을 내포한 경지를 말하는 것이다. 제아미는 『가쿄花鏡』, 『사루가쿠단기猿楽談義』 등의 저서도 남겼다. 제아미가 사실 묘사와 화려함에 초점을 맞춘 노의 형식을 완성하면서 노는 고급 예술로 승화되었다.

노의 막간에 즉흥적으로 선보이는 연기가 교겐狂言이었다. 노처럼 원래 산가쿠에 원류를 둔 교겐이 사루가쿠의 한 분야로 편입되면서 노의 지배를 받게 되었다. 중세 후기에 야마토 사루가쿠의 교겐가타狂言方에 의해 오쿠라류大蔵流가 성립되었고, 에도 시대에 이르러 이즈미류和泉流가 성립되었다.

교겐은 노에 비해 통속적이었다. 교겐은 오랜 역사를 지니고 있다. 헤이안平安 시대의 『신사루가쿠키新猿楽記』에는 비구니가 갓난애를 안고 보자기를 찾는 모습과 시골 사람이 상경해 겪는 우스꽝스러운 이야기가 실려 있다. 낡은 사고에 집착한 사람, 벼락출세한 사람이 잘난 척하다가 망신하는 것을 풍자하는 즉흥적인 예능으로 교겐이 발달하게 되었다. 교겐의 내용 중에 아랫사람이 윗사람을 놀리는 장면이 많다. 예를 들면 기온카이祇園会 준비를 소재로 한 「구지자이닌籤罪人」과 같이

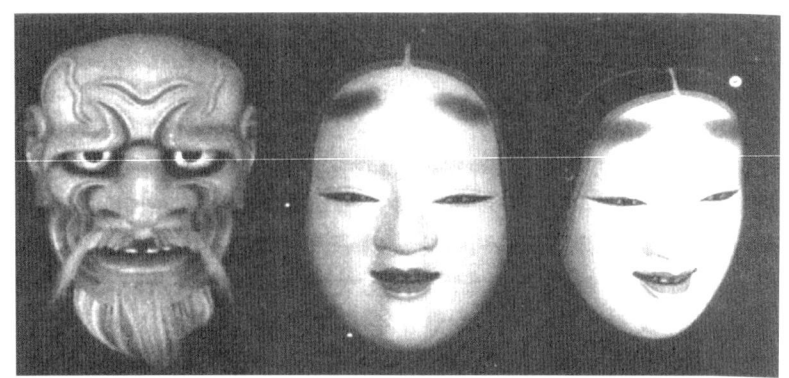
노의 가면-노인 가면(좌) 남자 가면(중) 여자 가면(우)

남북조 시대 이후의 하극상 풍조를 적나라하게 표현한 작품이 많다.

노는 주로 고전적인 제재를 가지고 유현의 미를 중요시하는 가무극이었고, 교겐은 일상적인 사건을 익살스럽게 표현하는 대사극이었다. 노의 연기자는 등장인물을 상징하는 가면인 노멘能面을 썼으나 교겐의 연기는 가면을 쓰지 않는 경우가 많았다. 노는 연출이 중후한데 반해 교겐은 해학적이고 가벼운 맛을 기조로 하였다. 교겐은 당시 사회와 인물의 풍자, 서민 생활을 소재로 하는 것이 일반적이었고, 당시 민요나 속담을 활용하기도 하였다.

3. 종교

무로마치 시대에도 구불교 세력은 여전히 무시할 수 없는 교세를 유지하였다. 그러나 1467년부터 10년간 교토 일대를 초토화시킨 오닌応仁 난으로 구불교의 경제적 기반인 장원이 붕괴되었고, 정치적 비호 세력인 귀족이 몰락하면서 교세가 점차로 위축되었다. 이에 비해 신불교는 교단을 형성하면서 발전하였다.

　신불교 중에서 임제종은 무로마치 막부를 창설한 아시카가 다카우지가 선승 소세키疎石에게 귀의하고, 교토에 덴류지天龍寺를 창건하면서 발전하였다. 무로마치 막부 쇼군 가문은 대대로 임제종에 귀의하였다. 특히 3대 쇼군 아시카가 요시미쓰는 중국 남송의 제도를 본받아 5산五山·10찰十刹 제도를 정비하였다. 쇼군 요시미쓰는 임제종을 통해 종교를 통제하려고 하였다. 5산은 막부가 주지를 임명하는 가장 권위 있는 선종사원이었다.

　교토의 5산은 덴류지·쇼코쿠지相国寺·겐닌지建仁寺·도후쿠지東福寺·만주지万寿寺였다. 가마쿠라의 5산은 겐초지建長寺·엔가쿠지円覚寺·주후쿠지寿福寺·조치지浄智寺·조묘지浄妙寺였다. 10찰이란 5산에 속한 관사官寺를 말한다. 3대 쇼군 요시미쓰는 5산의 승려를 정치·외교의 고문으로 임용하였다. 5산은 막부의 보호를 받으며 학문과 문화의 중심지로 발전하였다.

　5산 사원 중에서도 도후쿠지와 같은 대사원에는 500~1,000명에 이르는 승려들이 생활하였다. 규모가 작은 사원이라도 50~200명이 생활하였다. 승려들의 대부분은 무사 출신이었다. 수행승은 선방에서 하루 종일 2~3시간씩 좌선을 반복하는 생활을 하였다. 틈틈이 독경을 하고, 불교 의식을 거행하고, 노동을 하기도 하였다. 임제종에서는 주로 스승이 제시한 공안公案을 수행의 수단으로 삼아 참선에 매진하였다. 높은 경지에 올랐다는 평판을 얻은 소수의 선승은 대사라 불리며 존경을 받았다.

　무로마치 막부는 5산 제도와 함께 승록僧錄 제도를 두었다. 승록이란 사원과 승려의 일을 관장하는 관직이었다. 3대 쇼군 요시미쓰는 덴류지·도후쿠지·쇼코쿠지의 주지를 지냈고, 구불교의 압박에 대항하면서 임제종을 발전시킨 묘하妙葩를 초대 승록에 임명해 5산·10찰을 감독하게 하였다. 그 후에는 쇼코쿠지 내에 있는 로쿠온인鹿苑院 주지가 승록을 겸하였다. 승록사僧錄司는 관청에 해당하는 기관이었다.

조동종曹洞宗은 엄격한 출가주의와 투철한 수행의 정신을 강조했기 때문에 현세구복을 바라는 서민이 가벼운 마음으로 접근할 수 없었다. 그래서 조동종 내부에서도 현세구복을 위한 기도와 공익사업을 추진하는 승려들이 나타났다. 노도의 소지지를 중심으로 하는 일파가 그들이었다.

일본 조동종의 발원지라고 할 수 있는 에이헤이지永平寺가 있던 지역은 원래 백산白山 신앙의 본거지였다. 관음 신앙이 번성한 곳이기도 하였다. 도겐의 제자 조킨紹瑾은 백산·관음·구마노熊野·산노山王 신앙을 적극적으로 받아들였다. 밀교와 결합된 새로운 조동종은 에치젠越前·가가加賀·노도 지방을 중심으로 간토·도호쿠 지방까지 세력을 넓혔다. 임제종의 신도는 상급 무사를 주축을 이루었지만, 조동종의 신도는 대부분이 하급 무사와 농민들이었다.

시종時宗은 승려가 편력하면서 춤추고 염불하는 전통이 있는 종파였으나, 잇펜이 죽은 후 제자들이 각지에 사원을 세우면서 교단이 확립되었다. 남북조 시대에 당마파當麻派와 유행파遊行派를 비롯한 12파가 번성하였다. 시종에서는 시중時衆이라는 포교사들이 전국을 유람하면서 교화 활동을 하였다. 시종의 승려들은 다도, 꽃꽂이, 렌가 등에도 조예가 깊은 자들이 많았다.

정토종은 호넨法然이 죽은 후 4파13류四派十三流라고 일컬어질 정도로 분열되었다. 그중에서 교세가 가장 강성했던 것은 진서파鎭西派와 서산파西山派였다. 진서파는 규슈에 뿌리를 두고 도호쿠 지방까지 교세를 넓혔다. 서산파는 주로 교토·오사카를 중심으로 포교활동을 전개하였다. 특히 귀족과 무사들을 신도로 거느리는 진서파가 교세를 확대하였다.

신란의 정통성을 계승한 정토진종 혼간지파本願寺派는 남북조 시대에 세워진 혼간지를 중심으로 교세를 확장하려고 노력했으나 오히려 혼간지에서 분열된 종파 불광사파佛光寺派의 기세에 눌려 교세를 떨치지 못하였다. 당시 불광사파는 사람들이 이름을 사원의 장부에 기록하는 순간 극락왕생이 약속된다고 선전해 서민들의 호응을 이끌어냈다. 하지만 혼간지파는 불광사파의 포교 방법을 이단으로 규정하였다. 혼간지파의 흥륭은 다음 시대를 기다려야 하였다.

　저명한 승려로 진언종眞言宗의 만사이滿濟가 있었다. 다이고지醍醐寺 좌주였던 만사이는 3대 쇼군 아시카가 요시미쓰 시대부터 6대 쇼군 요시노리義教 시대에 걸쳐 무로마치 막부의 정치 고문으로 활약하였다. 쇼군의 신임이 두터워서 막부의 정치에 깊숙이 관여하였다. 특히 6대 쇼군 요시노리는 정사의 대소를 불문하고 만사이에게 자문을 구했기 때문에 만사이는 흑의黑衣의 재상이라고까지 일컬어졌을 정도였다. 또 고후시미 천황後伏見天皇의 아들로 출가해 천태종의 좌주가 된 손도 친왕尊道親王과 귀족 니조 요시모토二條良基의 아들로 천태종 승려가 된 도이道意도 막부의 정치에 깊숙이 간여하였다.

[2] 히가시야마 문화와 종교

1. 학문과 사상

　귀족은 정치·경제적으로 무사 세력에 압도되어 무력한 존재에 지나지 않았으나 문화 담당자로서의 역할을 충실히 해내었다. 그들은 주로 유직고실과 고전문학을 연구하였다. 이치조 가네라一条兼良는『구지콘겐公事根源』과『쇼단치요樵談治要』를 저술하였다.『구지콘겐』은 유직고실에 관한 책이었다. 정치론이라고 할 수 있는『쇼단치요』는 무로마치 막부 9대 쇼군 아시카가 요시히사足利義尙가 참고하였다.

『니혼쇼키日本書紀』에 대한 연구도 활발하였다. 대표적인 연구자로 인베노 마사미치忌部正通・이치조 가네라가 있었다. 마사미치는『진다이노마키쿠케쓰神代卷口訣』를 저술하였다. 가네라는『니혼쇼키』의 주석서『니혼쇼키산소日本書紀纂疏』를 편찬하였다. 이것은 신대神代에 한정된 주석서이다. 가네라의 신도론神道論이기도 하였다. 가네라는 1472년에『겐지모노가타리』의 주석서『가초요세이花鳥余情』를 편찬하기도 하였다. 가네라의 연구는 산조니시 사네다카三条西実隆에 계승되었다.

주자학은 여전히 5산의 승려들이 연구하였다. 엔게쓰円月는『주세이시中正子』를 비롯한 연구서를 저술하였다. 오우치씨의 조카마치 야마구치山口에서는 많은 종류의 책이 출판되었다. 이것을 오우치판大内版이라고 한다.

대학이라고 할 수 있는 교육기관으로 아시카가 학교가 있었다. 초등교육은 주로 사원에서 담당하였다. 사원에서는 여러 종류의 교과서로 아동들을 교육하였다. 25통의 서간문으로 구성된『데이킨오라이庭訓往来』는 무사와 서민의 일상생활에 필요한 용어를 망라한 교과서였다.『지쓰고쿄実語教』는 학문과 도덕의 실천을 강조한 교과서였다.『이로하우타伊呂波歌』는 47자의 글자를 7・5조의 형식으로 구성한 노래였다.

2. 문예

남북조 시대에는 귀족과 무사들 사이에 렌가連歌가 유행하였다. 렌가는 여러 사람이 한 장소에 모여 와카의 상구上句 5·7·5와 하구下句 7·7을 서로 연결해 읊는 문예였다. 이것 역시 가마쿠라 시대부터 시작되어 남북조 내란기에 성행하였다. 렌가는 각지에서 제각기 다른 방법과 형식으로 발전하다가 니조 요시모토二條良基가 형식을 정하였다.

렌가의 유행은 그것을 직업으로 하는 렌가시連歌師를 출현하게 하였고, 렌가 자체의 기법도 진보하였다. 특히 유명한 렌가시는 이이오 소기飯尾宗祇였다. 그는 주로 15세기 후반에 활동한 다재다능한 인물이었다. 그는 전국 각지를 여행하면서 렌가의 보급에 힘썼다. 그는 감정적이면서도 심오한 뜻을 내포한 쇼후렌가正風連歌를 확립하였다. 소기는 『미나세산긴햐쿠인水無瀨三吟百韻』과 『신센쓰쿠바슈新撰菟玖波集』를 편수하였다. 그의 문하에서 쇼하쿠肖柏·소초宗長 등이 배출되었다.

렌가가 점차로 형식화되던 중 아라키다 모리타케荒木田守武와 야마자키 소칸山崎宗鑑에 의해 렌가의 여흥으로 탄생한 하이카이俳諧가 성립되었다. 하이카이는 쇼후렌가에서 파생해서 해학과 기지를 살린 것으로 하이카이렌가라고 일컬어졌다. 소칸이 편찬한 『이누쓰쿠바슈犬筑波集』는 하이카이의 모범이 되었다.

16세기에 제작된 에마키모노 「사루노소시猿の草紙」를 보면, 렌가카이連歌会 풍경이 사실적으로 묘사되어 있다. 렌가카이를 이끄는 선생과 렌가를 기록하는 자가 중앙에 앉고, 그 좌우에 렌가카이에 참여하는 사람 4~6명이 둘러앉는다. 주위에 청중도 있고 렌가카이에 참여한 사람들의 시중을 드는 자도 있다. 렌가를 짓기 시작하면 36구, 100구, 심지어 1,000구까지 계속해 렌가를 완성해 나갔다. 보다 좋은 작품을 남기려는 경쟁심과 합심해서 목적을 달성하고자 하는 연대감이 어우러졌

을 때 비로소 좋은 작품이 탄생되었다. 그래서 렌가는 종종 '잇키의 문예'라고 일컬어졌다. 이런 특징 때문에 렌가가 중세 후기를 대표하는 문예로 인식되었다.

서민들이 좋아하는 읽을거리로 오토기조시御伽草子가 있었다. 오토기조시는 서민의 수준에 맞춘 통속적인 단편소설이라고 할 수 있다. 서민이 주인공으로 등장하는 경우가 많았다. 소재는 매우 다양하였다. 특히 민간에서 전해 내려오는 교훈적인 이야기가 많았다. 오토기조시는 문장은 말할 것도 없고 내용도 저속하고 유치하였다. 현실에서는 도저히 이룰 수 없는 서민의 꿈을 상상의 세계에서 표현한 것이 많았다. 『잇슨보시一寸法師』나 『분쇼소시文正草子』와 같은 이야기에는 전란의 시기에 영웅을 갈망하는 서민의 심정이 솔직하게 반영되어 있다.

민간가요라고 할 수 있는 고우타小歌는 서민이 즐겨 불렀다. 고대에는 민간가요를 잡예雜藝·이마요今様라고 하였으나 무로마치 시대에는 고우타라고 하였다. 이 시대 서민은 자유로운 음률에 맞추어 노래를 불렀다. 바로 그 점이 고우타의 특징이었다. 1518년 고우타와 민간의 동요 약 310수의 노래가 수록된 『간긴슈閑吟集』가 편찬되었다.

3. 예능

문예가 유행하면서 예능이 더불어 발전하였다. 노가쿠能楽는 무로마치 막부 3대 쇼군 아시카가 요시미쓰를 비롯한 역대 쇼군의 후원으로 시키가쿠式楽의 지위를 확립하였다. 시키가쿠는 막부의 공식적인 의식에서 상연되는 예능을 말한다.

제아미가 죽은 후, 제아미의 조카 온아미와 사위 곤파루 젠치쿠金春

禪竹 그리고 젠치쿠의 손자 젠포禪鳳가 대를 이어 노가쿠 발전에 기여하였다. 오닌 난 후, 노가쿠는 교토는 물론 오사카 지방의 서민도 즐기게 되었다. 쿄겐은 장원영주·야마부시山伏·승려를 풍자한 것이나 서민의 생활 속에서 소재를 얻은 것이 많았다. 쿄겐은 여전히 하극상의 세상을 풍자해서 서민의 사랑을 받았다.

도차카이鬪茶会가 유행하였다. 도차는 가마쿠라 시대부터 사원을 중심으로 성행한 차를 마시는 풍습이 유희화한 것이었다. 차를 돌려서 마시고, 마신 차의 종류를 알아맞히는 놀이었다. 보통 교토의 도가노오栂尾 차를 혼챠本茶, 그 밖의 차를 히챠非茶라고 구별하는 도차, 차의 종류를 4종으로 늘려서 좀 더 복잡하게 만든 도차가 있었다. 도차카이를 차요리아이茶寄合라고도 하였다. 도차카이에서 승리한 자에게 상품이 수여되었다. 연회를 준비하는 책임을 맡은 도야쿠頭役는 참가자 중에서 순번대로 정하였다.

다도茶道는 무라타 주코村田珠光가 개척하였다. 주코는 원래 쇼묘지稱名寺의 선승이었는데, 선의 정신을 다도의 과정을 통해 표현하려고 하였다. 그는 질박한 것과 불완전한 것, 그리고 여백의 미를 좁은 공간에서 표현하는 와비차侘茶의 세계를 창조하였다. 한 잔의 차를 마시는 과정은 섬세하고 절제된 동작과 예법으로 이루어졌다. 무릎이 맞닿을 것 같은 좁은 공간, 적막한 분위기 속에서 차를 나누어 마시는 자들은 일체감을 맛보게 되는 것이다.

다실을 장식하기 위해 꽃꽂이가 발달하였다. 이 시대에 유행한 꽃꽂이는 꽃나무를 큰 항아리에 보기 좋게 꽂아 놓는 릿카立花였다. 릿카는 원래 사원에서 불전에 꽃을 공양하면서 발달한 것이었다. 그런데 쇼인쓰쿠리 양식의 주택이 발달하고, 주택 내부에 도코노마床の間[171]라는

---

171) 일본식 방의 상좌上座에 바닥을 한층 높게 만든 곳을 일컫는다. 도코노마의 벽에는 족자를 걸고, 바닥에는 꽃이나 도자기와 같은 장식물을 배치하였다.

도코노마

공간이 설정되면서 거실에 릿카를 장식하게 되었다. 도코노마에는 꽃 뿐만 아니라 도자기나 그림을 장식하고 감상하기도 하였다.

15세기 말에 성립된 『군다이칸소우초키君台観左右帳記』에는 무로마치 막부 쇼군의 서원을 장식하는 방식이나 기물을 감상하는 비법이 기록되어 있다. 거기에는 도코노마를 장식하는 방법으로서 3구족三具足을 족자 앞에 장식하는 법이 설명되어 있다. 도코노마의 탁자 중앙에 향로와 향합을 배치하고, 오른쪽에 촛대, 왼쪽에 화병을 두도록 하였다. 이것은 원래 사원에서 불전을 장식하는 방법이었다. 그런데 거실에 화병을 배치하면서 릿카를 실내에서 감상할 수 있게 되었다.

무로마치 시대에 '아미阿弥'라는 칭호를 이름에 붙이는 자들이 나타났다. 그들은 대개 쇼군의 측근으로 미술품을 감상하고 관리하는 자들이었다. 승려의 복장을 한 그들은 지슈時衆 또는 도보슈同朋衆라고 불렀다. 이 시대에 재능이 출중한 도보슈가 배출되었다. 그중에는 장식을 전문으로 하는 류아미立阿弥가 있었다. 그는 8대 쇼군 아시카가 요시마사의 명령으로 릿카를 장식하였다. 그때부터 릿카는 감상을 목적으로 하는 예술로 발전하였다. 릿카를 독립된 화도로 정립시킨 것은 교토의 이케노보 센케이池坊專慶였다. 그는 이케노보류 릿카의 시조로 일컬어진다. 또 아시카사 쇼군 가문의 도보슈였던 몬아미文阿弥도 릿카의 명수로 알려졌다. 그가 집필한 여러 권의 꽃꽂이 전문 서적은 『몬아미카덴쇼文阿弥花伝書』로 총칭되어 후세에 전해지고 있다. 이케노보 센케이와 몬아미가 새로운 꽃꽂이 양식을 수립하였다고 할 수 있다.

4. 건축과 정원

쇼인즈쿠리書院造 양식은 무사의 주택은 물론 귀족의 주택에도 도입되었다. '쇼인'이라는 말은 학문을 하는 곳이란 뜻으로 원래 사원에서 불경을 독송하는 장소였다. 그것이 헤이안 시대 귀족 건축양식 신덴즈쿠리寢殿造에 도입되면서 발전하였다. 다시 말하자면 쇼인즈쿠리는 신덴즈쿠리의 전통에 새로운 양식을 가미하여 무사사회의 건축양식으로 발전했던 것이다.

헤이안 시대의 신덴즈쿠리는 1건축 1침실을 기본으로 하면서 장막이나 병풍으로 내부 공간을 구분하였다. 무가정권 시대에는 미닫이문으로 거실을 구분하였다. 접객 공간과 주거 공간을 분리하고 실내에 다타미疊를 깔았다. 마루를 깔고 수납공간을 설치한 건축양식은 일본 특유의 정갈하면서도 세련된 분위기를 자아내게 하였다.

거실 벽면 일부를 바닥보다 약간 높게 해 마루를 깐 도코노마床の間를 두고, 두 장의 판자를 아래위로 어긋나게 매단 선반인 지가이다나違棚를 설치하였다. 그리고 창문 옆에 긴 판자를 붙여서 독서하기에 편리하도록 한 쓰케쇼인付書院이라는 내부 장식이 일반화되었다. 이런 건축

양식은 일본식 주거의 원형이 되었다. 대표적인 건축물로 히가시야마도노東山殿의 은각銀閣과 동구당東求堂이 있다. 또 다도가 발달하면서 다실이 꾸며졌는데, 동구당의 부속 시설 도진사이同仁斎는 대표적인 다실 건축으로 유명하다.

물·바위·나무를 소재로 하는 정원은 쇼인즈쿠리 건물과 조화를 이루어 조성되었다. 정원은 자연의 지형을 교묘히 이용하기도 하고, 가레

은각

산스이枯山水라고 해서 물을 이용하지 않고 지형으로 산수를 표현하기도 하였다. 물을 표현하기 위해 모래와 자갈이 이용되었다. 매우 인공적이며 상징적인 수법이라고 할 수 있다. 대표적인 가레산스이 정원으로 15세기 말에 조성된 교토의 료안지竜安寺 경내의 방장정원을 꼽을 수 있다. 너무 넓지도 않고 좁지도 않은 공간에 잔돌을 깔고 그 위에 크고 작은 15개의 자연석을 깔끔하게 배치해 넓은 바다를 표현한 정원이다. 좁은 공간이지만 돌과 하얀 모래를 이용해 깊은 산골짜기를 인위적으로 표현한 다이토쿠지大徳寺의 정원도 대표적인 일본식 정원이다. 그 밖에 덴류지天竜寺·사이호지西芳寺·은각의 정원이 유명하다.

일본의 독특한 정원 양식인 가레산스이는 사람이 걸어 다닐 수 없고, 조용하게 바라보면서 감상하기 위해 꾸민 정원이었다. 넓이가 그다지 넓지 않은 것은 그 때문이었다. 그래서 정원의 설계자는 큰 산이나

료안지 정원

바다, 높고 깊은 계곡의 이미지를 가능한 축소시켜 한정된 공간에 옮겨 놓으려고 하였다. 정원을 꾸밀 때 주로 돌과 바위를 이용한 것은 사계절의 화려한 변화 그 자체보다 변화를 넘어서 있는 영원성을 보려는 선禪의 정신과 맞닿아 있다. 돌과 바위야말로 그러한 정신을 표현할 수 있는 가장 적합한 소재였던 것이다.

5. 미술과 공예

　회화 분야에서는 특히 수묵화가 발전하였다. 일본 수묵화를 발전시킨 인물은 쇼코쿠지相國寺의 승려이면서 조세쓰如拙에게 그림을 배운 슈분周文이었고, 슈분을 계승해 일본 수묵화를 대성한 인물이 히가시야마 시대의 셋슈雪舟였다.
　셋슈는 30세 넘어서까지 슈분의 지도 아래 그림을 그렸지만 스승의 그늘에 가려 그다지 주목받지 못하였다. 그러던 중 1467년 그의 나이

셋슈의 「아마노하시다테즈」

48세 되던 해에 명으로 건너가 수묵화 기법을 익히고 1469년에 귀국하였다. 귀국 후 잠시 규슈에 머물면서 중국 산수화의 화법을 갈고닦았다. 그러나 방랑벽이 있던 셋슈는 일본의 자연을 그리기 위해 각지를 여행하였고, 1479년 야마구치山口의 운곡암雲谷庵으로 돌아와 본격적으로 그림을 그리기 시작하였다. 셋슈는 송과 원의 수묵화 양식에서 탈피해 개성 있는 수묵화를 완성하였다. 그의 대표적인 작품으로 「아마노하시다테즈天橋立図」, 「시키산스이즈마키四季山水図卷」, 「하보쿠산스이破墨山水」, 「슈토산스이즈秋冬山水図」 등이 있다.

야마토에大和繪 분야에서도 재흥의 기운이 일어났다. 8대 쇼군 요시마사 시대에 도사 미쓰노부土佐光信가 도사파土佐派를 일으켰다. 전국시대에 가노 마사노부狩野正信·모토노부元信 부자가 도사파의 화풍을 계승하고, 야마토에에 수묵화의 기법을 가미해 가노파狩野派를 열었다.

조각과 공예도 발달하였다. 특히 노가 유행하면서 작품성이 뛰어난 가면이 제작되었고, 일본 독특한 칠공예 예술 마키에蒔繪 분야에서는 문양이 입체적으로 표현되는 기법이 완성되었다. 부채 등의 공예품 기술도 크게 진보하였다.

금속 공예 분야에서는 뛰어난 도검이 제작되었다. 이미 남북조 시대에 고노 요시히로가 뛰어난 작품을 제작했지만, 이 시대에 8대 쇼군 요시마사를 받들던 고토 요조後藤祐乘가 도검의 메누키目貫[172]와 고즈카小柄[173]의 명수로 이름을 날렸다.

6. 서민문화의 발달

1) 서민의 생활과 문화

간소하고 실용성을 중시하는 기풍은 생활문화에도 반영되었다. 이 시대에는 가마쿠라 시대에 무사의 평상복이던 히타타레直垂를 예복으로 입게 되었다. 평상복으로는 히타타레를 더욱 간략하게 개조한 스오素襖를 입었다. 스오는 마포에 가문을 상징하는 문장을 새긴 의복이었다. 일반 무사는 스오의 소매를 없앤 가타기누肩衣와 발목까지 덮이는 바지 한바카마半袴를 한 벌로 입었다. 남자의 히타타레에 해당하는 여자의 옷으로는 고소데小袖가 있었다. 고소데는 원래 오소데大袖에 받쳐 입는 깃이 둥근 통소매의 옷이었다. 그것이 무로마치 시대에 겉옷이 된 것이다.

전국시대에 들어서면서 전쟁이 일상화되자 갑옷과 투구가 발달하였다. 갑옷과 투구는 종래와 다르게 장식적인 요소가 배제되고 실제 전투

---
[172] 칼이 칼자루에서 빠지지 않도록 칼자루에 지르는 쇠못이나 그것을 덮는 장식용 쇠붙이
[173] 일본의 무사는 두 자루의 도검을 찼는데, 긴 칼을 가타나刀라고 하고, 작은 칼을 와키자시脇差라고 하였다. 고즈카는 와키자시의 칼집 바깥쪽에 끼워 두는 작은 칼을 말한다. 즉 고즈카는 휴대용 칼이었다. 무사는 실로 다양한 용도로 고즈카를 사용하였다.

에서 사용하기 편리하고 안전성이 뛰어난 작품이 선호되었다.

식생활은 1일 3식을 하는 사람들이 늘어났다. 주식으로 시루에 찐 밥 고와이強飯와 물을 적당히 넣고 지은 밥 히메이姬飯가 있었다. 점차로 히메이가 보급되었다. 사원의 영향을 받아서 식단은 채소를 중심으로 짜여졌다. 콩을 발효시킨 낫토納豆, 우무를 가늘게 뽑아내어 간을 해 먹는 도코로텐心太, 얇은 널판에 어묵을 붙인 가마보코蒲鉾, 곤냐쿠蒟蒻, 두부 등의 가공 식품이 보급되었다. 그 밖에 떡, 곶감, 양갱, 우동, 만두, 고구마를 쪄서 얇게 썰어 말린 호시이모干芋 등 다양한 간식거리가 있었다.

귀족이나 상급무사의 저택양식 신덴즈쿠리가 점차로 무가의 전형적인 주택양식 쇼인즈쿠리로 바뀌었다. 서민의 주택은 여전히 허술하고 조잡하였다. 당시 일본에서 가장 번화한 교토의 상점가도 널빤지로 지붕을 덮고, 그 위에 돌을 얹어 놓은 집들이 즐비했을 정도였다. 농가는 더욱 조잡하였다. 풀을 베어서 지붕을 덮고, 흙이 드러난 방에 멍석을 깔고 생활하는 것이 보통이었다.

무로마치 시대에 서민이 함께 즐기는 문화가 발달하였다. 서민에게는 예능이 최대의 오락이었다. 도시와 농촌의 구별 없이 춤이 유행하였다. 음력 7월 중순 우란분절盂蘭盆節에 추는 춤의 일종인 봉오도리盆踊, 징이나 북의 장단에 맞춰서 춤을 추며 큰 소리로 염불을 외우는 넨부쓰오도리念仏踊, 화려한 옷을 입은 춤꾼이 피리, 북, 바라 등 악기의 장단에 맞추어 춤을 추는 후류오도리風流踊가 유행하였다. 서민의 인기를 끌었던 교겐에 민요가 도입되었다.

이 시대에 현세의 평안함을 기원하는 축제라고 할 수 있는 고신마치庚申待나 쓰키마치月待가 유행하였다. 고신마치는 경신일庚申日 밤에 잠을 자지 않고 밤을 지새우는 습속이었다.[174] 15세기 후반 경부터 이런

---

174) 중국에서 전래된 일종의 미신이다. 일본인들은 경신일에 밤을 새우면 수명을 연장

습속을 고신마치라고 부르게 되었다. 마침 이 시대에 고신마치를 실행하면 공덕이 있다는 경신연기설庚申緣起說이 전파되었다. 고신마치를 농촌까지 파급시킨 사람들은 불교신도였을 가능성이 크다. 쓰키마치는 음력 23일 밤늦게 뜨는 달을 맞이하는 습속이었다. 자지 않고 달을 맞이한다는 점에서 고신마치와 공통점이 있었다. 렌가나 불경을 외우면서 밤을 지새우기도 하고, 친한 사람끼리 모여 함께 밤을 지새우기도 하였다. 쓰키마치는 동부 일본의 농촌에서 시작되어 교토·오사카 지역으로 전파된 습속이었다.

2) 문화의 지방 보급

히가시야마東山 시대에 문화가 지방으로 보급되었다. 교토 문화의 담당자이기도 했던 슈고다이묘守護大名는 조카마치城下町에 교토의 문화를 이식하는 역할을 하였다. 그 영향으로 지방 문화를 꽃피우게 되었다. 특히 오닌 난으로 교토의 문화인이 지방으로 흩어지면서 중앙의 문화는 자연스럽게 지방으로 전파되는 계기를 맞이하였다. 예를 들면 오우치씨大內氏의 조카마치였던 야마구치山口는 '서쪽의 교토'라고 일컬어지면서 문화를 꽃피웠다.

오닌 난 후, 귀족과 승려는 지방의 실력자에게 몸을 의탁하였다. 그들 중에 무사의 저택을 전전하며 학문을 전수하는 자들이 있었다. 귀족 이치조 가네라一条兼良는 에치젠越前의 아사쿠라씨朝倉氏에게 몸을 의탁하며 학문을 전수하였다. 대표적인 렌가連歌 작가 소기도 그런 인물 중

하고 재액을 제거할 수 있다고 믿었다. 인간의 몸에는 삼시충三尸蟲이라는 벌레가 있는데, 그것이 인간의 수명을 갉아먹기도 하고, 재난을 일으키기도 한다는 것이었다. 이 벌레를 움직이지 못하도록 하면 늙지도 않고 재난도 피할 수 있다고 믿었다. 그래서 경신일 밤에 주문을 외우면서 잠을 자지 않는 습속이 생기게 된 것이다.

의 하나였다. 소기는 정통 렌가를 확립한 인물인데, 전국을 여행하면서 민간의 렌가를 예술로 승화시켰다. 소기가 편찬한 책에 지방 무사의 작품이 많이 실려 있다.

히고肥後의 기쿠치씨菊池氏와 사쓰마薩摩의 영주 시마즈 타다마사島津忠昌는 5산의 승려 겐주玄樹를 초빙해 유학을 보급하였다. 주자의 『다이가쿠쇼쿠大学章句』를 편찬한 겐주는 학문에 매진하면서 후학들을 지도하였다. 겐주의 학통은 훗날 사쓰난학파薩南学派를 형성하였다. 미나미무라 바이켄南村梅軒은 도사土佐 지방으로 내려가서 사서四書와 병학兵学을 강의했는데, 그의 학풍은 다니 지추谷時中로 이어졌다. 승려였던 다니 지추는 바이켄의 제자 덴시쓰天室에게 주자학을 배우면서 환속하여 난가쿠파南学派를 확립하였다. 동부 일본 지방에서는 아시카가 학교가 학문의 중심이 되었다. 이 학교에서 선승을 스승으로 삼아 일본 각지에서 모여든 무사와 승려들이 공부하였다.

7. 종교

히가시야마 시대에도 임제종은 무로마치 막부의 보호를 받으며 발전하였다. 임제종은 전성기를 구가하면서 많은 승려들을 배출하였다. 임제종 승려들 중에 막부의 정치·외교의 고문으로 활동한 자들이 많았다. 일본 최초의 외교서라고 할 수 있는 『젠린코쿠호키善隣国宝記』를 저술한 슈보周鳳도 임제종의 승려였다. 승려들이 정치·외교·문화에 관여하면서 종교 본래의 활동을 소홀히 하는 경향이 있었다.

임제종 내부에서도 정치에 관여하는 승려들을 비판하는 목소리가 높았다. 임제종 승려의 일파는 종교 본래의 정신으로 돌아가야 한다고 주장하였다. 그런 승려들은 5산에도 속하지 않고, 또 정권에도 접근하지 않았던 묘초妙超의 계통을 잇는 자들이었다. 그 일파를 린카林下라고 하였다. 이 계통에서 소준宗純[175]이 출현하여 생활 속의 선 수행을 제창하였다.

잇큐 선사

묘초의 계통을 잇는 묘신지파妙心寺派는 1399년 오우치 요시히로大内義弘가 막부에 반기를 들었을 때, 요시히로를 도왔다고 해서 무로마치 막부로부터 탄압을 받았다. 그 후 막부의 권위가 실추되면서 묘신지파는 지방으로 진출해서 활약하였다.

조동종은 지방의 다이묘나 호족들의 보호를 받으며 세력을 넓혔다. 오늘 날 에치젠越前(지금의 후쿠이현福井県 지역)의 에이헤이지永平寺와 노토能登(지금의 이시카와현石川県 지역)의 소지지総持寺가 조동종의 대본산이 되었다.

보통 잇코종이라고 불렸던 정토진종은 혼간지파에서 렌뇨蓮如가 출현하였다. 렌뇨는「오후미御文」라는 평이한 가나 문장을 사용해 포교하였다. 교세 확장의 기본이 된 것은 렌뇨가 일생 심혈을 기울여 구축한 고講라는 거대한 조직이었다. 몇 개의 고를 하나로 묶어서 말사末寺가 통제하고, 그 말사는 다시 본사가 장악하는 피라미드식 조직이었다. 교

---

175) 잇큐소준一休宗純. 잇큐 선사로 널리 알려진 인물. 고코마쓰 천황後小松天皇의 아들로 6세 때 안코쿠지安国寺로 출가해 27세 때 스승 소돈宗曇에게 인가를 받았다. 그 후 각지의 암자를 전전하면서 세속화되고 형식화된 선불교에 저항하였다.

세 확대의 계기가 된 것은 1471년에 개시된 호쿠리쿠北陸 지방의 포교였다. 에치젠의 요시자키吉崎 도량을 중심으로 문도가 급증하였다. 렌뇨는 교토의 야마시나山科에도 도량을 개설하였고, 이윽고 오사카에 이시야마石山에 총본산을 세우고 전국의 문도를 결집하였다. 혼간지 세력은 전국적으로 확산되었다.

혼간지 세력이 단결해 일으킨 봉기를 잇코잇키一向一揆라고 하였다. 그 세력은 센고쿠다이묘戰國大名에 큰 위협이 되었다. 렌뇨가 은퇴한 후 은거한 오사카의 이시야마혼간지는 경제적으로도 군사적으로도 센고쿠다이묘를 압도할만한 실력을 갖추었다. 오다 노부나가織田信長 조차도 혼간지 세력이 두려워 전면전을 기피할 정도였다. 렌뇨가 죽은 후, 혼간지의 실권은 9대 지쓰뇨実如 · 10대 쇼뇨証如 · 11대 겐뇨顕如로 이어지면서 센고쿠다이묘들과 대립하였다.

렌뇨가 정력적으로 활동하고 있을 무렵, 정토진종 센주지파에서 10대 신에真慧가 출현하여 교세를 확장하면서 혼간지 교단과 긴장관계를 유지하였다. 한편, 농촌에서 세력을 얻은 시종은 점차로 위축되었다.

니치렌日蓮이 죽은 후, 법화종의 교세가 약화되었으나 렌뇨와 거의 같은 시기에 닛신日親이 출현하여 교세를 확장하였다. 닛신은 『릿쇼치코쿠론立正治国論』을 저술해 포교에 힘썼다. 서부 일본 방면에서 도시 상공업자를 대상으로 세력을 넓혔다. 법화종은 교토의 상공인 마치슈町衆를 신도로 확보하였다. 오닌 난을 전후로 교토에만 20개소 이상의 법화종 사원이 있었다. 법화종은 포교 과정에서 천태종이나 정토진종 혼간지 교단과 대립하였다. 이런 과정에서 1536년 홋케잇키法華一揆가 일어났다.

신도神道도 꾸준히 발전을 거듭하였다. 이미 남북조 시대에 인베노 마사미치가 『진다이노마키쿠케쓰』를 저술했는데, 히가시야마 시대에 교토 요시다 신사吉田神社의 신주神主 요시다 가네토모吉田兼俱가 『신토타이이神道大意』와 『유이쓰신토메이호요슈唯一神道名法要集』를 간행하였다. 가네토모는 신도에 유교·불교를 통합하는 신도를 확립하였다. 이 신도를 요시다 신도라고 한다. 요시다 신도는 이세 신도에 대항하여 제시된 것이다. 요시다 신도는 역시 반본지수적설反本地垂迹說[176)]의 입장을 취하였다.

　서민이 대두하면서 민간에서 발생한 신앙도 성행하였다. 천황의 조상신을 받드는 이세 신궁에 참배하러 가는 것이 서민 사이에서 중요한 행사로 정착되었다. 참배객이 증가하자 신사에 소속되어 기도를 해주는 오시御師가 참배객들을 대상으로 숙박업을 운영하면서 신궁의 안내자 역할을 하였다.

　상공업이 발달하면서 부귀와 행복을 비는 복신신앙福神信仰이 유행하였다. 다이코쿠텐大黑天·에비스惠比壽가 신앙의 대상이 되었다. 고난에 처한 서민을 구제한다는 관음보살을 믿는 관음신앙觀音信仰도 성행하였다. 전국 각지의 영험한 곳을 순례하는 사람들이 증가하였다. 순례는 사이고쿠西国순례와 시코쿠四国 순례가 있었다. 헤이안 시대 말기부터 전파된 지장신앙地藏信仰도 유행하였다. 인간이 죽으면 지옥에 떨어져 염라대왕의 재판을 받게 되는데, 지장보살을 믿으면 고통에서 구제될 뿐만 아니라 현세에서도 이익을 얻을 수 있다고 믿었다.

---

176) 반본지수적설은 글자 그대로 본지수적설을 뒤집어서 설명한 신불습합설神佛習合說이다. 본지수적설은 부처가 인간을 교화하기 위해 신의 모습으로 변하여 가르침을 전한다는 설이었다. 즉 부처가 본지本地였던 것이다. 그러나 이 본지수적설은 원의 침입 후, 일본인의 민족적 자각과 신국 사상이 고양됨에 따라 신이 부처보다 우위에 있다는 생각으로 발전하였다. 즉 신이야말로 본지이며, 신이 모습을 바꾸어 부처의 모습으로 이 세상에 출현하였다고 설명하였다. 이것이 반본지수적설이다. 이 사상은 요시다 가네토모에 이르러 분명하게 표현되었다.

참고문헌

강좌 · 통사 · 개설

I 전시대

1. 통사

『日本の歷史』, 全26巻・別巻5, 中央公論社, 1965~76

『体系日本歷史』, 全6巻, 日本評論社, 1967~71

『日本の歷史』, 全32巻・別巻1, 小学館, 1973~81

『日本史』, 全10巻, 有斐閣新書, 1977~78

『大系日本の歷史』, 全15巻, 小学館, 1987~89

『日本の歷史』, 全21巻, 集英社, 1991~93

『日本の歷史』, 全26巻, 講談社, 2000~03

『日本の時代史』, 全30巻, 吉川弘文館, 2002~04

2. 강좌

『岩波講座日本通史』, 全21巻・別巻4, 岩波書店, 1993~1995

『日本歷史大系』, 全5巻・別巻1, 山川出版社, 1984~90

『講座日本歷史』, 全13巻, 歷史学研究会 外編, 東京大学出版会, 1984~85

『岩波講座日本歷史』, 全26巻, 岩波書店, 1975~77

『講座日本史』, 全10巻, 歷史学研究会・日本史研究会編, 東京大学出版会, 1970~71

『岩波講座日本歷史』, 全23巻, 岩波書店, 1962~64

3. 테마별 강좌

『日本経済史大系』, 全6巻, 東京大学出版会, 1965

『大系日本国家史』, 全5巻, 東京大学出版会, 1975~76

『日本民衆の歴史』, 全11巻, 三省堂, 1974~76

『一揆』, 全5巻, 東京大学出版会, 1981

『日本芸能史』, 全7巻, 法政大学出版社, 1981~1987

『日本女性史』, 全5巻, 東京大学出版会, 1982

『日本の社会史』, 全8巻, 岩波書店, 1986~88

『アジアのなかの日本史』, 全6巻, 東京大学出版会, 1992~93

4. 시대별 강좌

『日本の古代』, 全15巻・別巻1, 中央公論社, 1985~88

『新版 古代の日本』, 全10巻, 角川書店, 1991~93

『中世史講座』, 全10巻, 学生社, 1982~1991

각 시대별 참고문헌

Ⅱ 원시

泉 拓良 編, 『縄紋世界の一万年』, 集英社, 1999

稲田孝司, 『遊動する旧石器人』, 岩波書店, 2001

井上光貞, 『日本国家の起源』, 岩波新書, 1960

今村啓爾, 『縄文の実像を求めて』, 吉川弘文館, 1999

岡村道雄, 『日本列島の石器時代』, 青木書店, 2000

小林達雄, 『縄文人の世界』, 朝日新聞社, 1996

小林達雄, 『古墳の話』, 岩波新書, 1996

佐々木高明, 『日本史の誕生』(日本の歴史1), 集英社, 1992

佐藤達夫, 『東アジアの先史文化と日本』, 六興出版, 1983

佐藤洋一郎, 『DNA考古学』, 東洋書店, 1999

佐原 真, 『日本人の誕生』, 小学館, 1987

佐原 真編, 『古代を考える 稲・金属・戦争－弥生』, 吉川弘文館, 2002

杉原莊介, 『日本先土器時代の研究』, 講談社, 1974

春成秀爾・今村峯雄, 『弥生時代の実年代』, 学生社, 2004

樋口隆康, 『日本人はどこからきたか』, 講談社現代新書, 1971

広瀬和雄, 『縄紋から弥生への新歴史像』, 角川書店, 1997

村上恭通, 『倭人と鉄の考古学』, 青木書店, 1998

柳田康雄, 『九州弥生文化の研究』, 学生社, 2002

Ⅲ 고대

青木和夫, 『日本律令国家論攷』, 岩波書店, 1992

秋山 虔, 『源氏物語の世界』, 東京大学出版会, 1964

秋山 虔 編, 『王朝文学史』, 東京大学出版会, 1984

阿部 猛, 『尾張国解文の研究』, 大原新生社, 1971

阿部 猛, 『摂関政治』, 教育社歴史新書, 1977

荒木敏夫, 『日本古代の皇太子』, 吉川弘文館, 1985

荒木敏夫, 『日本古代王権の研究』, 吉川弘文館, 2006

石井正敏, 『日本渤海関係史の研究』, 吉川弘文館, 2001

家永三郎, 『上代仏教思想史研究』, 法蔵館 1966

池田温 編, 『古代を考える 唐と日本』, 吉川弘文館, 1992

石上英一, 『律令国家と社会構造』, 名著刊行会, 1996

石母田正, 『中世的世界の形成』, 東京大学出版会, 1946

石母田正, 『日本の古代国家』, 岩波書店, 1971

石母田正, 『日本古代国家論』, 岩波書店, 1973

石母田正, 『古代末期政治史序説』, 未来社, 1995

井上秀雄, 『倭・倭人・倭国』, 人文書院, 1991

井上光貞, 『日本古代国家の研究』, 岩波書店, 1965

井上光貞, 『日本古代の国家と仏教』, 岩波書店, 1971

今泉隆雄, 『古代宮都の研究』, 吉川弘文館, 1993

上田正昭, 『大和朝廷』, 角川書店, 1967

梅村喬, 『日本古代社会経済史論考』, 塙書房, 2006

江上波夫, 『騎馬民族国家』, 中公新書, 1967

大津透, 『律令国家支配構造の研究』, 岩波書店, 1993

大津透, 『古代の天皇制』, 岩波書店, 1999

大日方克己, 『古代国家と年中行事』, 吉川弘文館, 1993

岡田英弘, 『倭国』, 中公新書, 1977

勝山清次, 『中世年貢制成立史の研究』, 塙書房, 2006

狩野久, 『日本古代の国家と都城』, 東京大学出版会, 1990

鎌田元一, 『律令公民制の研究』, 塙書房, 2001

川尻秋生, 『古代東国史の基礎的研究』, 塙書房, 2003

岸俊男, 『日本古代政治史研究』, 塙書房, 1966

岸俊男, 『日本古代籍帳の研究』, 塙書房, 1973

岸俊男, 『日本古代宮都の研究』, 岩波書店, 1988

岸俊男, 『日本の古代宮都』, 岩波書店, 1993

木村茂光 編, 『平安京くらしと風景』, 東京堂出版, 1994

木村茂光, 『「国風文化」の時代』, 青木書店, 1997

北村優季,『平安京 – 歴史と構造』,吉川弘文館, 1995

鬼頭清明,『日本古代国家の形成と東アジア』,校倉書房, 1976

鬼頭清明,『日本古代都市論序説』,法政大学出版局, 1977

鬼頭清明,『古代木簡の基礎的研究』,塙書房, 1993

鬼頭清明,『古代木簡と都城の研究』,塙書房, 2000

熊田亮介,『古代国家と東北』,吉川弘文館, 2003

倉本一宏,『日本古代国家成立期の政権構造』,吉川弘文館, 1997

倉本一宏,『摂関政治と王朝貴族』,吉川弘文館, 2000

小林昌二,『日本古代の村落と農民支配』,塙書房, 2000

近藤義郎,『前方後円墳の時代』,岩波書店, 1983

白石太一郎,『古代を考える 古墳』,吉川弘文館, 1989

五味文彦,『院政期社会の研究』,山川出版社, 1984

坂本覚三,『日本王朝国家体制論』,東京大学出版会, 1972

坂本覚三,『荘園制成立と王朝国家』,塙書房, 1985

佐伯有清,『伴善男』,吉川弘文館, 1970

佐伯有清,『研究史邪馬台国』,吉川弘文館, 1971

栄原永遠男,『奈良時代流通経済史の研究』,塙書房, 1992

栄原永遠男,『日本古代銭貨流通史の研究』,塙書房, 1993

坂本賞三,『日本王朝国家体制論』,東京大学出版会, 1972

坂本賞三,『藤原頼通の時代 – 摂関政治から院政へ』,平凡社, 1991

酒寄雅志,『渤海と古代の日本』,校倉書房, 2001

佐々木虔一,『古代東国社会と交通』,校倉書房, 1995

笹山晴生,『古代国家と軍隊』,中央公論社, 1985

笹山晴生,『日本古代衛府制度の研究』,東京大学出版会, 1985

笹山晴生,『奈良の都 –その光と影–』,吉川弘文館, 1996

佐藤宗諄,『平安前期政治史序説』,東京大学出版会, 1977

佐藤信,『日本古代の宮都と木簡』, 吉川弘文館, 1997

佐藤信,『出土史料の古代史』, 東京大学出版会, 2002

佐藤泰弘,『日本中世の黎明』, 京都堂学術出版, 2001

鈴木靖民,『古代対外関係史の研究』, 吉川弘文館, 1985

薗田香融,『日本古代財政史の研究』, 塙書房, 1981

高島英之,『古代出土文字資料の研究』, 東京堂出版, 2000

瀧浪貞子,『日本古代宮廷社会の研究』, 思文閣出版, 1991

武光誠,『律令太政官制の研究(増訂)』, 吉川弘文館, 2007

舘野和己,『日本古代の交通と社会』, 塙書房, 1998

田中史生,『日本古代国家の民族支配と渡来人』, 校倉書房, 1997

田中俊明,『大加耶連盟の興亡と「任那」』, 吉川弘文館, 1992

田中 元,『古代日本人の世界』, 吉川弘文館, 1972

玉井力,『平安時代の貴族と天皇』, 岩波書店, 2000

土田直鎮,『奈良平安時代史研究』, 吉川弘文館, 1992

寺崎保広,『長屋王』, 吉川弘文館, 1999

寺崎保広,『古代日本の都城と木簡』, 吉川弘文館, 2006

東野治之,『正倉院文書と木簡の研究』, 塙書房, 1977

東野治之,『日本古代木簡の研究』, 塙書房, 1983

遠山美都男,『古代王権研と大化改新』, 雄山閣出版, 1999

戸田芳実,『日本領主制成立史の研究』, 岩波書店, 1967

戸田芳実,『初期中世社会史の研究』, 岩波書店, 1967

虎尾俊哉,『班田収授法の研究』, 吉川弘文館, 1964

直木孝次郎,『壬申の乱』(増補版), 塙書房, 1992

中尾芳治,『難波宮の研究』, 吉川弘文館, 1995

永田英明,『古代駅伝馬制度の研究』, 吉川弘文館, 2004

中野栄夫,『律令制社会解体過程の研究』, 塙書房, 1979

中村太一,『日本古代国家と計画道路』, 吉川弘文館, 1996

中村吉治,『日本封建制の源流』(上・下), 刀水書房, 1984

永原慶二,『日本封建制成立史の研究』, 岩波書店, 1961

長山泰孝,『律令負担体系の研究』, 塙書房, 1976

長山泰孝,『古代国家と王権』, 吉川弘文館, 1992

西嶋定生,『邪馬台国と倭国』, 吉川弘文館, 1994

西本昌弘,『日本古代儀礼成立史の研究』, 塙書房, 1997

仁藤敦史,『古代王権と都城』, 吉川弘文館, 1998

仁藤敦史,『女帝の世紀 - 皇位継承と政争』, 角川選書, 2006

野口 実,『武家の棟梁の条件』, 中公新書, 1994

野田嶺志,『律令国家の軍事制』, 吉川弘文館, 1984

橋本義則,『平安宮成立史の研究』, 塙書房, 1995

橋本義彦,『平安貴族』, 平凡社, 1986

橋本義彦,『平安の宮廷と貴族』, 吉川弘文館, 1996

早川庄八,『日本古代官僚制の研究』, 岩波書店, 1986

早川庄八,『日本古代の文書と典籍』, 吉川弘文館, 1997

早川庄八,『天皇と古代国家』, 講談社, 2000

春名宏昭,『律令国家官制の研究』, 吉川弘文館, 1997

林屋辰三郎,『日本古代文化』, 岩波書店, 1971.

原島礼二 外,『巨大古墳と倭の五王』, 青木書店, 1981.

日野 昭,『日本古代氏族伝承の研究』, 永田文昌堂, 1971

平川南,『漆紙文書の研究』, 吉川弘文館, 1989

平川南,『墨書土器の研究』, 吉川弘文館, 2000

平川南,『古代地方木簡の研究』, 吉川弘文館, 2003

平野邦雄,『大化前代社会組織の研究』, 吉川弘文館, 1969

平野邦雄,『大化前代政治過程の研究』, 吉川弘文館, 1985

平野邦雄 編,『古代を考える 邪馬台国』, 吉川弘文館, 1998

服藤早苗,『家成立史の研究』, 校倉書房, 1991

福田豊彦,『平将門の乱』, 岩波新書, 1981

福田豊彦,『東国の兵乱ともののふたち』, 吉川弘文館, 1995

藤井一二,『初期荘園史の研究』, 塙書房, 1986

藤木邦彦,『平安王朝の政治と制度』, 吉川弘文館, 1991

北条秀樹,『日本古代国家の地方支配』, 吉川弘文館, 2000

保立道久,『平安王朝』, 岩波書店, 1996

松原弘宣,『藤原純友』, 吉川弘文館, 1999

美川圭,『院政の研究』, 臨川書店, 1996

村井康彦,『古代国家解体過程の研究』, 岩波書店, 1965

村井康彦,『平安貴族の世界』, 徳間書店, 1968

村井康彦,『王朝風土記』, 角川書店, 2000

目崎徳衛,『貴族社会と古典文化』, 吉川弘文館, 1995

元木泰雄,『武士の成立』, 吉川弘文館, 1994

元木泰雄,『院政期政治史研究』, 思文閣出版, 1996

森 公章,『「白村江」以後』, 講談社, 1998

森 公章,『古代郡司制度の研究』, 吉川弘文館, 2000

森 公章,『長屋王家木簡の基礎的研究』, 吉川弘文館, 2000

森田 悌,『平安時代政治史研究』, 吉川弘文館, 1978

森田 悌,『日本古代律令法史の研究』, 文獻出版, 1986

山田宗睦,『魏志倭人伝の世界』, 教育社歴史新書, 1979

山中 章,『長岡京研究序説』, 塙書房, 2001

山中敏史,『古代地方官衙遺跡の研究』, 塙書房, 1994

山中 裕,『平安期の年中行事』, 塙書房, 1972

山本信吉,『摂関政治史論考』, 吉川弘文館, 2003

吉岡眞之,『古代文献の基礎的研究』,吉川弘文館,1994

吉川眞司,『律令官僚制の研究』,塙書房,1998

吉田 晶,『日本古代村落史序説』,塙書房,1980

吉田 孝,『律令国家と古代の社会』,岩波書店,1983

吉田 孝,『日本の誕生』,岩波書店,1995

吉田 孝,『歴史の中の天皇』,岩波書店,2006

吉村武彦,『日本古代の社会と国家』,岩波書店,1996

吉村武彦,『古代天皇の誕生』,角川書店,1998

米田雄介,『郡司の研究』,法政大学出版局,1976

米田雄介,『古代国家と地方豪族』,教育社歴史新書,1979

米田雄介,『藤原摂関家の誕生 – 平安時代史の扉』,吉川弘文館,2002

米田雄介,『摂関制の成立と展開』,吉川弘文館,2006

Ⅳ 중세

相田二郎,『蒙古襲来の研究』,吉川弘文館,1982

網野善彦,『中世東寺と東寺領荘園』,東京大学出版会,1978

網野善彦,『日本中世の民衆像』,岩波書店,1980

網野善彦,『日本中世非農業民と天皇』,岩波書店,1984

網野善彦,『異形の王権』,平凡社,1986

網野善彦,『日本中世土地制度史の研究』,塙書房,1991

網野善彦,『日本中世都市の世界』,筑摩書房,1996

池上英子,『名誉と順応』,NTT出版株式会社,2000

池上裕子,『戦国の群像』(日本の歴史10),集英社,1992

池上裕子,『戦国時代社会構造の研究』, 校倉書房, 1999

池 享,『大名領国制の研究』, 校倉書房, 1995

石井 進,『日本中世国家史の研究』, 岩波書店, 1970

石井 進,『中世武士の実像 – 合戦と暮しのおきて』, 平凡社, 1987

石井 進,『鎌倉武士の実像』, 平凡社選書, 1987

磯貝富士男,『日本中世奴隷制論』, 校倉書房, 2007

市村高男,『戦国期東国の都市と権力』, 思文閣出版, 1994

伊藤喜良,『中世国家と東国・奥羽』, 校倉書房, 1999

伊藤幸司,『日本中世の外交と禅宗』, 吉川弘文館, 2002

稲垣泰彦,『日本中世社会史論』, 東京大学出版会, 1981

稲葉伸道,『中世寺院の権力構造』, 岩波書店, 1997

井上鋭夫,『一向一揆の研究』, 吉川弘文館, 1968

井原今朝男,『日本中世国政と家政』, 校倉書房, 1995

今枝愛真,『中世禅宗史の研究』, 東京大学出版会, 1970

今谷明,『守護領国支配機構の研究』, 法政大学出版局, 1986

今谷明,『室町の王権 – 足利義満の王権簒奪計画』, 中央公論新社, 1990

今谷明,『室町時代政治史論』, 塙書房, 2000

入間田宣夫,『北日本中世社会史論』, 吉川弘文館, 2005

上杉和彦,『日本中世法体系成立史論』, 校倉書房, 1996

上横手雅敬,『日本中世政治史研究』, 塙書房, 1970

上横手雅敬,『鎌倉時代政治史研究』, 吉川弘文館, 1991

上横手雅敬,『鎌倉時代 – その光と影』, 吉川弘文館, 1994

榎本 渉,『東アジア海域と日中交流 – 9~14世紀』, 吉川弘文館, 2007

榎本雅治,『日本中世地域社会の構造』, 校倉書房, 2000

大石直正,『奥州藤原氏の時代』, 吉川弘文館, 2001

大山喬平,『日本中世農村史の研究』, 岩波書店, 1978

奥田　勲, 『宗祇』, 吉川弘文館, 1998

小和田哲男, 『呪術と占星の戦国史』, 新潮選書, 1998

海津一朗, 『蒙古襲来』, 吉川弘文館, 1998

笠松宏至, 『日本中世法史論』, 東京大学出版会, 1979

笠松宏至, 『徳政令 – 中世の法と慣習』, 岩波書店, 1983

勝岸鎮夫, 『一揆』, 岩波新書, 1982

勝岸鎮夫, 『戦国法成立史論』, 東京大学出版会, 1979

勝岸鎮夫, 『戦国時代論』, 岩波書店, 1996

勝山清次, 『中世年貢制成立史の研究』, 塙書房, 1995

河音能平, 『中世封建社会の首都と農村』, 東京大学出版会, 1984

川合 康, 『源平合戦の虚像を剥く』, 講談社, 1996

川合 康, 『鎌倉幕府成立史の研究』, 校倉書房, 2004

川端 新, 『荘園制成立史の研究』, 思文閣出版, 2000

川添昭二, 『蒙古襲来研究史論』, 雄山閣, 1977

岸田裕之, 『大名領国の構成的展開』, 吉川弘文館, 1983

岸田裕之, 『大名領国の経済構造』, 岩波書店, 2001

木村茂光, 『日本古代中世畠作史の研究』, 1992

工藤敬一, 『荘園公領制の成立と内乱』, 思文閣出版, 1992

黒田俊雄, 『日本中世の国家と宗教』, 岩波書店, 1975

黒田俊雄, 『日本中世の社会と宗教』, 岩波書店, 1990

河内祥輔, 『頼朝の時代』, 平凡社, 1990

河内祥輔, 『保元の乱 平治の乱』, 吉川弘文館, 2002

河内祥輔, 『日本中世の朝廷・幕府体制』, 吉川弘文館, 2007

小泉宜右, 『悪党』, 教育社歴史新書, 1981

五味文彦, 『院政期社会の研究』, 山川出版社, 1984

五味文彦, 『平家物語, 史と説話』, 平凡社, 1986

五味文彦, 『武士と文士の中世史』, 東京大学出版会, 1992

五味文彦, 『吾妻鏡の方法(増補)』, 吉川弘文館, 2000

酒井紀美, 『日本中世の在地社会』, 吉川弘文館, 1999

相良 亨, 『日本の思想』, ぺりかん社, 1989

桜井英治, 『日本中世の経済構造』, 岩波書店, 1996

佐々木銀弥, 『日本商人の源流』, 教育社歴史新書, 1981

佐藤和彦, 『自由狼藉・下剋上の世界』, 小学館創造選書, 1985

佐藤進一, 『南北朝の動乱』, 中央公論社, 1971

佐藤進一, 『日本の中世国家』, 岩波書店, 1983

佐藤進一, 『日本中世史論集』, 岩波書店, 1990

佐藤進一, 『鎌倉幕府訴訟制度の研究』, 岩波書店, 1993

佐藤弘夫, 『日本中世の国家と仏教』, 吉川弘文館, 1987

関周一, 『中世日朝海域史の研究』, 吉川弘文館, 2002

下村 效, 『戦国・織豊期の社会と文化』, 吉川弘文館, 1982

鈴木郎一, 『応仁の乱』, 岩波新書, 1973

瀬田勝哉, 『洛中洛外の群像』, 平凡社, 1994

平 雅行, 『日本中世の社会と仏教』, 塙書房, 1992

高橋一樹, 『中世荘園制と鎌倉幕府』, 塙書房, 2004

田中健夫, 『中世対外関係史』, 東京大学出版会, 1975

田中健夫, 『倭寇』, 教育社, 1982

田中健夫, 『対外関係と文化交流』, 思文閣出版, 1982

玉井 力, 『平安時代の貴族と天皇』, 岩波書店, 2000

鶴崎裕雄, 『戦国の権力と寄合の文芸』, 和泉書院, 1988

鄭 樑生, 『明・日関係史の研究』, 雄山閣, 1985

永原慶二, 『日本中世社会構造の研究』, 岩波書店, 1973

永原慶二, 『室町戦国の社会』, 吉川弘文館, 1992

永原慶二, 『戦国期の政治経済構造』, 岩波書店, 1997

永原慶二, 『荘園』, 吉川弘文館, 1998

永村 眞, 『中世寺院史料論』, 吉川弘文館, 2000

二木謙一, 『中世武家儀礼の研究』, 吉川弘文館, 1985

ねずまさし, 『天皇家の歴史』(上・下), 三一書房, 1976

旗田 巍, 『元寇－蒙古帝国の内部事情－』, 中央公論社, 1965

林屋辰三郎, 『封建社会成立史』, 筑摩書房, 1987

原田伴彦, 『中世に於ける都市の研究』, 三一書房, 1972

原田正俊, 『日本中世の禅宗と社会』, 吉川弘文館, 1998

藤木久志, 『戦国社会史論』, 東京大学出版会, 1974

藤木久志, 『豊臣平和令と戦国社会』, 東京大学出版会, 1985

藤木久志, 『雑兵たちの戦場』, 朝日新聞社, 1995

古島敏雄, 『日本農業史』, 岩波全書, 1956

古沢直人, 『鎌倉幕府と中世国家』, 校倉書房, 1991

細川重男, 『鎌倉政権得宗専制論』, 吉川弘文館, 2000

細川涼一, 『中世の律宗寺院と民衆』, 吉川弘文館, 1987

本郷和人, 『中世朝廷訴訟の研究』, 東京大学出版会, 1995

本郷恵子, 『中世公家政権の研究』, 東京大学出版会, 1998

村井章介, 『アジアのなかの中世日本』, 校倉書房, 1988

村井章介, 『東アジア往還－漢詩と外交』, 朝日新聞社, 1995

村井章介, 『中世の国家と在地社会』, 校倉書房, 2005

村井康彦, 『乱世の創造』(『日本文明史』5), 角川書店, 1991

元木泰雄, 『院政期政治史研究』, 思文閣出版, 1996

森 茂暁, 『南北朝期公武関係史の研究』, 文献出版, 1984

森 茂暁, 『鎌倉時代の朝幕関係』, 思文閣出版, 1991

安田元久, 『武士世界形成の群像』, 吉川弘文館, 1986

矢田俊文,『日本中世戦国期権力構造の研究』,塙書房, 1988

山陰加春夫,『中世高野山史の研究』,清文堂出版, 1997

山田邦明,『鎌倉府と関東-中世の政治秩序と在地社会』,校倉書房, 1995

山室恭子,『中世のなかに生まれた近世』,吉川弘文館, 1991

横井清,『中世民衆の生活文化』,東京大学出版会, 1975

横井清,『東山文化』,教育社, 1979

義江彰夫,『鎌倉幕府地頭職成立史の研究』,東京大学出版会, 1978

연표

57 왜의 나노코쿠 왕이 후한에 사신을 파견함

107 왜국왕 후한에 조공

239 야마타이국 여왕 히미코, 위나라에 조공

421 왜왕 찬讚, 송에 조공

438 왜왕 진珍, 송에 조공

443 왜왕 제濟, 송에 조공

462 왜왕 세자 흥興, 송에 조공

478 왜왕 무武, 송에 조공. 안동대장군 칭호를 얻음

507 게타이 왕 즉위

512 백제에 '임나 4현'을 할양함

527 이와이의 항쟁

538 백제의 성왕이 일본에 불교를 전함

587 소가씨, 모노노베씨를 멸망시킴

592 소가씨가 스슌 왕을 암살하고 실권 장악, 스이코 왕 즉위

593 쇼토쿠 태자 섭정이 됨

600 수나라에 사신 파견

603 관위12계를 정함

604 헌법 17개조 제정

607 오노노 이모코를 견수사로 파견함. 호류지 건립

610 고구려의 승려인 담징 일본에 건너감

620 『덴노키』, 『곳키』 성립함

624 승정·승도·법두를 임명하고 불교를 통제함

630 최초로 견당사 파견

640 미나미부치노 쇼안·다카무코노 구로마로 등 유학생이 당에서 귀국함

645 소가노 이루카 암살. 다이카의 개신

654 다카무코노 구로마로 등을 견당사로 파견함

662 백제에 구원군을 파견함

663 일본군이 백촌강의 전투에서 당·신라의 연합군에 대패함

666 백제 유민 2,000여 명을 동부 일본에 정착하게 함

667 수도를 오미의 오쓰로 이전

668 나카노오에가 즉위해 덴지라 칭함

670 일본 최초의 호적 경오년적 성립

671 오미령 실시

672 진신의 난. 덴무 천황 즉위

684 덴무 천황, 새로운 위계를 정함

689 아스카기요미하라령 22권 완성

690 경인년적 작성

694 후지와라쿄 천도

701 다이호 율령 제정

702 건당사 부활

710 헤이조쿄 천도

712 『고지키』 편찬

717 민중이 조정의 허락 없이 승려가 되는 것을 금지함

718 요로 율령 완성

720 『니혼쇼키』 편찬. 후지와라노 후히토 사망

723 삼세일신법 제정

724 쇼무 천황 즉위

729 나가야오 사건

735 기비노 마키비·겐보 등 유학생이 당에서 귀국함

737 후지와라노 후히토 아들 4형제 잇달아 사망

740 후리와라노 히로쓰구의 난

741 고쿠분지ㆍ고쿠분니지 조영의 조칙을 내림

743 간전영년사재법 공포

745 교키, 대승정이 됨

752 도다이지 대불 개안식

753 견당사, 당에서 신라와 석차를 다툼

754 당의 승려 간진이 일본으로 건너와 율종을 전함

759 간진, 도쇼다이지 창건

764 후지와라노 나카마로의 난

770 승려 도쿄가 실각하여 좌천됨

780 이지노 아자마로의 난

781 간무 천황 즉위

784 나가오카쿄로 천도

792 군단을 폐지하고, 곤데이의 제도를 세움

794 헤이안쿄 천도

797 사카노우에노 다무라마로를 세이다이쇼군에 임명함

801 반전을 12년에 1번 실시하기로 함

802 사카노우에노 다무라마로, 이사와성 구축

804 견당사 파견. 사이초ㆍ구카이가 당으로 유학함

805 사이초, 천태종을 전함

806 구카이, 진언종을 전함

810 영외관인 구로도도코로 신설. 구스코의 난

820 『고닌가쿠시키』 완성

822 히에이잔에 천태종 계단 설치

823 다자이후 관내에 공영전 설치

842 조와의 변

858 후지와라노 요시후사가 권력을 독점함

866 오텐몬의 변. 후지와라노 요시후사가 셋쇼에 임명됨

884 후지와라노 모토쓰네가 간파쿠의 지위에 오름

889 간무 천황의 증손인 다카모치오에게 다이라씨를 사성함

894 견당사를 폐지함

901 스가와라노 미치자네 좌천됨

902 처음으로 장원정리령이 내려짐

905 『고킨와카슈』 편찬

907 『엔기시키』 편찬

935 다이라노 마사카도의 난. 『도사닛키』 성립

939 후지와라노 스미토모의 난

969 안나의 변

974 오와리노쿠니 민중의 요구로 고쿠시 교체

985 『오조요슈』 성립. 정토사상 유행

988 오와리노쿠니 민중이 고쿠시의 학정을 고발함

1001 세이쇼나곤, 『마쿠라노소시』 성립

1008 무라사키시키부, 『겐지모노가타리』 성립

1016 후지와라노 미치나가 셋쇼의 지위에 오름

1028 다이라노 타다쓰네의 난

1038 엔랴쿠지 승려들 강소

1045 장원신설금지령

1051 전9년의 역役 일어남

1053 후지와라노 요리미치, 뵤도인 봉황당 건립

1069 강력한 장원정리 정책 추진

1083 후3년의 역 일어남

1086 시라카와 상황이 원정院政을 개시함

연표 591

1093 고후쿠지 승려들의 강소

1095 호쿠멘의 무사 설치

1127 공민이 장원으로 유입하는 것을 금지함

1132 다이라노 타다모리가 무사로서 처음으로 중앙 정계에 진출함

1146 다이라노 기요모리 아키노카미安芸守에 임명됨

1156 호겐의 난

1160 미나모토노 요리토모, 이즈로 유배됨

1167 다이라노 기요모리, 다이조다이진의 지위에 오름

1175 호넨이 전수염불을 제창함

1179 다이라노 기요모리, 고시라카와 상황 유폐, 원정을 폐지함

1180 미나모토노 요리마사가 다이라씨 타도의 기치를 올림.

1181 다이라노 기요모리 사망

1183 다이라씨가 서부 일본으로 도망. 미나모토노 요시나카가 교토 입성

1184 미나모토노 요리토모, 가마쿠라에 구몬조·몬추조 개설

1185 다이라씨 멸망. 미나모토 요리토모 전국에 슈고·지토 설치

1189 미나모토노 요리토모가 오슈를 평정함

1191 에이사이가 송에서 귀국하여 일본 임제종을 설립함

1192 미나모토 요리토모, 세이다이쇼군에 임명. 가마쿠라 막부 개설

1199 가마쿠라 막부 초대 쇼군 미나모토노 요리토모 사망

1203 가마쿠라 막부 2대 쇼군 미나모토노 요리이에 유폐됨. 미나모토노 사네토모가 3대 쇼군이 됨. 호조 도키마사가 싯켄이 됨.

1204 미나모토노 요리이에, 암살됨

1207 전수염불이 금지되고, 호넨·신란이 유배됨

1213 와다 요시모리의 난.

1219 미나모토씨 혈통 단절. 호조씨 싯켄 정치 시작

1221 조큐의 난. 막부군 교토 입성, 로쿠하라탄다이를 설치함

1224 호조 야스토키 싯켄이 됨. 렌쇼 제도 신설. 신란이 정토진종을 개설함

1225 가마쿠라 막부가 효조슈를 설치함

1227 도겐이 송에서 귀국하여 조동종을 개설함

1232 고세이바이시키모쿠 제정

1252 천황의 아들이 처음으로 막부의 쇼군으로 영입됨

1253 니치렌이 법화종을 개설함

1268 고려의 사자가 몽고·고려의 국서를 가지고 옴

1274 원의 1차 침입

1281 원의 2차 침입

1297 에이닌의 덕정령

1317 막부가 조정의 후계자 선정에 관여하기 시작함

1318 고다이고 천황 즉위

1321 고다이고 천황이 원정을 폐지하고 친정을 실시함

1324 쇼추의 변

1331 겐코의 변

1332 고다이고 천황, 오키로 유배됨. 모리나가 친왕이 요시노에서 거병함

1333 고다이고 천황 탈출. 가마쿠라 막부 멸망.

1334 겐무建武로 개원. 무사들이 천황의 개혁 정치에 불만을 품음

1335 아시카가 다카우지가 반란을 일으킴

1336 무로마치 막부 개설. 겐무시키모쿠 제정. 고다이고 천황이 요시노로 도망하면서 남북조의 대립이 시작됨

1338 아시카가 다카우지, 세이다이쇼군이 됨

1339 고다이고 천황 사망. 기타바타케 지카후사, 『진노쇼토키』 저술

1350 간노의 요란

1358 아시카가 다카우지 사망. 아시카가 요시아키라가 2대 쇼군에 취임함

1367 고려 사신이 내일하여 왜구의 단속을 요청함

1368 아시카가 요시미쓰가 3대 쇼군에 취임함

1373 무로마치 막부, 명에 사신을 파견하여 왜구의 포로를 송환함

1378 교토 무로마치에 쇼군의 저택을 새로 조성함

1390 메이토쿠의 난

1392 남북조 통일

1394 아시카가 요시미쓰, 쇼군직을 사임하고 다이조다이진이 됨

1397 아시카가 요시미쓰, 금각을 건립함

1399 오에이의 난

1400 제아미, 『후시카덴』 완성함

1401 아사카가 요시미쓰, 명에 사신 파견

1404 감합무역이 시작됨

1408 아시카가 요시미쓰 사망

1411 무로마치 막부 4대 쇼군 아시카가 요시모치, 명과 단교

1416 우에스기 젠슈의 난

1419 조선의 대마도 정벌

1428 쇼초의 도잇키

1439 에이쿄의 난. 기근이 극심하고 유행병이 창궐함

1441 가키쓰의 난

1443 조선, 쓰시마와 무역에 관하여 약조함(계해약조)

1467 오닌 난 발발함

1474 가가의 잇코잇키 일어남

1479 렌뇨, 야마시나혼간지山科本願寺 건립

1482 무로마치 막부 8대 쇼군 아시카가 요시마사, 은각 건립

1485 야마시로의 구니잇키

1488 가가의 잇코잇키 세력이 슈고 도가시씨를 몰아냄

1491 호조 소운이 이즈노쿠니伊豆国에서 자립함

1497 렌뇨, 이시야마혼간지石山本願寺 창건

1500 막부, 에리제니령撰錢令을 내림

1510 삼포의 왜란

1516 오우치씨가 견명선을 관리하기 시작함

1523 명나라에서 하카타 상인과 사카이 상인이 크게 싸움

1526 이마가와 우지치카, 『가나모쿠로쿠仮名目錄』 제정

1532 홋케法華의 난

1541 다케다 신겐, 부친을 추방하고 실권을 장악함

1543 포르투갈 선박이 다네가시마에 표착. 뎃포의 전래

1547 오우치씨가 감합무역을 주도하기 시작함

1549 예수회 선교사 자비엘이 가고시마에 도착함

1550 포르투갈 상선, 처음으로 히라도에 내항

색 인

ㄱ

가게로닛키 289
가게유시 205, 208
가노파 566
가도타 338
가라요 422, 423
가레산스이 564
가마쿠라반야쿠 344, 434
가마쿠라부 459
가마쿠라쿠보 459, 468, 482, 500
가미카제 433
가바네 69, 71, 97, 105, 133, 136,
가사가케 372
가와세 393, 517
가와치노후미씨 69, 92
가이센 518
가이케이 425, 426
가이후소 161, 196
가타기누 567
가타타가에 297
간노의 요란 463, 467, 595
간레이 458, 466, 472, 480, 501,
　　　521, 527
간무 천황 199, 206, 215, 235, 272
간무헤이지 235, 238
간부쓰에 300
간아미 553
간전영세사재법 183

간전지계장원 224, 228, 230
간진 185, 277, 420
간토간레이 522
간토고료 336, 437
간토고분코쿠 336
간토신시쇼료 336
간토칸레이 459, 500
간파쿠 208, 214, 218, 248, 252,
　　　447, 450, 484
감합부 487
건칠상 193, 194
게누 62, 66, 72, 77, 80
게닌 149, 150, 233, 268, 338,
　　　384, 390, 494
게비이시 208, 233, 261, 265, 324
겐닌지 348, 409, 410, 549, 555
겐무시키모쿠 456, 457
겐부쿠 300, 484
겐지모노가타리 288, 305, 307,
　　　415, 548, 558
겐지모노가타리에마키 305, 307
겐치 243, 534
겐카료세이바이 531
겐페이갓센 317, 385, 419
겐페이조스이키 380, 419
견당사 103, 155, 164, 171, 186,
　　　216, 274, 286
견명선 487, 488

596 일본고중세사

견수사 100, 103, 119
견신라사 172
경오년적 127, 139
계장 120, 151, 184, 221, 254, 468, 469
고곤 천황 443, 446, 447
고노 모로나오 452, 457, 461, 463
고닌 천황 182, 199, 200
고다이고 천황 415, 440, 447, 452, 463, 471, 547
고류지 109, 113, 114
고묘시 165, 176, 180, 191
고분 61, 78, 89, 109, 114, 130, 157, 336, 435
고산조 천황 247, 250, 448
고상식 46, 48, 87, 193
고세이바이시키모쿠 365, 366, 437, 456, 457
고시라카와 법황 268, 304, 310, 322, 331, 332, 333, 420
고신마치 568, 569
고와이 372, 568
고이치조 천황 219, 302
고젠코코쿠론 408
고지키 64, 77, 88, 138
고카메야마 천황 474, 476, 477
고케닌 318, 329, 350, 364, 429, 432, 456
고케닌야쿠 343
고케닌 제도 337, 341, 359, 434
고쿠가 222, 229, 233, 336, 417, 437, 476

고쿠가령 225, 336, 337, 476
고쿠분니지 187, 591
고쿠분지 158, 187, 437
고쿠시 119, 146, 161, 205, 217, 221, 240, 266, 318, 335, 345, 449
고쿠진 466, 471, 478, 492, 495, 509, 522, 528
고토바 상황 334, 347, 352, 360, 401, 414
고후쿠지 156, 185, 255, 315, 383, 395, 401, 462, 516, 549
곤고부지 275, 278, 405
곤데이 206
곤자쿠모노가타리슈 222, 302, 378
곳키 99, 589
관고제 516
관소 395, 460, 498, 502, 518, 537
관인제 97, 121, 136
광개토대왕 63
교겐 550, 552, 561, 568
교키 186, 191, 302
구가타치 89
구구쓰 305
구니쓰카미 88
구니잇키 468, 524
구라쓰쿠리노 도리 107, 112, 113
구로도노토 207, 211, 234
구마노산잔 253, 280, 355
구몬조 333, 334, 346
구분전 150, 182, 208, 217, 224

색인 597

구비짓켄 376
구스노키 마사시게 443, 448, 451, 465, 471
구스코의 변 207, 209
구야 292, 404
구조 가네자네 331, 332, 353
구카이 273, 275, 277, 292
구칸쇼 260, 418, 548
국풍문화 286
군기물 303, 379, 418, 547
군지 120, 146, 169, 205
굴장 36
귀실집사 126
규슈탄다이 459, 468, 475, 487
규지 99, 137, 174
균전제 116, 120, 145
금각 550, 551
금강역사상 426
기넨사이 89
기비노 마키비 172, 178, 179, 18
기요미하라령 121, 135, 140
기요하라씨 240, 243
기전도 196, 273, 289
기진 184, 217, 221, 229, 243, 254, 330, 360
기진지계장원 184, 221, 229 254
기타바타케 지카후사 441, 449 465, 547, 548
긴메이 91, 92, 93, 94

ㄴ

나가야오 176, 177, 178
나카노오에 106, 117, 121, 125
나카토미노 가마타리 106, 117
난가쿠파 570
난젠지 549
남도6종 185, 186
넨부쓰오도리 568
노가쿠 304, 560, 561
노리나가 친왕 449, 465
노리토 54
농경의례 50, 51, 87, 133
니세에 424
니이나메사이 89, 160
니조 천황 261, 265, 440
니치렌 405, 406, 407, 572
니혼산다이지쓰로쿠 216, 273
니혼쇼키 59, 76, 88, 94, 101, 110, 120, 125, 174, 213, 272, 415, 444, 558
니혼코키 272, 273
닌베쓰아라타메 534
닌토쿠 67, 79, 80, 82
닛타 요시사다 446 453, 464

ㄷ

다게타 43, 49
다도 376, 385, 402, 430, 460, 464, 474, 556, 561, 564
다부네 43, 49
다이라노 기요모리 258, 260, 267, 268, 270, 314, 319, 321

598 일본고중세사

다이라노 마사카도 236, 303
다이라노 무네모리 321, 326, 380
다이라노 타다모리 245, 258
다이라노 타다쓰네 238, 244
다이리오반 343, 344
다이묘다토 225, 229, 230
다이묘영국제 529
다이부쓰요 421
다이조다이진 129, 139, 176, 213, 218, 266, 361, 448, 483
다이조칸 129, 133, 145, 151, 160, 176, 180, 207, 227, 448
다이카 개신 106, 119, 154
다이카쿠지 계통 438, 442, 476
다이칸 155, 185, 383, 468, 523, 524, 562
다이헤이키 375, 454, 547
다이호 율령 142, 163, 171
다자이후 126, 146, 153, 160, 179, 208, 216, 226, 237, 269
다카마쓰총 157
다카모치오 235, 236
다카무코노 구로마로 102, 118
다카쿠라 천황 267, 268, 314, 315
다케다 신겐 528, 532, 533, 535
다케치 왕자 139, 141, 176
다케토리모노가타리 288, 294
다키구치의 무사 233
다타미 337, 563
다토 224, 230, 240, 383, 436
단노우라 325, 326, 380
단케이 425

대의명분론 415, 442, 474
데이키 99, 137, 174
덴가쿠 304, 392, 413, 549, 552
덴교의 난 216
덴노키 99
덴무 천황 132, 136, 154, 176, 185, 190
덴지 126, 132, 156, 181, 200
덴지쿠요 421, 422, 423
도겐 409, 410, 427, 556
도나미야마 전투 322
도네리 74, 75, 76, 135, 176, 177
도다이지 158, 173, 178, 185, 193, 277, 321, 395, 414, 421, 425, 426, 516
도래인 41, 68, 73, 76, 85, 92, 100, 112, 138, 143, 160, 182, 191, 203, 273
도마코마이 29
도모노미야쓰코 72, 73, 74, 75, 76
도모베 69, 73, 75, 149
도보슈 562, 563
도사파 566
도소 460, 474, 497, 498, 517
도쇼다이지 185, 187, 192, 194
도이마루 393, 515
도잇키 496, 499, 523, 534
도자마 437, 438, 471, 530
도차카이 561
도코노마 561, 562, 563
도쿠세이령 434, 435, 498, 517
돈야 515, 517

색인 599

동경 44, 50, 70, 82, 133, 325, 354
동이전 56
동전 168, 393, 488, 516
동탁 44, 45, 46, 47, 51, 52

ㄹ

라쿠이치 537
라쿠자 537
렌가 546, 552, 560, 569
렌뇨 403, 525, 571, 572
렌쇼 362, 363, 364, 419
로쿠온지 550
로쿠하라탄다이 361, 379, 442
로토 233, 338, 342, 530
료게노칸 208
료노기게 144, 209
료노슈게 144, 210
료안지 564, 565
료케 230
릿쇼안코쿠론 406
릿카 562, 563
릿코쿠시 216, 273

ㅁ

마스카가미 358, 418, 547
마치슈 525, 537, 539, 540
마쿠라노소시 289
마키에 293, 309, 394, 513, 566
만다라 282, 283, 284, 285, 423
만요슈 134, 161, 197, 415
말법사상 292, 293, 296, 419
매신라물해 173

메쓰케 531
명경도 196, 273, 289
모노노베 모리야 95, 106
모노이미 297
모리나가 친왕 444, 447, 452
모쓰지 308, 309
모치히토오 316, 317, 318, 323
몬무 천황 140, 142, 163, 164, 175, 176
몬아미 563
몬젠마치 513, 538
몬추조 333, 334, 346, 364, 448, 457, 458, 459
묘덴 225, 230, 383, 384
묘법연화경 276, 405
묘초 424, 548, 571
무나베쓰아라타메 534
무네베치센 460
무라사키 시키부 288, 289, 305
무라타 주코 561
무쓰쇼군부 449
무쓰와키 303
미나모토노 사네토모 349, 352, 355, 416
미나모토노 요리노부 238, 245
미나모토노 요리이에 346, 351
미나모토노 요리토모 244, 263, 310, 317, 322, 331, 348, 357, 370, 377, 420, 424
미나모토노 요시쓰네 244, 320, 325, 381, 547
미나모토노 요시토모 259, 262,

316, 419
미나미무라 바이켄 570
미나부치노 쇼안 102, 105, 106
미나토마치 538
미륵보살반가사유상 113, 114
미야쇼군 370
미야자 390, 493, 494
미야케 74, 76, 78, 119, 121
미우치비토 437, 438, 441
미즈카가미 418
미쿠라야마 52

ㅂ

바샤쿠 393, 497, 498, 518
반다이나곤에코도바 307, 308
반본지수적설 415, 416, 573
반전수수법 120, 145, 150, 182, 217, 222, 224
발해 173, 194, 286, 322, 393
배세청 101, 105
백제관음상 113, 115
백제기 174
백촌강 125, 126, 132
법화경 108, 187, 276, 294, 407
법화종 405, 525, 572, 594
베노타미 74, 75
벤케이 327
벳토 261, 334, 349, 351
병농분리 530, 537
복신신앙 573
본말제도 525

본지수적설 280, 412, 415, 573
뵤도인 291, 294, 309, 316
부국강병 529, 531, 537
부레이코 442
분국법 529, 531, 532
불교문화 110, 155, 158, 310
불수불입 227, 254
비로자나불 188, 189, 190
비파호 511, 515, 518, 538

ㅅ

사등관 147
사라시나닛키 289
사루가쿠 392, 413, 549, 553
사무라이도코로 332, 346, 351, 437, 449, 452, 501
사성제도 204, 235
사쓰난학파 570
사이바라 304
사이온지 긴쓰네 333, 361, 438
사이초 274, 277, 291, 408
사이토 도산 529
사이후 393, 517
사카노우에노 다무라마로 207
사카야 393, 460, 474, 497, 517
사쿠닌 230, 338, 384, 385, 390
사쿠시키 384, 385
사키모리 120, 126, 154, 197
사택소명 126
사토다이리 220
삼론종 108, 172, 185, 400
삼세일신법 183

색인 601

삼적 294
삼포의 왜란 544
샤샤쿠 393, 518
샤세키슈 417
샤쿠니혼기 415
섭관가 219, 229, 230, 243, 247,
    252, 267, 290, 313, 314,
    395, 418, 441
섭관정치 211, 216, 223, 229, 234,
    252, 256, 303, 315
성왕 94
세와겐지 235, 262
세와 천황 209, 213, 214, 235, 272
세이다이쇼군 203, 208, 236, 323,
    332, 348, 370, 447, 452,
    457, 465, 473
세이멘 무사 355, 356, 357
세이쇼나곤 289
센고쿠다이묘 520, 526, 527, 530,
    531, 532, 533, 534, 535,
    537, 538, 540, 572
셋쇼 208, 213, 216, 220, 248,
    252, 258, 267, 332, 354,
    361, 389, 447, 450
셋슈 565, 566
소가노 에미시 117, 118
소가노 우마코 93, 94, 98, 99, 101,
    106, 107, 117
소가노 이나메 91, 92, 94, 95
소료 257, 339, 343, 366, 373,
    435, 464, 468, 469, 504
소료시키 467, 468

소료제 340, 435, 464
소손 464, 492, 493, 494, 534
속대 298, 299, 352
손피분먀쿠 92
쇼니 요리히라 485
쇼렌인 284, 425, 483
쇼몬키 303
쇼무 천황 173, 177, 178, 179,
    180, 187, 189, 191, 194
쇼보겐조 411
쇼소인 173, 193, 195, 196
쇼인즈쿠리 550, 563, 564, 568
쇼주 233, 338, 342, 384, 385, 390
쇼추의 변 443
쇼칸 229, 230, 233, 236, 318, 330,
    384, 391, 467, 470, 494, 534
쇼코쿠지 483, 507, 549, 551, 555
쇼쿠니혼키 154, 177, 178, 272
쇼쿠니혼코키 272
쇼토쿠 천황 181, 185
수묵화 551, 565, 566
수혈식 34, 35, 42, 47, 81, 87
슈겐도 280
슈고다이 477, 493, 496, 500, 509,
    514, 521, 526, 542, 569
슈고다이묘 477, 479, 493, 500,
    506, 508, 514, 517, 521,
    522, 527, 529, 542, 569
슈고시키 348, 436, 479, 481, 527
슈고영국제 479
슈쿠바마치 539
스가와라노 미치자네 171, 215,

216, 236, 273, 286
스메라미코토 79, 133
스사노오노미코토 88
스이코 75, 93, 94, 95, 96, 99, 100, 103, 153, 205, 213
스이한 299
스진 79, 280
승니령 143, 184
승병 253, 254, 255, 315, 318, 321, 355, 357, 358, 442
시기산엔기에마키 306, 307
시라카와 상황 250, 261, 265, 291
시비법 510
시종 403, 556, 572
시치도 146
시타지추분 389, 390, 474
시텐노지 109, 308
신고킨와카슈 416
신국 416, 433, 548, 573
신기제도 159
신덴즈쿠리 290, 550, 563, 568
신도 51, 88, 133, 159, 160, 280, 355, 404, 412, 446, 464, 502, 525, 556, 573
신란 401, 402, 403
신불습합 192, 280, 284, 412, 573
신센쇼지로쿠 273
신쇼쿠코킨와카슈 552
신여 255, 287, 378
신와요 422, 423
신카이 423
신탁 89, 181, 236, 403

신판 413
싯켄 350, 352, 361, 367, 406, 431, 441, 446, 452, 461
쓰네모토오 235, 256
쓰레즈레구사 289, 417
쓰루오카하치만궁 319
쓰이부시 233, 237, 238
쓰치미카도 상황 356, 360
쓰케쇼인 564
쓰쿠시 62, 72, 73, 76, 77, 126, 130, 131, 147, 269, 315
쓰키마치 568, 569
씨성제도 71, 121

ㅇ

아라히토가미 133, 134
아마쇼군 348, 352, 363
아미타내영도 294, 295
아미타당 295, 310
아베노 히라후 123, 125
아베씨 240, 241, 242
아스카데라 106, 118, 131, 156
아시가루 507, 530
아시카가 다카우지 445, 449, 451, 457, 459, 460, 465, 472, 477, 547, 548, 555, 595
아시카가 요시노리 467, 488, 500
아시카가 요시마사 498, 502, 503, 506, 562
아시카가 요시모치 467, 477, 483, 488, 499
아시카가 요시미쓰 457, 460, 472,

480, 481, 483, 500, 548, 549, 550, 553, 560
아시카가 요시테루 522
아시카가 타다요시 449, 461 463
아시카가 학교 415, 552, 558, 570
아이자와 타다히로 27
아좌태자 157
아즈마카가미 362, 377, 418
아즈미노 히라후 125
아카마쓰 미쓰스케 501
아쿠토 442, 445, 451, 469, 470
악인정기설 402
안나의 변 218, 256
안코 67, 74, 406, 571
안토쿠 천황 315, 322, 324, 325
야마나 모치토요 501, 505, 507
야마타이국 55, 56, 58, 59, 60
야마토노아야씨 69, 106, 118
야마토노후미씨 92
야마토에 285, 293, 305, 308, 423, 551, 566
야부사메 372
야요이 문화 31, 40, 41, 48
야요이 토기 40, 48
야카타 337, 338, 339
야쿠사노가바네 133, 136, 137
야쿠시지 155, 156, 167, 181, 185, 194, 277, 284
양조업 460, 497, 498, 513
에마키모노 305, 307, 424, 559
에미시 169, 202, 240, 332
에이가모노가타리 302, 303

에이사이 407, 408, 409, 411
엔랴쿠지 255, 275, 291, 315, 321, 356, 398, 401, 409, 413, 443, 453, 455, 526
오경박사 70
오노노 이모코 101, 102
오닌 난 502, 506, 509, 513, 516, 520, 524, 539, 542, 561
오다 노부나가 525, 536, 540, 572
오도리넨부쓰 404
오료시 233, 237, 238, 243, 244
오미노 미후네 196
오미령 126, 135
오반야쿠 329, 343, 358, 368, 434
오쓰 왕자 138, 139, 161
오아마 왕자 129, 130, 131, 132
오아시 43, 49, 116
오에 히로모토 326, 334, 346, 349, 350, 352, 358, 363
오오미 75, 91, 93, 95, 117, 133
오와다노토마리 270
오진 67, 82
오카가미 302, 303, 418
오쿠니누시 88
오키미 67, 70, 71, 72, 76, 77, 133
오텐문의 변 213
오토기조시 552, 560
오하라에 160, 300
옥충주자 114
온도노세토 270
와다 요시모리 334, 346, 351, 357
와도카이친 167, 168

와요 390, 422, 423
와카 161, 196, 197, 350, 388, 403, 413, 416, 509, 532, 546, 552, 559
왕인 69, 490, 491
왕직 541, 542
왜관 490
왜구 484, 487, 541, 543, 545
왜의 5왕 65, 67, 68, 70, 71
왜인 55, 56, 57, 59, 60, 490
왜인전 57, 59
요닌 222
요로 율령 143, 144
요시노가리 56
요시다 신도 573
우네메 76, 135
우마야도 왕자 96, 99, 101, 108, 110, 115, 157
우에스기 겐신 528
우지가미 53, 71, 340, 373
우지데라 96, 109, 159
우지비토 71, 72
운케이 425, 426
원시신도 51, 52, 88, 159
원청 251, 252, 257, 258, 261, 332, 334, 353, 355
유구 484, 490, 491
유랴쿠 67, 70
유직고실 414, 548, 558
유학생 102, 104, 105, 116, 119, 171, 172, 190, 275
율령국가 73, 116, 128, 138, 144, 147, 149, 154, 155, 163, 183, 249, 254
율령체제 128, 143, 145, 147, 149, 171, 182, 196, 199, 204, 206, 208, 216, 217, 221, 224, 227, 229
은각 564
을사의 변 116, 121
음양도 281, 296, 297, 298
이마요 304, 305, 413, 560
이마카가미 303, 418
이사와성 204
이세모노가타리 288
이세 신궁 133, 373, 415, 416, 433, 456, 518, 538, 573
이세 신도 416, 573
이소노카미노 야카쓰구 196
이시바시야마 318, 319, 381
이시야마혼간지 527, 538, 572
이쓰쿠시마 신사 315
이에노코 233, 338, 340, 342
이와시미즈하치만궁 250, 315, 396
이이오 소기 559, 570
이자요이닛키 417
이치노타니 전투 324, 382
이치모쿠다이 514
이치미신스이 390, 494
이치바마치 513, 539
이치보쿠즈쿠리 283
이치조 가네라 558, 570
이치조 천황 219, 302
이치조쿠슈 530

색인 605

이케노보 센케이 563
이코쿠케이고반야쿠 344
이쿠사부교 530
이타즈케 42
이토국 55, 60
일명무역 460, 487, 488, 499
일본국왕 483, 487
일본부 63, 64, 65
일송무역 246, 269, 270, 393, 394
임나일본부설 63, 64, 65
임신약조 544, 545
임제종 407, 411, 424, 433, 548, 555, 556, 571
잇코잇키 524, 525, 526, 572
잇코종 401, 524, 525, 571
잇키 375, 378, 467, 494, 499, 508, 523, 526, 534, 539, 552, 560, 572
잇키우치 375, 378
잇펜 403, 404, 424, 556
잇펜쇼닌에덴 424

ㅈ

자간지계장원 184, 229
장원영주 221, 228, 248, 254, 335, 339, 341, 345, 365, 385, 390, 394, 467, 470, 474, 478, 492, 498, 512, 519, 523, 530, 534, 537, 561
장원정리령 217, 224, 228, 229, 248, 249
장원제 226, 331, 371, 382, 388, 391, 395, 509, 534
전국시대 510, 520, 523, 526, 532, 566
전방후원분 79, 80, 81, 96
전수염불 400, 401
정관양식 284
정기시 392, 513
정토교 291, 294, 295, 297, 398, 399, 400, 403
정토종 398, 403, 423, 556
정토진종 401, 524, 557, 571
제아미 553, 561
제염업 511
제지업 512
젠슈요 422
조겐 407, 420, 421, 425
조닌 221, 248, 515
조동종 409, 410, 556, 571
조몬 문화 27, 31, 32, 34
조몬 토기 31, 32, 33, 48
조세쓰 551, 565
조세제도 58, 152, 414
조용조 116, 120, 121, 139, 145, 149, 176, 208
조주기가 306, 307
조카마치 535, 537, 539, 558, 569
조큐의 난 355, 359, 360, 362, 365, 385, 418, 438
주구지 108, 113, 115
주니히토에 299
주손지 308, 309, 310
주작대로 141, 165, 166, 201

즈료 222, 223, 248, 251, 258
지교치 531
지묘인 계통 438, 440, 441, 442, 443, 447, 454, 476
지장신앙 573
지쿠센조이령 169
지토 138, 154, 163, 176, 185, 207, 268, 328, 329, 343, 348, 354, 362, 365, 384, 390, 395, 434, 442, 450, 459, 467, 469, 470, 474, 478, 494, 501
지토시키 329, 330, 331, 348
지토우케 389
지토 천황 138, 142, 154, 163, 176, 185, 207
직물업 512
진기칸 145, 160, 161, 300
진노쇼토키 547
진수부장군 235, 240, 242, 243, 244, 447, 452
진신의 난 128, 131, 132, 133, 134, 137, 138, 154, 176
진언종 275, 279, 280, 285, 291, 292, 398, 443, 557
진왜 541, 545

ㅊ
창제성불 405
천민 73, 127, 149, 150, 151
천태종 274, 275, 291, 332, 355, 398, 400, 405, 407, 410, 500, 557, 572

ㅋ
카가리야반야쿠 343
쿠사카베 왕자 134, 135

ㅌ
토면 39
토우 34, 37, 38
토지제도 150, 224, 250
토판 39

ㅍ
패총 29, 35, 36, 39, 48
풍토기 175

ㅎ
하니와 81, 82, 84, 89, 90
하라이 54, 89
하카마 372
하쿠치 122, 142
하쿠호 문화 154, 155, 158
하타씨 69, 91, 92, 114
한문학 196, 272, 287, 548
한서 41, 55
한제이령 473, 474, 478
해금정책 487, 491, 542
향촌제 493, 496
헌법 17조 98, 99, 108
헤이안쿄 165, 201, 204, 272, 274
헤이제이 천황 182, 206, 207
헤이조쿄 163, 167, 179, 187,

색인 607

191, 197, 201
헤이지모노가타리 419, 425
헤이지모노가타리에마키 425
헤이지의 난 261, 263, 264, 265,
316, 317, 419
헤이케모노가타리 380, 413, 419
혜자 102, 107, 108
혜총 107, 108
호겐모노가타리 419
호겐의 난 258, 259, 260, 261,
262, 419
호국경전 158, 187, 188
호넨 398, 399, 400, 401, 402,
403, 412, 424, 556
호류지 109, 112, 113, 114, 115,
156, 157, 185, 193
호소카와 가쓰모토 503, 506, 508
호소카와 요리유키 472, 475, 481
호적 102, 120, 127, 139,145,150,
151, 183, 217, 224, 342,
350, 354, 480
호조 다카토키 441, 446, 452
호조 도키마사 317, 326, 346, 348,
349, 350, 379, 452
호조 도키무네 406, 431, 432, 436
호조 도키요리 367, 370, 406, 415
호조 마사무라 363, 369
호조 마사코 317, 348, 357, 363
호조 사다토키 436, 437, 438, 440
호조 소운 528, 532
호조 야스토키 358, 363, 367, 412
호조 요시토키 346, 350, 356, 362

호조키 320, 417
호코슈 459
호코지 106, 107, 111, 112
혼케 230
홋신슈 417
홋케잇키 572
화엄경 188, 189
화폐 85, 168, 169, 198, 393, 395,
434, 435, 460, 497, 498,
516, 517, 535
화폐경제 168, 395, 434, 435, 460,
497, 498, 516
환상열석 37
회취법 536
효조슈 362, 364, 369, 436, 437,
456, 458, 459
후다이 471, 530
후류오도리 568
후지가와 전투 319
후지와라노 구스코 206
후지와라노 기요히라 243, 308
후지와라노 데이카 416, 417, 546
후지와라노 모토쓰네 214, 215
후지와라노 미치나가 219, 235,
245, 259, 290, 295, 302
후지와라노 스미토모 236, 237
후지와라노 요리미치 220, 247,
248, 291, 295
후지와라노 요시후사 212, 213,
후지와라노 후유쓰구 211, 237
후지와라노 후히토 142, 144, 163,
165, 175, 176, 211

후지와라노 히데히라 244, 327
후지와라노 히로쓰구 179, 187
후지와라쿄 138, 140, 141, 154, 156, 164, 165
후쿠하라 270, 315, 316, 320, 324
후타라산 52
후토마니 89
후한서 55
히라이즈미 243, 308, 310
히메이 568
히모로기 54
히미코 56, 57, 58, 59
히키쓰케 368, 369, 436, 437
히타타레 372, 567

구태훈

구태훈은 성균관대학교 문과대학 사학과를 졸업하였다. 일본 쓰쿠바대학 대학원에서 일본사를 전공하고 문학 석사·박사학위를 받았다. 현재 성균관대학교 문과대학 사학과 교수로 재직하고 있다. 그동안 성균관대 동아시아역사연구소장,『일본학보』편집위원장, 한국일본학회 회장, 수선사학회 회장 등을 역임하였다. 저서로는『일본역사탐구』(태학사, 2002),『일본 무사도』(태학사, 2005),『일본사 파노라마』(재팬리서치21, 2009),『일본사 키워드30』(재팬리서치21, 2012),『일본근세사』(재팬리서치21, 2016) 등이 있다.

일본고중세사

지은이 구태훈
펴낸이 구자선
디자인 유 라
펴낸날 2016년 8월 30일
펴낸곳 재팬리서치21
　　　　등록번호 제251-2007-37호
주　소 440-841 수원시 장안구 정자동 877-4 정연메이저빌딩 9층
　　　　전화: 02-2277-1055　팩스: 02-556-6143(서울사무소)
이메일 jr2121@naver.com
찍은곳 P&M123

ISBN　978-89-94646-17-6　93910
값 33,000원